KB204356

기독교 신학
1

기독교 신학
1

– 하나님 나라의 메시아적 신학을 향해 –

신학의 기본적 문제들

계시론: 새로운 미래를 약속하는 하나님의 계시

성서론: 약속과 기다림의 책 성서

신　론: 메시아적 사랑의 하나님

김균진 지음

Holy
WavePlus

발행인의 글

존경하는 은사이신 김균진 교수님의 저작전집을 발행할 수 있는 책무를 맡겨주신 하나님께 감사와 영광을 돌립니다.

이 저작전집은 한국이 배출한 걸출한 조직신학자인 김균진 교수님의 50년간에 걸친 신학 연구의 열매들을 하나로 집대성하는 작업입니다.

김균진 교수님께서는 신학 교수 세계에 발을 들여놓은 이래 헤겔과 칼 바르트 연구에서 시작하여 몰트만과 본회퍼와 틸리히의 신학을 비롯한 세계의 다양한 현대신학 사조들을 적극적으로 이 땅에 소개하는 한편, 역사적 예수와 하나님 나라, 죽음의 신학, 생명의 신학, 과학과 신학과의 대화 분야에 있어서 자기만의 고유한 신학의 세계를 개척하셨고, 무엇보다 방대하기 이를 데 없는 조직신학 분야의 전 주제에 대해서 두 번에 걸친 조직신학 시리즈를 집필함으로써 대단한 학문적 성취를 이루셨다고 해도 과언이 아닙니다. 그러나 이러한 연구 결과물들이 아쉽게도 여기저기 흩어져 있었고, 일부 도서는 이미 절판되어 더 이상 구할 길이 없으며, 또 일부는 오래전의 개념과 표현으로 쓰인 까닭에 현대의 독자들에게 생소한 느낌을 주는 면이 없지 않아서, 이 모든 자료를 한데 모아 새로운 시대의 연구성과들을 추가하는 동시에 문장과 단어들을 현대적으로 개선하는 작업을 하기로 하였고 그러한 바탕 위에서 이 저작전집이 탄생하게 되었습니다.

특별히 『기독교 신학』 1-5권은 교수님의 일생의 신학적 작업들을 집대성하고 총정리하는 차원에서 근자에 새로이 집필하신 것이어서 그 의미가 남다르다 하겠습니다.

김균진 교수님의 제자이자 이 저작전집의 발행인으로서 제가 감히 교수님의 신학을 평가한다면 크게 다섯 가지로 요약을 하고 싶습니다.

첫째, 지난 100년간 서구 신학계를 관통했던 신학적 사조와 개념과의 부단한 대화와 함께 그것의 적용에 있어서 철저히 지금-여기서의 정황을 지향함으로써 한국적인 바탕 위에서 국제적인 신학적 토론에 참여하는 것의 가능성을 제시한 점. 둘째, 기존의 추상적이고 철학적인 조직신학적 진술이 아닌 성서내러티브적이고 메시아적 종말론에 입각한 독창적인 조직신학의 세계를 제시한 점. 셋째, 과학과의 대화, 신무신론과의 대화 등에 적극적으로 참여함으로써 조직신학의 과제와 외연을 지속적으로 확장한 점. 넷째, 급진적인 신학 이론의 소개뿐 아니라 칼뱅과 루터 등의 저작에서도 상당히 많은 부분들을 인용함으로써 소위 보수와 진보 신학 어느한쪽에도 치우치지 않는 균형 감각을 견지하는 점. 다섯째, 특별히 인생의 후반기에 저술하신 책들의 경우 단순히 신학이론에 대한 비판적 소개나 분석에 머물지 않고 교회의 현실을 염두에 둔 목회적이고 경건주의적인 따스한 시선이 두드러지게 제시되는 점을 꼽을 수 있겠습니다.

다시 한 번 이 저작전집을 낼 수 있는 사명을 맡겨주신 삼위일체 하나님과 교수님께 감사를 드리며, 모쪼록 이 귀한 책들이 한국의 많은 목회자들과 신학도들의 서재에서 오랫동안 신학 연구와 설교 준비의 벗으로 자리매김할 수 있기를 소망합니다.

김요한 목사

머리말

이 책은 1984년 제1권이 출판되어 1999년 제5권으로 완성된 필자의『기독교 조직신학』에 기초한다. 신세대는 한문에 익숙하지 못하므로,『기독교 조직신학』에 사용된 모든 한자를 한글로 바꾸어달라는 출판사의 요청으로 개정판을 쓰게 되었는데, 거의 모든 내용을 새로 쓰게 되었다. 이유인즉, 시대의 변천과 함께 신학의 토의 내용이 상당히 달라졌기 때문이기도 하고, 그동안 필자 자신의 학문적 시야가 더 넓어졌기 때문이다. 그래서 책의 제목도『기독교 조직신학』에서『기독교 신학』으로 변경하였다.

신학 전공자들은 이 제목에 대해 의아해할 수 있다. "기독교 신학"이라할 때, 거기에는 구약신학, 신약신학, 교회사학, 기독교 윤리학, 기독교 교육학, 선교학, 목회상담학 등 다양한 세부 영역들이 포함되는데, 이 책은 주로 전통적 교의학 혹은 조직신학의 체계를 다루고 있기 때문이다. 그러나 조직신학(과거의 교의학)은 기독교 신앙의 내용들을 체계화(=조직화)시키는 기능으로서 기독교의 진리 또는 사상 체계를 기술한다. 그래서 혹자는 "조직신학은 신학의 기초 내지 중심이다"라고 말한다. 신학의 역사에서 많은 신학자들이 그들의 교의학이나 조직신학을 "신학원리", "신학대전", "기독교 강요"라 명명한 이유는 여기에 있다.

따라서 이 책은 기독교 신앙과 신학의 근간이 되는 교의학 내지 조직신학의 내용에 기초하여 기독교 신앙의 내용을 설명하고자 한다. 요즈음 세계 신학계의 조직신학자들 가운데 자신의 조직신학을 "기독교 신학"이란 제목으로 출판하는 이들이 적지 않기 때문에, 이 책의 제목을 "기독교 신학"으로 정하는 것이 좋겠다는 정재현, 전현식 두 동료 교수의 조언도 이 책의 제목을 변경하게 된 계기가 되었다.

이 책에서 필자는 신학 공부를 시작하는 분들을 위해 조직신학의 기본 내용을 가능한 한 체계적으로 제시하되, 필자 자신의 신학적 입장에서 최근의 신학적 토의를 반영하고자 노력하였다. 또한 2천 년에 가까운 세계 신학의 풍부한 유산을 거부하지 않고 이를 비판적으로 수용하는 동시에, 한국 신학자들의 문헌에 근거한 "한국의 신학"을 형성하고자 노력하였다. "번역신학, 모방신학"이냐, 아니면 세계의 신학에 대한 "폐쇄주의, 국수주의"냐의 양 극단을 넘어, 외국 신학자들과 한국 신학자들의 이론을 함께 수용하고 성서적 기초를 가진 신학을 전개하고자 하였다. 한국인으로서 한국 및 외국 신학자들과의 비판적 대화 속에서, 또 한국의 상황을 직시하면서 저술한 신학이 바로 넓은 의미에서 "한국적 신학"이라 생각한다. 일일이 문헌 근거를 밝히지 못했지만, 많은 한국 신학자들의 성실한 연구 결과가 이 책의 저변에 깔려 있다.

이 책에서 필자는 조직신학의 내용들을 "메시아적 하나님 나라"의 관점에서 다루고자 노력하였다. 만일 필자 자신의 신학이 무엇이냐고 질문한다면, 필자는 성서에 근거한 "메시아적 하나님 나라의 신학"이라 대답할 수 있다. 기독교가 "주님"이라 고백하는 예수는 그리스도, 곧 메시아시며, 하나님의 나라가 그의 말씀과 활동의 중심이었기 때문이다. "기독교" 혹은 "그리스도교"라는 말은 "메시아교", 곧 "메시아 예수의 역사에 근거하며 그의 메시아적 미래를 기다리는 종교"라는 말이다. 따라서 기독교 신학은 메시아성을 그 생명으로 하는 "메시아적 학문"으로서 예수가 선포한 메시아적 하나님 나라의 도래에 대한 기다림과 희망에 충실해야 한다고 필자는 확신한다. 신학의 모델은 다양할 수 있지만, 신학의 메시아적 특성은 모든 신학적 모델이 근거해야 할 기초라고 생각한다.

필자의 이러한 입장은 위기에 처한 오늘의 인간과 세계의 상황을 바라보면서, 또 성서의 중심 메시지가 무엇이며 인간과 이 세계에 대해 기독교 신앙이 도대체 무슨 의미를 가지는가에 대해 품었던 필자의 내적 고민과 성찰에서 나온 결론이라 말할 수 있다. 이 결론에 있어 필자의 스승이 되는 몰트만 교수는 물론, 필자가 박사학위 논문에서 집중적으로 다룬 헤겔의 변증법적 사고, 칼 바르트를 위시한 20세기의 많은 서구 신학자들과 해방신학자들, 안병무, 서남동, 서광선 교수를 위시한 민중신학자들, 또 여성신학자들과 생태신학자들의 통찰들이 영향을 주었다. 또 칼 마르크스와 에른스트 블로흐의 기독교 비판과 그들의 변증법적, 메시아적 사고와의 비판적 만남 속에서 형성되었다.

박사학위 논문을 쓰면서 헤겔과 칼 바르트에 빠져 있던 필자에게 마르크스의 이론은 머리를 한 대 얻어맞는 듯한 충격을 주었다. 세계의 모든 것을 하나님의 "정신" 혹은 "영"을 통해 설명하는 헤겔, 하나님의 자기계시와 말씀에 기초한 바르트를 넘어, 기독교 진리의 물질적, 몸적, 사회적 현실을 바라보게 되는 계기가 되었다. 기독교의 생명은 하나님 나라의 미래를 향한 메시아니즘에 있다는 확신을 필자는 헤겔, 마르크스, 블로흐, 그리고 필자의 스승 몰트만, 역사의 예수에 대한 최근의 많은 연구서를 통해 얻는 동시에, 마르크스와 블로흐의 물질론적, 무신론적 문제점을 통해 기독교 신앙의 의의를 발견할 수 있었다. 이 과정에서 필자는 구약성서의 메시아적 전통이 기독교 신학에 대해 얼마나 중요한가를 보게 되었고, 이 전통이 몰트만의 신학은 물론 해방신학, 민중신학, 여성신학, 생태신학 속에 약동하고 있음을 발견할 수 있었다. 지금도 필자는, 신학에는 여러 가지 패러다임과 형태가 있을 수 있다고 확신한다. 그러나 하나님의 나라를 향한 메시아적 전망은 모든 신학적 패러다임과 형태의 기초이다. 이 기초에 충실할 때, 신학은 "기독교적 신학"이 될 수 있다. 기독교 신학의 본질은 메시아적 정신에 있다! 책을 쓰면서 모든 주제들을 제대로 다루기에는 나의 힘이 아직도 부족하다는 것을 다시 한 번 느꼈다. 후배 교수들이 더 나은 책을 쓰기를 기대한다.

2009년 연세대학교 출판문화원에서 출간된 이 책을 필자의 전집 체제로 다시 출간하기로 한 새물결플러스 출판사 김요한 목사님, 편집 작업을 위해 노고를 아끼지 않은 김남국 박사님과 이 책의 출판과 관계된 출판사 모든 선생님들께 진심으로 감사드린다. 또한 필자의 부족한 책을 읽고 격려해주신 많은 분들, 이 책의 모체가 되는 필자의 『기독교 조직신학』을 그동안 강의 교재로 사용하는 분들에게 이 자리를 빌어 깊이 감사드린다. 부족한 책이지만 한국의 기독교가 메시아적 기다림과 희망을 회복하고 하나님의 나라가 이 땅 위에 세워지는 데 기여하기를 바랄 뿐이다.

김균진
2014년 5월, 경기도 일산에서

| 차례 |

제2부

계시론: 새로운 미래를 약속하는 하나님의 계시

제3부
성서론: 약속과 기다림의 책 성서

제1부

신학의
기본적 문제들

1
신학은 메시아적 학문이다
– 신학의 메시아적 본질과 신학의 주체 –

신학이란 무엇인가? 이 질문은 간단해 보이지만 대답하기란 결코 쉽지 않다. 신학의 역사에서 우리는 스콜라 신학, 정통주의 신학, 자유주의 신학, 변증법적 신학, 신(神)의 죽음의 신학, 과정신학, 역사신학, 희망의 신학, 해방신학, 민중신학, 생태신학, 여성신학 등 수많은 신학의 형태를 발견한다. 여기서 우리가 "도대체 신학이란 무엇인가?"라고 질문할 경우, 신학을 한마디로 정의하지 못해 크게 당황스러워 할 수 있다. 또 신학에는 구약성서신학, 신약성서신학, 교회사학, 조직신학, 기독교 윤리학, 기독교 교육학, 선교학, 목회학, 예배학, 설교학, 상담학 등 다양한 분과들이 있는데, 이런 상황을 고려할 때, 신학이 무엇인가를 정의(定意)하기는 더욱 어려워진다.

"신학"이란 단어를 분석해보면, 신학은 신(神)에 관한 학문을 뜻한다. 어원적으로 *theologia*는 *theos*에 관한 *logia*, 즉 하나님에 관한 논술 혹은 이야기를 의미한다. 이 개념을 처음으로 사용한 학자는 플라톤이었다(이종성 1977, 9).[1] 고대 그리스 철학자들에게 있어, 그것은 신(神)들에 대한 서사

1) 저자와 출판 연도의 표시가 생략된 괄호 안의 숫자는 바로 그 위에 제시된 문헌의 쪽수

시 내지 이야기들, 그리고 이에 대한 철학적 해석을 뜻하였다. 초기 기독교의 변증가들은 이런 의미의 신학 개념을 받아들였다.

초대교회에서 신학은 주로 신론(하나님에 관한 이론), 특히 삼위일체론과 양성론(그리스도의 신성과 인성에 관한 이론)을 가리켰다. 아우구스티누스(Augustinus, 354-430)는 신학을 가리켜 "신성에 관한 논술 혹은 설명"이라 정의했다(Ebeling 1960, 754). 중세에 이르러 신학은 기독교의 교리를 연구하는 교의학(Dogmatik)으로 확대되어 신론을 포함한 창조론, 인간론, 그리스도론, 교회론 등의 모든 주제를 포괄하게 되었다. 아퀴나스(Thomas Aquinas, 1225-1274)의 저서인 『신학대전』(Summa Theologiae)은 교의학으로서의 신학을 보여주는 중세신학의 대표적 저서이다. 16세기 종교개혁자들과 17세기 개신교 정통주의 신학자들 역시 중세의 영향을 받아 신학을 주로 교의학으로 이해했다.

근대의 "인간학적 시대"가 시작되면서부터는 교의학으로서의 신학 대신에 신앙론으로서의 신학이 등장하게 된다. 그 대표자가 자신의 교의학을 "신앙론"이라 정의한 슐라이어마허(F. D. E. Schleiermacher, 1768-1834)다. 교의학으로서의 신학이 교회의 외적 권위를 토대로 교리의 객관적 내용을 기술한다면, 신앙론으로서의 신학은 인간 내부에 형성되어 있는 하나님에 대한 절대 의존 감정의 내용을 기술한다. 전자가 계시의 객관적 현실로부터 출발한다면, 후자는 인간의 주관적, 종교적 체험으로부터 출발한다. 전자가 하나님의 초월성을 강조한다면, 후자는 하나님의 내재성에 더 관심을 기울인다. 전자가 교회의 교리를 기술한다면, 후자는 그리스도인들의 신앙을 기술하고자 한다(이문균 2005, 24 이하). 그럼에도 신앙론으로서의 신학은 새로운 형태의 교의학에 불과할 따름이다. 일반적으로는 "전통적인 '교의학'의 기능이…신학 전체를 대표하였다"(Hertz 1978, 295).

를 가리킴. 성서의 책 이름이 표기되지 않은 괄호 안의 장, 절(예: 3:27)은 위에 표기된 성서의 책의 장, 절을 가리킴.

그러다가 다양한 신학의 영역들이 근대에 이르러 교의학에서 독립하기 시작한다. 17세기 말경에 성서에 대한 역사적-비평적 연구가 발전하면서 성서신학과 교회사가 독립하고, 실천신학은 19세기에 이르러 독자적인 영역으로 분리된다(Pöhlmann 1973, 11). 교의학에서 독립된 신학 분과들은 각각 독자적인 연구 방법을 택했는데, 성서신학은 언어학과 역사적-비평적 방법을, 교회사학은 일반 역사학의 방법을 수용하였고, 실천신학은 수사학이나 교육학 등의 영향을 받았다.

오늘날 신학의 연구 분야들은 더욱 세분화되어가고 있다. 예배학, 설교학, 목회학, 상담학, 선교학, 교회 헌법학, 교회 행정학, 사회봉사학 등은 물론, 문화신학, 여성신학, 기독교 미디어학 등이 신학의 분야로서 독자성을 확보하고 있다. 또 현대 세계와 인간의 문제들을 중점적으로 다루는 상황신학의 다양한 형태들, 곧 정치신학, 해방신학, 혁명의 신학, 민중신학, 여성신학, 생태신학, 자연신학(혹은 창조신학), 생명신학, 죽음의 신학 등이 신학적 토론을 활발하게 개진시키고 있다.

이러한 현실 앞에서 신학이 무엇인가를 정의한다는 것은 매우 어려운 일이다. 어떤 신학자의 정의도 모든 신학자들을 만족시키기 어려울 것이다. 그럼에도 불구하고 신학이 무엇인가를 굳이 정의하자면, 신학은 "기독교 신앙의 진리 내용과 실천을 연구하는 학문"이라고 할 수 있을 것이다. 기독교 진리의 변증이나 목회자 양성 등은 신학의 이런 포괄적 기능에 포함되는 부수적 기능에 해당한다. 신학을 이렇게 정의할 때, 우리는 이론신학자들과 실천신학자들의 기대를 조금은 만족시킬 수 있을 것이다.

그러나 필자의 생각에 의하면 신학에 대한 이런 정의는 형식적 정의에 불과하다. 그것은 "기독교 신학"의 개념 속에 담겨 있는 본질적인 의미를 충분히 드러내주지 못하기 때문이다. 그러면, 신학이란 본질적으로 무엇인가? 이 질문에 적절하게 답변하기 위해, 우리는 성서가 증언하는 하나님이 어떤 분인가를 파악한 후에, 이 하나님으로부터 신학이 그 본질에 있어 무엇인가를 답변해야 할 것이다. 신학은 본래 글자 그대로 "하나님에 관한 학문"이기 때문이다.

성서가 증언하는 하나님은 "사랑이다"(요일 4:8, 16). 그는 모든 생명을 사랑하기 때문에, 모든 생명이 행복하게 살기를 원하며, 또 행복하게 살 수 있는 세계가 이루어지기를 원한다. 그는 생명을 사랑하기 때문에, 새로운 생명의 세계를 약속한다. 아브라함에게 새로운 땅을 약속하며(창 12:1-3), 이집트에서 노예살이를 하고 있던 히브리인들에게 "젖과 꿀이 흐르는 땅"을 약속한다(출 3:8). 다윗에게는 하나님의 공의와 자비가 다스리는 새로운 나라를 약속한다(삼하 7:8-16). 예언자들을 통해서는 모든 피조물이 더불어 사는 메시아적 평화의 세계, 곧 "새 하늘과 새 땅"을 약속한다(사 11:1-9; 65:17). 예수의 십자가 죽음과 부활은 약속된 세계의 결정적인 시작임과 동시에 새로운 약속을 의미한다. 궁극적으로 하나님은 당신의 처소가 피조물들 가운데 있으며, "죽음과 슬픔과 울부짖음과 고통이 없는, 새 하늘과 새 땅"을 약속한다(계 21:1-4).

여기서 하나님은 약속의 하나님으로 나타난다. 그는 주어진 현실에 머물지 않고 새로운 생명의 세계를 향해 나아가고자 하는 메시아적 지향성을 그 본성으로 가지고 있다. 따라서 사랑의 하나님은 약속의 하나님, 메시아적 하나님이라고 할 수 있다. 바로 여기에 구약의 메시아니즘의 뿌리가 있다. 구약성서의 종교와 이 종교에서 유래하는 기독교는 그 본질에 있어 메시아적 종교, 곧 하나님이 약속한 메시아의 세계를 기다리는 "기다림과 희망의 종교"이다.

하나님에 대한 믿음은 하나님이 약속하는 메시아적 생명의 세계에 대한 기다림과 결코 분리될 수 없다. 하나님을 믿는다는 것은 그의 약속이 이루어질 것을 믿으며, 그것을 희망하고 기다리는 것을 말한다. 기다림과 희망은 믿음의 "분리될 수 없는 동반자"와 같다(Moltmann 1964, 15 이하). 기독교 신앙의 모든 내용과 실천은 메시아적 지평을 가진다. 곧 하나님이 약속한 새로운 생명의 세계를 지향하는 메시아적 특성이 있다. 또 이것들을 대상으로 연구하는 신학 역시 메시아적 특성을 가질 수밖에 없다. 따라서 신학은 메시아적 지평 속에서 기독교 신앙의 내용, 곧 기독교 신앙의 진리와 실천을 연구하고, 하나님이 약속한 메시아적 현실이 오기를 기다리는 메시아적 학문이라 정의할 수 있다.

기독교 신학은 주어진 세계의 상황에 순응하고 그 속에 안주하지 않는다. 오히려 하나님이 약속하는 새 하늘과 새 땅을 희망하고 기다리는 메시아적 지향성을 가진다. 그것은 단지 "하나님에 관한 학문"이 아니라, 하나님의 나라를 바라고 기다리면서 기독교 신앙의 진리와 실천을 연구하고 해석하는 "희망의 해석학"이요, 하나님의 새로운 생명의 세계로 도약하려는 "출애굽의 학문"인 것이다. 신학의 모든 세부 영역들은 메시아적 성격을 지닌다. 그것들의 본질은 메시아적 영성에 있다. 메시아적 영성은 신학의 모든 내용과 실천을 결정해야 한다. 그래서 신학은 하나님이 약속한 메시아적 현실에 대한 기다림과 희망 속에서 삶의 참 가치와 희망이 무엇인지, 역사의 참 목적과 의미가 무엇이며, 참 생명이 무엇인지, 올바른 가치와 행동의 기준이 무엇인가를 해명한다. 또한 인간과 교회와 사회와 세계가 지향해야 할 방향을 제시한다. 메시아적 기다림 속에서 신학은 인간과 세계의 희망과 좌절, 행복과 불행, 즐거움과 고통에 대해 이야기하며, 인간과 세계의 "새 창조"를 자극한다. 그런 점에서 메시아적 영성은 "창조영성"을 포괄한다(이에 관해 최대광 2003, 196 이하).

어떤 사람은 신학을 가리켜, 소위 무시간적이며 초월적인 영원한 진리를 다루는 학문이라 생각한다. 그래서 "헛되고 허무한 세상"으로부터 도피하는 마음으로 신학의 길을 찾기도 한다. 그러나 신학은 세상 도피적인 학문이 아니다. 궁극적으로 신학은 "헛되고 허무한" 이 세상 속에 세워져야 할 하나님의 새로운 생명의 메시아적 세계, 곧 하나님 나라의 빛 속에서 기독교 신앙의 진리와 실천을 해명하고, 이를 통해 하나님 나라를 언어화시키는 학문이다. 그것은 먼저 언어를 통해 하나님 나라의 현실을 앞당겨 오는 "사건이요 행위"이다. 신학이란 본질적으로 이 사건과 행위 안에 있다(정재현 2003, 29 이하). 이 사건과 행위 안에서 신학은 하나님의 나라를 앞당겨 오는 "선취적 학문"(antizipatorische Wissenschaft)이요, 이런 점에서 신학의 언어는 "종말론적 언어"인 것이다. 신학의 언어는 "자신이 지시하는 대상을 종말론적 차원에서 표현함으로써 현실을 근본적으로 상대화(부정)하며 변혁(긍정)을 이루어가는 주체적인 언어"다(황돈형 2008, 92).

기독교 신학의 메시아적 본질은 예수 그리스도의 이름을 통해 드러난다. "그리스도"는 본래 예수의 이름이 아니라, 히브리어 "메시아"를 그리스어로 번역한 것이다. 즉 히브리어 "메시아"가 "Christos"란 예수의 이름이 되었다. 예수가 그의 제자들에게 이스라엘 백성과 모든 피조물이 기다리는 메시아로 경험되었기 때문이다. 이 예수는 기독교 신앙의 기초이다. 그러므로 기독교 신앙과 신학은 메시아성을 그 본질로 가질 수밖에 없다. 그것은 본질적으로 하나님 나라의 메시아적 미래에 대한 전망이요, 그것에 대한 기다림과 희망이요, 기다림과 희망의 형태를 통한 선취(앞당겨 옴)이다.

하나님의 나라와 그의 의는 먼저 그리스도인들과 교회의 삶 속에 자리를 잡는다. 따라서 신학은 신앙의 학문, 교회의 학문이라 할 수 있다. 그것은 본래 교회의 신앙의 기초 위에서 시작하였다. 그러나 하나님의 나라와 그의 의는 그리스도인들과 교회의 영역에 한정되지 않는다. 그것은 피조물의 세계 전체에 세워져야 할 성격의 것이다. 온 세계가 하나님의 것이기 때문이다(출 19:5; 시 24:1). "기독교의 복음은 모든 현실을 포괄하는 보편성을 갖고" 있으며(황덕형 2008, 79), 기독교 신학은 "다시 태어난 자들의 신학", "교회의 신학"의 범위를 넘어 "공공 신학"(public theology)일 수밖에 없다. 따라서 그것은 성서에 기초하는 동시에 언제나 상황적일 수밖에 없다. 즉 어떤 형태로든지 땅 위의 문제들과 관계할 수밖에 없다.

그런 까닭에 이른바 "무시간적 신학", "장소 없는 신학"이란 있을 수 없다. 신학은 특정한 시간과 특정한 장소 안에서 발생하는 문제들과 관련하여 수행되는 상황신학이어야 한다. 하나님 자신은 무시간적 존재가 아니라, 인간과 세계의 문제들과 연관된 존재이기 때문이다. "삶이 자명적인 것이 아니듯이 하나님도 결코 자명적인 것이 아니다"(안병무 1993, 27). 따라서 삶의 상황을 초월한 이른바 "영원한 신학", "절대적 신학", "무시간적 신학"은 참된 기독교 신학이라 할 수 없다. "정통이란 것도 인간이 자기를 주체로서 이해하는 과정에서 발생한 역사적 지식"일 뿐이다(황돈형 2004, 21). 참된 기독교 신학은 삶의 상황 속에 주어진 문제들에 대하여 "대답하는 신학"이요, 대답 속에서 "기독교의 자기 정체성"을 확인하는 작업이어야 한다(Tillich 1956, 12; 황덕형 2008, 81).

성서가 증언하는 하나님은 어디까지나 인간과 세계와의 관계 속에 존재한다. 이 땅의 현실이 곧 하나님의 현실이다. 현실은 단 하나뿐이다 (Bonhoeffer, 1904-1945). 따라서 "하나님을 사랑하는 사람은 땅의 주님으로서 그를 사랑한다. 땅을 사랑하는 사람은 하나님의 땅으로서 그것을 사랑한다. 하나님의 나라를 사랑하는 사람은 땅 위에 있는 하나님의 나라로서 그것을 사랑한다." "하나님의 나라는 땅 위에 있는 부활의 나라이다" (Bonhoeffer 1958, 8, 12).

그러므로 "하나님에 관한 학문"으로서의 신학은 인간과 땅에 관한 학문이요, 세계에 관한 학문이기도 하다. 그것은 하나님에 관해서는 물론 땅 위에 있는 모든 피조물의 현재와 미래에 관한 학문이다. 저 세상의 희망에 관한 학문이 아니라 이 세상의 희망에 관한 학문이요, 하나님과 그의 피조물의 생명에 관한 학문이다. 신학의 중심 대상인 하나님이 "생명의 하나님"이기 때문이다. 따라서 신학은 인간과 이 땅의 문제들, 땅 위에 있는 모든 생명들, 나아가 우주와 역사의 고난과 꿈과 희망들과의 관계 속에서만 다루어질 수 있다. 그것은 꿈이 보이지 않는 세계 속에서 하나님의 꿈을 이야기하며, 희망이 보이지 않는 세계 속에서 하나님의 희망을 이야기한다. 비인간적인 세계 속에서 "하나님의 인간성"을 이야기한다. 돈을 최고의 가치로 생각하는 세계 속에서 하나님의 사랑과 자기희생의 참된 가치를 이야기한다. "경제성장"을 최고의 목적으로 가진 세계 속에서 "이제는 죽음과 슬픔과 울부짖음과 고통이 없는" 하나님 나라의 참 목적(telos)을 이야기한다. 죄와 죽음의 악순환 속에 갇힌 세계 속에서 하나님의 죄 용서와 엑소더스를 이야기한다.

그러면 신학의 주체는 누구인가? 일반적으로 우리는 신학교육 기관이나 연구소에서 신학을 연구하고 가르치는 사람들, 특히 신학 교수들이 신학의 주체라 생각한다. 그러나 본래 신학의 주체는 모든 그리스도인들이라 말할 수 있다. 모든 그리스도인들은 의식하든 의식하지 못하든 간에 그들이 믿는 바를 이해하고 인식하는 신학적 작업의 과정 속에 있다. 기독교 신앙은 "이해를 추구하는 신앙"(fides quaerens intellectum, Anselmus)이다. 아무리 단순한 신앙을 가진 사람일지라도, 그는 자기가 인식하고 아는 바를 신앙하며, 신앙하는 바를 인식한다. 그러므로 모든 그리스도인들은 어떤 형태로든지 그들 나름대로 신학을 한다. 그들은 자기 나름대로 신학하는 사람들, 곧 신학자들인 것이다. 그들은 하나님의 약속된 새로운 생명의 세계를 동경하는 메시아적 백성이다.

신학을 전문적으로 연구하고 가르치는 신학자는 모든 그리스도인들이 행하는 바를 보다 전문적으로 수행하는 대리자다. 전문적 연구를 통해 그들은 진리의 새로운 지평을 열기도 한다. 개신교회 공동체에서 모든 평신도가 수행해야 할 과제를 목회자가 대신 수행하는 것처럼, 신학자는 모든 그리스도인들이 수행하는 신앙의 지적 작업을 전문 직업인으로서 대신 수행한다. 따라서 모든 그리스도인들의 신학이 학문적 신학의 기초라 말할 수 있다.

2
신학과 인간학의 관계

세계의 피조물들 가운데 가장 중요한 위치에 서 있는 피조물은 인간이라 말할 수 있다. 인간만이 자기를 의식하고 종교를 가지며, 하나님을 안다. 인간만이 하나님의 말씀을 듣고 이해할 수 있다. 그러므로 지난 2천 년 간 기독교 신학은 하나님과 더불어 인간을 신학의 주요 문제로 다루어 왔다. 그것은 인간 중심의 신학이라 해도 지나친 말이 아닐 것이다. 아우구스티누스(Augustinus, 354-430)의 『고백록』에 의하면, 하나님과 인간의 영혼이 신학적 사고의 주요 논제다. 칼뱅(Johannes Calvin, 1509-1564)에 의하면, "하나님 인식"과 인간의 "자기인식"은 분리될 수 없이 결합되어 있다(이오갑 2006a, 61 이하). 루터(Martin Luther, 1483-1546)에 의하면, "하나님과 인간의 인식은 신적 지혜이며 신학의 고유영역이다." 신학의 주제는 "죄인이며 희망이 없는 인간과 의롭게 하시는 하나님 혹은 구원자"이다(Althaus 1975, 21에서 인용). 그런데 이들의 신학관 속에 하나님이 창조한 세계와 역사에 대한 언급은 완전히 배제되어 있다. 이것은 인간 중심의 원리 혹은 인간 중심주의가 지난 2천 년 동안 기독교 신학을 거의 지배해왔다는 것을 반영한다.

신학의 인간 중심적 사고는 20세기의 대표적 실존주의 신학자였던 불트만(Rudolf Bultmann, 1884-1976)에게서 예시적으로 나타난다. 우리는 하나님이 나 자신과 관계없는 하나의 대상인 것처럼 "하나님에 대해"(über Gott) "직접적으로" 이야기할 수 없다. 오직 나 자신과 관계되어 있는 존재로서의 "하나님에 관해"(von Gott) "간접적으로" 이야기할 수 있을 뿐이다 (Bultmann 1972, 33). "우리들이 하나님에 관해 이야기하고자 한다면, 분명히 우리 자신에 관해 이야기할 수밖에 없다."[2] "하나님을 향한 물음은 내 삶에 대한 물음과 분리되어 있지 않다." 예수의 사건도 "내 현존의 물음으로 받아들여질 때만이 나의 현실이 될 수 있는 것이다.…그것은…내게 물어 오는 사건, 내게 결단을 요구하는 사건임을 알 때만 하나님이 계시된다"(안병무 1993, 26, 29).

칼 바르트(Karl Barth, 1886-1968)에 의하면, 신학의 대상은 하나님과 인간이다. 그런데 하나님은 인간과 분리될 수 없는 관계 속에 있기 때문에, 신학이란 개념은 그것이 문제삼는 것을 충분히 표현하기에는 부족하다. 그러므로 "신학"이란 개념보다 "신인학"(神人學, Theoanthropologie)이란 개념이 더 적절하다. 신학은 "인간의 하나님으로서의 하나님과 관계하며, 바로 그렇기 때문에 하나님의 인간으로서의 인간과 관계한다.…개신교 신학은 임마누엘, 곧 우리와 함께 계신 하나님과 관계한다"(Barth 1968, 15).

---

2) R. Bultmann, *Glauben und Verstehen* I, 7. Aufl. 1972, 25, 28. 여기서 인간 실존에 관한 이야기와 하나님에 관한 이야기가 혼동될 수 있는 위험이 있다. 몰트만에 의하면 불트만의 이 논문에서 하나님과 인간의 자아는 철저히 "상관관계" 속에서 생각된다. 그리하여 인간의 자기 실존에 관한 질문이 곧 하나님에 관한 질문과 동일시 될 수 있다. 인간은 자기 자신을 하나님 안에서만 얻게 되며, 자기 자신을 얻을 때만이 하나님을 얻게 된다. 불트만의 이러한 생각은 하나님을 인간의 실존으로부터 증명하는 전통적 방법의 재현이며, 인간의 실존을 탈세계화(Entweltlichung der Existenz)시키는 문제성을 가진다. J. Moltmann, *Theologie der Hoffnung. Untersuchungen zur Begründung und zu den Konsequenzen einer christlichen Eschatologie*, 8. Aufl. 1969 (한국어 역: 『희망의 신학』, 이신건 역, 대한기독교서회), 51-54.

여기서 우리는 하나님과 인간, 신학과 인간학의 분리될 수 없는 관계를 충분히 인정할 수 있다. 하나님에 대한 인식은 인간의 자기인식과 분리될 수 없다. 인간의 자기인식과 분리된 하나님 인식, 인간 자신의 존재와 아무 관계없는 하나님은 무의미하다. 하나님에 대한 인식 속에서 인간의 자기인식과 자기변화가 일어난다. 하나님은 먼저 인간의 새로운 자기이해와 삶의 변화를 요구한다. 그러므로 "신학은 인간 없는 신이나, 신 없는 인간을 말할 수 없다"(윤성범, 허호익 2003, 275에서 인용). "예수 그리스도 안에서 계시된 성서적인 하나님은 인간 없이 홀로 존재하려 하지 않는다. 그런 점에서 인간 없이 하나님은 존재하지 않는다"(오영석 1999, 397).

성서에 나오는 신인동형론(anthropomorphism)의 뿌리가 여기에 있다. 하나님은 사람이 아니다(호 11:9). 거꾸로 사람은 하나님이 아니다("너는 사람이요 신이 아니다", 겔 28:2). 그럼에도 불구하고 성서는 하나님을 왕, 목자, 아버지 등 사람(*anthropos*)의 형태(*morphe*)로 나타낸다. 이와 같이 성서가 사람이 아닌 하나님을 사람의 형태로 나타내는 이유는, 하나님은 오직 사람과 인격적 교통을 가질 수 있고, 사람과의 관계 속에서 의미를 가질 수 있기 때문이다.

그렇다고 해서 우리는 "신학은 인간학이다"라고 말할 수 없다. 불트만이 언급한 바와 같이 "하나님에 관한 질문과 내 자신에 관한 질문은 동일하다"(Bultmann), "인간의 자기인식은 곧 하나님 인식이다"라고 말할 수 없다. 포이어바흐(Ludwig Feuerbach, 1804-1872)가 말하듯이, 만일 신학이 곧 인간학이라면, 신학은 인간학으로 폐기되어야 할 것이다. 신학은 인간학과 분리될 수 없지만, 결코 인간학과 동일시될 수도 없다. 이에 대한 두 가지 이유를 설명하자면,

1) 첫째 이유는 하나님과 인간의 존재론적 구별에 있다. 성서에서 하나님은 사람의 형태로 묘사되지만, 결코 "사람이 아니다." "하나님의 형상"으로서 사람은 하나님과 유사한 속성을 갖지만, 하나님과 인간은 창조자와 피조물로서 구별된다. 창조자와 피조물의 관계 속에서 인간 존재의 근

거는 바로 하나님이다. 하나님이 인간의 근거이지, 인간이 하나님의 근거가 아니다. 그래서 신학은 하나님으로부터 출발하여 인간을 이야기한다. 신학이 인간학의 근거이지, 인간학이 신학의 근거가 될 수 없다. 기독교 인간학은 신학의 한 부분이지 신학 자체가 아니며, 인간학이 신학을 대체할 수 없다. 그러므로 신학을 인간학으로 환원시키는 포이어바흐의 환원주의는 타당하지 않다.

2) "신학은 곧 인간학이다"라고 말할 수 없는 둘째 이유는, 하나님은 인간과 관계함은 물론, 세계와 역사의 문제와도 관계한다는 점에 있다. 바로 여기에 구약성서에 나오는 창조신앙의 중요성이 있다. 하나님은 인간의 창조자인 동시에, 세계의 창조요 역사의 주재자다. 따라서 신학은 인간의 문제는 물론, 하나님이 창조한 세계와 그 속에 있는 모든 피조물들의 생명과 죽음의 문제, 그들의 현재와 미래를 문제 삼는다. 그것은 인간의 문제는 물론, 온 땅 위에 세워져야 할 하나님의 나라에 대해 질문한다. 본질적으로 신학은 죄와 죽음이 가득한 세계 속에 세워져야 할 하나님의 새로운 생명의 세계에 관심을 갖는 메시아적 학문이다. 그것의 본질은 새로운 피조물의 세계를 기다리고 동경하는 메시아성에 있다. 이로 인해 신학은 개인의 본래성을 문제삼는 "사적 학문"의 범위를 넘어, 땅 위에 있는 모든 생명들과 세계의 본래성을 문제 삼는 "공공적 학문"의 성격을 갖게 된다. 따라서 신학은 인간학으로 환원될 수 없다.

3
신학의 근거와 규범

신학은 무엇을 근거로 구성되어야 하는가? 우리는 신학의 역사에서 이 질문에 대한 다양한 대답을 발견할 수 있다. 가톨릭교회의 전통적 입장에 의하면, 교회의 교리, 성서해석, 교회의 공적 결정과 중요한 문서들, 예배서와 기도서 등등의 교회 전통이 신학의 근거에 속한다. 게다가 인간의 자기의식이나 종교적 경험, 문화적 전통과 일반 종교사상, 인간의 삶의 경험이 신학의 근거로 제시되기도 한다. 이에 반해 종교개혁자들과 개신교 정통주의는 성서를 신학의 유일한 근거라 주장한다. 구원에 필요한 모든 진리가 성서에 있으며, 성서는 그 자신을 해석하기 때문이다. 그러면 상반되어보이는 이 두 가지 입장 가운데 어떤 입장이 더 타당한가?

필자는 이 문제에 있어 성서 외의 모든 것을 거부하는 배타적 태도보다는 그것들을 포괄하는 포용적 태도가 바람직하다고 생각한다. 교회의 전통은 물론 인간의 종교적 경험, 문화적 전통 등이 신학을 구성하는 데도움이 될 수 있기 때문에 동양의 고전과 문화적 전통, 세속의 문학 작품, 역사서 등에서 우리는 성서에 명백히 기록되지 않은 삶의 진리를 발견할때도 있다. "오직 성서만이" 신학의 근거가 된다는 정통주의 신학의 배타적, 성서주의적 태도는 종교개혁 당시의 상황에서는 불가피했지만, 신학을 자칫 문화적 전통에서 분리시키고 폐쇄된 체계로 만들어버릴 위험성이 높다.

그럼에도 불구하고 우리는 신학의 궁극적 근거가 성서라고 말하지 않을 수 없다. 성서는 하나님의 말씀이 기록된 책이기 때문이다. 그 속에는 하나님의 존재와 의지와 활동, 그의 메시아적 미래에 대한 약속, 구원의 역사에 관한 최초의 증인들의 증언이 담겨 있다. 만일 신학이 성서의 궁극적 근거됨을 무시하고 인간의 주관적 종교 체험이나 일반 종교사상, 교회의 전통에 기초한다면, 그것은 마치 머릿돌 없이 지어진 건축물과도 같을 것이다.

신학에 있어 교회의 전통 역시 중요하다. 그러나 교회의 전통은 시대적으로 제약되어 있고 시대에 따라 변천하기 마련이다. 그것은 때로 시대에 뒤떨어진 진부한 것으로 판명되어 수정되기도 하고 폐기되기도 한다. 따라서 교회의 전통은 신학의 구성에 있어 중요한 자료가 될 수 있을지언정, 궁극적 근거 내지 기초는 될 수 없다.

이것은 신학의 규범에 관한 문제를 통해 더욱 분명하게 드러난다. 그러면 신학적 이론들의 옳고 그름을 판단할 수 있는 규범은 무엇인가? 이 문제에 있어서도 "성서만이" 규범이라는 배타적 태도는 바람직하지 않다. 교회의 전통, 일반 종교사상과 철학사상, 삶에 관한 지혜가 신학적 이론의 옳고 그름을 판단하는 데 도움을 줄 수 있기 때문이다. 여기에는 인간의 건전한 이성과 일반 상식(common sense)도 포함된다. 신학의 이론들도 이성적이어야 하며, 일반 상식의 기본적인 틀과 조화를 이루어야 한다.

그럼에도 이러한 요소들이 신학의 옳고 그름을 판단하는 궁극적 규범이 될 수는 없다. 궁극적 규범은 하나님의 말씀이 그 속에 기록되어 있는 성서뿐이다. 신학의 이론들은 성서를 통해 검증받을 수 있어야 한다. 그렇지 않을 때, 신학은 잘못된 이론에 빠질 수 있다. 결론적으로 성서가 기독교 신학의 궁극적 근거와 규범이 된다.

그런데 성서 안에는 역사에 관한 이야기들, 율법의 계명들, 찬양, 간구, 삶의 지혜, 경고의 말씀 등 다양한 문헌들이 포함되어 있다. 그 안에 모순되어 보이는 내용들도 기록되어 있다. 이런 까닭에 성서에 기록된 개개의 글자 자체, 개개의 문장 자체, 혹은 성서 안에 있는 특별한 책이 신학의 근거와 규범이 되어서는 안 된다. 그럼 성서의 그 무엇이 신학의 근거와 규범이 되어야 하는가?

현대신학은 일반적으로 다음과 같이 대답한다. 성서는 하나의 구심점을 가지고 있으며 이 구심점에 대해 증언하기 때문에, 이것이 신학의 근거와 규범이 된다. 이 구심점은 바로 예수 그리스도이다. 구약성서는 그리스도의 오심에 대한 예언의 책이라면, 신약성서는 오신 그리스도에 대한 증언의 책이다. 이와 같이 성서의 두 책은 예수 그리스도를 구심점으로 한다. 신학의 궁극적 근거와 규범은 성서의 구심점을 형성하는 예수 그리스도이다. 칼 바르트에 의하면 "교의학은(곧 신학은, 필자) 하나님에 관한 그의 진술이 타당한가를 판단하는 기준을 예수 그리스도 안에, 즉 교회에 주어진 약속에 따른 신적 행위의 사건 속에 가지고 있는 한에서 진리의 인식으로 가능하게 된다"(Barth 1964, 11).

몰트만(Jürgen Moltmann, 1928-)은 바르트의 입장을 한층 더 발전시켜, 십자가에 달린 예수 그리스도를 신학의 출발점과 비판의 근거로 삼는데, 이 점에서 그는 융엘(Eberhard Jüngel, 1934-)과 입장을 같이 한다. "기독교 신학은 기독교 신학으로서 그의 내적 기준을 십자가에 달린 그분에게서 발견한다. 그리하여 우리는 루터의 간결한 다음의 명제로 돌아간다. '십자가가 모든 것을 시험한다'(Crux probat omnia). 기독교에 있어서 기독교적이라 불릴 수 있는 모든 것을 증명하는 것은 십자가이다"(Moltmann 1980, 13). 몰트만의 이러한 생각은 루터에게서 유래한다. 루터에 의하면 "십자가에 달린 그리스도 안에 참된 신학과 하나님 인식이 있다"(Ergo in Christo crucifixo est vera theologia et cognitio Dei).

예수 그리스도의 십자가가 신학의 근거와 규범이라는 생각은 타당하다. 그런데 십자가는 예수의 역사적 삶과 연관하여, 또 그의 삶의 역사적 전통 속에서 파악되어야 한다. 그렇지 않을 때, 하나님의 창조, 약속, 계약, 율법, 구원의 역사에 관한 구약성서의 증언들, 또 그리스도에 관한 신약성서 후기 문서들의 증언들이 신학의 근거와 규범에서 제외되어버리고, 십자가는 무역사적으로 해석될 여지가 있다. 여기서 우리는 신학의 근거와 규범이 보다 더 정확하고 포괄적으로 파악되어야 할 필요성을 발견한다.

구약성서와 신약성서의 중심점이 십자가의 죽음을 당한 예수 그리스도에게 있음은 사실이다. 그런데 예수 그리스도의 사건, 곧 그의 오심과 삶과 죽음과 부활은 메시아의 오심을 기다리는 메시아적 전통 속에서 일어났다. 그것은 단지 한 인간 예수의 사건이 아니라, 아버지 하나님과 그의 아들 예수와 성령 사이에 일어난 삼위일체적 구원의 사건이었다. 따라서 참 신학의 근거와 규범은 메시아적 전통 속에서 예수 그리스도를 통해 일어난 메시아적, 삼위일체적 구원의 사건, 곧 하나님 나라의 사건이라 말할 수 있다.

신학은 메시아적 기다림의 전통 속에서 일어난 예수의 삼위일체적 하나님 나라의 사건을 구심점으로 가져야 하며, 이 사건 속에 계시되는 하나님의 의지와 일치하는가를 언제나 다시금 비판적으로 검토하고 자기를 수정해야 한다. 예수 그리스도 안에서 일어난 삼위일체 하나님의 메시아적 하나님 나라 사건의 빛 속에서 기독교 신앙의 진리와 실천을 성찰해야 하며, 언제나 하나님의 나라를 지향해야 한다. 그래서 이 사건과 거리가 먼 사변에 빠지지 않도록 유의해야 한다. 교회와 신학이 정말 "기독교적인", 다시 말해 "메시아(=그리스도) 예수와 일치하는" 것이 되려면, 언제나 이 근거와 규범에 충실해야 한다. 참 신학과 거짓 신학의 기준은 성서의 메시아적 전통에 따라 예수가 선포한 하나님의 나라를 명료하게 드러내느냐 아니면 그것을 숨기느냐에 있다.

성서의 전통에 의하면 예수 안에서 시작한 메시아적 하나님의 나라는 이 땅 위에 세워져야 한다. "하나님의 나라가 임하옵시며 뜻이 하늘에서 이룬 것 같이 땅 위에서도 이루어지이다." 그러므로 기독교 신학이 예수 안에서 일어난 메시아적, 삼위일체적 하나님 나라의 사건에 신실하고자 할 때, 그것은 땅에 신실할 수밖에 없다. 이런 까닭에 어떤 형태로든 이 땅에 신실하지 않은 신학은 참된 신학이라 말할 수 없다. 하나님에 대한 신실과 땅에 대한 신실은 분리될 수 없기 때문이다.

따라서 이 땅에 대해 얼마나 신실한가의 문제가 참 신학과 거짓 신학을 구별하는 규범에 속한다. 아무리 깊은 신학의 진리를 탐구한다 할지라도, 땅과 그 위의 모든 생명에 대해 무관심한 신학, 그들에게 신실하지 않은 신학에 대해 하나님은 얼굴을 돌리실 것이다. 참 신학은 "이 땅 위에" 세워질 하나님의 나라와 하나님의 정의에 관심을 가진다. 그러므로 성서 혹은 십자가에 달린 예수만이 참 신학의 근거와 규범이라는 전통적 생각만으로는 충분하지 않다. 예수 그리스도가 이 땅을 위해 자신의 생명을 버렸다면, "땅에의 신실함"이 신학의 규범에 속하지 않을 수 없다. 참 신학은 하나님에게 충실하기 때문에 땅 위에 있는 피조물의 생명의 문제에 충실하며, 피조물의 생명의 문제에 충실함으로써 하나님에게 충실하게 된다. 이것은 하나님을 사랑하기 때문에 이웃을 사랑하며, 이웃을 사랑함으로써 하나님을 사랑하는 것과 마찬가지 이치다.

4
신학의 연구 대상

일반적으로 신학은 "신에 관한 학문"이라 기술된다. 그래서 "신학의 연구 대상은 하나님이다"라고 생각하기 쉽다. 그러나 신학의 역사와 오늘의 연구 상황을 고려할 때, 신학의 연구 대상에 대한 이러한 일반적 진술이 만족스럽지 못하다는 사실을 발견할 수 있다.

앞서 언급한 것처럼, 초대교회 시대에 신학의 연구 대상은 주로 신론 특히 삼위일체론이었다. 그리고 삼위일체론과 연관된 양성론의 문제였다. 이와 더불어 초대교회는 고대 그리스-로마 사상과의 종합을 통해 삼위일체 하나님과 구원의 진리의 보편성을 확보하고자 하였다. 또한 초대교회는 고대 그리스의 이원론적, 영지주의적 사고(思考)를 거부하고 히브리적 사고를 견지하고자 노력하였다. 그래서 구약성서와 신약성서의 문헌들, 고대 그리스-로마의 철학사상, 영지주의 등이 신학의 연구 대상에 포함되었다.

중세와 근대 개신교 정통주의 신학에서 신학의 주요 연구 대상은 교리, 곧 기독교 신앙의 진리체계였다. 많은 교의학 체계들이 이 시대에 등장한다. 그런데 계몽주의 시대에 성서신학과 교회사가 교의학에서 독립하면서 신학의 연구 대상이 확대된다. 곧 성서와 교회의 역사는 물론, 교회의 다양한 실천들, 곧 기독교 교육, 기독교 윤리, 예배, 상담, 선교, 종교학, 교회법 등이 신학의 연구 대상으로 등장하기 시작한다. 오늘날 신학의 연구 대상은 교회 행정, 기독교 미학, 대중 매체, 생태신학, 여성신학 등으로 더욱 확대되고 있다. 이때 이 모든 대상들을 포괄하는 신학의 연구 대상이 무엇인지를 묻는다면, 기독교 신앙의 모든 진리 내용들과 실천이 신학의 연구 대상이라고 답할 수 있을 것이다.

그러나 우리는 보다 더 넓은 의미에서 신학의 연구 대상을 말할 수밖에 없다. 신학의 출발점이 되는 하나님의 존재와 활동은 어디까지나 인간과 세계, 이 땅의 문제들과 관계되어 있다. 성서 전체는 세계와 인간을 위한 하나님의 구원의 역사에 대한 신앙고백이다. 그러므로 신학의 연구 대상은 기독교 신앙의 진리와 교회의 제반 실천적 문제에 국한되지 않는다. 오히려 그것은 인간과 세계, 이 땅의 문제들로 확대될 수밖에 없다.

신학은 하나님을 위한 학문, 교회를 위한 학문인 동시에 인간과 세계를 위한 학문이요, 하나님의 나라를 위한 학문이다. 따라서 인간과 세계와 연관된 모든 문제들이 신학의 연구 범위에 포함된다. 물론 정치, 경제, 사회 등 세계 각 분야의 문제들은 해당 분야 학자들의 고유영역에 속한다. 그러나 신학자는 이들 학자들이 연구하는 세계의 현실을 알아야 하며, 이 현실과의 연관 속에서 연구해야 할 것이다. 이를 통해 그의 신학은 무시간적, 무역사적 신학이 아니라, 역사의 현실에 대해 의미를 가진 시간적, 역사적 신학이 되어야 할 것이다.

여기서 우리는 보다 더 본질적 차원에서 신학의 연구 대상이 무엇인지에 대해 질문할 수 있다. 이 질문은 과연 어떤 주제가 하나님에게 얼마나 중요한가, 그의 궁극적 관심이 무엇인가의 문제로부터 대답되어야 할 것이다. 하나님의 궁극적 관심은 그가 약속한 새로운 생명의 세계, 곧 하나님의 나라가 이 땅 위에 세워지는 데 있다. 이를 위해 먼저 타락한 인간이 자기의 죄를 깨닫고 하나님의 "새 피조물"로 변화되어야 한다. 따라서 기독교 신학에 있어 "절대적으로 문제 되는 것"(=ultimate concern, Paul Tillich, 1886-1965), 곧 신학의 궁극적 연구 대상은 인간의 인격이 변화되며, 하나님의 나라가 이 땅 위에 세워지는 데 있다.

신학이 존재하는 궁극적 목적도 여기에 있다. "신학의 궁극적인 목적은 억눌린 자들의 해방이요 올바른 삶의 회복(정의)"(권진관 1995, 68)의 차원을 넘어, 하나님을 아는 지식 속에서 모든 피조물이 더불어 사는 하나님의 나라를 앞당겨 오는 데 있다. 교회가 존재하는 목적 또한 여기에 있다. 그러므로 신학자가 자기 영역의 세부 문제들을 연구할 때, 그는 언제나 이 궁극적 연구 대상의 빛 속에서 연구를 진행해야 한다. 신학자는 하나님이 약속한 메시아적 새로운 생명의 세계에 대한 기다림과 열정을 잃지 말아야 할 것이다. 신학의 세부 대상들에 대한 연구는 하나님의 궁극적 관심, 곧 신학의 궁극적 목적과 연관될 때 의미를 가진다.

5
신학의 과제

신학은 어떤 과제를 가지는가? 그것이 수행해야 할 책임은 무엇인가? 오늘날 신학은 다양한 영역으로 세분되어 있기 때문에, 신학의 과제도 매우 다양하게 세분되어 있다. 세분화되어 있는 신학의 모든 영역들의 과제를 여기서 전부 기술한다는 것은 불가능하다. 여기서 우리는 단지 신학을 연구하는 모든 사람들이 언제나 고려해야 할 몇 가지 주요 과제를 살펴보고자 한다. 이를 통해 신학이 무엇인가를 한층 더 깊이 파악할 수 있을 것이다.

A. "이해하는 신앙"을 위한 과제

기독교 신앙은 막연한 종교적 느낌이 아니라, 구체적 내용에 대한 신앙이다. 아무리 단순한 신앙일지라도, 그것은 내용을 담고 있다. "하나님을 믿는다"고 할 때, 그 사람의 믿음은 자기 나름대로 하나님에 대한 지식을 가지고 있다. 아무리 무지한 사람일지라도, 자기가 신앙하는 바에 대한 최소한의 지식과 이해를 가지며, 자기가 이해하는 바를 신앙한다. 또한 자기의 신앙이 자신의 삶의 세계에서 어떤 의미를 갖는지 희미하게나마 알고 있다. 그러므로 신앙하는 사람은 자기가 속한 삶의 세계 속에서 자기가 신앙하는 바를 이해하고자 한다. 안셀무스(Anselm von Canterbury, 1033-1109)가 말하듯이, 기독교 신앙은 "이해를 추구하는 신앙"(fides quaerens intellectum)이다. "신학은 이해를 갈망한다"(오영석 1999, 17). 신학의 일차적 과제는 신앙의 이해를 돕는, 그리하여 "이해하는" 신앙이 되도록 봉사하는 데 있다.

또한 그리스도인들이 소유한 신앙의 내용들은 문화적, 종교적 전통, 지적 수준과 사고방식, 그 시대의 언어와 정치적, 경제적, 사회적 조건들의 제약을 받지 않을 수 없다. 따라서 그들의 신앙의 내용들은 차이를 보일 수밖에 없다. 예를 들어 같은 하나님을 믿지만, 하나님에 대한 이해가 각 사람의 문화적 배경과 삶의 경험, 교육 수준에 따라 다르게 나타난다. 그러므로 신학은 그리스도인들의 신앙의 내용에 대한 이해가 성서의 증언들에 비추어 타당한가를 검증하고, 참으로 "기독교적인" 신앙의 내용이 무엇인가를 해명해야 할 과제를 지닌다. 이 과제를 통해 신학은 기독교 신앙에 봉사한다. 이런 점에서 기독교 신학은 "기독교 신앙의 기능"이라 할 수 있다. 이 기능은 성서신학과 조직신학의 고유한 과제지만, 신학의 모든 세부영역들이 신학에 속하는 한, 모든 영역들이 함께 수행해야 할 공동의 과제라 말할 수 있다.

여기서 우리는 신앙이 신학의 전제가 된다는 것을 볼 수 있다. 신학은 중립적이지 않다. 오히려 그것은 기독교 신앙의 관점에서, 기독교 신앙을 위해 일어난다. "기독교 신학은 기독교 신앙이 존재하는 동안 또 존재하는 한에서, 존재할 수 있다.…만일 기독교 신앙이 존재하지 않는다면, 사멸해버린 종교로서의 기독교가 학문적 연구의 가능한 대상으로 존속할 수 있겠지만, 기독교적 신학은 그의 기초를 잃어버릴 것이다." 기독교 신앙의 현실은 기독교 신학의 실존에 대해 "근거와 시간적 제한"이 되는 동시에, "기독교 신학이 그 속에서 기독교의 내용과 실천을 다루는 지평"이 된다. 기독교 신학은 기독교 신앙 때문에, 기독교 신앙을 위해 존재하며, 그것은 기독교 신앙에 대해 중립적이지 않다. 오히려 "신앙의 전망(Perspektive)으로부터, 다시 한 번 말해 기독교 신앙 때문에 발생한다"(Härle 2007, 10).

B. 그리스도인의 자기이해와 윤리적 실천을 위한 과제

신앙의 지적 내용에 대한 성찰은 그리스도인의 자기이해와 윤리적 실천과 직결된다. 예를 들어 "인간은 하나님의 피조물이다"라는 기독교 인간학의 서술적 명제(Indikativ)는 "하나님의 피조물"로서 인간의 자기이해를 확립하는 동시에, "그러므로 우리 인간은 하나님의 피조물답게 살아야 한다"는 윤리적 명령(Imperativ)을 내포한다. 따라서 신앙의 내용에 대한 해명은 그리스도인들의 자기 이해와 윤리를 결정한다. 그리스도인들의 생명의 근거와 참 가치가 무엇인지, 무엇 때문에, 무엇을 위해 살아야 하는지, 하나님과 이웃과 어떤 관계를 맺어야 하며, 어떻게 행동해야 하는지, 그 방향을 제시해준다. 기독교 신앙의 진리가 인간의 삶을 어떤 방향으로 개혁하고 변화시킬 수 있으며, 오늘의 상황에서 삶의 구체적 문제들을 풀어 나가는 데 어떤 도움이 될 수 있는가를 해명한다.

이 문제는 기독교 윤리학이 담당해야 할 고유한 과제이다. 그러나 모든 신학적 성찰과 진술 속에는 윤리적 당위성이 내포되어 있다. 예를 들어 교회의 역사에 대한 연구는 단지 과거의 역사에 대한 연구에 불과한 것이 아니라, 과거의 역사에 비추어 오늘의 교회가 지향해야 할 윤리적 방향을 직간접적으로 제시한다. 그러므로 신학의 모든 영역들은 기독교의 올바른 윤리의 규범과 방향을 제시해야 할 윤리적 과제를 안고 있다.

이 과제를 수행함에 있어 신학은 무시간적 윤리 규범을 제시하지 않고, 오늘의 현실 속에서 가장 적절한 삶과 행동의 방향을 제시해야 한다. 신학은 무엇을, 왜, 무엇 때문에 신앙해야 하는가를 제시하는 동시에, 오늘의 사회와 세계 속에서 무엇을 위해 어떻게 살아야 하고 어떻게 행동해

야 하는가를 제시해야 할 과제와 책임이 있다. "신학 개념은 신학적 실천
으로 옮겨질 때, 즉 교회가 자신이 선포하는 것을 토대로 세상 속에서 살
아갈 때에야 비로소 의미를 지닌다"(J. Cone, Migliore 2012, 46에서 재인용).

C. 교회를 위한 과제

본래 신학은 초기 기독교 공동체의 복음을 변증하고 이단설을 극복하기
위한 노력과 함께 시작하였다. 최초의 신학자들은 변증가들이었다. 그러
므로 신학의 본래 자리는 교회에 있으며, 교회를 위한 교회의 학문이요 교
회의 기능이라 말할 수 있다(K. Barth, P. Tillich). 그것은 "교회 안에서 이루
어지는 기독교 신앙과 인식작업"이다(Althaus 1972, 6). 위에 기술한 "이해하
는 신앙"과 "그리스도인의 자기이해와 윤리적 실천을 위한 과제"는 넓은
의미에서 교회를 위한 과제의 한 부분이라 말할 수 있다. 그리스도인의 신
앙과 삶은 교회 공동체를 벗어날 수 없기 때문이다. 그러면 좁은 의미에서
교회를 위한 신학의 과제는 무엇인가?

교회를 위한 신학의 과제는, 교회의 모든 이론과 선포와 실천이 예수
그리스도의 형태를 나타내도록 돕는 데 있다. 교회의 머리는 예수 그리스
도이다(엡 4:15). 그러므로 설교와 성례전의 형태로 이루어지는 교회의 선포
와 가르침, 교회의 다양한 활동과 실천, 교회의 교리와 신앙고백, 교회의 예
배 형식, 장로제도, 헌금제도, 재정관리 등 교회의 구체적 삶 속에 그리스도
의 형태가 나타나도록 하는 데 신학의 과제와 목적이 있다. 칼 바르트는 교
회의 선포에 대한 비판적 성찰을 신학의 주요 과제로 생각한다. "신학은 교
회의 혼이 되는 말씀의 선포를 비판하고 교정하며 바른 방향을 제시하는
교회의 파수꾼이자 안내자의 사명을 수행해야 한다"(오영석 1999, 12).

교회의 머리이신 예수 그리스도는 "하나님 나라 자체"이다(Origenes).
그의 존재 자체가 하나님 나라의 현실인 것이다. 그러므로 교회의 삶 전체

가 "땅 위에 있는 하나님 나라"의 현실이 되어야 한다. 그러나 교회는 "성도들의 모임"(*communio sanctorum*)인 동시에 "죄인들의 모임"(*communio peccatorum*)이기 때문에, 인간의 관심과 욕심이 교회를 지배할 수 있다. 하나님의 형상을 드러내지 못하고 사탄의 그림자를 나타낼 수 있다. "타자를 위한 존재"(Bonhoeffer)가 아니라 "자기를 위한 존재"가 될 수 있다. 어떤 교회도 하나님 나라 자체가 아니다. 땅위의 모든 교회는 하나님 나라의 희미한 그림자일 뿐이다. 그 속에는 진리도 있지만 비진리도 있다. 그러므로 신학의 과제는 교회의 삶 전체를 비판적으로 성찰하고, 하나님이 약속한 새로운 생명의 세계가 교회의 삶 속에 나타나도록 돕는 데 있다. 이를 위해 신학은 때로 "제도화된 교회 혹은 교회의 특정한 제도가 기독교 신앙에서 멀어지거나 이탈할 때, 이들을 비판하며 철저히 문제화시킬 수밖에 없다"(Härle 2007, 11).

신학을 연구하는 사람들 가운데 교회와 신앙을 무시하고 신학 연구 그 자체를 목적으로 삼는 사람을 가끔 볼 수 있다. 교회의 현실에 대한 실망과 좌절감이 이에 대한 원인이 되기도 한다. 물론 신학 연구 자체에 관심을 갖는 것은 좋은 일이다. 그러나 신학의 목적은 그 자체에 있지 않다. 어떤 학문도 학문 그 자체에 목적을 갖지 않는다. 모든 학문은 어떤 의미에서든 세계의 현실과 관계되어 있고 세계의 현실에 봉사하고자 하는 목적을 가진다. 신학도 마찬가지다. 신학도 하나님이 지으신 세계의 현실에 봉사하고자 하며, 먼저 기독교 신앙과 교회를 위해 봉사하려고 한다. 우리는 여기에 신학의 목적과 과제가 있음을 유의해야 할 것이다.

교회의 교회다움을 위한 신학의 봉사는 때로 교회에 대한 비판을 피할 수 없다. 신학은 교회를 위한 "교회의 기능"이지만, 교회를 무조건 따르는 교회의 시녀가 아니다. 신학이 교회에 대한 비판의 자유를 가지며 때로 교회를 비판할 수 있을 때, 신학은 참된 의미에서 교회를 위해 봉사할 수 있다. "교회의 요구나 주장이 옳지 않다면 신학은 사정없이 비판의 도끼를 들어야 한다"(송기득 1997, 22). 이와 동시에 신학도 자기 자신에 대한 비판을 허용해야 한다. 영원하고 변할 수 없는 절대적 신학이란 있을 수 없기 때문이다. 이런 점에서 신학은 비판의 주체인 동시에 비판의 대상이 된다. 비판을 거부하는 신학의 자기 절대화는 교회의 절대화를 초래하게 된다 (보다 자세한 내용에 관해 아래 "학문적 과제" 참조).

D. 성서적 과제

하나님의 진리는 성서에 기록되어 있다. 그러므로 신학은 성서에 근거해야 한다. 따라서 신학은 성서에 대한 과제를 떠맡는다. 그것은 성서에 계시된 하나님의 진리의 순수성을 지키는 동시에, 이 진리를 우리의 시대적 상황 속에서 새롭게 찾아내야 할 과제를 지닌다. 이 과제는 성서신학의 고유영역에 속하지만, 신학의 모든 영역들이 직간접적으로 함께 수행해야 할 과제이다. 이 과제는 두 가지로 형태로 수행된다.

1) 반복적 형태: 이 형태는 성서의 구절들을 반복해서 말해야 하며, 조직신학은 성서의 구절들을 체계화시킨 것이어야 한다는 근본주의 내지 보수주의 신학의 입장을 가리킨다. 이 입장은 성서의 축자영감설과 무오설에 기초한다. 이 입장에 따르면 성서는 글자 한 자, 점 하나에 이르기까지 성령의 영감 속에서 기록되었기 때문에, 그 속에는 어떤 오류도 없다. 따라서 성서의 모든 말씀은 영원히 변할 수 없는 하나님의 절대 진리이다. 그러므로 신학은 성서의 말씀을 있는 그대로 반복해서 말해야 한다는 것이다.

미국 미주리 주의 근본주의 신학자였던 피퍼(F. Pieper)에 의하면, 신학은 "여러 가지 이론으로 종합 정리된 성서 자체에 불과하며, 성서가 말하는 것을 그대로 따라서 이루어져야 한다. 신학은 성서의 내용을 여러 가지 범주로 분류해야 할 과제를 가질 뿐이다"(Pöhlmann 1973, 18). 한국 예수교 장로회 합동측 신학자인 이범배의 『조직신학』도 이런 종류의 신학을 주장한다. 그의 주장에 의하면 신학은 각 주제에 해당되는 중요한 성경구절들을 묶어서 인용하는 "성경적 교리의 통론(通論)"이 되어야 한다. 조직신학은 "어떠한 특별한 논제(Topic)에 관하여 신학자들(Theologians)이 그 논제에 해당(Appropriate)되는 성경구절들을 수집(Collect)하고 요약(Summarize)하며 연구조사(Research)한 것"이다(이범배 2001, 8, 43).

성서의 구절들을 반복해야 한다는 성서주의적 입장은 한 편으로 타당성을 가진다. 이 입장에 따르면 성서는 어떤 개인이나 집단의 관심에 따라 해석되어서는 안 된다. 성서는 어떤 이데올로기를 뒷받침하는 도구가 되어서도 안 된다. 따라서 신학은 성서의 말씀을 왜곡시켜서는 안 되며, 하나님의 말씀에 충실해야 한다.

다른 한편, 근본주의적·성서주의적 입장은 심각한 문제점도 수반한다. 그것은 옛날에 기록된 성서의 글자 자체를 하나님의 말씀, 하나님의 절대적 진리와 동일시하며, 글자 뒤에 숨어있는 하나님의 뜻을 간과하거나 왜곡한다. 결과적으로 신학은 성서의 반복적 서술에 불과하게 되고, 새로운 시대의 새로운 상황에 대해 의미를 갖지 못하게 된다. 성서는 지나간 역사의 유물로 경직되고 만다. 우리는 이 문제에 대해 아래 "성서론"에서 자세히 다룰 것이다.

2) 창조적 형태: 성서에 대한 창조적 과제는 성서의 말씀이 오늘 이 시대의 구체적 문제들과 상황들에 대해 무엇을 말하고자 하며 무슨 의미를 가지는가를 창조적으로 해명하고자 한다. 이를 통해 성서의 말씀이 오늘 우리 시대에 대한 하나님의 살아있는 말씀이라는 것을 나타내고자 한다. 과거의 많은 신학 서적들, 특히 교의학과 성서주석을 읽어보면, 많은 신학자들이 주로 개인의 죄 문제, 삶의 의미 문제 등에 대해 관심을 가졌으나, 그 시대의 문제들에 대해서는 무관심했다는 사실을 발견할 수 있다. 이리하여 성서는 그 시대의 문제들과 상황들, 인간의 고통에 대해 별다른 의미를 주지 못하였다. 근대 자연과학의 발전, 산업혁명, 러시아 혁명, 제국주의와 식민주의, 약소국에 대한 경제적 착취와 인종차별, 세계 1, 2차 대전,

2차 대전 후 동서의 냉전체제와 군비확장, 핵무기 개발과 실험, 이러한 역사의 와중에서 힘없는 생명들이 당하는 고난에 대해, 성서는 별다른 의미가 없으며, 단순히 개인의 죄와 회개와 경건에 대해서만 의미가 있는 것으로 보였다.

오늘날 많은 신학자들은 신학의 이러한 과거를 반성하고, 성서에 대한 창조적 과제에 관심을 가진다. 신학의 과제는 깨어져버린 화석의 조각들을 짜 맞추듯이, 혹은 퍼즐 조각들을 맞추듯이 성서의 구절들을 결합시키는 데 있지 않다. 오히려 그것은 성서의 중심 주제인 하나님의 나라가 인간의 삶과 이 땅에 세워지도록 하는 데 있다. 브루너(Emil Brunner 1889-1966)에 의하면 신학은 그 시대의 언어로 성서를 번역하고 그 시대의 정신과 이데올로기와 비판적으로 대화해야 할 과제가 있다(Brunner 1972, 96 이하). 성서의 개별 구절들은 성서 전체의 맥락 속에서 이해되어야 한다. 에벨링(Gerhard Ebeling)에 의하면 신학은 "과거에 있었던 것"(so war es)을 반복하여 말하지 않고, 현재에 그것이 무엇을 말하는가(so ist es)를 말해야 한다(Ebeling 1967, 454). 불트만은 실존적 차원에서 성서의 창조적 과제를 수행하려고 한다.

20세기의 신학자 가운데 틸리히만큼 대담하고 창조적으로 성서의 메시지를 그 시대의 언어로 번역하고자 시도한 신학자는 없을 것이다. 그의 『조직신학』은 오늘 우리 시대의 문제들에 대해 "대답하는 신학", "변증적 신학"이 되고자 한다(Tillich 1956, 12). 이를 위해 그의 신학은 "상관관계의 방법"(method of correlation)을 채택하고 성서의 메시지와 인간의 상황을 관계시킨다. 그의 신학체계는 "상황 속에 포함되어 있는 문제들과 메시지 속에 함축되어 있는 대답을 서로 관련시키고자 한다.…그것은 문제와 대답, 상황과 메시지, 인간의 실존과 하나님의 자기계시를 서로 관련시킨다"(65, 15).

그러나 성서에 대한 창조적 과제는 성서 본연의 주제를 간과하고 그 시대의 정신이나 이데올로기를 가지고 성서의 메시지를 왜곡할 위험성이 있다. 성서의 메시지를 특정한 세계관 혹은 이데올로기의 도구로 삼을 수도 있기 때문이다. 또한 틸리히와 불트만의 신학이 보여주는 것처럼, 그들이 분석하는 그 시대의 문제들과 이에 대한 대답이 자신이 가진 특정한 사고 구조와 철학사상의 일면성에 빠질 수도 있다. 우리는 성서에 대한 반복적 기능이 전통주의와 무역사성에 치우치는 반면, 창조적 기능은 성서에 담긴 하나님의 진리를 왜곡하는 일면성에 빠질 위험이 있음을 주의해야 할 것이다.

E. 하나님 나라의 선취를 위한 구성적·메시아적 과제

위에 기술한 성서에 대한 창조적 과제는 신학의 구성적 과제와 직결된다. 신학이란 사실상 하나의 구성적 작업이다. 하나님이 그의 진리를 우리에게 직접 계시한다 해도, 우리는 이 진리를 우리의 역사적 상황과 삶의 자리에서 우리 인간의 언어로 이해하고 기술할 수밖에 없다. 따라서 "인간의 하나님에 대한 이해는…불변하는 교리와 도그마에 의해 정의될 수 없다. 필자는 신학이 인간의 활동이고 문화적 행위라고 생각한다. 이러한 의미에서 신학은 상상적이고 상징적이며 창조적 본성을 가지는 작업이다"(김은혜 2006, 291).

따라서 신학은 하나님의 진리가 우리 인간의 삶과 역사적 상황에 대해 적절한 의미와 타당성을 갖도록 자신의 이론들을 구성해야 할 과제를 포함한다. 삶의 좌절과 슬픔, 불안과 공포에 싸인 사람이 새로운 용기를 얻으며, 무엇 때문에 살아야 할지 알지 못하는 사람이 살아야 할 이유를 발견하며, 삶의 참 가치를 알지 못하는 사람이 참 가치를 알게 되며, 사치와 허영과 죄에 빠진 사람이 하나님의 자녀로 다시 태어날 수 있도록 구성되어야 한다. 또한 신학은 목적과 희망을 상실하고 "될 대로 돼가는" 이 세계가 올바른 목적과 희망을 갖게 되며, 나누어진 것들이 전체로 통합되며, 자기를 폐쇄하고 절대화시키려는 세계의 모든 것이 자기를 개방하도록 구성되어야 한다.

궁극적으로 신학의 이론들은 하나님이 약속하는 하나님의 나라가 이 땅 위에 세워지도록 구성되어야 한다. "새로운 사회질서를 향한 희망과 꿈을 그리고 인간 삶의 새로운 가능성들에 대한 기대감을" 불러일으키며 (Kaufman 1999, 139), 이 꿈과 희망 속에서 사람들의 인격과 가치관이 변화되고, 불의하고 냉혹한 세계 속에 하나님의 정의와 자비가 다스리는 현실이 세워지도록 형성되어야 한다. 신학의 궁극적 과제가 여기에 있다. 앞서 기술한 다양한 과제들, 곧 "이해하는 신앙"을 위한 과제, 윤리적 실천을 위한 과제 등은 하나님 나라의 선취를 위한 궁극적 과제 안에 통합된다. 이들은 궁극적 과제의 세부 형태들인 것이다. 만일 신학이 하나님의 나라를 이 땅 위에 선취해야 할 이 궁극적 과제와 목적을 망각한다면, 그것은 참된 의미의 "기독교 신학", 곧 "그리스도적 신학"이 아닐 것이다.

크라우스(Hans-Joachim Kraus)에 의하면 전통적으로 신학은 학문적 사변에 머물렀으며, 개인주의적 인간학이나 존재론적, 형이상학적 체계를 만드는 일에 열심이었다. 이리하여 신학은 인간의 현실을 하나님의 나라를 향해 변화시키는 기능을 행사하기보다, 오히려 인간의 불의한 현실을 경직시키는 데 기여하였다. 신학은 현실을 정당화시키고 그것을 유지하는 데 봉사하는 "이데올로기로 변질하였다"(Kraus 1975, 78).

이제 기독교 신학은 이데올로기의 역할을 중지하고, 자본주의, 사회주의, 경제 성장주의, 과학주의, 진보주의, 팽창주의, 인종주의, 물리주의, 사회 다원주의, 폐쇄적 민족주의, 군국주의, 신식민주의, 인간 중심주의, 자연 중심주의, 여성에 대한 남성 우월주의 등 모든 이데올로기의 문제성을 드러내고, 하나님의 새로운 생명의 세계가 그리스도인들의 삶과 교회와 이 땅 위에 세워지도록 그 자신을 구성해야 할 과제와 책임을 가진다. 신학은 "그 시대가 안고 있는 버거운 문제를 풀려고 씨름함으로써 그 시대의 사람들이 보다 사람답게 살 수 있는 세계를 만들려 하는 데 그 목적이 있는 것이다." 이 세계와 이 역사에서 인간화를 실현하는 것이 신학이 지닌 궁극의 목표이며 사명이다.

신학은 결코 그리스도교를 설명하는 데만 그 목적이 있는 것이 아니라, 그리스도교를 변혁하는 것도 포함한다. 아니, "신학은 인간화를 실현하기 위한 역사변혁에 참여하는 데 그 궁극의 목적을 다하는 것이다"(송기득 1997, 23).

어떤 신학자는 신학의 구성적 과제를 가리켜 "이단이다", "신신학이다"라고 비난할지 모르지만, 이것은 성서에서 이미 발생했다. 성서의 기자들은 하나님의 진리가 그들의 삶과 세계에 대해 가장 적절한 의미를 갖도록, 하나님에 관한 다양한 표상들과 이야기들을 구성한다. 요한복음 1장에 기록된 로고스 그리스도론이 이것을 예시한다.

F. 학문적 과제

신학은 그 자신을 하나의 학문으로 발전시켜나가야 할 과제가 있다. 우리는 신학의 학문적 과제를 아래와 같이 세분할 수 있다.

1) 신학은 개념의 명료성을 가져야 한다. 일반적으로 이해될 수 있는 개념을 사용해야 한다. 물론 학문의 개별 영역들은 비전문가가 이해하기 어려운 그 자신의 독특한 개념들을 사용한다. 신학도 마찬가지다. 그러나 이 개념들은 설명을 통해 이해될 수 있어야 한다.

2) 신학은 논리적 일관성과 명료성과 합리성을 가져야 한다. 물론 기독교 신앙의 진리는 객관적으로 증명될 수 있는 것이 아니다. 인간의 논리로써 해명할 수 없는 내용들도 있다. 그렇지만 신학자가 쓴 글들은 논리적으로 이해될 수 있어야 하며, 내용적으로 모순이 없어야 한다.

3) 신학은 방법적 일관성을 가져야 한다. 그래서 모순되지 않고 일관된 이론들을 전개해야 한다. 자기 편의에 따라 여기서는 이렇게, 저기서는 저렇게 얘기하고, 그때그때의 필요에 따라 자의적인 주장을 펴서는 안 될

것이다.

4) 신학은 성서로부터의 근거가 있어야 한다. 성서적 근거와 일관성을 상실한 자의적 해석과 공상과 주관주의는 배제되어야 한다. 반대로 성서의 몇 구절을 인용하면서 "이것이 하나님의 진리다"라고 주장해서도 안 될 것이다. 성서의 모든 구절들은 성서 전체의 문맥 속에서 파악되어야 하며, 신학은 전체적 맥락 속에서 파악된 성서에 기초되어야 한다.

5) 신학의 학문성을 위해 신학과 설교의 구별이 필요하다. 물론 양자의 한계는 매우 유동적이다. 신학의 내용들은 사실상 하나의 설교이며, 설교는 신학적 내용들을 담고 있다. 그러나 신학의 전체 내용이 설교처럼 되어서는 안 될 것이다. 사례 중심의 신학, 이야기 신학(narrative theology)의 위험성이 여기에 있다. 신학은 설교와 실천의 이론적 기초가 되는 원칙적 내용들을 다루어야 한다.

6) 오늘날 한국 교회에서 신학의 학문적 과제를 수행하기 위해 학문적 자유가 보장되어야 할 것이다. 학문적 자유가 보장되지 않을 때, "학문으로서의 신학"은 불가능하다. 신학은 "교회의 학문", "교회를 위한 학문"이지만, "교회의 하수인"이 아니다. 신학이 참으로 교회를 위해 봉사하는 교회의 학문이 되기 위해서는 창조적 사고와 비판적 성찰의 자유, 곧 학문의 자유를 가져야 할 것이다. 신학의 학문적 자유가 허락될 때, 교회는 "새로운 것"에 대해 자기를 개방하고 새로운 현실에 적응할 수 있을 것이다. 한국의 많은 교단 소속 신학교육 기관에서 신학이 학문적으로 발전하지 못하는 이유는, 교회가 신학의 학문적 자유를 허용하지 않기 때문이다.

7) 학문적 과제에 충실하기 위해 신학은 자신의 모든 지식과 이론들을 회의와 비판의 대상으로 세울 수 있어야 한다. 특정한 신학자의 신학 이론들을 절대시하는 것은 신학의 학문적 발전에 방해가 되며, 교회와 교권자들의 절대화를 초래한다. 모든 신학은 "비판의 주체인 동시에 비판의 대상이다"(Härle 2007, 11). 따라서 모든 신학적 지식과 이론들은 "이것이 성경의 진리요 하나님의 계시"라고 자기를 절대화할 것이 아니라, 새로운 비판

과 도전에 대해 개방적이어야 하며, 자기를 수정할 수 있어야 할 것이다. 오늘날 학문의 세계에서 이른바 영원히 변할 수 없는 절대적 진리란 지난 시대의 "고물"(古物)이 되어버렸다. 이른바 객관적 자연의 현실을 설명하는 과학적 지식도 개연성을 가진 개연적인 것, 제약된 것, 잠정적인 것임을 자연과학자들 자신이 인정한다. 세계의 모든 사물은 비확정성을 그 본질로 가지고 있기 때문이다(W. Heisenberg).

6

신학의 구성과
내적 통일성

A. 신학의 세부영역들의 분화와 내적 통일성

앞서 기술한 바와 같이, 전통적으로 신학은 교의학, 즉 오늘의 조직신학을 가리켰다. 그러나 계몽주의 시대에 이르러 신학은 구약신학, 신약신학, 교회사학, 조직신학, 실천신학의 다섯 가지 영역으로 분화(分化)되었다. 이리하여 일반적으로 신학은 위의 다섯 가지 영역으로 구성된다고 말할 수 있다.

오늘날 신학의 분화는 한층 더 심해지고 있다. 기독교 교육학과 기독교 윤리학은 물론, 선교학, 목회학, 예배학, 설교학, 상담학 등 모든 세부영역들이 독립성을 주장하면서 고도로 발전하고 있다. 각 영역들은 자신의 연구 대상과 방법과 목적을 가진다. 그래서 어느 한 영역의 신학자가 다른 영역에 대해 말한다는 것은 거의 불가능할 정도가 되었다. 각 영역의 엄청난 연구 자료들과 연구사를 다른 영역의 신학자가 도저히 전문적으로 연구할 수 없게 되었다.

신학이 세부영역으로 분화될 때, 하나의 통일된 학문으로서의 신학은 사실상 없어지고, 세부영역들만 존재하는 결과가 초래될 수 있다. 서로 독자성만 주장할 때, "각 분야들이 떨어져 나가는 결과를 초래할 뿐 아니라, 신학의 연구 전체를 파괴하며 세부적 내용에 대한 정확한 연구를 무시해 버리는 개별화 현상을 야기한다"(Kraus, 1975, 71).

세부영역들의 분화에도 불구하고, 이들을 결합시켜 하나의 통일된 학문으로서의 신학을 말할 수 있는 가능성은 어디에 있는가? 간단히 말해 신학의 내적 통일성의 근거는 무엇인가? 우리는 그 근거를 다음과 같이 제시할 수 있다.

1) 신학의 세부영역들은 하나님의 나라에 대한 증언과 연관하여 다음과 같은 상위(上位)영역으로 분류될 수 있다. ① 과거의 증언에 관심하는 역사적 영역(잠정적 증언인 구약성서, 궁극적 증언인 신약성서, 그 이후의 증언이라 말할 수 있는 교회사), ② 현재의 증언에 관심하는 신학적 영역(교의학 혹은 조직신학, 변증학 등), ③ 증언의 실천을 다루는 실천적 영역(기독교 윤리학, 교육학, 상담학, 설교학, 예배학, 선교학, 교회 헌법학, 교회 행정학 등).

그런데 신학의 현실을 자세히 살펴보면, 이 영역들은 서로 연관되어 있으며 의존한다는 사실을 발견할 수 있다. 실천신학은 성서신학, 교회사학, 조직신학의 연구에 의존하며, 거꾸로 이 영역들은 실천신학의 자극과 영향 속에서 이루어진다. 조직신학은 성서신학, 교회사학에 의존하며 실천신학의 자극과 영향 속에서 연구되는 동시에 이 영역들에게 영향을 준다. 상당수의 세부영역들은 실천적 영역에 속하는 동시에 신학적 영역에 속하기도 한다. 예를 들어 기독교 윤리학, 설교학, 선교학은 신학적 영역에 속하기도 하고 실천적 영역에 속한다고 볼 수 있다. 교리사는 역사적 영역에 속하기도 하고 신학적 영역에 속하기도 한다. 이와 같은 세부영역들의 내적 연관성과 의존에서 우리는 신학의 내적 통일성을 볼 수 있다.

2) 신학의 모든 영역들은 삼위일체 하나님, 하나님의 창조, 인간의 타락과 죄성, 예수 그리스도 안에서 시작한 하나님의 나라와 구원의 역사 등 기독교 신앙의 기본 내용들을 믿으며, 구약성서와 신약성서를 살아계신 하나님의 말씀으로 믿으며, 하나님이 약속한 새로운 메시아적 생명의 세계 곧

하나님의 나라를 이론과 실천을 통해 현실화시키고자 하며, 교회와 세계, 특히 고난 속에 있는 생명들을 섬기고자 하는 점에서 일치점을 가진다. 이 일치점 때문에 신학의 세부영역들은 그 연구 대상과 방법과 목적이 다양함에도 불구하고 "신학"이란 하나의 통일된 학문 영역을 형성하게 된다.

만일 신학의 어떤 영역이 이 일치점을 망각한다면, 그것은 신학에 속한다고 말할 수 없을 것이다. 예를 들어 성서 고고학자가 이것을 망각하고 고고학 연구에만 몰두할 때, 그의 전공영역은 신학이 아니라 고고학이라고 봐도 무방할 것이다. 따라서 신학은 "하나의 분리될 수 없는 전체라는 점에서 출발해야 한다. 어느 영역을 막론하고 분리될 수 없는 전체성을 가진다. 모든 영역은…신학의 통일성이라는 지평에서만 독자성을 유지한다" (Boren 1975, 8).

3) 신학의 세부 영역들은 각자의 특정한 내용과 방법이 있지만, 조직신학의 내용들과 관계할 수밖에 없는 공통점을 가진다. 예를 들어 설교학은 단지 설교의 기술만을 다루는 것이 아니라, 하나님의 속성, 삼위일체, 인간의 죄성, 그리스도의 구원, 역사의 종말 등에 관한 설교의 내용을 다룬다. 이 내용들은 바로 조직신학이 전문적으로 다루는 조직신학적 내용들이다. 신학의 모든 세부영역들은 조직신학과 연결되며, 이를 통해 "신학"이라는 하나의 학문 영역을 구성한다. 그러므로 "조직신학이 신학의 중심이다"라는 얘기를 듣는다. 신학의 모든 영역들은 신학적 관심과 목적을 가지며, 그들의 연구 내용은 신학적 성격을 띤다. 신학의 통일성을 말할 수 있는 셋째 근거가 여기에 있다. 아래에서 우리는 신학의 주요 영역들과 조직신학의 관계를 해명함으로써, 이 사실을 보다 더 명료하게 드러내고자 한다.

B. 신학의 주요 영역들과 조직신학

1) 성서신학과 조직신학: "성서신학"이란 개념은 두 가지 의미로 이해될

수 있다. 첫째, 성서신학은 성서에 근거한 신학, 곧 "성서에 기초하는 올바른 성격의 신학"을 뜻한다. 둘째, 그것은 성서를 연구하는 신학의 한 고유 영역을 가리킨다. 전자는 신학적 과제를 말하며, 후자는 성서라고 하는 한 역사적 문헌을 다루는 역사적 과제를 가리킨다. 그럼 양자는 어떤 관계에 있는가?

먼저 "성서신학"이란 단어를 분석할 때, 이 단어는 하나의 동어반복(Tautologie)이라 볼 수 있다. 왜냐하면 만일 신학이 기독교적 신학이고자 한다면, 성서에 근거해야 한다는 것은 자명하기 때문이다. 그럼에도 불구하고 왜 "성서"라는 단어를 "신학"이란 단어와 결합시키는가? 또 신학이란 단어를 왜 성서라는 단어와 결합시키는가? 성서 그 자체가 그 내용에 있어 신학이 아닌가? 성서는 그 본래의 내용에 있어 신학이 아니란 말인가? 그렇다면 신학이란 성서와 관계없는 별개의 것인가? 여기서 조직신학과 성서신학의 관계가 변천된 역사적 과정을 개관함으로써 양자의 관계를 해명해 보기로 하자.

a. 초대교회 시대부터 성서주석이 있었다. 그러나 중세기가 끝나기까지 성서주석과 조직신학이 긴장관계에 빠질 수 있는 가능성은 전혀 없었다. 왜냐하면 성서주석은 조직신학의 틀 안에서 수행되었기 때문이다. 따라서 이 시대의 신학이란 교의학적 성격을 가지며, 성서주석에 대해 규범성을 가진 기독교 교리의 기술을 뜻하였다. 성서신학은 교의학 내지 조직신학을 위한 보조기능의 역할을 벗어나지 못하였다.

b. 종교개혁 신학은 중세신학의 철학적 방법과 아리스토텔레스(Aristoteles)의 영향을 거부하고 성서에 근거한 신학을 요구했으며, 성서가 신학의 규범이 되어야 함을 주장하였다(sola scriptura의 원리). 루터의 이러한 생각은 성서주석과 교의학, 하나님의 말씀과 성서가 긴장관계에서 대립관계로 발전하는 계기가 되었다. 그러나 성서신학이란 개념은 종교개혁을 통해 형성되지 못하였다. 왜냐하면 "sola scriptura"의 원리는 방법론적으로 성찰되지 못했으며, 신학의 형성에 큰 변화를 일으키지 못했기 때

문이다. 루터와 칼뱅의 신학이 엄격하게 성서에 근거한 "성서적" 신학이라 기보다 오히려 "교의학적" 신학이었음이 이것을 증명한다. 정통주의 신학도 성서신학을 발전시키지 못하고, 오히려 중세의 신학처럼 교의학적 전통에 따라 스콜라적인 신학체계를 형성하는 데 주력하였다.

c. 17세기 말에 일어난 경건주의는 신앙의 경건성에 주요 관심을 가졌기 때문에, 사변적, 교의학적 신학을 반대하고 성서적인 신학을 요구하였다. 경건주의의 대표자 슈페너(Philipp Jakob Spener, 1635-1705)는 "스콜라적 신학"(theologia scholastica)과 "성서적 신학"(theologia biblica)을 구별하였다. 이 구별의 목적은 교의학에서 분리된 성서신학의 독립에 있는 것이 아니라, 성서에 기초한 신학, 즉 "성서적인" 신학을 요구하는 데 있었다. 이로 인해 성서신학과 교의학은 긴장관계에 놓이게 되었다.

d. 계몽주의 시대에 성서신학은 교의학과 경쟁하는 하나의 독립된 영역으로 등장하였다. 물론 그 당시 성서신학은 교의학의 성격을 크게 벗어나지 못했지만, 성서에 대한 역사적-비평적 연구를 통해 성서신학은 완전히 독립된 영역, 곧 교의학에서 독립된 역사적-비평적 분야가 되었다. 그러나 성서신학은 종교사학으로 변모하는 결과를 낳고 말았다. 다시 말해 성서가 기록된 당시 그 주변 세계의 종교에 대한 연구가 성서신학을 지배하게 된 것이다. 이리하여 19세기에 성서신학은 신학적 관심을 상실하고 종교사학으로 대체될 뻔한 위험에 빠지고 말았다.

19세기 말 이후 신학은 성서신학과 조직신학의 연속성을 회복하고자 노력한다. 성서신학은 단순히 역사적 영역이 아니라 신학적 영역이며, 조직신학은 단순히 신학적, 사변적 영역이 아니라 성서에 기초한 신학이어야 한다는 견해가 오늘날 세계 신학계를 지배하고 있다(M. Kähler, W. Wrede, K. Barth 등의 신학자들이 이에 대한 중요한 계기를 마련함). 이제 우리는 역사적 영역으로서의 성서신학이 어떤 문제점을 가지며, 이 문제점을 단지 역사적 방법만으로 해결할 수 없다는 사실을 밝힘으로써, 성서신학과 조직신학의 관계를 파악하고자 한다.

a. 역사적-비평적 방법을 엄격히 따를 때, 구약성서와 신약성서의 내적 통일성이 사라지게 된다. 이리하여 구약신학과 신약신학이 나누어지게 된다.

b. 구약성서와 신약성서 각자의 내적 통일성도 와해된다. 역사적-비평적 연구 방법은 구약성서와 신약성서 안에 있는 문헌들이 그 내용에 있어 통일된 것이 아니라 다양한 자료층으로 구성되어 있으며, 서로 모순되는 내용까지 포함하고 있다는 사실을 증명하기 때문이다.

c. 역사적-비평적 연구를 통해 성서신학의 연구 대상이 정경(正經)에 국한되어야 하느냐의 문제가 등장하였다. 성서신학은 성서의 주변 세계를 종교사적으로 연구할 수밖에 없었으므로 정경 연구에 제한될 수 없었다. 그 결과 엄격한 의미에서 정경의 규범성이 와해되었다. 이것은 성서신학이 역사적-비평적 연구 방법을 적용할 때 사실상 이미 일어난 일이었다. 이 연구 방법은 사실상 정경의 개념을 부인하기 때문이다.

d. 19세기의 신학사에서 볼 수 있는 것처럼, 성서에 대한 역사적-비판적 연구 방법은 성서신학을 종교학 또는 종교사학으로 전락시키는 결과를 초래할 수 있다. 그러나 종교의 역사에 대한 연구가 신학이라 말할 수 없다. 종교학자들 자신이 그들의 연구는 신학이 아니라고 주장한다. 이로써 성서신학의 역사적-비평적 연구 방법은 신학 전체를 폐기시켜 버릴 수도 있다. 브레데(William Wrede, 1859-1906)가 암시한 바와 같이, 조직신학의 차원을 무시할 때, 역사적-비평적 방법은 성서신학의 "신학"이라는 개념 자체를 불가능하게 만들 것이다.

성서신학이 이러한 문제점을 극복하고 하나의 신학이 되고자 한다면, 역사적-비평적 연구를 넘어 성서 본래의 주제에 관심을 가져야 한다. 성서의 주제, 곧 하나님이 약속한 메시아적 하나님 나라는 조직신학적 성격의 것이다. 따라서 참된 의미의 성서신학은 조직신학과의 연관 속에서 이루어질 수밖에 없다. 만일 성서신학이 조직신학과의 연관성을 부인하고 철저히 역사적 분야라고 주장할 경우, 성서신학은 신학이 될 수 없을 것이다. 하나님의 창조, 인간의 죄성, 하나님의 사랑과 은혜, 예수의 죽음을 통한 죄의 용서, 새 하늘과 새 땅에 대한 하나님의 약속은 역사적-비평적 연구를 넘어선다.

이와 같이 성서신학이 조직신학에서 분리될 수 없듯이, 조직신학도 성서신학에서 분리될 수 없다. 만일 조직신학이 역사적-비평적 방법을 통한 성서신학의 연구를 무시할 경우, 조직신학은 성서적 기초를 상실한 사변신학으로 전락할 것이다. 성서신학자는 성서신학자이기 위해 조직신학자일 수밖에 없으며, 조직신학자는 조직신학자이기 위해 성서신학자일 수밖에 없다. 그러나 두 영역이 혼합되어서는 안 될 것이다. 각 영역은 자신의 독자성을 유지하면서 서로 관련되고 도와주는 관계에 있어야 할 것이다.

2) 교회사학과 조직신학: 교회사학은 교회의 역사를 연구 대상으로 하는 신학의 한 영역이다. 그러나 이것은 좁은 의미의 교회의 역사만을 뜻하는 것이 아니라, 교회와 관계된 모든 활동, 즉 예수 그리스도와 함께 시작된 기독교의 역사 전체를 의미한다. 여기에 신학자들의 저서는 물론 중요한 인물들의 자서전과 전기, 교회의 예배의식, 교회헌법, 교회와 사회, 특히 교회와 국가의 관계, 교회의 신앙고백과 교리의 역사, 성서의 해석사, 목회자들의 설교, 기독교의 선교 역사 등이 포함된다. 교회의 건축, 미술, 문학, 음악은 물론, 교회가 속한 세계의 정신적 삶, 사회제도, 윤리, 관습, 교육제도에 대한 기독교의 영향도 교회사학의 연구 대상에 속한다.

이러한 연구 대상들은 일반 역사가에 의해 객관적, 역사적 입장에서 연구될 수 있다. 그러나 교회사학자는 하나님의 말씀과 하나님의 나라가 역사 속에서 어떻게 구체화 되는가를 추적하고, 교회와 세계의 미래에 대한 지혜를 얻고자 한다. 교회사학이 신학의 영역에 속한 것은 바로 이러한 "신학적" 관심 때문이다. 판넨베르크(Wolfhart Pannenberg, 1928-2014)에 의하면, "역사 자체는 조직신학적…의도에 따라 연구되고 기술될 수 있다. 이때 현재가 안고 있는 문제들과 과제들은 그들의 역사적인 유산으로부터 이해될 수 있고, 또 이 유산의 아직 완성되지 않은 미래적 가능성과 관련하여 이해될 수 있다"(Pannenberg 1977, 395).

그러나 신학적 관심 때문에 역사적 자료에 대한 비판적 연구가 약화되어서는 안 될 것이다. 교회사학은 일반 역사학이 갖지 않은 특수한 신학적 관심을 유지하는 동시에, 역사적 자료를 역사학의 방법에 따라 진지하게 다루어야 한다. 교회사학자인 호이시(Karl Heussi)에 의하면, "단 하나의 역사적 방법이 있을 뿐이다. 역사적 현상에 대하여 특별히 신학적 방법을 사용한다는 것은 불가능하다"(Heussi 1971, 5).

3) 기독교 윤리학과 조직신학: 기독교 윤리학과 조직신학의 관계는 분리된 것으로 보는 입장과 내적 연관성을 가진 것으로 보는 입장으로 구별된다. 분리된 것으로 보는 입장의 근거는 다음과 같다. ① 조직신학은 신앙의 내용(credenda)과 관계하는 반면, 기독교 윤리학은 그리스도인의 행위(agenda)와 관계하며, ② 조직신학은 하나님의 행위와 관계하는 반면, 기독교 윤리학은 인간의 행위와 관계하므로, 두 영역은 분리되어야 한다는 것이다. 이 견해는 하나님이 하셨고 또 지금도 하시는 것과, 이 하나님의 행위에 대해 아무것도 기여할 수 없는 인간의 불완전한 행위와 업적을 엄격히 구별하는 종교개혁 신학에서 유래한다(Grass 1978, 42 이하). ③ 조직신학은 하나님의 현실과 관계하는 반면, 기독교 윤리학은 정치질서, 경제질서, 결혼, 환경 등 인간과 세계의 현실을 다루므로, 두 영역은 분리된다는 것이다.

그러나 기독교 신앙의 모든 진리는 윤리적 함축성을 지닌다. "하나님은 사랑이다"라는 진리는, "그러므로 우리 인간은 하나님과 이웃을 사랑해야 한다"는 윤리적 명령을 내포한다. 따라서 기독교 윤리의 뿌리는 기독교 신앙의 진리에 있다. 그러므로 기독교 신앙의 진리를 다루는 조직신학과 기독교 윤리는 분리될 수 없다. 틸리히에 의하면 하나님의 영원한 진리와 그 시대의 상황, 기독교의 메시지와 인간의 실존적 문제들은 언제나 상관관계에 있다. 그러므로 하나님의 영원한 진리를 연구하는 조직신학과, 그 시대의 상황의 문제를 다루는 기독교 윤리학은 내적 연관성을 가질 수밖에 없다. "유한성과 실존, 혹은 불안과 죄책에 관한 이론은 그 본질상 존재론적인 동시에 윤리적인 것이다"(Tillich 1956, 41).

그러나 기독교 윤리학이 연구해야 할 문제들은 너무도 광범위하다. 결혼, 성(性), 가족, 직업, 정치, 경제, 사회, 국가, 전쟁, 교육 등의 문제는 물론, 산업사회, 대중 매체, 사이버 공간, 생명공학, 우주 공간의 소유권 문제, 생태학적 위기 등 우리 시대의 새로운 문제들은 조직신학자의 연구 능력을 넘어선다. 이러한 기술적 문제 때문에 기독교 윤리학은 조직신학에서 구별된다. 그러나 기독교 윤리학 역시 조직신학적 전제와 기초 위에 서 있을 때, 그것은 "기독교적" 윤리학이 될 수 있다. 그래서 오늘날 선진국의 대학들은 조직신학과 기독교 윤리학을 통합시키기도 한다.

4) 실천신학과 조직신학: 교육학, 설교학, 예배학, 목회학, 상담학, 선교학, 사회봉사학, 교회 헌법학, 교회 행정학 등 일반적으로 실천신학으로 분류되는 영역들 가운데 조직신학적 내용과 무관한 영역은 하나도 없다. 예를 들어 기독교 교육학과 상담학이 제시하는 기독교의 인간상과 삶의 가치 등은 조직신학이 다루는 기독교 인간학의 내용에 속한다. 세례와 성찬의 문제는 예배학에 속하는 동시에 조직신학의 영역에 포함된다. 권수영 교수는 상담학도 조직신학의 문제들과 관계하지 않을 수 없다는 사실을 분명히 밝힌다.

어떤 사람은 실천신학을 가볍게 생각할지 모른다. 이론이 실천보다 중요하다고 생각하기 때문이다. 그러나 하나님의 나라를 이 땅 위에 세우고자 하는 신학의 궁극적 목적은 실천을 통해 실현될 수 있다. 신학의 언어는 사실상 언어적 실천에 속한다. 따라서 신학 전체가 실천신학의 성격을 띠며, 실천신학은 이론신학의 실천적 귀결에 불과한 것이 아니라 신학 전체의 전제요 목표라 말할 수 있다. 어떤 영역의 신학자이든 간에 "교회의 프락시스를 신학적으로 해명하는 일에 관심을 갖지 않는 자는 사이비 신학자로 전락하고 만다"(M. Fischer Bohren 1975, 11에서 인용).

성서해석은 복음의 선포를 목표로 한다. 그런데 이 목표는 선포의 실천을 통해 구체적으로 수행된다. 조직신학이 설교의 심장이라면, 조직신학의 이론들은 설교의 실천을 통해 자신의 목적에 도달한다. 이와 동시에 실천신학도 성서해석, 교회사학, 조직신학의 도움을 필요로 한다. 실천신학은 신학의 다른 영역들의 도움을 받는 동시에, 신학의 궁극적 목적을 실천한다. 신학의 모든 영역들은 기독교의 실천을 통해 궁극적 목적에 도달할 수 있다. 이런 뜻에서 실천신학은 신학의 완성이라 말할 수 있다.

신학의 각 영역이 학문적으로 얼마나 성공하였는가의 문제는, 결국 하나님의 나라를 이 땅 위에 세우는 실천에 얼마나 기여하는가에 달려 있다. 아무리 위대한 이론체계를 세웠다 할지라도, 예수가 선포한 하나님의 나라를 세우는 데 기여하지 못한다면 그것은 실패했다고 말할 수밖에 없다. 따라서 실천신학은 모든 신학 영역의 학문적 성공 여부를 측정하는 역할을 하며, 신학 전반을 비판하는 기능을 가진다. 그것은 신학의 각 영역들이 이론의 체계 속에서 자족, 자만하지 않고 하나님 나라의 실천을 지향할 것을 요구한다. 이런 뜻에서 실천신학은 단지 실천의 문제를 다루는 신학의 한 영역에 불과한 것이 아니라, 모든 신학 영역의 전제가 되며 기준이 된다. 그것은 "하나님 나라의 학문"으로서 신학의 성공 여부를 검토하며 올바른 방향을 제시해야 할 과제를 가지고 있다. 이 과제는 조직신학의 과제이기도 하다.

7
조직신학이란 무엇인가?

A. 교의학과 조직신학의 관계

필자가 대학의 학부과정에서 신학을 공부할 때 느꼈던 한 가지 어려움은 "도대체 조직신학이란 무엇인가?"의 문제였다. 조직신학 시간에 필자는 주로 칼 바르트의 『교회 교의학』의 계시론과 그리스도론, 틸리히, 불트만의 신학이론 등을 배웠지만, 막상 "조직신학이 무엇인가?"를 대답할 수 없었다. 또 대학의 교과목에 "조직신학"이란 과목도 있고 "교의학"이란 과목도 있었지만 교의학과 조직신학이 어떤 관계에 있는지, 분명한 설명을 들을 수 없어 어려움을 느꼈다. 여기서 우리는 이 문제를 해명하려고 한다.

전통적으로 조직신학은 교의학(Dogmatik), 변증학(Apologetik), 윤리학(Ethik)으로 구성된다. 그러나 오늘날 윤리학은 형식상 조직신학에서 구별되어 조직신학과 실천신학의 접경에 서 있기에, 조직신학은 교의학과 변증학의 연구에 몰두한다. 교의학은 기독교의 교리(dogma), 곧 기독교 신앙의 진리를 해명하는 기능을 말하며, 변증학은 기독교 진리의 타당성을 그 시대에 따라 변증하는 기능을 가리킨다. 그러나 교의학 자체가 변증의 기능을 가지고 있기 때문에, 오늘날 일반적으로 변증학은 독립적으로 다루어지지 않는다. 바로 이 교의학이 오늘날의 조직신학이다. 일부 신학자들은 지금도 "교의학"이란 명칭을 사용하지만, 교의학이란 명칭 대신 "조직신학"이란 명칭을 사용하는 것이 세계적 추세이다. 그 원인은 무엇인가?

1) 본래 교의학은 교회의 교리, 곧 기독교 신앙의 진리를 설명하는 것을 가리켰다. 이 작업을 할 때, 교의학은 그 내용들이 모순되지 않도록 조직적으로(혹은 체계적으로) 기술해야 한다. 달리 말해 조직신학은 곧 기독교 진리의 "조직적 서술"이다. "조직신학"이란 명칭은 18세기 초 개신교 신학자 부데우스(Franz Buddeus, 1667-1729)에 의해 최초로 도입되었는데, 교의학의 조직적이며 체계적 성격 때문에 조직신학이라 불리게 된 것이다.

2) 종교개혁자들은 성서를 진리의 유일한 규범으로 생각하였다. 이로써 교리의 절대성이 흔들릴 수밖에 없었다. 개신교 정통주의 신학은 교리적 신학과 성서적 신학을 구별하고, 성서가 신학의 기초가 되어야 한다고 주장하였다. 경건주의는 기독교 진리의 궁극적 규범은 교리가 아니라 하나님의 말씀에 있다고 생각하였다. 이리하여 교의학은 자신의 근거를 언제나 성서에서 발견해야 하며, 성서적 근거가 없는 사변적 이론을 전개할 수 없게 되었다. 그것은 성서신학의 연구에 언제나 귀를 기울일 수밖에 없게 만들었다. 또한 교의학은 진리의 새로운 통찰과 지평을 열어주는 교회사학의 연구에 주목하지 않을 수 없게 되었다.

성서비평학과 더불어 신학이 교의학, 신약신학, 구약신학, 교회사학, 실천신학으로 나누어졌을 때, 기독교의 공통된 진리를 체계적으로 제시하고 신학의 내적 통일성을 추구하며 기독교 실천의 새로운 전망을 제시해야 할 과제가 등장하였다. 이 과제는 교의학이 맡을 수밖에 없는 성격의 것이었다. 그러나 교의학은 더 이상 옛날처럼 특정한 철학체계에 의존하여 일방적으로 교리체계를 만들 수 없게 되었으며, 교회의 전통적 교리를 해석하는 데 머물 수 없게 되었다. 오히려 구약신학, 신약신학, 교회사학의 연구 결과를 신학 전체의 관점에서 체계화 내지 조직화시키면서 기독교의 새로운 진리를 정립하고 실천의 새로운 전망을 제시하는 과제를 갖게 되었다. 이를 통해 교의학은 여러 분야로 나누어진 신학의 중재적, 조직적 과제를 수행하고 신학의 내적 통일성을 추구하게 되었다. 이런 이유로 교의학은 오늘날 조직신학이라 불린다.

여기서 우리는 조직신학이 무엇인가를 다음과 같이 정의할 수 있다. 조직신학이란 구약신학, 신약신학, 교회사학의 새로운 연구 결과의 기초 위에서 교회의 교리는 물론 기독교 신앙의 모든 지적 내용들을 비판적으로 검토하고 새롭게 정립하며, 이를 통해 기독교 실천의 새로운 전망을 제시하고, 그 시대에 맞게 기독교의 진리를 변증하는 신학의 중심 영역이다.

3) 교의학이 조직신학이라 불리는 셋째 원인은 교리, 곧 *dogma*의 부정적 인상에 있다. 그리스어 *dogma*는 승인하고 수납해야 할 철학적 기본명제 내지 공리, 사람들이 복종해야 할 공적인 결정 또는 명령을 뜻한다. 누가복음 2:1, 사도행전 17:7은 로마 황제의 "칙령"이나 "명령"을, 사도행전 16:4은 사도들의 회의가 정한 "규정들"을 *dogma*라 부른다. 기독교에서 이 개념은 교회에 속한 모든 사람들이 승인하고 거기에 복종해야 할 규범적 이론 내지 진리체계를 뜻한다. 그것은 "인간으로부터 오는 것이 아니라, 하나님이 말씀하시고 가르친"(Athenagoras; Pannenberg 1988, 19) 것으로 간주된다. 그러므로 교리는 모든 그리스도인들에게 규범성을 가지며, 이에 어긋난 이론을 주장하는 사람은 이단자로서 화형(火刑)을 당하거나 교회에서 추방되기도 하였다. 천동설을 부인하고 지동설을 주장한 브루노(Giordano Bruno, 1548-1600)는 화형을 당하였다. 교리 문제를 이유로 정교회에서 로마 가톨릭교회가 분리되었다. 교리 문제로 인한 분쟁과 교단 분열, 성직 박탈, 교회 추방이 지금도 일어나고 있다.

그러나 오늘날 신학에서 교리의 절대성이 부인되고 있다. 교리는 오류가 없는 절대적 진리가 아니라, 그 시대의 특정한 언어와 사고와 문화적 전통의 제약을 받는 역사적 산물이며, 하나님의 말씀에 비추어 언제나 다시금 비판받고 수정될 수 있는 성격의 것이다. 그것은 하나님이 계시한 진리가 아니라 교회가 결정한 것에 불과하다(Barth 1964, 281). 그러므로 오늘날 대부분의 조직신학자들은 교리학, 즉 "교의학"(敎義學, Dogmatik)이라는 다소 권위주의적이며 배타적 인상을 주는 표현을 사용하기보다는, "조직신학"(Systematische Theologie)이란 다소 부드럽고 통합적인 표현을 선호한다.

B. 조직신학의 과제

앞서 우리는 "신학의 과제"에 대해 살펴보았다. 이 과제는 조직신학을 포함한 모든 신학 영역들이 언제나 유의해야 할 방향을 가리킨다. 여기서 우리는 조직신학 고유의 과제가 무엇인가를 파악함으로써 조직신학이 무엇인가를 해명하고자 한다.

  1) 먼저 조직신학은 교회 공동체의 선포와 실천에 대해 다음과 같은 과제를 가진다. ① "신앙 공동체의 선포와 실천이 성경이 증언하는 계시, 즉 예수 그리스도 안에서 드러난 하나님의 계시에 비추어 진리인가?" ② "신앙 공동체의 선포와 실천이 예수 그리스도 안에서 드러난 하나님의 계시의 온전한 진리를 적합하게 표현하고 있는가?" ③ "신앙 공동체의 선포와 실천이 예수 그리스도의 하나님을 현재의 정황 속에서 살아있는 실재로서 드러내고 있는가?" ④ "예수 그리스도의 복음을 전하는 신앙 공동체의 선포가 개인과 사회의 삶을 변혁시키는 실천으로 나아가고 있는가?" (Migliore 2012, 39-46)

  밀리오리 교수의 이런 생각은 바르트의 다음과 같은 생각에서 유래한다. 곧 교의학의 과제는 교회의 선포가 예수 그리스도의 계시와 일치하는가를 질문하고, 양자의 일치를 추구하는 데 있다. 그러므로 교의학은 "성서에 증언되어 있는 계시와 선포의 일치에 관한 학문"이며, 이러한 의미에서 교의학은 "교의학적 신학"(theologia dogmatica)이다(Barth 1964, 280). 본질적으로 교의학은 "교회의 선포와 성서에 증언되어 있는 계시의 일치에 관하여 질문한다"(261).

2) 그러나 필자의 생각에 의하면 조직신학의 과제는 "교회의 선포와 실천"의 문제에 국한되지 않는다. 조직신학의 과제는 무엇보다 먼저 교의학적 과제, 곧 기독교 신앙의 기본 내용들과 교회의 교리를 성서에 기초하여 동시대의 이슈들을 새롭게 해명하는 데 있다. 이 과제를 수행함에 있어 조직신학은 모든 신학 영역들의 연구를 통합하는 동시에, 새로운 이론과 실천의 전망을 열어 주는 기능을 가진다.

3) 조직신학의 교의학적 과제는 변증적 과제와 직결된다. 기독교의 진리가 다른 종교를 가진 사람들을 포함한 이 시대의 사람들에게 어떻게 이해될 수 있는가? 그것은 우리 시대의 상황에 있어 그 타당성과 의미를 어떻게 증명받을 수 있는가? 이 시대의 구체적 문제들에 대해 하나님의 진리는 무엇을 말하는가? 조직신학은 이러한 질문들과 연관하여 기독교 진리의 의미와 타당성을 제시하고 변증하고자 한다. 이를 통해 조직신학은, "교회를 위한 교회의 학문"인 동시에 "세계를 위한 학문"이 되고자 한다.

4) 조직신학의 변증적 과제는 윤리적 과제와 직결된다. 자본주의적 경제질서 속에 숨어있는 철저한 물질주의(=유물론), 새로운 형태의 인간에 의한 인간의 소외와 차별, 땅 위에 있는 모든 생명의 총체적 죽음의 위기, 유전자 변형, 인간 생명의 조작과 복제 가능성, 목적을 상실한 세계, 삶의 무의미, 현대사회의 부패와 타락 등 조직신학은 현대세계의 이러한 문제들에 대해 기독교 신앙이 대응해야 할 윤리적 방향을 제시한다. 새로운 시대적 상황 속에서 참 인간의 모습이 무엇이며 삶의 참 가치가 무엇인지, 세계가 지향해야 할 목적과 방향이 무엇인지, 그 윤리적 방향을 시사하는 것도 조직신학의 과제에 속한다.

신학의 모든 영역들과 함께 조직신학도 하나님의 나라를 구체화시켜야 할 과제를 지닌다. 조직신학도 언어를 통해 하나님의 나라를 사건화시키며, 하나님의 나라를 지향한다. 위에 기술한 조직신학의 과제들은 이 궁극적 과제 안에 통합된다.

C. 조직신학의 내용 구성과 "조직"의 위험성

조직신학의 내용은 어떻게 구성되는가? 모든 것이 상대화 된 오늘의 세계 속에서 하나의 통일된 구성 또는 구조를 말하는 것은 불가능하다. 조직신학자마다 각기 다른 구성을 보여준다. 그러나 전통적으로 조직신학의 내용 구성은 사도신경에 기초한다. 사도신경은 기독교가 신앙하는 진리, 곧 신앙의 내용의 요약이기 때문이다. 사도신경은 "내가 믿습니다"(Credo)라는 명제, 곧 신앙에 관한 고백으로 시작한다. 따라서 조직신학은 신앙에 관한 이론, 곧 신앙론을 그 내용으로 한다. "전능하사 천지를 만드신 하나님 아버지"에 관한 사도신경의 명제는 창조론과 신론을 가리킨다. "그 외아들 예수 그리스도…"에 관한 명제는 그리스도론을, "성령을 믿사오며, 거룩한 공의회와 성도가 서로 교통하는 것과 죄를 사하여 주시는 것"은 성령론과 교회론과 죄론을, "몸이 다시 사는 것(육의 부활)과 영원히 사는 것(영원한 생명)"은 종말에 일어날 일들을 다루는 종말론을 가리킨다. 여기에 조직신학의 뼈대가 있다. 계시론, 삼위일체론, 예정론, 하나님의 속성론, 인간론, 칭의론, 성화론, 성례전론 등이 이 뼈대에 추가된다. 그리고 학자에 따라 내용의 구성이 달라진다. 계시론에서 시작하는 학자도 있고, 신앙론에서 시작하는 학자도 있다. 칼 바르트는 예수 그리스도의 계시가 신학의 출발점이라고 주장하지만, 계시론을 먼저 다루지 않고 삼위일체론을 먼저 다룬다. 틸리히의 조직신학은 계시론, 신론, 그리스도론, 성령론, 종말론의 다섯 분야로 구성된다. 판넨베르크의 조직신학은 신론으로 시작하며, 계시론과 성서론을 독립적으로 다루지 않는다.

그런데 "조직"이나 "체계"(System)는 언제나 하나의 "원리" 위에 서 있다. 그것은 일관된 관점과 방법과 논리에 근거하여 기독교 신앙의 진리를 일관성 있게 기술하고자 한다. 관점과 방법과 논리의 일관성이 없을 때, 조직성 내지 체계성을 상실하고 모순과 혼란에 빠진다. 그런데 이와 반대로 일관된 원리, 일관된 관점과 방법과 논리전개는 강한 폐쇄성과 배타성을 드러낸다. 그것은 자신의 것과 다른 원리, 다른 관점과 방법과 논리전개를 허용할 수 없다. 따라서 하나의 체계나 조직은 자신의 것과 다른 것, 새로운 것을 배타하는 본성을 가진다. 즉 "그의 관점 이외의 다른 것은…포용될 수 없는 것이다." "이 체계라는 것 속에는 소위 '기적'이라는 것이 있을 수 없다. 이것은 그의 체계이고 그의 관점이기 때문에, 자신의 원리를 벗어난 다른 것들은 개입될 여지가 없고, 만약 다른 것들이 개입된다면 그것들은 반드시 '그에 의하여' 합리적으로 해명이 되지 않고서는 받아들여질 수 없는 것이다"(유해무 1997, 54, 53). "시스템(체계)이란 우리에게 주어진 종말론적 미지(未知)의 세계를 제거하려는 음모이기도 하다"(56 이하). 이로 인해 조직은 새로운 통찰들에 대해 자신을 차단하고, 자기를 폐쇄하게 된다.

그러나 인간이 세운 모든 원리, 그의 관점과 방법과 논리 전개는 제한되어 있다. 어떤 원리와 관점과 방법과 논리도 전체를 파악하지 못한다. 그것은 일면성을 피할 수 없다. 그러므로 조직신학은 때로 자신의 조직성 내지 체계성과 일관성을 파기하고 새로운 것에 대해 자기를 개방할 수 있어야 한다. 그것은 자신의 체계성을 지키고자 노력할 수밖에 없지만, 자기의 것과 다른 것에 대해 개방적이어야 한다.

하나님은 인간이 만든 체계에 사로잡히지 않는다. 그는 언제나 인간의 체계를 넘어 그가 약속한 새로운 생명의 세계를 지향한다. 그러므로 그는 때로 인간의 계산과 기대와는 전혀 다르게 행동할 수 있다. 하나님이 어떻게 행동하실지, 성령의 바람이 어디로 불지, 아무도 확정할 수 없다. 조직신학을 포함한 신학의 모든 영역들이 때로 자신의 체계를 개방해야 할 궁극적 이유가 여기에 있다. 언제나 우리 "앞에" 있는 "하나님 나라의 비밀"에 가까워질 수 있는 길은 자기절대화에 있지 않고, 새로움에 대한 개방성에 있다. 자기절대화는 하나님 대신 자기 자신을 중심에 세운다. 칼뱅이나 웨슬리나 칼 바르트의 신학체계를 절대화함으로써, 사실은 자기 자신을 중심에 세우려고 한다. 조직신학은 조직적일 수밖에 없지만, 그 조직은 개방적 조직, 변화될 수 있는 조직이어야 할 것이다. 약속된 미래로부터 오시는 하나님은 인간이 만든 모든 조직이나 체계를 상대화시킨다.

8
신학의 방법들과
구성적 성격

신학은 어떤 방법을 사용하는가? 오늘날 이 질문에 대답하는 것은 거의 불가능하다. 신학의 세부영역들마다 제각기 다양한 방법을 사용하며, 동일한 세부영역 내에서도 신학자들의 관심에 따라 다양한 방법들이 교차하기 때문이다. 그러므로 우리가 신학의 방법들을 깨끗하게 나누고, 어떤 신학자의 신학 "구조"를 정확하게 분류하는 것은 거의 불가능하다.

그런데 근대에 이르기까지 신학은 교의학을 가리켰다. 교의학의 방법이 곧 신학의 방법을 대표하였다. 그래서 우리는 여기서 교의학, 곧 오늘날의 조직신학의 방법을 고찰하고자 한다. 조직신학의 방법은 다른 세부영역들의 방법적 패러다임이 될 수 있기 때문이다.

신학의 역사에서 우리는 매우 다양한 방법들을 찾아볼 수 있다. 교의학적 전제로부터 출발하는 정통주의적 방법과 인간의 신앙 체험에서 출발하는 신앙론적 방법, 하나님의 초월적 존재로부터 시작하는 우주론적 방법과 땅 위에 있는 인간으로부터 시작하는 인간학적 방법, 자연에서 출발하는 자연신학의 방법과 예수 그리스도의 계시와 성서에서 출발하는 계시신학의 방법, 존재자들의 존재에 기초한 존재론적 방법과 하나님의 초월적 계시에 기초한 초월적 방법, 기독교 신앙의 진리 내지 교리를 서술하려는 교의학적 방법과 기독교 신앙의 빛에서 현실의 문제들에 응답하고 이를 통해 기독교 신앙의 진리를 변증하려는 변증신학적 방법 내지 상황신학적 방법, 개인의 실존을 중심 문제로 삼는 실존적 방법과 세계와 역사의 문제에 응답하려는 역사적 방법, 기독교 신앙의 진리를 일반 종교의 차원에서 다루는 종교학적 방법과 성서와 교의학적 전통에 근거하여 기독교 신앙의 진리를 서술하는 기독교 신학적 방법 등 매우 다양하다. 그 가운데 신학적으로 중요한 것은 우주론적 방법, 인간학적 방법, 메시아적·종말론적 방법이라 말할 수 있다.

1) 이 가운데 가장 전통적인 방법은 위로부터의 방법 내지 우주론적 방법이다. 이 방법은 하나님을 위에 계신 초월적 하나님, 곧 "하늘에 계신 삼위일체 하나님"으로 이해하며, 인간은 하나님에게서 구별되는 유한하고 허무한 소우주(Mikrokosmos)로 생각한다. 우주에 속한 유한한 인간이 구원을 얻을 수 있는 길은 영원한 신적 존재의 영광에 참여하는 데 있다. 하나님은 구원을 갈망하는 유한한 인간의 질문에 대한 대답이다. 이러한 관점에서 위로부터의 방법은 위에 계신 하나님의 영원한 삼위일체적 존재로부터, 혹은 하나님의 "자기계시"로부터 시작한다. 하나님의 진리는 예수 그리스도의 계시와 성서를 통해 위로부터 주어지는 초월적인 것으로 이해된다. 따라서 위로부터의 방법은 초월적 방법, 계시신학의 방법과 연결된다. 예수 그리스도는 위로부터 내려와 인간의 몸을 입은 "참 하나님의 하나님", "빛의 빛"으로 이해된다(니케아 신조). 현대 신학자들 가운데 이 방법을 따르는 가장 대표적 인물이 칼 바르트이다.

2) 아래로부터의 방법 내지 인간학적 방법은 아래로부터, 즉 이 세계 안에 있는 인간의 경험이나 실존적 문제에서 출발하여, 혹은 땅 위에 있는 역사적 예수의 삶으로부터 시작하여 하나님의 존재와 기독교의 진리를 파악하려고 한다. 일반적으로 이 방법에서 하나님의 진리는 이 세계 모든 존재자들 속에 부분적으로 내재하는 것으로 생각된다. 자연신학의 방법,

존재론적 방법, 실존론적 방법 등이 여기에 속한다. 19세기의 슐라이어마허, 20세기의 틸리히(그의 상관관계의 방법), 불트만의 실존론적 성서해석 등이 이 방법을 대변한다.

3) 20세기 후반기 이후의 많은 신학자들이 취하는 앞으로부터의 방법 내지 메시아적·종말론적 방법은 우리 앞에 계시면서 그의 미래로부터 "오시는 하나님", "약속의 하나님"에게서 출발한다. 여기서 하나님의 초월은 공간적 초월이 아니라, 시간적 초월, 곧 시간의 미래를 가리킨다. 역사의 종말에 이루어질 하나님 나라의 메시아적 현실이 예수 안에 선취되었고 그의 부활을 통해 약속되었다. 그것은 "이미-아직"(schon - noch nicht)의 변증법 속에 들어있다. 그것은 변증법적 긴장 속에서 성령의 능력을 통해 미래로부터 현재 속으로 앞당겨 들어와, 인간의 존재와 세계를 하나님 나라의 현실로 변화시키는 창조적 힘으로 작용한다.

이 방법은 성서의 메시아적 전통에 충실하고자 하며, 개인의 삶을 포함한 세계의 모든 영역에 하나님의 나라와 하나님의 정의를 세우는 일에 관심을 가진다. 여기서 예수 그리스도는 모든 피조물이 기다리는 하나님의 메시아로 이해되며, 성령은 모든 생명을 살리고 "땅의 표면을 새롭게 하는" 하나님의 창조적·종말론적 힘(=능력)으로 간주된다.

여기서 우리는 "종말론적"이란 개념을 해명할 필요가 있다. 오늘날 많은 신학자들이 이 개념을 사용하지만 그 뜻이 명확하지 않기 때문이다. 종말은 이른바 역사의 마지막에 일어날 세계의 대파멸과 폐기(annihilatio)를 말하는 것이 아니라, 예수 그리스도의 십자가와 부활을 통해 시작한 하나님 나라의 완성을 가리킨다(이에 관해 종말론 참조). 그것은 하나님이 창조한 이 세계가 끝나는 것(finis)을 말하는 것이 아니라, 하나님의 구원의 역사가 완성되는 세계의 목적(telos)을 가리킨다. 이러한 의미의 종말은 역사의 미래로 머물러 있는 동시에 현재 속으로 앞당겨 들어와 하나님 나라의 현실을 세우는 현재적 힘으로 작용하며, 그러면서도 종말의 미래로 머물러 있음을 뜻한다. 여기서 종말은 미래로 머물러 있는 동시에 현재적이요, 현재적인 동시에 미래로 머물러 있는 메시아적 하나님의 나라를 말한다. "기독교 신앙은 종말론적 신앙이다"라고 말할 때, 기독교 신앙은 종말에 완성될 하나님 나라의 현실인 동시에 아직 실현되지 않은 하나님의 나라를 기다리며 희망하는 신앙임을 말한다. 곧 이미 실현된 현재와 아직 실현되지 않은 미래의 긴장관계 속에서 미래를 앞당겨 오는 신앙임을 말한다.

신학의 방법과 관련하여, 우리는 최근에 일련의 신학자들이 말하는 "구성신학"의 타당성을 인정할 수 있다(이에 관해 정재현 2006a, 94 이하). 칸트(Immanuel Kant, 1724-1794)가 말하듯이, 우리는 하나님의 존재 "자체"를 알수 없다. 비록 하나님이 자기를 우리에게 계시한다 할지라도, 우리는 우리가 인식하고 개념화하는 그 하나님을 알 수 있을 뿐이다. "우리의 하느님 개념을 뛰어넘어 하나의 객관적 실재로서 하느님 자체에 도달할 수 있는 길이 없다"(111). 우리가 가진 하나님에 관한 개념들은 "인간 상상력의 구성 개념"이다(112). 하나님에 대한 우리의 개념과 하나님의 존재 자체는 언제나 구별된다. 우리가 가진 하나님 개념을 하나님의 존재 자체와 동일시할 때, "신에 대한 우상화"가 일어난다. "신에 대한 우상화는 결국 인간 스스로에 대한 자기절대화에 뿌리를 두고 있다"(109).

역사적으로 존재했던 다양한 신학의 형태들, 곧 고대와 중세기의 교의학적 신학, 17세기의 개신교 정통주의 신학, 근대의 인간학적 신학과 자유주의 신학, 20세기의 다양한 신학들은 신학의 구성적 성격을 증명한다. 근본주의 계열의 신학자들이 말하는 "성서에 기초한 영원히 변할 수 없는 절대적 진리체계"로서의 신학도 신학자들이 인간의 개념과 언어로 구성한 것이다. 하나님은 우리가 어떤 형태의 신학을 해야 할지, 신학의 특정한 형태를 명령하지 않는다. 어떤 관심과 방법에 따라 신학을 구성하는가의 문제는 우리 자신이 선택하고 책임져야 할 우리의 몫이다. 우리 시대의 인간과 세계의 구체적 문제로부터 유리된 소위 영원하고 절대적인 신학체계를 구성할 수도 있고, 이 문제들을 의식하면서 이 땅 위에 하나님의 나라를 세우는 일에 관심을 갖는 신학체계를 구성할 수도 있는 것이다.

9

학문으로서의
신학의 문제

그동안 우리는 한국 개신교회에서 "신학이 없어야 목회가 잘 된다"는 이야기를 자주 들어왔다. 신학자들의 모든 신학적·학문적 이론들은 "목회 성공"에 전혀 도움이 되지 않으며, 오히려 목회 성공에 방해가 될 뿐이라는 것이다. 이리하여 교회의 통념에 모순되는 신학 이론에 대해 "이단 정죄"가 일어나 신학 교수가 교수직을 상실하는 일이 발생하기도 하였다. 이것은 한국에서는 물론 다른 선진국의 보수 교단에서 지금도 가끔 일어난다(예를 들어 성경 문자주의 문제로 2008년 봄에 일어난 미국 웨스트민스터 신학교의 교수 파문 사건).

이러한 사건은 학문으로서의 신학을 불신하게 만들 뿐만 아니라 불필요하다는 분위기를 확산시킨다. "성경의 말씀을 체계적으로 잘 가르치기만 하면 되지, 학문적 신학은 불필요하다. 학문적 신학은 성경의 진리와 교회의 신앙을 위험스럽게 한다"는 생각이 한국 개신교회의 저변에 깔려 있다. 그 결과 "신학 없는 목회", "신학 없는 교회"가 한국 개신교회에 대한 지배적인 평가가 되었다 해도 과언이 아닐 것이다.

이와 더불어 어떤 교단에서는 특정 신학자의 신학과 기존의 교리 체계에 집착하는 신학적 폐쇄성 속에서 학문적 신학의 발전을 거부하는 입장을 보인다. 칼뱅의 신학, 루터의 신학, 웨슬리의 신학, 바빙크의 신학, 벌코프의 신학과 자기 교단의 "정통신학"을 절대시하고, 이를 비판하거나 이에 어긋나는 모든 신학적 이론을 정죄한다. 이와 같은 한국 개신교회의 신학적 폐쇄성, 신학 없는 목회, 신학 없는 교회 등의 성향은, "한국 사회에서 가장 폐쇄적이고 이기적인 집단은 개신교회다"라는 상당히 부당한(!) 비난과 함께 사회적 불신과 소외를 초래한 직접적 원인이 되었다. 이러한 현실을 고려하면서, 우리는 본 장에서 "신학의 학문성"의 문제를 다루어 보려고 한다.

A. 문제의 역사와 내적 동기

학문의 세계에서 신학만큼 오랜 역사를 가진 학문은 없을 것이다. 철학이 오랜 역사를 가지고 있다 하지만, 구약성서의 역사까지 고려해 보면, 오히려 신학의 역사보다 훨씬 짧다. 그러나 근대 초기에 자연과학이 발전하기 시작하면서 실험과 관찰에 근거한 자연과학의 방법, 수학의 방법을 따르지 않는 학문의 분야들은 엄밀한 의미에서 학문이라 볼 수 없다는 생각이 확산되기 시작했다. 학문들 중에 "가장 정확한 학문"으로서의 수학이 최고의 학문적 권위를 얻었다. 실험을 통해 경험적으로 관찰될 수 없으며, 그 결과를 수학의 공식으로 나타낼 수 없는 분야의 학문들은 엄밀한 의미의 학문으로 인정할 수 없다는 실증주의적 사고(思考)가 학문의 세계를 지배하기 시작했다.

이러한 추세 속에서 이른바 실증주의적 학문의 개념이 등장한다. 즉 모든 학문은 실증적으로 증명될 수 있는 것에 근거해야 하며, 모든 학문적 연구의 결과도 실증적으로 증명될 수 있어야 한다는 것이다. 여기서 실증성(Positivität)은 보편타당성을 의미한다. 모든 것이 실증적으로 증명될 수 있을 때 보편타당성을 가질 수 있다. 이리하여 연구 대상과 연구 방법과 연구 결과의 보편타당성이 학문을 구성하는 기본 조건으로 간주된다. 보편타당성을 얻기 위해서 합리성과 방법적 일관성, 모든 (특히 종교적) 전제와 선입견으로부터의 자유, 논리적 모순으로부터의 자유가 학문을 구성하는 중요한 전제가 된다. 이러한 전제를 충족시키기 위해 주체와 대상의 엄격한 분리, 모든 감정이입의 배제가 학문하는 사람이 지켜야 할 기본 태도로 간주된다(근대의 자연과학적 방법이 정신과학에 끼친 영향에 대해 Dilthey 1968, 88 이하).

이러한 실증주의적 학문의 개념에서 볼 때, 신학은 엄격한 의미에서 학문일 수 없으며, 그러므로 학문을 연구하는 대학 사회에서 배제되어야 한다는 주장이 등장한다. 이리하여 세계의 일부 대학에서 신학은 하나의 독립된 분야로 분리되는 일이 일어나기도 했다(예를 들어 미국의 프린스턴 신학교 등). 이러한 상황 속에서 신학도 과연 하나의 학문이라 볼 수 있는가? 만일 신학이 하나의 학문이라면, 그것은 어떤 의미에서 학문이라 볼 수 있는가? 등의 문제가 제기되었다. 이 문제를 다루기 전에 우리는 먼저 신학의 역사적 발전 과정을 고찰해 볼 필요가 있다.

초기 기독교 공동체가 팔레스틴 지역에서 로마제국으로 확산되기 시작하면서, 기독교는 당시 로마를 지배하던 그리스-로마 문화와 만나게 되고, 이 문화권 속에서 그리스도의 복음을 변증하는 동시에 교회의 이단적 이론들을 극복해야만 했다. 초기 기독교 공동체의 이러한 지적 노력을 통해 학문으로서의 신학이 형성되기 시작한다. 그 이후부터 현대에 이르기까지 학문으로서의 신학이 발전된 과정을, 우리는 아래와 같이 기술할 수 있다(특히 Pannenberg 1977, 15, 261 이하).

1) "학문의 여왕"으로서의 신학: 플라톤에 의하면 철학은 지혜 자체가 아니라 "지혜에의 사랑", 지혜를 향한 노력을 뜻하지만, 완전한 지혜에 이를 수는 없다. 이에 반해 아리스토텔레스에 의하면 지혜는 철학에 의해 파악될 수 있다. 지혜는 학문들 가운데 가장 높은 학문이다. 그것은 가장 높은 존재의 형식, 모든 존재자들과 인식의 근원, 곧 제1원인자를 연구하는

학문이다. 그것은 "제1철학"으로서의 형이상학을 말한다.

초기 변증가들은 제1원인자 내지 만물의 근원자를 하나님과 동일시한다. 따라서 세계의 모든 사물들은 제1원인자인 하나님과 인과율적으로 연결된 것으로 간주된다. 일반 학문들은 세계의 한 부분에 대한 지식을 연구하는 반면, 신학은 모든 부분들의 제1원인자를 연구한다. 전자는 시간적이고 유한한 사물들을 연구하는 반면, 후자는 영원한 것, 곧 하나님을 연구하는 것으로 구별되지만 인과율을 통해 연결된다. 인과적 연결 고리의 제1원인자를 연구하는 신학은 "제1철학" 혹은 "최고의 학문"이다. 최고의 학문으로서 신학은 학문의 세계에서 최고의 자리, 곧 "여왕"의 자리를 얻게 되는 동시에 타 학문과의 연계 속에서 학문적 보편성을 갖게 된다. 학문적 보편성을 통해 신학은 일반 학문과 배타적 관계에 있지 않고 협력 관계를 갖게 된다. 일반 학문들은 제1원인자의 결과들을 다루기 때문에 신학을 위한 준비가 될 수 있다. 이리하여 13세기에 이르러 신학은 지혜(sapientia)인 동시에 지식(scientia)으로 이해된다.

2) 연역적 학문으로서의 신학: 중세기의 실재론이 약화되고 유명론이 강해지면서, 철학과 신학의 유대관계가 흔들리게 된다. 이로 인해 존재론적 체계에 기초한 신학의 학문적 보편성이 회의의 대상이 된다. 이러한 위기 속에서 "연역적 학문"(abgeleitete Wissenschaft)으로서의 신학이 등장한다. 즉 신학의 원리 내지 공리는 교회의 신조(信條, 신앙의 조항들)에 있으며, 최고의 원리로부터 세부적 내용들을 연역하여 발전시키는 데 신학의 학문성이 있다는 것이다. 일반 학문들이 이성의 빛(lumen rationis)을 통해 주어진다면, 신학의 원리들은 신앙의 빛(lumen fidei)을 통해 주어진다. 여기서 신학은 최고의 원리로부터 개별적 지식을 연역하는 학문으로서, 학문의 최고 자리를 유지하게 된다. 토마스 아퀴나스에 의하면 신학적 지식은 사변적·이론적 학문으로서 실천적 목적을 위해 봉사하는 지식보다도 넓

은 가치를 가진다.[3] 그러나 이미 14세기 초에 도미니크회 수도사들은 그들의 선배에 대해 이의를 제기한다. 즉 신학은 그의 원리에 대한 명확성을 결여하고 있다는 것이다.

3) 실천적 학문으로서의 신학: 신학을 교회의 신조에서 연역된 사변적 학문으로 확립하고자 했던 아퀴나스에 반해, 신학을 하나의 "실천적 학문"(scientia practica)으로 확립하려는 운동이 중세 말기에 일어난다. 메디아빌라의 리하르트(Richard von Mediavilla, 영어명은 Richard of Middletown)에 의하면, 신학은 '최고선'에 대한 사랑을 발견하려는 실천적 관심에서 출발한다. 그러므로 신학은 실천적 학문으로 정의되어야 한다. 둔스 스코투스(Duns Scotus, 1265/6-1308)는 이 견해를 지지한다.

이 견해는 종교개혁자들과 정통주의 신학에 영향을 준다. 루터에 의하면 신학은 사변적 학문이 아니라 하나의 실천적 학문이다. 그것은 죄인 된 인간과 하나님 사이에 일어난 실제적 사건을 자신의 삶과 관련하여 연구하는 것이지, 하나님에 관한 사변적 지식을 전개하는 것이 아니다. "참된 신학은 실천적 신학이며, 사변적 신학은 마귀에게 속한다"(Vera theologia est practica…speculativa igitur theologia, die gehort in die hell zum Teufel).

4) 실증적 학문으로서의 신학: 1628년 칼릭스트(Georg Calixt, 1586-1656)는 그의 저서 『신학총론』(Apparatus Theologicus)에서 스콜라적 신학(theologia scholastica)과 교회적 신학(theologia ecclesiastica)을 구별하고, 교회적 신학을 가리켜 실증적 신학(theologia positiva)이라 부른다. 그것은 교회에 실증적으로 주어져 있는 신앙의 진리에 근거하기 때문이다. 실증적 학문으로서 신학의 목적은 교회가 필요로 하는 미래의 목회자를 양성하는 데 있다(Pannenberg 1977, 240 이하). 칼릭스트의 견해는 슐라이어마허에 의해 계승

---

3) Thomas Aquinas, *Summa theologiae* I, q. 1, a. 2: "Et hoc modo sacra doctrina est scientia, qui procedit ex principiis notis lumine superioris scientiae, quae scilicet est scientia Dei et beatorum".

된다. 슐라이어마허에 의하면 신학의 과제는 목회자 양성에 있다.

칼릭스트가 실천신학을 신학의 한 분야로 보았던 반면, 슐라이어마허는 신학 전체가 실천적 신학이라 생각한다. 그의 견해에 의하면 교회를 위한 실천적 과제를 수행한다는 점에서 신학 각 분야의 공통된 관심과 통일성이 있다. 따라서 신학은 곧 실천신학이다. 목회자를 양성하는 실증적 학문으로서 신학은 근대의 대학 사회에서 법학과 의학과 더불어 확고한 학문의 자리를 유지할 수 있었다.

5) 종교학으로서의 신학: 근대의 실증주의적 학문의 개념이 지배하는 세계 속에서 신학은 종교학적 연구로서 자신의 학문성을 주장한다. 이 견해에 따르면 기독교는 다른 종교들과 마찬가지로 하나의 역사적 현상이다. 따라서 일반 종교학의 틀 안에서 기독교에 대한 종교사적 연구로서의 신학은 자신의 학문성을 가진다는 것이다. 이러한 의미의 신학은 "기독교학"(Wissenschaft vom Christentum)이라 정의되기도 한다. 종교학으로서의 신학은 1873년 스위스의 라가르드(Paul de Lagarde, 1827-1891)에 의해 제창되었고, 종교사학파의 신학자들, 특히 트뢸취(Ernst Troeltsch, 1865-1923)를 통해 크게 발전하였다. 이리하여 켈러(Martin Kähler, 1835-1912)는 신학을 가리켜 "하나의 역사적-실증적 학문"이요 "기독교학"으로서 "모든 역사적 학문으로부터 분리시킬 수 없는" 것이라 정의한다.

6) 특수한 신앙의 학문, 교회의 학문으로서의 신학: 19세기 말에 이르러 자연과학의 실증주의적 학문 개념은 도전을 받기 시작한다. 인간의 심리 현상과 삶과 역사의 현실은 자연과학적·수학적 방법을 통해 파악될 수 없으며, 따라서 자연과학적·수학적 방법만이 학문의 유일한 방법이 아니라는 비판적 성찰이 일어난다. 이런 성찰을 이끈 대표적 인물은 삶의 철학자 딜타이(Wilhelm Dilthey, 1833-1911)였다. 그는 자연과학과 정신과학의 차이를 주장하면서 "역사적·사회적 현실을 그 대상으로 가진 학문들의 전체"를 가리켜 "정신과학"(Geisteswissenschaft)이라 정의하였다(Dilthey 1964, 2).

딜타이에 의하면 자연과학은 분석과 해명(erklären)의 방법을 사용하는 반면, 정신과학은 이해(verstehen)의 방법을 가진다. 정신과학의 출발점은 개인의 "심리적-물리적 삶의 통일성"(psychophysische Einheit)에 있으며, 이 통일성 속에는 우리 인간의 의식의 통일성은 물론 우리를 둘러싸고 있는 외부의 환경 전체가 포함된다. 이 삶의 통일성은 자연과학의 관찰방법으로 파악되지 않는다. 뜨거움과 차가움의 감성적 느낌, 기쁨과 슬픔, 행복과 불행의 감정, 인간의 심리 현상, 삶의 과정은 실험과 관찰을 통해 파악될 수 없으며 수학 공식으로 표현될 수 없다. 이러한 현상을 인식하기 위해 우리는 함께 느끼고 이해하는 길밖에 없다. 여기서 분석을 방법으로 하는 자연과학과, 이해를 방법으로 하는 정신과학이 분리된다.

딜타이의 통찰은 당시의 많은 학자들에게 깊은 영향을 주었다. 그리하여 19세기 말 켈러(Martin Kähler, 1835-1912)는 학문의 연구방법이 학문의 대상에 따라 다르다고 주장하였다. 바르트와 불트만의 스승 헤르만(Wilhelm Herrmann)은 "증명될 수 있는 현실"과 "체험될 수 있는 현실"을 구별하면서, 자연과학의 방법이 유일한 방법일 수 없음을 다음과 같이 시사한다. "학문은 사실들이 서로 어떻게 결합되어 있는가를 연구하지만, 이 사실들이 우리 개인의 삶에 대해 어떻게 작용하는가를 연구하지 않는다.…과학을 통해 완전하게 인식하려는 현실을 증명될 수 있는 현실이라 부른다면, 개인에 대해서만 현존하는 현실을 우리는 체험될 수 있는 현실이라 부를 수 있다"(Herrmann 1966, 249).

이러한 상황 속에서 칼 바르트를 중심으로 한 20세기 초 변증법적 신학자들은 신학과 타 학문의 분리를 주장한다. 그들의 주장에 따르면 신학의 주요 연구 대상인 하나님은 이 세계로부터 구별되며, 유(類)에 있어 다른 존재다. 그는 "절대 타자"(totaliter aliter)다. 그러므로 하나님은 이 세계에 속한 사물들처럼 하나의 학문적 연구 대상이 될 수 없다. 만일 하나님이 다른 사물들과 똑같은 방법으로 인간에게 학문적 연구 대상이 되고 인간의 이성에 의해 분석 및 파악될 수 있다면, 그는 더 이상 하나님이 아닐 것이다. 만일 하나님이 인간에게 하나의 대상이 될 수 있다면, 그는 오직 "신앙의 대상"으로서만 그렇게 될 수 있다.

따라서 하나님을 연구하는 신학은 하나님에 대한 신앙 가운데서만, 하나님에 대한 실존적 참여와 복종 가운데서만 가능하다. 이러한 의미에서 신학은 그 본질에 있어 "신앙의 학문"이다(Barth 1964, 16). 그것은 "하나님의 말씀"에 근거하여 오직 신앙 가운데서, 혹은 자신의 실존과의 관계에서 가능한 하나의 "특수한 학문"이다. 그것은 교회를 위해 봉사하는 "교회의 학문"이다. 그래서 바르트는 그의 조직신학을 "교회 교의학"이라 부른다.

신학을 특수한 신앙의 학문이라 정의할 때, 신학과 세속의 타 학문은 깨끗하게 분리된다. 신학은 세계에 속하지 않은 하나님을 연구하는 학문이요, 타 학문은 세계에 속한 사물을 연구하는 학문이다. 연구 대상이 다르기 때문에, 신학과 타 학문은 서로 개입하거나 공격할 필요가 없다. "기독교 측에서 세속 학문에 대한 어떤 저항도 존재하지 않는다. 세계의 종말론적 이해는 세계 설명의 방법이 아니라 순간의 결단 속에서만 관철될 수 있기 때문이다"(Bultmann 1968, 77). 칼 바르트는 자연과학과 관련하여 신학과 타 학문의 깨끗한 분리를 다음과 같이 말한다. "자연과학은 신학이 창조의 사역으로 서술해야 하는 영역 저 너머에 자유로운 영역을 가진다. 신학은…자연과학이 그 한계를 가진 거기서 자유롭게 움직일 수 있다"(Barth 1970, Vorwort).

7) 보편적 학문으로서의 신학: 20세기에 일련의 신학자들은 특수한 신앙의 학문, 교회의 학문으로서의 신학을 비판한다. 특수한 신앙의 학문으로서의 신학과 타 학문을 깨끗이 분리할 때, 신학의 고유 영역이 확보되는 이점(利點)이 있다. 그러나 이 분리를 통해 신학은 타 학문과의 연계성을 상실한 독불장군이 되어버린다. 신학의 영역과 타 학문의 영역, 신앙의 영역과 세속의 영역이 나누어지며, 자연의 영역을 자연과학에게 맡겨버린다. 이로써 하나님은 세속과 자연의 영역에서 배제된다. 하나님은 "세계 없는 하나님"이 되고, 세계는 "하나님 없는 세계"가 되어버린다. 자연의 세

계는 자연과학자들이 마음대로 연구하고 처리할 수 있는 대상으로 간주된다.

이러한 성찰 속에서 판넨베르크는 보편적 학문으로서의 신학을 시도한다. 먼저 그는 "종교학으로서의 신학"을 통해 신학의 학문적 보편성을 확보하고자 한다. 그의 주장에 의하면 하나님은 세계의 "모든 것을 결정하는 현실"(die alles bestimmende Wirklichkeit)이다. 세계의 모든 것은 하나님에 의해 결정된다. 따라서 세계의 모든 현실들은 "신적 현실의 흔적(Spur)"이다. "하나님의 현실이 경험의 다른 대상들 안에 함께 주어져(mitgegeben) 있다"(Pannenberg 1977, 303 이하). 따라서 현실의 모든 영역들 속에 "하나님의 자기 알림", 곧 하나님의 자기계시가 일어난다. 세계사는 그 전체에 있어 하나님의 간접적 자기계시이다(Pannenberg가 말하는 "역사로서의 계시"). 하나님의 자기계시는 다른 종교들 안에도 있다. 그러므로 "하나님에 관한 학문"으로서의 신학은 "종교학으로서, 특별히 기독교학"으로서 그의 학문성을 주장할 수 있다.

현실의 모든 영역들이 그 전체에 있어 하나님에 의해 결정되고 하나님을 계시한다면, 하나님을 연구하는 신학과 현실의 영역들을 연구하는 타 학문들은 내적 연관성을 갖게 된다. 따라서 "하나님에 관한 학문"으로서의 신학은 "다른 영역들에서 분리된…대상 영역"이 아니다. "하나님의 현실이 인간의 모든 다른 경험의 대상들 안에 함께 주어져 있기" 때문에, 개별의 대상 영역들을 다루는 타 학문들과 하나님을 연구하는 신학은 내적 연관성을 가지며, 신학은 학문적 보편성을 주장할 수 있게 된다. 한 걸음 더 나아가 신학은 모든 학문들 가운데 최고의 학문, 곧 "제1철학"(Aristoteles)으로서의 위치를 갖게 된다. 타 학문들은 하나님의 현실이 그 속에 주어져 있는 개별의 영역을 연구하는 반면, 신학은 모든 영역들의 현실을 결정하는 근원자를 연구하기 때문이다.

지금까지 살펴본 바와 같이 신학의 학문성이 심각한 문제로 다루어지게 된 내적 동기는 무엇일까? 그 일차적 동기는 학문의 세계에서 신학의 학문적 가치와 학문적 위치를 확보하려는 데 있는 것으로 보인다. 하지만 그 내적 동기는 보다 더 심층적인 차원에서 찾아야 한다. 즉 그것은 학문의 세계에서 신학의 자기 정체성을 발견하는 동시에, 개인적 차원과 사회적 차원에서 기독교 신앙의 진리의 타당성 내지 적절성을 제시하며, 이를 통해 세계의 현실에 대한 책임을 감당하려는 데 있다.

B. 신학의 학문성에 대한 근거

지금까지 우리는 신학의 학문성에 관한 역사적 발전을 개관하였다. 이 고찰을 통해 우리는 두 가지 반대되는 입장을 발견할 수 있다. 첫째 입장은 학문의 세계에서 "특수한" 영역으로서 신학의 학문성을 주장한다. 만일 신학이 그 자신의 고유한 문제들에 충실하고자 한다면, 신학은 신학 바깥에서 유래하는 이른바 보편적 학문의 개념에 예속되어서는 안 될 것이다. 이른바 연구 대상과 방법과 연구 결과의 보편성, 합리성, 무전제성이 신학의 학문성을 근거시키는 조건이 될 수 없다. 신학은 이와 같은 일반적 학문의 개념과는 다른 특수한 학문의 개념에 기초한다. 따라서 신학은 어떤 의미에서 신학이 자기를 학문으로 이해하고 학문적으로 연구할 수 있는가를 스스로 결정해야 한다. 신학은 이른바 보편적 의미에서의 학문이 아니라, 하나님 신앙에 근거한 신앙의 학문이다(K. Barth가 이 입장을 대표함).

이에 반해 둘째 입장에 의하면, 신학이 스스로를 학문으로 이해하고자 한다면, 특별히 신학에만 해당하는 특수한 학문의 개념을 도입해서는 안 되며 보편적 학문의 개념을 수용해야 한다. 특수한 신앙의 학문으로서의 신학은 학문적 보편성, 합리성과 무전제성을 결여하게 된다. 이러한 신학은 하나님을 신앙하는 사람에게는 타당성을 갖지만, 그렇지 않은 사람에게는 타당성이 없는 주관적 종교 현상에 불과하다. 또한 신학은 신앙이란 주관적 현상 외에 합리적 비판을 거부하는 절대적 권위의 내용들(예를 들어 하나님의 존재와 말씀, 예수의 구원과 부활 등)을 전제한다. 이로써 신학은 하나의 "실증적 학문"이 되어버린다. 신학은 합리적으로 토의하거나 비판을 받을 수 없는 절대적 권위의 내용들, 곧 "기본 전제"에 근거하기 때문이다(Barth 1964, 1). 이것은 결국 신학의 학문성을 포기하는 것이요, 학문의 세계는 물론 인간의 삶의 현실에서 자기분리와 자기소외를 초래한다(예를 들어 B. H. Scholz, W. Pannenberg가 이 입장을 대표함. 이에 관해 Härle 2007, 16). 이와 같은 상반된 입장을 고려하면서, 우리는 다음과 입장에서 신학의 학문성을 말할 수 있다.

오늘날 학문의 세계, 특히 자연과학의 영역에서도 이른바 객관적 관찰 대상이 될 수 있는 연구 대상, 연구 방법, 연구 결과의 객관성과 보편성, 보편타당한 합리성과 무전제성, 모순으로부터의 자유는 인정되지 않는다. 모든 학문적 연구는 연구자의 패러다임에 의존하며, 이 패러다임은 연구자에 따라, 또 시대에 따라 새로운 패러다임으로 교체될 수 있다. 학문의 연구 대상인 세계의 현실들은 복합적이며 동적인 것으로, 새로운 패러다임의 등장과 함께 새롭게 인식된다. 물리학자 뒤르(H. P. Dürr)에 의하면, "우리는 오늘날 새로운 패러다임의 확장을 체험하고 있다. 이 패러다임은 어떤 상태의 고정된 개념이 아니라, 어떤 과정의 동적 개념을 지향한다. 부분들이 강하게 서로 얽혀 있고 모든 것이 '흐름' 속에 있다면, 전체는 그의 부분들의 종합 이상의 것이다"(Dürr 2003, 47). 학문적 규범도 시대적으로 제약된 것이며 시대적으로 변천한다. 어떤 학문도 현실 전체를 파악하지 못하며, 단지 현실의 특수한 한 측면을 인식할 뿐이다.

이러한 사실을 고려할 때, 단 하나의 소위 "보편적" 학문의 개념이란 존재하지 않으며, 인간과 세계의 현실에 대한 모든 연구는 학문으로 인정될 수 있다. 자연과학이 사회과학이나 정신과학(인문학)의 학문성을 부인할 수도, 증명할 수도 없는 것처럼, 정신과학도 사회과학이나 자연과학에 대해 그렇다. 이와 마찬가지로 신학의 학문성 역시 다른 분야의 학문들에 의해 부인될 수도 없고 증명될 수도 없다. 관광학, 비서학, 범죄학, 대통령학 등이 대학의 학문이라면, 절대자에 대한 인간의 종교적 경험을 연구하는 것도 학문이라 말할 수 있다. "만일 신학이 학문이라고 불리며 또 그 자신을 그렇게 부를 경우, 신학은 다른 학문들에게 해당하는 기준에 따라서 판단되어야 할 어떤 의무도 가질 필요가 없다"(Barth 1964, 8).

판넨베르크는 그의 특수한 하나님 개념을 통해 신학의 보편적 학문성을 주장한다. 그러나 "모든 것을 결정하는 현실"이란 그의 특수한 하나님 개념은 성서의 하나님 상(像)과 일치하지 않는다. 만일 세계의 "모든 것"이 하나님에 의해 결정된다면, 세계의 악의 문제에 대한 책임은 하나님에게 있을 것이다. 그런 이유로 화이트헤드는 세계의 모든 것을 일방적으로 결정하는 "형이상학적 결정자"로서의 하나님을 반대한다(손호현 2006, 200). 하나님의 존재를 인정하지 않는 사람들에게 판넨베르크의 하나님 개념은 하나의 특수한 종교적 신념에 불과하며, 특수한 종교적 신념에 근거하여 신학의 보편적 학문성을 주장하는 것은 불가능한 것으로 보일 것이다. "하나님이 '모든 것을 결정하는 현실'이란 (Pannenberg의) 말은, 모든 사람이 하나님 찬양에 찬동한다는 것을 포괄하지 않는다"(Maurer 2004, 208). 여기서 우리는 신학의 학문성의 근거, 곧 신학이 스스로를 학문으로 주장할 수 있는 근거를 아래와 같이 제시할 수 있다.

1) 신학은 인간이 경험하는 종교적 현실에 대한 방법적 연구라는 점에서 자신을 학문이라 주장할 수 있다. 물론 하나님, 곧 신(神)이란 현실은 세계의 다른 현실들과 구별되는 특별한 현실이다. 그러나 인간이 만든 어떤 이념이나 가설, 사회현상이나 기술이 학문적 연구 대상이 될 수 있다면, 인류가 경험하는 신의 존재와 그에 대한 신앙도 학문적 연구 대상이 될 수 있다. 물론 신학적 인식은 이른바 보편타당성을 갖지 못한다. 그것은 하나님의 존재를 신앙하는 사람에게만 타당성이 있다. 그러나 이런 관점에서 보면 다른 학문들의 인식도 사실상 보편타당성이 없다. 일례로 한 그루 나무에 대한 시인의 인식은 자연과학자의 인식과 다르며 소위 보편타당성을 갖지 못하지만, 나무에 대한 한 인간의 인식으로서 타당성을 가

지는 것과 마찬가지다.

2) 신학은 자신의 관점과 규범에 따라 인간과 삶의 의미에 대해, 세계와 역사의 궁극적 목적에 대해 연구한다는 점에서 자신의 학문성을 주장할 수 있다. 물론 이 대상들에 대한 신학의 관점과 인식은 일반 다른 학문들의 그것과 다르다. 예를 들어 자연에 대한 자연과학의 관점과 인식은 신학의 그것과 다르다. 자연과학이 자연을 물질 덩어리의 진화과정으로 본다면, 신학은 자연을 하나님의 창조로 본다. 이 두 가지 인식들은 각자의 관점에 따라 자연에 관한 진리를 진술한다. 전자가 자연의 사실들에 대해 진술한다면, 후자는 자연의 의미와 목적에 대해 진술한다. 이 두 가지 진술들은 각자 그들 나름대로 진리의 요소를 지니며, 인간과 세계를 위해 봉사한다.

3) 모든 학문들은 궁극적으로 인간과 세계의 행복을 위해 존재한다. 이를 위해 자연과학은 물질의 영역을, 정신과학은 정신의 영역을, 사회과학은 사회의 영역을, 의학은 인체의 영역을 연구한다. 신학도 인간과 세계의 행복을 위해 기여하고자 한다. 그런데 신학은 보다 근본적 차원에서 이 과제를 수행한다. 신학은 인간 세계의 거짓과 죄를 폭로하고 회개를 요구하며, 비인간화된 인간의 인간화를 요구한다. 죄와 불의가 가득한 인간의 세계가 지향해야 할 방향을 제시한다. 이런 점에서 신학은 자신의 학문성을 주장할 수 있다.

인간의 행복이란 물질적 풍요와 사회적·정신적 안정만을 통해 이루어지지 않는다. 이를 뛰어넘어 인간의 행복은 자신의 삶과 세계가 지향해야 할 목적과 의미가 인식될 때 가능해진다. 그러나 현대세계는 목적과 방향을 상실하고 "될 대로 되겠지!"라는 체념 속에서 표류하는 상태에 빠져 있다. 이러한 오늘의 현실 속에서 신학은 "이제는 죽음과 슬픔과 울부짖음과 고통이 없는" 하나님의 "새 하늘과 새 땅"을 제시하며, 세계가 이 목적을 향해 나아갈 것을 요구한다. 신학은 더 많은 지식의 획득을 주된 목적으로 삼는 오늘날 학문의 세계 속에서 삶의 참 가치와 사랑과 인간성에 대해 이야기한다. "눈에 보이는 것"을 최고의 가치로 생각하는 세계 속에서, 그 것은 아직 보이지 않는 하나님의 새로운 생명의 세계를 이야기하며, 모든 사물들 안에 숨어있는 유토피아적 본성을 자극한다. 바로 여기에 신학이 자신을 학문으로 주장할 수 있는 근거가 있다.

4) 딜타이가 말한 것처럼, 인간의 삶의 현실은 여러 가지 내용으로 구성된다. 이 내용들 가운데에는 분석과 통계를 통해 소위 실증적으로, 합리적으로 파악될 수 있는 것도 있고, 이해를 통해 파악될 수 있는 것도 있다. "사실의 진리"(Sachwahrheit)가 있는가 하면, "인격적 진리"(Personwahrheit) 가 있다. 이 모든 것이 학문의 연구 대상이다. 따라서 실증적으로 파악될 수 없는, 느낌과 이해를 통해 파악될 수 있는 인격적 진리와 관계된 것이 학문의 대상이 될 수 없다는 생각은 부당하다. 오히려 실증적으로 파악될 수 없는 것, 정의롭고 인간성이 있는 세계에 대한 꿈과 희망이 우리의 삶과 세계를 더욱 풍요롭고 의미 있게 만들 수 있다. 과학의 사실적 지식들 밖에 없는 세계는 참으로 무미건조한 세계가 될 것이다. 만일 이 세계에 "사실들" 밖에 없다면, 이 세계는 얼마나 메마른 세계가 될까? 물질과 인간의 생명에 대한 과학적 연구도 필요하지만, 인간의 삶과 세계의 의미와 가치와 목적에 대한 연구도 필요하다. 따라서 후자의 문제와 관계된 신학은 그의 학문성을 충분히 주장할 수 있으며, "현실에 대한 그의 이해를 다른 학문들로부터 본받을 필요가 없다. 그것(신학)은 방법과 의도에 있어 정신과학의 여러 다른 학문들과 유사점을 갖지만, 그 자신의 전제들을 그 자신의 일로부터, 다시 말해 기독교의 하나님 신앙과 전승으로부터 결정해야 한다"(Maurer 1976, 83).

C. 메시아적 학문으로서 신학의 특성

여기서 우리는 신학이 특수한 신앙의 학문이냐 아니면 보편적 학문이냐

의 토의를 넘어, 메시아적 학문으로서 신학의 학문성과 특성을 말하고자
한다. 학문의 개념은 시대와 문화권에 따라 다르지만, 모든 학문은 한 가
지 공통점이 있다. 즉 이 세계 안에 주어진 사물을 연구한다는 점에서 그
렇다. 인문과학은 정신적 현상을, 사회과학은 사회적 현상을, 자연과학은
자연의 현상을 연구한다. 이 연구를 통해 얻게 되는 인식들이 인간의 현실
을 구성한다. 그러나 여기서 인간은 결국 자기 자신을 만나게 된다. 그가
형성한 현실은 자기와 완전히 다른 것이 아니라 인간 자신이 기획한 것이
며, 결국 인간 자신 속에 있는 것의 투영이기 때문이다.

그러나 신학의 연구 대상은 이 세계에 속한 것, 인간이 가진 표상이나
관념을 투영시킨 것이 아니라, "특별한 대상을 다룬다"(오영석 1999, 8). 곧
신학은 이 세계에 속하지 않은 것, 다시 말해 하나님과 하나님의 메시아적
새로운 생명의 세계에 관심을 가진다. 신학은 단지 세계의 현상들에 대한
설명이 아니라, 꿈과 희망을 잃어버린 세계 속에서 하나님의 약속과 꿈과
희망을 이야기한다. 그것은 하나님과 세계와 인간의 미래에 관한 학문이
요, 이 미래를 향한 꿈과 희망의 학문이다. 신학은 "이미 주어진 것"을 넘
어 "아직 주어지지 않은 것"에 이르고자 하는 유토피아적, 메시아적 영성
을 가진 학문이요, 이미 주어진 것을 끊임없이 넘어서고자 하는 변증법적
학문이다. 그 생명은 예수 그리스도를 통해 계시되었고 약속된 "하나님의
나라와 하나님의 정의"를 향한 지향성 내지 메시아성에 있다. 신학은 하나
님의 약속된 미래를 바라보면서 하나님 없는 인간의 죄와 거짓을 이야기
하며, 예수 그리스도의 용서를 선포한다. 이와 동시에 죄악된 인간의 자기
부정, 곧 회개를 요구한다. 모든 가치와 윤리적 규범이 상대화 되고 돈이
최고의 가치로 생각되는 세계 속에서, 신학은 하나님의 정의와 사랑을 참
가치와 윤리적 규범으로 제시한다. 여기에 신학의 학문적 특성이 있다.

일반적으로 다른 학문에 있어서 인식의 주체인 인간은 인식 대상으로
부터 분리된다. 인식 주체는 인식 대상을 자기 바깥에 있는 객체로 대상화
시킨 다음, 그것을 중립적인 입장에서 관찰하고 인식한다. 중립적일수록

학문적이라 인정을 받는다. 그러나 20세기의 변증법적 신학자들이 주장하는 것처럼, 신학에 있어 인식 주체와 인식 대상은 결합된다. 인간은 하나님과 그의 미래에 대한 중립적 입장에서가 아니라, 하나님과 그의 미래에 붙들린 상태에서 인식한다. 곧 실존적 관계 속에서 인식한다. 틸리히에 의하면 "신학자의 태도는 실존적이다. 그는 그의 모든 실존과 그의 유한성과 그의 불안과 그의 자기 모순과 그의 절망과 함께…그의 인식 대상 속에 관련되어(einbezogen)있다." "신학자는 그의 인식 대상으로부터 분리되어 있지 않고 오히려 그 속에 관련되어 있다. 그는 그의 대상을 정열과 두려움과 사랑과 함께 관찰한다"(Tillich 1956, 31). 그러므로 신학은 중립적인 학문일 수 없다. 오히려 그것은 자신의 존재가 실존적으로 관계된 학문이다.

바로 여기에 신학적 인식 방법의 특성이 있다. 이 방법을 가리켜 학문적 방법이 아니라고 말할 근거는 없다. 한 그루의 나무를 보고 그 아름다움에 사로잡혀 그것에 대해 시를 쓰는 시인의 방법이 학문적 방법이 아니라고 말할 수 없는 것과 마찬가지다. 이것은 이른바 주관적이지만, 대상을 가장 적절히 파악할 수 있는 방법일 수 있다. 좀 더 구체적으로 그것은 자기를 대상으로부터 분리시키고 대상을 단지 하나의 물건으로 대하며, 그것에 대한 이른바 객관적 인식을 얻어 그것을 지배하고자 하는 "분석의 방법"과는 다른 "이해의 방법"이라고 할 수 있다.

신학은 그 본질에 있어 신앙의 학문이다. 그것은 하나님에 대한 신앙 가운데서 연구된다. 그래서 루터는 명상과 고행과 기도(*meditatio, tentatio, oratio*)가 신학의 길이라 말한다. 루터의 제자 멜랑히톤(Philipp Melanchthon, 1497-1560)에 의하면, 우리는 "신성의 비밀들을 연구한다기보다 오히려 경배해야 할 것이다"(Obermann 1981, 71). 불트만에 따르면, 하나의 객관적 대상으로서 하나님에 대해 말하는 것은 "무신론"이요 "죄"다(Bultmann 1972, 27). 신학은 궁극적으로 하나님을 향한 찬미(Doxologie)다. 그런 점에서 신학은 "특별히 실천적 학문"이다(Pöhlmann 1973, 17).

바로 여기에 신학과 종교학의 차이가 있다. 종교학은 세계의 다양한 종교를 중립적 입장에서 연구하며, 신학의 내용들을 "외적 전망으로부터"
(aus einer Außenperspektive) 연구한다. 이에 반해 신학은 그 내용을 "내적
전망으로부터"(aus der Innenperspektive) 연구한다(Härle 2007, 10). 곧 세계
의 창조자요 구원자이신 하나님에 대한 신앙과 순종 가운데서 연구한다.
따라서 신학은 전제가 없는 학문이 아니라, 신앙을 전제하는 학문이다. 이
전제 때문에 신학의 학문성이 부인될 수 없다. 사실 아무 전제도 갖지 않
은 학문은 없으며, 대상에 대한 객관적이고 중립적인 입장만이 학문적인
입장이라고 단언할 수 없다. 단지 관심이 다를 뿐이다.

그러나 여기서 다음과 같은 질문이 제기된다. 만일 신학이 신앙의 전
제 위에서 연구될 수 있는 "신앙의 학문"이라면, 신앙이 없는 사람은 신학
을 연구할 수 없는가? 신학은 거듭남을 경험한 "신자들의 학문", "신앙의
학문"으로서만 가능한가?

물론 기독교 신학에 있어 신앙은 중요한 전제다. 그렇다 하여 신학은
오직 신앙하는 사람들만 연구할 수 있다고 말할 수 없다. "하나님은 신자
들의 하나님일 뿐 아니라 하늘과 땅의 창조자요,…악한 사람들과 선한 사
람들 위에 비치는 태양처럼, 의로운 사람들과 불의한 사람들 위에 내리며
모든 피조물에게 생명을 주는 비처럼 보편적인 분이다." 따라서 "단지 신
앙하는 사람들만을 위한 신학은…하나님의 보편적 신성에 모순되며, 이스
라엘의 하나님, 예수 그리스도의 아버지로서 그의 공공적 계시에 모순된
다"(Moltmann 1999, 27).

17세기의 경건주의는 "거듭 태어난 자들의 신학"(theologia regenitorum)
을 이상으로 삼았다. 이리하여 신학을 거듭 태어난 경건한 사람들의 작
은 집단에 제한시키고, 순수한 기독교적 자기 정체성을 보존하는 일
에 집중하였다. 슐라이어마허의 교의학 제목처럼 그것은 "신앙의 이론"
(Glaubenslehre)이고자 노력하였다. 그 결과 신학은 사회의 공공 영역에서
개인의 내적 경건성이라는 사적 영역으로 퇴각하였고, 기독교는 공공성을
상실하고 개인의 경건성에 치중하는 사적 종교가 되어버렸다.

이러한 현상을 피하기 위해 우리는 모든 사람에게 신학을 개방해야 할 것이다. 기독교 신앙을 갖지 않은 사람은 신학을 연구할 수 없다는 폐쇄적 태도를 버려야 할 것이다. 무신론자들과 타 종교인도 신학을 연구할 수 있어야 할 것이다. 메시아적 학문으로서의 신학은 그리스도인과 비그리스도인, 유신론자와 무신론자를 포괄한다. 그것은 배타적 학문이 아니라 포용적 학문이다. 기독교 신학의 개방성과 포용성은 신학의 중심 대상인 창조자 하나님과 그의 구원의 보편성에 기인한다. 하나님은 모든 피조물, 모든 사람들의 창조자다. 모든 사람이 그의 피조물이다. 그는 모든 사람을 구원하고자 하며, 그의 은혜와 진리는 모든 사람을 향하여 있다.

D. 물음과 찾음으로서의 신학

그동안 필자가 한국 기독교계에서 일하면서 느낀 한 가지 어려움은 신학적 사고의 경직성과 폐쇄성에 있다. 신학은 일단 이런 상태에 빠지게 되면, 사고의 유연성과 자유로운 창조성을 상실하고 만다. 그렇게 되면 우리는 자신의 것과 다른 신학적 인식을 허용하지 않고 그것에 대해 이른바 "신신학", "자유주의", "이단"이라 정죄하게 된다. 이런 방식으로는 신학적 발전이 저해될 수 밖에 없을 것이다.

신학의 경직성과 폐쇄성은 교회의 경직성과 폐쇄성을 초래한다. 양자는 서로 맞물려 있다. 신학이 하나님의 새로운 진리를 이야기하지 못할 때, 교회는 옛날의 진리를 반복하게 된다. 교회는 신학으로부터 교회에 대한 비판의 음성을 들을 수 없기 때문에 주어진 상황에 안주하게 된다. 그러면서 수백 년 전에 살았던 특정 신학자의 신학을 우상처럼 모신다. 그 결과 새로운 시대를 열기는 고사하고 새로운 시대의 변천을 따라가지도 못하는 "한국 사회의 가장 폐쇄된 집단"이라는 비난을 듣게 된다. 신학자들의 경직되고 권위적이며 배타적인 태도는 장래 목회자들의 태도에 영향을 주며 결국 교회의 장래를 결정한다.

이러한 결과를 초래하는 신학적 사고의 경직성과 폐쇄성은 상당 부분 성서의 축자 영감설과 성서 문자주의에 기인한다. "한 자 한 획까지 하느님이 직접 주신 성서는 그 내용에서 어떤 오류나 결함도 없다"(1978년 창조론자들의 "시카고 선언", Dürr 2001, 170). 성서는 글자 하나, 점 하나에 있어 성령의 영감 속에서 기록된 하나님의 영원한 진리의 말씀이요, 성서에 근거한 기독교의 "계시된 진리"는 영원히 변할 수 없다고 주장할 때, 신학의 발전은 불가능하고 불필요하게 된다. 이때 조직신학의 과제는 영원히 변할 수 없는 "성경적 교리를 수호견지" 하는 데 있다고 생각된다(이범배 2001, 39). 이른바 세상의 학문들은 허무한 세상의 변화무쌍한 지식들을 다루는 반면, 신학은 영원히 변할 수 없는 하나님의 진리를 다루는 학문이라 간주된다. 이 때문에 필자가 아는 수많은 한국 신학교육 기관들과 거의 대부분의 개신교 교단들이 성서에 대한 역사적-비평적 연구(historical critical study)를 "사탄"과 같은 것으로 취급한다. 역사적-비평적 연구를 노골적으로 인정할 때, 교수직이 위험하게 된다.

그러나 한국교회의 신학적 경직성과 폐쇄성은 오늘날 학문의 세계에서 볼 때, 우물안 개구리와 같은 것에 불과하다. 오늘날 학문의 세계에서 이른바 "영원히 변할 수 없는 절대 진리"란 인정되지 않는다. 어떤 대상에 대한 인간의 모든 지식은 완전하지 못하다. 그것은 대상의 전체에 대한 전체적 인식이 아니라, 대상의 특수한 한 측면에 대한 인식에 불과하며, 언제나 가설의 성격과 개연성을 가진다. 그것은 절대적인 것이 아니라 확률적인 것에 불과하다. "정확한 학문"이라는 수학마저 가설에 근거한다. 모든 연구 결과는 현실 자체에 대한 인식이 아니라 연구자 자신의 관심과 전제에 기초하며, 대상 현실은 인식의 과정 속에서 자신을 변경한다. 따라서 학문이란 영원히 변할 수 없는 고정된 진리의 체계를 "수호견지" 하는 작업이 아니라 끊임없이 새로운 인식을 추구하는 도상에 있다. 이미 헤겔이 말한 것처럼, 학문이란 하나의 변증법적 "과정"이다.

현대 물리학의 발전은 학문의 개념에 획기적 변천을 초래하였다. 아인 슈타인의 상대성 원리에 의하면, 물리적 현상, 곧 시간과 공간은 객관적이지도 보편적이지도 않다. 그것은 관찰자의 관점에 따라 다르게 인식된다. 양자물리학에 의하면 미시세계에서 물질은 때로 입자로 보이기도 하고 파장으로 보이기도 하는 안개구름과 같다. "입자냐 파동이냐 하는 것은 본질이 아니고 현상에 불과하고 이 현상은 물리적 관찰에 의해 좌우된다"(문영빈 2006, 174). 현실의 가장 깊은 곳에서 우리가 만나는 것은 고정되어 있는 물질적인 것이 아니라, 플라톤 철학이 말하는 것과 같은 "물질의 관념들"로서의 근원적 상들(Urbilder)이다. 그것은 "정신적인 것"에 가깝다(Heisenberg 1969, 326). 세계의 모든 사물은 완결된 형태로 결정되어 있는 것이 아니라, 예측할 수 없는 "비확정성"(Unbestimmtheit)을 본성으로 가진다. 그러므로 하이젠베르크는 다음과 같은 결론을 내린다. "자연을 가능한 그 자체로서 있는 그대로, 다시 말해 우리의 개입과 관찰 없이 묘사하는 것이 모든 자연 연구의 본래 목적이었다. 그러나 이제 우리는 바로 이 목적을 달성할 수 없다는 사실을 인식한다. 모든 관찰은 관찰되는 대상에 변화를 가져온다. 이 변화를 무시한다는 것이 원자물리학에서는 어떤 방법으로도 불가능하다"(Altner 1988, 24-25).

덴마크의 보어(Niels Bohr, 1885-1962)에 따르면, 원자에 대한 진술들은 객관적인 것이 아니라 물리학적 실험의 배열(Anordnung)에 의존하며, 우리는 고립되어 있는 원자 그 자체에 대해서는 아무것도 진술할 수 없다. 모든 실험에는 실험 주체와 실험 대상의 상호작용(Interaktion)이 발견된다. 관찰 과정과 관찰 대상은 엄밀히 나누어질 수 없다. 관찰자는 단지 구경꾼이 아니라 관찰 과정에 적극적으로 참여되어 있으며, 관찰의 수단과 방법들을 선택한다. 결정적으로 중요한 것은 관찰자의 이성이나 의식이 아니라, 관찰 과정에서 일어나는 이러한 상호작용이다(Barbour 1999, 236 이하). 이른바 물질도 고정된 상태로 있는 것이 아니라 스스로 변화되고 변천되어 가는 과정에 있다. 이른바 "과정물질"이 있을 뿐이다.

그러므로 어떤 대상에 대한 소위 객관적 인식, 절대적 진리란 오늘날 학문의 세계에서 인정되지 않는다. 이것은 단지 인간의 인식의 한계성 때문이 아니라 인식 대상 자체의 가변성 때문이다. 모든 인식은 제한되어 있으며 개연적이며 잠정적인 것에 불과하다. 종교적·신학적 인식도 예외일 수 없다. "성경의 계시된 진리"라 하여 이것을 절대적인 것으로 간주한다면, 이것은 학문의 세계에서 정상적 이성을 가진 사람의 눈에 도저히 납득할 수 없는 억지로 보일 뿐이다. "우리의 인식 가능성과 우리 자신의 현실 인식의 모든 절대화(Verabsolutierung)는…기만과 오류"이다(Härle 2007, 230).

신학적 인식의 제한성과 잠정성의 근본 원인은 신학의 중심 대상인 하나님에게 있다. 이것을 우리는 다음과 같이 분석할 수 있다.

1) 하나님은 인간이 인식할 수 있는 세계의 모든 사물들로부터 구별된다. 그는 사람이 아니다. 그럼에도 불구하고 우리는 하나님을 인간의 인격을 가진 분으로 표상하고 그에 관해 이야기한다. 그러므로 하나님에 관한 인간의 모든 이야기, 모든 신학적 인식은 하나님 자신과 일치하지 않으며, 하나님은 언제나 인간의 인식에 대해 숨어 있다. 달리 말해 "계시된 하나님"은 "숨어계신 하나님"이다(Luther). 그러므로 하나님에 관한 모든 신학적 인식은 제한성과 잠정성을 벗어날 수 없다.

2) 인간이 사용하는 언어와 개념들은 이 세계의 사물들에 대한 경험에서 유래한다. 신학이 사용하는 언어와 개념들도 마찬가지다. 신학은 어떤 다른 언어와 개념들을 사용하는 것이 아니라, 세계에 대한 인간의 경험에서 유래하는 언어와 개념들을 사용한다. 그러나 하나님은 인간이 경험할 수 있는 세계의 사물들 가운데 하나가 아니다. 그는 세계의 창조자요, 창조자로서 세계의 근원이다. 따라서 이 하나님에 관한 인간의 언어와 개념들은 하나님을 완전하게 나타낼 수 없다. 그것은 은유(Metapher) 내지 "그림 언어"(Bildersprache)일 수밖에 없다. 여기서 은유란 언어의 문자적 의미를 넘어, 대상의 의미를 단지 상징적으로 나타내는 언어의 기능을 가리킨다.

3) 하나님의 "있음"(Es gibt)은 그의 피조물들과 언제나 "함께 있음"(Mit-

Sein)이다. 하나님은 홀로 자기 자신 안에서 자기를 관조하며 머물러 있는 것이 아니라 그의 피조물을 동반하며 그들과 삶을 함께 한다. 그는 그들과 함께 역사의 길을 함께 한다. 피조물들의 삶과 운명이 하나님 자신의 삶의 내용을 구성한다. 따라서 하나님의 존재도 미래를 향해 열려 있으며 결정되지 않은 상태에 있다. 그의 존재는 피조물들과 함께 "되어감" 속에 있다. 그러므로 이 하나님에 관한 인식은 제한성과 잠정성을 벗어날 수 없다.

4) 하나님은 약속의 성격을 가진다. 따라서 하나님에 대한 기독교 신앙은 하나님의 약속에 대한 신앙이기도 하다. 그는 지금 우리가 "얼굴과 얼굴로" 볼 수 있는 분이 아니라, 장차 그렇게 할 수 있는 분으로 자기를 약속한다. 그러므로 성서에는 "너희가(혹은 우리가) 보게 될 것이다", "너에게 보일 것이다"라는 미래형의 문장이 거듭 나타난다(시 37:34; 91:8; 사 35:2; 40:5; 욜 2:28; 마 5:8; 26:64; 눅 3:6 등). 여기서 하나님에 대한 완전한 인식은 미래의 약속으로 주어진다. 이 약속은 언제 이루어질 것인가?

성서에 따르면 이 약속은 온 세계가 삼위일체 하나님에게 상응하며, 그리하여 하나님이 자기 자신을 세계 안에서 투명하게 인식할 수 있는 세계가 이루어질 때 가능해질 것이다. 이때 우리는 완전한 하나님 인식에 도달하게 될 것이다. 요한계시록 22장에 의하면 이 땅 위에 "다시는 저주가 없으며 하나님과 그 어린양의 보좌가 그 가운데" 있을 때, 하나님의 자녀들이 "그의 얼굴을 볼 것이다"(계 22:4). 달리 말해 "더 이상 죽음과 슬픔과 울부짖음과 고통이 없는" 하나님의 메시아적 새 생명의 세계가 완성될 때, 신학적 인식은 궁극성(Endgültigkeit)에 도달할 것이며 그의 제한성과 잠정성을 극복할 것이다. 하나님의 메시아적 새로운 생명의 세계, 곧 "새 하늘과 새 땅"은 아직 오지 않았다. 그것은 하나님의 자녀들이 모인 공동체의 삶 속에, 그리고 진리에 따라 살고자 노력하는 사람들의 삶 속에 희미하게 나타날 뿐이다.

그러므로 기독교 신학은 목적에 도달한 것이 아니라 목적을 향해 가는 과정에 있다. 그것은 영원한 진리를 소유하고 있는 것이 아니라, 새로운 시대의 새로운 상황 속에서 끊임없이 하나님의 진리에 대해 질문하고 그것을 찾는 과정 속에 있다. 세계의 모든 것이 "아직 주어지지 않은 것"을 찾는 도상에 있다. 모든 것이 변증법적 "넘어감"(Überschreiten) 속에 있다. 신학도 예외가 아니다. 하나님에 관한 모든 신학적 지식은 변증법적·종말론적 성격을 가진다. 그것은 이미 도달한 진리가 타당한지 다시금 질문하고 새로운 진리를 찾아가는 "끊임없는 물음과 찾음의 변증법적 과정"이다. 하나님은 고뇌 속에서 그에 관한 진리를 질문하고 찾는 사람들의 신학적 노력 속에 함께 계시며, 그들과 함께 자신의 진리를 찾고 있다. 하나님 자신의 존재도 결정되어 있지 않고 새로움을 향한 변증법적·종말론적 과정 속에 있다. 출애굽 한 이스라엘 백성과 함께 광야를 유리하는 하나님의 모습은 아직 주어지지 않은 새로운 미래를 향한 하나님의 변증법적·종말론적 존재를 나타낸다. 참으로 위대함은 얻은 것을 손에 쥐고 권위를 부리며 "머물러 앉아 있음"에 있지 않고, 이미 얻은 것을 버리고 끊임없이 "새 예루살렘"을 찾는 순례자의 빈 마음에 있다(이에 관해 아래 "하나님 인식론" 참조).

10
타 종교와
기독교 토착화의 문제

신학을 공부할 때, 우리는 언제나 다시금 우리 주변에 있는 다른 종교를 의식하게 된다. 우리의 조상들은 수 천 년 동안 다른 종교를 신봉해 왔다. 그들이 신봉했던, 그리고 지금도 우리의 이웃들이 신봉하는 다른 종교에는 진리와 구원의 길은 없는지, 기독교와 다른 종교는 어떤 관계에 있는지? 미국의 9.11 사건 이후, 이 문제는 인류의 운명과 관계된 심각한 문제로서 오늘날 많은 학자들의 연구 대상이 되고 있다.

또한 한국의 신학계에서 중요한 문제는 기독교의 토착화 문제이다. 1960년대 윤성범 교수와 박봉랑 교수의 삼위일체론의 토착화 논쟁 이후 한국의 신학계에서는 이 문제에 대한 토론이 지금까지 계속되고 있다. 토착화를 주장하는 신학자들은 타 종교와 기독교의 내적 연속성과 심지어 종교다원주의를 주장하는 반면, 토착화에 대해 비판적인 신학자들은 타 종교에 대한 기독교의 구별성과 우수성 내지 구원의 유일성을 주장하는 입장을 취한다. 이 두 가지 입장이 확실한 결론에 도달하지 못한 상태에서 한국의 개신교회는 나름대로 한국 전통문화와 사고방식에 토착화되어 가는 현상을 보이고 있다. 따라서 타 종교와 기독교의 관계, 기독교의 토착화는 피선교지의 신학자들과 그리스도인들이 관심을 갖지 않을 수 없는 신학의 기초적 문제라 말할 수 있다.

A. "종교로서의 기독교" 문제

종교란 무엇인가? 종교를 한 마디로 정의한다는 것은 사실상 불가능하다. 왜 나하면 "종교는 사변적으로 구성되지 않은…실제적인 삶의 현실이기" 때문 이다(Ebeling 1967, 111). 또한 모든 종교들의 내용과 형식과 실천이 다르며, 어느 종교도 자신의 본질이 무엇인가를 명확하게 말하지 않기 때문이다. "종교"란 "낱말은 사람들과 지역, 문화, 배경과 시대의 변천에 따라 여러 가지 뜻을 가질 수 있고, 그 뜻은 일정하고 공통된 것이 아니다"(정재식 2008, 12).

그럼에도 불구하고 종교를 정의한다면, 종교는 "신적 현실에 대한 경험"과 이 현실에 대한 "인간의 반응"이라 말할 수 있다(Trillhaas 1972a, 31 이하). 종교현상학적으로 볼 때, 종교는 인간이 눈에 보이는 이 세계를 넘어서는 어떤 초월적이며 신비로운 것, "우리에게 절대적으로 문제되는 것"(was uns unbedingt angeht, P. Tillich)을 경험함으로써 생성된다. 이 경험을 통해 인간은 현실에 대한 새로운 이해를 갖게 되며, 현실의 새로운 이해가 그의 삶과 세계에 대한 관계를 형성한다. 삶과 세계와의 새로운 관계 속에서 그는 그에게 절대적으로 문제되는 것과 관계한다. 이 경험과 관계를 체계화, 제도화시켜 종교적 형식으로 반복하는 것이 "제도로서의 종교"(Religion als Institution)라 말할 수 있다.

기독교도 포괄적 의미의 종교에 속한다. 그것은 분명히 많은 종교 현상들 가운데 하나이다. 그런데 예수는 교회를 세우지 않았다. 그의 목적은 기독교 종교를 세우는 데 있지 않고 하나님 나라의 "기쁜 소식", 곧 복음을 선포하고 그것을 이 땅 위에 세우는 데 있었다. 그러므로 기독교는 일찍부터 예수의 복음과 기독교 종교를 구별하였다.

이 구별은 "눈에 보이는 교회"와 "눈에 보이지 않는 교회"를 구별한 초대교회 시대부터 시작하였다. 중세기에도 이 구별은 끊임없이 등장하였다. 또 그것은 중세교회의 거대한 제도적 형식에 저항한 종교개혁자들에게서 첨예하게 나타났다. 츠빙글리(Ulrich Zwingli, 1484-1531)는 하나님의 진리 자체를 가리키는 "참된 종교"와, 형식적 제도로서의 "거짓 종교"를 구별하였다. 루터는 종교를 매우 위험한 것으로 보았다. 이 점에서 그는 칼 바르트의 선배라 할 수 있다.

계몽주의에 이르러 세계의 타 종교에 대한 연구가 활성화 되면서 기독교와 타 종교의 연속성이 주장되기 시작하였다. 기독교 신학은 물론 성서 자체 안에 타 종교 내지 종교사상들의 영향이 내포되어 있다는 사실이 성서비평학을 통해 증명되었다. 헤겔(Georg Wilhelm Friedrich Hegel, 1770-1831)의 영향 속에서 등장한 종교사학을 통해 "종교"라는 보편개념이 등장하였다. 보편적 종교의 한 현상으로서 기독교는 세계 모든 종교들의 완성으로 생각되기도 하고, 종교사(宗敎史)의 한 단계로서 기독교의 절대성이 부인되기도 하였다.

종교에 대한 계몽주의의 생각은 슐라이어마허에게서도 나타난다. "우주를 직관하는 것"이 "종교의 본질"이다(Schleiermacher 1970, 31). 모든 인간은 "종교적 바탕"을 가지고 태어났기 때문에(80), 모든 인간이 우주를 직관하여 하나님에 대한 절대의존의 감정을 가질 수 있다. 세계의 모든 종교는 절대의존의 감정에 근거한다. 따라서 세계의 모든 종교는 본래 하나이다. 그들은 "영원하고 무한한 종교가…필연적으로 취할 수밖에 없었던 특수한 형태들 가운데 하나이다"(138). "단 하나의 '종교의 본질' - '종교들 가운데 종교'가 있다. 이 본질은 모두 특수한 종교들의 기초를 형성하며, 특수한 역사적-개별적 형태 안에서만 구체적이고 생생하게 나타난다"(Brunner 1961, 243). 여기서 기독교의 절대성은 부인된다. 기독교는 단 하나의 "무한한 종교"가 그 속에 나타나는 한 형태일 따름이다. 그러나 기독교는 모든 인간이 가진 "하나님 의식"이 가장 완전한 형태로 나타난 예수 그리스도에 기초하므로, 종교들 가운데 가장 완전한 종교다.

19세기의 이러한 사조에 반해, 20세기의 변증법적 신학자들은 그리스도의 복음과 종교 혹은 하나님의 계시와 종교를 구별하고, 종교로서의 기독교를 비판한다. 그 가운데 가장 대표적 인물이 칼 바르트이다. 그의 견해에 의하면 기독교 역시 하나의 종교이다. 그러나 예수 그리스도의 계시의 관점에서 볼 때, 종교는 하나님이 그의 계시를 통해 하고자 하며 또 하고 있는 일을 인간이 미리 앞당겨 스스로 하고자 하며, 하나님의 활동 대신에 인간 자신이 만든 것을 세우고자 하며, 그리스도의 계시에 나타나는 하나님의 현실 대신에 인간 자신이 하나님에 대하여 만든 상(像)을 세우고자 하는 노력에 해당한다. 그것은 "계시에 대한 저항"이다(Barth 1960a, 329). 그것은 "우상숭배요 공적을 통한 의(Werkgerechtigkeit)"를 지향한다(343). "기독교의 진리의 비밀"은 종교적 제도 자체에 있는 것이 아니라 "하나님의 은혜"에 있다(371).

일련의 신학자들은 복음과 기독교 종교에 대한 바르트의 구별과 종교비판을 반박한다. 그 종교비판은 기독교의 존립을 위험스럽게 만들며, 초월에 대한 인간의 종교적 동경과 욕구를 간과하고 종교를 인간의 "교만" 혹은 "자기 업적"으로 과소평가 한다는 것이다. 그러나 우리는 지난 2천년 동안 기독교가 저지른 과오들을 생각할 때, 복음과 종교에 대한 바르트의 구별에 충분히 동의할 수 있다. 때로 기독교의 교권자들은 기독교 본연의 임무에 충실하기보다 세속의 권력과 명예에 더 관심을 두었고, 정권의 시녀 역할을 하기도 했다. 일제시대 한국의 교회는 항일운동의 거점이 되기도 했지만, 많은 기독교 교단들은 일제가 강요하는 신사참배를 지지하고 종군위안부 모집과 전쟁물자 조달에 협조하였다. 그럼에도 불구하고 해방 후 참회의 선언을 한 교단은 2, 3개 교단에 불과하다.

오늘날 한국 사회에서 기독교, 특히 개신교회는 일반 사람들의 조롱의 대상이 되고 있다. 물론 이 조롱은 기독교의 전모를 보지 않는 매우 일방적인 것이다. 그러나 전혀 근거가 없는 것도 아니다. 성직자를 포함한 기독교인들의 편협하고 옹졸한 태도, 교회의 난립, 교인 빼앗기 운동, 교회의 문어발식 자기확장과 양적 팽창에 대한 욕심, 교단 내에서의 권력투쟁, 일부 대형교회 목회자들의 세속적 명예와 권력에 대한 욕심, 교회 재정의 사적(私的) 유용, 교회세습, 정치 권력자에 대한 성직자들의 아부하는 태도, 타 종교에 대한 비난과 저주 등에 실망하여 개신교회 신자들의 수가 감소하고 있는 실정이다. 황호찬 교수(세종대, 경영학)의 연구 분석 결과에 의하면, 한국 교회에 대한 외부인들의 신뢰도는 5점 만점에 3.68점, 곧 100점 만점에 73.6점에 불과하다(황호찬 2008, 151).

이와 같은 기독교 종교의 현실을 고려할 때, 우리는 하나님 나라의 복음과 제도로서의 종교에 대한 바르트의 구별에 동의할 수 있다. 양자는 구별되어야 한다. 구별되지 않을 경우, 제도로서의 기독교 종교가 절대성을 요구하며 폭력을 행사할 수 있게 된다. 복음과 종교의 구별, 종교로서의 기독교에 대한 바르트의 비판은 기독교 종교의 존립을 뒤흔들고 기독교를 폐지하려는 것이 아니라, 기독교가 "그의 모든 인간적·세상적인 요소와 한계들을 극복하고 참으로 하나님의 은혜를 통하여 하나님의 은혜로부터 살아가는"(378), 다시 말해 "예수 그리스도의 이름을 통하여"(379) 살아가는 참된 종교가 되었으면 하는 의도를 내포한다.

종교로서의 기독교는 하나님의 나라를 선포하고 또 그것을 나타내는 하나님 나라의 현실이지만, 하나님의 나라 자체는 아니다. 그것은 하나님의 나라를 선포해야 할 도구인 동시에 하나님 나라의 부분적이고 불완전한 현실에 불과하다. 그것은 "의인인 동시에 죄인들"의 모임이다. 그러므로 기독교 안에는 하나님 나라의 진리에 저항하는 악의 요소들이 내포되어 있다. 불합리하고 거짓된 요소들이 그 안에 있다.

그러므로 종교적 형태로서의 기독교는 하나님 나라의 빛 속에서 모든 불합리하고 불의한 것을 바르게 개혁해야 하며, 이를 통해 하나님 나라의 현실을 보다 더 분명히 체현해야 한다. 자기를 비대화, 절대화시키지 않고 하나님 나라의 도구가 되어야 한다. 이를 통해 교회는 "산 위에 있는 등불"

이 되어야 하며, 세상의 소금과 희망이 되어야 한다.

블로흐에 의하면 "종교", 곧 *re-ligio*는 과거적인 것과의 결합을 뜻한다(Bloch 1970, 67). 즉 "라틴어 '*re-ligare*'(to be tied back: 과거(근원)에 연결됨)에서 연원된 것에서도 드러나듯이, 모든 존재가 근원과 뿌리와 연결되어 있는 것에 대한 가르침이다"(이은선 2005, 400). 따라서 종교는 태초에 있었던 과거의 것을 이상적으로 생각하며 그것을 추구하는 본성을 갖고 있다. 과거에 있었다고 생각되는 "에덴동산"으로 돌아가기를 기대하는 기독교도 종교의 이러한 일반적 경향을 나타낸다.

그러나 성서의 종교는 끊임없이 하나님의 약속된 미래를 가리킨다. 그것은 주어진 현재를 정당화시키고 그것에 안주하도록 하지 않고, 하나님이 약속한 새로운 생명의 세계를 지향하게 한다. 기독교는 과거 지향적 종교가 아니라 미래 지향적 종교다. 그것은 미래 지향성, 곧 변증법적 메시아성을 그의 본질로 가진다. 따라서 기독교는 하나님이 약속하는 미래의 것, 장차 올 하나님의 나라를 기다리며 그것을 추구하는 종교, 하나님 나라 앞에서 언제나 회개하고 자기를 변화시키는 종교, 곧 "항상 개혁되는 교회"(*ecclesia semper reformanda*)가 되어야 할 것이다. 이런 의미에서 바르트는 예수 그리스도의 계시가 "종교의 지양"이라 말한다(Barth 1960a, 304).

에벨링에 의하면 "참된 종교"(*religio vera*)와 "거짓 종교"(*religio falsa*)의 구별은 기독교와 타 종교에 해당되는 것이라기보다 기독교 자신에 해당된다. 기독교 자체 속에 참된 종교적 요소와 거짓된 종교적 요소가 혼재한다(Ebeling 1979, 134). 종교로서의 기독교는 엄청나게 다양한 내용들과 종교적 현상들을 내포하고 있다. "이들 가운데 그 어느 것도…절대적 진리를 요구할 수 없다." 기독교의 모든 것은 예수가 선포한 하나님 나라의 기쁜 소식을 향해 "상대화되는 한에서 참된 것으로 관철될 수 있다"(135). "종교로서의 기독교는 진리와 동일하지 않다." 참 진리는 하나님 나라의 미래에 있다. 기독교의 모든 것은 예수 그리스도가 선포한 하나님의 나라를 향해 상대화되고 하나님 나라의 현실을 나타내는 만큼 진리에 참여한다.

B. 기독교와 타 종교의 관계

수천 년의 역사를 가진 토착종교가 자리 잡고 있는 한국 사회에서 기독교
와 타 종교의 관계 문제는 뜨거운 감자와 같다. 한국 사회는 요즈음도 특
정 종교의 우대와 차별 문제로 진통을 겪고 있다(2008년 9월). 따라서 기독
교와 타 종교의 관계 문제는 한국의 기독교 신앙과 신학이 반드시 한 번
정리해야 할 문제라 생각된다.

20세기 중반에 이르기까지 한국의 토착종교들은 전반적으로 소위 "서
양종교"인 기독교에 대해 관용적이었다. 그래서 한국의 기독교는 토착종
교의 별다른 저항없이 빠른 속도로 선교될 수 있었다. 그러나 개신교회의
근본주의, 열광주의 계열의 목회자들이 기독교의 절대성을 주장하고 다른
종교를 가리켜 "마귀"라고 배척하면서, 한국의 토착종교와 기독교의 관계
문제가 1970-1980년대부터 사회적 문제로 부상하기 시작했다.

그런데 오늘날 상당수의 한국 개신교회 신자들이 교회를 떠나거나 가
톨릭교회 혹은 타 종교로 개종하는 현상이 나타나고 있다(제주도의 경우
1990년 교계 통계에 따르면 가톨릭교회는 제주에 14개 본당과 약 27,000명의 신자를, 개신
교회는 약 200개의 교회와 38,000명의 신자를 가지고 있었다. 10년 후 2000년 통계에 의하
면, 전자는 22개 본당에 54,000명의 신자를, 후자는 300여 교회에 42,000명의 신자를 가지
게 되었다. 국가 통계에 따르면 2005년 제주의 개신교인은 38,183명(인구비 7.1%), 가톨릭
교인은 54,764(인구비 10.3%)로 조사되었는데, "특별히 개신교인 중에 가톨릭교회로 개종
하는 사례가 늘고 있는 추세이다": 서성환 2008, 15). 개신교인들이 가톨릭교회로 혹
은 타 종교로 넘어가는 한 가지 원인은 타 종교와 문화에 대한 개신교회
목회자들의 배타적 태도에 있다고 한다. 개신교회 목회자들이 타 종교를
가리켜 "우상숭배다", "이단이다"라고 비난하며 배타적 태도를 취할 때, 개
신교회 신자들이 개신교회를 떠나는 아이러니한 현상이 나타난다. 따라서
타 종교와 기독교의 관계 문제는 오늘날 개신교회의 선교를 위해 중요한
문제라 말하지 않을 수 없다.

오늘날 세계 각지에서 일어나는 이슬람 과격파들의 테러와 폭력은 종교 간의 관계 문제에 대한 관심을 고조시키고 있다. 이들은 서구의 국가들과 이슬람권의 갈등과 대립을 국가 간의 정치적 문제로 보지 않고, 이슬람 세계와 기독교 세계의 종교 문제로 비화시키려고 한다. 이리하여 이슬람권과 서구 세계의 갈등은 이슬람과 기독교의 종교적 갈등으로 확산될 조짐을 보이고 있다. 이러한 세계 현실 앞에서 우리는 기독교와 타 종교의 관계를 어떻게 보아야 하는가?

1) "다른 종교는 우상 숭배요 마귀다", "다른 종교에는 진리가 없으며, 구원의 길이 없다"는 종교적 배타주의는 적절하지도 않고 지혜롭지도 않다. 모든 인간이 하나님의 형상으로 창조된 하나님의 피조물이다. 하나님은 그의 영을 통해 모든 피조물 안에 임재하며, 창세로부터 그의 영원하신 능력과 신성이 그가 지으신 피조물 안에 분명히 보여 알게 하신다(롬 1:20). 따라서 하나님에 관한 지식과 진리는 유대교와 기독교는 물론 다른 종교들 안에도 있다고 말할 수밖에 없다.

특히 종교사학파는 기독교와 타 종교들이 내용에 있어 공통점을 가지고 있다는 사실을 해명하였다. 구약성서의 종교는 그 주변의 종교들의 영향을 받고 있다(이 책의 제2권 "창조론" 참조). 신약성서는 유대교의 진리를 수용함은 물론 고대 그리스 철학의 개념들, 곧 로고스, 영과 육의 개념들을 수용한다. 하나님의 속성을 나타내는 초대교회 신학의 많은 개념들, 곧 하나님의 무제약성, 영원성, 초월성, 유일성 등은 고대 그리스의 "만물의 근원자" 개념에서 유래하는 철학적 개념들이다. 인간의 허무성과 제한성, 그의 죄된 존재와 세계의 악한 현실을 다른 종교들도 알고 있다.

그러므로 "타 종교에는 구원이 없다", "타 종교는 이단이다"라는 극단적 배타주의는 타당하지 않다. 이런 극단적인 말을 할 때, 종교분쟁이 일어나게 된다. 종교분쟁에서는 궁극적 진리가 문제되기 때문에 어느 한쪽도 양보할 수 없는 무서운 싸움으로 발전할 수 있다. 우리는 이것을 30년 동안이나 계속된 근대 유럽의 종교전쟁, 아일랜드에서 일어난 가톨릭 신자들과 개신교회 신자들의 피비린내 나는 투쟁에서 볼 수 있다. 나의 종교에만 구원이 있고 다른 종교에는 구원이 없다고 말할 때, 우리는 다른 종교도 나의 종교에 대해 그렇게 말할 수 있는 권리를 가진다는 것을 고려해야 할 것이다.

박영식 교수에 의하면 다른 종교에 구원이 없다고 말할 수 있는 권리는 어느 종교인에게도 주어져 있지 않다. "구원은 우리에게 주어진 선물이지 우리의 소유물이 아니기 때문이다"(박영식 2008, 147). "우리가 살아가고 있는 작은 마을에 서로 다른 종교인들이 함께 어울려 살아가야 한다는 시대적 당위성에 대한 인식"이 필요하다. "한국의 다종교적 상황에 살고 있는 우리에게 다양한 종교인들은 다름 아닌 우리의 부모, 친척이며 우리의 친구이며 동료들이다.…하나의 종교, 하나의 문화, 하나의 인종, 하나의 민족이 우월하다고 주장되는 시대는 이제 끝났다는 인식과 함께 기존의 그리스도 절대성 주장에 대한 비판적 인식이 대두되고 있다. 다양한 종교인들이 서로 이웃이 되고 있는 새로운 시대적 상황 속에서 다른 종교에 대한 존중과 더불어 함께 살아가야 한다는 공존의 목소리는 더 높아지고 있다"(157 이하).

이와 관련하여 우리는 기독교의 "절대성에 대한 요구"(Absolutheits-anspruch)를 살펴볼 필요가 있다. 이 요구는 타 종교인들과 무종교인들을 향한 것인데, 기독교의 이른바 구원의 진리에 대한 동의와 인정을 요구하는 것을 뜻한다. 물론 기독교인들은 예수 그리스도 안에 계시된 구원의 진리를 선포하고 이를 전할 의무가 있다. 그러나 그들은 선포와 전달의 의무를 가진 것이지, 절대성을 요구하거나 강요해야 할 의무가 있는 것은 아니다. 자신이 믿는 진리의 절대성에 대한 요구는 다른 사람의 양심에 폭력을 가하는 일이며, 일종의 굴복하라는 요구이다. 절대성을 인정하라고 요구할 수 있는 것은 진리 자체이지 인간이 아니다. 기독교 진리의 절대성을 요구할 때, 다른 종교도 그렇게 할 수 있는 권리가 있다. 기독교 진리가 절대성을 가진 것인지 아닌지 증명될 수 있는 길은 타 종교인과 무종교인을 향해 절대성을 인정하라고 요구하는 데 있지 않다. 오히려 그것은 교회와 기독교인들의 윤리적 삶과 실천에 있다. 그것은 역사의 종말에 밝혀질 문제이다.

2) 그러나 "다른 종교에도 구원의 길이 있다", "그러므로 어느 종교를 믿든지 상관없다"는 종교적 상대주의 내지 종교다원주의도 적절하지 않다. "종교와 비종교의 구분이 모호해지고 있는 오늘날 모든 종교에 구원가능성을 인정하는 것은 사실상 구원의 의미를 무의미하게 해소해 버리는 셈이 된다"(박영식 2008, 146). 구원에 대한 자기 나름대로의 판별 기준을 제시하지 않는 "무차별주의"는 구원의 문제에 대한 무관심이라 말할 수 있다. 만일 다른 종교에도 구원의 길이 있다고 생각한다면, 우리는 기독교를 선교할 필요가 없을 것이다. "종교다원주의는 선교의 절박성을 위태롭게 한다." "오늘날 종교다원주의 정신을 추종하는 상당수의 사람들이 토속종교의 복술, 초혼, 영매, 무속 등을 기독교 정신과 접합시키는 시도를 하고 있는 것은 성경의 하나님에 대한 불경한 행위가 될 가능성이 농후하다는 것을 유념해야 한다"(김명용 1997, 101, 99 이하).

윤리적·종교적 견지에서 볼 때 많은 참된 종교들이 있을 수 있지만, 기독교인 자신의 실존적 견지에서는 그 자신의 종교만이 참되다. 달리 말해 "바깥으로부터(von außen) 볼 때, 종교학적으로 관찰할 때, 다양한 참된 종교들이 있다.…안으로부터(von innen) 볼 때, 신약성서의 방향을 가진 신실한 그리스도인의 입장에서 볼 때, 나에게는 그 참된 종교가 있으며, 나는 모든 (종교의) 길들을 갈 수 없기 때문에, 이 종교가 나에게는 내가 걸어가고자 노력하는 길이다. 그것은 곧 기독교이다. 그것은 예수 안에 있는 단 한 분의 참 하나님을 증언하기 때문이다.…다른 종교들은 단순히 참되지 못하다고 말할 수 없지만, 아무 유보 없이 참되다고 말할 수 없다. 오히려 그들은 제한되어…참된 종교들이다. 그들은 본질적으로 기독교의 메시지에 모순되지 않는 한, 기독교 종교를 보충할 수 있고 수정할 수 있으며 풍요롭게 할 수 있다"(Küng 1987, 305).

기독교인에게 구원의 길은 기독교 신앙에 있다. 기독교인 자신에게 기독교의 구원의 진리는 절대성을 지닌다. 그러나 자신의 종교적 진리의 절대성에 대한 신념은 반드시 타 종교에 대한 배타주의와 종교적 독선으로 넘어갈 필요가 없다. 다른 종교에도 구원의 길이 있는지 없는지는 하나님만이 판단할 수 있는 문제이다. 나라를 위해 자기의 목숨을 버린 이순신 장군, 독일의 나치 치하에서 자기의 재산을 바쳐 유대인의 생명을 구해 준 쉰들러(Schindler), 1919년 경남 통영에서 자기의 반지를 팔아 만세운동에 앞선 기생들은 기독교 신자가 아니었다. 이들의 구원의 문제는 인간이 결정할 수 있는 문제가 아니라 오직 하나님만이 결정할 수 있는 문제다. 지난 2천 년의 역사를 통해 기독교가 보여 준 수많은 실수들과 부끄러운 모습들, 교단 내의 파벌과 교단 분열, 교회의 난립, 대형교회의 세습, 교인 빼앗기 등 오늘날 한국 개신교회가 보여주는 모습들을 보면서, 구원이 오직 개신교회에만 있고 기독교가 절대성을 가진다는 배타적 주장에 대해 식자(識者)들은 코웃음을 칠 뿐이다.

3) 오늘날 세계의 많은 학자들은 종교 간의 대화를 주장한다. 모든 가치가 상대화 되는 세계 속에서 절대 진리가 자기의 종교에만 있다고 주장하면서 자기를 폐쇄하는 것은 적절하지 않다. 오히려 다른 종교가 지닌 다른 형태의 진리와 생활양식(樣式)에 대해 개방적 태도를 취하면서 서로의 좋은 점을 수용하고 자기를 수정하며, 인간성 있는 세계와 평화를 위해 함께 일하면서 공존의 지혜를 터득하는 것이 적절하다. 종교 간의 참 대화는 아래 두 가지 극(極)이 유지될 때 가능하다고 생각된다.

a. 참 대화는 자신의 종교적 진리의 절대성에 대한 확신이 있을 때 가능하다. 이때 각 종교는 자기의 특유한 것을 보여줄 수 있고, 또 다른 종교인의 입장을 통해 자기를 보다 더 잘 이해할 수 있다. 마치 기독교의 모든 진리는 잘못된 것이고 다른 종교의 진리가 참인 것처럼 다른 종교를 모방하는 것은 올바른 대화가 아니라 추종에 불과하다. 한국의 어떤 신학자가 언론 매체에서 보여준 것처럼, 종교 간의 대화는 일종의 토크 쇼(talk show)처럼 되어서는 안 될 것이다.

b. 이와 동시에 세계에는 다양한 종교들이 있고, 각 종교는 자신의 절대성을 확신한다는 사실을 인정하고 이를 관용할 때, 종교 간의 대화는 가능하다. 이것이 종교적 상대주의나 다원주의를 지향함을 의미하지는 않는다. 종교적 상대주의와 다원주의는 바람직하지 않으며, 또 현실적으로 가능하지도 않다. 다른 종교의 자기 절대성에 대한 확신을 인정하는 것은, 다른 종교의 진리와 그 진리를 믿는 사람들의 권리에 대한 존경과 관용, 자신의 제한성에 대한 인정을 뜻할 뿐이다. 이른바 종교 간의 관용은 진리에 대한 모든 종교들의 요구가 똑같은 권리를 가진다는 것을 뜻하지 않는다. 또 진리의 문제는 이래도 좋고 저래도 좋다는 무관심한 태도를 뜻하지도 않는다. 종교 간의 관용은 내가 내 종교적 진리의 절대성을 요구할 수 있듯이 다른 종교인도 그렇게 할 수 있는 권리가 있음을 인정하며, 서로의 차이를 참고 견디면서 공존의 길을 모색하는 것을 뜻한다.

요즘 한국 사회에서 불교와 기독교의 갈등이 심각한 사회적 문제로 나타나고 있다. 이 문제는 불교에 대한 기독교의 공격적이며 배타적 태도로 말미암아 일어나기 시작했다. 필자의 경험에 의하면 기독교가 한국에 전래되었을 때, 불교는 기독교에 대해 관용적이었다. 그래서 한국 기독교는 급속히 팽창할 수 있었다. 그런데 "불교는 미신이다, 불교는 우상 숭배다, 예수는 신이요, 석가는 인간이다, 불교는 철학이며 종교가 아니다, 승려들은 잘못이 많다, 불교는 사라져야 할 악마의 종교이다" 등과 같이 기독교(주로 개신교) 목회자들이 불교에 대해 비난하면서 두 종교의 관계는 점점 더 악화되고 있다(변선환 1995, 49-51). 이런 시점에서 "한국의 불교와 기독교는 죽음보다는 대화를, 전쟁이나 적대관계보다는 대화와 협력 관계를 택해야 할 것이다.…불교는 완전히 '남의 종교'가 아니다. 마찬가지로 한국 기독교도 한국 불교인들에게 완전히 '남의' 종교가 아니다. 두 종교는 모두 이제 한국이라는 토양에서 함께 자라고 있고,…둘 다 이제 '우리' 한국인의 영적 삶을 풍요롭게 하기 위한 '우리'의 종교"이기 때문이다(오강남

2008, 61, 63).

종교 간의 대화는 이론적 차원과 실천적 차원으로 구별될 수 있다. 이론적 차원의 대화는 각 종교가 가진 인간관, 세계관, 구원관, 삶의 가치관 등 각 종교의 이론에 관한 대화를 말한다. 이 대화를 통해 각 종교는 "바깥으로부터" 자기 자신을 성찰하고 자기를 수정하며, 자기를 보완할 수 있는 기회를 얻을 수 있다. 여기서 상대방의 이론에 대한 관용과 새로운 것을 배우고자 하는 개방적 태도가 필요한 동시에 비판적 태도도 필요하다. 즉 예수 그리스도의 빛에서 타 종교와 문화의 "긍정성과 부정성을 동시에 바라보는 변증법적 시각"이 요청된다(김명용 1997, 109).

실천적 차원의 대화는 현대 사회의 양극화, 개인주의, 물질 제일주의의 가치관, 치열한 경쟁, 사회적 부패와 불의, 글로벌 자본주의, 핵무기의 위협, 지구 온난화와 생태학적 재난의 위기, 유전자 조작과 인간복제, 한반도의 통일 문제 등을 공동으로 인식하고 이 문제들을 해결할 수 있는 공동의 방법을 모색하는 데 있다. 또한 "민중의 아편"으로서 종교의 위험성, 각 종교 자체 내의 모순들을 극복하기 위한 공동의 노력도 이에 속한다. 이러한 노력을 경주하지 않고 종교들끼리 서로 비난하는 것은 비생산적 "소모전"에 불과하다.

기독교가 자신의 절대성을 요구할 수 있는 시대는 지났다. 다원화 된 세계 속에서 이제 기독교는 싫든 좋든 다른 종교들과 더불어 살 수밖에 없는 상황에 이르렀다. 또 기독교가 타 종교에 영향을 주는 동시에 타 종교가 기독교에 영향을 준다는 점도 부인할 수 없는 사실이다. 한국 기독교의 무속화가 이것을 증명한다. 이런 사실을 무시하고 기독교가 자신의 절대성을 주장하면서 타 종교에 대해 독선적이고 배타적 태도를 취할수록, 그것은 기독교에 오히려 해(害)가 된다는 사실을 우리는 직시해야 한다.

정말 큰 사람은 타(他)를 배척하지 않고 포용한다. 정죄하지 않고 용서하며, 자기를 절대화시키지 않고 자기의 부족함과 실수를 인정한다. 그래서 자기를 수정하고 보완한다. 자기 자신에 대해 불안을 느끼는 소인배는 자기의 부족함과 실수를 인정하지 않으며 자기를 절대화시킨다. 용서하지 않고 정죄하며, (마치 달팽이 껍질 속에 있는 달팽이처럼) 타를 배척하고 이를 통해 자기의 안전과 이득을 도모한다. 종교적 성숙성은 먼저 타자의 입장에서 자기를 성찰하고 자기의 부족함을 발견하며 자기를 개선하려는 열린 마음에 있다. 자기중심적 태도에서 벗어나 "공정하고 자유로운 의사소통과 합리적인 사고를 통하여 우리의 이웃과 더불어 사람다운 삶을 살 수 있는 능력"에 있다. "또한 그것은 평화와 정의를 위해 일하는 문제를 두고 대화와 해석 및 교육과 창도(唱導)의 책임을 다하고, 사랑의 사귐과 화해, 인도주의적인 봉사를 위한 공동체에 참여"하는 데 있다(정재식 2008, 29).

특히 이슬람과 기독교의 대화에서 다음의 사항이 지켜져야 할 것이다. ① 국가의 통치권이 종교에 개입하지 않는 동시에 종교가 국가의 통치권에 관여하지 않아야 한다. 곧 국가와 종교가 분리되어야 한다. ② 개인의 종교적 자유와 자유로운 종교적 실천이 보장되어야 한다. 종교의 이름으로 시민의 자유와 권리를 억압해서는 안 될 것이며, 종교 공동체의 자유로운 가입과 자유로운 탈퇴가 보장되어야 할 것이다. ③ 국가의 법이 모든 종교 공동체에 평등하게 적용되어야 한다. 어떤 종교에 대해서는 우호적이고 어떤 다른 종교에는 적대적이어서는 안 된다(이에 관해 Moltmann 1999, 33).

C. 기독교와 신학의 토착화 문제

기독교의 토착화란 무엇이며, 토착화의 목적은 무엇인가? 한국에서 기독교의 토착화란 한국의 종교적·문화적·정신적 토양과 잘 조화되어 한국인에게 이질감을 주지 않고, 한국의 역사적·문화적 전통과 융합되어 한국의 종교가 되는 것이라 말할 수 있다(토착화 개념). 이를 통해 기독교를 한국의 토양 속에서 보다 더 효과적으로 선교하고 한국 민족의 종교로서 뿌리를 내리게 하는 데 토착화의 목적이 있다고 볼 수 있다.

요즘 한국 신학계에서 거론되는 기독교의 토착화는 신학의 토착화와 혼동되고 있다. 즉 신학의 토착화가 곧 기독교 종교의 토착화라고 생각한다. 물론 신학의 토착화도 기독교의 종교적 토착화에 속한다. 신학의 토착화는 기독교 토착화의 전부가 아닌 한 부분에 불과하다. 따라서 우리는 종교적 차원에서의 토착화와 신학적 차원에서의 토착화를 구별해야 할 것이다.

종교적 차원에서 기독교의 토착화는 신학자들이 거론하기 전부터, 아니 기독교가 한국에 전래되면서부터 활발히 그리고 급속하게 이루어지고 있다. 성서가 한국어로 번역될 때 이미 토착화가 시작되었다. 구체적 예를 들어 구약성서의 엘(el)이나 엘로힘(elohim), 신약성서의 테오스(theos)를 하나님 혹은 하느님, 천주라고 번역할 때, 토착화가 시작된다. 또 한국 고유의 멜로디를 사용한 한국적 찬송가 내지 복음송, 예배에서 한국 전통 악기의 사용, 한국 고유의 건축 양식에 따른 교회 건축, 성서의 인물들을 한국인의 모습으로 그리며, 심지어 예수를 갓을 쓴 선비로 나타냄으로써 한국의 문화적, 종교적 전통을 기독교와 접합시키는 방법의 토착화가 이미 이루어지고 있다. 기독교의 추수 감사절을 한국의 추석 명절에 지키는 것도 기독교의 한국적 토착화에 속한다.

유해무 교수는 한국 교회에서 이미 진행되고 있는 토착화를 다음과 같이 설명한다. "의식적이고 신학적인 토착화작업 이전에 한국 기독교는 이미 한국화 된 기독교의 성격을 지니고 있다"(유해무 2003, 150). 따라서 한국 교회 안에는 "한국인의 심성과 종교성 그리고 종교적 양식이 많이 들어와 있다"(163). "주술적인 신, 과거지향적인 신, 개인의 영혼 구원에 집착하는 신, 타계적인 신, 혼합적인 신 등"은 "한국인의 신관이 기독교에 끼친 영향"의 산물이다(162). "가을마다 각 교단 임원 선거는 세속정치의 선거운동과 별반 다를 바 없다. 이 또한 한국인의 심성에 깔려 있는 명예욕과 인간 본래의 모습이⋯교회 안에 그대로 들어와 자리잡고 있다는 사실을 반증한다"(163). 한국 교회의 특유한 위계질서와 장로제도, 기독교의 예언을 점(占)으로 생각하는 현상, 교회 내의 남존여비(男尊女卑) 풍조도 기독교의 종교적 토착화의 현상에 속한다. 안병무 교수에 의하면 한국 교회는 "모든 잡다한 것과 공존하기 위한 투쟁을 벌이는 동안 불교, 유교, 샤머니즘, 풍수설, 귀신을 섬기며 점괘 등에 물이 들고 또 이용되면서 자라오게 됐다"(안병무 1993, 362).

한국의 신학계에서 거론되는 토착화 신학 혹은 한국적 신학은 신학적 차원에서의 토착화 작업이라 말할 수 있다. 윤성범 교수를 기점으로 시작한 소위 토착화 신학은 한국의 문화 전통과 한국인으로서의 주체성에 대한 자존심을 회복하려는 관심과 연결되어 있었다. 피선교지인 한국의 신학계는 그동안 외국 신학에 의존할 수밖에 없었다. 그리하여 "모방신학, 수입신학, 맹목적 사대주의 신학", "번역신학과 고용신학"이란 비판을 받게 되었다. 이에 대한 대응책으로 일련의 신학자들이 "'우리 것' 또는 '한국적인 신학'"에 관심을 갖게 되었다(임걸 2008, 2, 5). 삼위일체론과 단군신화의 융합, "성(誠)의 신학"을 시도한 윤성범, 기독교와 한국의 풍류도를 접합시켜 예수 그리스도를 풍류객으로 이해하는 유동식(유동식 1983, 321 이하; 1982, 235 이하), 불교와 기독교의 융합을 시도한 변선환, 유교, 불교, 무교, 도교와 기독교의 융합을 주장하는 김광식, 천도교의 시천주 신앙과 기독교 신앙을 융합하여 민중신학과의 상보성을 주장하는 김경재, 그리고 박종천, 이정배 등 제2세대 종교문화신학자들이 이에 속한다(박종천 1991, 이정배 1996, 1998). 이들은 "서양신학 전반에 대하여 비판적인 자세를 취하면서 한국인의 종교성이나 한국 종교에 대한 연구를 통하여 해석학적인 작업으로서의 신학적 주체화를 추구한다. 나아가 종교간의 대화를 시도하며 생태 문제와 생명 문제에까지 관심을 기울이면서 포괄적인 한국 신학의 수립을 겨냥하고 있다"(유해무 2003, 155). 한국에서 토착화 신학은 주로 이들의 신학을 말한다.

필자의 경험에 따르면 1970년대에 등장한 한국의 민중신학은 감리교 신학대학을 중심으로 일어난 토착화 신학에 대한 대립각으로 등장하였다.

고난당하는 민중의 삶의 문제에 관심을 가졌던 민중신학자들에게 토착화 신학은 한국의 정치, 경제, 사회의 현실을 도외시 한 현실 도피적 신학으로 보였다. 그러므로 민중신학자 안병무 교수는 윤성범 교수의 토착화 신학에 대해 비판적 태도를 취한다. 그에 의하면 윤 교수는 "이 성(誠)이라는 개념이 한국의 정신사상 현금에 이르기까지 얼마만 한 비중을 차지하며 우리 문화형성에 생동하고 있느냐 하는 것을" 밝히지 않았다. "말하자면 그 개념이 한국사상으로 토착화했느냐 하는 문제다"(안병무 1993, 375).

그러나 민중신학이 "한국 민중의 종교의식과 영성"에 관심을 가지면서, 민중신학과 토착화 신학의 만남의 가능성이 제시된다(서광선 1990, 54). 권진관, 최영실 등 제2세대 민중신학자들은 토착화 신학의 함의를 민중신학과 결합하여 이른바 한국적 신학의 수립을 꾀한다(서창원 2001, 175 이하). 이로써 민중신학을 한국의 토착신학, 곧 한국적 신학이란 관점으로 보게 된다. 최근에 임걸 교수는 한국의 주요 신학자들과 목회자들의 문헌을 연구함으로써 한국적 신학을 수립하려는 새로운 방법을 보여준다(임걸 2008).

그럼 도대체 토착화 신학, 한국적 신학이란 무엇인가? 한국의 전통종교사상과 한국의 사회 문제를 다루는 신학, 한국의 신학자와 목회자의 신학만을 다루는 것만이 토착화 신학 내지 한국적 신학인가? 여기서 우리는 좁은 의미의 토착화 신학과 넓은 의미의 토착화 신학을 구별할 필요가 있다. 좁은 의미의 토착화 신학은 한국의 재래종교사상과 기독교 사상을 접합시키는 신학적 작업, 곧 종교문화신학을 가리킨다면, 넓은 의미의 토착화 신학은 한국의 문화적 전통과 역사적 현실 속에서 한국인을 통해 한국어로 기독교의 진리를 기술하는 모든 신학적 작업을 총칭한다. 민중신학은 물론 성서학자들의 성서주석, 교회와 신학의 역사에 대한 교회사학자들의 연구, 현대의 세계 신학에 대한 조직신학자들의 연구, 교회의 실천적 문제들을 다루는 실천신학자들의 연구, 목회자들의 설교와 가르침도 넓은 의미의 한국적 신학에 속한다. 이 모든 신학적 노력을 무시하고, 주로 한국의 재래종교사상을 다루는 몇 사람의 신학만이 토착화 신학 내지 한국적 신학이라 보는 것은 매우 편협한 생각이다. "그 어떤 신학도 그 신학이 생성되고 발전된 상황으로부터 자유로울 수 없다. 이러한 의미에서 볼 때, 모든 신학은…상황신학"(박승인 2001, 350) 내지 토착화 신학 혹은 한국적 신학이라 말할 수 있다.

본래 토착화 신학은 한국의 종교, 문화적 전통의 주체성에 대한 의식에서 시작되었으며, "복음의 수용자로서 혹은 복음의 간수자로서…자기 정체성"에 관심을 갖는다(천병석, 2008, 134). 그리하여 일련의 신학자들이 추구하는 이른바 토착화 신학은 일반적으로 세계의 신학, 특히 서구신학을 거부하는 경향성을 지닌다. 그러나 토착화 신학이란 개념도 19세기 기독교의 세계선교와 관련하여 이미 서구신학에서 토의되었던 것을 스위스 바젤(Basel)에서 유학했던 윤성범 교수가 한국에 도입한 것이다. 또 한국의 민중신학도 세계 신학과의 만남 속에서 생성되었음을 민중신학자 서광선 교수는 인정한다. "한국의 민중신학은…해방신학의 한국화"이다(서광선 1990, 53). 따라서 "신학자라면 누구나 진리에 대해서는 개방적 태도를 취해야" 하며 "세계신학의 논단에 한 회원으로서 참여해야" 한다(서남동 1983, 202). 토착화 신학 내지 한국적 신학은 "세계의 기독교와 하나라는 연대의식 속에서 진행되어야 한다." 그렇지 않을 때 토착화는 "민족주의에 복음을 내맡기는 것이 된다"(안병무 1993, 364).

그러므로 신학의 토착화에 있어 우리는 편협한 지역주의나 민족주의에 빠져서는 안 될 것이다. 우리는 서양이나 동양의 "지역적 자기 정당화의 논리를 넘어서지 못하는 인식론적 한계"를 벗어나야 할 것이며, "신학적 서양 왜곡"은 물론 "신학적 동양 왜곡"에 빠져서도 안 될 것이다(천병석 2003, 179). 한국의 신학자가 세계 다른 나라의 신학을 참고하는 것은 "식민 피지배자의 비굴한 자세가 아니라"(유해무 2003, 170), "세계 신학적인 보편성 속에서" 한국의 신학 전통을 세우기 위함이다. 유해무, 임걸 교수가 주장하듯이, 2천 년의 신학 전통과 오늘날의 세계 신학을 무시할 때, 토착적 신학·한국적 신학은 "폐쇄주의와 국수주의"에 빠진 우물 안 개구리가 될 수 있다. 물론 우리는 "지배이데올로기화 된 신학에 대한 거부", "전통적 신학과 전혀 다른 출발점과 방법", "우리의 것에 대한 추구"에 대해 동의할 수 있다(강원돈 1990, 94). 그러나 이것은 세계 신학에 대한 개방적 자세와 대화 가운데서 이루어져야 할 것이다. 한국의 음악, 미술, 연극, 영화, 사이버 문화 등이 세계 문화계와 교류 속에서 이루어지고 있는 오늘의 현실에 역행하여 세계의 신학을 거부하고 지역적 폐쇄주의에 갇히게 되는 것은 어리석은 일이다.

오늘날 한국의 민중신학은 세계 신학계에서 별 관심의 대상이 되지 못하고 있다. 이에 반해 남미의 해방신학은 지금도 세계 신학계에 큰 영향을 주고 있다. 그 까닭은 해방신학자들이 서구의 신학적·문화적 전통을 충실히 배우고 이 전통과의 비판적 대화 속에서 신학을 전개해왔기 때문이다. 우리는 이것을 많은 세계 신학자들의 저서에서 발견할 수 있다. 이른바 한국의 토착화 신학자들은 "서구신학에서의 해방"을 주장하지만, 우리는 그동안 서구신학을 제대로 배우지도 못했다. 임걸 교수가 지적하듯이, 일본과는 달리 한국에서는 루터와 칼뱅의 전집 등 서구신학의 중요한 문헌들이 제대로 번역되어 있지도 않다(임걸 2008, 4). 일본에서는 칼 바르트의 『교회 교의학』이 이미 오래전에 모두 번역되어 있음에 반해, 한국에서는 몇 사람의 신학자들이 나누어 번역한 몇 권이 출간되었을 뿐이다. 서구신학을 거부하고 이른바 토착화 신학을 주장하는 한국의 한 신학자가 칼 라너(Karl Rahner)의 "익명의 그리스도인"이란 개념을 자신의 신학적 구도로 사용하는 웃기는 일이 일어나기도 하였다. 여기서 우리가 유의해야 할 점은, 서구신학의 기초를 만든 초대교부들은 거의 모두 동양권 출신들이었다는 사실이다. 유명한 오리게네스, 테르툴리아누스, 아우구스티누스도 서양 태생이 아니라 북아프리카 태생이었다.

여기서 우리는 토착화 신학 내지 한국적 신학의 과제를 다음과 같이 정리할 수 있다. ① 한국적 신학은 한국의 전통종교문화 및 한국인의 신학 사상과 비판적으로 대화하고 이를 수용하는 동시에, ② "끊임없이 다양한 서구신학과 다양하고 풍부한 세계교회의 신학적 그리고 문화적 유산을 비판적으로 수용하고 적용하는 과정을 가져야 한다"(임걸 2008, 7). ③ 또한 한국적 신학은 성서의 중심 메시지에 충실해야 한다. "성서에 대한 재발견과 그것에서의 새로운 거점을 계속 추구하려는 노력"이 곧 토착화 작업이다(안병무 1993, 364). 한국의 교회와 역사 속에서 하나님의 메시아적 약속의 성취를 위해 노력하는 모든 신학적 작업이 한국적 신학이요 신학의 토착화에 기여한다.

지금까지 우리는 종교적 차원에서의 토착화와 신학적 차원에서의 토착화를 살펴보았다. 어떤 차원에서든지 간에 토착화는 불가피하게 일어날 것이다. 한국어로의 성서 번역 자체가 이미 토착화의 시작이다. 하나의 종교가 기존의 문화를 만날 때 토착화는 필연적으로 일어나기 마련이다. "문화와 동떨어진 복음"은 있을 수 없다(박승인 2001, 358). 또 주어진 문명권 안에서 보다 효과적으로 선교되기 위해 토착화가 필요하다. 서구의 기독교도 서구의 문명권 속에서 토착화의 과정을 거쳤다. 그 결과 기독교적 서구문화와 서구문화적 기독교가 형성되었다. 따라서 우리는 한국의 문화와 기독교를 접합시킴으로써 한국문화적 기독교와 기독교적 한국문화를 조성하려는 노력에 동의할 수 있다.

그러나 이런 시도에는 위험이 따른다. 즉 기독교의 진리를 왜곡하고, 기독교의 정체성을 상실할 가능성이 있다. 틸리히에 의하면, "도덕과 문화와 종교는 그들의 본질적 구조에 따라 서로 연관되어 있다. 일치성 속에서 그들은 영(靈)의 본질적 구조를 형성하며, 이 구조 속에서 그들은 구별될 수 있지만 분리될 수 없다"(Tillich 1966, 116). 종교는 "문화의 깊이의 차원", 곧 "문화의 바탕"이다. 종교와 문화는 "인간 정신의 기능"으로서 "생명의 지평에서 볼 때 둘이 아니라 하나다"(최인식 2006, 130-131). 따라서 기독교와 전통문화가 서로 접합될 때, 기독교는 전통문화 속에 숨어있는 전통종교와 만나게 되고 전통종교와 접합하게 된다. 다른 종교와 접합될 때, 기독교의 신앙 내용이 보완될 수 있는 동시에 왜곡될 수 있다.

우리는 이 위험을 구약의 종교와 초대교회의 역사에서 볼 수 있다. 출애굽 한 이스라엘 민족이 가나안 땅의 종교와 만났을 때 야웨 신앙의 변질이 일어났다. 예루살렘 성전에 성창(聖娼)이 생겼고, 자신의 자녀를 제물로 바치는 일이 일어나기도 했다. 구약의 예언자들은 이로 인해 이스라엘 민족 공동체의 종교적·도덕적 타락과 국가의 멸망이 초래되었다고 비판한다. 초대교회는 고대 로마, 그리스의 종교사상과 기독교 진리의 종합을 통해 기독교의 토착화를 꾀하였다. 그리스도의 복음은 "최고의 철학"으로 간주되었다. 이를 통해 기독교는 종교적·문화적 보편성을 얻을 수 있었지만, 소위 기독교의 "그리스화"가 불가피하게 일어났다(Harnack). 이 과정에서 기독교가 수용한 고대 그리스의 이원론적·형이상학적 전통과 영지주의의 영향은 오늘에 이르기까지 기독교가 극복해야 할 문제로 남아 있다.

이러한 위험성은 피선교지의 교회들이 당할 수밖에 없는 공통된 문제이다. 한국의 기독교 토착화는 이 위험성을 지혜롭게 극복해야 할 것이다. 그것은 단지 복음과 한국의 전통문화의 통합 내지 접합에 그치지 않고 기독교의 정신을 한국의 문화에 접목하며, 이를 통해 한국의 기독교적 문화를 발전시키고 한국 사회에 하나님의 새로운 생명의 세계를 세우는 데 기여해야 할 것이다.

이와 관련하여 황돈형 교수는 기독교 토착화의 올바른 방향을 제시한다. "참다운 복음의 토착화"는 예수 그리스도의 십자가와 부활을 통해 약속된 "하나님의 나라의 미래를 제시"하고, "이 새로운 미래가 우리의 현실 가운데" 드러나게 하며, "현대를 사는 한국인에게 모든 인간이 추구해야할 미래적 변화 가능성에 있어서 책임적 삶의 문제에 대한 전망을 제시하는" 데 있다(황돈형 2004, 288). 달리 말해 기독교의 참 토착화는 예수가 하신 일을 뒤따라 행하는 데 있다. 곧 예수를 통해 선포되었고 약속된 하나님의 메시아적 생명의 세계를 세우는 데 있다. 마가의 다락방에서 시작한 기독교가 로마제국에서 급속도로 선교될 수 있었던 것은 신학자들의 소위 "토착화 신학"을 통해서가 아니라, 순교를 각오한 초대 그리스도인들의 신실한 신앙과 예수를 뒤따르는 삶의 실천에 있었다.

11
신학의 역사[4]

예수는 유대인이었고, 복음서에 등장하는 그의 남녀 제자들도 유대인이었다. 따라서 기독교는 유대교의 배경에서 생성될 수밖에 없었다. 최초의 기독교 공동체는 주로 팔레스틴에 살고 있던 유대인들에 의해 구성되었다. 그런데 이 공동체는 예수의 가르침은 물론 구약성서를 하나님의 말씀으로 인정하였다. 이를 통해 원시(原始) 기독교는 하나님과 하나님의 세계 창조, 인간의 피조물성과 죄의 타락성, 하나님의 계약, 메시아적 새로운 세계에 대한 기다림 등 유대교의 신앙을 계승하게 된다.

기독교는 유대교의 신앙전통을 수용하는 동시에 그것을 수정한다. 이로 말미암아 기독교는 유대교에서 분리될 수밖에 없었다. 가장 중요한 이유는 다음과 같다. ① 십자가의 죽음을 당하였고 새 생명으로 부활한 나사렛 예수는 예언자나 순교자가 아니라 유대인들이 기다리는 신적 메시아(=

---

4) 신학을 시작하는 이들을 위해 신학의 중요한 발전 과정을 제시하는 것으로 만족코자 하며, 세부 각주는 생략함. 저자와 출판 연도의 표시가 없는 괄호 안의 숫자는 바로 위에 제시된 문헌의 쪽수를 가리킴.

그리스도)시며 하나님의 아들이다. ② 구원의 길은 유대교의 희생제물과 모세의 율법에 있지 않고, 예수를 하나님의 메시아 또는 구원자로 인정하며 그의 뒤를 따르는 데 있다. ③ 구원의 길은 유대인에게 제한되지 않는다. 민족과 인종의 제한을 넘어 예수를 구원자로 믿는 모든 사람에게 구원의 길이 열려 있다. 따라서 유대교로 개종할 필요가 없게 된다. ④ 예수를 구원자로 믿는 그리스도인들의 공동체가 "참 이스라엘"이다.

유대교의 입장에서 볼 때, 기독교의 이러한 입장은 유대교의 폐기를 뜻하였다. 그러므로 유대교는 기독교 공동체에 대해 적대적 태도를 취할 수밖에 없었다. 바르 코크바(Bar Kochba)를 중심으로 70년에 일어난 유대인들의 제1차 반로마 혁명에 기독교인들이 참여하지 않음으로 인해, 두 종교 공동체의 적대관계는 더욱 심화된다. 1세기 유대인들의 18가지 간구의 기도 속에 그리스도인들에 대한 저주가 포함될 정도였다.

본래 팔레스틴에 위치했던 최초의 기독교 공동체는 바울의 선교를 통해 소아시아 일대, 북아프리카, 그리스 지역을 넘어 로마제국으로 확장된다. 이리하여 유대교의 민족종교의 틀을 벗어나 모든 민족을 포괄하는 보편종교로 발전한다. 이에 대한 결정적 사건은 135년에 일어난 유대인들의 제2차 반로마 혁명이었다. 예루살렘이 몰락되고 팔레스틴의 모든 유대인들이 추방될 때, 그 땅에 살고 있던 그리스도인들도 팔레스틴을 떠나 소아시아를 위시한 로마제국 전역으로 흩어질 수밖에 없었다. 하르낙은 이 과정을 다음과 같이 묘사한다. "복음은 모든 인류에 대한 소식으로 인식되고, 그리스인들과 야만인들에게 선포되며, 이에 따라 세계 제국 로마의 정신적·정치적 문화에 연결된다. 이로써 복음은 세계종교가 된다"(Harnack 1905, 10).

로마제국에서 기독교가 모든 민족을 포괄하는 보편종교로 확대되면서 예루살렘 성전의 희생제사, 할례, 음식물에 관한 계명 등 유대교의 종교적 제도가 폐기된다. 민족을 초월하는 그리스도인들이 옛 하나님의 백성, 곧 유대인들을 대신하는 "새 하나님의 백성"으로 인식된다. 모세를 통해 세워진 하나님과 이스라엘 백성의 옛 계약(=언약)은, 예수 그리스도를 통해 세워진, 민족을 초월한 모든 그리스도인들과 하나님의 "새 계약"에 의해 지양된다(눅 22:20). 모세의 율법도 새롭게 해석된다.

A. 초대교회의 신학

1) 동방교회의 신학: 로마제국에 선교된 기독교는 빠른 속도로 확장된다. 150년경 소아시아의 거의 모든 큰 도시에 기독교 공동체가 있을 정도였다. 3세기 초까지 그리스어가 교회의 언어로 통용되었다. 유대인 기독교 공동체는 점차 사라지고 이방인 기독교 공동체가 등장함에 따라 유대교의 전통은 축소된다. 그 대신 기독교 진리의 보편성을 확보하려는 노력이 압도한다.

로마의 네로(Nero) 황제가 통치하는 동안(54-68) 로마제국의 기독교 박해가 시작된다. 110년에 안디옥의 주교 이그나티우스(Ignatius)가, 156년에 폴리캅(Polykarp)이, 165년에 유스티누스(Justinus)가, 254년에 오리게네스(Origenes)가, 258년에 키프리아누스(Cyprianus)가 순교를 당한다. 로마의 카타콤은 초대 기독교가 당한 박해의 현실을 증언한다. 박해에도 불구하고 기독교는 계속 확장된다.

이 과정에서 변증가 유스티누스는 성찬(떡과 포도주)을 성직자가 하나님께 바치는 "제물"로 정의한다. 여기서 유대교의 희생제물 사상이 수용된다. 예배는 성서해석 내지 설교와 성만찬의 두 가지 요소로 구성된다. 이를 담당하는 성직자 제도가 신학적으로 확정되기에 이른다. 그리고 점증하는 신학적 논쟁들과 박해를 극복하고 기독교 공동체의 정체성을 확보해야 할 상황에서 성직의 권위와 거룩함을 강화시키고자 한다. 이리하여 기독교 공동체는 점차 위계질서를 가진 제도(Institution)로 발전하게 된다. 우리는 이 현상을 후기 바울 서신에서 발견할 수 있다.

제도교회의 발전과 함께 기독교는 다양한 문제에 부딪힌다. 첫째는 마르키온(Marcion)의 이원론이었다. 마르키온은 140년경 로마에 나타나 로마의 기독교 공동체의 일원이 된다. 그는 사도 바울의 가르침에 근거하여 율법과 복음, 선한 업적과 믿음, 은혜와 자연, 영과 육, 의로운 하나님과 자비로운 하나님, 창조자 하나님과 구원자 하나님, 유대교와 기독교를 엄격히 구별한다. 그는 이 두 가지를 종합하려는 초기 기독교 공동체를 비판하고, 오직 하나님의 은혜와 믿음에 기초한 복음적 공동체의 순수성을 회복하고자 한다. 이를 위해 그는 신약성서의 규범적 문서들을 수집하고 이 문서들의 해석원리를 제시하며, 엄격한 금욕과 독신생활에 기초한 공동체들을 세운다. 이를 통해 그는 기독교 공동체의 개혁을 시도한다. 초기 기독교는 마르키온을 이단자로 규정하고, 창조자 하나님이 곧 구원자 하나님이요, 하나님의 정의와 자비가 결합되어 있음을 주장한다.

초기 기독교가 부딪힌 두 번째 문제는 몬타누스주의(Montanismus)의 종말론이었다. 156/57년 프뤼기아(Phrygia)에 등장한 몬타누스(175년경 사망)는 여자 예언자 프리스카(Prisca)와 막시밀리아(Maximilia, 179년 사망)와 더불어 하나님의 계시의 마지막 예언자로 자처하면서 임박한 종말을 예언한다. 세계의 종말과 함께 하늘의 예루살렘이 임박하였다. 모든 그리스도인들은 직업과 가정을 버리고 페푸자(Pepuza)에 모여 단식과 금욕생활을 하면서 새 예루살렘을 기다려야 한다. 일부일처제를 지켜야 하며, 순교의 높은 가치를 실현할 수 있어야 한다. 죄의 용서는 성직자가 할 수 있는 일이 아니라 오직 성령이 할 수 있는 일이다. 용서받을 수 없는 죄, 예를 들어 간음을 통해 결혼의 순수성을 파괴하는 자는 교회에서 추방되어야 한다. 이를 통해 교회의 윤리적 순수성을 회복해야 한다. 배교를 했거나 용서받을 수 없는 죄를 지은 성직자가 행하는 성례전은 효력을 갖지 않는다.

몬타누스의 이러한 주장은 당시 교회의 상황과 결합되어 있었다. 교회가 확장되면서 성령과 성령의 은사가 점차 사라지고, 이론과 계명과 질서가 지배하는 제도교회로 발전하기 시작했다. 평신도는 물론 성직자들의 신앙도 형식화되고 그들의 도덕성이 심각한 문제가 되기도 했다. 몬타누스는 이러한 교회의 현실을 개혁하고자 했다. 소아시아의 많은 기독교 공동체들이 몬타누스를 지지하였다. 초대교회의 중요한 신학자 테르툴리아누스(Tertullianus, 약 150-225)도 몬타누스 운동의 지지자가 되었다. 초대교회는 몬타누스주의를 이단으로 규정하고, 모든 죄를 용서할 수 있는 성직자의 권리, 성직자의 윤리성에 의존하지 않는 성례전 자체의 효력, 죄인도 포함되는 교회의 객관적 거룩성과 권위를 주장한다. 이를 통해 제도교회의 "튼튼한 조직의 형식들"을 향한 길이 예비된다(Seeberg 1908, 260).

초기 기독교가 직면했던 세 번째 문제는 주후 2세기 경 시리아, 이집트 지역에 널리 퍼져 있었던 영지주의(Gnostizismus)였다. 영지(靈知, gnosis)는 "인간과 우주의 기원과 인간의 구원에 대한 은밀하며 신비로운 인식"을 뜻한다(정미현 2007, 81). 영지주의는 신플라톤주의의 이원론에 근거한다. 이 입장에 따르면 신이 계신 피안의 영적 세계는 빛의 세계이고, 차안의 물질적 세계는 암흑의 세계이다. 피안에 있던 영혼이 신의 벌을 받아 지상의 물질적 세계로 쫓겨난다. 이제 그는 운명과 죄와 죽음이 가득한 비본래적 세계에 속한 육의 감옥에 갇혀 고난을 당하며 살게 되었다. 여기서 물질의 세계와 인간의 육은 영혼의 감옥으로 이해된다(장도곤 2002, 273). 그러나 인간에게는 피안의 세계에 속한 빛의 파편들이 숨어 있기 때문에, 인간의 영혼은 비본래적 세계와 영혼의 감옥을 벗어나 피안의 본향으로 돌아가기를 동경한다. 이 인간을 구원하기 위해 "하나님의 말씀인 로고스(logos)가 예수 그리스도의 몸을 입은 것처럼 나타나(가현설) 인간에게 천상의 신에게 되돌아가는 길"을 가르쳐 준다. 이 지식을 통해 인간은 자기의 본향을 향해 상승하기 시작한다. 이로써 구원이 일어난다. 여기서 구원은 "육체, 감각적, 물질적 세계로부터 멀어지고 궁극적으로 벗어나 천상의 본래적 세계로 상승하는 것을 뜻한다." 영지주의는 남녀의 육체적 성관계를 추악한 것으로 보고 출산을 피하고자 금욕을 주장하는 동시에, 영적 구원은 육의 세계의 가치관을 벗어난다고 생각하여 성적 방종에 빠지는 이중적 태도를 보인다(정미현 2007, 83, 82).

이그나티우스는 영지주의의 가르침과 기독교 진리의 종합을 꾀한다. 그의 주장에 따르면 그리스도 이전에 모든 인류는 사탄의 지배 아래 있다. 그들은 죽음의 세력에 묶여 있다. 그리스도의 사역은 영지와 불멸의 전달에 있다. 그는 "하나님의 영지"(*theou gnosis*)요 "아버지의 지식"(*tou patros he gnome*)이다(Loofs 1968, 75).

알렉산드리아 학파(Clemens, Origenes)도 영지주의와 기독교 신앙을 접합시킨다. 그들은 영지, 곧 신령한 인식을 그들의 사고의 중심점으로 삼았던 "교회적 영지의 신학자들"이었다(Weber 1972, 92). 그들은 영지주의가 말하는 천계의 구원자를 예수 그리스도에게서 발견한다. 예수 그리스도의 지상적·인간적 측면은 비본질적인 것으로 여겨진다. 그의 인간적 형태는 "가현"(假現)에 불과하다. 여기서 초대교회가 극복하고자 투쟁했던 가현설(Doketismus)이 등장한다. 인간의 육과 지상의 세계는 하나님의 구원에서 제외되며, 인간이 버리거나 떠나야 할 대상으로 생각된다. 영지주의의 이러한 생각은 인간의 육과 물질을 포함한 세계 전체를 하나님의 창조와 구원의 대상으로 보는 성서의 신앙에 모순된다. 그러므로 초대교회는 영지주의를 이단설로 규정하고 이를 극복하고자 한다. 그럼에도 불구하고 영지주의는 이후의 기독교 역사에 끊임없이 영향을 주게 된다.

이러한 문제들과의 논쟁 속에서 2세기의 변증가들, 곧 유스티누스, 아리스티데스(Aristides), 타티아누스(Tatianus), 아테나고라스(Athenagoras) 등은 기독교 신학의 초석을 세운다. 이들은 ① 영지주의와 몬타누스주의에 대해 기독교의 참 진리를 해명하고, 교회의 객관적·제도적 타당성과 성례전의 객관적 효력을 변증한다. ② 기독교의 진리가 그 시대의 문화와 철학과 모순되지 않고 조화된다는 것을 이방 세계에 변증한다. ③ 이와 동시에 기독교가 높은 도덕성을 가진 참된 이성적 종교임을 변증한다. 이러한 노력을 통해 변증가들은 "고대 세계에 대한 기독교의 승리를 위해" 기여한다(Seeberg 1909, 262).

여기서 우리는 고대 그리스-로마의 사상과 기독교 진리를 종합시키며, 이를 통해 기독교 진리의 보편성을 확보하고자 했던 초대교회의 노력을 볼 수 있다. 기독교의 진리는 철학의 완성이다. 그것은 "단 하나의 확실하고 구원을 보장하는 철학"이요(Loofs 1968, 87), "유일하게 참된 철학"이다(Heussi 1971, 46). 모든 철학자들은 이성적이기 때문에 그리스도 안에서 인격화 된 "로고스"를 담지한다. 그들은 사실상 그리스도를 섬긴 익명의 그리스도인이었다. 그리스도는 모든 지혜와 철학의 완성자로, 소크라테스는 기독교 순교자의 원형으로 이상화된다(Moeller 1979, 46).

바울의 아레오바고 연설은 고대 세계의 정신과 기독교 진리를 종합하려 했던 초기 기독교의 노력을 반영한다(행 17:22 이하). 기독교가 믿는 하나님과 아테네인들이 "알지 못하고 섬기는 신"이 종합됨으로써 기독교의 헬레니즘화 혹은 헬라화(Hellenisierung)가 일어난다. 그러므로 교회사가인 하르낙(A. von Harnack)은 기독교의 교리가 "복음을 토대로 이루어진 그리스 정신의 산물"이라고 정의한다.

사마리아 지역(오늘의 Nablus)에서 태어난 유스티누스는 기독교로 개종하기 전에 고대 그리스 철학, 특히 플라톤의 철학을 잘 알고 있었다. 그는 구약의 예언자들과 "그리스도의 친구들"이었던 사람들에게서 그가 찾던 참 진리를 발견한다. 유스티누스에 의하면 그리스도는 성육신된 말씀(로고스)과 하나님의 지혜이다. 그는 창조의 중재자로서 진리의 "씨앗"(sperma)을 모든 사람의 이성 안에 심어 주었다. 그는 자신의 고난과 부활을 통해 귀신들을 이기고, 자기를 믿는 모든 사람들을 귀신들의 지배에서 해방시켜 주었다. 구약의 예언자들과 그리스도 안에 참 지혜가 계시되었다. 따라서 철학자들은 "그리스도의 친구들"이라 할 수 있다(Skarsaune 1988, 474). 기독교는 "계시된 철학"이요, "유일하게 확실하고 유익한 철학"이다(Loofs 1968, 85).

1세기 초 알렉산드리아에 거주하던 유대교 철학자 필론(Philo)은 유대교와 그리스 철학의 종합을 꾀하였다. 이에 영향을 받은 알렉산드리아 학파의 클레멘스는 기독교 신앙의 진리와 고대 그리스 철학의 종합을 위해 노력한다. 그의 주장에 의하면 예수 그리스도는 세계를 지배하는 신적 이성, 곧 로고스이다. 그는 인간이 파악할 수 없는 하나님의 계시의 중재자요, 모든 인식과 도덕의 원천이다. 하나님은 철학을 통해 그리스인들을 준비시켰고, 율법을 통해 유대인들을 준비시킨 다음, 그리스도에 대한 신앙을 통해 모든 사람을 사도들이 전한 영지로 인도한다. 인간의 육체를 가진 역사적 예수가 아니라, 성육신 이전부터 존재했던 선재적 로고스가 그의 그리스도론적 사고의 출발점을 이루기 때문이다. 이로써 클레멘스는 가현설의 경향을 따른다.

클레멘스의 제자이며 기독교 최초의 교의학(『원리론』, *De principiis*)을 쓴 오리게네스(185-254)는 구약성서 본문의 역사에 깊은 조예를 가진 성서학자인 동시에 플라톤의 철학에 따라 하나님을 설명한 신플라톤주의자였다. 그는 또한 로고스 신학자요, 영지와 교회의 가르침을 종합시키고자 한 교회의 신학자였다. 그의 교의학은 ① 하나님과 초감각적 세계, ② 죄의 타락과 현상의 세계, ③ 구원과 유한한 영들의 회복을 다루는 세 부분으로 구성되어 있다. 하나님 아래에 로고스가 있고, 로고스가 창조한 성령이 로고스 아래에 있다. 이들 아래에는 의지의 자유를 가진 피조된 영적 존재들이 있다. 영적 존재들이 타락하자 하나님은 물질을 만들어 타락한 영들, 곧 천사들과 인간들과 마귀들을 물질적 육의 감옥에 가둔다. 이들은 육의 감옥 안에서 구원을 동경한다. 로고스는 성육신을 통해 인간의 영혼을 마귀에게서 해방시켜 준다. 해방된 영혼은 점차 물질적인 것을 버리고 윤리적으로 완전한 존재로 발전함으로써 하나님을 향해 상승한다. 구원은 인간의 영혼이 "물질적인 이 세상을 벗어나 비물질적인 원래의 상태로 회복되는 것"을 말한다. 이러한 오리게네스의 구원관은 "육체와 세상의 이중 감옥을 탈출하여 영이 최고의 영역으로 올라가는 것이 구원이라고 믿는 영지주의의 구원관과 비슷"하다(장도곤 2002, 287).

오리게네스는 초대교회의 은유적 성서해석의 대표자다. 성서의 문자적 이해는 일반 신자들의 낮은 단계에 속하고, 은유적 이해는 영지자들의 높은 단계에 속한다. 이에 상응하여 학문적 종교와 교회 공동체의 통속적 신앙이 구별된다. 통속적 신앙은 신화에 속한다. 그러나 기독교의 신화도 진리를 안다. 그러므로 교회 공동체에 속한 신자들도 충만한 열락을 얻을 수 있다. 오리게네스가 대표하는 알렉산드리아 학파의 은유적 성서해석에 맞서, 안디옥 학파는 "유대인의 전통적인 성서해석법의 영향으로 인하여 성서를 문자주의적으로 해석하였으며, 따라서 본문과 문법연구에 힘을 기울이고 성서의 역사적 사실성을 강조"한다(윤철호 2001, 37).

소아시아에서 태어나 177년경부터 리용(Lyon)의 주교였던 이레나이우스(Irenaeus, 130-200)는 알렉산드리아 학파에 반해, "영지주의적 인간학과 우주론을 거부하고 창조와 구원을 연결시키고자" 한다(전현식 2003b, 88). "하나님은 모든 만물을 선하게 창조하셨다. 인간의 영혼과 육체는 서로 상호 조화를 이루고 하나의 온전한 인간을 이루는 필수적인 요소가 되며 이 세상에서 육체는 영혼의 집, 또는 하나님의 성전의 역할을 한다. 마지막 때에 인간은 영혼과 육체의 구원을 이루며, 모든 만물은 새 하늘과 새 땅을 통하여 다시 회복되는 구원을 이룬다"(장도곤 2002, 289). 여기서 하나님의 구원은 인간의 영혼과 육체를 포함한 만물의 회복 내지 치유의 과정으로 생각된다. 치유를 가능케 하는 수단은 곧 세례와 성만찬이다. 세례와 성만찬은 그 자체 안에 구원의 힘을 가진다는 제도교회의 성례주의가 여기서 태동한다.

약 300년에 걸친 박해의 시간이 지난 후, 로마제국의 콘스탄티누스(Konstantinus, 306-337) 황제는 313년 기독교를 공인하고, 324년 수도를 콘스탄티노플(본래의 이름은 비잔틴, 지금의 이스탄불)로 옮긴다. 388년 테오도시우스(Theodosius, 347-395) 황제는 원로원의 동의를 얻어 기독교를 로마의 유일한 국가종교로 선언하고, 391년 로마제국 내의 타 종교를 모두 금지한다. 이때부터 기독교는 로마제국의 평화(Pax Romana)를 유지해야 할 국가종교의 기능을 갖게 되며, 콘스탄티노플을 중심으로 소아시아, 북아프리카, 그리스 지역이 초대 기독교 신학의 진원지가 된다. 아타나시우스 (Athanasius, 373년 사망)는 그리스도론과 삼위일체론에 관해 뛰어난 저서를 남긴다.

교리적 논쟁들과 이 논쟁들을 해결하기 위한 초대교회의 크고 작은 회의들이 이 지역에서 일어난다. 이 논쟁들 속에서 기독교의 기본적 교리들이 동방 지역에서 형성된다. 가장 중요한 논쟁점은 예수의 인간 존재와 신적 존재, 신성과 인성의 관계, 인간 예수와 하나님의 관계에 관한 그리스도론과 삼위일체론의 문제에 있었다. 이 문제에 관한 논쟁은 로고스를 하나님의 본성과 전혀 다른 하나님의 피조물이라 주장한 아리우스(Arius)로 말미암아 318년 알렉산드리아에서 시작하였다.

양성론의 문제에 있어서, 예수의 인성을 강조하고 신성을 약화시키는 에비온주의와 그의 신성을 강조하고 인성을 약화시키는 가현설 (Doketismus)이 언제나 대립하였다. 예수와 하나님의 관계에 있어 ① 하나님의 단독 통치를 지키기 위해 예수를 신적 능력이 충만한 인간으로 보는 단일신론(Monarchianismus), ② 예수를 신적 존재로 인정하지만 하나님 아래 종속된 존재로 보는 종속론(Subordinatianismus), ③ 예수가 세례를 받을 때 하나님이 그를 자기의 아들로 입양했다고 보는 입양론(Adoptianismus), ④ 성부와 성자와 성령은 동일한 본성을 가진 단 한 분 하나님의 현상양식 내지 활동양식으로 보는 사벨리우스(Sabellius, 3세기 생존)의 양태론 (Modalismus) 등이 등장하여, 하나님을 일자(一者)로 보는 유일신론의 전통을 지키고자 하였다.

325년 제1차 니케아 공의회는 성부·성자·성령의 동일한 본성과 삼위일체를 고백한다. 381년 제2차 콘스탄티노플 공의회는 니케아 공의회의 결정을 확인한다(431년 제3차 에베소 공의회는 펠라기우스주의 논쟁에 관한 것이었음). 451년 제4차 칼케돈 공의회는 삼위의 통일성을 고백하는 동시에, 예수의 신성과 인성의 관계를 다음과 같이 모호하게 정의한다. 두 본성은 "혼합되지 않으며, 변화되지 않으며, 분리되지 않으며 구분되지 않는다"(이에 관해 김균진 1987, 248 이하; 아래 "삼위일체론" 참조). 삼위일체에 대한 논쟁의 과정에서 서방교회는 삼위의 일치성과 통일성을 강조한 반면, 동방교회는 삼위의 독립적 위격성을 강조한다(김경재 2003, 130). 성령은 "아버지로부터 나온다"는 니케아 공의회의 신앙고백에 근거한 동방교회의 입장에 반해, 서방교회는 성령은 "아버지와 그리고 아들로부터 나온다"고 고백함으로 써 이른바 "필리오케"(Filioque) 논쟁이 일어난다. 이 논쟁으로 인해 1054년 동방교회(오늘날의 정교회)와 서방교회(오늘날의 로마 가톨릭교회)가 분리된다.

주후 5세기 말에 기록된 것으로 보이는 위(僞) 디오니시우스 아레오파기타(Pseudo-Dionysius Areopagita)의 문헌(Corpus Dionysiacum, 네 편의 논문과 10개의 서신으로 구성되어 있음)은 하나님과 천사의 세계, 참 하나님인 동시에 참 인간인 그리스도, 성직의 기능과 성례전에 관한 포괄적 이론들을 서술한다. 위(僞) 디오니시우스는 신플라톤주의적 신비가로서 동방은 물론 서방의 신학에 깊은 영향을 준다. 영원히 변하지 않는 하나님은 모든 존재의 저편에 있기 때문에 인간에 의해 파악될 수 없다. 하나님은 영원히 자기 자신인 동시에 피조물의 세계를 향한 그의 창조적 활동 속에 있는 타자이다. 세계의 모든 것이 하나님에게서 나왔고, 하나님은 모든 것 안에 있다. 여기서 하나님의 내재와 초월, 자기 동일성과 활동성이 결합된다. 하나님에 관한 모든 긍정적 진술들은, 하나님을 모든 존재자들의 제1원인이요 목적으로 보는 아리스토텔레스의 형이상학으로 환원된다. 하나님의 속성을 알 수 있는 "세 가지 방법", 곧 상승의 방법, 부정의 방법, 인과율의 방법에 대한 디오니시우스의 생각은 그 이후의 신학에 깊은 영향을 미친다(아래 "하나님의 속성"을 참조). 성직자가 집행하는 성례전(성사) 그 자체 안에 구원의 힘이 있다는 디오니시우스의 주장은 교회를 법적 구속성을 가진 구원의 기관으로 강화시킨다.

749년에 사망한 수도사 다마스쿠스의 요한(Johannes Damascus)은 오리게네스 다음 가는 동방신학의 완성자로서 서방신학에도 큰 영향을 주었다. 그의 교의학은 신론과 삼위일체론, 창조론, 인간론, 죄론, 성육신과 그리스도론, 성례전론, 마리아론, 성서론, 윤리적 문제들, 종말론에 이르는 신학체계 전체를 서술한다. 그의 하나님 개념은 아리스토텔레스와 위(僞)디오니시우스 전통에서 유래한다. 삼위일체론에서 그가 말한 "순환"(perichoresis)개념은 오늘날의 신학에도 영향을 준다(아래 "삼위일체론" 참조).

2) 서방교회의 신학: 초대교회의 신학적 기초가 그리스를 중심으로 형성되는 동안, 서방의 교회는 신학적으로 답보 상태에 있었다. 그러나 동방 지역의 신학, 곧 그리스 계열의 신학이 신비주의적 경향 속에서 교리들을 보존하고 유지하는 데 치중하면서 침체 상태에 빠지게 되자, 로마를 중심으로 서방 지역의 신학, 곧 라틴 계열의 신학이 활성화되기 시작한다. 동방신학이 실천과 별로 관계없는 삼위일체와 예수의 신성과 인성에 관한 형이상학적 교리, 사변적 인식론과 구원론에 관심을 둔 반면, 서방신학은 인간의 죄와 구원, 교회의 권위와 질서 등 실제적 문제에 치중한다. 동방신학은 형이상학적·우주론적 신학에 몰두한 반면, 서방신학은 하나님과 인간의 법적 관계에 관심을 갖는다. 그 결과 서방신학 안에서 죄와 은혜, 참회 등에 관한 이론이 크게 발전한다. 그러나 서방신학을 대표하는 주요 신학자들도 대개 동방 지역 출신들이었다.

당시 서방 지역의 신학은 소아시아에서 가까운 로마를 중심으로 발전하기 시작했다. 로마의 기독교 공동체는 일찍부터 로마가 기독교의 중심이라 주장했다. 베드로와 바울이 거기서 순교했고 그들의 무덤이 거기에 있으며, 베드로가 최초의 로마 주교였다고 믿었기 때문이다(Moeller 1979, 77). 알프스 산맥 이남에 위치한 이 지역에는 그리스-로마 문화가 꽃을 피우고 있었다. 그 반면 알프스 산맥 이북 지역은 문화적으로 낙후했기 때문에 신학이 발전하기 어려운 상태였다. 그러나 초대교회 시대가 끝나고 중세기가 시작하면서 신학의 중심은 알프스 산맥 이북의 유럽 지역, 곧 프랑스, 독일, 영국 등지로 옮겨진다. 16세기에 일어난 종교개혁과 함께 신학의 중심은 독일, 스위스, 네덜란드 등 게르만 지역으로 이동한다.

서방신학은 동방신학의 영향 속에서 히에로니무스(Hieronymus, 345-

420)와 암브로시우스(Ambrosius, 340-397)를 통해 발전하기 시작했다. 히에로니무스는 귀족 출신으로 당시의 석학이었다. 그가 번역한 라틴어 성경은 후에 불가타(Vulgata)라고 불린다. 그는 북부 이탈리아의 통치자로 일하다가 374년에 백성들에 의해 주교로 선출되었다. 그는 스토아 철학자 키케로(Cicero)의 도덕론을 신학적으로 재해석하여 『교직자의 직분에 관하여』(De officio ministrorum)란 제목의 저서를 남긴다. 이로써 그는 스토아 철학의 윤리를 신학에 도입한다.

카르타고(Karthago)에서 출생한 테르툴리아누스는 최초의 서방신학자, 곧 라틴 계열의 신학자라 말할 수 있다. 일평생 평신도였던 그는 로마에서 법률가로 일하다가 기독교로 개종하여 190년경 카르타고의 교회로 돌아간다. 그의 신학은 법률가의 직업으로 인해 사변적 관심보다 실천적·윤리적·법적 관심이 지배적이다. 하나님과 인간의 관계에 대한 법적 설명이 이를 예증한다. 곧 인간은 선한 공적을 통해 하나님을 만족케 하며, 하나님은 인간의 공적을 충분한 것으로 수용한다는 것이다. 테르툴리아누스는 명확한 교의학적 개념들(trinitas, substantia, vitium originis, meritum, sacramentum 등)을 처음으로 고안하여, 서방신학의 중요한 전문 용어를 제공한다.

그러나 윤리에 관한 문헌들, 기독교 신앙을 변증하는 문헌들, 그리고 영지주의, 특히 마르키온과의 논쟁에 나타나는 테르툴리아누스의 중요한 신학적 사고는 그리스 계열의 변증가들과 이레나이우스를 통해 접하게 된 소아시아 신학에 의존한다. 도덕적 엄격성을 강조하는 스토아 철학도 그의 신학적 사고에 영향을 준다. 이레나이우스의 영향 속에서 테르툴리아누스는 영지주의에 대한 투쟁가로서 활동했지만, 자기의 도덕적 엄격주의 때문에 몬타누스주의 운동에 참여하여 타락한 제도교회와 결별하게 된다. "불합리하기 때문에 나는 믿는다"(credo, quia absordum est)라는 유명한 말은 테르툴리아누스에게서 유래하는 것으로 전해진다. 성부·성자·성령은 "세 위격들"이지만 동일한 "단 하나의 본성"을 가진다는(tres personae, *una substantia*) 테르툴리아누스의 삼위일체론의 공식은 초대교회 삼위일체론의 기초가 된다.

주후 210년경 카르타고의 한 부유한 가정에서 태어난 키프리아누스는 246년에 기독교로 개종하여 248/249년 이후 카르타고의 주교로 일하다가 258년에 순교를 당한다. 그는 매우 박식한 문필가였다. 그가 교회에 대해 내린 정의는 이후의 서방교회에 결정적 영향을 준다. 곧 교회는 위계질서를 따라 조직화된 가시적(可視的) 구원의 기관이다. 주교가 인도하는 교회에의 소속성은 구원의 절대적 조건이다. "교회 바깥에는 구원이 없다"(*Salus extra ecclesiam non est*). "어머니인 교회를 갖지 않은 사람은 하나님 아버지를 가질 수 없다"(*Habere non potest deum patrem, qui ecclesiam non habet matrem*). 주교는 교회의 통일성의 수호자요, 교회는 그 위에 서 있는 기반이다. 모든 주교는 교회의 출발점이요 사도이며 주교인 베드로의 후계자들이다. 그러므로 모든 주교는 동등하다. 이런 신념으로 인해 키프리아누스는 교회를 배신한 이단자의 재세례 문제에 대한 논쟁에서 로마의 주교를 비판하고, 재세례는 필요하지 않다고 주장한다.

4세기와 5세기에 걸쳐 활동한 펠라기우스(Pelagius)는 라틴신학계에서 아주 뛰어난 인물이었다. 영국 출신의 수사(修士)이며 금욕주의자인 펠라기우스는 400년경부터 로마에서 활동하였다. 그는 아우구스티누스에 반해 "원죄의 생물학적 개념을 거부하고" 선과 악을 선택할 수 있는 인간의 자유로운 의지와 "하나님의 뜻을 성취할 수 있는 인간의 도덕적 능력을 강조했다"(전현식 2003b, 89). 아담의 타락은 하나의 나쁜 예를 남겼다는 점에서 인류에게 해를 주었을 뿐이다. 그의 동료 켈레스티우스(Coelestius)는 펠라기우스보다 더 철저하게 자유의지를 주장하면서, 아담의 죽음은 죄에 대한 벌이 아니라 자연적인 것에 불과하다고 말한다.

418년 카르타고 총회에서 펠라기우스와 켈레스티우스의 주장은 정죄되고, 두 사람은 역사의 무대에서 사라진다. 그러나 426년부터 아우구스티누스와 펠라기우스의 입장을 중재하는 반(半)펠라기우스주의

(Semipelagianismus)가 지금의 프랑스 남부 지역에서 일어난다. 그 입장에 의하면 아담의 타락으로 인해 인간의 의지는 약해졌고 감성의 영향을 받게 되었지만, 선에 대한 인간의 본성은 남아있다. 죄로 인해 인간은 죽은 것이 아니라(Augustinus에 반해), 단지 병들었을 뿐이다. 그러므로 하나님의 은혜가 필요하다. 인간의 자유로운 의지와 하나님의 은혜는 함께 작용한다. 여기서 인간의 의지가 우위를 점할 수 있다. 인간이 거부할 수 없는 하나님의 은혜와 절대적 예정은 존재하지 않는다. 따라서 구원과 멸망의 문제는 각자가 책임져야 할 문제다. 이러한 내용의 반펠라기우스주의는 결국 529/530년에 교황 보니파티우스 2세(Bonifatius II)에 의해 정죄된다.

초대교회의 서방신학은 아우구스티누스에 이르러 절정에 도달한다. 그러나 아우구스티누스도 유럽 태생이 아니라 북아프리카의 타가스테(Tagaste) 태생이었다. 그는 한 동안 마니교와 신플라톤 철학에 몰두하였다가, 386년 암브로시우스와 수사들의 영향으로 기독교로 개종하여 391년 북아프리카 히포 레기우스(Hippo Regius, 오늘의 Bone)의 주교가 된다. 그의 주요 저서로는 387년까지 자신의 내적 발전 과정을 기도문의 형식으로 기술한 『고백록』(Confessiones)을 비롯하여 『하나님의 도성』(De civitate Dei)과 『삼위일체론』(De trinitate), 그리고 마니교와 도나투스파와 펠라기우스주의에 대한 논쟁서들이 있다.

아우구스티누스는 신플라톤주의의 영향 속에서 하나님을 우리 인간이 부를 수 없는 존재, 최고의 존재(summum esse), 최고선(summum bonum)으로 이해한다. 하나님은 다양성과 변화와 허무함 속에 있는 세계로부터 구별되는 가장 높은 단순성(Simplicitas)을 가진 존재다. 아우구스티누스는 서방교회의 삼위일체론에 결정적인 영향을 끼친다. 그에 따르면 하나님의 삼위일체는 "세 위격 안에 있는 하나의 동일한 본성"을 뜻한다. 성령의 고유성은 성부와 성자의 "은사"(donum)인 동시에, 양자의 "친교"(communio)와 "사랑의 끈"(vinculum amoris)을 말한다. 이로써 "관계"의 개념이 삼위일체론에 있어 중심적 의미를 갖게 된다. 하나님의 "삼위일체의 흔적들"

(*vestigia trinitatis*)은 정신-인식-사랑, 사랑하는 자-사랑을 받는 자-사랑, 기억-통찰-의지 등 이 세계의 사물들 속에서 발견된다.

아우구스티누스의 가장 대표적 이론은 죄와 은혜에 관한 이론으로, 루터의 종교개혁에 영향을 준다. 이 이론은 펠라기우스주의와의 논쟁 속에서 전개된다. 아우구스티누스에 의하면 아담의 원죄(*peccatum originale*)를 통해 모든 인간이 죄를 짓지 않을 수 없는 "타락한 무리"(*massa perditionis*)로 전락하였다. 아담의 원죄는 인간의 성관계를 통해 유전된다. 인간에게 의지의 자유가 남아 있지만, 선을 행할 수 있는 힘을 잃어버렸다. 하나님의 은혜만이(*sola gratia*) 인간을 죄의 세력에서 해방할 수 있다(종교개혁의 신학적 출발점이 됨). 믿음도 성령을 통해 주시는 하나님의 은혜. 은혜를 통해 변화된 인간은 이제부터 협동하는 은혜(*gratia cooperans*)의 힘을 통해 인간 자신이 할 수 없는 일을 스스로 행할 수 있다. 하나님은 작은 무리의 구원 받을 자를 예정하였다(예정론). 나머지 사람들은 영원한 벌을 당하게 한다. 여기서 칼뱅의 이중예정설(*praedestinatio gemina*)이 나오게 된다.

마니교와 도나투스주의와의 논쟁 속에서 아우구스티누스는 구원을 중재할 수 있는 객관적 권리를 가진 기관(Heilsanstalt)으로서의 교회관을 주장한다. 곧 눈으로 볼 수 있는 외형의 교회가 구원의 중재기관이다. 이와 동시에 교회는 성도들의 모임이요, 예정된 자들의 사귐(*congregatio sanctorum, communio praedestinatorum*)이다. 교회의 중요한 표징은 통일성과 거룩성과 보편성과 사도성(Einheit, Heiligkeit, Katholizität, Apostolität)에 있다. 또한 교회는 무오류성을 가진다. 죄로 인해 멸망할 수밖에 없는 세속의 나라에 반해, 교회는 "땅 위에 있는 하나님의 나라"다. 성직자 체제와 질서를 가진 가시적 교회 안에 천년왕국이 실현되었다. 성례전은 그 자체 안에 구원을 중재하는 효력을 가진다. 교회의 거룩성과 성례전의 효력은 성직자들의 도덕성에 의존하지 않는다. 성례전은 "눈으로 볼 수 있는 말씀"(*verbum visibile*)이다(Harnack 1905, 285 이하).

아우구스티누스는 『하나님의 도성』에서 교회와 국가의 관계를 다음과 같이 설명한다. 하나님의 나라(civitas Dei)는 하늘에서 오고, 세속의 나라(civitas terrena)는 마귀에게서 온다. 전자는 구원을 지향하고, 후자는 지옥의 고통을 향해 나아간다. 이 과정을 아우구스티누스는 여섯 단계의 세계사를 통해 제시한다. 땅 위의 평화는 정의를 통해 가능하고, 정의는 오직 교회 안에 있다. 따라서 국가는 교회 아래 있으며 상대적 권리를 가진다. 이단설, 우상숭배 등을 배척함으로써 국가가 교회를 섬길 때, 국가는 더 높은 가치를 얻게 된다. 천년왕국은 마귀의 세력과 싸우는, 땅 위에 있는 그리스도의 나라, 곧 교회 안에 있다. 이로써 초대교회의 종말론은 폐기되고, 교황은 국가 통치자에 대해 막강한 힘을 요구할 수 있게 된다. 그는 "땅 위에 있는 하나님의 나라"의 대표자이기 때문이다. 교황과 국가 통치자 사이의 끊임없는 갈등이 여기서 시작된다.

전체적으로 초대교회의 신학은 기독교 진리와 고대 그리스-로마 사상을 종합한 결과물이라 말할 수 있다. 그러나 우리는 초대교회가 그 자신의 뿌리가 되는 구약성서의 전통과 역사적 예수의 가르침을 지키고자 노력했던 흔적을 신약성서에서 발견할 수 있다. ① 요한복음이 예수의 생애를 묘사할 때 로고스 개념과 함께 시작하며, 예수의 존재를 성육신 한 로고스(=말씀)와 동일시하는 반면, 공관복음 특히 누가복음은 역사적 예수의 면모를 제시하고자 노력한다. 마태복음은 예수의 기나긴 유대인 족보를 기술한다. ② 바울 서신이 예수의 구원을 개인의 의롭다 하심, 곧 칭의(稱義, 혹은 義認, 得意로 번역하기도 함)에 있는 것으로 묘사하는 반면, 공관복음은 구약에서 하나님이 약속한 하나님의 나라가 먼저 이스라엘 민족 공동체 안에 세워질 것으로 묘사한다. ③ 로마서는 구원의 길이 율법에 있지 않고 예수 그리스도에게 있다고 보는 동시에 율법을 거룩하며 영적인 것이라 인정한다(롬 7:12, 14). ④ 바울의 칭의론이 하나님의 구원을 예수 그리스도에 대한 믿음에 있다고 주장하는 반면, 야고보서는 율법에 따른 의롭고 선한 행위가 없는 믿음을 "죽은 것"이라 주장하면서, 가난한 사람들에 대한 자비를 요구한다(약 2:1-13). 이 요구는 구약성서의 전통에 속한다.

또한 신약성서의 공동체는 구약의 전통을 수용하며 그것을 재해석한다. ① 예수가 구약성서가 예언한 메시아라는 초기 기독교 공동체의 신앙, ② 옛 이스라엘 백성과 하나님이 맺은 계약의 성취에 대한 요한계시록의 비전(계 21:3, "그들은 하나님의 백성이 될 것이다"), ③ "새 하늘과 새 땅"에 대한 구약 예언자들의 비전(사 65:17 참조), ④ 후기 유대교 묵시사상에서 유래하는 임박한 세계의 종말에 대한 예수의 말씀. 구약의 전통을 지키고자 한 초대교회의 노력은 사도신경에서 열매를 거둔다. "몸이 다시 사는 것과 영원히 사는 것"(resurrectionem carnis et vitam aeternam)을 믿사옵니다! 그러나 로마제국의 국가종교로서 반유대주의(Antisemitism)에 편승한 기독교는 구약의 요소를 억제하고, 로마 황제의 구미에 맞는 이야기들을 할 수밖에 없었다.

B. 중세신학

초대교회의 신학은 북아프리카와 소아시아에서 시작하여, 그리스가 그 중심지가 된다. 아우구스티누스 사망 이후 이 지역의 신학이 차츰 침체에 빠지면서 신학의 중심이 지중해 지역에서 알프스 산맥 북쪽 지역, 곧 오늘의 프랑스, 독일, 영국을 중심으로 한 유럽 지역으로 옮겨진다. 이와 함께 중세신학이 시작되는데, 이 시기는 일반적으로 아우구스티누스의 사망 이후부터 16세기 초 종교개혁이 일어나기까지의 기간을 가리킨다.

중세신학은 동방신학과 아우구스티누스의 신학에 뿌리를 가지며, 그 전반적 특징은 "스콜라 신학" 혹은 "스콜라 철학"이란 명칭에 나타난다. 라틴어 "스콜라"(schola)는 강의, 학교, 학파를 뜻한다. 따라서 중세신학은 교의학을 학문적으로 체계화시킨 "교의학의 시대"라 표현할 수 있을 만큼 철학에 기초한 교의학이 크게 발전하였다.

중세신학의 또 다른 특징은 "종합과 체계의 시대"라 말할 수 있다. 많은 신학자들은 철학과 신학, 이성과 신앙, 하나님과 세계, 자연과 은혜의 차이를 간과하지 않으면서, 양자의 종합을 시도하였다. 이를 통해 교의학의 거대한 체계들이 생성되었고, 신학은 하나의 보편 학문, "학문의 여왕"의 자리를 차지할 수 있었다. 이러한 신학적 상황은 유럽 세계 전체가 기독교 왕국(Christendom)이 된 종교적·사회적·정치적 상황에 상응한다. 중세신학은 전체적으로 변증법의 방법, 즉 전승된 이론들과 공식들과 개념들을 분석한 다음, 이것들의 불일치와 모순들을 드러내고 해결하는 방법을 사용한다. 이와 같은 특징을 가진 중세신학은 전기, 중기, 후기로 구별될 수 있다.

1) 중세 전기의 대표적 신학자로는 에리우게나(Johannes Scotus Eriugena, 아일랜드 태생, 877년경 사망), 안셀무스(Anselm von Canterbury, 1033-1109), 샹포의 윌리엄(William Champeaux, 1121년 사망), 로스켈리누스(Roscellin von Compiegne, 약 1050-1120), 롬바르두스(Petrus Lombardus, 1095/1100-1160) 등이 있다. 아리스토텔레스의 철학을 소개한 세 사람의 이슬람 신학자, 곧 아비첸나(Avicenna, 1037년 사망), 아벨라르두스(Abaelardus, 1079-1142), 아베로에스(Averroes, 1198년 사망)와, 아벨라르의 반대자였던 클레르보의 베르나르두스(Bernhardus von Clairvaux, 1090-1153), 부패한 가톨릭교회의 정화를 요구한 피오레의 요아힘(Joachim von Fiore, 1202년경 사망) 등도 중세 전기에 속하는 인물들로 분류될 수 있다.

2) 중세 중기의 대표적 신학자로는 영국 출신 헤일의 알렉산더(Alexander von Hales, 1245년 사망), 이탈리아의 보나벤투라(Bonaventura, 1274년 사망), 대(大) 알베르투스(Albert der Große, 약 1193-1280), 그의 제자 토마스 아퀴나스(Thomas Aquinas, 1225-1274), 스코틀랜드 출신의 둔스 스코투스(Duns Scotus, 1265/6-1308), 독일의 신비주의자 마이스터 에크하르트(Meister Eckhart, 약 1260-1327년 순교) 등이 있다. 아시시의 프란체스코(Francis von Assisi, 1181/2-1226)도 이 기간에 속하는 인물이다. 가난과 겸손과 무아적 헌신을 이상으로 가진 도미니크 수도회, 프란체스코 수도회도 이 시기

에 등장한다.

3) 13세기에 시작한 중세 후기의 대표적 신학자로는 오캄의 윌리엄 (Wilhelm von Ockham, 약 1285-1347), 에크하르트의 제자 타울러(Johann Tauler, 1361년 사망)와 조이제(Heinrich Seuse, 1366년 사망), 위클리프(Johannes Wyclif, 1328년경-1384), 요한 후스(Johann Huß, 1369년경-1415), 네덜란드의 인본주의자 에라스무스(Desiderius Erasmus, 1466-1536), 니콜라우스 쿠자누스 (Nikolaus von Kues, 1401-1464), 켐펜의 토마스(Thomas von Kempen, 1471년 사망), "마지막 스콜라 학자"로 알려진 가브리엘 비일(Gabriel Biel, 1495년 사망) 등이 있다.

중세신학의 중심적 문제는 보편 개념(*universalia*)에 대한 실재론과 유명론의 문제였다. 우리가 감각적으로 경험하는 것은 언제나 개체적 대상이다. 예를 들어 우리는 사람 일반을 경험하는 것이 아니라, 이 사람, 저 사람 등 개별적인 특수한 사람을 경험할 뿐이다. 그런데 우리가 사람에 대해 어떤 판단을 할 때, 우리는 모든 개별의 사람들을 포괄하는 "사람 일반"이란 보편개념을 전제한다. 하지만 이 보편개념은 경험되지 않는다. 그러면 경험되지 않지만 모든 판단에 있어 전제되는 보편개념은 실재하는가, 아니면 이름에 불과한가? 그것은 어떤 성격의 것이며 어떤 타당성을 가지는가? 이 문제가 바로 중세신학의 주요 쟁점이었던 보편논쟁이다.

이 문제에 대한 첫 번째 대답은 플라톤과 신플라톤주의에서 유래하는 실재론(Realismus)이었다. 이 입장에 따르면 개별의 감각적 사물들은 생성 소멸하며 언제나 변한다. 그것들은 허무성에 예속되어 있다. 비감각적이며 비대상적인 보편개념만이 실재한다. 곧 *universalia*가 실재로 존재하는 *res*이다. 개별의 감각적 사물들은 보편개념으로부터 파생된 실재에 불과하다. 실재의 정도는 보편성의 정도가 높을수록 상승한다. 절대자인 하나님은 실재성이 가장 큰 존재(*ens realissimum*)다.

실재론은 극단적 형태와 완화된 형태로 구별된다. 극단적 실재론은 플라톤의 입장을 따른다. 이 입장에 의하면 보편개념은 개별적인 사물들 이

전에 존재한다(*universalia ante res*). 완화된 실재론은 아리스토텔레스의 입장을 따르는데, 보편개념은 개별적인 사물들 안에 있으며(*universalia in rebus*), 개별의 사물들에 대한 경험을 통해 인간에게 인지된다.

이와 반대로, 11, 12세기 아벨라르두스와 로스켈리누스가 주창한 유명론(Nominalismus)에 의하면, 보편개념은 실재하지 않는다. 그것은 이름(*nomen*)에 불과하다. 실재하는 것은 감각적으로 인지될 수 있는 개별의 사물들뿐이요, 개별의 사물들만이 인식될 수 있다. 지식은 개별의 사물들에 대한 감각적 경험을 통해 얻을 수 있다. 보편개념의 의미도 감각적 경험을 통해 인식될 수 있다.

그러면 실재론과 유명론이 중세신학의 중심 문제가 된 까닭은 무엇인가? 궁극적인 이유는 양자 사이에 숨어있는 세계관의 차이에 있다. 실재론에 따르면 세계는 하나님의 존재로부터 출발하는 하나의 통일된 신적 위계체제를 가리킨다. 그것은 개별의 사물들이 존재하기 이전에 하나님을 통해 창조된 보편개념들에 따라 모든 것이 질서있게 배열되어 있는 하나의 신적 세계이다. 여기서 세계는 신적 질서 속에서 폐쇄되어 있는 체계로 간주된다. 실재론에 따르면 개별의 사물들은 언제나 시간적이며 허무하기 때문에 우리에게 확실한 진리를 줄 수 없다. 개별의 사물들에 대한 경험을 통해 얻을 수 있는 인식은 기만적일 뿐이다. 참 인식과 진리는 보편개념의 인식에 달려 있다. 중요한 것은 개별의 사물들이 아니라 보편개념이다. 여기서 개체와 개체 사물에 대한 인간의 경험은 중요하지 않은 것, 기만적인 것으로 간주된다. 따라서 보편개념의 진리를 소유한 교회와 "위로부터" 주어진 신적 정당성을 가진 통치자가 절대적 권위를 주장할 수 있게 된다.

이에 반해, 유명론에 따르면 개체의 사물들과 이들에 대한 경험이 중요하게 취급된다. 보편개념은 실재하지 않는다. 실재하는 것은 개체의 사물들뿐이다. 여기서 "새로운 현실의 개념"이 등장한다. 즉 인간이 경험할 수 있는 개체의 사물들의 영역이 참된 현실로 드러난다. 이와 동시에 "새로운 진리의 개념"이 등장한다(Adam 1972, 76). 진리는 보편개념으로부터 논리적 연역을 통해 인식될 수 있는 것이 아니라, 개체 사물들에 대한 경험으로부터의 귀납을 통해 인식될 수 있다. 여기서 개체 사물들의 가치와 존엄성이 중요시되며, 신적 위계체제로서의 세계관이 부인된다. 세계는 개별자들이 자유롭게 활동할 수 있는 개방된 삶의 공간으로 이해된다. 이를 통해 개체주의와 개방적 세계관이 등장한다. 중세 말기에 이를수록 유명론이 더 큰 힘을 얻게 되는 까닭이 여기에 있다(Windelband 1957, 253). 실재론과 유명론의 이러한 대립은 절대주의와 상대주의, 전체주의와 개체주의, 형식적 폐쇄주의와 역동적 개방주의의 대립이라 말할 수 있다. 유명론은 신앙과 지식의 분리, 개체주의, 상대주의, 경험론, 실증주의의 뿌리가 된다. 프랑스 왕 루이 11세는 1474년 3월 1일에 유명론의 문헌들을 금지하고 실재론을 추천한다.

중세 초기 실재론의 대표자들은 에리우게나, 안셀무스, 샹포의 윌리엄 등이 있다. 에리우게나는 극단적 실재론자로서 보편개념이 개별의 사물들 이전부터 있었다고 주장한다. 개별의 사물들은 보편개념에서 나온 것이며, 실재성의 정도에 따라 하나의 피라밋을 형성한다. 가장 큰 실재성을 가진 하나님은 이 피라미드의 정점을 차지하며, 이 정점에서 모든 보편개념들과 개별의 사물들이 파생된다. 세계는 하나님의 존재에서 파생된 사물들로 형성되어 있는 하나의 피라미드, 곧 위계질서(Hierarchie)이다. 따라서 모든 사물들 속에는 실재성의 정도에 따라 신적 본성이 다른 정도로 현존한다. 신적 본성을 더 많이 가진 사물은 더 큰 가치와 완전성을 가진다. 여기에 하나의 범신론적 세계관이 나타난다.

안셀무스의 유명한 존재론적 신 존재 증명은 실재론에 근거한다. 그의 주장에 의하면, 가장 완전한 존재(*ens perfectissimum*)인 하나님은 실재하는 것으로 생각될 수밖에 없다. "그것보다 더 큰 것이 생각될 수 없는"(*quo maius cogitari non potest*) 존재의 개념은 그것의 실재를 포괄한다(아래 "하나님 존재 증명" 참조). 안셀무스의 유명한 보상설 혹은 만족설(Satisfaktionstheorie)과 "이해하기 위해 나는 믿는다"(*credo ut intelligam*)는 명제는 후대의 신학에 큰 영향을 준다. 아퀴나스의 스승이었던 알베르투스는 아비첸나의 영향을 받아 실재론을 따르는데, 보편개념은 개체 사물들의 추상화가 아니라 신적 지성에서 나온 것이라고 주장한다.

실재론은 범신론적 경향을 지닌 중세기 신비주의의 근원이 된다. 세계의 유한한 사물들 속에서 신성을 인식하고, 이 인식 속에서 하나님과 영혼의 신비적 연합에 이르고자 하는 신비주의적 경건이 12세기에 발흥하여 14세기에 꽃을 피우게 된다.

유명론은 스페인, 이슬람, 유대교 철학자들을 통해 소개된 아리스토텔레스의 인식론적·존재론적 사고를 따른다. 아리스토텔레스는 개별 사물들의 실재로부터 출발하며, 보편개념을 개별 사물들의 요약으로 이해한다. 그러나 보편개념은 실재가 없는 논리적 개념에 불과한 것이 아니라 개체 사물들의 본질적 특징들로서 제2의 실체에 해당한다. 유명론의 대표자 로스켈리누스는 극단적 입장을 취하여 보편개념은 실재하지 않는다고 한다. 실재하는 것은 개별의 사물들뿐이다. 보편개념은 공통된 특징을 보이는 개별의 사물들로부터 추상화시켜 이들에게 적용하는 이름들(*nomina*)에 불과하며 실재하는 사물(*res*)이 아니다. 그것은 "소리의 바람"일 뿐이다. 따라서 보편개념은 개별의 사물들 다음에 있다(*universalis post res*). 그것은 우리의 정신이 만들어 낸 이해와 의사소통의 수단에 불과하다. 아벨라르 역시 유명론을 따르는데, 그에 의하면 보편개념은 개별 사물들로부터 추상화된 것이며 "소리"(*vox*)에 불과하다. 인간은 개별 사물들에 대한 감각적 인지에 근거하여 보편개념을 만드는데, 개별 사물들에 대한 지식은 신앙의 진리와는 다른 영역에 속한다.

아퀴나스는 실재론과 유명론의 종합을 시도한다. 따라서 그의 이론은 "아리스토텔레스적 실재론"이라 말할 수 있다. 아퀴나스의 주장에 따르면, 보편개념은 개별의 사물들이 있기 이전부터(*ante rem*) 하나님 안에 있었다. 이와 동시에 그것은 하나님의 창조를 통해 개별의 사물들 안에(*in re*) 있다. 또 그것은 개별의 사물 이후에(*post rem*) 일어나는 인식의 과정 안에도 있다. 플라톤이 말하듯이, 보편개념은 개별의 사물들 이전에 있었다. 이와 동시에 그것은 아리스토텔레스가 말하듯이, 개별의 사물들을 형성하는 원리(forma)로서 그들의 세계에 참 본질과 의미와 가치와 인식 가능성을 부여한다. 또한 보편개념은 사물을 인식하는 주체 안에 있다. 그러나 보편개념은 인간에 의해 자의적으로 만들어진 것이 아니라 개별 사물들의 특징에 의해, 궁극적으로 하나님에 의해 결정된 것이다.

아퀴나스는 『신학대전』(Summa Theologiae)에서 아리스토텔레스의 형이상학에서 유래하는 다섯 가지의 우주론적 신 존재 증명을 말한다. 이 증명에서 원인과 결과의 법칙, 곧 인과율이 원리로 적용되며, 하나님은 모든 존재자의 "제1원인"(prima causa) 혹은 "부동의 원동자"로 이해된다(아래 "우주론적 하나님 존재 증명" 참조). 제1원인과 그 아래의 모든 원인들은 인과율을 통해 결합되어 있다. 그러므로 그들은 동질성을 가진다. 달리 말해 창조자 하나님과 피조물들 사이에는 소위 "존재의 유비"(analogia entis, E. Przywara 가 1932년 처음으로 말한 개념)가 있다. 하나님과 피조물 사이에 존재의 유비가 있기 때문에, 인간은 하나님을 인식할 수 있고 증명할 수 있다. 여기서 "동일한 것은 동일한 것에 인식된다"는 아리스토텔레스의 인식 원리가 관철된다(Moltmann 1999, 140).

아퀴나스의 존재 증명은 유신론적 세계관을 보여준다. 세계는 제1원인자인 하나님으로부터 시작하여 원인과 결과의 법칙에 따라 모든 것이 질서있게 배열되어 있는 하나의 신적 세계다. 세계는 최고의 존재이신 하나님에게서 시작하여 위-아래의 위계질서로 구성된 피라미드와 같다. 그러므로 아래의 것은 위의 것에 복종해야 한다. 이 복종을 통해 신적 질서가 유지된다. 위의 것에 대한 불복종은 신적 질서에 대한 불복종을 뜻한다. 세계의 모든 사물은 신적 질서 속에서 자기의 자리와 가치와 존재 의미를 가진다. 모든 것이 제1원인자인 하나님의 의도를 수행하는 합목적성을 가진다. 그러므로 세계는 그 자체로서 하나님을 계시하며, 하나님은 세계, 곧 우주를 통해 인식될 수 있고 증명될 수 있다. 19세기 말 가톨릭교회의 제1차 바티칸 공의회는 아퀴나스의 신학을 규범적 신학으로 규정한다.

둔스 스코투스는 아퀴나스의 입장을 수정하면서, 개체의 사물들은 인과율의 질서 속에서 단지 자기의 위치와 기능을 가지는 것이 아니라 하나님의 창조적 힘과 직접 결합되어 있다고 한다. 모든 생명의 근원이신 하나님은 피라미드의 꼭대기에 머물러 있는 존재가 아니라 창조적 의지이며, 모든 존재를 포괄하는 무한성이다. 그러므로 세계의 모든 존재자는 인과율을 따라 결정되어 있지 않고, 가능성이 있는 자유로운 영역 속에서 산다. 한 마디로 세계는 인과율을 통해 결정되어 있는 체계가 아니라 새로움을 향해 열려진 가능성이요 자유를 가진다. 따라서 인간은 자유로운 결단을 통해 선한 것을 택할 수 있는 의지의 자유를 가진다. 원죄를 통해 인간의 본성이 완전히 부패한 것은 아니다(Augustinus에 반하여). 죄는 하나님과의 훼손되고 분리된 관계를 말한다. 여기서 우리는 중세 후기에 나타나기 시작한 새로운 세계의 전조를 볼 수 있다. 둔스 스코투스는 자기 이전의 로스켈리누스, 자기 이후의 오캄의 윌리엄과 같은 극단적 유명론자는 아니었지만, 보편개념은 사물들을 이해하기 위한 방편이라 생각한다. 그러나 그것은 자의적으로 만들어진 것이 아니라 피조된 사물의 세계로부터 필연적으로 등장한 것이다.

중세 중기는 세 가지 위대한 체계를 남긴다. 첫째는 아퀴나스의 체계로서 인과율을 통해 결정되어 있는 세계를 제시하고, 둘째는 둔스 스코투스의 사고 체계로서 제한된 자유의 영역들이 있는 새로운 가능성의 세계를 제시하며, 셋째는 마이스터 에크하르트의 신비주의적 체계로서 하나님의 존재에 참여하고 그것을 인식하는 인간 정신의 독립성을 제시한다 (Adam 1972, 134).

독일 튀링겐(Thüringen) 지역에서 태어난 에크하르트는 아퀴나스와 함께 대 알베르투스의 제자였다. 그는 사도행전 17:28을 자신의 입장에 대한 근거로 삼는다. "우리는 하나님 안에서 살고, 움직이고, 존재하고 있습니다. 우리는 그 자신의 종(種)입니다(ipsius enim et genus)." 하나님은 존재의 깊이로서 모든 사물들의 존재의 깊은 곳에 내재한다. 그에 의하면, 명상을 통해 하나님과의 신비적 연합과 영적 열락에 이르기 위한 여섯 단계는 다음과 같다. ① 선한 모범들을 따름, ② 선한 이론들을 배움, ③ 의지를 맑게 함, ④ 하나님을 향한 사랑에 사로잡힘, ⑤ 하나님과의 평화를 얻음, ⑥ 하나님과 하나 됨을 완성함(Adam 1972, 128). 1327년에 에크하르트는 아비뇽(Avignon)의 종교재판을 통해 사형을 당한다. 그러나 그의 신비주의는 제자 타울러와 조이제를 통해 크게 확산되며, 이후의 신학과 교회의 경건운동에 큰 영향을 준다. 니콜라우스 쿠자누스는 에크하르트의 타당성을 변호한다.

13세기 초부터 시작한 중세 후기의 특징은 중세 중기에 이루어진 모든 신학적 사고의 통일성, 즉 자연과 은혜, 이성과 신앙, 철학과 신학, 세계와 하나님의 종합의 와해에 있다. 중세기적 통일성의 와해와 더불어 교의학의 대 체계들의 퇴락 역시 그 특징에 속한다. 위계질서를 가진 폐쇄된 체계로서의 세계상 대신 새로운 가능성을 향해 개방된 새로운 세계상이 등장한다. 전통을 중시하는 동시에 개인의 의지의 자유와 책임이 강조되며, 하나님에 대한 세계의 의존성 대신 세계의 자유와 독립성이 강조된다. 이러한 현상은 교의학의 체계를 쓰지 않은 둔스 스코투스에게서 나타나기 시작한다. 중세 중기의 왕권주의 사회에서 르네상스와 종교개혁, 봉건주의와 시민사회를 향한 사회의 점차적 변천이 이러한 현상에 영향을 주었다.

중세 말기에 새로운 세계의 태동과 함께 등장하기 시작한 신학적 사고의 "현대적 방법"(via moderna)에 반하여, "고대의 방법"(via antiqua)을 지키려는 노력도 있었다. 고대의 방법을 수호하려는 사람들은 신앙과 지식, 신앙과 이성의 새로운 종합을 시도하였다. 이러한 시도는 신앙의 내용에 대한 인간의 인식을 신뢰하고, 교회의 권위에 복종하여 교의학의 내용들을 수동적으로 수용하는 것을 거부한 휴머니즘과 결부되어 있었다.

이러한 특징을 가진 중세 말기의 대표적 신학자는 오캄의 윌리엄이다. 그는 중세 후기의 대표적 유명론자였다. 그의 주장에 의하면 보편개념은 인간의 사유에 있어 반드시 필요한 요소들이며, 사유의 영역 안에서 자신의 존재를 가진다. 그러나 그것은 개별의 사물들과 관계없이 스스로 존재하는 실재가 아니다. 그것은 개별의 사물들을 가리키는 "표징"으로, 인간이 생각해 낸 것(*ficta*)이다. 인간의 이성은 세계에 속한 사물들의 인식에 사용될 뿐이며 신앙의 영역에는 적용될 수 없다. 따라서 이성에 근거한 철학과, 계시와 신앙에 근거한 신학은 분리되어야 한다. 아리스토텔레스의 철학이 신학에 도입되어서는 안 된다. 이로써 중세 중기에 이룩한 철학과 신학의 통일성이 와해되며, 아리스토텔레스의 철학에 근거한 위계질서적 세계상이 붕괴된다.

오캄의 윌리엄에 따르면 창조자와 피조물 사이에는 뛰어넘을 수 없는 차이가 있다. 그러므로 피조물의 세계로부터 출발하여 하나님의 존재를 증명하는 우주론적·목적론적 신 존재 증명은 불가능하다. "유한성의 영역으로부터 무한성의 영역에 이르는 길은 없다"(Adam 1972, 136). 그러나 하나님의 존재는 가장 선하고 가장 완전한 존재로 실재한다고 생각될 수밖에 없다. 그의 힘은 절대적 힘(*potentia absoluta*)이다. 그는 세계의 질서를 세우고, 모든 피조물이 이 질서 속에서 유지되도록 했으며, 자기 자신을 이 질서에 결속시킨다. 그러므로 세계의 질서는 하나님이 그 자신에게 세운 것이다(*potentia Dei ordinata*). 하나님은 고정되어 있는 존재가 아니라 변화될 수 있는 분(*Deus mutabilissimus*)이다. 하나님이 변화될 수 있다면, 세계도 폐쇄된 체계가 아니라 새로운 미래를 향해 변화될 수 있는 개방된 체계로 이해된다. 이러한 세계상과 함께 1324년에 국민을 국가의 유일한 입법자로 인정하는 국민 주권사상이 등장한다.

스코틀랜드의 위클리프는 오캄이 주장한 자연과 계시, 철학과 신학의 분리를 반대하고, 하나님과 세계의 새로운 통일성을 시도한다. 양자의 분리는 눈에 보이는 세계의 그릇된 독립을 초래한다고 생각했기 때문이다. 신비주의자 에크하르트가 다양한 현상의 세계로부터 출발하여 자연의 깊은 곳에 숨어 계신 하나님을 찾고자 하는 반면, 위클리프는 하나님의 개념으로부터 출발하여 현상의 세계를 설명하고, 하나님의 법에 따른 세계의 새로운 형성을 요구한다. 하나님은 우주의 근원이요 존재의 본질이며 시작이다. 이 하나님의 존재에 근거하여 세계의 상황 속에 보편적인 것이 실현되어야 한다. 그러나 세계의 모든 사물은 새로운 가능성의 자유를 가진 것이 아니라 하나님의 예정 속에서 결정되어 있다(결정론적 예정설).

당시의 기독교 세계에서 위클리프의 혁명적 요소는 교회와 사회의 모든 질서와 문제들에 대하여 교회가 아닌 성서가 최고의 권위를 가진 것으로 보았다는 점에 있다. 성서는 "그리스도의 법"(Lex Christi)으로서 교회와 신앙에 대해서는 물론 사회의 모든 상황들에 대해 규범이 된다. 한 마디로 교회의 가르침이나 교리가 아니라 성서가 세계의 규범이다. 성서는 그 자체로서 완전하다. 모든 진리가 성서 안에 있기 때문이다. 성서 안에는 그리스도의 복음은 물론 그리스도인들의 신앙생활과 교회법에 대한 모든 규정들이 내포되어 있다. "복음의 법"(lex evangelica)으로서 성서는 기독교 세계의 기본서(基本書)이다. 그러므로 모든 민족이 성서를 읽을 수 있어야 한다. 이를 위해 성서는 모든 민족의 언어로 번역되어야 한다. 성서를 통해 각 사람은 하나님과 직접 관계한다. 이를 통해 구원을 중재하는 교회의 기능과 권위가 부인된다.

위클리프에 의하면 성서는 철학적 사유에 대해서도 교과서이다. 하나님은 "최고의 철학자"(summus philosophus)다. 철학이 발견하고자 하는 지혜는 그리스도이다. "모든 법과 모든 철학과 모든 논리학과 모든 윤리학이 성서 안에 포함되어 있다." 루터가 주장한 sola scriptura(오직 성서만으로)의 원리가 이미 여기에 나타난다. 최고의 규범인 성서의 자족성에 근거하여 위클리프는 교황의 권위를 부인하고 개인의 양심의 권위를 주장한다. 모든 그리스도인들이 신앙의 양심 속에서 하나님과 직접 관계하기 때문이다. "먼저 그리고 원칙적으로(prius et principaliter) 자기 자신을 통해 추방당하지 않는다면, 그 누구도 교회에서 추방당할 수(excommunicari) 없다"(Adam 1972, 143, 144에서 인용).

지금까지 기술한 문제들 외에도 많은 문제들이 중세신학에 포함되어 있다. 그 가운데 우리가 간과할 수 없는 중요한 문제는 1054년 동방교회로부터 서방교회를 분리시킨 "필리오케"(*Filioque*) 논쟁이다(자세한 내용에 관해 아래 "삼위일체론" 참조). 다른 한 가지 문제는 성례전(=성사)의 문제, 그중에서도 고해성사와 성만찬의 문제, 그리고 이와 관계된 교회의 권위에 관한 문제다. 죄를 범한 신도는 사제에게 죄를 고백하고 죄의 용서를 받는다. 이를 통해 신도는 하나님과의 관계가 회복되고, 하나님의 구원이 다시 보장된다. 여기서 사제가 대표하는 교회는 신도와 하나님 사이의 중재자 위치를 갖게 된다.

교회의 중재자 위치는 성직자가 주재하는 미사와 성만찬을 통해 강화된다. 미사 때마다 그리스도의 몸이 인간의 죄에 대한 희생제물로서 성부 하나님에게 바쳐진다. 성만찬에 사용되는 떡과 포도주는 성직자의 선포를 통해 그리스도의 살과 피로 변한다(化體說, 본서 제5권 "성례전론" 참조). 성직자가 신도에게 주는 이 떡을 먹을 때, 하나님의 구원이 신도에게 전달된다. 여기서 성직자가 대표하는 교회가 다시 구원의 중재기관으로 등장한다.

교회의 법적 권위는 사도계승(*apostolica successio*)과 교황 무오설을 통해 한층 더 강화된다. 교회의 열쇠를 받은 베드로의 사도직이 그 이후의 모든 성직자들에게 계승된다. 교회는 사도계승을 이어가는 교황, 추기경, 주교, 사제의 계급체제를 말한다. 교회의 머리인 교황의 가르침에는 어떤 오류도 있을 수 없다. 교황은 성(聖) 베드로의 후계자요 그리스도의 참 대리자이며, "모든 그리스도인들의 아버지요 선생님"(*omnium Christianorum patrem ac doctorem*)이다. 그러므로 "로마의 최고 사제에게 복종하는 것은…모든 사람들의 구원을 위해 반드시 필요하다." 세속의 통치자도 교황에게 복종해야 한다. 국가의 권위 위에 교회의 권위가 있다. 중세 가톨릭 교회는 이와 같은 생각들을 교리화한다. 이를 통해 교회는 그리스도의 구원을 관리하고 중재하는 법적 권위를 갖게 되며, 교황은 세속의 통치자보다 더 높은 권위를 요구할 수 있게 된다.

위클리프는 중세 가톨릭교회의 이러한 견해들을 거부한다. 교회는 성직자들의 계급체제가 아니라 경건한 신도들의 공동체다. 모든 신도들이 그리스도의 나라의 지체들이다. 그들이 죄를 지었을 때 하나님께 용서를 받기 위해서는 내적 참회로 충분하다. 성직자에게 죄를 입으로 고백하는 것은 불필요하다. 돌이킬 수 없는 죄를 지은 성직자가 집행하는 성례전은 아무 효력도 갖지 못한다. 화체설은 "반이성적이며 반신적이며 비성서적이다." 떡과 포도주가 그리스도의 살과 피로 변한다는 것은 상상할 수 없는 일이다. 성직자의 선포에도 불구하고 떡과 포도주의 물질적 본질(substantia materialis)은 변하지 않는다. 그리스도의 희생제물은 역사적으로 단 한 번 일어난 사건이다. 그것은 반복될 수 없다. "로마 교회는 사탄의 학교(synagoga satanae, 계 2:9)이며, 교황은 결코 그리스도 바로 다음의 직접적 대리자(vicarius)와 사도가 아니다." "추기경들을 통한 교황의 선출은 마귀에 의해 도입되었다"(Adam 1972, 146). 이러한 혁명적 생각과 함께 위클리프는 "종교개혁의 선구자"가 되지만, 결국 화형(火刑)을 당하고 만다. 그의 생각을 수용하고 한층 더 강화시킨 요한 후스도 1415년 7월 6일에 가톨릭교회의 콘스탄츠(Konstanz) 공의회에서 이단자로 정죄되어 화형을 당한다.

독일 라인강 지역의 모젤(Mosel)에서 태어난 니콜라우스 쿠자누스(Nikolaus von Kues)는 본래 변호사였으나 성직자가 되어 가톨릭교회의 추기경에 임명되고, 브릭슨(Brixen)의 주교로 일하다가 세상을 떠난다. 그는 코페르니쿠스에 앞서 지구의 운동과 우주의 무한성을 상정한다(Giordano Bruno, Johannes Kepler에게 영향을 줌). 근대 정신사의 많은 맹아들이 그의 이론 속에 들어있기 때문에, 그는 근대철학의 창시자로 평가되기도 한다(Störig 1974, 205). 마이스터 에크하르트의 영향을 받은 그의 저작은 새로운 시대가 태동하기 시작하는 중세 말기의 특징들을 나타낸다.

니콜라우스는 개체의 가치를 중요시한다. 똑같은 두 개의 개체는 없다. 우주에는 질서와 조화가 있는데, 하나님이 수학적 원리에 따라 세계를 창조했기 때문이다. 그러므로 니콜라우스는 수학적 개념들과 원리들을 사용하여 사물을 설명한다(뉴턴의 기계론적 세계관에 영향을 줌). 세계는 "유한한 무한성 혹은 피조된 하나님"(infinitas finita aut deus creatus)으로 정의될 수 있다. 그러나 세계 속에는 모순들로 가득하다. 하나님은 세계의 모순들이 그 속에서 통일되는 절대자다.

인간의 인식은 ① 연관되지 않은 개별의 인상들을 중재하는 감성의 단계, ② 배중율(排中律)에 따라 모순들을 확정하는 오성의 단계, ③ 오성이 확정한 모순들을 더 높은 통일성으로 결합하는 이성의 세 단계로 구성된다. 이성의 단계에서 모든 모순들은 일치한다(coincidentia oppositorum). 하나님은 모든 모순들이 그 속에서 지양되는 절대자요, 가장 큰 자인 동시에 가장 작은 자이다. 하나님인 동시에 인간이신 예수 그리스도 안에서 절대적인 것과 세계의 구체적인 것이 하나로 결합된다. 예수를 믿음으로써 인간은 예수를 닮게 되며 하나님의 형상으로 회복된다. 하나님에게 창조된 인간의 이성과 하나님 사이에는 활동의 유사성이 있다. 이성의 인식 활동 속에서 인간은 하나님을 닮는다. 그는 "이 세계의 작은 하나님"이 된다(Adam 1972, 149). 인간과 세계에 대한 낙관주의가 여기에 나타난다.

니콜라우스의 이론은 범신론이라는 비판을 받는다. 그러나 그는 하나님의 초월성을 끝까지 지킨다. 하나님은 은폐된 자로서(Deus absconditus) 모든 모순들과 사고 능력 저편에 있다. 따라서 하나님에 대한 우리의 앎은 곧 알지 못함(ignorantia)이다. 그러나 그것은 우리가 아는 무지, 곧 docta ignorantia이다. 하나님의 진리는 모든 종교들 안에 있다. 모든 종교인들이 방법은 다르지만 동일한 하나님을 찾으며 그를 경외한다.

14세기 이탈리아에서 시작한 "르네상스"는 고대문화의 회복을 뜻한다. 신학에서 그것은 초대교회 교부들의 가르침과 문헌으로 돌아가 그것을 새롭게 배우고자 하는 운동을 가리킨다. 이러한 신학적 운동은 중세교회의 법적 체제와 교리체계에 대한 비판을 뜻한다. 이 운동과 함께 개인의 자아를 세계의 중심점으로 생각하는 인본주의, 곧 휴머니즘이 등장한다.

그 대표자는 에라스무스였다. 그는 그리스도의 경건에 도달함으로써 새로운 기독교적 인간성을 회복하고자 했다. 그 방법은 죄로부터의 구원에 있는 것이 아니라, 산상설교의 새로운 법(Lex nova)을 따라 인간성을 교육하는 데 있다고 보았다. 성찬을 단지 "표징"(signum)으로 보는 그의 생각은 종교개혁자 츠빙글리에게 영향을 준다. 이러한 신학적 흐름 속에서 "그리스도와 닮음"을 추구하는 토마스 아 켐피스의 "새로운 경건"(devotio nova) 운동이 중세 후기에 일어난다. 이 운동은 아시시의 프란체스코의 경건운동으로 소급된다.

교회의 권위를 위협하는 중세 말기의 다양한 사상과 운동에 대해, 가톨릭교회는 라테랑 공의회(Laterankonzil, 1512-1517)를 통해 자신의 힘을 절대화시킨다. 이단자에 대한 종교재판, 추방과 화형, 이단설이 퍼진 지역에 대한 군사적(軍士的) 무력 진압과 집단 처형 등을 통해 모든 비판적 요소들을 억제하고자 한다. 교회에 대해 비판적이며 개혁적인 모든 이론과 운동은 위험스러운 것으로 간주된다. 1513년 교황 율리우스 2세(Julius II)가 교회의 세속적 권위를 강화시키고자 할 때, 이에 반대한 프랑스 왕 루이 12세(Louis XII)를 지지한 추기경들은 "어둠의 아들들"(tenebrarum filii)로 정죄된다. 가톨릭교회의 이러한 경직된 태도는 마침내 종교개혁을 초래하게 된다.

C. 종교개혁 신학

1) 루터(Martin Luther, 1483-1546)의 종교개혁은 참으로 위대한 역사적 업적이었다. 교황의 권위가 사회 전체를 지배하던 당시, 서구 세계에서 이 권위에 맞선다는 것은 상상하기 어려운 일이었다. 죽음을 각오하지 않고서 그것은 불가능했다. 루터의 종교개혁과 더불어 중세기가 끝나고 근대가 시작되었으며, 계몽주의가 시작될 수 있는 길이 열렸다.

루터는 아우구스티누스회 수도원의 수도사였기 때문에, 그의 주요 관심은 중세 스콜라 신학의 교의학적 문제들이 아니라 독일 신비주의로부터 유래하는 "현대적 경건"(Devotio moderna)과 죄 용서의 문제에 있었다. 그는 그리스도의 죄 용서와 구원에 이르기 위한 필사적 노력 속에서 칭의의 신앙을 발견한다. 칭의의 신앙에서 출발하여 중세 가톨릭교회의 잘못된 교리와 실천을 개혁하려는 노력이 종교개혁으로 발전한다(이에 관해 허호익 2003, 315 이하).

루터는 종교개혁의 신학적 출발점이 되는 칭의론을 성서주석에서 발견한다. 아리스토텔레스의 철학과 인간의 이성에 대한 불신 속에서, 또 종교개혁의 과정에서 집필한 시편, 로마서, 갈라디아서에 대한 주석과 강의, 설교문, 논쟁서, 해명서 등의 형태로, 그는 자신의 신학을 전개한다. 초대교회와 중세교회의 신학적 전통, 특히 아우구스티누스, 둔스 스코투스, 오캄의 유명론, 중세의 성서주석, 종교개혁의 선구자 위클리프와 후스, 타울러를 통해 배우게 된 에크하르트의 신비주의가 그에게 깊은 영향을 준다.

칭의에 대한 루터의 통찰은 1517년 10월 31일에 비텐베르크 성당에 붙여진 "95개 반박문" 안에서는 직접적으로 개진되고 있지 않지만, 이 조항들의 배경을 형성한다. 여기서 우리는 제한된 지면 관계로 루터의 몇 가지 기본 입장만을 살펴보고자 한다.[5]

a. 루터의 신학적 출발점은 "오직 은혜로써"(sola gratia), "오직 믿음으로써"(sola fide)의 두 가지 명제로 요약되는 칭의론에 있다. 이 명제로 루터는 가톨릭교회의 공적(功績) 사상과 이에 기초한 신학체계와 교회의 실천을 비판한다. 죄인이 하나님의 정의로움을 얻을 수 있는 길은 인간이 행하는 공적 내지 업적에 있지 않다. 그것은 인간의 준비를 통해서는 불가능하

---

5) 아래 종교개혁 신학과 17세기 개신교 정통주의 신학에 관한 내용들은 주로 A. Adam, Lehrbuch der Dogmengeschichte, Gütersloh, 2. Aufl. 1972, 175-420에서 유래함. 각 주는 원칙상 생략하되, 저자의 이름과 출판 연도의 표시가 없는 괄호 안의 숫자는 이 책의 쪽수를 가리킴.

고, 오직 하나님의 은혜와 인간의 믿음을 통해 가능하다. "믿음만이 의롭게 한다"(*Sola fides iustificat*). 인간의 믿음도 인간 자신의 공적이 아니라 하나님의 선물이다. 그러므로 루터는 믿음을 "부어진 믿음"이라 부른다. "부어진 믿음만이 하나님 없는 자들의 칭의에 충분하다"(*sola fides infusa satis est ad iustificationem impii*, 191). 칭의와 함께 그리스도인들이 얻게 되는 의(義)는 자신의 공적을 통해 얻을 수 있는 적극적 의(*iustitia activa*)가 아니라, 아무런 공적 없이, 곧 값없이 하나님에게서 얻게 되는 "수동적 의" (*iustitia passiva*)다.

b. 그러나 하나님의 의롭다 하심을 얻은 후에도 인간은 여전히 죄인이다. 그는 육을 가진 인간으로서 죄가 가득한 이 세상 속에서 살아야 하기 때문이다. 그러므로 그리스도인은 끊임없이 참회해야 하며 하나님의 칭의를 얻어야 한다. 그는 죄인인 동시에 의인이다(*simul peccator et iustus*). "그리스도인의 삶은 존재에 있지 않고 되어감에 있다(*non stat in esse, sed in fieri*). 승리에 있지 않고 투쟁에 있으며, 의에 있지 않고 칭의에 있으며(*non in iustitia, sed in iustificatione*),…깨끗함에 있지 않고 깨끗하게 됨에 있다" (224). 칭의를 통해 얻은 그리스도인이라는 새로운 존재는 나아가야 할 하나님의 약속을 뜻한다.

c. 인간의 선한 행함(=공적 혹은 업적)이 칭의의 전제가 될 수 없지만, 칭의와 선한 행함은 모순되지 않는다. 칭의는 선한 행함을 배제하지 않는다. "믿음은 항상 행함을 동반한다"(이양호 2002, 102). 행함은 이미 받은 칭의가 참인지 거짓인지를 증명한다. 참으로 칭의를 받은 사람은 선한 일을 할 수밖에 없기 때문이다. "믿음이 없을 때, 선한 행함도 있을 수 없다. 거꾸로 선한 행함이 없을 때, 믿음도 없다. 그러므로 믿음과 선한 행함은 함께 속한다. 이 두 가지 안에 그리스도인의 모든 삶의 총화가 있다"(234).

d. 루터는 칭의에 대한 새로운 통찰에 근거하여 가톨릭교회의 제도화 내지 형식화된 요소들을 비판한다. 그는 먼저 참회와 면죄(免罪)의 제도화를 비판한다. 가톨릭교회에 의하면, 죄를 지은 인간이 사제 앞에서 행하

는 참회와 사제의 면죄가 하나님의 죄 용서를 받는 "은혜의 방편"이다. 참회와 면제는 믿음이 없어도 죄 용서가 일어나는 하나의 제도(Institution)이다. 그래서 심지어 교회에 돈을 지불하는 것이 죄 용서의 길이라 생각되기도 한다. 이에 반해 루터는 다음과 같이 말한다. "죄 용서는 오직 하나님의 일이다. 그러므로 교회가 선언하는 사죄는 '신적인 용서의 선언'(declaratio remissionis divinae)일 따름이다"(228). 매일 짓는 사소한 죄들을 사제에게 고백할 필요가 없고, 하나님에게 직접 고백하면 된다. 모든 그리스도인은 그리스도 안에서 하나님과 직접 관계하는 제사장들이다. "우리 모든 그리스도인들은 그리스도 안에서 사제들(=제사장들)이요 왕들이다." 따라서 사제의 중재는 필요하지 않다.

또한 루터는 미사와 성례의 제도화와 형식화를 비판한다. 그에 의하면 미사의 중심은 교회의 제단 위에서 사제가 그리스도의 희생제물을 하나님에게 바치는 제의에 있다. 여기서 사제가 하나님에게 바치는 그리스도의 희생제물이 인간의 업적이나 공적으로 간주되며, 구원의 방편으로 생각된다. 구원은 하나님의 값없는 은혜가 아니라 인간의 업적을 통해 주어지며, 믿음이 없어도 일어나는 제도로 생각된다. 이에 반해 루터는 믿음이 결정적인 요소라고 생각한다. "믿음이 모든 것을 행해야 한다. 믿음만이 올바른 사제의 직분이다"(241). 사제의 과제는 말씀의 선포에 있으며, 구원과 영원한 생명은 오직 그리스도께서 하시는 일이다. 루터는 "성례는 보이는 말씀이라고 하는" 아우구스티누스의 관점을 수용한다. 그러나 "말씀 없는 성례는 큰 의미가 없다. '성례는 말씀 없이 존재할 수 없으나 말씀은 성례 없이 존재할 수 있다. 필연적인 경우에 사람은 성례 없이 구원을 받을 수 있으나, 말씀 없이는 구원을 받을 수 없다'"(이양호 2002, 155).

또한 루터는 성만찬의 제도화 또는 형식화를 비판한다. 그는 성만찬이 구원의 의미를 가진다고 역설한다. 그러나 단지 사제가 주는 떡을 먹고 포도주를 마시는 행위가 구원을 주는 것은 아니다. 떡과 포도주 그 자체가 아니라, "너희를 위해 준", "죄 용서를 위해 흘린"이란 말씀에 대한 믿음이 죄의 용서를 일으킨다. 그리고 이 믿음은 그리스도 자신의 사역이다. 이 문제와 연관하여 루터는 가톨릭교회의 화체설과 츠빙글리의 상징설을 거부하고, 그리스도께서 떡과 포도주 안에, 이들 물질과 함께 계시다는 실재적 공재설을 주장한다. 그의 공재설은 그리스도의 편재하심(Ubiquität)에 근거한다.

e. 참 교회는 사제적 권한, 교리적 권한, 법적 권한을 가진 제도적 기관(Institution)이 아니며, 교황, 추기경, 주교, 사제로 구성된 계급체제가 아니다. 그것은 "한 믿음 안에 있는 영혼들의 영적 모임"이요, "목자의 음성을 듣는 양들"이다. 이로써 루터는 가톨릭교회의 체제를 부인하고, 교회를 눈으로 볼 수 있는 외적 교회(=가시적 교회)와 눈으로 볼 수 없는 내적 교회(=불가시적 교회)로 구별한다. 참된 교회는 가시적 교회가 아니라 불가시적 교회요 은폐된 상태에 있다. 교황이 아니라 "그리스도만이"(solus Christus) 교회의 머리가 되시며, 교회는 그리스도의 몸이요 성령의 전(殿)이다. 그것은 "의로운 자들의 공적 공동체 내지 신자들의 모임"(concilium iustorum sive spiritualis conventus fidelium)이다.

가시적 교회는 죄인과 의인의 "혼합된 몸"(corpus permixtum)이요, "의로운 자들과 의롭지 못한 자들의 회중"(congregatio iustorum et iniustorum)이다(255). 그 속에는 하나님이 없는 자들도 있다. 그럼에도 가시적 교회와 불가시적 교회는 분리되지 않는다. 불가시적 교회는 가시적 교회가 그 속에 숨어있는 밭과 같다. 가시적 교회는 땅 위에 있는 하나님 나라 자체가 아니다. 그러나 그 속에서 신자들이 하나님의 나라를 향해 변화되는 점에서 가시적 교회는 그리스도의 불가시적 통치 영역에 속한다. 교황이 아니라 오직 그리스도만이 "의와 진리와 구원의 기초이며, 원천과 근원과 태양이다"(217). 교황, 주교, 사제 등 교직(Amt)의 본질은 권력이 아니라 섬김(diakonia, ministerium)에 있다. 그 사명은 말씀의 설교와 성례전의 올바른 집행에 있다. 중세교회의 교황들이 행한 것처럼, 세속적 힘(권력)을 행사하는 것은 교회의 사명에 속하지 않는다. 이와 관련하여 루터의 유명한 "두 왕국설"이 등장한다. 그의 입장에 따르면 그리스도의 왕국과 세속의 왕국은 구별되어야 하며, 각자의 사명에 충실해야 한다.

f. 가톨릭교회는 정경의 권위를 인정하는 동시에, 외경, 신앙고백, 교리, 교황이 발표한 문서 등 교회의 전통을 동등하게 인정한다. 이에 반해 루터는 구원에 대한 인식의 문제에 있어 "성서만이"(sola scriptura) 권위를 가진다고 주장한다. 이 문제에 있어 성서에는 오류가 없다. 그리스도가 성서의 중심이요, 성서는 그리스도에 대한 증언이기 때문이다. 교회의 전통은 이차적인 것이다. 성서의 중심에서 볼 때, 인간의 선한 업적을 강조하는 야고보서, 그리스도를 단지 세계의 심판자로 나타내는 요한계시록, 바울의 편지가 아닌 히브리서는 복음적이지 않다.

성서는 "복음의 살아있는 음성"(viva vox evangelii)이다. 그것은 "그리스도의 영적 몸"이다(281). 믿음은 말씀을 들음으로써, 곧 설교를 통해 생성된다(롬 10:17, 이리하여 개신교회의 예배에서 설교가 중심적 위치를 갖게 된다). "성서가 성서해석의 유일한 원리이다. 교회가 성서의 의미를 임의로 결정하는 것이 아니라, 하나님의 말씀인 성서가 교회를 심판한다.…성서 자체로 성서가 이해된다"(윤철호 2001, 49). 따라서 성서는 "자기 자신을 통한 자신의 해석"(ipsa per sese…sui ipsius interpres)이다. 성서의 말씀 속에서 작용하는 성령이 성서를 해석하기 때문이다. 루터는 구약성서를 신약성서의 아래에 있는 것으로 본다. 루터에 의하면 구약성서는 그리스도에 대한 준비의 책이요, 그리스도가 그 속에 있는 "기저기와 구유"와 같다(282).

g. 루터는 율법의 두 가지 용도를 말한다. 첫째 용도는 "시민적 용도" 혹은 "정치적 용도"(usus civilis, usus politicus)로서, 사회의 법질서를 통해 죄를 억제하는 용도를 말한다. 이러한 측면에서 율법은 타락 이전부터 인간에게 주어졌으며 인간의 피조성에 속한다. 율법의 둘째 용도는 죄를 깨닫게 하고 이를 통해 구원이 인간 자신의 능력을 통해 불가능하다는 사실을 인식하게 하는 "신학적 용도 내지 영적 용도"(usus theologicus seu spiritualis)를 말한다. 여기서 율법은 구원에 대한 준비의 기능을 가지며, 부정적 형

태로 칭의의 과정에 속한다. 루터는 후에 멜랑히톤이 말한 "율법의 제3의 용도"를 분명히 언급하지 않았다.

2) 루터와 함께 종교개혁을 이끌어 간 초기의 중요한 인물들은 츠빙글리, 칼뱅, 멜랑히톤(Philipp Melanchthon, 1497-1560), 오시안더(Andreas Osiander, 1498-1552), 브렌츠(Johannes Brenz, 1499-1570), 부처(Martin Bucer, 1491-1551), 베자(Theodor Beza, 1519-1605), 불링거(Heinrich Bullinger, 1504-1575, 츠빙글리의 후계자) 등의 인물이다. 이들을 통해 생성되기 시작한 개신교회는 루터교회와 개혁교회(Reformierte Kirche)로 구별되어 발전한다. 루터교회의 교의학은 주로 독일 지역의 신학적 문제에 관심을 가졌던 반면, 개혁교회의 교의학은 유럽 전역에 걸쳐 형성되는데, 특히 영국에서 독자적으로 발전한다.

멜랑히톤은 종교개혁 최초의 교의학자였다. 그는 휴머니스트로서 신학의 내용들을 이성을 통해 합리적으로 설명하는 데 관심이 있었다. 이리하여 루터가 예언자적 태도로 진술한 것을, 멜랑히톤은 논리적·수사학적 법칙에 따라 합리적으로 서술하고 그것의 내적 연관성을 제시하고자 하였다. 1521년에 출판된 그의 주요 저서, 『신학적 내용들의 일반 개념들』(*loci communes rerum theologicarum*)은 이와 같은 방법으로 저술되었다.

루터가 하나님의 값없는 은혜의 행위로 강조했던 칭의가 멜랑히톤의 합리적 신학에서는 두 가지 행위, 곧 하나님의 적극적 행위와, 믿음 속에서 이것을 받아들이는 인간의 행위로 구별된다. 그 결과 교의학과 윤리학이 분리된다. 믿음은 하나님의 은혜가 아니라 인간 자신의 결단으로 이해된다. 그 결과 칭의는 하나님과 인간의 협동사역이라고 오해할 여지를 남긴다. 이리하여 멜랑히톤은 하나님의 은혜와 인간의 협동설(Synergismus)을 주장했다는 비판을 받게 된다. 루터는 인간의 자유의지를 부인했던 반면, 멜랑히톤은 하나님의 은혜를 거부할 수 있는 인간의 자유의지를 인정하며, 인간이 자신의 능력으로 이룰 수 있는 선한 업적을 요구한다. 멜랑히톤은 루터가 혐오했던 아리스토텔레스의 철학을 수용하며, 이성적 학문으로 신학의 길을 개척한다. 그의 제자 페젤(Ch. Pezel)은 독일 개혁교회 신학의 대표자가 되고, 켐니츠(Martin Chemnitz, 1522-1586)는 루터교회 신학의 대표자가 된다.

1523년 츠빙글리는 스위스 취리히(Zürich)의 논쟁에서 발표한 67개의 명제에서 다음과 같이 주장한다. 그리스도만이 중재자이다. 믿음만이 구원에 이르는 길이다. 성서만이 믿음의 기초다. 취리히 시(市)는 츠빙글리의 주장에 동의하고 종교개혁을 인정한다. 1528년에 베른(Bern)의 개혁교회 목사들이 발표한 논쟁서는 교회에서 모든 성상과 미사를 폐지할 것을 주장한다.

루터의 종교개혁이 가톨릭교회와 개신교회의 분열로 발전하면서 개신교회의 신학적 입장을 표명하는 일이 불가피하였다. 이 일은 신앙고백서의 형식을 통해 추진되었다. 1530년 6월에 아우크스부르크(Augsburg)에서 발표되었고 종교개혁의 신학적 입장을 집대성 한 "아우크스부르크 신앙고백"(Confessio Augustana)은 멜랑히톤에 의해 작성되었다. 1530년 9월에 멜랑히톤은 이 고백에 대한 반론을 반박하는 "아우크스부르크 신앙고백변증서"(Apologie der Augustana)를 발표한다. 이 문헌은 종교개혁의 이론들을 정리한 "종교개혁적 신앙의 교의학"이라 말할 수 있다(313).

1536년에 작센(Sachsen)의 영주 프리드리히(J. Friedrich)의 특별 위탁으로 루터가 작성한 "슈말칼덴 조항들"(Schmalkaldische Artikel, Schmalkalden은 독일 중부의 도시 이름)은 종교개혁의 신학적 입장을 한층 더 분명히 서술한다. 여기서 루터는 미사의 집행을 통해 인간의 죄가 제거된다는 미사의 객관적 희생제물에 대한 가톨릭교회의 이론을 비판하고 미사 의식을 반대한다. 아울러 신적 권위와 그리스도의 통치를 대변하는 교황제도, 공적 사상에 기초한 수도원 제도도 반대한다.

칼뱅(Johannes Calvin, 1509-1564)은 프랑스에서 인문학과 법학을 공부하는 동안 루터의 문헌들을 읽었고, 1533/34년 겨울에 종교개혁에 참여하기로 결심한 것으로 보인다. 그는 종교개혁의 선구자 루터를 존경했으며, 신학적 사고의 출발점에 있어 루터와 일치한다. 그런데 법적인 사고가 칼뱅의 신학적 사고에 중요한 영향을 준다. 이리하여 수도승이었던 루터는 그가 경험한 하나님의 은혜에 근거하여 죄된 인간에 대한 하나님의 가까우심과 함께 계심을 강조하는 반면, 칼뱅은 무한하신 하나님의 위엄, 창조자와 피조물의 무한한 거리를 강조한다.

1536년에 출판된 칼뱅의 『기독교 강요』(Institutio Christianae Religionis)는 개혁교회의 대표적 교의학이라 말할 수 있다. 이 책에서 칼뱅은 루터의 종교개혁적 입장을 따르는 동시에, 자신의 법적 사고에 기초한 독특한 이론들을 제시한다. 칼뱅은 타락 이전의 원상태와 하나님 인식에 관한 이론에서 루터와 일치한다. 칼뱅에 의하면 하나님의 형상으로 창조된 인간은 죄의 타락으로 인해 하나님의 형상과 하나님 인식을 상실했다. 그러나 하나님의 형상은 완전히 없어진 것이 아니라 죄로 인해 "감추어졌고 망각되었다"(inducta et obliterata). 따라서 하나님의 계명에 복종하고 그의 영광을 땅 위에서 실현해야 할 인간의 의무는 여전히 남아 있다. 그러나 자연상태에서 인간은 올바른 하나님 인식에 이를 수 없다. 그는 오직 "참되고 완전한 지혜의 유일한 규준"이며 "신앙의 규범"인 "성경을 통해서만" 참 인식에 이를 수 있다(이오갑 2006a, 77).

루터가 그리스도를 하나님의 말씀으로 보았던 반면, 칼뱅은 성서를 하나님의 말씀이라 본다. 성서의 말씀들은 하나님의 의지에 따라 기록된 성령의 말씀들이다. 성서 안에서 우리는 하나님의 의지와 법적 명령을 발견한다. 그러므로 성서는 교회 공동체의 삶과 가르침에 대해 법적 구속성을 가진다. 그것은 "하나님의 법의 책"이다. 칼뱅의 이러한 성서관은 개혁교회의 성서 영감설과 성서주의를 낳게 한다.

수도승이었던 루터와 법학자였던 칼뱅의 차이는 그들의 성만찬론에서도 나타난다. 루터는 부활 승천하신 그리스도께서 어디에나 계신다고 믿었다. 이에 근거하여 그는 복음의 말씀과 성만찬의 떡과 포도주 안에 계신 그리스도의 은혜로운 현존과 "함께 계심"(共在)을 주장하였다. 이에 반해 칼뱅은 하나님과 피조물의 엄격한 차이를 강조하였다. 그러므로 칼뱅은 하나님 오른 편에 앉아 계신 그리스도의 몸이 어디에나 계시며, 성만찬의 떡과 포도주 안에도 실재한다는 루터의 공재설을 인정할 수 없었다. 칼뱅도 그리스도께서 떡과 포도주에 임재한다는 것을 인정한다. 그러나 이 임재는 성령을 통한 영적 임재라고 강조한다. 그리스도는 "우리 가운데 계시기 위해 그의 장소를 바꾸지 않는다. 오히려 그는 하늘로부터 우리 안으로 그의 육의 현재적 힘(praesentum virtutem)을 보낸다(transmittit)"(354).

칼뱅의 유명한 이중예정설(praedestinatio gemina)도 그의 법적 사고를 반영한다. "어떤 사람은 영원한 생명을 얻도록 사전에 정해졌고, 또 다른 사람에게는 영원한 저주에 처해지도록 사전에 정해졌다"(김명용 1997, 63에서 인용). 이에 대한 근거를 칼뱅은 로마서 9:18에서 발견한다. 그가 말한 그리스도의 세 가지 직분(삼중직), 곧 제사장, 예언자, 왕의 직분은 이중예정설과 함께 후대의 신학에 큰 영향을 준다.

아우크스부르크 신앙고백은 복음의 설교와 올바른 성례전의 집행이 교회의 중요한 특징이라 말한다. 이에 덧붙여 칼뱅은 성서에 기초한 법적 질서를 교회의 셋째 특징으로 첨가하고, 교회의 네 가지 직분론을 전개한다. 네 가지 직분에는 설교와 성례전을 담당하는 목사, 목사와 함께 교회 공동체의 치리를 담당하는 장로, 성서해석과 목사 양성을 담당하는 교사(오늘의 신학 교수), 가난한 사람들을 돌보는 사회봉사자 등이 있다. 루터에게 있어 교회는 법적 기관이 아니라, 서로를 위해 각자의 책임을 다하는 제자들의 공동체 또는 믿음의 공동체(Glaubensgemeinschaft)를 뜻하며, 멜랑히톤에게는 하나님의 진리에 대한 통찰이 교인들의 의지를 결정하는 학습 공동체(Lehrgemeinschaft)를 말한다. 이에 비해 칼뱅에게 있어 교회는 성서의 말씀이 기본적 법이 되는 생활 공동체(Lebensgemeinschaft)를 가리킨다(357).

칼뱅은 루터의 두 왕국설에 따라 영적인 나라와 세속의 정치적 나라를 구별한다. 이를 통해 그는 세계의 질서를 전복하고 새로운 질서를 세우고자 하는 소종파의 목적을 거부한다. 그러나 두 나라는 분리되어서는 안 된다. 그들은 조화 속에서 각자의 사명을 수행해야 한다. 마지막 목표는 세속의 나라가 신정적 국가, 곧 하나님의 의지가 모든 것을 결정하는 국가로 변화되는 데 있다. 여기서 교회는 국가교회로서 국가의 중요 사항을 결정하는 위치에 있다. 칼뱅이 목회 했던 제네바 시가 이에 대한 대표적 실례가 된다.

칼뱅의 『기독교 강요』는 이후의 개혁교회 신앙고백, 곧 프랑스 개혁교회의 「갈리아 신앙고백」(Confessio Gallicana, 1559), 「벨지움 신앙고백」(Confessio Belgica, 1561), 존 녹스(John Knox)가 기초한 「스코틀랜드 신앙고백」(Confessio Scotica, 1560), 불링거(Bullinger)가 기초한 스위스 개혁교회의 「헬베티아 신앙고백」(Confessio Helvetica posterior, 1566), 그리고 「하이델베르크 요리문답」(Heidelberger Katechismus, 1563) 등의 기초가 된다.

종교개혁의 발전 과정 속에서 다양한 신학적 논쟁들이 개신교회 안에 일어난다. 중요한 논쟁들을 소개하면 다음과 같다.

a. 성만찬에 사용되는 떡과 포도주와 그리스도의 몸의 관계에 대한 논쟁. 주요 논쟁은 루터교회의 브렌츠와 켐니츠 사이에 일어남.

b. 칭의에 있어 율법의 "제3의 용도"(tertius usus legis)에 대한 논쟁(antinomistischer Streit). 루터는 죄를 억제하기 위한 제1의 용도와 죄를 깨닫게 하는 제2의 용도만 말했으나, 멜랑히톤이 처음으로 주장한 제3의 용도, 곧 중생한 그리스도인이 선한 업적을 쌓을 수 있는 길을 가르치는 교육적 용도(usus didacticus)를 아그리콜라(Johann Agricola)가 반대함으로써 일어남.

c. 칭의와 인간의 선한 업적의 관계에 대한 논쟁. 선한 업적은 구원을 얻기 위해 반드시 필요하다는 멜랑히톤과 그의 지지자들의 루터 해석에 반해, 구원은 오직 그리스도의 은혜로 말미암은 것이라는 암스도르프(Amsdorf)의 주장과 함께 논쟁이 일어남.

d. 칭의에 있어서 인간의 의지가 어느 정도 협동하는가에 대한 논쟁

(synergischer Streit). 하나님은 "우리 없이 작용하지 않는다. 그가 우리 안에서 작용하고, 우리가 그와 함께 작용하도록 그는 우리를 창조했고 우리를 유지한다"는 루터의 말에 근거하여 멜랑히톤과 그의 지지자들은 다음과 같이 주장한다. 하나님은 딱딱한 나무토막과 같은 인간과 함께 작용하지 않고, 인간의 의지가 함께 일하도록 하신다. 이에 반해 예나(Jena)의 신학교수 마티아스 플라치우스(Matthias Flacius)는 회개할 때 인간이 하는 일은 아무것도 없으며, 그는 "나무토막"(truncus)과 같다고 주장함으로써 논쟁이 일어남.

이러한 논쟁들의 일치점을 찾기 위해, 또 종교개혁을 반대하는 가톨릭교회의 트리엔트 공의회(1545-1563)의 결정을 반박하기 위해, 루터교회는 1580년에 「신조일치서」(Formula Concordiae)를 발표한다.

3) 트리엔트 공의회의 반종교개혁 운동: 트리엔트 공의회는 가톨릭교회의 개혁을 바라는 황제의 희망으로 말미암아 독일 트리엔트(Trient)에 소집되었다. 그러나 교황청은 아우크스부르크 신앙고백에 명시된 루터 신학의 반박을 주요 목적으로 삼았다. 여기서 다루어진 문제들은 다음과 같다.

a. 성서만이 교회의 삶과 가르침에 대한 기준이 된다는 루터의 주장에 반해 트리엔트 공의회는 성서는 물론 교회의 전통도 진리와 질서의 원천 (fons)이라 결정한다.

b. 서방교회는 초대교회의 그리스어 성서 번역인 70인역(Septuaginta, 혹은 LXX)을 라틴어로 번역한 불가타(Vulgata)를 사용하였다. 그런데 루터는 성서를 독일어로 번역하였다. 이에 대해 트리엔트 공의회는 다음과 같이 결정한다. 불가타는 그리스어 텍스트의 의미를 정확하게 전달한다. 그러므로 불가타는 권위를 가지며 규범이 된다. 이 결정은 성서가 각 민족의 언어로 번역되는 것을 반대하는 경고가 된다.

c. 루터의 명제 "sola gratia", "sola fide"에 반해, 트리엔트 공의회는 하나님의 선행적 은혜(gratia praeveniens)와 인간 의지의 자유로운 결단과의 협동을 주장한다. 하나님의 말씀을 진리로 인정하며, 하나님을 신앙하

기로 결단하며, 죄를 거부하고 하나님을 사랑하며, 세례를 받고 새로운 삶을 시작하고자 결단하는 인간의 모든 행위가 칭의에 대한 예비와 준비(*dispositio, praeparatio*)가 된다.

d. 그리스도인의 삶이 오직 은혜로 말미암은 칭의와 함께 시작한다고 보는 루터의 생각에 반해, 트리엔트 공의회는 칭의가 그리스도인의 삶의 마지막에 완성된다고 결정한다. 그리스도인들이 죄로 인해 잃어버리게 되는 은혜를 다시 얻고, 은혜의 힘이 증가하며, 선한 일을 할 수 있는 능력을 배양하기 위해, 고해성사는 유지되어야 한다.

e. 성례전이 오직 신앙을 통해 구원의 효력을 가진다는 루터의 생각에 반해, 트리엔트 공의회는 성례전이 그 자체로 구원의 효력을 가진다고 결정한다. 이로써 성례전을 집행할 수 있는 권한을 가진 교회가 하나님의 구원을 중재하는 법적 기관의 성격을 갖게 된다.

f. 성만찬론에 있어 츠빙글리와 칼뱅에 반해 트리엔트 공의회는 그리스도 실재적 현존(=임재)을 주장하며, 루터에 반해 화체설의 교리를 강화한다. 화체(*transsubstantiatio*)는 글자 그대로 "떡의 모든 본질이 우리 주 그리스도의 몸의 본질로, 포도주의 모든 본질이 그의 피의 본질로 변하는 것(*conversio*)"을 뜻한다. 그리스도의 몸과 피로 변한 떡과 포도주는 성만찬 집행 이전과 집행 과정에는 물론, 성만찬 집행 이후에도 그리스도의 몸과 피로 존속한다. 그러므로 성만찬 집행 후에 남은 떡과 포도주를 버려서는 안 된다. 사제가 모두 먹고 마셔야 한다. 그것은 그리스도의 몸과 피이기 때문이다.

g. 미사 때마다 그리스도의 몸을 하나님께 바치는 희생제물 속에서 그리스도의 십자가의 희생제물이 현재화된다. 미사의 희생제물은 "참되고 유일한 제물"(*verum et singulare sacrificium*)이다. 따라서 미사의 희생제물은 하나님의 구원을 일으키는 객관적 효력을 가진다.

h. 참회는 죄를 지은 인간과 하나님의 화해를 일으키는 객관적 효력을 가지며, 오직 사제를 통해 집행될 수 있다. 그것은 후회하는 마음

(*contritio*), 죄의 고백(*confessio*), 죄에 대한 벌을 감당함으로써 하나님을 만족시킴(*satisfactio*)의 세 단계로 구성된다. 벌을 통해 그리스도의 고난에 참여하며, 그리스도의 형태를 닮게 된다.

트리엔트 공의회의 반종교개혁적 결정에 자극을 받은 개신교회의 많은 신학자들, 특히 켐니츠는 「트리엔트 공의회 반박서」(Examen concilii Tridentini)를 발표한다. 루터교회는 트리엔트 공의회의 결정을 반박하는 동시에 종교개혁의 신학적 입장을 더욱 분명히 드러내는 "신조일치서"를 발표한다. 이를 통해 가톨릭교회와 개신교회가 두 개의 교단으로 분리됨으로써, 가톨릭교회는 개신교회와 양립하는 하나의 교단이 되어버린다. 그런데 이것은 본래 트리엔트 공의회가 의도하지 않았던 결과였다.

유럽 대륙에서 종교개혁이 일어나고 있을 때, 영국의 왕 헨리 8세는 자신의 이혼 신청이 로마 교황에 의해 거부되자 1535년 영국 교회를 가톨릭교회에서 분리시키고 자신이 영국의 국왕인 동시에 영국교회의 교황이 되는데, 이 교회가 바로 성공회(Anglican Church)다. 이때 당시의 영국의 재상이요, "근대 유토피아의 아버지"라 불리는 토마스 모어(Thomas More, 1478-1535)경이 헨리 8세의 교황 즉위 선서를 거부한다. 이로 인해 그는 재상 직을 상실하고 감옥에 갇히게 된다. 감옥 안에서 그는 선서만 해주면 재상의 자리에 복직시켜주겠다는 헨리 8세의 회유를 끝까지 거부하다가, 1535년 7월 6일에 교수형을 당한다. 그의 저서『국가의 가장 좋은 상태와 새로운 섬 유토피아에 관하여』는 하부계층의 착취와 사유재산이 없으며 모든 사람의 공동 생산, 교육의 기회 균등, 공동의 노후대책이 있는 사회주의 국가의 이상을 제시한다. 그의 생각은 이탈리아의 도미니크회 수도사 캄파넬라(Campanella, 1568-1639)가 그의 저서『태양의 국가』에서 묘사하는 공산주의 사회의 모체가 된다.

D. 17세기 개신교 정통주의 신학

신학의 역사에서 17세기 개신교회의 신학은 "정통주의 신학"(Orthodoxe Theologie)이라 불린다. 그것은 가톨릭교회로부터 분리된 개신교회의 정체성을 제시하기 위해 개신교회의 신앙과 신학에 대한 규범들을 제시하려고 한다. 이 규범들은 개신교회가 지켜야 할 "정통적" 교리체계를 뜻한다. 이를 위해 정통주의 신학은 신앙의 전제들로부터 출발하여 이성을 통해 논리적 귀결을 추론하는 방법을 취한다.

정통주의 신학은 종교개혁자들이 구별한 것을 다시 종합시키는 특징을 가진다. 신학과 아리스토텔레스의 철학, 계시와 이성, 신앙과 이성의 종합이 새롭게 시도된다. 전체적으로 정통주의 신학은 아리스토텔레스의 철학적 영향을 강하게 받는다. 이와 동시에 그것은 종교개혁의 신학적 출발점에 근거하고자 하며, 루터의 칭의에 대한 통찰을 견지하고자 한다. "칭의론은 정통주의의 표지(Panier)로 존속한다"(Weber 1972, 129). 또한 정통주의 신학은 "*sola scriptura*"의 종교개혁적 통찰에 근거하여, 성서를 진리의 궁극적 규범으로 삼는다. "전통의 원리"와 교황 무오설을 거부했기 때문에 전통과 교황의 권위 대신에 성서가 하나님의 진리의 객관적 근거로 제시된다. 성서는 그 자신의 해석자이며, 성령의 증언(*testimonium Spiritus Sancti*)이라는 개혁자들의 통찰이 결정적인 영향을 미친다. 이리하여 성서영감설, 성서무오설에 기초한 성서주의가 등장하게 된다.

종교개혁을 통해 가톨릭교회에서 분리된 개신교회는 독일 중동부와 남부, 스칸디나비아 지역을 중심으로 한 루터교회와, 독일 서북부, 스위스, 네덜란드, 스코틀랜드를 중심으로 한 칼뱅 계열의 개혁교회로 나누어진다. 독일에서는 지역 영주의 교단 소속이 해당 지역의 교단을 결정한다. 이리하여 정통주의 신학은 루터교회와 개혁교회의 "교단신학", 곧 "루터교회 정통주의 신학"과 "개혁교회 정통주의 신학"으로 발전한다.

두 교단의 신학은 위에 기술한 여러 가지 공통점이 있다. 그러나 루터교회 정통주의는 객관적 구원의 사건과 구원을 점유하는 주관적 과정, 곧 칭의와 주관적 신앙의 문제에 집중하는 전반적 특징이 있다. 이에 반해 개혁교회 정통주의는 예정론의 문제에 집중하는 특징을 가진다. 이리하여 전자가 인간에게서 일어나는 주관적 "구원의 질서"를 말하는 반면, 후자는 인간의 타락 이전에 일어난 하나님의 객관적 결정(decreta), 곧 타락 전 선택설(Supralapsarismus)을 말하게 된다. 물론 루터교회 신학자가 예정론의 문제를 다루기도 하고, 개혁교회 신학자가 칭의론의 문제를 다루기도 한다.

1) 개혁교회 정통주의: 개혁교회 정통주의의 주요 신학적 내용들을 우리는 다음과 같이 정리할 수 있다.

a. 개혁교회 정통주의의 첫째 주요 내용은 "예정론적 체계"라 불릴 정도로 칼뱅의 예정론을 체계화시키는 데 있다(Weber 1972, 141). 하나님은 인간을 창조하기로 결정할 때 이미 인간의 구원을 예지(豫知)했을 뿐 아니라 예정하였다는 타락 이전의 예정론을 주장한다. 하나님은 죄의 타락을 미리 계획하였다. 칼뱅의 후계자 베자(Theodor Beza, 1519-1605)는 이 생각을 더 극단화하여 하나님의 "영원한 결정"(aeternum decretum)을 주장한다. 그의 주장에 따르면 하나님은 죄의 타락을 허용했을 뿐 아니라 영원 전체를 결정하였다. 죄의 타락은 하나님의 구원과 버림의 영원한 결정을 집행하는 수단일 뿐이다.

이와 같은 엄격한 예정론은 휴머니즘의 영향을 받았던 네덜란드 신학자들에 의해 거부된다. 이리하여 예정론에 관한 아르미니우스 논쟁(Arminianischer Streit, 1604-1619)이 네덜란드에서 발생한다. 레이덴(Leiden) 대학 교수 아르미니우스(Jakob Arminius, 1560-1609)는 같은 대학의 동료 교수였던 고마루스(Franciscus Gomarus, 1563-1641년 사망)의 엄격한 예정론을 반대하여 완화된 예정론을 주장한다. 아르미니우스의 주장에 따르면 인간은 하나님의 의지에 대한 인식을 수용할 수도 있고 거부할 수도 있다. 예정은 예지(praescientia)로 이해되어야 한다. 신학자요 법철학자인 그로티우스(Hugo Grotius)가 이에 동조한다. 아르미니우스 사망 후에 그의 지지자들은 다섯 조항으로 구성된 항변파(Remonstrantie) 문서에서 엄격한 결정론적 예정론을 거부하고, 성령의 작용과 인간의 의지의 협동을 인정한다. 1618/9년에 네덜란드 개혁교회의 도르트레흐트(Dordrecht) 총회는 항변파 지지자들의 주장을 반박하고 칼뱅의 "영원한 결정"을 옹호한다. 이에 따르면 그리스도는 선택받은 사람들의 구원만을 위해 죽었다. 하나님은 모든 사람을 부르시지만, 거부할 수 없는 은혜는 선택받은 사람들에게만 주어진다. 이 결정에 서명하지 않은 개혁교회의 성직자들은 성직을 박탈당하게 된다. 도르트 총회의 결정은 스위스, 프랑스에서만 수용되며, 독일의 개혁교회는 완화된 예정론을 허용한다.

b. 개혁교회 정통주의는 하나님과 세계의 엄격한 분리, 곧 "유한한 것은 무한한 것을 수용할 수 없다"(finitum non est capax infiniti)는 명제를 주장한다. 베자는 이 명제를 "유한한 것과 무한한 것 사이에는 유사성이 없다"(nulla proportio finiti ad infinitum)고 표현한다. 이로써 세계는 하나님에게서 분리되어 그 자체로 존재하는 독립적인 것으로 생각되며, 윤리와 정치는 인간의 합리적 이성이 처리해야 할 문제로 남겨진다.

c. 개혁교회 정통주의의 셋째 주요 내용은 코케이우스(Johannes Coccejus, 1603-1669)가 세운 계약신학(Föderaltheologie)에 있다. 창조에 대한 하나님의 결정과 함께 창조의 계약(foedus creationis)이 세워졌고, 영원한 예정과 함께 은혜의 계약(foedus gratiae)과 법적 계약(foedus legale)이 세워졌다. 은혜의 계약은 그리스도 안에서 완전한 형태로 나타난다. 이러한 내용을 통해 개혁교회 정통주의는 세계와 역사에 대한 통일된 구원론적 이해를 가능하게 하며, 성서에 대한 역사적 해석의 길을 열어 준다. 아리스토텔레스의 형이상학은 이제 구원사의 틀에서 배제된다.

d. 개혁교회 정통주의의 넷째 주요 내용은 아미랄두스(Amyraldus, 1596-1664)의 완화된 예정론으로 인한 신학적 논쟁에 있다. 아미랄두스는 모든 사람이 하나님의 은혜에 어느 정도 참여하며, 구원은 모든 사람을 위한

것이라고 주장한다. 그러나 현실적 구원은 선택받은 사람에게만 선사된다는 그의 주장에 대해, 스위스 개혁교회의 신학자들은 강하게 반발하고, 「스위스 개혁교회 신앙 일치서」(*Formula consensus Ecclesiarum Helveticarum reformatarum*)에서 다음과 같이 주장한다. ① 히브리어 구약성서와 그리스어 신약성서 본문은 그 내용에 있어서는 물론 자음과 모음, 철자, 점 하나에 이르기까지 성령의 영감으로 기록되었으며(성서 영감설), 어떤 오류도 없다(성서 무오설). ② 세계의 창조 이전에 하나님은 "확실하고 결정된 수"(*certum ac definitum numerum*)의 사람을 선택하였다. ③ 아담의 원죄는 그 이후의 모든 사람에게 상속된다. ④ 선택받은 모든 사람들에 앞서 하나님에 의해 선택된 그리스도는 모든 사람을 위해 죽은 것이 아니라 구원으로 선택받은 사람들만을 위해 죽었다. 구원을 향한 부르심은 선택받은 사람들에게만 일어난다. 스위스 개혁교회는 이러한 결정을 1675년에 국가의 법으로 선언하고, 모든 신학자들의 서명을 요구한다. 그러나 1686년과 1725년에 바젤과 제네바 시는 교회의 교리적 결정에 대한 고백의 법적 의무를 철회하기에 이른다.

2) 루터교회 정통주의: 루터교회 정통주의의 대표적 신학자(교의학자)들은 브렌츠, 켐니츠, 칼릭스트(Georg Calixt, 1586-1656), 후터(Leonhard Hutter, 1563-1616)와 그의 제자 게르하르트(Johann Gerhard, 1637-1706), 크벤슈테트(Johannes Andreas Quenstedt, 1617-1688), 칼로프(Abraham Calov, 1612-1686), 홀라츠(David Hollaz, 1648-1713) 등이다. 루터교회 정통주의의 주요 신학적 내용은 다음과 같다.

a. "유한한 것은 무한한 것을 수용할 수 없다"는 개혁교회의 명제와 달리, 브렌츠는 "유한한 것은 무한한 것을 수용할 수 있다"(*finitum est capax infiniti*)고 주장한다. 무한하신 하나님은 그의 전능을 통해 모든 유한한 피조물들 가운데 계시며, 그의 은혜를 통해 신자들 가운데 계신다(Gerhard). 이 두 가지 모순되는 명제를 통해 루터교회와 개혁교회는 결정적으로 나누어진다.

하나님의 내재성을 강조하는 루터교회의 입장은 "삼위일체 하나님이 신자들 가운데 거하신다"는 신조일치서의 기본 명제로부터 유래하며, 게르하르트, 아른트(Johann Arndt, 1555-1621), 야콥 뵈메(Jacob Böhme, 1575-1624), 외팅어(Friedrich Christoph Oetinger, 1702-1782) 등의 경건운동과 신비주의에 영향을 준다. 또한 라이프니츠(Gottfried Wilhelm Leibniz, 1646-1716)의 형이상학적 철학, 바흐(Johann Sebastian Bach, 1685-1750)의 음악, 렘브란트(Rembrandt, 1606-1669)의 그림, 뵈메의 자연철학 등에 나타나는, 신적 질서에 따라 조화된 세계관에 영향을 준다.

b. 성서는 계시의 원전(原典)이요, 신앙의 삶과 진리에 대한 유일한 기준이다. 구원에 필요한 모든 것이 성서 안에 있으며, 우리에게 완전하게 전달된다. 따라서 성서는 신앙의 "원리"다. 성서에 기록된 말씀과, 예언자들과 사도들이 선포한 말씀 사이에는 내용에 있어 아무런 차이가 없다. 성서는 성령의 영감으로 기록되었기 때문에 "성령의 내적 증언"(internum Spiritus sancti testimonium)이 성서 안에 있다. 그러므로 성서는 완전성과 명료성을 가지며 신적 권위를 가진다.

말씀을 선포할 때 예언자들과 사도들은 하나님의 입이었고, 말씀을 기록할 때 그들은 성령이 불러주는 것을 받아 쓴 성령의 "손과 필기 도구"(manus et calami)였다. 성서의 기자는 사람이 아니라 성령이다. 그러므로 성서에는 어떤 오류도 없다. 이를 통해 성서의 본문 비평은 거부된다.

c. 루터교회 정통주의는 그리스도 안에서 객관적으로 일어난 하나님의 구원의 사건이 각 사람에게서 구체화 되는 주관적 측면에 관심을 갖는다. 이리하여 각 사람에게서 일어나는 하나님의 부르심, 다시 태어남(=중생), 회개, 칭의, 참회, 신비적 연합, 갱신 혹은 성화(vocatio, regeneratio, conversio, iustificatio, poenitentia, unio mystica, renovatio seu sanctificatio)로 구성된 "신앙의 질서"를 말한다(Quenstedt). 또한 신자들 안에 계신 하나님의 임재와 신비적 연합을 말하면서 경건주의의 길을 예비한다(Ph. Nicolai).

d. 루터교회 신학과 개혁교회 신학의 중재를 시도했던 칼릭스트와, 그

를 반박하고 신론과 윤리를 분리시킨 칼로프의 논쟁, 지상의 예수 안에서 그의 신성이 어떤 상태에 있었는가에 대한 기센(Gießen) 학파와 튀빙겐(Tübingen) 학파, 브렌츠와 켐니츠의 논쟁이 루터교회 정통주의의 중요한 신학적 내용을 구성한다. 이 논쟁은 다음과 같은 결론으로 마무리 된다: 지상에 사는 동안 그리스도는 그의 신성을 감추었다.

e. 루터교회 정통주의는 말기에 종교개혁의 교회관을 강화한다. 말씀과 성례전(세례와 성찬)이 교회의 중심이요, 그 외의 것들, 곧 가시적 교회, 교회 건물, 건물 안에서의 모임들, 교회의 법과 질서, 이단설의 반박, 상징적 책들, 신학적 가르침은 물론 정통신학마저 이차적 도움의 수단에 불과하다. 이것들은 은혜의 방편으로서의 가치를 갖지 않는다.

E. 근대 계몽주의 시대의 개신교회 신학

종교개혁 이후에 일어난 가톨릭교회와 개신교회의 논쟁, 개신교회 내의 수많은 논쟁들, 종교 문제로 인한 전쟁들은 일반인들에게 기독교 종교에 대한 회의와 무관심을 일으키기에 충분하였다. 그러나 17세기 말에 이르러 교단 간의 대립이 둔화되고, 교회의 영향력이 사회의 공적 영역들, 특히 정치의 영역에서 약화되기 시작하였다. 이때 교회의 권위에서 자유로운 새로운 문화적 삶이 생성되기 시작한다. 교회의 초자연적 세계관에 구속받지 않는 새로운 세계관이 등장한다(Heussi 1971, 382).[6]

이 새로운 현상은 인간의 이성과 자연적 본성에 대한 신뢰, 곧 "낙관적 신념"을 원칙으로 한다. "이성을 통해 타율을 배격하고 자율을 확보하여

---

6) 계몽주의 시대와 그 이후의 신학에 관한 아래 내용은 B. Müller, Geschichte des Christentums in Grundzügen, Göttingen, 2. Auf. 1979, 286-377 외에 다양한 문헌을 참고함. 각주는 생략함.

(인간의) 주체성"과 자유와 존엄성을 회복하며, 인간의 자연적 본성에 조화되는, 모든 인간의 자유와 평등과 인간성과 행복이 있는 합리적 삶의 세계를 형성하고자 한다(최인식 2006, 103-104). 인간은 그의 자연적 본성에 있어 이성적 존재다. 그의 이성과 자연적 본성을 억압하고 그것에 모순되는 것은 악하고 비합리적인 것이다. 종교도 여기에 해당된다. 모든 전통과 이론에 대한 이성의 비판적 검증이 사조의 또 하나의 원리를 형성한다. 이 사조는 도덕, 정치와 국가이론, 법, 사회적·경제적 질서 등 삶의 모든 영역에서 교회의 권위와 후견인 역할을 거부하고 이들을 비판적 검증의 대상으로 삼는다. 17세기 말부터 19세기 말에 이르기까지 서구사회가 계속해서 시도한 이런 정신적 노력을 가리켜 계몽주의라 한다.

계몽주의 시대는 인류의 역사에서 하나의 대변혁기에 해당한다고 볼 수 있다. 그것은 기독교 전통과 교회의 권위에 대한 비판과 함께 생성되며, 오늘에 이르기까지 인류 역사에 대해 결정적 의미를 가진다. 기계론적 세계관과 인간관, 과학적 무신론, 마르크스의 유물론과 공산주의 이론, 진화론 등 새로운 세계를 향한 다양한 이론들과 기획들, 새로운 발견들(핵분열, 유전자 구조, 신대륙 등), 새로운 과학기술의 발명과 이를 이용한 발명들(증기기관, 다이너마이트, 전기, 로켓 등), 산업화와 대도시화, 대도시의 대중성과 익명성, 초기 자본주의 사회의 양극화, 혁명과 전쟁, 식민주의, 제국주의 등은 결국 1, 2차 세계대전으로 이어진다. 우리가 살고 있는 이 시대는 아직도 계몽주의의 격랑 속에 있다고 볼 수 있다. 여기서 우리는 계몽주의의 중요한 사상들을 고찰하고, 이 사상들의 맥락 속에서 신학의 발전을 살펴보고자 한다.

계몽주의는 인간의 자유로운 정신을 발현하고자 했던 르네상스와 중세기의 기독교 세계를 붕괴시킨 종교개혁을 통해 가능하게 되었다. 이와 동시에 계몽주의의 합리적 정신은 근대 자연과학을 통해 준비되었다. 기독교의 천동설에 반대되는 코페르니쿠스(Nikolaus Kopernikus, 1473-1543)의 지동설은 세계관의 대변동을 예고한다. 그 이후 케플러(Johann Kepler,

1571-1630), 갈릴레이(Galileo Galilei, 1564-1642), 뉴턴(Isaac Newton, 1642-1727) 등을 중심으로 발전한 근대의 자연과학은 교회의 교리적 전제와 간섭을 거부하고, 실험과 관찰을 과학적 인식의 유일한 방법이라고 주장한다. 자연의 모든 현상은 하나님의 초월적 개입이나 섭리로 인해 일어나는 것이 아니라, 인과율에 기초한 자신의 물리적 법칙에 따라 일어난다고 보기 때문이다. 하나님의 계시가 아니라 수학의 방법이 자연을 파악할 수 있는 가장 정확하고 이상적인 방법으로 생각된다(Descartes). 하나님에 대한 신앙과 교리 대신에 이성이 진리에 도달하는 유일한 방편이 되며, 객관성과 합리성이 최고의 가치가 된다. 그러나 아리스토텔레스의 철학에 기독교 신앙의 기초가 있다고 본 멜랑히톤은 코페르니쿠스의 지동설을 거부한다. 이것은 세계의 새로운 변천에 대해 자기를 개방하지 않고, 과거의 전통에 집착한 근대 기독교의 전체적 경향을 예시한다.

계몽주의의 정신은 데카르트(Rene Descartes, 1596-1650)에게서 발현한다. 모든 것을 회의(懷疑)하는 인간의 사유 외의 모든 것이 회의의 대상이 될 때, 사유하는 인간 자신의 이성이 규범이 되며, 그 외의 모든 것은 권위를 상실한다. 세계에 대한 교회의 후견인 역할은 끝나고, 사유하는 주체로서의 인간이 역사의 주체가 되어 자신의 세계를 형성하고자 하는 새로운 시대가 열린다. 그러나 데카르트가 생존하는 동안 그의 생각들은 심각한 논쟁 속에서 꽃을 피우지 못한다.

계몽주의는 전체적으로 반기독교적 태도를 취한다. 그 주요 원인은 인간의 이성의 자유를 억압하는 기독교의 교리주의, 세상적인 것을 무가치한 것이라 가르치면서 그것에 집착하는 기독교 교권자들의 이율배반적인 태도, 국가종교 체제를 통한 기독교와 국가 통치권력의 결탁, 불의한 국가질서의 정당화 등에 있다. 따라서 계몽주의는 기독교에 대한 기대를 버리는 대신 인간의 자율적 이성에 기대를 하며, 교회의 권위에서의 해방, 교회와 국가의 분리, 심지어 기독교의 철폐를 주장하기도 한다.

교회의 권위에서 해방된 자율적 존재로서의 인간이 세계를 책임져야 하기 때문에 계몽주의는 교육을 강조한다. 인간의 본질은 이성에 있기 때문에 교육을 통해 이성을 계발하려는 것이다. 교육을 통해 인간은 자신의 자연적 본성과 조화되는, 또 모든 것을 합리적으로 사고하는 이성적 존재·도덕적 존재로 완성될 수 있으며, 자유와 인간성이 있는 합리적 세계를 형성할 수 있다. 그러므로 계몽주의는 인간과 세계를 낙관적으로 보고 사회 모든 계층에 대한 교육의 확대, 여성의 교육과 성인들의 재교육을 강조한다 (Rousseau, Pestalozzi). 페스탈로치에 의하면 인간의 자연 속에는 "신적 씨앗" 혹은 "신적 불꽃"이 숨어 있다. 교육의 목적은 이 신적 씨앗을 배양하여 인간의 도덕성과 감수성을 발전시키는 데 있다(이은선 2005, 403). 교육과 이성의 계발을 통해, 인간은 도덕적 존재로 완성될 수 있는 것이다(Hume).

계몽주의가 등장하기 시작한 17세기 말에 신비주의 운동과 경건주의 운동이 일어난다. 개신교 정통주의 신학의 교리주의를 배격하고 개인의 내적 경건을 강조한 루터교회의 아른트와 뵈메로부터 시작한 신비주의 운동은, 이후에 여러 경건주의 운동에 큰 영향을 끼친다. 대표적 예로 제도교회, 성직자 계급, 성례전, 책으로서의 성서, 교리, 형식적 예배를 거부하고 모든 사람에게 내재하는 내적인 빛(inward light)과 비폭력과 순수한 윤리를 강조하는 영국 폭스(George Fox, 1624-1691)의 퀘이커 운동, 자기 헌신과 포기를 이상으로 가진 프랑스의 정적주의(Quietismus), 가톨릭교회의 제도화·형식화를 비판하고 신앙의 내면화와 교황 중심주의의 해체를 요구한 프랑스의 얀센(Jansenismus의 창시자 Cornelius Jansen, 1585-1638), "철학자들의 하나님", 사물들의 "기하학적 진리들과 질서의 제작자 하나님"을 거부하고 "아브라함의 하나님·이삭의 하나님·야곱의 하나님", "사랑과 위로의 하나님, 그에게 속한 사람들의 영혼과 마음을 충만케 하는 하나님"을 주장한 파스칼(Blaise Pascal, 1623-1662)의 신비주의와 경건주의 등이 있다.

경건주의는 17세기의 정치적·경제적 혼란, "교리 자체를 믿는 것을 신앙하는 것으로 보고, '종이 교황'을 섬기는 정통주의와 신앙을 경멸하는 지식인과 계몽주의 이후의 근대적 인간의 합리주의에 대한 반작용으로 등장"한다(정미현 2007, 232). 교리적 정통성에 크게 몰두했던 정통주의 신학은 교리주의와 형식주의에 빠지게 되고, 신학자들의 논쟁들과 교리의 정통성은 영적·정치적·경제적 동요와 불안에 휩싸인 신자들에게 별 의미를 가져다주지 못했다. 교회의 신조는 "본래 만든 원칙에서 벗어나서 신앙을 통제하는 수단"과 "자유로운 신앙을 박탈하는 법"으로 전락한다(임희국 2006, 180). 목사는 교리를 가르치는 엄격한 훈육자처럼 보이고, 교회는 그 안에 예술적 가치를 가진 그림 한 점 없이 하얀 벽으로 둘러싸인 교실과 같은 인상을 준다. 이리하여 신앙의 내적 체험과 경건은 약화되고 "바리새적 경건"이 등장하기 시작한다. 종교개혁자들의 개혁적 열정은 사라지고, 개신교회도 하나의 제도로 변질되고 만다. 교회와 신학의 이러한 문제들로 인해 경건주의가 발흥한 것이다.

근대 경건주의의 아버지로 알려진 슈페너(Philipp Jakob Spener, 1635-1705)는 1675년에 발표한 개혁문서인 『경건한 소원들』(Pia desideria)에서 교회의 개혁을 요구한다. 경건의 실천을 위해 신학적 논쟁들과 신학 지식에 대한 신학자들의 독점은 중지되어야 한다. 신학적·철학적 원리들은 일반 그리스도인들에게 무의미하다. 형식적 기독교는 무신론의 원인이 된다. 구원은 신학적 원리들과 교리에 있는 것이 아니라, 인격적 참회를 통해 이루어지는 하나님과 인간의 인격적 관계에 있다. 기독교 신앙의 중심은 교리가 아니라 회개와 다시 태어남과 더불어 시작되는 경건에 있다. 할레(Halle)에서 고아원을 세우고 교육, 봉사, 선교 활동에 매진한 프랑케(August Hermann Francke, 1663-1727)를 통해 슈페너의 경건주의는 한 층 더 체계화된다.

독일의 백작 친첸도르프(Nikolaus Ludwig Graf von Zinzendorf, 1700-1760)는 신·구교간의 30년 전쟁(1618-1648)에서 패배함으로 인해 본향에서 쫓겨난 보헤미아인들에게 헤른후트(Herrnhut) 작센의 사유지를 제공하여, 이른바 헤른후트 형제 공동체(Herrnhuter Brüdergemeine)를 세운다. 이 공동체는 이후 "경건주의 운동의 배양지"가 된다(정미현 2007, 235). 경건주의는 또한 신학적 전제가 없는 "비편파적" 역사 기술을 요구함으로써 근대 역사 기술의 개척자가 된 아놀드(Gottfried Arnold, 1666-1714)를 통해 발전되기도 한다. 아놀드는 교회의 성자들이 특별히 거룩하지 않으며, 오히려 일련의 이단자들과 신비주의자들이 참 성자들이라고 주장한다.

경건주의의 특징은 다음과 같다. ① 생동적이며 내면화 된 종교성(명상, 내적 자기 성찰, 마음의 경건, 일기 쓰기), ② 윤리적 순수성과 엄격성, 일상생활에서의 성화, ③ 조직화 된 선한 사업들을 통한 경건의 실천(*praxis pietatis*, 빈민구제, 선교, 교육, 후생사업 등), ④ 금욕적이며 율법적인 생활규칙(춤, 카드놀이, 연극, 세속의 문헌들을 피함, 단순한 옷차림, 때로 임박한 세계 종말신앙과 결부됨), ⑤ 형식화된 국가교회 내지 제도교회를 기피하거나 거부함, ⑥ 형제자매들의 공동체 형성과 "신자들의 교제를 강조"(Heussi 1971, 395, 최승태 2003, 271).

본래 루터교회에서 시작한 경건주의는 앞서 소개한 대로 이후의 역사에 깊은 영향을 준다. 프랑스의 얀센주의, 영국의 청교도주의와 감리교의 경건운동 및 사회봉사 활동, 퀘이커 운동, 19세기의 부흥운동과 세계선교가 경건주의의 영향 속에서 일어난다. 고전주의와 낭만주의 시대의 많은 인물들이 경건주의적 영성의 영향을 받는다. 독일 남부의 경건주의 경제인들은 기업의 이익을 사취하지 않고 재투자함으로써 튼튼한 기업체를 만드는 모범이 된다. 그러나 경건주의는 사회 공공의 영역에서 분리되어 개인의 내면에만 국한되며, 그 자체 역시 제도화되는 문제점을 노출시킨다. 그것은 신도들로 하여금 "이분법적이고 이원론적 인식 체계"와 함께 "이 세상을 눈물 골짜기로 이해하면서 세상을 도피하고 저 피안의 세계를 사모하는" 경향으로 빠지게 한다(임희국 2006, 181). 19세기 후반 블룸하르트 부자(아버지: Johann Christoph Blumhardt, 1805-1880, 아들: Christoph Blumhardt, 1842-1919)는 경건주의의 개인주의적·현실도피적 경향을 비판하면서 하나님 나라 운동을 일으킨다.

경건주의 운동과 함께 계몽주의 정신은 계속해서 네덜란드에서 시작하여 영국, 프랑스, 독일로 퍼진다. 그것은 먼저 기독교의 종교적 전통과,

기독교를 등에 업은 서구사회의 정치적·경제적 질서를 비판한다. 이리하여 교회로부터 독립된 자연법적 국가론이 보댕(Jean Bodin, 1529-1596), 네덜란드의 그로티우스(Hugo Grotius, 1583-1645), 홉스(Thomas Hobbes, 1588-1679), 존 로크(John Locke, 1632-1704) 등을 중심으로 등장한다. 국가는 "만인에 대한 만인의 투쟁"(Hobbes)으로 인한 혼란을 피하기 위해 국민과 정부가 맺은 계약의 자연적 산물에 불과하다. 이러한 국가관을 통해 국가 통치자의 소위 "하나님으로부터"(롬 13:1) 주어진 권위가 부인되며, 국가와 교회의 분리가 프랑스 혁명과 미국에서 결정적으로 일어난다.

프랑스의 볼테르(Voltaire, 1694-1778)는 인류 역사를 전체적으로 기술하면서 세계사에 대한 신학적인 관점과 규범들을 거부한다. 그는 세계사가 하나님의 섭리의 역사가 아니라 "범죄와 어리석음과 불행의 뒤죽박죽"이라 규정하면서, 서구 세계를 지배해 온 교회에 대해 투쟁을 선언한다. 이리하여 기독교를 등에 업은 독재체제를 거부하고, 합리적이고 이성적인 삶의 세계를 형성하려는 해방운동과 인권운동이 거듭 일어난다. 18세기 초에 영국에서 시작하여 독일로 들어간 프리메이슨 운동도 계몽주의의 이러한 흐름 속에서 나온 것이다.

루소(Jean Jacques Rousseau, 1712-1778)의 『사회계약설』(Du contrat social, 1762)에 의하면, 국가는 이른바 "위로부터" 세워진 것이 아니라 개인들이 자신의 유익을 위해 합의한 계약의 산물에 불과하다. 사회와 국가의 기본 단위체는 개인이기 때문에 개인의 존엄성과 권리가 중요하다. 프랑스 혁명, 영국의 인권헌장, 미국의 독립선언 등은 개인의 존엄성에 대한 계몽주의의 통찰에 근거한다. 역사는 보다 더 많은 부(富)와 인간성이 있는 합리적·이성적 세계를 향한 진보의 과정으로 이해된다. 그것은 "자유의 역사"이다(Hegel). 역사의 주체는 하나님이 아니라 이성적 존재인 인간이다(Karl Marx에 있어 그것은 무산계급자로 생각됨).

루소에 의하면 인간의 순수한 본성은 사라졌지만, 본래의 선한 본성이 아직 남아있다. 이 선한 본성은 각 사람의 양심에 나타난다. 그것은 교육을 통해 발전하며 완성될 수 있다. 인간 자신 안에 있는 양심이 인간의 윤리적 행위에 대한 유일한 규범이다. 따라서 기독교 종교의 후견인 역할은 불필요하다. 국민을 착취하는 불의한 통치 권력의 전복을 반대하는 교회는 폭력의 편에 서 있다. 그것은 인류에 대해 적대적인 방해물일 뿐이다. 그러므로 교회는 국가에서 분리되어야 한다.

계몽주의 정신은 1789년 7월 14일에 일어난 프랑스 혁명을 통해 결정적으로 발현된다. 교회를 등에 업은 전제 군주체제가 붕괴되고, 국민이 다스리는 자유로운 국가에 대한 계몽주의의 이상이 가시화된다. 100여 년 전부터 발전된 이성적인 국가론과, 자유와 평등과 형제애에 기초한 계몽주의의 인간상이 실현되며, 모든 시민의 정신적 자유가 실현되는 것처럼 보인다. 역사는 자신의 본성에 조화되는 이성적이고 자유로운 인간상과 합리적 국가의 이념이 실현되는 진보의 과정으로 이해된다. 그로 인해 과거 지향적 사고가 미래 지향적 사고로 전향된다. 프랑스 혁명은 자유와 평등의 파토스와 함께 보다 나은 세계를 향한 인류 발전의 "역사의 표징"으로 간주된다(Kant).

기독교에 대한 프랑스 혁명의 적개심은 놀랄 만하다. ① 교회의 모든 재산은 국가의 소유가 되었고, 성직자의 월급은 현저히 감소되어 국고에 편입되었다. ② 모든 수도원과 승단(僧團)들이 폐쇄되었다(1790). ③ 교회의 계급체제를 해체하고, 성직자의 직업을 세속의 직업과 동일시하였다. 교회 행정기구를 국가에 편입시키고, 지역구의 평신도가 투표를 통해 성직자를 선발하도록 했다(1790). 이에 직업의 상실을 두려워하여 투쟁한 약 4만 명의 성직자들이 추방되었다(1792). ④ 기독교의 달력이 철폐되고, 기독교의 절기 축제들이 금지되었다(1793). 약 2,000개의 교회 건물이 파괴되고, 교회의 문화재들이 훼손되거나 약탈을 당하였다. ⑤ 혁명을 이끈 지도자 로베스피에르(Robespierre)의 주도로 1795년 종교의 자유가 허용되었지만, 국가는 교회에서 독립되었다(Heussi 1971, 423). 교회가 이러한 수모를 당한 것은, 국가종교로서의 교회가 국가의 통치권력과 결탁하여 권력자들의 편에 섰기 때문이다.

뉴턴(Isaac Newton, 1643-1727)으로 대표되는 기계론적 세계관은 세계관의 혁명을 불러일으킨다. 세계를 원인과 결과의 법칙에 따라 움직이는 하나의 기계(그 당시 가장 정교한 기계는 시계였기 때문에, 세계는 시계에 비유되었음)로 보는 기계론적 세계관은 세계에 대한 하나님의 개입 가능성을 배제한다. 세계의 모든 것은 원인과 결과의 물리적 법칙에 따라 일어나기 때문이다. 여기서 과학적 무신론이 등장한다. 나폴레옹에 대한 라플라스(Pierre Laplace, 1749-1827)의 대답이 이를 요약한다. "각하, 저에게는 하나님이란 가설이 필요하지 않습니다." 세계를 설명하기 위해 하나님이란 작업 가설은 불필요하다! 우리는 하나님 없이, 오직 인간의 이성을 통해 세계를 설명할 수 있다!

독일의 계몽주의자 볼프(Christian Wolff, 1679-1754, Halle 대학 교수)는 뉴턴의 기계론적 세계관과 결정론을 따른다. 그의 주장에 따르면 수학의 방법이 최고의 학문적 방법으로서 모든 학문에 적용되어야 한다. 세계는 합목적성을 가진 기계와 같다. 세계의 합목적성에서 창조자의 완전성이 추론될 수 있다(목적론적 증명). 계시의 진리는 이성의 인식과 조화되어야 한다. 선한 행위를 통해 하나님의 계획을 수행하는 데 인간의 도덕적 목적이 있다. 기독교는 인간의 도덕적 성향을 강화하고 개별의 도덕을 법으로 제정하도록 노력해야 한다. 볼프의 이론은 비교적 온건했음에도 불구하고, 할레의 경건주의자들은 그의 결정론을 무신론 또는 스피노자주의라고 비판한다. 중국의 공자(公子)에 대한 그의 찬양은 이들을 더욱 분노케하여, 볼프는 1723년에 마르부르크(Marburg) 대학으로 옮기게 된다(Heussi 1971, 394).

기계론적 세계관은 무신론적 세계관 내지 물질론적 세계관으로 발전한다. 세계는 하나님 없이 자신의 물리적 법칙에 따라 움직이는 물질 덩어리일 뿐이다. 이를 통해 세계는 신비로움과 거룩함을 상실하고, 인간이 소유하고 지배해야 할 대상으로 전락한다(자연의 탈신성화, 대상화). 인간도 물리적 법칙에 따라 움직이는 기계 내지 물질 덩어리일 뿐이라는 무신론적·물질론적(=유물론적) 인간관이 등장한다. 라메트리(Julien Offray de Lamettrie, 1709-1751)의 저서 『기계로서의 인간』(L'homme machine, 1748)이 이를 잘 보여준다. 세계는 물론 인간 자신의 생명까지도 인간이 지배할 수 있고 조작할 수 있는 대상으로 전락한다. 이로써 자신의 생물학적 구조와 세계를 조작할 수 있는 능력을 가진 인간을 세계와 역사의 중심으로 생각하는 인간 중심주의가 초래된다. "세상에 대한 합리적인 이해"를 추구한 계몽주의의 "이성중심적 접근은 인간을 세상의 중심으로 보는 결과를 가져왔다"(김성원 2006, 149).

영국을 중심으로 등장한 이신론(deism)은 기독교의 세계관과 근대 자연과학의 기계론적 세계관을 통합시키고, 이를 통해 기독교의 유신론적 세계관을 유지하려는 근대의 신학적 노력이라 평가할 수 있다. 이신론에 의하면 하나님은 세계 창조자가 아니라 세계 건축가로 이해된다. 하나님은 세계를 건축할 때, 세계의 자연적 법칙들을 그 속에 부여했다. 시계가 그 자신의 법칙에 따라 움직이듯, 세계는 하나님의 초월적 개입 없이 그자신의 원인과 결과의 법칙, 곧 인과율에 따라 움직인다. 단자들로 구성된 세계는 하나님이 창조한 질서(prästabilierte Harmonie, Leibniz)에 따라 움직인다. 이를 통해 세계는 하나님의 세계 통치와 목적을 이루어나간다. 여기서 세계에 대한 하나님의 초월적 개입과 기적의 필요성이 배제되고, 세계 자체의 조화된 질서와 합목적성을 보장하는 유신론적 세계관이 확보된다. 이 유신론적 세계관은 19세기 무신론에 의해 부인된다.

아담 스미스(Adam Smith, 1723-1790)의 자본주의 경제이론과 이에 대비되는 사회주의 경제이론은 세계의 운명을 결정하는 힘을 행사하였다. 후자는 구 소련과 동구 공산주의 국가의 몰락과 함께 실패로 끝나고 말았다. 그 대안(代案)으로 오늘의 세계 경제를 지배하는 자본주의 이론은 개인의 창의력과 자유로운 경쟁과 시장경제를 그 원리로 한다. 그러나 그것은 인간의 무한한 소유욕과 결합되어 사회계층의 양극화, 자연환경의 오염과 파괴, 생태계의 위기, 인간과 세계의 방향 상실을 초래하고 있다.

18세기의 계몽주의는 기독교 신학에 새로운 영향을 준다. 정통주의의 교의학적 체계 대신 다양한 신학적 입장들이 등장하며, 새로운 경건과 새로운 신학이 형성된다. 그 가운데 중요한 것은 역사적(historisch) 학문으로서의 교회사학과 성서학의 등장이다. 예나(Jena) 대학의 부데우스(Franz Buddeus, 1667-1729)를 중심으로 구약성서와 신약성서가 "역사적" 자료라는 관점에서 연구됨으로써, 성서의 역사적-비평적 연구가 일어나기 시작한다.

할레(Halle) 대학의 제믈러(Johann Salomo Semler, 1725-1791)는 성서해석의 새로운 지평을 연 대표적 신학자다. 그의 주장에 의하면 "성서해석이 더 이상 일련의 특정한 교리들을 입증하기 위한 것이 되어서는 안 된다", "텍스트에 대한 교의학적 독해는 종식되어야 하며, 참으로 비평적인 텍스트 해석이 시작되어야 한다." 제믈러는 "영감 받은 분야로서의 신학의 특수한 지위를 인정하지 않(고)", "합리적이고 비평적인 성서해석 방법론"에 기초한 "참된 과학적 신학"을 발달시켜야" 한다고 주장한다(윤철호 2001, 62, 63).

함부르크의 김나지움 교수였던 라이마루스(Hermann Samuel Reimarus, 1694-1768)는 모든 계시를 부인하고, 기독교는 예수의 제자들의 기만(欺瞞)으로 인해 생성되었다고 주장한다. 그에 의하면 예수의 시체를 훔쳤던 것으로 보이는 제자들은 그가 부활하였다는 거짓말을 유포했다. 예수는 정치적 메시아였는데, 제자들은 비정치적 메시아를 선포했다. 따라서 "역사적 예수"와 제자들에 의해 "선포된 그리스도"는 구별되어야 한다. 라이마루스의 이러한 글들은 레싱에 의해 『한 익명자의 단편들』(Fragmente eines Ungenannten, 1774)이란 제목으로 출판된다.

루터교회 목사의 아들이었던 레싱(Gotthold Ephraim Lessing, 1729-1781)은 문학자로 알려져 있지만, 그의 문헌들 가운데 최소한 1/6은 신학적 작품이다. 그의 유명한 드라마 『현자 나단』(Nathan der Weise)도 종교 문제를 다루는 신학적 작품이다. 라이마루스의 뒤를 이어 레싱도 "지상의 예수"와

"선포된 그리스도", "그리스도의 종교"와 "기독교 종교"의 구별을 주장한다. 따라서 성서는 역사적·비판적으로 연구되어야 한다. 그러나 "역사적인 것"은 우리에게 궁극적 확실성을 줄 수 없으며, 성서 본문의 진리와 가치를 증명할 수 없다. "형이상학적인 것"만이 이것을 수행할 수 있다.

레싱에 의하면 세계사는 하나님이 이끌어나가는 "인류의 교육 과정"이다. 하나님은 교육자시며, 그의 계시는 교육의 수단이다. 교육의 목적은 이성의 인식의 독립성과 인간의 윤리적 완전성에 있다. 유대교와 기독교는 이 목적을 향한 과정의 통과단계에 불과하다. 그러므로 유대교, 기독교, 이슬람교는 서로를 관용해야 한다(모든 종교의 관용). 진리는 완결된 것이 아니다. 그러므로 이미 획득한 진리의 인식에 머물러서는 안 된다. 어떤 종교도 진리를 소유한다고 말할 수 없기에 절대성을 요구할 수 없다. 어느 종교, 어느 교단이 참된 것인가는 증명되지 않는다. 모든 종교는 인간성을 장려해야 하며, 일상의 생활 속에서 하나님 신뢰와 이웃 사랑을 실천해야 한다.

정통주의 신학은 초자연적 계시의 진리를 이성의 진리보다 더 높은 것으로 생각한다. 이에 반해 계몽주의는 이성의 진리, 자연적 진리를 더 높은 것으로 생각하며, 자연적이며 합리적인 것을 우선시 한다. 레싱은 계몽주의의 정신에 따라 기독교의 "우연한 역사의 진리들"보다 "필연적 이성의 진리들"이 더 높은 위치를 가진다고 생각한다.

따라서 계몽주의는 종교를 이성의 범위 안에서 파악하려고 한다. 합리성에 대한 이성의 요구 앞에서 기독교 신앙의 진리는 합리적인 것으로 검증되어야 한다. 예수 그리스도의 계시가 아니라 인간의 이성이 기독교 진리의 원천이다. 칸트(Immanuel Kant, 1724-1804)의 저서 『단순한 이성의 한계 내에서의 종교』는 계몽주의의 이러한 종교관을 대표한다. 칸트에 설명에 의하면, 역사의 우연적 사실들에 근거한 "교회의 신앙"은 "순수한 이성의 신앙"으로, 실증적 종교는 "이성종교"로 발전해야 한다. 종교와 도덕은 형식에 있어 구별되지만, 내용에 있어 일치한다. 종교의 목적은 도덕에 있다. 그리스도인들이 지켜야 할 참 하나님 예배는 "도덕적 예배", 곧 하나님의 도덕적 계명들을 지키는 데 있다. "하나님을 기쁘게 하기 위해 선한 삶의 실천 외에 인간이 행할 수 있다고 생각하는 모든 것은 종교의 망상일…뿐이다"(Kant 1966, 191). 도덕종교에 있어 성직자 제도와 교파의 구별은 사라진다(197).

칸트의 인식론은 영국의 흄(David Hume, 1711-1776)에 의해 준비된다. 흄에 의하면 세계 혹은 자연 그 자체를 우리 인간이 파악하고 설명하는 것은 불가능하다. 칸트는 흄의 입장에 따라 "물 자체"(Ding an sich)에 대한 인식이 불가능하다고 주장한다. 우리는 물 자체의 "나타남"(Erscheinung)을 우리 자신이 기획한 바에 따라 인식할 수 있을 뿐이다. 따라서 소위 절대적 진리는 어디에도 없고 상대적 진리만이 있을 뿐이다. 하나님과 세계와 영혼은 인간의 이론적 이성에 의해 증명될 수도 없고, 부인될 수도 없다. 하나님은 신앙의 대상이지 증명과 지식의 대상이 아니다. 하나님의 존재는 도덕의 영역에서 요청될 수 있을 뿐이다. "신앙의 자리를 얻기 위해, 나는 지식을 지양할 수밖에 없었다"는 칸트의 말은 후에 키에르케고르에게 깊은 영향을 준다.

계몽주의의 합리주의적 경향에 대해 반기를 든 대표적 인물은 영국의 웨슬리(John Wesley, 1703-1791)와 독일의 하만(Johann Georg Hamann, 1730-1788)이다. 헤른후트 형제 공동체의 영향을 받은 웨슬리는 형식적 국가교회를 반대하고 그리스도의 십자가의 죽음을 통해 내 자신에게 일어난 하나님의 구원에 대한 확신과 일상생활 속에서의 성화에 기독교 신앙의 생명이 있다고 본다. 성화는 매일의 참회와 엄격한 윤리와 겸손과 이웃 사랑을 통해, 특히 국가교회가 관심을 갖지 않는 빈민 노동자들을 위한 봉사를 통해 가능하다. 웨슬리의 신념은 많은 지지자들의 호응 속에서 감리교회를 형성하게 된다.

칸트의 반대자인 동시에 그의 친구였던 하만에 의하면, 기독교 신앙의 중심은 칭의와 예수 그리스도를 통한 하나님과의 관계의 회복에 있다. 우리는 오직 그리스도와 칭의를 통해 하나님에게 가까이 갈 수 있다. 우리가 계시를 수용할 수 있기 전에, 먼저 계시가 우리에게 참된 것으로 인식되어야 한다는 계몽주의의 생각은 하나님을 모독하는 행위이다. 여기서 인간은 자기의 처지를 파악하지 못하고, 하나님의 역할을 대신하려고 한다.

F. 19세기의 신학

18세기 말부터 일어나기 시작한 독일의 고전주의와 그 뒤를 이은 낭만주의를 통해 계몽주의는 새로운 국면을 맞게 된다. 합리성 대신 인간의 감성과 감정, 상상력과 환상, 꿈과 동경이 중요시 되면서 합리주의의 한계를 극복하려는 정신적 운동이 생겨난 것이다. 최초의 고전주의자였던 헤르더(Johann Gottfried Herder, 1744-1803, 본래 개신교회 성직자였음)에 의하면, 하나님은 세계의 모든 것 안에 내재하는 영(靈)이요 창조적 힘이다. 우리는 이 힘이 무엇인지 그것의 이름을 부를 수 없고 신학적 개념을 통해서도 파악할 수 없다. 그러나 예감을 통해서는 어디서나 그것을 느낄 수 있다. 인간의 위대함은 단지 그의 이성에 있는 것이 아니라, 인간성과 완전한 영성과 윤리와 사랑으로 자기를 완성할 수 있는 능력에 있다. 헤르더는 계몽주의의 진보사관을 수용하는 동시에, 과거에 있었던 삶의 표현들이 지닌 개체성과 아름다움과 하나님과의 관계성의 의미를 찾아낸다. 그래서 그는 예언자들과 복음서 기자들을 믿음으로 충만한 하나님의 사람들로 예찬한다. 인간을 하나님의 "창조에서 처음으로 자유롭게 해방된 자"(die ersten Freigelassenen der Schöpfung)로 보는 헤르더의 생물학적 인간학은, 인간을 "그가 먹는 바의 것"으로 환원시키는 포이어바흐의 물질론적·환원론적 인간학에 대비된다.

　헤르더는 또한 복음서가 역사적 자료집이 아니라 그것을 쓴 기자들이 자신의 믿음을 증언하기 위해 기록하였으며, 설교가 본래의 구성요소였음을 처음으로 밝힌다. 그에 의하면 성서의 기록들은 그것이 생성된 시대의 제약에 묶여 있다. 그것들은 시대적 제약성 속에서 오늘날 우리에게 의미를 가져다준다. 이러한 생각 때문에 헤르더는 19세기 역사주의(Historismus)의 예비자가 된다.

인간이 파악할 수 없는 신적 존재의 비밀성을 헤르더보다 더 강조한 괴테(Johann Wolfgang Goethe), 괴테보다 기독교에 대해 더 냉담했던 쉴러(Friedrich Schiller)를 통해 시와 예술이 종교의 자리를 대신한다. 이로써 삶의 합리성과 명료함보다는 모호함과 신비로움, 고뇌와 아름다움 등이 예술을 통해 의식화 되며, 종교성이 삶의 영역에 다시 자리를 차지하게 된다. 우리는 베토벤(Ludwig van Beethoven, 1770-1827)의 음악에서 이 시대의 정조를 발견할 수 있다.

근대의 대표적 신학자 슐라이어마허(Friedrich Daniel Ernst Schleiermacher, 1768-1834)의 신학은 한 때 그가 속했던 헤른후트 형제 공동체의 경건주의와 낭만주의의 영향 속에서 생성된다. 정통주의 신학이 "교회의 권위있는 가르침(교의)에 귀를 기울이고, 그 내용을 체계적으로 기술하고 정리하는 것을" 주요 과제로 삼았던 반면, 슐라이어마허는 인간의 "종교적 감정을 주의 깊게 들여다보고 그 내용을 그대로 기술하고 정리하는 것"에 관심을 갖는다. 그는 신앙의 본질이 교리에 있는 것이 아니라 "그리스도인들의 생생한 종교적 감정"에 있다고 보았다(이문균 2005, 22).

그의 『종교론』(1799)과 『신앙론』(1821)에 의하면, 종교의 출발점은 하나님의 계시에 있는 것이 아니라 우주에 대한 직관을 통해 얻게 되는 "절대의존의 감정" 내지 "직접적 자기의식"에 있다. "종교의 본질은 사유나 행위가 아니라 직관과 감정이다"(심광섭 2002, 78). 그것은 "무한자에 대한 느낌과 맛"이다(최홍덕, 2006, 81). 절대 의존의 감정은 개념을 통해 파악할 수 없는, 모든 인간에게 주어져 있는 기본 의식(意識)이다.

이 의식은 "하나님 의식"을 뜻한다. 모든 인간은 그의 본성에 있어 하나님 의식을 가지며 하나님과의 관계 속에 있다. 그러므로 종교성은 인간의 본성에 속한다. 모든 인간 속에 숨어있는 종교성이 우주의 직관을 통해 눈을 뜨게 될 때, 인간은 절대자에 대한 자신의 의존을 느끼게 되고 경건한 감정을 갖게 된다. 절대 의존의 감정은 바로 경건을 뜻한다. 경건이란 앎과 행위이기 전에 먼저 절대자에 대한 의존과 관계의 감정을 말한다. 경건한 절대 의존의 감정 속에서 인간의 하나님 의식이 회복된다. 이때 인간은 우주의 모든 유한한 것 안에서 하나님의 임재와 활동을 보게 되고, 유한한 것을 무한한 것의 나타남으로 보게 된다. 낭만주의적 범신론의 영향이 여기에 나타난다.

죄는 구체적 행위를 뜻하기보다, 인간의 유한성으로 말미암아 인간 안에 있는 하나님 의식이 흐려져 힘을 잃은 상태를 말한다. 구원이란 하나님 의식의 투명함과 강도(强度)를 회복하는 데 있다. 예수는 죄가 없다. 그러므로 그는 완전히 투명하고 강력한 하나님 의식을 소유한다. 그런 점에서 그는 우리의 구원자다. 그는 우리 인간이 지향해야 할 인간의 원형(Urbild)이다. 예수를 만날 때, 우리의 하나님 의식이 눈을 뜨게 되고 투명해진다. 이를 통해 우리는 윤리적으로 새롭게 변화되며 예수와 친교를 갖게 된다.

슐라이어마허가 종교의 출발점을 직관과 감정에 있다고 보는 반면, 헤겔(Georg Wilhelm Friedrich Hegel, 1770-1831)은 인간의 사유에 있다고 본다. 직관과 감정은 하나님을 분명히 인식할 수 없다. 하나님은 인간이 자기를 인식할 수 있도록 자기를 계시하였다. 인간의 사유는 "영으로서의 하나님"(Gott als Geist)의 변증법적 자기활동으로서, 역사 속에서 일어나는 하나님의 변증법적 자기활동에 상응한다. 하나님의 삼위일체는 사유와 역사 속에서 일어나는 하나님의 변증법적 자기활동에 대한 종교적 표상이다. 현실의 "부정적인 것"의 끊임없는 부정을 통하여 하나님의 존재 자체에 상응하는 세계, 곧 하나님의 나라를 향한 정신의 변증법적 활동은 삼위일체의 종교적 표상의 개념적 표현이다.

따라서 헤겔에 의하면 기독교의 종교적 진리는 철학적 개념, 곧 변증법을 통해 실현된다. 기독교의 진리를 보편적으로 실현할 수 있는 길은 철학에 있다. 세계사는 영으로서의 하나님이 자기를 대상 세계로 대상화시키고, 대상화 된 세계의 부정적인 것을 끊임없이 부정함으로써 자기 자신으로 돌아가는 하나님의 변증법적 자기활동이다. 인간에게 그것은 "자유의 역사"(Freiheitsgeschichte)이다. 하나님의 존재는 고정된 "실체"가 아니라, 세계를 모든 "부정적인 것"에서 해방하는 변증법적 활동의 "주체"이다. 종교의 역사는 이 하나님의 활동의 역사를 보여주는 계시의 역사이다. 종교의 역사에 있어 기독교는 모든 분열된 것이 종합되는 최고의 종교, 곧 절대종교이다. 이와 같은 헤겔의 사상은 신학을 내용으로 하는 "신학적 철학"인 동시에, 철학의 형식으로 신학적 내용을 다루는 "철학적 신학"이라 말할 수 있다. 그것은 인간의 사유와 법과 예술과 국가와 자연을 포함하는 거대한 기독교 세계, 곧 땅 위에 있는 하나님의 나라를 목표로 한다.

일반적으로 신학자들은 헤겔의 사상을 "무신론"이라 비난하는 반면, 무신론자들은 철학으로 가장한 "엉큼한 신학"이라 비난한다. 포이어바흐, 마르크스, 키에르케고르 등 헤겔 좌파 학자들은 헤겔을 비판함으로써 자신의 새로운 입장을 정립하게 되고, 이를 통해 그 이후의 정신사에 깊은 영향을 준다(K. Löwith 1941 참조). 일련의 신학자들은 헤겔의 입장을 계승하기도 한다(하이델베르크의 Karl Daub, 1765-1836, 베를린의 Philipp Marheineke, 1780-1846 등).

헤겔의 관념론에 병행하여 프랑스와 영국에서는 실증주의(Positivismus)가 발흥한다. 그 대표자인 콩트(Auguste Comte, 1798-1857)에 의하면, 우리는 주어진 사실들, 현상들, 곧 "실증적인 것"을 받아들이고, 유사성과 시간적 연속의 원리에 따라 이들을 결합시키고, 여기서 인식되는 법칙들에 따라 미래의 일을 예측하고 이에 대비해야 한다. 미래를 "미리 알기 위한 지식"(Savoir pour prévoir), 여기에 모든 학문의 목적이 있다. 이것을 넘어서는 모든 질문들과 진술들, 곧 사실들 배후에 있는 신적 원인이나 목적에 대한 질문들과 진술들은 무익하기 때문에 모든 신학적·형이상학적 논쟁들은 중단되어야 한다.

콩트가 말하는 세계사의 세 단계는 헤겔이 말한 고대 동방의 유년기, 그리스-로마의 청장년기, 게르만 세계의 노년기의 세 단계에 상응한다. ① 사물의 내적 본성, 최초의 원인과 궁극적 목적을 질문하는 신학적 시대, ② 추상적 개념들과 실재들을 질문하는 형이상학적 시대, ③ 우주의 근원과 궁극적 목적, 현상들 뒤에 숨어있는 모든 사물의 참 본질에 대한 탐구가 무익하다는 것을 인식하고 이성에 의한 관찰을 통해 사실들의 법칙들을 인식하는 실증적 단계. 콩트와 또 그의 영향을 받은 영국의 밀(John Stuart Mill, 1806-1873)에 의한 실증주의는 역사의 사실들에 관심하는 역사주의(Historismus)와 성서에 대한 역사적-비평적 연구에 깊은 영향을 준다.

헤겔의 영향 속에서 기독교에 대한 종교사학적 연구가 일어난다. 튀빙겐 대학 개신교회 신학생 양성기관(Ev. Stift)의 학생감(Repetent)이었던 슈트라우스(David Friedrich Strauss, 1808-1874)는 헤겔의 영향 속에서 1835년에『예수의 삶』(Das Leben Jesu)이란 제목의 책을 발표한다. 이 책에 의하면 하나님과 인간의 하나 됨이 나사렛 예수 한 개인에게서 일어난다는 것은 생각될 수 없으며, 인간이라는 종(種)에게서만 일어날 수 있다. 예수는 광신적 메시아 신앙에 뛰어들었다가 실패로 끝난, 그러나 제자들에 의해 믿음의 대상으로 승화된 유대교의 지혜의 교사에 불과하다. 복음서에는 이 예수를 신적 인간으로 묘사하는 초기 기독교 공동체의 전설적이며 신화적인 이야기들이 포함되어 있다. 우리는 사도들이 예수에 관해 기록한 것과 예수 자신의 삶 속에서 일어난 것은 구별되어야 하며, 교의학적·신앙적 그리스도의 뒷면에 숨어있는 역사의 예수가 누구인가를 찾아야 한다. "신앙의 그리스도와 역사의 예수"는 구별되어야 한다(1864년에 출판된 Strauss의 책 제목). 기독교는 복음서의 신화적 이야기들에 대한 비판적 연구를 통해 참된 "인간성의 종교"가 되어야 한다고 주장하면서, 슈트라우스는 기독교 교리를 비판한다. "그는 60만 명의 장정에다 부녀자와 어린이들을 합한 숫자의 사람들이 40년간 '시내'의 사막을 배회했다고 하는 것을 더 이상 믿을 수가 없었다"(윤철호 2001, 81). 이러한 생각으로 인해 슈트라우스는 교수직을 박탈당하고 김나지움 교사직을 거쳐 정계로 진출한다. 그의 마지막 저서 『옛 신앙과 새 신앙』(Der alte und der neue Glaube, 1872)에서, 그는 다윈에 매혹되어 무신론적 물질론을 주장하며, 종교는 예술을 통해 대체되어야 한다고 선언한다.

슈트라우스는 계몽주의의 자유로운 비판정신을 다시 한 번 나타낸다. 성서도 인간의 이성의 비판적 분석과 검증의 대상이다. "계몽주의의 자율적 인간은, 그가 먼저 비판적으로 검토한 것만을 믿는다." 진리의 보고(寶庫)라 생각되는 성서에 대한 비판적 연구는 사실상 모든 전통에 대한 비판을 뜻하며, 전통의 억압으로부터의 해방을 의미한다. 기독교의 배타적 절대주의를 거부하고, 종교의 역사 속에서 기독교를 최고의 단계로 보는 종교사적 기독교 이해가 등장한다. 슈트라우스의 입장은 헤겔의 제자로서 슈트라우스의 스승이었던 바우어(Ferdinand Christian Baur, 1792-1860)와 그의 "튀빙겐 학파"에 의해 더욱 정교화·체계화된다. 결국 성서에 대한 역사적-비평적 연구를 통해 성서 무오설이 거부되고, 성서신학이 교의학에서 독립되기에 이른다.

교회의 권위에서 자유로운 인간의 이성은 19세기 말에 이르러 다양한 사상으로 발전한다. 본래 헤겔의 제자였던 포이어바흐(Ludwig Feuerbach, 1804-1872)는 신적 정신(영)으로부터 출발했던 헤겔과는 달리, 물질로부터 출발하여 인간과 세계를 파악한다. 그에 의하면 인간과 세계를 구성하는 기본요소는 정신이 아니라 물질이다. "인간은 그가 먹는 바의 것이다." 몸 없는 인간의 인격이란 있을 수 없다. 몸은 "인격성의 근거요 주체"다. 그런데 몸은 "살과 피 없이는 아무것도 아니다. 살과 피는 생명이요, 생명만이 현실이다"(Feuerbach 1976, 109). 따라서 생명의 현실의 구성요소는 살과 피, 곧 물질이다. 이로써 포이어바흐는 마르크스의 유물론을 예비한다. 종교가 인간을 만드는 것이 아니라 인간이 종교를 만든다. 하나님은 인간이 자기의 힘으로 실현할 수 없는 자기의 선한 본성들을 초월적 대상으로 투사시킨 것에 불과하다. "중요한 것은 하나님의 존재냐 아니면 비존재냐의 문제가 아니라 인간의 존재냐 아니면 비존재냐의 문제다.…하나님께 속한 것을 하나님께 드리는 것이 중요한 문제가 아니라, 인간에게 속한 것을 드디어 인간에게 주는 것이 중요한 문제다"(『종교의 본질』, 서문).

포이어바흐의 물질론적 인간관은 18세기 자연과학자들의 물질론적·기계론적 인간관과 맥락을 같이한다. 1697년에 독일의 의사 볼프(Pancratius Wolff)는 다음과 같이 주장한다. 인간의 사유는 인간 육체의 기계적 활동일 따름이다. 인간의 정신적 삶과 동물의 그것 사이에는 정도의 차이가 있을 뿐이다. 본래 프랑스의 의사였지만 후에 철학자가 된 라 메트리(La Mettrie)에 의하면, 동물들의 삶의 기계적 법칙들은 인간에게도 해당한다. 따라서 정신의 활동들은 뇌의 기계적 기능들에 불과하다. 그의 저서 『기계로서의 인간』에 따르면, 인간의 영혼은 신체 조직에서 유래하며, 인간의 높은 이성적·영적 능력은 인간의 뇌가 오랜 기간을 통해 진화함으로써 형성된 것이다. 인간의 의식은 원자들의 활동의 부산물일 뿐이다. 18세기의 콩디야크(E. B. de Condillac), 디드로(D. Diderot), 카바니스(P. J. G. Cabanis), 브루새(F. J. V. Broussais), 홀바흐(Heinrich Dietrich von Holbach) 등이 이 입장을 따른다. 이 입장은 19세기 독일의 의사였던 루드비히 뷔히너(Ludwig Büchner, 1824-1899), 19세기 후반 유럽의 의학계를 지배했던 헬름홀츠(Hermann Helmholtz, 1821-94) 학파에 계승된다.

독일 포츠담 출신의 의사인 동시에 수학자요 생물학자였던 헬름홀츠는 음(音)의 물리적 구조를 해명함으로써 현대 음향학의 기초를 확립하고, 열역학, 전자역학 등 다양한 분야에 기여한다. 그에 따르면 자연의 비유기체적 사물들처럼 인간의 몸도 물리 화학적인 힘 내지 에너지들이 상호작용하는 하나의 기계적 유기체와 같다. 이 유기체 안에는 물리 화학적 힘들의 작용 외에 어떤 다른 작용도 일어나지 않는다. 인간의 심리(Psyche)도 인과 법칙에 따라 활동하는 기계와 같다. 이 기계적 활동 안에 하나님이 들어설 자리는 어디에도 없다. 헬름홀츠의 영향으로 프로이트(Sigmund Freud, 1856-1939)의 심리분석적 무신론이 등장한다.

헤겔 좌파에 속한 키에르케고르(Sören Kierkegaard, 1813-1855)는 실존론적 기독교 신앙의 입장에서 헤겔의 보편사적 체계를 비판하고, "개인의 내면적 신앙의 실존"을 출발점으로 삼는다. 기독교 신앙의 진리는 이성의 눈으로 볼 때 역설적인 것(paradox)임에도 "불구하고" 그것을 믿는 인격적 신앙에 달려 있다. 인격적 신앙과 그리스도의 뒤따름이 없는, 소위 "기독교 세계"는 거짓이다. 신앙의 진리는 보편적인 것이 아니라 역설적인 것이며, 오직 개인의 내면에서 주관적으로 체험될 때 진리가 된다. "주체성이 진리이다." 하나님은 논리적 체계의 대상이 아니라 "오직 신앙의 대상일" 뿐이다. "만일 그가 '신앙의' 대상이 아니라면, 그는 참 하나님이 아닐 것이다" (김균진 1983, 157에서 인용). 키에르케고르의 "변증법"은 칼 바르트의 신학에 깊은 영향을 준다(Barth의 『로마서 강해』 서문 참조).

키에르케고르와 함께 헤겔 좌파에 속한 칼 마르크스(Karl Marx, 1818-1883)는 사회-정치적 무신론의 입장에서 헤겔의 기독교적·신학적 체계를 비판하고, 물질론(=유물론)의 입장에서 인간의 존재와 세계의 역사를 파악한다. 역사를 일으키는 동인은 신적 정신(혹은 靈)이 아니라, 물질의 생산과 관계된 물질적·경제적 상황의 변화에 있다. 진리는 인간의 내면적 주체성에 있는 것이 아니라 인간에 의한 인간의 소외와 억압과 차별을 극복하고, 소유를 공유하고 자유와 평등과 인간성이 있는 세계, 곧 공산주의 사회를 향해 주어진 현실을 변혁하는 데 있다. 진리는 세계에 대한 해석에 있지 않고 세계의 변화에 있다!

다윈(Charles Darwin, 1809-1882)의 진화론은 19세기의 교회와 신학을 다시 한 번 크게 동요시킨다. 지금 우리가 보는 생명의 세계는 하나님이 6천년 전에 창조한 것이 아니라, 생명체들의 오랜 진화과정을 통해 형성된 것이다. 인간의 생명도 진화의 산물이다. 이로써 기독교의 창조신앙과 이에 기초한 인간의 존엄성이 뿌리채 흔들리게 된다. 인간은 "원숭이의 후손"으로 간주되기 시작한다. 이로써 진화론은 근대의 물질론적·기계론적 인간관을 지지하는 것처럼 보인다. 다윈의 독일인 제자 헤켈(Ernst Haeckel,

1834-1919)은 자연과 정신, 물질과 영혼의 기독교적 이원론을 거부하고 인간을 자연에 속한 존재로 보며, 하나님과 세계를 하나로 보는 일원론 (Monismus)을 주장한다.

다윈의 진화론은 스펜서(Herbert Spencer, 1820-1903)와 헉슬리(Thomas Henry Huxley, 1825-1895)를 통해 사회진화론(Social Darwinism)로 발전한다. 스펜서에 의하면 사회도 생물 유기체처럼 진화의 원리에 따라 발전한다. 종교도 고대의 신화적 정령신앙에서 인격적 신에 대한 신앙으로 발전한다. 헉슬리는 다윈이 생물학적 차원에서 사용한 개념들, 곧 "생존을 위한 투쟁", "가장 강한 자의 생존" 혹은 "적자생존"을 현대 자본주의 사회의 경쟁과 투쟁에 적용한다. 그리하여 그는 "생존을 위한 투쟁"을 홉스가 말한 "만인에 대한 만인의 투쟁"으로 해석한다. 이를 통해 근대 자본주의 사회의 부유하고 힘있는 사람들은 "투쟁의 승리자"로 정당화된다. 기독교는 전반적으로 다윈의 진화론을 비판했으나, 사회다윈주의에 대해서는 침묵하였다.

사회다윈주의는 다윈의 사촌 골턴(Francis Galton, 1822-1911)이 확립한 우생학(Eugenik)으로 발전한다. 우생학(그리스어 eu=좋은, 우수한, gennao=생산하다의 합성어)은 열등한 인간의 종들을 제거하고 우수한 종들을 배양함으로써 인간의 종을 개량해야 한다는 이론을 말한다. 이로 인해 독일, 프랑스, 오스트리아 등지에서 인종주의, 인종청소, 생체실험 등이 일어난다. 일본도 2차 대전 때 만주에서 한국인과 중국인을 잡아다가 생체실험을 하였다.

사회다윈주의에 반해, 러시아의 독일계 동물학자 케슬러(Karl Kessler, 1815-1881, 독일 Königsberg에서 출생)는 1880년 1월에 러시아 박물학자 대회에서 다음과 같은 주장을 한다: 자연에는 상호투쟁의 법칙 외에 상호부조의 법칙이 존재하며, 생존경쟁에서 살아남기 위해서, 특히 종이 계속 진화하기 위해서는 상호부조의 법칙이 훨씬 더 중요하다. 러시아의 귀족이며 혁명가로 활동했던 크로포트킨(Pyotr A. Kropotkin, 1842-1921)은 케슬러의 이론을 따른다. 케슬러의 견해에 따르면 동물과 사람의 진화 법칙은 "생존을 위한 투쟁"이 아니라 상호지원과 상호부조에 있다. 크로포트킨은, 인간의 역사는 경쟁과 투쟁과 살육의 역사가 아니라, 악조건 속에서도 이웃을 최대한 보호하고 이웃과 공존할 수 있는 지혜로운 장치들을 끊임없이 만들어 온 역사임을 구체적 사례를 들어 증명한다(예를 들어 부상당한 사람들을 절대로 내버리지 않는 부시맨 이야기: Kropotkin 1995, 121 이하).

니체(Friedrich Nietzsche, 1844-1900)는 일반적으로 하나님의 죽음을 선포한 무신론자로 알려져 있다. 그러나 니체는 종교, 철학, 역사, 시와 예술 등 다방면에 걸쳐 조예와 예리한 통찰력을 지닌 인물로서 그 시대의 상황을 깊이 꿰뚫어 보았다. 그는 그 시대의 예언자와도 같았다. 그는 전통적 세계관과 삶의 질서와 도덕이 상대화 되는 새로운 세계를 예견했으며, 구속력 있는 가치관의 상실, 옛 질서의 파괴, 이로 말미암은 새로운 가능성과 혼란과 불안과 공포, 허무주의의 등장을 예언하였다. 그의 문헌 속에는 아폴로적 요소와 디오니소스적 요소, 이성과 격정, 주지주의(Intellektualismus)와 주의주의(Voluntarismus)가 혼재한다.

니체는 기독교의 형이상학적 전통은 새로운 시대의 상황을 극복할 수 없을 뿐 아니라 인간의 삶에 해가 된다고 보았다. 성서는 그 속에 모든 인간의 동등한 존엄성과 평등의 이념, 땅 위의 삶에 대한 긍정의 정신을 갖고 있지만, 기독교의 형이상학적 전통은 땅에 대한 경멸과 "노예도덕"을 가르친다. 그것은 모든 "자연적인 것"을 멸시한다. 기독교(Hegel)가 가르치는 "영으로서의 하나님"은 "가장 부패한 하나님 개념들 중에 하나"다! 그러므로 니체는 기독교의 철저한 개혁을 요구하지 않고(Kierkegaard처럼), 인류의 역사에서 기독교의 시대가 끝났다고 본다. "새로운 세계"(Dvorak)의 등장과 함께 기독교의 형이상학적 "하나님은 죽었다!" 하나님이 없는 세계가 도래하였다!

하나님 없는 세계의 출구에 대해, 니체는 "힘에의 의지"(Wille zur Macht)를 삶의 기본 동인으로 가진 "초인"(Übermensch)에게서 찾는다. 끊임없이 자기를 극복해야 할 인간 자신이 자기의 삶의 가치를 기획하고 삶의 세계를 형성해야 하며, 또 그것을 책임져야 한다. 그러나 이것은 인간의 한계를 넘어서기 때문에, 니체의 철학은 체념으로 끝난다. 그가 자신의 정신적 질병을 이길 수 없었던 원인의 뿌리는 여기에 있는 것으로 보인다.

이러한 역사의 격동 속에서 리츨(Albrecht Ritschl, 1822-89)은 19세기 말 개신교회 신학을 대표한다. 그에 의하면 교의학은 그리스도의 죄의 용서와 하나님과의 교통이 그 속에 있는 교회 공동체에서 시작해야 한다. 하나님 인식은 그리스도의 인격에 근거해야 한다. 따라서 자연신학과 모든 형이상학은 거부된다. 교의학의 원천은 경건한 자기의식이 아니라 그리스도의 복음에 있다. 리츨의 이러한 생각은 보수파 내지 경건주의 계열의 지지를 받는다.

리츨의 하나님 나라 사상은 칸트의 사상과 거의 동일하다. 그에 의하면 하나님의 나라는 우주적인 윤리 공동체를 말한다. 여기에 하나님의 세계 계획과 인간의 궁극적 목적이 있다. 칭의를 통해 죄의 용서를 받으며 죄책감을 벗어난 인간은 윤리적 행위를 통해 하나님의 나라를 실현할 수 있는 상태로 옮겨진다. 이제 인간은 윤리를 지켜야 한다. "하나님이 세계 속에서 실현하려는 궁극적 목적이 인간을 통해 실현되어야 하기 때문이다." 하나님의 궁극적 목적과 인간의 궁극적 목적은 인간의 윤리적 정신 속에 하나님이 현존하며, 인간이 최고의 윤리적 존재가 되는 점에서 일치한다.

이웃 사랑은 가장 높은 윤리의 성취인 동시에 하나님 나라의 징표이다. 예수는 이웃 사랑의 완전한 형태를 체현함으로써, 하나님의 나라, 곧 보편적 윤리 공동체를 완성한다. 인류의 역사는 예수가 완성한 하나님의 나라를 향한 인류의 교육 과정이다. 이 과정에서 가족, 민족 등의 윤리적 공동체는 하나님의 나라를 준비한다. 교회는 하나님 나라 자체는 아니지만, 그것을 실현하는 수단이다. 국가의 목적도 그 자체에 있는 것이 아니라 보편적 윤리 공동체를 이루기 위한 수단이다. 하나님의 나라는 세계 도피와 명상을 통해서가 아니라 이웃 사랑을 실천하기 위해 세속 직업에 충실함으로써 실현된다. "하나님 나라라는 미래의 목표는 인간의 현재의 윤리적 성취를 통해 점차 실현되는 중이다"(윤철호 2006a, 96).

리츨에 의하면 "하나님은 사랑이다"란 명제는 하나님의 총괄개념이다. 하나님의 인격성, 영원 등은 그의 사랑의 현상양식이다. 하나님의 존재 자체에 대한 진술은 불가능하며, 또 신앙을 위해 불필요하다. 이론적 인식이 존재의 판단과 관계한다면, 신학은 가치의 판단에 제한되어야 한다. 이 두 가지를 구별하기 위해 신학에서 모든 형이상학은 제거되어야 한다. 라우셴부시(Walter Rauschenbusch, 1861-1918), 스위스의 쿠터(Herrmann Kutter, 1863-1931)와 라가츠(Leonhard Ragaz, 1868-1948), 초기 틸리히(Paul Tillich 1886-1965)의 사회복음 운동과 종교사회주의 운동은 하나님의 나라에 관해 리츨에게서 신학적 영향을 받지만, 동시에 당시의 서구문화에 대한 그의 낙관주의를 비판하기도 한다.

리츨 이후 오경(五經)의 생성사와 이스라엘-유대교의 역사를 연구한 벨하우젠(Julius Wellhausen, 1844-1918)과 궁켈(Hermann Gunkel, 1859-1906), 뛰어난 성서주석가요 교부학자였던 윌리허(Adolf Jülicher, 1857-1938), 신약학자 부세(Wilhelm Bousset, 1865-1920), 브레데(William Wrede, 1859-1906), 바이스(Johannes Weiß, 1863-1914), 슈바이처(Albert Schweitzer, 1875-1965), 교리사의 대가 하르낙(Adolf von Harnack, 1851-1930)을 중심으로 성서와 교회사 분야에서 역사적·종교사학적 연구가 크게 발전한다. 슈바이처는 『역사적 예수의 탐구』(1906)를 통해 "예수와 복음서의 메시지의 핵심이 종말론적 하나님 나라라는 사실을"(윤철호 2006a, 96) 밝혀냄으로써, 20세기 초 하나님 나라 운동에 영향을 준다.

리츨의 영향을 받은 하르낙은 초기 기독교의 교리를 "복음의 기반 위에서 이루어진 그리스 정신의 산물"이라 평가하고, "본래적인 예수의 가르침에로 돌아갈 것을 호소"한다. 그는 역사적 접근을 통해 예수의 가르침을 세 가지로 요약한다. ① 하나님의 나라와 그의 도래, ② 하나님의 아버지 되심과 인간 영혼의 무한한 가치, ③ 보다 높은 차원의 의와 사랑의 명령

(윤철호 2001, 82). 그에 의하면 역사적 연구와 병행하여 교회의 간섭과 교리적 전제에서 자유로운 엄격한 "학문으로서의 신학"이 강조된다.

교의학자 켈러(Martin Kähler, 1835-1912)와 위의 신약학자들의 주장에 따르면, 신약성서는 역사적 자료집이 아니라 신앙의 증언이다. 따라서 예수의 인격과 원시 공동체에 대한 신약의 진술들은 역사적 자료로, 혹은 예수에 관한 전기(傳記)로 생각될 수 없다. 여기서 헤르더의 통찰이 다시 등장한다. 켈러에 의하면 우리에게 중요한 것은 "역사의 예수"가 아니라, 2천 년 동안 선교되었고 오늘날 우리에게 신앙을 요구하는 "신앙의 그리스도"이다.

트뢸취(Ernst Troeltsch, 1865-1923)는 19세기 말에 일어난 종교사학파의 대표자다. 그는 기독교를 떠나버린 근대 세계의 자율성과 무신성을 직시하였다. 또한 사실적인 것, 역사적인 것에 근거하려는 일반 학문들의 역사적 방법의 타당성을 인정하지 않을 수 없었다. 그는 신학이 자신의 성서적·교의학적 전제와 방법으로 인해 일반 학문의 세계에서 소외되고, 자신의 폐쇄된 좁은 종교적 영역 속에서 근대의 역사적 세계에 대해 무의미하게 된 현실을 직시하였다. 그래서 트뢸취는 신학과 일반 학문의 연속성을 회복하고, 이를 통해 근대 세계에 대한 기독교 진리의 의미와 타당성을 획득하기 위해 "신학의 변형(Umbildung)"을 시도한다.

그는 이에 대한 가능성을 역사적 방법에 근거한 종교학 내지 종교철학으로서의 신학에서 발견한다. 즉 기독교를 특수한 절대종교로 전제하고 교의학적 방법으로 연구하는 것이 아니라 세계 다른 종교들과의 비교 속에서 역사적-비평적 방법으로 연구할 때, 신학은 세속의 일반 학문들과 연속성을 갖게 되며, 근대의 변화된 삶의 세계에서 의미를 가질 수 있다는 것이다. 그래서 트뢸취는 기독교를 연구하기 위한 모든 특별한 방법과 전제를 거부하고, 일반 학문들의 보편적·방법, 곧 역사적-비평적 방법을 수용하며, 기독교를 인류의 보편적 종교적 역사의 한 현상으로 파악하려고 한다. 그에게 있어 기독교는 "절대종교"가 아니라 "가장 높은 계시"로 이해된다(Kang 2006, 9). 여기서 리츨과 리츨 학파의 초자연주의는 거부된다.

그러나 역사적-비평적 방법에 대한 트뢸취의 신뢰는 아래 두 가지 문제를 분명히 보지 못했던 것 같다. ① 역사적-비평적 방법은 "역사와 신앙 사이의 괴리를 극복하지" 못했으며, ② "순수하고 객관적인 탐구라는 계몽주의적인 환상에 빠져 있었다"는 점이다(윤철호 2001, 85). 이런 문제점으로 인해 20세기 초에 "위로부터의 계시와 신앙으로부터 출발하는 고전적이며 연역법적인 접근 방법", 곧 칼 바르트의 "신학적 성서해석학"이 등장하게 된다(위의 책 89).

19세기 말의 가톨릭 신학: 가장 중요한 사건은 1869-1870년 사이에 열린 제1차 바티칸 공의회다. 여기서 가톨릭교회는 교리적 문제에 있어 교황의 무오성을 교리로 확정한다. 이로써 교회가 진리를 소유하며 권위를 가진다는 가톨릭교회의 전통적 생각이 다시 한 번 확인된다. 교회의 교리적 권위는 교회의 동의에 있는 것이 아니라, 교황의 결정에 의한 법적 근거를 가진다. 교황은 교회의 수장(首長)이기에, 가톨릭교회의 신자가 되는 것은 교황에 대한 복종을 전제한다. 구원을 얻기 위해 인류는 오류가 있을 수 없는 수장이요 심판자인 교황을 필요로 한다. 제1차 바티칸 공의회는 또한 교회의 전통이 성서와 동등한 무게를 가진다는 트리엔트 공의회의 결정을 교리로 확정한다. 따라서 성서에 숨어있는 신앙의 진리를 올바르게 해석할 수 있는 법적 권리를 가진 기관은 교황청이다.

이러한 결정에 대해 1870년대에 특히 독일어권에서 강한 반발이 일어난다. 바티칸 공의회의 "신 가톨릭교회"에 대칭하는 "구 가톨릭교회" 운동, 독일의 "문화 투쟁"과 프랑스의 평신도 운동이 일어난다. 그러나 이러한 운동들로 가톨릭교회를 개혁하기에는 역부족이었다. 19세기 전반에 걸쳐 가톨릭교회는 계몽주의의 영향을 거부하는 입장을 취한다. 1832년에 교황은 개인의 보편적 양심의 자유에 대한 요구를 "불합리하며 잘못된 진술 혹은 간단히 말해 망상"이라 선언한다. 1854년에는 마리아의 동정녀 수태설이 교리로 확정되며, 이를 통해 주님의 어머니 마리아도 처녀의 몸에 수

태되었고 그러므로 예수와 마찬가지로 마리아도 원죄가 없다는 중세기의 이론이 구속력을 갖게 된다. 1864년에 교황은 교회와 국가의 분리를 포함한 80가지 이상의 진보적 사상들을 오류라고 선언하며, 1881년에는 계몽주의와 프랑스 혁명의 이념들을 종교개혁의 산물이라 비난한다. 1879년에는 토마스 아퀴나스에 대해 장차 모든 잘못된 이론들을 극복할 수 있는 무기를 제공할만한 규범적 신학자라고까지 선언한다.

1890년 이후 가톨릭교회의 이론과 그 시대의 사상들, 특히 철학, 정신과학, 사회이론의 화해를 요구하는 "현대주의"(Modernismus) 운동이 일어난다. 이에 참여한 많은 성직자들이 성직을 박탈당하고 가톨릭교회에서 추방된다. 그 대표자는 "현대주의의 아버지"라 불리는 프랑스의 루아지(Alfred Firmin Loisy, 1857-1940)다. 그는 뛰어난 복음서 연구자로서, 성서 영감설, 성서 무오설을 반대하며 성서의 제약성을 주장하는 가톨릭교회의 "역사적-비판적 방법의 정당성의 예언자"로 불린다. "예수는 하나님의 나라를 선포했는데, 그 후에 온 것은 교회였다"는 그의 말은, "예수는 하나님 나라를 예언했지만 하나님 나라는 교회에 임했다"는 것을 뜻했다. 그러나 이 말은 "예수는 하나님 나라를 선포했지만, 유감스럽게도 교회가 왔다"는 의미로 이해되어(윤철호 2006a, 93), 루아지는 1893년에 파리 가톨릭 대학의 교수직을 박탈당한다. 그는 가톨릭교회와 끝까지 화해하지 못하고, 1940년 6월 1일에 세상을 떠난다. 1910년부터 1967년까지 가톨릭교회의 성직자들이 사제 서품을 받을 때, 소위 "반 현대주의자 서약"(Antimodernisteneid)을 할 정도로 현대주의 논쟁은 가톨릭교회에 큰 파문을 일으킨다.

20세기 이후의 개신교회 신학: 20세기 초에 칼 바르트, 불트만, 브루너, 틸리히를 중심으로 일어난 변증법적 신학 혹은 신정통주의 신학은 오늘에 이르기까지 세계 신학계에 영향을 주고 있다(후에 이들 신학자들은 자신의 독특한 입장에 따라 나누어짐). 쿨만(Oscar Cullmann, 1902-1999)의 구원사 신학, 바르트의 영향을 받은 본회퍼, 고가르텐(Friedrich Gogarten, 1907-1967),

미국의 콕스(Harvey Cox, 1929-)의 세속화 신학, 알타이저(Thomas Alltizer)와 해밀턴(William Hamilton)의 "신 죽음의 신학"(또는 사신신학)도 20세기 중엽의 세계 신학계에 큰 파문을 일으킨다.

20세기 후반에는 몰트만의 희망의 신학과 정치신학, 판넨베르크의 역사신학, 미국의 과정신학, 남미의 해방신학이 세계 신학계의 중심적 위치를 차지한다. 또한 흑인신학, 혁명의 신학, 한국의 민중신학, 여성신학, 생태신학, 생명의 신학, 가다머(Hans Georg Gadamer, 1900-2002)와 폴 리쾨르(Paul Ricoeur, 1913-2005)의 해석학 등이 등장한다. 가톨릭 신학계에서는 샤르댕(Pierre Teilhard de Chardin, 1881-1955)의 진화신학, 라너(Karl Rahner, 1904-1984)의 인간학적 초월신학, 메츠(Johann Baptist Metz, 1928-)의 정치신학, 큉(Hans Küng, 1928-)의 에큐메니컬 신학 등이 유명하다. 계몽주의에서 시작하는 합리주의, 이성 중심주의, 인간 중심주의, 통일성 중심의 세계관, 질서와 규범의 절대성을 해체하고, 인간의 감성과 자연성, 상상력과 창조성, 비합리성, 개체적 다양성이 인정되는 다원적 세계를 추구하는 미셸 푸코(Michel Foucault, 1926-1984), 쟈크 데리다(Jacques Derrida, 1930-)의 포스트모더니즘도 신학계의 중요한 관심의 대상이 되고 있다(김성원 2006 참조). 이 모든 이론들에 대한 고찰은 다른 기회로 미룰 수밖에 없다(이에 관해 김균진 2003 참조).

제2부

새로운 미래를 약속하는
하나님의 계시

-계시론-

신학의 역사에서 계시의 개념은 오랫동안 관심의 대상이 되지 못했다. 초대교회와 중세교회의 신학은 이 개념에 대해 특별한 관심을 갖지 않았다. 종교개혁자들에게 신앙의 상관개념은 계시가 아니라 "하나님의 약속"이었다. "신앙과 약속은 상관개념이다"(*Fides et promissio sunt correlativa*, Moltmann 1999, 66). 그러나 성서에 기초한 기독교의 특별한 하나님 인식을 보편적인 이성의 인식에서 구별하고 그것을 강조하기 위해, 개신교 정통주의와 계몽주의 시대에 계시 개념은 신학의 중심부에 등장하기 시작한다. 따라서 계시 개념은 성서적 언어에 속하기보다 신학적 언어에 속한다.

많은 신학자들은 계시의 개념이 오랫동안 관심의 대상이 되지 못한 원인을 성서 자체에서 발견한다. 즉 성서는 명백한 "계시"의 개념을 알지 못하기 때문이라는 것이다. 그러나 필자의 생각에 의하면 그 원인은 중세기가 끝나기까지 기독교 신학이 고대 그리스 철학에 의존하였기 때문이다. 고대 그리스 철학에서는 우주 전체가 "만물의 근원자"의 계시이기 때문에, 계시는 특별한 관심의 대상이 되기 어려웠다.

그러나 성서는 그 전체에 있어 하나님의 계시의 책이라 말할 수 있다. 성서는 "계시" 개념에 대한 정확한 이해를 말하지 않지만, 도처에서 하나님의 나타나심에 대하여, 그의 존재와 의지와 계획을 알려 주심에 대하여, 그의 말씀하심과 행동에 대하여 증언해 주고 있기 때문이다. 성서는 하나님과 세계와 인간과 역사에 관한 진리를 가르쳐준다. 성서는 하나님의 계시를 "믿는 자세로 증언하고, 성찰하고, 그것에 관해 이야기하는 본문들"을 가지고 있다(Preuß 1995, 118).

그러므로 현대의 많은 조직신학자들은 계시론이 조직신학 체계의 출발점이 되어야 한다고 주장한다. 이 주장은 기독교 진리의 근거에 관한 통찰과 관련되어 있다. 기독교의 모든 진리는 무엇에 근거해야 하는가? 슐라이어마허가 말하듯이 인간의 종교적 경험 내지 우주에 대한 직관에 근거해야 하는가? 아니면 인간의 내적 성찰에 근거해야 하는가? 이 질문에 대해 우리는 이렇게 대답할 수 있다. 기독교 신앙의 진리는 하나님이 인간에게 가르쳐주는 것, 곧 하나님의 계시에 근거해야 한다. 그러므로 신학의 체계는 계시론과 함께 시작해야 한다.

칼 바르트가 말하듯이, 예수 그리스도 안에서 결정적으로 일어난 하나님의 계시가 기독교 신앙과 신학의 근거요 출발점이다. 하나님이 먼저 말씀하셨고 자기를 계시하였기 때문에, 교회는 하나님에 관해 증언하는 것이다. 따라서 계시론을 다루는 것이 "조직신학의 첫째 과제다"(Althaus 1972, 21).

1
계시의 개념과
기본 성격

A. 하나님의 역사적 사건으로서의 계시

신약성서에서 "계시"(히브리어 동사형 גָּלָה, 라틴어 동사형 *revelare*) 라는 말은 지금까지 숨겨져 있던 것이 열려져 보이게 되는 것 혹은 알게 되는 것을 뜻한다. "계시" 혹은 "묵시"로 번역되는 그리스어 *apokalypsis*(계 1:1)"는 동사형 *apokayptein*(계시하다, 요 12:38)에서 유래하며, 덮여져 있던 가면 혹은 껍질을 벗겨버리고 숨겨져 있던 것을 드러내는 것을 뜻한다. 묵시사상 혹은 묵시론(apocalyptism)의 개념도 이 단어에서 유래한다. *Faneroun*이란 동사는 숨겨져 있던 것의 나타남을 뜻하며(요한복음, 요한1서, 고린도후서에서 사용됨), *horan* 혹은 *ofthenai*는 "보다" 혹은 "나타나다"를 뜻한다(요한복음과 요한계시록에서 자주 사용됨). *Gnorizein*은 인간이 접근할 수 없는 것을 알게 하는 것을 말한다(에베소서에서 자주 사용됨). 이에 근거하여 기독교 신학에서 계시는 하나님이 인간에게 숨겨져 있던 것을 인간에게 나타내 보이는 것을 뜻한다.

계시의 이러한 개념은 다음의 사실을 전제한다. 즉 일반적으로 우리 인간이 알고 있는 것과는 다른 현실, 아직 숨겨진 현실이 있다는 사실이다. 따라서 "계시의 개념은" 우리가 지금 눈으로 보는 현실이 "아직 현실의 전체가 아닐 수밖에 없다는 경험에서 생성한다"(Beinert 1995, 55). 이러한 일반적 생각은 성서와 신학에도 해당한다. 성서와 신학은 눈에 보이는 세계의 현실을 넘어서는 하나님의 현실을 인정하며, 이 현실의 계시에 대해서 이야기한다. 계시에 대한 성서의 증언들이 지닌 한 가지 공통점은 바로 여기에 있다. 즉 인간에게 감추어져 있던 하나님의 현실이 드러나서 인간에게 열려진다는 것이다. 계시는 인간의 존재와 이 세계 속에 언제나 주어져 있는 어떤 상태를 가리키는 것이 아니라 인간에게 감추어져 있던 것, 인간이 자기 자신으로부터 생각해낼 수 없는 것이 인간에게 열려지는 사건, 곧 "열림의 사건"(Erschließungsgeschehen, Härle 2007, 81)을 뜻한다. 그것은 희망이 없는 인간의 세계에 대해 하나님 나라의 새로운 생명의 세계를 열어 보이는 메시아적 사건이다.

성서의 증언에 의하면 계시의 사건은 인간으로 말미암아 일어나지 않는다. 창조의 사건과 마찬가지로 계시의 사건은 하나님으로 말미암아, 그가 지으신 피조물에 대한 하나님의 사랑으로 말미암아 일어난다. 따라서 계시의 주체는 하나님이시다. 그것은 인간으로부터 시작하는 것이 아니라 하나님으로부터 시작한다. 하나님이 먼저 인간을 찾으시고 그에게 나타나심으로써, 계시의 사건이 발생한다. 그러므로 계시는 하나님의 기선(機先)적 행위라 말할 수 있다. 이것을 우리는 모세와 예언자들의 소명 이야기에서 분명히 볼 수 있다. 하나님이 모세와 예언자들을 찾아 오셔서 계시의 사건이 일어난다. 예수 그리스도의 계시도 하나님의 아들이 인간의 육을 취하고 이 세상에 오심으로써 일어난다. 바울의 회심과 소명에서도 그리스도의 계시는 그리스도의 기선적 행위로서 일어난다. 그러므로 하나님의 계시는 하나님의 은혜라고 할 수 있다. 그것은 인간의 어떤 업적이나 공적으로 말미암아 일어나는 것이 아니라, 피조물을 불쌍히 여기는 하나님의 사랑으로 말미암아 일어나기 때문이다.

성서에 나타난 계시의 매체(媒體)는 매우 다양하다. 초기 전승에 의하면 하나님의 계시는 인간에게 은폐되어 있지만 직접적 현현(Epiphanie)을 통해 일어난다. 곧 하나님은 아브라함에게(창 18장), 모세에게(출 3:4-4:1), 혹은 엘리야에게(왕상 19:11-13) 직접 나타나서 당신의 의사를 전달한다. 그러나 대개의 경우 계시는 매개체를 통해 일어난다. 곧 꿈과 비전(창 20:6; 욥 33:15), 천사(창 19:15), 제비뽑기(민 26:55), 하나님이 창조한 세계의 만물(시 1-6편; 롬 1:20; 행 17:27), 역사적 인물들의 말과 행위(모세와 아론, 사사들의 말씀과 행위들), 감동(inspiration, 행 2장; 11:28), 기적(출 11:9; 시 40:5; 마 11:2-6; 요 2:11), 예언자들의 예언 등을 통해 일어난다.

또 하나님의 계시는 아브라함의 부르심, 출애굽, 계약, 왕조의 건설과 멸망, 바빌론 유형(流刑), 유형에서의 해방 등 역사적 사건들과 역사의 과정을 통해 일어난다. 역사적 사건들 가운데 구약성서는 출애굽의 사건을 하나님의 가장 근원적인 계시, 곧 "야웨의 기본적 계시"로 간주한다(Preuß 1995, 127). 특히 자기의 이름을 가리켜 주심으로써(출 3:15), 또 이스라엘 백성에게 주신 율법을 통해 하나님은 자신의 구원의 의지와 존재는 물론 인간의 참 존재와, 세계가 지향해야 할 목적과 방향을 계시한다. 이 모든 계시의 매체들 가운데 말씀이 가장 본질적 매체로 인정된다. 말씀을 통해 계시의 내용이 인간에게 구체적으로 전달되기 때문이다.

신약성서에서 하나님의 계시는 역사적 인물 예수 그리스도의 삶과 죽음과 부활을 통해 정점에 도달한다. 그는 하나님의 말씀의 육화(肉化)이다 (요 1:14). 그분 안에서 하나님의 현실은 한 인간의 육의 형태로 나타난다. 그는 단지 계시의 매개체가 아니라 계시의 주체인 하나님과 동일하다. 그는 본래 "하나님의 모습"(morfe theou)을 가졌으나 사람과 같이 되었다(빌 2:6-7). 그의 말씀은 아버지 하나님의 말씀이요, 그의 행위는 아버지 하나님의 행위다. 그를 보는 것은 곧 아버지 하나님을 보는 것이다(요 14:9-11). 하나님의 "신비한 뜻"이 그분을 통해 우리에게 알려진다(엡 1:9). "하나님의 감추어진 지혜의 비밀"이 그분 안에서 계시되었다(고전 2:7-10; 골 1:24-27; 엡 1:8

이하). 그러므로 예수 그리스도는 하나님의 궁극적 계시라 말할 수 있다.

하나님의 계시에 대한 성서의 증언에서 한 가지 중요한 점은, 하나님의 계시는 무시간적인 것이 아니라 특정한 시점과 공간에서 일어나는 시간적·역사적 사건이라는 점이다. 그것은 무공간적 사건이 아니라 특정한 공간에서 일어나는 공간적 사건이기도 하다. 이에 대한 대표적인 예를 우리는 모세의 소명 이야기에서 발견할 수 있다. 출애굽기 3장에서 하나님은 특정한 시점과 특정한 공간에서 모세에게 나타나며, 자기가 어떤 존재이며, 그의 계획이 무엇인가를 알려 준다. 우리는 예언자들의 소명에 관한 이야기에서도 이 사실을 발견할 수 있다. 하나님은 특정한 시점, 곧 남유다의 웃시야 왕이 죽던 해에 예루살렘에서 이사야에게 자기를 나타내시고 그의 계획을 전달한다(사 6장). 예레미야의 경우, "아몬의 아들 요시야가 유다 왕이 되어 다스린 지 십삼 년이 되었을 때에" 하나님이 장차 일어날 일들을 계시한다(렘 1:2 이하). 예수의 궁극적 계시도 특정한 시점과 특정한 공간에서 일어난다. 사도 바울에게 허락된 예수 그리스도의 계시도 마찬가지다.

우리는 하나님의 계시를 눈에 보이지 않는 영원한 진리, 모든 시대와 모든 상황에 대해 타당성을 가진 절대적 진리, 무시간적 진리의 계시라 생각할 수 있다. 그래서 신학은 유한한 인간의 "이성의 진리"에 대해 "계시의 진리"를 대칭시키고, 계시의 진리의 우위성을 주장하기도 했다. 오늘도 이렇게 생각하는 사람들이 있다. 즉 하나님의 계시된 진리는 영원히 변하지 않는 절대적 진리요, 이 진리가 자기에게 있다는 것이다. 우리는 계시에 대한 이러한 이해를 가리켜 무시간적·무역사적 이해라 말할 수 있다. 그것은 시간과 역사를 초월한 절대적 진리의 계시로 생각되기 때문이다.

여기서 우리는 성서가 증언하는 계시의 중요한 성격을 발견할 수 있다. 성서에서 하나님은 역사의 모든 시대와 모든 인간의 상황에 대해 타당성을 가진, 소위 절대적 진리를 계시하지 않는다. 성서에서 하나님의 계시는 언제나 인간의 삶의 특정한 상황 속에서, 그 상황과 연관하여 일어난다. 세계의 어떤 사건도 무시간적으로 발생하지 않는다. 그것은 특정한 시점과 특정한 공간에서 일어난다. 하나님의 계시도 마찬가지다. 따라서 하나님은 무시간적 진리를 계시하는 것이 아니라, 특정한 시대의 특정한 상황에 대해 적절한 것을 계시한다. 구체적 예를 들어 예수가 선포하는 하나님의 나라와 하나님의 정의는, 예수의 생존 당시 "하나님에 의한 로마 체제의 종식과 하나님의 백성의 회복을 포함한다"(서중석 2006, 88).

그러므로 계시는 "역사성"을 가진다(Weber 1972, 193). 그것은 구체적이며 역사적인 것이다. 하나님의 계시에 대한 무시간적·무역사적 이해는 기독교 신앙의 모든 진리와 교회에 대한 무시간적·무역사적 이해를 초래한다. 이로 인해 기독교는 무시간적·무역사적 종교로, 교회는 무시간적·무역사적 교회가 되어버린다. 그 시대의 구체적 상황과 문제들과 가능성을 외면하고, 하나님의 영원하고 변할 수 없는 절대적 "계시의 진리"를 선포하는 종교가 되어버린다.

하나님이 모세에게 자기를 계시할 때, 모든 시대와 모든 상황에 대해 절대적 타당성을 가진 소위 영원한 진리를 계시하지 않는다. 그는 모세와 이스라엘 백성이 처한 특정한 상황에 대해 타당성을 지닌 진리를 계시한다. 따라서 성서가 증언하는 하나님의 계시는 추상적인 것이 아니라 구체적이다. 그것은 특정한 상황과 관련되어 있으며, 그 상황에 대한 해답을 제시한다. 그것은 그 상황에 처한 인간의 새로운 자기 이해와 세계 이해를 열어준다. 이 이해에 근거하여 인간이 무엇을 해야 하는가를 지시하는 여기에 계시의 또 한 가지 기본 성격이 있다. 그것은 단지 새로운 "세계이해"를 열어주는 것이 아니라(Härle 2007, 83에 반해), 하나님이 열어 보이는 새로운 세계를 향한 인간의 부르심과 예수를 뒤따르는 삶의 실천(Nachfolge, D. Bonhoeffer)을 동반한다.

하나님의 계시가 특정한 상황과 관련되어 있다면, 성서에 기록된 하나님의 계시는 우리의 상황에 대해서는 무의미한가? 그것은 오늘날 우리의 문제들에 대해 더 이상 타당성을 갖지 못하는가? 이 질문에 대해 우리는 다음과 같이 대답할 수 있다. 삶의 시대적·역사적 상황들은 다르지만, 인간은 그의 본성에 있어 동일하다. 따라서 인간의 삶의 상황들은 유사성을 가진다. 그러므로 과거의 특수한 상황 속에서 일어난 하나님의 계시는 오늘날 우리의 상황에 대해서도 의미와 타당성을 가진다. 그 속에는 인간의 언어로 모두 나타낼 수 없는 하나님의 진리가 숨어있다. 그런 점에서 성서는 하나님의 말씀이다. 따라서 오늘 우리의 상황에 대한 하나님의 진리를 새롭게 찾아내는 것이 신학의 과제라 할 수 있다. 바로 여기에 신학의 "해석학적 과제"가 있다.

B. 열림과 은폐의 변증법

출애굽기 33:12-23은 계시의 중요한 측면을 이야기한다. 하나님은 모세에게 자기의 영광을 나타내 보이겠다고 약속한다. 그러나 모세는 하나님의 등만 보게 될 것이며, 하나님의 얼굴은 볼 수 없을 것이라고 한다. 하나님의 얼굴을 본 사람은 살 수 없기 때문이다. 이 이야기는 무엇을 말하는가?

이 이야기는 하나님의 계시가 지닌 "드러남과 은폐의 변증법"을 시사한다. 하나님의 계시는 인간에게 숨겨져 있던 것이 열려지는 동시에 감추어지며, 감추어진 상태에 있으면서 인간에게 열려진다. 계시의 모든 내용들은(아래 "계시의 내용" 참조) 열려짐과 감추어짐의 변증법 속에 있다.

이 변증법은 먼저 자기를 계시하는 하나님에게 해당한다. 자기를 계시하는 하나님은 우리에게 언제나 숨어 계신다. 그는 자기를 계시하는 동시에 은폐되어 있으며, 은폐되어 있으면서 자기를 계시한다. 루터는 이것을 다음과 같이 요약한다. 하나님은 계시된 하나님(Deus revelatus)인 동시에 은폐되어 있는 하나님(Deus absconditus)요, 은폐되어 있는 하나님은 계시된 하나님이다! 이것은 또한 엘리야에 관한 이야기에도 나타난다. 엘리야는 하나님의 음성을 바람과 지진과 불덩이가 아닌 세미한 소리 속에서 듣는다(왕상 19:11 이하). 이 이야기가 시사하는 바는 다음과 같다. 하나님은 말씀을 통해 그의 뜻을 계시하지만, 인간이 접근할 수 없는 은밀한 곳에 숨어 계신다! 그는 "심지어 계시 속에서도…신비이기를 결코 멈추지 않으신다"(Migliore 2012, 63). 그러므로 우리는 구리(銅)로 만든 고대인들의 거울을 통해 보는 것처럼 희미하게 하나님을 볼 수 있을 뿐이다.

또한 하나님이 그의 계시를 통해 열어 보이는 새로운 생명의 세계도 계시와 은폐의 변증법 속에 있다. 그것은 성서에서 모든 피조물이 더불어 평화롭게 살며 하나님을 아는 지식이 가득한 세계로(사 11:6-9), 혹은 옛 하늘과 옛 땅에 모순되는 "새 하늘과 새 땅"으로 묘사된다(사 65:17; 계 21:1). 또 "하나님의 나라", "하나님의 도성인 하늘의 예루살렘", 더 이상 "죽음과 슬픔과 울부짖음과 고통이 없는" 세계, "이전 것들이 다 사라져버린" 세계, 혹은 "새 예루살렘"으로 묘사된다(막 1:15; 히 12:12; 계 21:4; 22:9 이하). 이 모든 표현들은 우리의 경험에서 유래하는 세상적인 매체들이며, 이 매체들을 통해 하나님의 새로운 생명의 세계는 묘사되는 동시에 은폐된다.

성서는 하나님의 계시에 대해 "비밀"이란 말을 사용한다. 곧 그리스도 안에 계시되는 "하나님 나라의 비밀"(막 4:11), 그리스도 안에서 세우신 하나님의 "비밀스러운" 뜻(엡 1:9), 이방인들과 유대인들을 위한 선교의 "비밀"(골 1:26; 롬 11:25), "복음의 비밀"(엡 6:19), "그리스도의 비밀"(엡 3:4)에 대하여 말한다. 우리 안에 계신 그리스도 자신이 "비밀"이다(골 1:27). 이 비밀이 하나님의 자녀들에게 계시되었다. 하나님의 자녀들은 이 비밀을 알게 되었다. 그러나 그것은 세상적인 형태로 알려지고 인간의 언어와 표상을 통해 이해되기 때문에, 여전히 비밀로 존속한다. "계시 속에서도…하나님은 신비이기를 결코 멈추지 않으신다"(Migliore 2012, 63).

계시와 은폐의 변증법의 궁극적 원인은, 이 세계에 속하지 않은 하나님의 현실이 이 세계에 속한 사물을 매체로 우리 인간에게 전달되기 때문이다. "계시의 사건은 매체 없이 일어날 수 없(다)"(문영빈 2006, 185). 계시의 가장 기본적인 매체는 인간의 언어이며, 역사적 사건들과 자연의 사물들이 계시의 매체가 되기도 한다. 예수 그리스도 안에서 일어난 하나님의 궁극적 계시는 인간의 형태를 매체로 삼는다. 이 모든 계시의 매체들은 하나님이 계시하는 것을 나타내는 동시에, 그것을 굴절시키며 은폐시킨다. 인간이 아닌 하나님이 예수 안에서 인간의 형태로 계시될 때도 굴절과 은폐가 일어날 수밖에 없다.

계시에 대한 인간의 인식에 있어서도 계시된 내용의 굴절과 은폐가 일어날 수밖에 없다. 동일한 사물에 대한 인간의 모든 인식은 차이를 가진다. 사물을 인식하는 인간의 이성은 다양한 문화적·역사적 배경 속에서 형성되며, 다양한 사고방식과 관심과 이해관계 속에서 사물을 인식한다. 그러므로 인식 대상은 동일하지만, 이 대상에 대한 인간의 인식은 다양성을 가질 수밖에 없다. 비록 성령을 통해 인식한다 할지라도 인식의 다양성을 피할 수 없다. 어떤 사람은 이것을 매우 불경스럽다고 여길지 모른다. 그러나 성령의 작용으로 말미암아 모든 사람이 동일한 대상을 똑같이 인식한다면, 단 하나의 성서 해석과 단 하나의 신학만이 있어야 할 것이다. 동일한 성서 본문에 대한 다양한 해석과 다양한 신학들이 있다는 사실은, 비록 우리가 성령의 작용을 통해 인식한다 할지라도 인식의 다양성을 피할 수 없다는 사실을 입증한다. 여기에서 우리는 다음과 같은 통찰을 추론할 수 있다.

1) 계시의 내용이 인간에게 전달되는 동시에 신비로 남아 있기 때문에, 계시는 인간이 조작하거나 조절할 수 있는 인간의 소유물이 될 수 없다. 그 어떤 사람도 하나님의 계시가 자기의 소유인 것처럼 행동할 수 없다.

2) 계시에 대한 인간의 인식은 언제나 불완전하다. 계시를 설명하는 인간의 모든 언어는 하나의 "그림 언어" 혹은 은유일 뿐이다. 예수도 "비유"를 통해 하나님의 나라를 설명한다. 이 때문에 인간은 하나님이 계시하는 것이 무엇인지, 언제나 새롭게 찾아야 한다. 예수 그리스도를 통해 계시되는 하나님의 나라가 무엇인지, 하나님의 존재와 의지가 무엇인지를 끊임없이 새롭게 발견하고자 노력해야 한다.

3) 기독교 신앙의 모든 진리가 하나님의 계시에 근거한다면, 이 모든 진리는 절대적일 수 없다. 어떤 신학적 이론이나 어떤 교단의 교리도 마찬가지다. 이들의 근거가 되는 하나님의 계시가 우리 인간에게 비밀로 남아 있기 때문이다. 따라서 우리는 "절대적 진리가 나에게 있다", "절대적 진리가 나의 교단에 있다"는 교만한 생각을 버려야 한다. 여기서 소위 "절대적인 것"은 인간이 자기 자신을 주장하고 절대화시키는 도구에 불과하다.

4) 하나님은 우리가 생각하는 것과는 전혀 다르게 행동할 수 있고, 우리가 기대하는 것과는 전혀 다른 곳에 계실 수 있다는 것을 인정해야 할 것이다. 그가 우리에게 계시한 것은 여전히 비밀로 남아 있기 때문이다. 그는 우리의 예측과 기대를 넘어서 행동할 수 있다. "나의 생각은 너희의 생각과 다르며, 너희의 길은 나의 길과 다르다.…하늘이 땅보다 높듯이, 나의 길은 너희의 길보다 높으며, 나의 생각은 너희의 생각보다 높다"(사 55:8-9). 하나님의 어리석음이 사람의 지혜보다 더 지혜롭고, 하나님의 약함이 사람의 강함보다 더 강할 수 있다(고전 1:27). 하나님은 우리가 가치 있다고 여기는 것을 무가치하게 여길 수 있고, 우리가 무가치하다고 여기는 것을 가치있게 여길 수 있다. 하나님은 약한 자를 택하여 강하게 쓰실 수 있고, 강한 자를 부끄럽게 만들 수도 있다. 음지가 양지로 될 수 있고, 양지가 음지로 될 수 있다. 쥐구멍에도 볕들 날이 있다!

5) 하나님의 새로운 생명의 세계는 예수 그리스도의 삶과 죽음과 부활을 통해 우리에게 결정적으로 계시되었고 약속되었다. 그것은 그리스도인들의 삶과 공동체 안에 현존한다. 그들은 땅 위에 있는 새로운 생명 세계의 현실들이다. 그러나 이 세계는 아직도 은폐된 상태에 있다. 인간이 있는 곳에는 어디에나 거짓과 불의와 죄와 죽음이 있고, 피조물들의 신음과 울부짖음이 있기 때문이다. 이 모든 "부정적인 것들"이 부정되고 더 이상 존재하지 않을 때, 하나님이 약속한 새로운 생명의 세계는 우리에게 완전히 그리고 분명하게 계시될 것이다. 이때 하나님의 "자기" 계시가 이루어질 것이다.

몰트만에 의하면 한 인격의 "자기" 계시는 총체적 계시다. 자기 자신을 계시하는 자는 자기를 총체적으로 계시한다. 그렇지 않으면 "자기 자신"을 계시한다고 말할 수 없다. 이와 같은 의미의 하나님의 자기계시는 종말론적 미래에 속한다. 장차 올 하나님의 영광이 계시되고 피조물 안에 거하게 될 때, 하나님은 "자기 자신"을 완전히 계시할 것이다. 이리하여 모든 피조물이 "얼굴과 얼굴로" 그를 보게 될 것이다(Moltmann 1999, 67). 역사의 마지막에 하나님의 약속된 새로운 생명의 세계가 완성될 때, 하나님은 우리가 얼굴과 얼굴로 볼 수 있도록 계시될 것이다. 그런 의미에서 계시는 기독교 신앙과 신학의 전제와 출발점인 동시에 "목표"가 된다(Kaufmann, 정재현 2006, 98). 그러므로 우리는 하나님의 계시의 종말론적 미래를 기다리게 된다.

하나님의 계시는, 우리가 계시를 받았다고 기뻐하면서 주어진 현실에 안주하고, 그 속에서 세상과 타협하고 순응하지 않게 한다. 오히려 그것은 주어진 현실을 떠나게 하며, 신음하는 피조물들과의 연대(solidarity) 속에서 하나님이 약속한 새로운 생명의 세계를 기다리게 한다. 아브라함과 모세와 예언자들과 예수와 사도들이 그렇게 하지 않았던가! 우리 자신과 이 세계의 죄성과 고난을 극복하고자 하는 노력 속에서 세계의 부정적인 것들이 사라질 때, 하나님의 계시는 우리에게 더 분명해질 것이다. 그것은 우리의 소유물이 아니라, 종말론적 미래로서 하나님의 자녀들의 노력을 통해 더 밝게 드러나기를 기다리고 있다. 그것은 오시는 주님과 함께 "오심" 가운데 있다. 모든 피조물이 신음 속에서 그것의 오심을 기다리고 있다. 이런 뜻에서 하나님의 계시는 종말론적 성격을 가진다.

2
계시의 내용

A. 하나님의 메시아적 미래

칼 바르트와 칼 라너는 하나님의 계시를 가리켜 삼위일체 하나님의 "자기계시"(Selbstoffenbarung) 혹은 "자기전달"(Selbstmitteilung)이라고 정의한다. 하나님은 자기의 한 부분을 계시하는 것이 아니라 바로 "자기 자신을 계시하기" 때문이다. 바르트는 이 계시를 삼위일체적 사건으로 해석한다. 우리는 계시의 사건에서 "계시자"(Offenbarer), "계시"의 사건(Offenbarung), "계시될 수 있음"(Offenbarsein)을 구별할 수 있다. 곧 성부·성자·성령을 구별할 수 있다. 하나님의 자기계시는 성부·성자·성령 사이에 일어난 삼위일체적 사건이다. 그리스도 안에서 객관적으로 일어난 계시는 오직 성령의 능력을 통해서, 또 성령의 능력으로 말미암은 순종과 믿음을 통해서 오늘 우리에게 하나님의 자기계시로 전달되고 현재화된다. 이런 의미에서 예수 그리스도는 계시의 "객관적 현실"이요, 성령은 계시의 "주관적 현실"이다. 삼위일체론은 예수 안에서 일어난 계시 사건의 "해석"이요, 계시는 삼위일체론의 "뿌리" 또는 "근거"이다(Barth 1964, 311, 328 이하; 신준호 2007,

21 이하 참조).

바르트의 계시에 대한 삼위일체적 해석에서 계시의 내용은 하나님 자신에게 집중된다. 하나님은 "자기 자신을 통해" "자기 자신"을 계시하며, 자기가 자기 자신의 주체와 대상이 된다. 그는 자기를 자기 자신에게서 구별하며, 자기를 자기 자신과 동일화시킨다. "단 한 분 하나님은 자기 자신 속에서 나(Ich)일 뿐 아니라 나와 너이다. 즉 너이기도 한 자기 자신에 대한 관계 속에만 있는 나이고, 나이기도 한 자기 자신과의 관계 속에만 있는 너이다"(Ich nur im Verhältnis zu sich selbst, der auch Du ist, Du nur im Verhältnis zu sich selbst, der auch Ich ist, 1970, 220). 바르트는 이 하나님의 자기계시를 하나님의 계시로 이해한다.

바르트의 계시 이해는 그 이후 많은 신학자들에게 영향을 준다. 이리하여 "자기계시", "자기전달"이란 개념이 20세기의 신학에서 유행처럼 회자된다. 바르트의 신학에 대해 비판적인 학자들도 그의 영향을 벗어나지 못한다. 그들은 하나님의 계시를 하나님의 "자기증명"(Selbsterweis, Pannenberg), "자기를 드러냄"(Selbstenthüllung, Wilckens)이라 정의한다. 계시에 대한 이런 생각은 가톨릭 신학에서도 동일하게 나타난다. "기독교에서 계시는 역사 속에서 일어나는, 예수 그리스도 안에 마지막 정점을 가진, 말씀과 행위와 사건들을 통한 하나님의 완전하고 남김 없는 자기전달(Selbstmitteilung)을 뜻한다"(Beinert 1995, 56). 칼 라너(Karl Rahner)도 계시를 하나님의 "자기전달"이라고 정의한다. "개혁 보수 신학과 보수신앙을 맹렬(猛烈)한 외부의 공세(攻勢)에서 수호"하고자 하는 한국의 한 보수 계열 신학자에 의하면, 하나님의 계시의 목적은 "인간이 하나님의 존재(存在, Existence)를 알 수 있게 하심으로써 하나님께서 인간으로부터 영광(榮光)을 받으시려고 하시는 것이다"(이범배 2001, 56).

계시를 하나님의 "자기" 계시로 보는 것은 일면 타당성이 있다. 하나님의 계시가 일어날 때, 하나님의 존재와 의지가 무엇인지도 계시된다. 구약성서에 기록된 일련의 역사적 사건들을 통해 세계에 대한 하나님의 하나님 되심, 곧 그의 주권과 영광이 증명된다. 예수 그리스도의 계시에서도 하나님의 존재와 구원의 의지가 계시된다. 따라서 계시는 하나님의 "자기" 계시라 말할 수 있다.

그러나 성서의 증언에 의하면 계시의 내용은 매우 다양하다. 그것은 하나님의 "자기" 계시만 가리키지 않는다. 계시는 피조물의 세계에 대한 하나님의 초월성과 자유, 그의 영광과 놀라운 창조의 능력, 계약의 행위, 피조물에 대한 그의 의지, 심판과 구원, 민족들의 역사 과정, 세계의 근원과 목적, 인간의 참 존재와 삶의 방향을 가리켜 준다. 이와 같이 매우 다양한 내용들이 성서의 증언들을 통해 계시된다.

또 하나님의 계시의 궁극적 목적은 "자기" 계시와 자기 증명, 자기의 영광에 있는 것이 아니라 인간과 세계의 구원에 있다. 계시는 본질적으로 "구원의 사건"이다(Weber 1972, 191). 인간과 세계를 악의 세력에서 해방하고 구원하여 이 땅 위에 하나님의 나라를 세우기 위한 목적으로 하나님의 계시가 일어난다. 바로 여기에 계시의 목적이 있다. 이 목적에 비추어 볼 때, 하나님의 "자기" 계시는 계시의 부차적 측면을 나타낸다.

우리는 이것을 성서에서 분명히 찾아볼 수 있다. 하나님은 우르(Ur)에 살던 아브라함에게 나타난다(자기를 계시한다). 이때 하나님은 아브라함에게 자기 자신에 대해서는 아무것도 말하지 않는다. 모세를 만나주실 때에도 하나님은 단지 자기를 전달하기 위해서가 아니라, 그가 선택한 백성을 이집트의 억압과 착취에서 해방하기 위해 모세에게 자기의 의지와 존재를 계시한다. 이때 모세가 하나님의 이름을 묻기 때문에, 하나님은 "나는 나다", 나는 "야웨, 너희 조상의 하나님"이라고 자신의 존재에 대해 말한다. 계시의 이러한 구도는 예언자들과 사도 바울의 소명 이야기에서도 동일하게 나타난다.

하나님의 계시에 대한 성서의 이야기들은 또한 그것을 경험한 사람들이 직접 기록한 것이 아니다. 이 이야기들은 하나님의 계시를 받은 사람들의 경험에 대해서 들은 후대 사람들의 증언에 불과하며, 그들에 의해 해석된 증언들이다. 그러므로 우리는 성서에서 하나님의 완전하고 직접적인 "자기" 계시, "자기" 전달을 발견할 수 없다. 성서의 기자들은 역사 속에서, 역사를 통해 활동하는 하나님에 대해 증언하고 있지만, "이 역사 속에서 이 역사를 통해 야웨가 자기를 완전히 그리고 직접적으로 '계시한다'는 것을 어디에서도 말하지 않는다"(Preuß 1995, 125).

성서의 증언을 면밀히 살펴볼 때, 하나님의 계시는 하나님의 새로운 생명의 세계를 그 본질적 내용으로 갖고 있다. 하나님이 아브라함에게 나타날 때, 그는 자기를 계시하기보다, 새로운 땅을 가리킨다. 모세에게 나타날 때, 그는 "저 아름답고 넓은 땅, 젖과 꿀이 흐르는 땅"을 계시한다. 이사야에게 나타날 때, 그는 "거룩"의 세계를 계시한다. 예수 그리스도 안에서 그는 모든 피조물이 기다리는 "하나님의 나라"를 계시한다. 예수의 부활을 통해 하나님은 더 이상 죽음이 지배하지 않는 하나님의 메시아적 미래를 계시한다. 여기서 하나님의 "자기" 계시는 부수적으로 일어날 뿐이다. 계시의 본래 목적은 하나님이 자기를 계시하고 전달하고 자기의 영광을 얻는 데 있기보다, 모든 피조물과 더불어 평화롭게 사는 그의 나라를 세우는 데 있다.

B. 메시아적 미래를 향한 약속

하나님의 계시가 언급된 성서의 증언들 가운데서 살펴볼 수 있는 한 가지 공통점은, 하나님이 나타나실 때 새로운 생명의 세계가 약속되며, 이 약속에 대한 인간의 믿음이 요청된다는 점에 있다. 하나님은 아브라함과 모세에게 나타나실 때 새로운 땅을 약속한다. 때로 하나님은 예언자들을 통해 심판과 멸망을 전달하기도 한다. 그러나 심판 다음에 올 이스라엘의 회복과 새로운 메시아적 생명의 세계, 곧 "새 하늘과 새 땅"을 약속한다. 그리고는 이 약속에 대한 믿음을 요청한다. 이스라엘은 이 믿음 속에서 옛것을 버리고 새 것을 향해 떠난다.

그동안 기독교 신학은 예수 그리스도가 하나님의 궁극적 "자기계시"라고 말했다. 물론 하나님이 예수 그리스도를 통해 자기의 존재를 궁극적으로 계시하는 것은 사실이다. 예수의 삶과 십자가의 죽음에서 하나님이 어떤 분인지 계시된다. 그러나 지상의 예수는 그의 아버지 하나님과 자신의 본성이나 속성에 대해 거의 말하지 않는다. 하나님의 삼위일체에 대해서도 침묵한다. 오히려 그는 하나님이 약속하신 메시아 왕국, 곧 "하나님의 나라"에 대해 말씀하시며, 자신의 존재와 삶을 통해 하나님의 나라를 앞당겨 일으킨다. 예언자들을 통해 약속된 하나님의 나라, 곧 새로운 생명의 현실이 예수 안에 계시되며 또 약속된다. 예수가 있는 곳에 하나님의 나라가 있다. 예수는 "하나님 나라 자체"이다(Origenes). 그는 "하나님의 나라와 하나님의 정의"를 계시하며 그것을 약속한다.

그러므로 성서에서 하나님의 계시는 약속을 그 내용으로 한다. 하나님의 자기계시는 새로운 약속과 함께 일어난다(Moltmann 1964, 85 이하). 바울의 경우에 그리스도의 계시는 구원의 약속 및 예고와 분리할 수 없을 정도로 결합되어 있다(Balz 1995, 140; 참조. 롬 1:2; 3:21; 4:20-25). 부활하신 그리스도의 계시는 신비한 천상의 세계에 대한 영원불변의 진리에 대한 계시도 아니고, 현상의 세계 저 너머에 숨어있는 "영원한 현재의 에피파니(Epiphanie, 나타남)"도 아니다. 그것은 모든 피조물이 도달해야 할 "진리의 약속된 미래의 계시(Apokalypsis)"다. 부활하신 예수가 그의 제자들에게 나타났을 때, 그는 십자가의 죽음을 당한 그분으로 확인되는 동시에 장차 오실 분으로 나타난다. 장차 오실 그분의 새로운 생명의 현실이 그와 함께 앞당겨 나타나는 동시에 약속된다.

하나님의 약속은 메시아적 성격을 가진 메시아적 사건이다. 거짓된 인간의 존재와 죄와 죽음이 도처에 있는 이 세계와 대비되는 하나님의 새로운 생명의 세계가 제시되며, 인간의 존재와 이 세계의 현실을 상대화시키고 약속된 세계를 향해 그들을 개방하기 때문이다. 하나님이 계시하는 새로운 생명의 현실 앞에서 인간은 자신과 세계의 거짓되고 비본래적인 실존의 모습을 보게 된다. 이와 동시에 우리 인간이 지향해야 할 참 인간의 모습과 세계의 모습을 보게 된다. 그러므로 하나님의 계시는 단지 하나님의 "자기계시" 혹은 "자기전달"이 아니라, 참 생명의 계시, 곧 인간과 세계의 본래적 모습의 계시라 말할 수 있다.

이와 같이 하나님의 계시는 인간과 세계의 본래적 모습을 제시하면서 인간에게 회개와 새 출발을 요구한다. 먼저 인간의 존재가 "새 피조물"로 변화되어야 한다. 곧 인간 자신의 존재가 하나님 나라의 현실이 되어야 한다. 옛 사람 사울은 죽고, 새 사람 바울이 태어나야 한다. 미디안 광야에서 낙심과 좌절 속에서 살던 옛 사람 모세는 죽고, 하나님과 함께 이집트 황제 파라오에 맞서는 새 사람 모세가 태어나야 한다. 그래서 하나님은 모세에게 "너는 신을 벗어라"고 명령한 것이다(출 3:5). 새 피조물로 태어난 인간과 함께 하나님의 약속된 세계를 향한 역사의 변증법적 운동이 시작된다.

3
계시의 작용

A. 구원의 세계를 향한 새 창조

하나님의 계시가 일어날 때 어떤 일이 발생하는가? 그의 계시는 어떤 일을 일으키는가? 성서의 증언에 따르면 하나님의 계시가 일어날 때, 인간은 자기 자신과 세계의 희망없는 모습을 보게 되고, 하나님이 가리키는 새로운 생명의 세계를 향해 길을 떠난다. 이 과정에서 우리는 먼저 인간의 새로운 자기인식, 곧 회개가 일어난다고 추론할 수 있다. 하나님의 계시는 단지 하나님의 "자기", 곧 하나님의 본성에 관한 정보나 지식의 전달보다는, 인간의 새로운 자기이해를 불러일으킨다. 이때 인간은 자기를 하나님의 피조물로, 하나님의 자녀로 인식하게 된다. 그는 하나님에 대한 전적신뢰(=믿음) 속에서 자기의 삶의 길을 하나님에게 맡긴다. 그리고 눈에 보이는 허망한 것보다는 눈에 보이지 않는 영원한 것을 더 희망한다(롬 8:24; 고후 4:18).

희망한다는 것은 단지 "간절히 바란다"는 것을 뜻할 뿐 아니라 바라는 바를 향해 살아간다는 것을 내포한다. 간절히 바라는 사람은 주어진 현실에 안주하지 않고, 자기가 참으로 바라는 현실을 향해 길을 떠난다. 그는 "도상(途上)의 존재"가 되어(E. Jüngel) 눈에 보이는 것, 손으로 붙들 수 있는 것을 얻으려고 애쓰는 사람들의 세계와 작별하고, 눈에 보이지 않고 손으로 붙들 수 없는 것을 향해 나아간다.

우리는 이에 대한 대표적인 실례를 모세의 소명 이야기에서 쉽게 찾아볼 수 있다. 불타는 떨기 속에서 자기를 부르는 하나님 앞에서 모세는 좌절하며 살아가는 일상(日常)의 자기를 보는 동시에 하나님이 약속하는 새로운 세계에 대해 눈을 뜨면서, 이 세계를 향해 자기의 삶을 바치는 새로운 존재로 변화된다. 그는 더 이상 애굽의 고기 가마를 신뢰하지 않고, 하나님과 그의 약속을 신뢰한다. 그는 불신앙의 실존에서 신앙의 실존으로 변화된다(R. Bultmann). 그는 자신의 존재와 세계의 모든 것을 새로운 눈으로 보게 되고, 하나님의 약속된 세계를 향해 길을 떠난다.

하나님이 스랍들과 함께 이사야에게 계시될 때, 이사야의 모든 죄가 용서를 받는다. 이제 그는 하나님의 새로운 피조물로 변화된다. "이것(숯불)이 너의 입술에 닿았으니, 너의 악은 사라지고, 너의 죄는 사해졌다." 이때 이사야는 "내가 누구를 보낼까? 누가 우리를 대신하여 갈 것인가?"라는 하나님의 부르심을 듣고 다음과 같이 응답한다. "제가 여기에 있습니다. 저를 보내어 주십시오"(사 6:7-8).

한마디로 하나님의 계시는 인간의 구원을 일으킨다. 여기서 "계시와 '구원'은 아주 밀접하게 결합된다. 아니, 양자는 하나이다. '구원을 일으키는 그의 활동 속에 계신 하나님의 계시-됨'이 무엇보다 먼저 문제되기 때문이다"(R. Schnackenburg, Balz 1995, 136에서 인용). 계시는 하나님의 새로운 세계를 약속하는 동시에, 옛 존재로부터 새 존재를 향한 인간의 구원을 일으킨다. 한 인간이 구원을 받는다는 것은 하나님의 새 창조가 그에게서 일어난다는 것을 뜻한다. 하나님의 주권이 한 인간의 존재 안에 세워지며, 하나님과 인간의 교통이 회복된다. 이와 같이 성서에서 하나님의 계시는 단지 하나님의 "자기계시", "자기증명"을 위해 일어나는 것이 아니라, 먼저 인간의 구원 내지 인간의 새 창조를 일차적 관심으로 가진다. 곧 "나의 구원, 나에 대한 그의 주권, 그리고 하나님과 나 사이의 사귐"이 계시를 통해 발생한다(Brunner 1961, 40).

새롭게 창조된 인간을 통해 하나님의 새로운 창조의 역사가 이 세계 속에 일어나기 시작한다. 눈에 보이는 것, 나에게 이득이 되는 것을 최고의 가치로 생각하며 살아가는 인간의 세계 속에, 눈에 보이지 않는 것을 바라며, 불의와 비인간성이 다스리는 세계 속에 하나님의 정의와 인간성을 세우는 새로운 삶의 스타일이 일어난다. 그리스도의 뒤를 따르는 하나님의 자녀들을 통해 이 세계 속에 하나님 나라의 현실이 나타나기 시작한다.

따라서 하나님의 계시는 하나님과 세상과 인간 자신에 대한 새로운 "이해", 새로운 "안경"을 제공하는 것으로 끝나지 않는다. 또 그것은 판넨베르크가 말하는 것처럼, 역사를 "보편사"(Universalgeschichte)로 보는 새로운 역사이해를 제공하는 것으로 끝나지 않는다. 그것은 단지 하나의 새로운 "해석"을 첨가하지 않는다. 오히려 새로운 "역사를 세운다"(Preuß 1995, 118). 그것은 죄와 죽음의 세력이 작용하는 이 세계의 역사 속에 하나님의 약속된 세계를 향한 새로운 생명의 역사를 일으키며, 이를 통해 역사의 "변화"를 일으킨다. 중요한 것은 역사의 해석이 아니라 역사의 변화이다(K. Marx). 역사의 변화는 먼저 자기를 하나님의 자녀로 인식하는 인간에게서 일어난다. 곧 세계의 운명을 결정할 수 있는 힘을 가진 세계의 가장 중요한 한 부분에서 일어난다. 그러나 그것은 인간에게서 끝나지 않고 피조물의 세계를 지향한다.

프린스턴 신학교의 조직신학 교수인 밀리오리(Daniel L. Migliore)는 계시의 구원론적 작용을 적절히 설명한다. 하나님의 계시는 인간의 능력을 파괴하거나 쓸모없는 것으로 만들지 않는다. "이와는 반대로 예수 그리스도 안에서 드러난 하나님의 구체적인 사랑은 강력한 흡입력을 지니기에, 강제적이지 않은 방식으로 마음의 헌신을 이끌어내며 인간의 상상력에 새로운 비전을 제시하고 인간의 이성에 새로운 방향을 제공한다." 그것은

"우리의 상상력을 거짓 우상들의 노예로부터 해방시킴으로써 인간의 삶에 영향을 미친다. 하나님의 계시는 하나님이 누구신지에 대해 그리고 하나님의 뜻에 따라 사는 것이 무엇을 의미하는지에 대해 새로운 패러다임을 제공한다"(Migliore 2012, 67). "계시는 우리 시각을 협소하게 하거나 이해를 위한 우리의 노력을 제한하는 대신, 우리 마음을 새롭게 하고 상상력을 변화시킨다. 예수 그리스도라고 일컬어지는 '특별한 계기'에 비추어 우리는 하나님과 만물을 새로운 빛으로 바라볼 뿐 아니라, 이러한 새로운 시각에 맞추어 행동하려고 애쓰게 된다. 계시란 실재를 해석하는 패러다임이 철저하게 변화하는 것을 의미한다. 이런 의미에서 계시는, 세상 속에서 인간 행동의 변화와 창의적 상상을 끌어낼 수 있는 무한한 근원이 된다." 이런 점에서 하나님의 계시는 "하나님과 세상과 우리 자신을 이해하는 새로운 해석학적인 초점이다"(71).

하나님의 계시가 일어날 때, 왜 새로운 생명의 역사가 일어나게 되는가? 그 원인은 계시를 통해 하나님이 약속하는 새로운 생명의 세계가 지닌 모순성에 있다. 죄와 거짓과 불의가 가득한 현존의 세계에 대해서 하나님이 약속하는 새로운 세계는 모순적인 것이다. 거짓에 대하여 참이, 죽음에 대하여 생명이 모순적인 것처럼, 하나님의 나라는 세계의 악한 현실에 모순된다. 자기에게 모순되는 것이 나타날 때, 자기의 정체가 드러난다. 곧 하나님의 나라가 나타날 때, 인간과 현실 세계의 거짓된 모습이 드러난다. 참 생명이신 예수가 나타날 때, "무덤"(=죽음) 가운데 살던 귀신의 정체가 드러난다.

이로 인해 현존의 세계는 절대성을 상실하고, 하나님이 약속하는 진리의 세계 앞에서 상대화되고 개방된다. 이제 그것은 자신의 불의하고 거짓된 현실을 버리고, 진리의 세계를 향해 변화되어야 할 세계로 밝혀진다. 그것은 새롭게 창조되어야 한다. 인간은 물론 온 세계가 하나님의 "새 피조물"로 변화되어야 한다는 사실이 계시를 통해 드러난다.

기독교는 전통적으로 이렇게 말한다. 하나님의 새 창조의 역사는 오직 하나님을 통해 일어난다! 이 말은 매우 은혜스럽게 들리며, 또 진리의 측면을 드러낸다. 먼저 새 창조의 역사는 먼저 하나님을 통해 시작하기 때문이다. 그러나 이것은 하나님의 새 창조의 역사에 있어 인간이 담당해야 할 몫과 책임성을 은폐시킬 수 있다. 우리는 교회의 이러한 가르침으로 말미암아 오늘날 한국교회가 한국 사회에서 창조적 능동성을 상실하고 자신 안에 폐쇄된 또 하나의 종교 집단으로 변모해가는 현실을 부인하기 어렵다. 또 우리는 성서에서 하나님의 새 창조의 역사가 하나님의 약속을 받은 사람을 통해 일어난다는 사실을 분명히 본다. 하나님의 새 창조의 역사가 새로운 땅에 대한 하나님의 약속과 함께, 옛 땅을 "떠나라"는 하나님의 명령을 따르는 아브라함을 통해 일어난다. "내가 누구를 보낼까?"라는 하나님의 안타까운 물음에 대해 "저를 보내어 주십시오"라고 응답하는 이사야와 함께 죄와 거짓과 죽음의 세력에 대항하는 진리와 생명의 역사가 일어난다.

우리는 이것을 예수의 부활에서도 볼 수 있다. 부활하신 예수와 함께 새로운 생명의 세계가 제자들에게 보여진다. "내가 다시 오리라!"는 그분의 약속과 함께 부활의 세계가 그들에게 약속된다. 이 세계를 향해 파송을 받는 제자들을 통해 새로운 역사가 일어나기 시작한다. 이와 같이 성서에서 하나님의 계시는 하나님이 약속하는 "새 하늘과 새 땅"을 향해 새로운 역사를 세우는 작용을 한다. 그것은 하나님이 약속한 메시아적 현실을 약속하는 동시에, 이 현실을 향해 세계의 모든 것을 개방하는 메시아적 작용을 한다.

B. 변증법의 원천으로서 하나님의 계시

역사는 단지 시간의 연속 과정을 뜻하는 것이 아니라, 의미있는 목적을 향해 현존의 세계가 끊임없이 자기를 부정하고 변화되어가는 변증법적 과정을 의미한다. 변증법적 과정은 주어진 사물의 부정성(Negativität)을 전제하며, 부정성은 변증법을 가능하게 하는 내적 요인이다. 인간을 포함한 세계의 모든 사물은 본래의 상태에 있지 않다. 그것은 부정되어야 할 "부정적인 것"이 그 속에 내포되어 있다. 그러므로 세계의 모든 것은 그 부정적인 점에 있어 부정되어야 하며, 이를 통해 참과 진리의 세계로 지향되어야 한다. 이것이 헤겔이 말하는 변증법이다(이른바 These, Antithese의 대립과 양자의 중재 내지 타협을 통한 Synthese를 뜻하지 않음). 변증법적 과정을 거부하고 주어진 상태에 머물 때, 세계는 침체와 부패와 타락의 늪에 빠지고 만다. 따라서 모든 사물의 부정성에 대한 인식은 역사를 추진하는 역사의 원동력이라 말할 수 있다.

역사의 변증법적 발전을 일으키는 이 부정성에 대한 인식은 어디로부터 오는가? 블로흐에 의하면 그것은 세계의 모든 사물들 안에 내재하는 유토피아적 본성, 곧 보다 나은 내일을 지향하는 본성에서 유래한다. 보다 나은 내일을 향한 기다림을 통해 주어진 현실의 부정적 요소들이 드러나고, 인간은 이 부정적 요소들을 부정하려는 의식을 갖게 된다. 그럼 보다 나은 내일을 기다리는 유토피아적 본성은 어디서 오는가? 블로흐에 의하면 모든 사물의 유토피아적 본성은 물질적·정신적 "결핍"에 대한 의식에서 온다. 결핍을 느끼기 때문에, 사물들은 보다 나은 내일을 기다리는 유토피아적 본성을 갖게 된다.

여기서 우리는 블로흐의 생각에 동의할 수 있다. 굶주리는 사람은 굶주림이 없는 보다 나은 내일을 기다릴 수밖에 없다. 불의한 세계 속에서 고난을 당하는 사람은 정의로운 내일을 기다릴 수밖에 없다. 그러나 인간에게는 자기를 모든 것의 중심에 세우고 자기가 모든 것을 지배하려는 악한 본성이 있다. 그는 유한한 존재임에도 불구하고 자기를 무한히 확장시키려고 한다. 그래서 아무리 소유해도 만족할 줄 모르는 것이다. 이로 인해 인간의 세계는 주어진 상태 속에서 자기를 고정시키고 폐쇄시키려는 경향을 갖게 된다. 바로 여기에 죄의 근원이 있다. 그러면 이러한 인간의 세계가 그 자신의 부정성을 인식하고 진리의 세계를 향해 나아가려는 내적 원동력, 곧 역사의 원동력은 어디에서 오는 것일까?

성서에 따르면 그것은 하나님의 계시로부터 나온다. 인간이 아직 경험하지 못한 하나님의 새로운 현실, 곧 하나님의 정의와 사랑이 모든 것을 결정하는 "새 하늘과 새 땅"의 현실이 계시되고 약속될 때, 인간과 세계는 자신의 부정적인 모습을 드러낸다. 달리 말해 모든 사물의 부정성은 진리의 세계를 약속하는 하나님의 계시를 통해 인식된다. 그들은 주어진 상태에 안주할 수 있는 것이 아니라, 하나님이 약속한 새로운 삶의 현실을 향해 끊임없이 자기를 부정하고 지양되어야 할 존재로 규정된다.

여기서 계시는 단지 하나님의 "자기계시", "자기전달"이 아니라 역사의 변증법적 운동을 일으키는 원천으로 드러난다. 인간과 세계의 모든 사물이 모순적 존재요, 모순되기 때문에 부정되어야 할 존재라는 사실은 자명적 진리가 아니라, 하나님이 언제나 다시금 성령 가운데 오셔서 그의 미래를 약속하기 때문에 드러난다. 역사의 변증법적 발전을 일으키는 역사의 원동력은 계시를 통해 하나님이 약속하는 새로운 생명의 세계, 곧 예수가 선포한 하나님의 나라에 있다.

참 역사의 원동력은 단지 자기의 생명을 유지하고 확장하고자 하는 모든 생명체의 욕구에서 오는 것이 아니라 새로운 생명의 세계를 계시하는 하나님으로 말미암아 생성된다. "새로움"의 원천이신 하나님이 그의 새로운 세계를 계시하기 때문에, 옛 피조물은 새 피조물로 지향되어야 할 존재로 인식된다. 과학적 무신론자들은 세계의 물리 화학적 작용 외에 아무것도 인정하지 않는다. 그들은 세계의 모든 현상이 하나님 없이, 물리 화학적 법칙에 의해 설명될 수 있다고 확신한다. 인간의 사고(思考)와 감정도 뇌세포의 물리 화학적 법칙에 따라 설명될 수 있다고 믿는다. 그러나 만일 하나님이 계시지 않는다면, 그가 우리에게 그의 새로운 세계를 계시하지 않는다면, 인간의 세계 속에 과연 "새로움"이 존재할 수 있을까? 전도서 기자가 이야기하듯이, 우리는 세계의 모든 것은 "오래전부터 있던 것"

에 불과하며, 결국 모든 것이 "허무하다"(전 1:1)고 한탄하지 않겠는가? 우리는 사물에 대한 과학적 분석과 실험에서 사물을 지배할 수 있는 정보를 얻을 수 있지만, 사물의 존재에 대해 변증법적 자기부정과 변화를 요구하는 부정의 원리를 발견하기는 어려울 것이다. 그렇다면 과연 세계의 그 무엇이 인간과 세계의 참된 역사를 가능하게 하는 부정성의 원인이 되며, 역사의 원동력이 된다고 말할 수 있을까?

부정의 원리의 원천은 하나님의 계시에 있다. 신적 사랑에 모순되는 미움과 증오, 정의에 모순되는 불의, 진리에 모순되는 거짓, 절제된 삶에 모순되는 탐욕과 방탕, 겸허함에 모순되는 교만, 새로운 미래를 향한 개방성에 모순되는 자기 폐쇄와 자기절대화, 이와 같은 부정적인 것들의 부정성이 하나님 나라의 계시로 인해 드러난다. 이와 함께 부정적인 것의 부정이 일어나며, 역사의 변증법적 발전이 일어난다.

성서는 이것을 상징적 언어로 표현한다. 하나님이 아브라함에게 새 땅을 약속할 때, 아브라함이 살고 있던 기존의 땅은 버리고 떠나야 할 것으로 드러난다. 하나님이 모세에게 "젖과 꿀이 흐르는 땅"을 약속할 때, 이집트의 "고기 가마"는 버려야 할 것으로 드러난다. 하나님의 새로운 현실을 담지한 예수가 나타날 때, 귀신이 자신의 정체를 드러내고 귀신들린 사람을 떠난다. 곧 부정적인 것이 부정된다. 베드로가 예수의 부르심을 받을 때, "모든 것을 버려두고" 예수의 뒤를 따른다(눅 5:11). 예수의 십자가에서 세계는 그의 부정적 모습을 여지없이 드러낸다.

성서의 이러한 이야기들은 하나님의 계시 앞에서 세계의 부정적인 것이 부정되며, 이를 통해 새 창조의 역사가 일어난다는 것을 시사한다. 죄와 거짓이 가득한 세계 앞에 참 존재의 세계가 나타나기 때문이다. 그러므로 하나님의 계시는 하나님의 자기증명과 자기의 영광을 위한 "자기계시"인 동시에, 이것을 뛰어넘어 모든 사물의 참 존재의 계시요, 모든 사물의 부정성의 계시라 말할 수 있다. 그것은 모든 사물이 지향해야 할 역사의 목적의 계시다. 계시를 통해 일어나는 하나님의 새로운 생명의 세계에 대한 약속을 통해, 모든 사물은 그들이 지향해야 할 방향과 목적을 갖게 된다. 이 약속을 통해 인간의 삶은 참 가치가 무엇인가를 알게 되며, 무엇을 위해, 무엇 때문에 살아야 하며, 또 어떻게 살아야 하는가를 알게 된다.

한국 교회에서 가끔 우리는 "내가 하나님의 계시를 보았다", "천계의 신비를 보았다"는 얘기를 들을 수 있다. 다른 사람이 보지 못하는 하나님의 특별한 계시와 천계의 신비를 보았기 때문에, 이런 사람은 특별한 권위와 복종을 요구하면서 일반 신도들 위에 군림하며 신도들의 재산을 갈취하여 치부하기도 한다. 이것은 종교적 거짓이요 사기극에 불과하다.

성서에서 하나님의 계시를 경험한 사람은 특별한 권위와 복종을 요구하지 않는다. 그는 자기를 위한 집단을 만들어 자기의 영광과 이익을 추구하지 않는다. 오히려 하나님이 약속하는 새로운 생명의 세계를 향해 하나님의 부르심을 받고 고난의 길을 떠난다. 그는 하나님이 약속한 미래를 향한 종(從)이 되어 자신의 삶을 바친다. 우리는 아브라함, 모세, 예언자들, 예수, 사도들과 바울에게서 이것을 분명히 볼 수 있다. 참으로 하나님의 계시를 경험한 사람은 하나님의 "뜻이 하늘에서 이룬 것 같이 땅에서도 이루어지며", "하나님의 나라"가 이 땅 위에 임할 수 있도록 예수의 뒤를 따른다.

4
계시론의
다양한 문제들

A. 율법과 복음을 통한 계시

개신교 정통주의 신학은 구약과 신약, 율법과 복음은 모순되는 것으로 생각하였다. 이리하여 구약과 신약, 율법과 복음에 대한 이분법적 이해가 오늘에 이르기까지 계속되고 있다. 필자는, 구약의 하나님은 율법과 심판의 하나님이요, 신약의 하나님은 은혜와 구원의 하나님이란 설교를 어릴 때부터 들어왔다. 구약과 신약, 율법과 복음에 대한 이러한 이분법적 사고는 계시에 대한 입장으로 발전한다. 이리하여 20세기 루터교 신학자들은 율법을 통한 계시와 복음을 통한 계시를 구별한다. 이들 가운데 대표적인 신학자였던 엘러트(W. Elert)에 의하면, 하나님의 계시는 율법과 복음의 두가지 분리된 형태로 일어난다. 하나님에 대해서는 "분노와 은혜"의 분리된 형태로, 인간에 대해서 그것은 "죄와 믿음"의 분리된 형태로 일어난다. 다시 말해 율법은 인간의 죄와 이에 대한 하나님의 분노를 계시하고, 복음은 죄인에 대한 하나님의 은혜와 이 하나님에 순종하는 인간의 믿음을 계시한다. 분노의 계시는 죄의 계시에 상응하고, 은혜의 계시는 믿음의 계시에 상응한다(이에 관해 Pöhlmann 1973, 32).

하나님의 계시에 대한 이러한 이분법적 이해는 하나님의 본질과 그의 율법에 대한 잘못된 이해로 말미암아 생겨난다. 하나님은 동일한 분이다. 그러므로 구약의 하나님과 신약의 하나님이 다를 수 없다. 그는 그의 본질에 있어 영원한 사랑이다. 구약의 하나님도 사랑이요, 신약의 하나님도 사랑이다. 따라서 신약은 물론 구약도 하나님의 사랑과 자비와 은혜에 대해 끊임없이 고백한다. "주, 나 주는 자비롭고 은혜로우며, 노하기를 더디하고, 한결같은 사랑과 진실이 풍성한 하나님이다"(출 34:6). "주님은 은혜로우시며 긍휼이 많으시다"(시 111:4).

일반적으로 하나님의 사랑과 하나님의 분노는 대립된다고 생각한다. 그래서 하나님은 사랑하는 자에게는 은혜와 구원을 베푸시고, 미워하는 자에게는 분노와 심판을 내린다고 생각할 수 있다. 즉 사랑과 분노는 대립 개념으로 생각된다. 그러나 하나님의 분노는 하나님의 상처받은 사랑이요, 인간에 대해 반응하는 방식이다. 하나님은 이스라엘을 미워하고 증오하기 때문이 아니라 사랑하기 때문에 이스라엘에게 분노한다. 사랑이 하나님의 분노의 원천인 것이다. 사랑의 반대는 분노가 아니라 무관심이다. 누구에게 무관심하면, 분노할 필요도 없게 된다. 분노는 사랑의 부정적 표현이요, 관심의 표현이다. 사랑이 있고 관심을 갖기 때문에 분노한다. 구약성서에서 하나님의 분노는 단순히 부정적 감정이 아니라 이스라엘에 대한 하나님의 고통이기도 하다(Moltmann 1972, 260 이하).

복음과 율법에 대한 대립적 시각은 바울 서신에서 유래한다. 율법이 요구하는 행위를 통해 하나님의 의롭다 하심을 인정받을 수 있는 사람은 아무도 없다. "율법으로는 죄를 인식할 뿐이다"(롬 3:20). 우리는 오직 예수 그리스도의 "속죄제물"을 통해(3:25) 의롭다 하심을 인정받을 수 있다. 그러므로 율법은 더 이상 구원의 길이 될 수 없다. 율법은 오히려 죄를 알게 함으로써 "죄의 욕정"을 "우리 몸의 지체 안에서" 일으키고 "죽음에 이르는 열매"를 맺게 한다(7:5). 만일 율법이 없었다면, 죄도 없을 것이다. "생명으로 인도해야 할 (율법의) 그 계명이 도리어 나를 죽음으로 인도한다"(7:10). 물론 율법이 아니라 죄가 인간에게 죽음을 일으키지만, 죄는 율법을 통해 죽음을 일으킨다(7:13). "율법의 행위에 근거하여 살려고 하는 사람은 누구나 다 저주 아래에 있다"(갈 3:10). "그리스도께서 우리를 위하여 저주를 받은 사람이 되심으로써, 우리를 율법의 저주에서 속량해 주셨다"(3:13). 심지어 율법은 "죄의 권세"와 동일시 된다(고전 15:56).

율법과 복음에 대한 바울 서신의 이러한 이분법적 구도는 구원의 길을 유대교의 율법에서 찾지 않고, 예수 그리스도에게서 찾고자 한 초대 기독교 공동체의 신학적 노력의 산물이다. 이 노력의 결과 율법과 복음은 대립하는 것으로 정의된다. 그러나 놀랍게도 바울 서신은 율법을 긍정적으로 판단하기도 한다. "율법은 거룩하며, 계명도 거룩하고 의롭고 선한 것이다"(롬 7:12). 율법도 신령한 것이다(7:14). 사랑의 기본 명령이 율법 속에 들어있다(갈 5:14).

심지어 율법은 복음의 목적으로 규정된다. 즉 하나님의 아들이 인간의 육신을 입은 것은 "율법이 요구하는 바를 이루게 하시려는 것이다"(롬 8:4). 여기서 율법은 폐기되어야 할 것이 아니라 그리스도의 복음을 통해 "완성되어야 할 것"으로 생각된다. 그리스도의 명령에 따라 "남을 사랑하는 사람은 율법을 다 이룬 것이다." 그러므로 "사랑은 율법의 완성이다"(롬 13:8, 10). 그러나 바울은, 율법을 완성할 수 있는 길은 율법 자체에 있는 것이 아니라 그리스도의 복음에 있다는 것을 주장하면서, 본래 율법은 하나님이 주신 "생명의 법"이란 사실을 인정한다. 그러므로 그것은 거룩하고 선하며 신령한 것이라 말한다.

구약의 율법을 다시 한 번 분석할 때, 그것은 오늘날 우리 시대에도 타당성을 가진 생명의 법이란 사실을 발견할 수 있다. 그것의 본래 목적은 단지 죄를 깨닫게 하는 데 있는 것이 아니라 위로 하나님을 경외하고 아래로 연약한 생명을 보호하며, 하나님의 정의와 자비가 넘치는 생명의 세계를 이루는 데 있다. 하나님이 율법을 주신 것은 "사람과 하나님의 관계를 아름다운 관계로 만들기 위함"이요, "우리 인간의 자유를 구속하려는 것이 아니라 우리 인간과 인간사회를 영적으로 아름답게 만들기 위함이다"(임걸 2004, 345). 그러므로 율법의 핵심은 하나님에 대한 사랑과 연약한 생명에 대한 사랑이다(아래 "신론" 참조). 그리스도의 복음을 주신 바로 그 하나님이 이스라엘 백성에게 율법을 주셨다. 따라서 그리스도의 복음이 계시하는 바로 그 하나님이 구약의 율법을 통해 계시된다. 율법과 복음을 주신 하나님의 동일성이 양자의 내적 연속성을 근거시킨다. 하나님의 분노가 하나님의 사랑에 통합되는 것처럼, 율법을 통한 계시와 복음을 통한 계시가 통합된다.

물론 율법과 복음에는 차이가 있다. 율법은 인간에 대한 하나님의 요구에 불과하다면, 복음은 이 요구를 완전히 지킬 수 없는 인간의 한계를 하나님 자신이 예수 안에서 극복하고 인간에게 생명의 세계를 열어주시는 데 있다. 율법은 고대시대에 먼저 이스라엘 백성에게만 주어진 반면, 복음은 모든 민족을 향해 주어진다. 그러나 양자는 새로운 생명의 세계를 이루고자 하는 동일한 하나님의 의지의 표현이요, 구원의 세계를 이루기 위한 선물로서, 동일한 하나님을 계시한다.

율법과 복음의 내적 연속성을 강조한 20세기의 가장 대표적인 신학자는 칼 바르트이다. 그의 생각에 의하면 율법과 복음은 이원론적으로 나누어질 수 없다. 율법은 "복음의 형식"이다(Barth 1961, 13). 그것은 복음의 반대가 아니라 복음의 부분이다. 하나님의 말씀은 그것이 복음이거나 율법이거나 간에 "언제나 은혜"이기 때문이다. 복음을 통해 말씀하거나 율법을 통해 말씀하거나, 하나님이 우리와 말씀하신다는 것은 우리 인간에게 은혜이다. 그러므로 바르트는 "율법과 복음"이란 양식을 "복음과 율법"이란 양식으로 대체한다. 율법은 복음의 의미를 분명히 부각시키는 그림자의 기능을 가지고 있다. 만일 율법이 먼저 없었다면, 하나님의 분노와 심판의 차원이 존재하지 않았다면, 복음의 참 뜻이 드러나지 않았을 것이다.

"복음과 율법"이란 바르트의 양식에서 율법은 복음 아래에 있는, 복음의 그림자와 같은 것으로 이해된다. 하지만 이것은 율법의 의미를 충분히 드러내주지 못한다. 물론 구약의 율법에는 오늘 우리가 지킬 필요가 없는 고대인들의 다양한 계명들이 포함되어 있다. 예수와 바울도 이것을 인정한다. 그런데 필자의 견해에 의하면 율법은 또한 신약성서에 묘사되지 않은 복음의 중요한 측면들을 담고있다. 먼저 구약의 율법은 신약성서에 기록되어 있지 않은 사회정의와 생태학적 정의를 분명히 드러낸다. 그것은 사회적 약자의 생명의 권리와 땅의 권리를 주장한다(안식일, 안식년, 희년의 계명을 참조). 사회적 약자에 대한 기득권자들의 정당하고 인간적인 관계를 요구하며(예를 들어 일용직 근로자들과 종에 관한 계명들: 신 19:13; 출 21장), 통치 권력의 정의로운 집행을 요구한다(재판에 관한 계명 참조. 출 23장).

이런 계명들을 통해 구약의 율법은 그리스도의 복음이 영지주의적으로 해석되는 것을 금지하고, 차안적으로 해석되어야 함을 시사한다. 복음은 피안의 영적 세계를 위한 것이 아니라, 피조물들이 고난과 신음 속에서 살고 있는 차안의 정신적·물질적 세계를 위한 것이다. 율법의 빛에서 볼 때, 하나님의 정의와 자비가 모든 것을 다스리는 하나님의 새로운 생명의 세계를 세우는 데 복음, 곧 기쁜 소식이 있다.

이러한 통찰과 함께 구약의 율법은 심령주의(spiritualism)를 반대하고, 하나님의 구원이 영적·개인적 차원에서는 물론 물질적·사회적 차원에서 현실적으로 이해되어야 함을 시사한다. 구체적으로 하나님의 구원은 개인의 심령이 거듭 태어나서 올바른 삶을 시작하는 것은 물론 물질적·사회적 현실 속에 하나님의 정의와 자비가 실현되는 데 있음을 구약의 율법은 분명하게 보여준다. "희년이 되면, 땅은 본래의 임자에게 되돌아간다. 땅을 판 사람은⋯그 땅을 다시 차지할 수 있다"(레 25:28). "희년이 되면, 그가(종들이) 자식들과 함께 너희를 떠나, 자기 가족이 있는 조상에게서 받은 유산의 땅으로 돌아가도록 하여야 한다"(25:41).

율법의 계명들을 구체적으로 분석할 때, 구약의 율법은 신약의 복음보다 훨씬 더 구체적으로 또 현실적으로 하나님을 계시한다고 말할 수 있다.

바울서신이 율법을 가리켜 "거룩하고 선하며 신령하다"고 말하는 이유가 여기에 있다고 생각된다. 그러므로 우리는 구약의 율법을 통한 하나님의 계시를 경시해서는 안 될 것이다. 복음의 계시를 "본래적 계시"로, 율법의 계시를 "비본래적 계시"로 정의하는 것은 적절하지 못하다. 율법의 계시는 복음의 계시에 통합되지만, 이 통합 속에서 복음의 계시를 올바르게 이해하기 위해 없어서는 안 될 구성적 요소라고 보아야 할 것이다.

B. 자연을 통한 일반계시와 그리스도의 특별계시

개신교 정통주의 신학자인 홀라츠는 중세신학의 전통에 따라 계시를 다음과 같이 분류한다.

1) 일반계시 혹은 자연계시(*revelatio generalis s. naturalis*): 자연을 통해 모든 인류에게 보편적으로 일어나는 계시를 말함.
2) 특별계시, 즉 초자연적 계시(*revelatio specialis et supernaturalis*): 성서의 말씀과 예수 그리스도의 특별한 계시 사건을 말함. 신학의 토론에서는 주로 그리스도의 계시를 가리킴.
    ① 직접계시(*revelatio immediata*): 성서 기자들이 영감을 통해 직접 받은 계시.
    ② 간접계시(*revelatio mediata*): 그 뒤의 세대가 성서를 통해 받는 계시.

여기서 개신교 정통주의 신학은 자연계시와 초자연적 계시, 일반계시와 특별계시를 구별하는 동시에 양자를 연계시킨다. 그러나 자연계시와 초자연적 계시의 구별은 적절하지 않다. 자연을 포괄하는 하나님의 창조는 자연적인 것이요, 예수 그리스도는 초자연적인 것이라 말할 수 없기 때문이다. 오히려 하나님이 창조한 자연을 통해 보편적으로 일어나는 일반

계시와, 예수 그리스도의 특별하고 유일회적 인격 속에서 일어난 특별계시의 구별이 적절하다. 그러나 신학의 토론에서 자연계시와 그리스도의 특별계시의 관계가 중요한 문제로 다루어지기 때문에, 여기서 우리는 일반계시 대신 자연계시의 개념을 사용하고자 한다.

자연이라 할 때, 우리는 하늘, 산, 나무 등의 자연물만을 생각하기 쉽다. 그러나 여기서 자연이란 이 세계 속에 주어진 모든 것을 포괄하는 개념이다. 따라서 자연계시란 자연물은 물론, 시간, 공간, 밤과 낮의 변천, 출생과 죽음, 자연의 재난, 역사의 과정, 인간의 영과 혼, 이성, 양심, 질병, 도덕, 종교, 문화, 과학, 인간의 집단, 인간의 모든 행위, 사회 등 이 세계 안에 있는 모든 것이 하나님의 계시가 된다는 것을 말한다.

기독교는 오랫동안 자연계시를 인정했으며, 로마 가톨릭교회는 오늘날에도 자연계시를 공식적으로 인정한다. 개신교회의 많은 신학자들도 그것을 인정한다. 그러나 20세기 신학의 거장 칼 바르트는 자연계시를 철저히 거부한다. 이로 인해 격렬한 신학적 논쟁이 일어났다. 여기서 우리는 먼저 알트하우스(P. Althaus), 브루너(E. Brunner), 틸리히(P. Tillich) 등 20세기의 중요한 신학자들이 주장하는 자연계시의 신학적 근거 가운데 몇 가지를 살펴보고자 한다.

a. 인간은 "하나님의 형상"으로 창조되었다. 인간이 비록 타락하였다 할지라도, 하나님의 형상이 완전히 없어진 것은 아니다. 그것은 최소한 "형식에 있어" 남아있다. 그러므로 성서와 그리스도의 복음을 알지 못하는 사람들도 자기를 인격적 "주체"로 인식한다. 주체로 인식하기 때문에 자기의 행위에 대한 책임성을 안다. 또 그들은 자연의 다른 생물들과 도저히 비교할 수 없는 높은 도덕성을 가지며, 언어의 능력과 문화를 창조할 수 있는 능력을 가진다. 이것은 하나님의 형상이 모든 인간에게 남아 있음을 증명한다.

이 하나님의 형상을 통해 하나님은 그리스도가 오시기 이전부터 그의 진리를 계시한다. 그러므로 그리스도의 계시를 알지 못하는 모든 인간이 자신의 양심을 통해 정의와 사랑에 대하여, 인간의 죄와 비본래성에 대하여 알고 있다. 이 하나님의 형상이 그리스도의 계시에 대한 "접촉점"(Anknüpfungspunkt, Brunner)이 된다. 죄에 대한 인식이 미리 주어져 있지 않다면, 그리스도의 복음이 비신자들에게 선포되는 것이 불가능할 것이다.

b. 그리스도의 복음을 알지 못하는 사람들도 신적 존재 내지 신적 현실에 대한 의식을 가지고 있다. 하나님이 인간의 정신과 양심에 대해 자기를 알려 주었기 때문이다. 그러므로 인간은 복음의 말씀을 듣고 깨달을 수 있다. 물론 복음의 말씀은 그 이전에 하나님이 인간에게 알려 준 것에 비해 "새로운 것"이다. 그러나 그것은 완전히 이질적인 것이 아니며, 이미 알려져 있는 것과 아무 관계가 없는 것도 아니다. 오히려 그것과 관련되어 있다. 때문에 예수는 그의 말씀을 듣는 유대인들의 종교적·윤리적 전통, 하나님과 율법에 대한 그들의 지식을 완전히 버리라고 요구하지 않는다. 오히려 그는 이러한 요소들을 전제하면서 하나님 나라의 복음을 선포한다.

c. 성서에 기록된 하나님의 특별한 계시의 말씀들은 유대교와 기독교가 속한 고대의 타 종교들 내지 종교사상에서 영향을 받고 있다. 또 성서의 많은 개념들은 당시의 주변 세계에서 유래한다. 창세기 1장의 창조 이야기는 고대 바빌론의 종교적 영향을 보여주며, 고대인들의 세계관을 반영한다. 주(主, kyrios)라는 예수의 칭호는 유대교의 배경을 가진 동시에 고대 그리스에서 유래한다. 요한복음은 고대 그리스 철학이 사용하던 로고스의 개념을 사용하여 그리스도의 복음을 설명한다. 신약성서 후기 문헌에 나타나는 삼층의 세계관, 곧 천국이 있는 하늘, 지옥이 있는 지하의 세계, 천사들과 마귀들이 싸우는 땅 위의 세계는 고대세계에 널리 알려져 있는 것이었다. 신약성서가 사용하는 빛과 어둠, 영과 육 등의 개념들도 영지주의를 비롯한 고대의 종교사상에 널리 알려져 있었다. 물론 성서에서 이러한 개념들과 표상들의 의미는 변화된다. 예수가 "진리" 혹은 "생명"이란 개념으로 자기를 표현할 때, 이 개념들은 새로운 의미를 부여받는다.

그러나 이 개념들은 다른 종교 또는 종교사상에서 유래한다. 이것은 하나님의 계시가 그리스도의 복음이 있기 이전부터 다른 종교들이나 종교사상에도 있음을 증명한다.

d. 성서도 이것을 증언한다(시 19편; 롬 1:18 이하; 2:4-5; 요 1:4 이하; 행 14:17; 17:26 이하). 위 성경 구절들은 자연계시, 곧 창조의 계시를 말하고 있다. 로마서 1:18 이하는 인간이 "불의로 진리를 막는" 상태, 곧 하나님의 분노 아래에 있다는 말로써 시작한다. 이것은 하나님을 알지 못하는 자연인에게도 하나님의 진리가 알려져 있음을 전제한다. 만일 하나님의 진리가 인간에게 전혀 알려져 있지 않다면, 어떻게 인간이 진리를 막을 수 있겠는가? 바울은 하나님이 창조하신 때부터 창조물을 통해 그의 영원하신 능력과 신성과 같은 보이지 않는 특성을 나타내 보이셔서 인간이 보고 깨달을 수 있게 하였다고 분명히 말한다. 여기서 바울은, 예수 그리스도의 복음을 듣는 인간은 하나님에 대해 전혀 모르는 것이 아니라 하나님에 대해 알고 있지만 참으로 알려고 하지 않는다는 것을 말하고 있다. 이를 가리켜 바울은, 율법이 모든 사람의 마음속에 새겨져 있다고 말한다(롬 2:15).

e. 틸리히는 하나님의 일반계시 혹은 자연계시를 존재론적으로 논증한다. 그의 주장에 의하면 하나님은 세계의 많은 대상들 중에 한 대상이 아니다. 그는 세계의 모든 존재자들이 존재하는 한, 거기에 참여되어 있을 수밖에 없는 "존재" 혹은 "존재 자체"다. 존재 혹은 존재 자체에 참여되어 있기 때문에, 모든 존재자들은 무(無)의 위협을 이기고 존재할 수 있는 힘을 얻게 된다. 하나님은 바로 이 "존재의 힘"이다. 그런 점에서 하나님은 "우리에게 절대적으로 문제되는 것", 곧 "궁극적 관심"이다. 무의 위협을 극복하고 모든 존재자들의 존재를 가능케 하는 힘으로서 하나님은 그들 안에서 작용하며 그들 안에 계시되어 있다. 따라서 세계의 모든 사물들, 곧 생성과 소멸, 밤과 낮의 변천, 천체의 운동, 자연의 재난, 역사의 과정, 인간의 단체들과 개인들, 인간의 언어를 포함한 세계의 모든 사물들, 심지어 인간의 성(性) 행위도 계시의 "매체"가 될 수 있다(Tillich 1956, 142 이하).

칼 바르트 계열의 신학자들은 자연계시를 반대한다. 그 중요한 근거는 다음과 같다.

a. 자연계시를 인정할 경우, 하나님과 인간 사이에 "하나의 보편적 관계"가 있다고 말할 수밖에 없다. 하나님과 인간 사이에 이미 하나의 관계가 주어져 있다면, 하나님 앞에서의 회개와 인격적 믿음의 결단이 반드시 필요하지 않을 것이다. 선교의 필요성도 없을 것이다. 또한 성서가 증언하는 하나님의 참된 계시를 진지하게 생각하지 않거나 그것을 망각할 수 있다. 한 걸음 더 나아가 그리스도의 특별한 계시가 반드시 필요하지 않다는 결론에 이를 수도 있다. 성서를 계시의 원천으로 인정하지 않을 수 있으며, 그리스도의 계시 외에 다른 계시를 인정하고 양자의 내면적 일치성을 인정할 수 있다. 그리하여 그리스도의 계시를 자연계시에 비추어 측정하는 일이 일어날 수 있다.

b. 자연계시를 인정할 경우, 그리스도의 계시는 인간의 이성, 양심, 감정, 역사, 자연, 문화와 연속성을 가진 것으로 인정될 수밖에 없으며, 그 결과 그리스도의 계시는 하나님의 은혜로 생각되지 않을 것이다. 그리스도의 계시는 자연계시에 대한 보충으로 이해되거나, 거꾸로 자연계시가 예수 그리스도의 계시에 대한 준비나 보충으로 이해될 수 있을 것이다. 그리하여 그리스도의 특별계시와 자연계시, 하나님의 은혜와 인간과 우주의 가능성, 은혜와 자연의 협동을 말할 수 있게 된다. 이것은 하나님의 은혜와 자유를 제한할 수 있다. 그리스도의 계시에 대한 "접촉점"이 인간에게 주어져 있다고 말할 때, 그리스도의 계시를 인식케 하는 성령의 단독적 능력을 제한하고, 계시의 인식에 있어 하나님과 인간의 협동을 말하게 될 것이다. 그리하여 "십자가의 주권적이고 자유롭게 선택하는 은혜"에 대해 말할 수 없을 것이며, "*sola gratia*"의 종교개혁의 원리가 부인될 것이다.

c. 자연계시는 예수 그리스도 안에 나타나는 하나님과 인간의 관계를 제대로 나타내지 못한다. 그것은 성서가 증언하는 하나님의 구체적 면모들을 충분히 나타내지 못하며, 그리스도의 계시에 나타나는 성부·성자·

성령의 삼위일체 하나님을 알지 못한다. 그것은 하나님의 성육신에 대해, 그리스도의 고난과 부활에 대해, 또 이를 통해 우리 인간에게 주어지는 새로운 생명에 대해 알지 못한다. 그리스도의 계시는 "말씀하시는 하나님의 인격"(*Dei loquentis persona*)을 드러낸다. 그것은 하나님의 주권의 행위이며, 하나님과 인간의 화해를 뜻한다. 자연계시는 이러한 성격을 갖지 않는다. 그러므로 그것은 긍정적 의미를 갖지 못한다. 우리는 계시의 가능성을 자연 속에서 찾을 것이 아니라, "예수 그리스도 안에 있는 그의 현실로부터" 찾아야 한다(Barth 1960a, 34).

d. 자연계시에 대한 바르트의 거부는 히틀러가 집권하고 있던 제3제국의 정치적 현실과 결부되어 있었다. 당시 히틀러를 지지하는 "독일 그리스도인들"(Deutsche Christen) 운동은 히틀러를 "하나님의 사자(使者)"로, "하나님의 계시"로 인정해야 한다고 주장했다. 바르트는 이것을 수용할 수 없었다. 자연계시를 인정할 경우, 히틀러를 하나님의 계시로 인정할 수 있게 된다. 그러므로 바르트는 1934년 "바르멘 신학 선언"(Barmer Theologische Erklärung)에서 다음과 같이 주장한다. "교회는 그 원천과 현존을 오직 계시로부터…때가 찼을 때 영원한 아버지가 영원한 성령의 능력 속에서 예수 그리스도를 통해 유일회적으로 말씀하신 하나님의 말씀의 인도하심으로부터 가진다."

자연계시에 대한 바르트의 거부는 다른 종교들 속에 숨어있는 계시의 가능성에 대한 거부로 이어진다. 바트트에 의하면 진리는 오직 그리스도의 계시에만 있다. 그리스도의 계시의 진리 곁에는 어떤 다른 진리도 없으며, 그리스도의 계시에 대해 "거짓과 옳지 못한 것만이 있다"(Barth 1960a, 356: "neben der es keine andere, der gegenüber es nur die Lüge und das Unrecht gibt"). 종교는 인간 자신의 통찰과 수단과 능력으로부터 만든 것을 가지고 하나님의 계시를 대체한다. 그러므로 종교는 하나님에 대한 "불신앙"이요, 그리스도의 계시에 대한 "저항"이다(328). 그것은 "계시에 대한 모순이요, 인간의 불신앙의 집약된 표현이다. 즉 신앙과 반대되는 태도이며 활동"이다(330).

바르트는 그의 후기 문헌에서 자연계시의 가능성을 인정한다. 그는 예수 그리스도 안에 있는 하나님과 인간의 계약을 가리켜 "창조의 내적 근거"요, 창조는 "계약의 내적 근거"라고 한다(Barth 1970, 41). 하나님이 창조한 자연의 세계는 하나님의 구원의 역사가 일어나는 "무대와 틀"이다(Barth 1959, 154). 이 무대 위에 있는 자연의 어둠은 하나님이 유기(遺棄)한 현실을 나타내며, 자연의 빛은 이와 반대되는 하나님의 의지를 나타낸다(Barth 1970, 130). 이 빛은 "신적인 은혜의 계약"과 피조물에 대한 그의 "신실하심"의 표징이요(131), "자연 한 가운데서 은혜의 계시의 모범(Vorbild)이다"(132). 예수 안에서 성육신 된 단 하나의 말씀과 단 하나의 진리 외에 "하나님의 다른 참된 말씀들", "다른 진리들"이 있을 수 있다(Barth 1959, 126). "세속 세계 속에서도 우리는 하나님 나라의 유비들을 만날 수 있다.…세상 속에는 빛들이 있고, 진리들이 있고, 하나님 나라의 유비들이 있다"(김명용 2007, 141).

물론 여기서 바르트는 창조계시나 자연신학의 가능성을 인정하는 것은 아니다. 단지 "예수 그리스도께서 성령을 통해 세상 속에 빛들을 만드시고 진리들을 만드신다"는 "성령론적 차원"에서 세계의 빛들과 진리들과 말씀들을 인정할 뿐이다. 이것들은 그리스도의 현존에 대한 "표시들"일 뿐이며, 우리는 완전한 영광 속에 있는 그리스도를 그것들 속에서 만날 수 없다. 그리스도 안에서 인간이 되신 삼위일체 하나님을 만날 수 있는 길은 오직 그리스도의 계시에 있다(김명용 2007, 143 이하).

결론적으로, 바르트가 그리스도의 계시에 대해 강조한 것은 타당하다. 자연의 계시는 성서가 증언하는 구체적 하나님, 곧 예수 안에서 인간이 되시고 이스라엘의 잃어버린 자들을 찾으시며 사회적 소외와 억압에서 그들을 해방하는 출애굽의 하나님, 십자가의 고난을 함께 당하는 구원의 하나님을 알지 못한다. 그것은 새 하늘과 새 땅에 대한 하나님의 약속을 알지 못한다. 또한 하나님의 계시가 "하나님과 조국" 등의 슬로건을 내건 민족주의와 군국주의, 인종차별주의의 이데올로기와 혼합되는 것을 막기 위해, 그리스도의 계시에 집중하는 것도 타당하다. 자연계시에 대한 바르트의 거부는 "나치즘에 대항한 그의 신학적, 정치적 맥락에서 이해되어야" 하며, "인간적 사변을 포함한 모든 것을 신성과 동일시하는 범신론에 대한 경고이기도 하다"(정미현 2005, 277-8).

그러나 우리는 자연의 세계에 계시의 가능성이 있다는 것을 인정하지 않을 수 없다. 바르트가 말하듯이, 자연의 세계는 죄에 깊이 물들어 있지만, "성령의 활동으로 말미암은 빛들과 진리들, 그리고 하나님 나라의 유비들"이 그 속에 있으며, 그리스도의 통치 영역에 속하기 때문이다(김명용 2007, 143). 그러므로 성서는 곳곳에서 자연을 통한 하나님의 계시를 증언하고 있다. "하늘은 하나님의 영광을 드러내고, 창공은 그의 솜씨를 알려 준다. 낮은 낮에게 말씀을 전해 주고, 밤은 밤에게 지식을 알려 준다"(시 19:1-2). 짐승들과 새들, 땅과 바다의 고기들이 악한 자에게 하나님의 뜻을 가르쳐 줄 것이다(욥 12:7-8). "이 세상 창조 때로부터 하나님의 보이지 않는 신성은, 사람이 그 지으신 만물을 보고서 깨닫게 되어 있다"(롬 1:20). 이러한 구절들은 자연의 세계가 지닌 계시의 가능성을 증명한다.

성서에 따르면 하나님은 그의 지혜로 만물을 지으셨고(시 104:24; 136:5), 땅의 기초를 놓으셨다(잠 3:19). 그러므로 자연의 만물이 하나님을 나타낼 수 있다. 본래 하나님이 창조한 세계는 하나님의 지혜와 계시와 영광으로 가득하였을 것이다. 만유가 하나님 안에, 하나님이 만유 안에 있었을 것이다(고전 15:28). 위의 시편 19:1-2의 말씀은 소위 태초의 이러한 상태를 나타낸다. 하나님이 만유 안에 계셨으므로, 만유가 하나님을 노래하고 그의 존재와 뜻을 계시하였을 것이다. 우리는 이것을 가리켜 태초의 자연계시라 말할 수 있다.

그러나 인간의 죄로 말미암아 타락한 세계에서, 우리는 자연의 "부정적인 것"을 간과해서는 안 될 것이다. 자연은 태초의 세계처럼 하나님을 분명하게 계시하지 못한다. 그 속에는 하나님의 사랑과 자비도 있지만, 자기의 생명을 유지하기 위한 욕심과 잔인함이 도처에 있다. 평화로움도 있지만, 생존을 위한 경쟁과 투쟁이 어디에나 있다. 선함도 있지만 악함이 있고, 진리도 있지만 거짓이 가득하다. 인간의 탐욕으로 인해 모든 피조물이 죽음의 불안과 공포 속에서 신음하고 있으며, "썩어짐의 종살이에서 해방되어서 하나님의 자녀가 누릴 영광된 자유를" 기다리고 있다(롬 8:21-22).

그러므로 지금 우리가 보는 자연의 세계 그 자체가 하나님의 계시"이다"라고 말할 수 없다. "세계사가 하나님의 자기계시이다"라고 말할 때, 세계사의 모든 죄악과 불의를 하나님의 계시로 정당화시킬 수 있는 것처럼, "자연은 하나님의 자기계시이다"라고 말할 때, 우리는 자연의 모든 "부정적인 것"을 하나님의 계시로 정당화 하게 된다. 인간의 무분별과 탐욕으로 인해 오염되고 파괴되는 지금의 자연 그 자체가 하나님의 계시라고 말하는 것은, 자연을 다시 한 번 모독하는 것이다.

그러나 태초의 자연계시가 완전히 사라졌다고 말할 수 없다. 그것은 희미한 가운데서 역사의 종말에 이루어질 완전함을 기다리고 있다. 그것은 종말에 이루어질 완전한 계시의 희미한 광채와 비유다. 자연 속에는 악의 흔적들이 가득하지만, 하나님이 약속한 하나님 나라의 흔적들도 있다. 그 속에는 하나님의 지혜와 아름다움의 광채가 아직도 남아있다. 아우구스티누스가 말하듯이, 자연 속에는 "삼위일체의 흔적들"이 있다. 이 흔적들은 "하나님의 영광의 흔적들"이요 "하나님 나라의 흔적들"(vestigia regni Dei)이라 말할 수 있다. 장차 올 영광의 나라를 약속하는 하나님이 그 속에 계시되기 때문이다(Moltmann 1985, 77).

역사의 종말에 하나님의 구원의 역사가 완성될 때, 그리스도의 특별계시와 자연계시는 일치할 것이다. 그리스도 안에 계시되는 하나님이 자연 만물을 통해 계시될 것이며, 자연 만물이 그리스도 안에 계시되는 하나님을 찬양하며 그의 살아계심과 성품을 나타낼 것이다. 이때 하나님이 모든 것 안에 계실 것이며(고전 15:28), 모든 사람이 하나님의 백성이 될 것이다. 하나님의 정의가 온 땅에 가득하며(사 45:8 참조), 자연 세계 전체가 하나님의 영광을 나타낼 것이다. 역사의 종말에 모든 피조물이 죄와 죽음의 세력에서 해방될 때, 하나님의 신성이 창조된 만물 안에 나타날 것이며, 낮은 낮에게, 밤은 밤에게 하나님의 진리와 말씀을 계시할 것이다. 이때 그리스도 안에 계시되는 하나님이 자연의 만물 속에서 계시될 것이다.

이와 같은 종말론적 관점에서 자연계시를 인정할 때, 우리는 여러 가지 장점을 기대할 수 있다. 먼저 그리스도인들과 비그리스도교인 사이에 "공통적인 바탕"이 있다는 확신을 가지고 기독교의 진리를 전달할 수 있다. 또한 일반 학문들의 지식에 대해 개방적인 태도로 그것을 수용할 수 있으며, "다른 종교 전통의 가르침을 존중하는 열린 태도를 지니도록" 격려할 수 있다(Migliore 2012, 72 이하). 세계를 유지하는 모든 수단과 방법들, 공동체의 삶을 가능케 하는 법과 규칙들, 과학, 예술, 기술, 이 모든 것 속에서 하나님의 현실을 발견하려고 노력하게 된다. 자연을 인간에게 유익을 주어야 할 단순한 물건 내지 대상으로 보지 않고, 하나님의 계시로서 자연의 가치를 존중할 수 있는 것도 장점에 속한다. 오늘날 자연의 대 재난과 위기 속에서 자연에 대한 이러한 인식은 무엇보다 중요하다.

또한 자연계시의 종말론적 관점은 지금 우리가 보는 자연을 이상화시키지 않고 그것의 부정적 현실을 직시하게 하며, 이 현실을 극복함으로써 보다 나은 자연의 세계를 지향할 수 있게 한다. 자연은 하나님의 계시"이다", "아니다"의 양자택일을 넘어 그것은 하나님의 약속된 미래를 지향케 한다. 온 자연이 하나님의 계시가 되기를 기다리고 있다. 그리스도 안에 있는 계시의 현실이 자연의 현실과 일치되기를 기다린다. "하나님의 아들들"이 나타나 사멸의 세력에서 자연을 해방하여 "하나님의 자녀들의 영광의 자유"에 참여케 하며(롬 8:19-21), 온 땅에 하나님의 정의와 영광이 나타나기를 안타깝게 기다린다.

때로 우리는 교회가 가르치는 기독교 신앙이 매우 왜소하다는 것을 느낄 때가 있다. 교회는 십자가의 사랑, 십자가의 구원, 십자가의 은혜를 강조하면서, 교인들의 시선을 십자가에만 집중시킨다. 어떤 목회자는 역사,

문화, 사회, 문학 등에 관한 일반 교양서적을 "위험하다"고 읽지 못하게 하고 성경만 읽으라고 가르친다. 이리하여 교인들의 신앙은 세계의 역사와 문화와 우주에 대한 전망을 상실하고, "오직 십자가만 바라보며", "오직 말씀만 붙들고" 살아가는 왜소한 신앙이 된다. 신앙의 왜소화는 사람됨의 왜소화를 초래한다. 민족의 역사와 세계의 상황을 알지 못하고 "오직 예수만 바라보는" 신앙은 하나님이 원하는 바가 아닐 것이다.

그런데 자연계시는 대자연 안에 있는 하나님의 계시로 우리의 시선을 확대시키며, 온 우주 안에서 살아계신 하나님을 보게 한다. 특히 "생명에 대한 관심이 고조되고 있는 시점에서 기독교는 자연과 우주 이해에 주목하지 않을 수 없을 것이다"(이정배 2005, 371). 그리스도 예수를 바라보며 맑은 영혼을 가진 사람에게 자연의 세계는 지금도 하나님의 신비로 가득한 것으로 보일 것이다. 도스토예프스키는 이것을 다음과 같이 말한다. "우리는 하느님께서 내리신 이 지상의 아름다움과 위대한 신비에 대해서 이야기를 나누었다. 한 줄기의 풀잎, 한 마리의 곤충, 한 마리의 개미, 한 마리의 꿀벌, 이 모든 것이 지성을 갖지 못했으면서도 신기하리만큼 자기들이 가야 할 길을 알고 있고 하느님의 신비를 대변해 주고 있으며, 그들 자신이 끊임없이 그것을 수행하고 있는 것이다." "우리 주위에 있는 하느님의 선물을 보십시오. 맑은 하늘, 깨끗한 공기, 부드러운 풀, 작은 새들, 자연은 아름답고 순결합니다. 그런데 우리는, 우리 인간만은 어리석게도 하느님을 모르고 인생이 낙원이라는 사실을 모르고 있습니다. 우리가 참으로 그것을 이해하려고 노력한다면 낙원은 곧 예쁘게 단장을 하고 나타날 것이며, 우리는 서로 껴안고 울게 될 텐데…"(Dostoevskii 2001, 423, 431).

그러나 앞서 언급한 바와 같이 자연 속에는 하나님 나라의 신비와 흔적들도 있지만, 죄악과 추함이 도처에 있다. 자연의 세계는 오염되어 있고, 인간의 심성은 죄로 물들어있다. 온 자연이 파멸의 위기에 처해 있다. 또한 자연은 성서가 증언하는 출애굽의 하나님, 예수 그리스도 안에서 십자가의 고난을 함께 당하시는 삼위일체 하나님을 알지 못한다. 그러므로 성서는 자연계시에서 구원의 길을 발견하지 않는다. 자연의 계시가 사람들에게 열려 있지만, 사람들은 욕정과 거짓에 빠져, 창조주 대신에 우상을 섬긴다(롬 1:21 이하). 칼뱅이 주장한 것처럼, "하나님의 계시는 창조 안에 분명히 나타나 있지만, 자연적 인간은 눈이 어두워서 그 계시를 인식할 수 없다"(이양호 2005, 99).

또한 자연계시를 통한 인간의 지식이 심각한 문제성을 가지는 경우도 있다. 예를 들어 물리학자 슈뢰딩거(Erwin Schrödinger, 1887-1961)는 인간을 하나님이 "양자역학의 방향을 따라" 만든 개개의 톱니들로 구성된 "다세포 유기체"라고 정의한다. 이 다세포 유기체는 "시계장치"와 비슷하다. 시계의 톱니들이 기계적으로 움직이듯이, 다세포 유기체의 톱니들도 기계적으로 움직이기 때문이다. 여기서 인간은 하나님이 창조한 하나의 "기계"로 이해된다(Schrödinger 2007, 170 이하). 인간에 대한 이러한 결정론적: 환원론적 이해는 인간 자신에게 매우 위험한 것이며, 성서의 인간상과도 모순된다.

그러므로 우리는 예수 그리스도의 계시를 기독교 신앙과 신학의 근거로 삼아야 할 것이다. "예수 그리스도가 계시의 기준이요 중심이다"(Beinert 1995, 71). 따라서 자연의 계시는 물론 성서의 계시도 예수 그리스도의 계시의 빛에서 읽혀져야 할 것이다. 거꾸로 그리스도의 계시는 성서 전체의 맥락 속에서, 특히 구약의 "기본 계시"인 출애굽의 계시와 연관하여 이해되어야 할 것이다.

C. 말씀의 계시와 역사의 계시

기독교 신학은 말 또는 말씀을 계시의 중요한 매체로 생각한다. 특히 칼 바르트의 신학은 "말씀의 신학"이라 불릴 만큼 말씀을 중요시한다. 교회의 가장 중요한 기능도 하나님의 말씀을 선포하는 데 있다. 말씀은 계시의 가장 본질적 형태이다. 말씀(Wort)은 지금 우리를 향한 하나님의 "말하심"(Rede)이요, "역사를 만드는" "하나님의 행위(Tat)"다(Barth 1964, §5,2; §5, 3). 바르트는 말씀을 세 가지 형태로 구별한다.

1) 성육신 된 말씀: 예수 그리스도는 하나님의 성육신된 말씀이다. 이것은 가장 확실하고 분명한 계시다. 하나님의 "말씀이 육신이 되었다", "말씀이 육신이 되어 우리 가운데 거하였다"는 것보다 더 확실한 계시는 없다. 그리스도는 "하나님의 말씀하시는 인격"이요, "말씀하는 하나님"이다.

2) 기록된 말씀: 하나님의 성육신된 말씀은 성서에 기록되어 있다. 성서에 기록된 말씀은 단지 과거에 일어난 성육신된 말씀에 대한 자료로서가 아니라 오늘 우리를 향한 하나님의 말씀이요, 오늘 우리에 대한 하나님의 계시다. 그것은 하나님께서 그 안에서 말하시는 현재적 사건이다. 성서는 하나님이 그것을 통해 말씀하기 때문에 하나님의 말씀이다. 성서에 기록된 글자는 하나님의 말씀을 고정시킬 수 있는 위험성을 갖지만, 이와 동시에 계시의 공공성과 확실성을 확보하는 긍정적 측면도 가진다. 그리스도의 성육신된 말씀은 성서의 기록된 말씀을 통해 오늘 우리에게 하나님의 계시가 된다.

3) 선포되는 말씀: 교회의 설교와 성례전, 그 외의 모든 활동을 통해 말하는 것, 곧 교회의 선포는 하나님이 오늘날 우리에게 말씀하시는 하나님의 말씀의 형태이며, 자기계시의 형태다. 물론 설교자의 설교는 인간의 말이다. 그러나 설교자의 말은 성령의 능력을 통해 하나님이 자기를 계시하는 하나님의 말씀이 된다. 그의 말은 잘못된 것일 수도 있다. 그러므로 선포되는 말씀은 성서의 기록된 말씀에 근거해야 하며, 궁극적으로 예수 그리스도의 성육신 된 말씀에 근거해야 한다.

말씀을 계시의 본질적 형태로 보는 것은 "말씀이 육신이 되었다"는 신약성서의 증언에 근거한다. 구약성서에서도 하나님의 계시는 본질적으로 말씀을 통해 일어난다. 꿈과 환상, 자연의 사물들도 하나님을 계시할 수 있지만, 이들은 계시의 내용을 정확하고 구체적으로 전달하지 못한다. 그 속에는 인간의 자기 생각이나 자기의 희망과 신념이 내포되어 있을 수 있다. 이에 반해 말은 어떤 내용을 정확하고 구체적으로 전달할 수 있다. 따라서 말보다도 더 정확한 계시의 매체는 없을 것이다. 또한 바르트가 말하는 말씀의 세 형태는 하나님의 계시의 계속성을 보여준다는 의의가 있다.

그러나 말씀의 계시는 다음과 같은 문제점이 있다. 먼저 그것은 삼위일체 하나님의 활동과 계시를 말씀에 제한시키며, 자연과 역사를 통한 하나님의 더 넓은 활동과 계시를 보지 못하게 하는 한계가 있다. 이로 인해 그리스도인들은 자연과 세계와 역사 속에서 새로운 생명의 세계를 창조하시려는 하나님을 보지 못하고, 성서의 말씀을 읽고 설교의 말씀을 듣는 것을 주요 과제로 생각하게 된다. 성서를 수십 번 통독하고 "주일 성수" 하는 것을 신앙의 주요 덕목으로 삼는 사람도 있다. 신음하는 피조물들과 작은 형제자매들 가운데 계시며 그들의 고난을 함께 당하시는 그리스도를 보지 못하고, 성서와 설교를 통해 증언되는 "십자가의 그리스도"만을 보게 된다. "오직 말씀만 붙들고" 살아가는 신앙의 형태가 등장한다. 바로 이 말씀 속에 개인의 삶은 물론 자연과 세계와 역사의 미래가 문제되고 있다는 사실은 간과된다. 판넨베르크가 지적하는 바르트 신학의 "역사상실"은 "말씀의 계시"가 지닌 문제점을 드러낸다(Pannenberg 1967, 22 이하).

또한 예수 그리스도를 성육신된 하나님의 "말씀"이라 규정하며 하나님 자신을 "말씀"과 동일시 할 때, 세계에 대한 삼위일체 하나님의 사역과 의미는 말씀으로 제한된다. 즉 말이 삼위일체 하나님의 주요 사역이라 생각하게 된다. 삼위일체 하나님의 구원의 역사는 지금 우리 인간을 향한 하나님의 "말하심"으로 축소된다. 이로 인해 구원은 "오직 말씀을 들음으로써 온다"는 말이 통용된다. 이 말은 일면 타당성을 가진다. 그러나 그것은 하나님의 구원의 더 넓은 세계사적 지평을 묻어버린다. 요한복음이 증언하는 그리스도의 "성육신된 말씀"을 궁극적 말씀이라 규정할 때, 구약의 율법의 말씀, 예언자들의 말씀, 창조에 있어서의 말씀 등 하나님의 말씀의 다양성이 배제된다.

판넨베르크가 말하는 "역사로서의 계시"는 말씀의 계시의 문제점을 극복하고, 하나님의 계시를 역사의 더 넓은 지평에서 파악하고자 한다. 소위 그의 "보편사적 구상"은 구약학자 폰 라트(Gerhard von Rad)와 헤겔의 세계사적 구상에서 기인한다. 그의 생각에 의하면(Pannenberg 1970, 91 이하), 구약성서에서 하나님은 출애굽, 가나안 땅 점령, 왕조국가의 건설, 국가의 분열과 멸망, 바빌론 포로생활, 포로생활에서의 해방, 예수 그리스도의 운명 등 역사적 사건들을 통해 자기를 계시한다. 역사 전체가 하나님의 자기계시다. 이로써 역사의 개별 사건들은 자신의 특수성을 가진 동시에, 하나님의 계시로서 내적 의미의 통일성을 지닌 "보편사"를 뜻한다. 역사가 그 마지막, 곧 종말에 이를 때, 보편사로서의 계시가 완성될 것이다. 그런데 역사의 마지막에 완성될 하나님의 계시가 예수의 운명 속에서 앞당겨 일어났다. 이런 점에서 예수의 운명은 규범성을 가진다. "역사의 완성이 예수 그리스도 안에서 이미 일어났다. 바로 그렇기 때문에 하나님은 그의 운명 속에서 궁극적으로 그리고 완전하게 계시된다"(104).

"역사로서의 계시"는 믿음의 눈을 가진 사람에게는 계시가 되고 그것을 갖지 못한 사람에게는 계시가 되지 못하는 주관적인 것이 아니다. 그것은 그 자체 속에 하나님을 계시할 수 있는 힘을 가지고 있고, 그 자신의 언어를 통해 사람들로 하여금 하나님의 계시를 깨닫게 한다. 그러므로 계시는 "볼 수 있는 눈을 가진 모든 사람에게 개방되어 있다"(98). 즉 이성을 가진 모든 사람에게 하나님의 자기계시로 인식될 수 있다. 따라서 계시는 보편성을 가지며, 역사적-비평적 연구 대상이 될 수 있고, 이 연구를 통해 그가 지닌 계시의 성격이 "원칙상" 검증될 수 있다.

판넨베르크의 "역사로서의 계시"는 계시를 포함한 기독교 신앙의 모든 진리에 대해 세계사적 지평을 열어 준다는 의의가 있다. 그것은 하나님의 존재와 활동을 세계사의 지평 속에서 찾게 한다. "말씀"과 "십자가" 밖에 알지 못하는 사람들에게 역사에 대한 시야를 열어 주며, 역사에 대한 책임을 의식하게 한다. 이와 동시에 그것은 많은 문제점을 갖고 있다. 그것은 헤겔의 세계사적 구도를 빌려 오지만, 역사를 변혁하는 헤겔의 변증법을 간과한다. 피조물들의 죄와 고난과 죽음에 대해 침묵하면서 세계사 그 자체를 하나님의 자기계시라고 규정한다. 이를 통해 세계사의 모든 부정적인 것들이 하나님의 자기계시로 정당화될 수 있다. 예수 그리스도의 계시는 하나님의 새로운 역사를 근거시키는 것이 아니라 세계사 전체를 통해 완성될 계시의 "선취"(Antizipation)로 생각된다. 이로써 그리스도의 계시는 세계사에 대해 "새로움"의 성격을 상실한다. 즉 세계사에 대해 "새로운 것"이 아니라 그것의 "요약"이요, 요약을 통한 정당화라 말할 수 있다.

또한 "역사로서의 계시"는 자연계시처럼 계시의 구체적 내용을 정확하게 전달하지 못하는 문제점이 있다. 간단히 말해 역사로서의 계시는 구체적이지 못하다. 판넨베르크가 말하듯이, 그것은 하나님의 "자기증명"과 "역사의 계획"을 나타낼 수는 있을 것이다. 그러나 구약 율법과 산상설교의 계명들, 십자가에서 그리스도의 죽음의 고통을 함께 당하는 삼위일체 하나님 자신의 고난과 사랑, 새로운 생명의 세계에 대한 그의 약속 등 성서의 구체적 내용들을 나타내지 못한다. 또 역사로서 자의적으로 해석될 수 있는 위험성을 가진다. 어떤 사람에게 역사는 하나님의 계시로 보일 수도 있고, 어떤 다른 사람에게는 그렇게 보이지 않을 수도 있다.

물론 하나님은 역사적 사건들을 통해 그의 진리를 계시한다. 출애굽 사건을 통해 하나님은 해방자요, 자비로우시고 의로운 분이라는 것을 이스라엘 백성은 알게 된다. 그러나 하나님은 말을 통해 "나는 너의 조상의 하나님이다"라는 사실과 자기의 계획과 약속을 모세에게 알려 준다 (Moltmann 1999, 43). 말을 통해 그는 예언자들에게 자기의 의지와 계획을 구체적으로 알려 준다. 예수의 십자가와 부활을 위시한 모든 역사적 사건 속에 계시되는 하나님의 진리도 말을 통해 비로소 우리에게 분명히 전달될 수 있다.

말은 구체적 내용을 분명하게 전할 수 있다. 그러므로 성서에서 하나님의 계시는 말을 통해 일어난다. 하나님의 약속은 말을 통해 주어진다.

성서도 인간의 말을 사용한다. 말보다 더 정확하게 하나님의 뜻과 계획을 나타내는 것은 없기 때문이다. 그러므로 우리는 성서가 증언하는 하나님의 말씀을 형제들과 함께 주의 깊고 신실하게 읽어야 하며, 믿음과 기도와 교회의 예배와 성례전 속에서 그리스도의 계시의 변화시키는 능력을 경험하고 우리의 가치관과 삶의 내용을 개혁해야 할 것이다. 물론 우리는 자연과 역사를 통해 하나님의 계시를 볼 수 있지만, 성서에 기록된 말씀을 통해 계시의 구체적이고 정확한 내용을 접할 수 있으며, 죽은 생명이 다시 살아나는 경험을 가질 수 있다.

성서의 "기록된 말씀"은 종말론적 기능을 가진다. 그것은 하나님의 약속된 미래를 앞당겨 오는 동시에 그것을 약속하는 성격을 가진다. 그것은 그 본질에 있어 "약속의 말씀"이다. 약속의 말씀을 통해 하나님은 그의 미래를 현재 속에 나타내시며, 이 미래를 향해 그의 자녀들을 부르신다. 미래를 향해 나아가는 하나님의 자녀들을 통해 역사적 현재는 미래를 향해 개방된다. 그러므로 하나님의 말씀은 새로운 미래를 약속하는 말씀인 동시에 새로운 미래를 개방하는 말씀이다. 그것은 희망을 잃은 사람들에게 하나님 나라의 새로운 희망을 일깨우는 희망의 말씀이다. 그 속에는 없는 것을 있게 할 수 있고, 죽은 생명을 살릴 수 있는 힘이 있다(롬 5:17).

또 하나님의 약속된 새로운 생명의 세계는 그것에 관한 우리의 말을 통해, 말의 형태로 우리 안에 현존한다. 말은 그 속에 담긴 것을 앞당겨 오는 힘을 가진다. "말이 씨가 된다"는 격언이 이것을 말해준다. 따라서 하나님의 새로운 생명 세계에 관한 우리의 말은 종말론적 기능을 가진다. 그것은 우리의 가치관과 삶의 내용을 변화시키며, 현재를 넘어 미래를 먼저 말의 형태로 앞당겨 온다. 그것은 은폐 상태에 있는 것, 과거의 것과 미래의 것을 현재화시킬 수 있으며, 주어진 현재에서 미래를 향해 해방할 수 있는 힘을 가진다.

D. 완결된 계시와 계속적 계시

하나님의 계시는 예수 그리스도를 통해 완결된 사건인가, 아니면 세계의 모든 종교를 포괄하면서 지금도 계속 진행되는 과정인가? 또 그리스도의 계시는 그리스도의 죽음과 부활을 통해 완결되었는가, 아니면 지금도 계속되고 있는가? 전자를 가리켜 우리는 "완결된 계시"라 부를 수 있고, 후자를 가리켜 "계속적 계시" 혹은 "발전적 계시"라 부를 수 있다.

종교사학파의 대표자인 트뢸취에 따르면, 하나님의 계시는 그리스도와 함께 완결된 것이 아니라, 세계 종교의 역사 과정을 거쳐 기독교에 이르러 정점에 도달했으며 지금도 발전하고 있는 과정이다. 우리는 이 과정을 아래와 같이 제시할 수 있다.

1) 세계의 종교들을 포함한 창조의 근원적 계시,
2) 이스라엘 백성의 역사를 통한 계시,
3) 그리스도 중심의 계시,
4) 그리스도 이후 교회를 통한 계시와, 교회 바깥에서 일어나는 일반 계시.

틸리히는 예수 그리스도의 계시를 가리켜 "궁극적 계시", "결정적 계시", "본래적 계시"라 정의한다. 궁극적 계시는 "분리된 사건"이 아니다. 그것은 그 이전의 "준비의 시대"(Periode der Vorbereitung)와 그 이후의 "수용의 시대"(Periode der Aufnahme)로 구성되는 "계시의 역사" 속에 있다. "준비의 시대"는 그리스도 이전의 보편적 자연계시를 말하며, 이 계시는 기독교 이전에만 있었던 것이 아니라 지금도 계속되고 있다. "교회 바깥에 있는 모든 종교들과 문화들은 준비의 시대에 있다. 교회 안에 있는 많은 단체들과 개인들도 단지 준비의 단계에 있다"(Tillich 1956, 171).

"수용의 시대"는 그리스도의 궁극적 계시가 일어난 후 교회의 역사를 통해 그리스도의 궁극적 계시를 수용하는 시대를 가리킨다. 교회의 역사 속에서 그리스도의 계시를 언제나 새롭게 수용함으로써 "언제나 새로운 계시"가 일어난다. 그러나 이 새로운 계시는 "의존적 계시"로서 발생한다. 그것은 그리스도의 궁극적 계시에 의존하기 때문이다. 그리스도의 궁극적 계시는 "의존적 계시"에 대해 규범성을 가진 "규범적 계시"다. 이 규범적 계시, 곧 그리스도의 계시는 과거에 완결된 것이 아니라 그것을 수용하는 새로운 상황 속에서 언제나 다시금 현재화된다. 지금도 계속되는 "준비의 시대"와, 규범적 계시가 언제나 다시금 일어나는 "수용의 시대" 전체를 가리켜 틸리히는 "계시의 역사"라 부른다. 이 역사는 "역사의 종말에 이르기까지 계속된다"(172).

가톨릭교회는 제2바티칸 공의회에서 발전적 계시를 반대한다. 하나님의 계시는 역사적 그리스도 안에서 완결되었다(히 1:1 이하; 요 1:1-18 참조). 과거에 오신 그리스도와 다시 오실 그리스도 사이에는 아무런 "새로운 공공적 계시"(nova revelatio publica)가 일어나지 않는다. 그러므로 교회가 제정하는 새 교리들은 성서와 교회의 전통 안에 기록되어 있는 계시를 보충할 수 없고, 단지 해석할 수 있을 뿐이다. 20세기의 개신교 신학자인 쿨만(O. Cullmann)에 의하면, "직접적 계시의 시대 혹은 성육신의 시대"는 "그리스도의 탄생으로부터 마지막 사도, 즉 목격자가 사망하기까지의 기간"에 해당한다. 즉 주후 1년부터 70년 또는 80년까지의 기간을 말한다 (Pöhlmann 1973, 31).

이 문제에 대해 우리는 다음과 같이 결론내릴 수 있다. 하나님의 보편적 계시는 그리스도의 계시가 있기 이전부터 계속되었다. 그리스도의 계시는 그 이전의 계시의 역사와 상관없이 일어나지 않았다. 우리는 그것이 세계의 종교들과 유대교를 통한 계시의 역사 속에서 일어났음을 부인할 수 없다. 이것은 예수의 역사적 삶을 통해 증명된다. 예수는 적어도 유대교의 종교적 전통 속에서 말하고 활동했으며, 유대교의 신앙을 전제하고 있었다. 바르트가 말하듯이, 만일 그리스도의 계시가 아무런 역사적 배경

없이 "하늘로부터 수직적으로"(senkrecht vom Himmel) 떨어졌다면(Barth I/1, 348), 그것은 사람들에게 이해될 수 없었을 것이다. 당시의 유대인들과 이방 민족들은 옛날부터 가지고 있었던 다른 종교를 통해 최소한 신(神) 혹은 하나님에 대한, 또 인간의 죄에 대한 전이해(前理解)를 가지고 있었다. 그런 까닭에 그들은 예수의 말씀을 이해할 수 있었다.

보편적 계시의 역사는 오늘도 기독교 바깥에서 자연계시를 통해 계속 일어나고 있다. 하나님은 지금도 지혜로운 사람들을 통해, 혹은 다른 종교인을 통해 그의 진리를 계시한다. 그래서 세계가 유지되며, 비그리스도인들이 그리스도의 복음을 듣고 하나님의 자녀로 변화되기도 한다. 진리는 교회 안에는 물론 교회 바깥에도 있다. 우리는 교회 바깥에 있는 역사 서적과 문학 작품, 현자들의 지혜로운 말씀 속에서도 많은 진리를 배울 수 있다.

또한 그리스도의 특별계시 또한 과거에 끝난 것이 아니라 지금도 계속 일어나고 있다고 말할 수 있다. 그것은 과거에 완결된 사건이다. 그러나 후대의 사람들에게 복음의 말씀이 선포될 때, 과거에 완결된 그리스도의 특별계시가 성령의 능력 속에서 현재화된다. 불트만이 말하듯이, 케리그마(=선포)의 말씀 속에 그리스도가 현존하며 우리와 만난다. 그리스도의 부활을 통해 약속된 것이 오늘날 우리에게 새롭게 약속된다. 그리스도의 친교와 사랑이 실천되는 거기에 그리스도가 현존하며, 하나님의 계시가 새롭게 일어난다.

우리는 이것을 바울의 회심 사건에서 찾아볼 수 있다. 부활하였고 승천한 그리스도께서 바울에게 나타난다. 곧 그리스도의 계시가 바울에게서 새롭게 일어난다. 그리스도의 부활을 통해 하나님이 약속한 새로운 생명의 세계가 그에게 열려진다. 이런 의미에서 그리스도의 특별계시도 역사를 지닌다. 그것은 단 한 번으로 끝난 사건이 아니다. 오히려 그것은 "원칙상 역사 전체를 통해 진행되며, 따라서 그것의 특징을 구원의 역사라고 말할 수 있는 과정(Vorgang)"이다(Beinert 1995, 70).

특별계시의 계속적·발전적 성격은 삼위일체 하나님의 특성에 근거한다. 예수 그리스도 안에서 활동하신 하나님은 성령의 능력을 통해 지금도 활동한다. 그리스도 안에서 일어난 그의 역사적 활동은 지금도 계속된다. 그리스도의 부활을 통해 약속된 것이 그의 뒤를 따르는 사람들에게 오늘도 새롭게 약속된다. 하나님은 지금도 일하신다! 하나님의 현재적 활동으로 말미암아 하나님의 계시와 새 창조가 계속 일어난다.

따라서 그리스도의 계시 이후의 시대를 가리켜 단지 "회상의 시간"(Barth 1960a, 260), "수용의 시대"(Tillich)라고 말할 수 없다. 오히려 그리스도의 계시의 현재화·구체화의 시대요, 풍요롭게 되는 시대라 말할 수 있다. 세계의 모든 것은 결정되어 있지 않다. 그것은 언제나 새로운 잠재성을 내포한다. 그리스도의 계시도 마찬가지다. 과거에 일어난 그리스도의 계시는 새롭게 이해되고, 새로운 상황 속에서 새로운 의미를 가질 수 있는 무한한 잠재성을 내포한다. 그것은 역사의 어느 순간에도 그 의미를 우리가 전부 파악할 수 없는 잠재성 자체다. 이 잠재성이 역사의 과정 속에서 구체적으로 전개되며, 이를 통해 더욱 풍요롭게 된다. 하나님의 나라에 대한 예수의 겨자씨와 누룩의 비유가 이것을 시사한다(마 13:31-33).

여기서 우리는 한 걸음 더 나아가 그리스도인들의 인격과 생활, 그들의 얼굴 표정과 행동, 교회 공동체가 하나님의 계속적·발전적 계시의 현실이라 말할 수 있다. 그리스도 안에 선취되었고 약속된 하나님 나라의 현실과 하나님의 얼굴이 이들 안에 계시된다. 우리 사회와 자연환경이 하나님의 계시가 되며, 그리스도인들의 사람됨과 생활, 얼굴 표정과 행동, 가정과 교회가 세상 사람들에게는 하나님의 계시가 된다. 세상 사람들은 더이상 그리스도인들과 교회가 전하는 "말"을 믿지 않는다. 그들은 지나가는 사람들의 귀를 괴롭게 하는 복음송, 교회 바닥을 손바닥으로 치면서 외치는 기도 소리를 신뢰하지 않는다. 그들은 말없이 그리스도인들과 교회의 삶과 행위를 본다. 이들이 자신의 삶과 행위를 통해 하나님의 얼굴을 계시할 때, 세상 사람들은 그들의 말을 믿을 것이다. 그들의 삶과 행위를 통해 하나님은 자기를 지금, 여기에서 계시한다. 그들의 삶과 행위는 지금 여기에서 일어나는 그리스도의 계속적·발전적 계시의 현실이다.

그러나 인간과 인간의 모든 공동체는 언제나 불완전하다. 그 속에는 긍정적 측면도 있지만 부정적 측면도 있다. 그들은 하나님의 계시가 되는 동시에 그것을 가리기도 한다. 하나님을 영광스럽게 하지만 하나님을 부끄럽게 할 때도 있다. 또한 그리스도의 계시를 왜곡하는 일이 일어나기도 한다. 사이비 기독교 지도자가 등장하여 자기가 하나님의 계시자요 구원자라 자처하기도 한다. 그리스도의 계시가 세계의 현실과 무관한 영지주의적 진리로 해석되기도 한다(초대교회의 영지주의 참조).

"유달리 우리나라 기도원에서는 여성들의 계시 경험의 이야기들"이 많이 있다. "그 경험을 맹신하는 사람들을 많이 보게 되면서", 정미현 박사는 다음과 같이 질문한다. "계시란 무엇인가? 어느 한도 내에서 이러한 계시의 경험은 인정될 수 있는 것인가? 예수 그리스도의 계시의 의미와 인간의 계시 경험의 관계는 무엇인가?(정미현 2007, 5) 이 질문은 계속적·발전적 계시의 위험성을 암시한다.

그러므로 우리는 그리스도의 계시의 유일회성과 규범성을 확보해야 한다. 그리스도의 계시는 과거에 단 한 번 일어났다. 따라서 그것은 반복될 수 없는 규범적 사건이다. 규범적 사건으로서 그것은 현재화되고 구체화될 뿐이다. 계속적·발전적 계시는 성서가 증언하는 그리스도의 계시를 규범적 계시로 가지며, 그리스도의 계시의 빛 속에서 검증되어야 한다.

여기서 예수 그리스도의 계시는 계시의 중심이요 기준이란 사실이 다시 한 번 드러난다. 계시의 중심이요 기준이란 점에서 그리스도의 계시는 규범성을 가진다. 하나님의 사랑과 그의 약속이 예수 그리스도 안에서 하나의 인격으로 나타나며, 구체적 내용을 전달한다. 그리스도는 말씀하시고 행동하시는 하나님 자신이다. 그리스도 안에서 하나님의 의지와 약속의 구체적 내용이 우리의 눈에 보이게 된다. 그리스도는 "하나님 나라 자체"이다(Origenes). 이 하나님의 나라는 하나님 없는 세계에 대해 교회와 그리스도인들을 통해 언제나 새롭게 열려지고 계시되어야 한다. 그것은 새로운 상황 속에서, 새로운 사회 문화적 지평 속에서 경험되어야 한다. 그러나 그것은 그리스도 안에서 유일한 역사적 사건으로서 단 한 번 일어났다.

또한 예수 그리스도의 계시는 단지 하나님과 하나님의 나라를 알게 하는 것이 아니라 이에 대한 믿음과 복종을 요구하는 점에서 규범성을 가진다. 그의 계시는 단지 인간이 가진 인식의 기능만으로 인식될 수 없다. 그것은 하나님의 은혜와 인간의 믿음을 필요로 한다. 은혜로우신 하나님에 대한 믿음 가운데서, 믿음을 통해 그것은 수용될 수 있고 인식될 수 있다. 여기서 믿음은 계시하는 하나님에 대한 복종을 뜻하며, 그리스도의 뒤를 따르는 것을 포함한다. 하나님과 그의 약속된 하나님의 나라를 계시하는 예수는 자기의 뒤를 따르라고 명령한다. 그를 뒤따름이 없는 은혜는 "싸구려 은혜"요, 그 믿음은 거짓 믿음이다. 믿음의 진실성은 그리스도의 뒤를 따름으로써 증명된다(Bonhoeffer).

여기서 중요한 점은, 신약성서가 증언하는 그리스도의 계시는 구약성서의 빛에서 이해되어야 한다는 점이다. 영과 육, 빛과 어두움, 이 세상과 저 세상 등의 개념들이 보여주는 것처럼, 신약성서는 고대 그리스 철학의 형이상학적 영향을 받고 있다. 그러므로 그리스도의 계시는 형이상학의 이원론적 패러다임에 빠질 수 있으며, 구약성서의 차안적·현실적·메시아적 차원을 잊어버릴 수 있다. 계속적·발전적 계시는 구약성서의 차안적, 현실적·메시아적 차원에서 이해되는 그리스도의 계시를 그 규범으로 가지며, 이 계시로부터 자신의 타당성을 검증받아야 한다.

E. 계시의 인식과 이성의 관계
- 계시에 있어서 인간의 위치

20세기의 신학은 칼 바르트의 영향으로 인해 인간이 하나님의 계시에 대해 아무런 역할도 하지 않는 것처럼 생각했다. 그래서 계시는 "오직" 하나님으로부터 시작하는 하나님의 기선적 행위요, 그러므로 그것은 하나님의 은혜라고 강조했다. 그리스도의 계시가 계시의 "객관적 가능성"이요, 이 계시를 인간이 수용하게 되는 계시의 "주관적 가능성"은 성령에 있다고 생각되었다(Barth 1958 참조). 이러한 생각은 계시의 구조에 대한 바르트의 분석에도 나타난다. 바르트에 의하면 아버지 하나님은 계시자(Offenbarer)요, 그의 아들 그리스도는 계시의 사건(Offenbarung)이요, 성령은 과거에 일어난 그리스도의 계시를 오늘날 우리 인간에게 계시의 사건이 되게 할 수 있는 능력(Offenbarsein)이다(Barth 1964, §8). 오늘 우리에게 하나님의 계시는 "오직" 성령의 능력을 통해 가능하다. 따라서 그것은 하나님의 은혜이다.

여기서 다음의 질문이 제기된다. 하나님의 계시에 있어 인간은 아무 역할도 하지 않는가? 그는 하나님의 계시를 수동적으로 받기만 하는 꼭두각시나 허수아비와 같은 존재에 불과한가? 계시의 객관적 가능성은 물론, 주관적 가능성도 삼위일체 하나님에게 있고 모든 것이 하나님의 은혜와 성령의 작용을 통해 일어난다면, 왜 하나님의 계시에 대한 인간의 이해가 다양한가? 왜 어떤 사람에게는 하나님의 계시가 수용되고 어떤 사람에게는 수용되지 않는가?

성서의 증언에 의하면 하나님의 계시는 하나님과 인간의 만남을 통해 일어난다. 그런데 성서는 이 만남을 통해 하나님의 계시를 경험하는 인간이 어떤 역할을 하는가에 대해 침묵한다. 인간은 계시를 수동적으로 받기만 하는 것처럼 묘사한다. 만일 그렇다면, 왜 계시의 사건은 모든 사람에게 일어나지 않고 특정한 사람에게만 일어나는가? 성서에서 계시의 사건이 특정한 사람에게만 일어나는 까닭은 무엇인가? 하나님이 특정한 사람을 선호하기 때문일까?

그 까닭은 하나님을 찾는 마음이 인간에게 있기 때문이라고 할 수 있다. 우리는 이것을 모세에게서 발견할 수 있다. 성서는 자세히 보도하고 있지 않지만, 미디안 광야에서 모세는 40년 동안 주변 정세와 자기 민족의 운명에 대해 깊이 성찰하였다. 그는 하나님의 도움이 없다면, 세계의 대제국 이집트에서 자기의 민족을 구한다는 것이 불가능하다는 것을 통찰하였을 것이다. 자기 민족에 대한 뜨거운 사랑과 하나님의 도우심에 대한 갈망이 그의 마음속에 불타고 있었을 것이다.

신약성서의 사도 바울에게도 이와 비슷한 내적 성찰이 있었으리라 생각된다. 로마의 시민권을 가진 지식인층에 속했던 바울은 당시 유대교와 로마제국의 상황을 잘 알고 있었다. 그는 이 상황에 대해 희망을 가질 수 없었다. 원형 경기장에서 검투사들을 서로 죽이게 하고 사자의 밥이 되게 하면서 재미있다고 환호하는 로마의 통치자들과 시민들을 보면서, 그는 그리스-로마의 현자들이 가르치는 "지혜"에 회의를 느꼈을 것이다. 부패하고 타락한 유대교에 대해서도 그는 희망을 가질 수 없었다. 오히려 그는 십자가에 달려 죽은, 그러나 죽음에서 다시 살아났다고 그의 제자들이 증언하는 나사렛 예수, 그리고 죽음을 각오하고 그의 뒤를 따르는 "갈릴리 사람들"(행 1:11)에게서 참 지혜와 희망을 발견했던 것 같다.

이와 같은 마음의 준비가 있었기 때문에, 하나님의 계시가 모세와 바울에게 일어난다. 따라서 하나님의 계시에 있어 인간도 일정한 몫을 가진다고 말할 수밖에 없다. 하나님의 계시에 있어 인간은 꼭두각시처럼 계시를 받기만 하지 않는다. 하나님이 모세를 부르시고 자기의 뜻을 계시할 때, 모세는 몇 번이나 하나님의 소명을 거절한다(출 3:11; 4:1, 10, 13). 예레미야도 하나님의 부르심을 거절한다(렘 1:6). 이와 같이 하나님의 계시는 인간의 "결단의 자유"를 배제하지 않는다(Härle 2007, 89). 오히려 그것은 지금까지 인간이 가지고 있었던 자기이해와 세계이해의 비본래성을 드러내고 새로운 이해를 제시하고 스스로 결단하게 한다. 이 새로운 자기이해와 세계이해가 그의 삶의 기초가 된다. 하나님의 계시에서 인간은 로봇과 같은 존재가 아니라, 그것을 수용할 수도 있고 거절할 수도 있는 자유를 가진 존재다.

또 하나님의 계시에 대한 인간의 해석과 이해가 다양한 것도 계시에 있어 인간의 이성과 지성이 함께 작용한다는 사실을 증명한다. 성령의 감동 속에서 하나님의 계시를 경험한다 할지라도 인간의 이성과 지성이 작용하며, 인간의 언어가 사용된다. 그러므로 하나님의 계시는 다양하게 해석될 수 있고 이해될 수 있다. 그것을 어떻게 해석하고 이해하느냐는 인간 자신이 책임져야 할 인간의 몫이다.

근본주의 계열의 신학자에게 이것은 불경스럽고 비신앙적인, 하나님과 인간의 "협동설"이요 이단으로 보일 수 있다. 그래서 근본주의 신학은 교회가 이미 가지고 있는 "계시된" 이론, 곧 교리를 절대시 한다. 그러나 교회가 가진 계시의 교리도 신학자들의 인간적 이성과 인간적 언어를 통해 작성한 것이 아닌가! 그 속에는 이미 인간이 만든 개념들이 사용되고 있다. 계시의 해석과 이해의 다양성을 거부하고 기존의 교리적 지식을 절대시 할 때, 교회는 폐쇄성을 벗어날 수 없게 된다. 그것은 새로운 변화를 거부하고 주어진 체제의 포로가 된다. 시대의 흐름과 함께 변천하는 사회 속에서 교회는 "변화하지 않는 가장 보수적 집단"이라는 비난을 듣게 된다. 사회는 여성의 권리를 신장하는 방향으로 변천하고 가사(家事)를 전담하는 남성의 수가 증가하고 있는데, 교회에서는 여전히 궂은 일들을 여성이 전담하고 남성은 위에서 대접을 받는 존재로 군림한다.

우리는 계시에 대한 해석과 이해의 다양성을 이미 성서에서 발견할 수 있다. 마태복음 기자는 그가 속했던 유대교의 전통에 따라 그리스도의 계시를 해석한다. 그래서 먼저 예수의 족보를 길게 나열한다. 요한복음의 기자는 그리스 철학의 "로고스"(=말씀) 개념을 가지고, 바울과 히브리서 기자는 유대교의 "속죄제물"과 "지혜"의 개념을 가지고 그리스도의 계시를 해석한다(롬 3:25; 고전 1:24; 히 9:28). 이런 해석들에서 구약의 율법과 예언서에 담겨진 하나님의 진리들, 역사적 예수의 구체적 행적들이 은폐되기도 한다.

하나님의 계시는 화석처럼 고정된 것이 아니다. 만일 그것이 화석과 같은 것이라면, 새로운 시대 상황 속에서 새로운 의미와 타당성을 제공해주는 유연성을 갖지 못할 것이다. 하지만 그것은 새롭게 해석되고 이해될 수 있는 무한한 가능성을 담지하고 있다. 그러므로 그것은 언제나 새로운 하나님의 진리일 수 있다. 틸리히의 계시론은 인간의 이성이 제기하는 "질문들"과 이 문제들에 대한 계시의 "답변들"을 제시함으로써, 현대세계에 있어 계시의 타당성을 대담하게 시도한다(이에 관해 유장환 2006, 115 이하).

물론 여기에는 위험성도 따른다. 계시를 통해 하나님이 정말 원하시는 것이 무엇인가를 바르게 제시하지 못하고, 자신의 관심과 신학적 방법을 정당화시키는 방향으로 계시의 의미를 왜곡시킬 수 있다. 사람들을 해방해주기보다 억압하고 착취하기 위한 목적으로 하나님의 계시를 해석하기도 한다. 기독교의 이단적 소종파에서 이런 일들이 가끔 일어난다. 그러므로 계시의 올바른 해석과 이해를 위해 성서에 대한 올바른 신학적 이해와 건전한 이성과 지성이 필요하며, 정상적인 교육 배경이 필요하다. 이러한 요소들을 부인하고 "내가 계시를 받았다"는 사람들로 인해 사회적으로 큰 혼란과 물의가 가끔 일어난다.

하나님의 계시에 있어 인간이 일정한 몫을 가진다 하여, 계시는 하나님의 행위가 아닌 인간의 행위라 말할 수 없다. 그것은 사슴이 시냇물을 찾듯이 하나님을 찾는 인간에게 일어나지만, 하나님으로부터 시작하는 하나님의 기선적 행위임에 틀림없다. 따라서 그것은 하나님의 은혜다. 그것은 하나님의 사랑과 자비로 말미암아 일어나는 하나님의 사건이다. 그럼 하나님의 행위로서의 계시와 인간의 이성은 어떤 관계에 있는가? 양자는 서로를 거부하는 대립관계에 있는가, 아니면 통합관계에 있는가? 계시의 인식에 있어 이성은 어떤 위치에 있는가?

1) 이성의 기능은 사물을 객관적으로 분석하고 인식하는 기술적 기능, 도덕적 판단을 내리는 도덕적 기능, 존재의 의미와 가치와 초월적인 것을 추구하는 존재적 기능으로 구별될 수 있다. 기술적 기능에 있어 이성과 계시는 대립관계에 있을 수 있다. 이성의 기술적 기능은 세계의 객관적 사실만을 인정하기 때문이다. 그러나 인간에게 양심을 부여하고 도덕의 궁극적 근거가 되는 하나님의 존재를 요청하는 도덕적 기능, 또 존재의 의미와

가치와 초월적인 것의 궁극적 근거가 되는 하나님의 존재를 시사하는 존재적 기능에 있어 이성은 계시와 통합관계에 있다고 볼 수 있다. 미시영역에 대한 현대 자연과학의 이론들에 의하면, 이성의 기술적 기능도 사실들의 차원을 넘어서는 초월의 차원을 가리킨다는 점에서 계시와 통합적 관계를 가질 수 있다.

하나님의 계시는 인간에게 일방적으로 일어나는 것이 아니라 인간의 이성이 지닌 질문들과의 연관 속에서 일어난다. 그러므로 계시는 그것을 받는 인간에 의해 수용될 수 있고 의미를 가질 수 있다. 여기서 우리는 이성의 질문과 계시의 대답 사이의 "상관관계"에 대한 틸리히의 통찰에 동의할 수 있다. 물론 하나님의 계시는 인간이 질문하는 것 이상의 것을 나타낸다. 성서의 증언에 의하면 하나님은 인간의 이성에 "감추어져 있던 것", "새로운 것"을 계시한다(Tillich에 반해). 그러나 계시는 인간의 이성을 파괴하거나 마비시키지 않는다. 이성 역시 계시를 반드시 부인하거나 폐기하지 않는다.

물론 인간의 이성은 양면성을 갖고 있다. 그것은 계시를 부인하고 거부할 수 있는 측면과, 계시에 대해 질문하고 그것을 수용할 수 있는 측면을 말한다. 후자의 입장에서 "이성은 계시를 묻고 계시를 요청한다. 반면에…계시는 이성의 물음에 대답하고 이성의 물음을 극복한다. 이성은 기적들과 황홀경을 통해서 계시를 받아들인다. 계시는 그의 힘 속에서 이성을 치유하고 구원한다"(유장환 2006, 138).

2) 계시의 인식에 있어 이성은 배제되는가? 계시는 이성이 배제된 채, "오직 성령을 통해", "오직 은혜를 통해", "오직 믿음을 통해" 인식되는가? 물론 하나님의 계시는 이러한 요인들을 통해 인식된다. 하나님의 계시는 분명히 하나님의 은혜로 말미암아, 그의 기선적 행위를 통해 인간에게 전달되고 인식되기 시작한다. 유한한 세계의 사물들을 인식할 수 있는 인간의 이성의 눈을 뜨게 하여 하나님의 계시를 인식하게 하는 것은 하나님 자신이다. 이런 점에서 계시의 인식은 하나님 자신의 행위다.

그러나 하나님의 행위로서 일어나는 계시의 인식은 인간의 이성을 배제하지 않는다. 오히려 그것은 이성을 통해 일어난다. 즉 계시는 성령의 작용과 믿음 가운데서, 이와 동시에 오직 이성을 통해 인식될 수 있다. 계시에 대한 순종과 믿음은 계시에 대한 이성의 인식을 전제한다. 사랑의 하나님은 인간의 이성을 배제하지 않고, 그것을 자신의 동역자로 삼는다. 이리하여 하나님의 계시가 일어날 때, 인간은 자신의 이성을 통해 계시를 인식한다. 계시에 대한 이성의 인식 없이 계시에 대한 순종과 믿음은 있을 수 없다. 전혀 인식하지 못하는 것에 대해 순종하고 그것을 믿는다는 것은 불가능하다. 성령의 작용과 더불어 인간의 순종과 믿음 없이 계시에 대한 올바른 이성의 인식도 있을 수 없지만, 이성의 인식 없는 순종과 믿음도 있을 수 없다. 이런 점에서 인간의 이성은 계시의 인식에 있어 구성적 기능을 가진다. 만일 인간의 이성이 계시를 깨닫지 못한다면, 그것은 인간에게 무의미한 것이 되어버릴 것이다.

3) 한 걸음 더 나아가 계시의 인식도 이성적이어야 한다. 이성적이지 못한 계시의 인식은 혼란을 일으킨다. 예수 그리스도 안에서 일어난 하나님의 계시는 유일회적인 역사적 사실이요, 하나님 자신을 통해, 성령의 능력과 믿음 가운데서 오늘날 우리의 사건이 된다. 그러나 이 계시를 어떻게 인식하느냐의 문제는 이성에 의존한다. 중요한 문제는 어떻게 인식하느냐에 달려 있다. 이성적으로 인식할 수도 있고, 비이성적으로 인식할 수도 있다. 상식적으로 타당하게 생각되는 것을 하나님의 계시라 말할 수도 있고, 말이 되지 않는 것을 하나님의 계시라 우길 수도 있다. 여기서 인간의 양심, 삶의 배경, 역사적 상황, 교육 수준, 가치관 등이 작용한다. 하나님의 계시가 인간과 세계를 개방하고 인간화시키는 방향으로 인식될 수도 있고, 아니면 무지와 아집 속에서 비인간화시키는 방향으로 인식될 수도 있다. 진리가 아닌 것을 하나님의 계시된 진리라 우기는 일도 발생한다.

계시는 분명히 하나님의 사랑과 은혜로 말미암아 하나님으로부터 일어나는 하나님의 기선적 행위다. 그러나 그것은 인간 이성의 인식 능력을 배제하지 않는다. 이성의 인식 능력을 배제하는 것이 기독교 신앙의 전제요 기초라고 생각할 때, 기독교 신앙과 교회의 비이성화·몰지각화가 초래될 수 있다. 하나님의 계시는 인간의 이성이 생각해낼 수 없는 것이란 점에서 "이성 위에"(*supra rationem*) 있다. 그러나 계시는 이성에 반하지 (*contra rationem*) 않는다(Härle 2007, 82). 한국 개신교계에서 일어나는 많은 혼란과 이단시비(異端是非)는 계시와 이성을 대립시키고 이성의 건전한 인식 기능을 죄악시함으로 인해 발생한다(이에 관해 아래 "하나님 인식론" 참조).

제3부

약속과 기다림의 책
성서

-성서론-

기독교 신앙의 궁극적 기초는 예수 그리스도 안에서 일어난 하나님의 계시에 있다. 계시에 관한 증언들이 성서에 기록되어 있다. 이리하여 과거에 일어난 하나님의 계시가 그 후에 태어난 사람들에게 전달되며 현재화되는 형태이다. 예수 그리스도를 통해 일어난 하나님의 구원과 새 창조의 역사가 성서를 통해 세계사의 과정 속에서 언제나 새롭게 일어나며, 그의 제자들에게 주어진 하나님의 약속이 오늘날 우리에게 주어진다. 그러므로 성서는 하나님의 구원의 수단이 되는 동시에, 기독교 신앙의 규범이 된다.

기독교가 처음부터 함축적으로나 명시적으로 성서의 권위를 인정한 이유가 여기에 있다. 하나님의 계시가 성서 안에 명시적으로 담겨 있다. 성서를 통해 하나님은 오늘 우리에게 말씀하시며 그의 약속을 주신다. 구원에 이르는 길이 성서에 기록되어 있다. 예수 그리스도가 기독교 신앙과 신학의 일차적 근거와 규범이라면, 성서는 이차적 근거와 규범이다. 성서는 기독교 신앙의 인식에 대해 "판단된 규범이 아니라 판단하는 규범"(*norma normans non normata*)이요, 성례전과 함께 그리스도인의 실존에 대한 원천이다. 하나님의 계시에 근거한 모든 신학적 인식은 성서를 통해 자신의 타당성을 검증받아야 한다. 그러므로 우리는 여기서 계시론에 이어 성서론을 다루고자 한다.

1

왜 성서가 필요한가?

세계의 많은 종교들 가운데 상당수가 규범이 되는 경전을 갖고 있지 않다. 이에 반해 기독교는 유대교와 이슬람교와 함께 규범성을 가진 경전, 곧 "성서"를 가지고 있으며 이를 자신의 생명처럼 생각한다. 그 이유는 무엇인가? 왜 기독교 신앙과 신학은 성서를 필요로 하는가?

1) 무엇보다 먼저 성서는 하나님의 "계시의 책"이기 때문에 기독교 신앙과 신학에 있어 없어서는 안 될 책이다. 그것은 이스라엘 민족을 통해 일어난 하나님의 계시를 증언하며, 하나님의 위대한 구원의 역사를 우리에게 이야기한다. 또 예수 그리스도 안에서 일어난 하나님의 결정적 계시와 구원의 역사를 증언하며, 우리를 이 구원사로 초대한다.

물론 구약성서는 예수 그리스도에 대해 직접적으로 언급하지 않는다. 그러나 기독교 신앙의 관점에서 볼 때, 구약성서는 예수 그리스도에 대한 "기다림의 책" 내지 "오실 그분에 관한 책"이라 말할 수 있다. 이에 반해 신약성서는 "이미 오신 그분에 관한 책"이다. 구약성서가 기다리는 메시아(= 그리스도)가 예수 안에서 이 세상에 오셨고, 하나님의 결정적 구원의 사건을 이루었다. 성서는 예수 그리스도 안에서 일어난 하나님의 고난과 사랑을 증언하며, 인간을 구원과 참 생명으로 초대한다. 그러므로 성서는 기독교 신앙에 있어 없어서는 안 될 책이다.

2) 성서의 역사서는 과거에 일어난 하나님의 행위와 역사를 증언하며 역사의 방향과 목적을 제시하는 동시에 오늘 우리를 향한 하나님의 말씀을 증언한다. 성서의 문학서는 인간의 삶과 세계에 대한 다양한 통찰들과 지혜를 가르쳐 주며, 세계의 모든 것이 결국 하나님의 주권 아래 있음을 증언한다. 예언서는 정의롭게 살지 않고 자비를 베풀지 않으며 하나님 없는 불의한 악인들과 그들의 공동체는 멸망할 수밖에 없음을 증언하는 동시에, 참 구원의 길을 가르쳐 준다.

성서는 그 전체에 있어 하나님이 어떤 분이며 그의 뜻과 목적이 무엇인지, 또 우리 인간이 하나님과 이웃과 어떤 관계에 있어야 하며, 어떻게 행동하고 어떻게 살아야 하는가를 가르친다. 우리 인간의 본성이 어떠하며 어떻게 변화되어야 하는지, 우리 인간이 무엇을 위해, 무엇 때문에 살아야 하는지, 인생의 참 가치가 무엇인지 가르쳐준다. 높아졌을 때 교만하지 않으며, 낮아졌을 때 비굴하지 않으며, 곤궁에 빠졌을 때 하나님께 도움을 간구하며, 부유할 때 재물을 자랑하지 않고 어려운 이웃을 배려하며 살아가는 삶의 지혜를 가르친다. "특히 예수 그리스도 안에서 하나님의 자유롭게 하는 은혜로운 활동에 대한 이야기들을 통해, 우리는 하나님의 정체성을 새롭게 알아가고 그분과 이웃과의 교제 관계 속에서 새로운 삶을 살아간다"(Migliore 2012, 106).

또한 성서는 교회의 목적과 사명이 무엇이며, 우리의 사회와 세계가 어떤 방향으로 발전해야 하는가를 시사한다. 국가의 통치자들이 어떤 마음으로 통치해야 하는가를 가르치며, 부패한 통치자들에게 하나님의 심판을 경고한다. 이런 점에서 성서는 하나님의 위대한 "계시의 책"이요 "가르침의 책"이다. 그것은 과거의 일들에 대한 증언인 동시에 오늘날 우리를 향한 하나님의 말씀이다. 성서를 통해 하나님은 오늘 여기에서 우리에게 말씀하신다. 따라서 성서는 기독교 신앙에 대해 없어서는 안 될 책이다.

3) 성서는 언제나 다시금 하나님의 새로운 약속들을 이야기하며, 이 약속을 향해 우리를 부른다. 성서는 하나님의 약속과 약속한 바에 대한 기다림의 정신으로 가득하다. 아브라함은 새로운 생명의 땅에 대한 하나님의 약속을 바라보며 아버지의 땅을 떠난다. 모세는 "젖과 꿀이 흐르는 땅"에 대한 하나님의 약속을 바라보며 이집트의 "고기 가마"를 떠난다. 예수의 제자들은 예수가 선포한 하나님 나라의 약속을 바라보며 십자가에 달려 죽은 그분의 뒤를 따른다. 로마의 초기 기독교 공동체는 새 하늘과 새 땅의 약속에 대한 기다림 속에서 로마 황제의 박해를 감내한다.

이와 같이 성서는 끊임없이 새로운 생명의 세계에 대한 하나님의 약속을 증언하면서, 이 세계를 향해 나아갈 수 있는 힘과 용기를 자극한다. "오직 여호와를 앙망하는 사람은 새 힘을 얻으리니"(사 40:31). 성서는 목적과 희망을 잃은 인류에게 새로운 목적과 희망을 제시하며, "새로운 세상, 새로운 관계성, 새로운 정치의 시작을 선언한다. 이 새로운 세상에서는 정의가 불의를 이기고 우정이 적대관계를 극복하며, 상호적 섬김이 지배보다 우세하고 생명이 죽음에 대해 승리한다"(Migliore 2012, 107).

이런 점에서 성서는 하나님의 위대한 메시아적 "약속의 책"이요 "기다림의 책"이다. 성서의 모든 책들은 하나님의 새로운 세계를 기다리는 메시아적 영성으로 점철되어 있다. 성서는 전체적으로 하나님의 메시아적 미래를 약속하며, 이 미래를 향한 변증법적 자기부정과 해방과 개혁을 요구한다. 이런 까닭에 성서는 기독교 신앙에 대해 생명과 같은 책이요, 온 인류에게 필요한 책이라고 평가될 만하다.

4) 인간의 생명이 인간에 의해 억압과 착취와 죽임을 당하며, 자연의 생명들이 멸종의 위기에 처한 오늘의 시대적 상황 속에서, 성서는 모든 생명이 하나님의 피조물이요 하나님의 것이라 주장한다. 이를 통해 모든 생명의 존엄성을 선언하며, 생명의 무분별한 훼손과 살해를 금지한다. 빈부격차와 사회 양극화가 점점 더 심화되는 오늘의 세계 속에서, 성서는 가난하고 힘없는 사람들의 생명을 보호할 것을 요구하며 월수입의 극심한 차

이의 철폐를 요구한다. 여성의 생명에 대한 남성의 억압, 장애인들의 생명의 사회적 소외를 극복하고 모든 생명들이 더불어 사는, 하나님의 정의와 자비가 있는 사회를 요구한다. 이와 관련하여 하나님은 가난하고 억압받는 사람들의 편에 서시며, 교만하고 힘있는 자들을 심판한다고 선언한다.

성서는 또한 인간이 자연의 중심이 아니라 하나님이 자연의 중심이라고 증언한다. 인간도 자연도 전부 하나님의 소유이기 때문이다. 성서는 인간과 자연이 더불어 사는 새로운 생명의 세계를 이룰 것을 요구한다. 또한 성서는 인간의 참 생명이 무엇인가를 이야기한다. 이와 같이 다양한 측면에서 성서는 "생명의 책"이라 말할 수 있으며, 기독교 신앙을 위해서는 물론 신음하는 피조물들을 위해 필요한 책이라 말할 수 있다.

5) 앞서 언급한 것처럼 신학과 교리는 성서에 근거해야 한다. 하나님에 관한 인식도 성서에 기초해야 한다. 성서가 기독교 신학과 교리의 기초이며 규범이기 때문이다. 또한 성서는 그리스도인들과 교회의 삶과 실천에 대한 윤리적 규범이다. 따라서 그리스도인들과 교회의 윤리적 결단과 삶도 자신의 타당성을 성서로부터 인정받을 수 있어야 한다. 구원에 필요한 진리가 성서에 담겨 있기에, 성서는 그리스도인들과 교회의 삶에 없어서는 안 될 기초라 말할 수 있다.

2
성서론의 문제들

기독교는 성서를 "하나님의 말씀"이라 고백한다. 그런데 이 하나님의 말씀은 인간의 언어로 기록되어 있다. 성서는 인간의 언어로 기록된 하나님의 말씀이다! 바로 여기에 기독교와 이슬람교의 차이가 있다. 이슬람교의 경전인 코란(Qur'an, 본래 recitation을 뜻함)은 하늘에 보존되어 있는 원전(原典)을 천사 가브리엘이 예언자 마호메트에게 아라비아어로 한 자도 틀림없이 전해 준 복사본(複寫本)이다. 따라서 아라비아어로 기록된 코란의 글자 자체가 변할 수 없는 하나님의 직접적 말씀이다. 그러므로 그것은 오류가 없으며, 해석될 필요가 없으며, 원칙상 번역될 수도 없다.

이에 반해 기독교의 성서는 하나님의 직접적 말씀이 아니라, 인간 기자(記者) 내지 저자(著者)가 하나님의 계시를 인간의 언어로 기록한 문헌들 가운데 특정 문헌을 수집한 것이다. 간단히 말해 성서는 인간의 말로 기록되었고 인간에 의해 편집된 하나님의 말씀이라 할 수 있다. 그래서 성서는 인간적인 제약과 한계를 가질 수밖에 없다. 그것은 인식의 모호함과 다양성, 사회적으로 또 문화적으로 제약된 인간의 사고방식 등의 제약과 한계를 지닌다. 성서는 글자 자체에 있어 오류가 없는 하나님의 말씀이 아니라, 그 속에 담긴 하나님의 진리에 있어 오류가 없는 하나님의 말씀이다. 따라서 성서는 언제나 새롭게 질문되어야 하고 해석되어야 하며 번역될 필요가 있다. 바로 여기에 새로운 시대적 상황에 대해 타당성을 가질 수 있는 성서의 유연성과 무한하고 새로운 가능성이 있다.

이로 인해 다양한 질문들이 제기될 수 있다. ① 성서가 다양한 문헌들의 수집과 편집이라면 어떤 문헌이 성서로 인정될 수 있는가, 곧 정경(Kanon)에 관한 질문, ② 성서가 인간에 의해 인간의 언어로 기록되었고 편집된 책이라면 어떤 점에서 성서는 규범성을 주장할 수 있는가, 곧 성서의 무오류성과 권위에 관한 질문, ③ 성서는 오직 해석을 통해서 이해될 수 있다면 올바른 해석을 위한 원칙은 무엇인가, 곧 성서해석학에 관한 질문 등이 제기된다.

A. 정경으로서의 성서와 전통의 관계

기독교는 구약성서 39권, 신약성서 27권, 총 66권의 책을 정경으로 한다. 정경, 곧 그리스어로 *Kanon*이란 기준, 규범, 규칙을 뜻한다. 기독교 신앙과 신학에 있어 그것은 "진리의 규범"을 말한다. 기독교의 모든 이론과 실천은 이 규범에 의해 검증되어야 한다. 개신교회는 성서 66권의 정경만을 성서로 인정하며, 정경으로 인정받지 못한 다른 문헌들, 곧 외경(外經)과 위경(僞經)을 배제한다. 이에 반해 정교회와 가톨릭교회는 이 문헌들을 수용한다.

정경은 처음부터 확정돼 있지 않았다. 최초의 기독교 공동체가 팔레스틴에서 소아시아로, 소아시아에서 북아프리카와 그리스 지역으로 확장되고 로마제국의 국가종교로 공인되면서 규범성을 가진 문서들, 곧 정경을 가질 필요성을 느끼게 되었다. 무엇보다 먼저 교회의 통일된 가르침과 질서를 확보하기 위해, 또한 영지주의, 몬타누스주의, 마르키온주의 등 교회를 위협하는 잘못된 이론들에 대해 기독교의 올바른 신앙과 말씀의 순수성을 지키기 위해 정경이 필요했다.

초기 기독교 공동체는 구약성서 39권의 책이 정경이라는 것을 쉽게 인정할 수 있었다. 예수와 그의 제자들이 구약의 문서를 하나님의 말씀으로 인정하였기 때문이다. 그러나 초기 기독교 공동체에 전해진 신약의 문서들 가운데 어떤 문서가 정경에 속하는가를 판단하는 것은 매우 어려운 일이었다.

복음서에 따르면 예수는 그의 말씀을 글로 기록하지 않았다. 그는 자기의 뒤를 따르는 제자들과 군중들에게 자기의 생각을 말로 전달하였을 뿐이다. 예수의 이 말씀이 입에서 입으로 그리스도인들에게 전해졌다. 이를 가리켜 우리는 구전(口傳, oral tradition)이라 부른다. 1세기 후반기에 이르러 예수의 말씀이 부분적으로 글자로 기록되기 시작했다. 사도들이 사망한 후에 그들이 직접 들은 그리스도의 말씀을 계속 듣기 위해 이 말씀을 기록하지 않을 수 없었고, 기록된 말씀이 사도들의 말씀을 대신하였다. 이 기록들은 소아시아, 북아프리카, 그리스 등 각 지역에 산재하는 공동체들을 위해 수를 헤아릴 수 없는 사본(寫本)으로 확산되었고, 이 과정에서 말씀의 변조가 불가피하였다. 신빙성을 인정하기 어려운 사본들 내지 거짓 문서들이 공동체의 삶에 혼란을 가져오기도 했다. 이러한 혼란을 극복하기 위해 초대교회는 모든 기독교 공동체에 대해 규범성을 가진 정경을 결정하게 되었다. 이 결정에 있어 유대교가 이미 가지고 있었던 정경이 모범이 되었다.

신약의 문서들 가운데 특정 문서를 정경으로 선택할 때 주로 두 가지 기준이 적용되었다. 정경의 첫째 기준은 명시적으로나 함축적으로 예수 그리스도를 증언하며, 예수 그리스도 안에서 일어난 하나님의 구원과 연관된 정도에 있었다. 정경의 둘째 기준은 예수의 말씀을 직접 들은 사도들로부터, 혹은 사도들의 제자들로부터 유래하며, 사도들이 전해 준 말씀과 내적으로 일치하느냐에 있었다.

초대교회는 이 두 가지 기준을 선택함으로써 예수 그리스도와 사도적 전통에 근거한 교회가 되고자 했다. 두 가지 기준에 따라 초대교회가 정경을 확정한 것은, 교회의 뿌리와 근원을 확인하고자 하는 관심의 표현이었다. 정경을 확정함으로써 초대교회는 예수 그리스도 안에 있는 자신의 근원과 사도적 계승을 확보하고자 하였다. 이와 동시에 교회는 정경을 확정함으로써 자기 자신에 대한 규범을 갖게 되었다. 그것은 자기 자신을 판단할 수 있는 "규범을 가진 교회"가 되었다. 초대교회가 정경을 확정한 것은 "그것에 비추어 그 자신이 판단을 받을 준비가 되어 있는 기준, 자기 앞에 주어져 있는 규범에 대한 교회의 고백이었다"(Weber 1972, 278).

정경이 확정될 때 다음의 질문이 제기되었다. 정경으로 선택되지 않은 문서들, 곧 정경이 있기 이전부터 있었던 교회의 전통과 정경으로 확정된 성서는 어떤 관계에 있는가? 정경으로 선택되지 않은 문서들을 포함한 교회의 전통은 배제되어야 하는가, 아니면 정경으로 확정된 성서와 동등한 위치를 가지는가?

여기서 "전통"이란 매우 포괄적 개념이다. 전통, 곧 Tradition이란 개념은 *trans*(=넘어서, 넘겨서)와 *dare*(=주다)의 합성어 *tradere*에서 유래하는 것으로, "넘겨주다", "전하여 주다"를 뜻한다. 그리스어 동사형 *paradidonai*도 동일한 뜻을 가진다. 기독교 신학에 있어 그것은 하나님의 계시를 과거의 교회로부터 오늘의 교회로 "전해주다"를 뜻하며, 이를 통해 신앙 공동체 안에서 하나님의 말씀의 정체성과 연속성과 유익한 발전을 가능하게 하는 개념으로 사용된다.

전통의 내용은 매우 다양하다. 먼저 그것은 정경과 정경에서 배제된 초대 기독교 공동체의 문서들(외경, 위경 등)을 가리킨다. 이것을 뛰어넘어 그것은 신앙 공동체들에게 전해지는 모든 일들, 교회의 예배의식, 설교, 강론, 요리문답, 교리, 중요한 신학자들의 문헌, 교회의 공적 문서, 신앙고백, 교회법, 교회의 제도와 질서 등을 포함한다. 곧 과거로부터 현재에 이르기까지 교회에 전해진 모든 것이 전통에 속한다. 이러한 포괄적 의미의 전통과 정경으로 확정된 성서는 어떤 관계에 있는가?

가톨릭교회는 "성서가 있기 전에 전통이 있었다"고 주장한다. 전통이 먼저 있었고, 전통에서 성서가 생성되었다. 성서는 많은 문헌들로부터 교회가 선택하여 만든 "교회의 사역"이다(Härle 2007, 113). 여기서 성서는 전통에 속한 전통의 일부로 이해되며, 전통이 성서보다 더 큰 권위를 가진 것으로, 아니면 적어도 성서와 동등한 권위를 가진 것으로 간주된다. 가톨릭교회의 제2바티칸 공의회는 1870년의 교황 무오설의 교리와 더불어, 성서와 전통을 동일한 위치에 있는 것으로 선포한 트리엔트 공의회의 결정을 다시 수용한다. 그리하여 "성서와 전통의 두 가지 원천들"을 규범으로 인정한다. "거룩한 어머니 교회는 모든 계시가 성서에만 내포되어 있지 않고, 방법은 다르지만 성서와 전통의 두 가지 원천들에 포함되어 있다고 항상 믿었고 또 지금도 믿는다." 성서의 의미는 "오직 사도적 전통으로부터 분명하고 전체적으로 인식될 수 있고 해석될 수 있다. 더 나아가 전통, 그것만이 계시된 특정한 진리들이 해명되고 교회에 의해 인식되는 길이다"(Beinert 1995, 125).

그런데 전통을 보존하고 인정하며 확정하는 전통의 관리자 내지 주체는 교회이다. 이리하여 가톨릭교회에 의하면 교회의 권위가 전통과 성서 위에 있게 된다. 성서와 전통의 모호한 의미를 해명할 수 있는 법적 권리를 가진 교회는 "신앙과 신앙의 학문의 직접적이며 가장 가까운 원천"이다. 이에 비해 성서와 전통은 "거리가 먼 신앙의 규칙들"을 나타낼 뿐이다(Weber 307 이하). 제2바티칸 공의회는 성서와 전통의 두 가지 권위 위에 있는 교회의 권위를 다음과 같이 시사한다. "교회의 가르침의 직분(Lehramt)"은 "성서는 물론…전통의 의미와 해석을 판단할 뿐 아니라, 두 가지 원천들 속에 모호하게 혹은 포괄적으로 내포되어 있는 모든 것을 해명하고 나타내야 할 과제를 갖고 있다"(Beinert 1995, 125).

가톨릭교회의 교황 무오설은 성서와 전통 위에 있는 교회의 권위를 한층 더 강화시킨다. 교리와 관계된 교황의 모든 가르침 속에서 성령이 말하고 있다. 그러므로 교황의 가르침에는 오류가 있을 수 없다. 따라서 교황이 대변하는 교회의 권위는 성서와 전통 위에 있다. "연장된 그리스도"(Christus prolongatus)로서의 교회가 성서와 전통의 해석에 있어 결정권을 주장할 수 있다. 교황과 교회의 권위가 진리를 보증할 수 있는 힘을 가진다.

이에 반해 종교개혁자들과 개신교 정통주의 신학자들은 "오직 성서만으로"(sola scriptura)의 원리를 주장한다. 성서, 곧 정경은 "복음의 살아있는 음성"이며(Luther), 구원의 필요한 모든 진리를 담고 있다. "성령의 내적 증언"이 성서 안에 있기 때문에 성서는 완전성과 명료성을 가진다. 따라서 66권의 성서만이 권위를 가지며 진리에 대한 보증이 된다. 구원과 올바른 하나님 인식에 이르기 위해 성서만으로 충분하다(충족성, 곧 sufficientia의 원리). 믿음은 교회의 전통에서 오는 것이 아니라 성서의 말씀을 들음에서 온다(롬 10:17). 한경직 목사에 의하면 "성경은 우리 신앙에 유일한 표준입니다. 전통이 표준이 아닙니다.…오직 성경만이 우리 신앙의 정확무오한 표준입니다"(임걸 2008, 159에서 인용).

여기서 우리는 정경이 전통에서 생성되었으며, 따라서 정경을 전통의 일부로 보는 가톨릭교회의 주장을 충분히 이해할 수 있다. 구전(口傳), 곧 입에서 입으로 전해지던 것이 문서로 기록되었다. 기록된 문서들과 이 문서들의 사본들이 있었고, 4세기 말에 이르러 이 문서들을 취사선택하여 정경으로 편집하였다는 것은 부인할 수 없는 역사적 사실이다. 정경이 완성될 때 히브리서, 야고보서, 베드로후서, 요한2서와 3서, 요한계시록이 회의의 대상이 되었던 반면, 바나바 서신, 클레멘스 제1, 2서신, "헤르마스의 목자"는 오랫동안 정경으로 간주되었다. 이러한 역사적 사실은 전통이 먼저 있었고, 전통에서 성서가 생성되었음을 증명한다.

또 오늘날에 이르기까지 기독교의 각 교단에 따라 정경의 범위가 확정되지 않고 유동적이란 사실도 정경과 전통의 엄격한 구분을 어렵게 하며, "성서는 전통의 한 부분"이란 주장을 가능하게 한다. 지금 우리가 가진 구약성서는 주전 587년 바빌론 포로기에 이스라엘 백성의 지도자들이 그들의 종교적·민족적 정체성을 확보하기 위한 관심에서 편집되기 시작했다. 주전 4세기에 오경, 곧 토라(*Torab*)가 완성되었고, 주전 3세기 후반에 예언서들(*Nebiim*)이 첨가되었으며, 주후 1세기에 나머지 문서들(*Ketubim*)이 첨가되었다. 그런데 디아스포라 유대인들은 주전 3세기 이후부터 알렉산드리아에서 생성되었고 예수의 탄생 이전에 거의 완성된 그리스어 번역 "70인역"(Septuaginta)을 가지고 있었다(Beinert 1995, 97). 그런데 70인 역과 그 후에 등장한 히브리 성서의 라틴어 번역 불가타(Vulgata)는 히브리어 성서에 포함되지 않은 다른 문헌들을 수용한다. 이 과정에서 번역자들은 전승된 문헌들의 내용을 보충하기도 하고 삭제하기도 한다. 이것은 정경 문헌에 대한 유대교의 개방성을 보여준다. 유대교는 정경을 결코 권위적으로 확정하지 않았다(97).

신약성서의 정경의 범위도 교단에 따라 다르며 역사적으로 매우 유동적이었다. 루터는 "그리스도를 추구하는" 문헌만을 정경으로 인정할 수 있다고 보았으며, 루터를 포함하여 칼뱅과 츠빙글리 등 종교개혁자들은 히브리서, 야고보서, 베드로 후서, 요한계시록의 정경성을 의심하기도 하였다. 정교회는 정경과 정경 아닌 문헌들을 이론적으로 구별하지만, 정경에 속하지 않은 문헌들을 예배의 영송, 이콘 등에 사용한다. 가톨릭교회도 이를 사용한다. 이러한 상황을 고려해 볼 때, 우리는 정경으로 확정된 66권의 성서를 전통에서 엄격히 구별하고, 성서만이 진리의 규범이라 말하기 어렵다.

그러나 정경과 전통이 대등한 위치에 있게 되면, 전통은 규범적 기준을 갖지 못하게 된다. 규범이 사라지면, 교회의 교리, 신학, 설교, 가르침 등의 교회 전통은 검증받을 수 없게 된다. 검증을 해주는 규범이 사라지게 되면, 교회는 결국 큰 혼란에 빠지게 될 것이다. 초대교회가 정경을 확정한 까닭이 여기에 있다. 초대교회는 정경을 도입함으로써 전통이 더 이상 진리의 기준이 아니며, 이후의 모든 전통은 정경에 포함된 성서의 문서들을 통해 검증되어야 한다는 것을 스스로 인정하였다(Cullmann, Kraus 1983, 45). 따라서 전통으로부터 생성된 정경이 전통과 교회에 대한 규범이 된다.

생성된 순서에 있어, 전통이 분명 성서를 앞선다. 즉 정경으로 확정된 성서가 있기 전에 먼저 전통이 있었다. 그러나 내용에 있어서는 성서가 전통을 앞선다고 볼 수 있다. 전통이 따라야 할 기독교 신앙의 권위 있는 핵심 내용들이 성서 안에 집약되어 있기 때문이다. 따라서 내용적으로 볼 때, 전통은 성서에 근거하며, 성서로부터 유래한다고 말할 수 있다.

그러므로 우리는 교회의 전통이 성서와 동등한 권위를 가진다고 말할 수 없다. 전통이 아무리 중요하다 해도, 성서를 대체할 수는 없다. 성서의 유일한 규범성이 부인되고 모든 것이 성서와 동일한 규범성을 갖게 될 때, 교회와 전통은 자신에 대한 규범을 갖지 못할 것이다. 성서는 인간의 언어를 통한 하나님의 말씀이요, 전통은 이 하나님의 말씀의 다양한 표현들 내지 해석들이라 볼 수 있다. 교회는 "땅 위에 있는 하나님 나라의 현실"인 동시에 불완전한 인간들의 모임이기 때문에, 교회의 전통이 아무리 뛰어나다 해도 완전할 수 없다. 그것은 인간적 요소들과 더불어 시대적으로 제약되어 있다.

그러나 이것은 전통에 대한 배타주의를 뜻하지 않는다. 전통이 성서의 빛 속에서 읽혀져야 하듯이, 성서도 전통의 빛 속에서 읽혀져야 할 것이다. "전통 없이 우리는 성서를 읽을 수 없다"(Pöhlmann 1973, 50). 2천 년에 달하는 교회의 전통을 무시한 채 성서를 자기 나름대로 읽고, 자기의 성서해석을 절대시 하는 것은 위험하다. 이로 인해 성서의 참 진리와 기독교 신앙이 왜곡되며, 심지어 사회적 물의를 일으키는 일을 우리는 교회사에서 가끔 볼 수 있었다. 1950년대에 일어난 한국의 전도관 운동과 통일교의 성서해석, 시한부 종말론이 이에 속한다.

"성령의 내적 증언"(internum Spiritus sancti testimonium)이 성서 안에 있다는 정통주의 신학의 주장은 일면 타당성이 있다. 우리는 성서를 읽을 때 성령이 작용하며 우리에게 증언한다는 것을 경험할 수 있다. 그렇다고 해서 전통을 모두 부인하거나 배제할 필요까지는 없다. 성령의 내적 증언도 전통의 빛 속에서 파악되어야 할 것이다. 외경과 위경에서도 하나님의 귀중한 진리가 발견될 수 있다. "*Sola scriptura*"를 주장한 루터도 전통을 전적으로 거부하거나 배제하지 않았다. 그는 아우구스티누스 수도회의 수도사로 아우구스티누스의 신학적 영향을 받았으며, 스콜라 신학과 신비주의의 영향 속에서 자신의 신학적 통찰에 도달하였다. 그는 "오캄의 유명론의 입장을 선호했으며", "신학과 철학의 혼합을 비판하고 성서의 권위를 강조한 점에서도 오캄을 따랐다"(이양호 2002, 56). "청년 루터에게 종교개혁의 신학적 프로그램은 '성서와 아우구스티누스'란 양식으로 요약될 수" 있을 만큼, 교회의 전통이 그에게 중요했다(McGrath 2002, 280).

따라서 루터가 주장한 "*sola scriptura*"의 본래 의도는 전통에 대한 전적 거부와 배타에 있는 것이 아니라 전통에 대한 성서의 권위를 확보하는데 있었다. 구원과 올바른 하나님 인식을 위해 성서만으로 충분하다는 "충족성의 원리"와 함께 개신교회는 전통을 거부한 것이 아니라 가톨릭교회의 전통주의를 거부하려고 했던 것이다. 개신교 정통주의 신학자 게르하르트(Joh. Gerhard)가 "교부학"(Patrologie)이란 개념을 처음으로 신학에 도입한 것은, 개신교회가 전통을 중요시했다는 것을 증명한다(Weber 1975, 304).

여기서 우리는 전통의 범위를 보다 폭넓게 생각해 볼 수 있다. 즉 우리는 정경에 포함되지 않은 외경과 위경, 교회의 중요한 신앙고백과 교리들, 문헌들, 예배의식 등은 물론 사회적으로 인정 받는 세속의 문헌들과 예술품까지도 기독교 전통에 포함시킬 수 있다. 이들 문헌들과 예술품들은 성서에 담겨진 하나님의 진리를 파악하는 데 큰 도움을 줄 것이다. 예를 들어 초대교회 신학자들은 플라톤과 아리스토텔레스의 철학에 의존하여 기독교의 진리를 해석하였다. 그 외에 수많은 신학자들이 칸트, 헤겔, 키에르케고르, 하이데거의 철학에 의존한다. 성서도 고대의 종교사상 또는 철학사상을 수용하였다.

한국 개신교회의 어떤 목회자는 세속의 모든 문헌들이 "위험하다" 하여 읽지 못하게 하고, "성경만" 열심히 읽도록 가르친다는 얘기를 들은 적이 있다. 그래서 그 교회의 학생들은 문학, 역사 등에 관한 책을 전혀 읽지 않고 성경만 읽는다는 것이다. 구원을 얻기 위해 "성경만으로 충분하다!" 교회의 이러한 가르침 때문인지, 필자의 한 친지는 신문과 텔레비전 뉴스를 꺼린다. 세상의 "헛된 일들"에 관한 이야기로 "귀"를 오염시키지 않고 "순수한 신앙"을 지키기 위해서란다.

이런 사람은 세계와 역사 속에서 일하시는 하나님을 보지 못하고 자기 자신 안에 폐쇄된 신앙을 갖게 된다. 그는 세계와 역사에 대한 성서의 진리의 깊이와 넓이를 보지 못할 것이다. 그의 신앙은 무시간적·무역사적·비사회적 신앙이 될 수밖에 없다. 여기서 우리는 *"sola scriptura"*의 원리가 크게 오해되고 있음을 볼 수 있다. 전통에 반해 성서의 권위를 지키고자 했던 종교개혁자들의 본래 의도를 벗어나, 인류의 창조적 노력들을 거부하고 기독교 신앙을 배타적이며 왜소한 신앙으로 축소해버리는 결과를 낳고 말았다. 루터는 결코 이러한 결과를 원하지 않았을 것이다.

물론 세속의 문헌들 가운데 위험스러운 것, 읽을 필요가 없는 것들도 있다. 그러나 다양한 문헌들을 통해 인간과 세계의 삶의 현실을 알게 될 때, 우리는 성서 안에 담긴 하나님의 진리를 파악할 수 있을 것이다. 인간과 세상과 역사를 모르는 사람이 어떻게 하나님의 깊고 넓은 진리를 알 수 있겠는가! 하나님은 세속의 귀중한 문헌들을 배제하지 않을 것이다. 하나님은 마음이 넓은 분이기 때문이다. 하나님의 나라가 역사의 마지막에 완성될 때, 세계의 많은 사물들이 "하나님의 전통"에 속한 것으로 드러나게 될 것이다. 그러므로 트뢸취는 성서, 아우구스티누스, 위대한 성현들, 신비주의자들, 종교개혁자들은 물론 근대의 교회 바깥에 있는 사상가들을 전통의 범위에 포함시킨다(Pöhlmann 1973, 49).

그러나 하나님의 나라는 아직도 먼 미래로 남아있다. 그러므로 우리는 정경으로 확정된 성서가 궁극적 규범성을 가진다는 종교개혁의 통찰을 포기해서는 안 될 것이다. 모든 것이 규범이라면, 아무 규범도 존재하지 않을 것이며, 세계는 "규범이 없는" 세계가 될 것이기 때문이다.

B. 성서 영감설과 성서의 권위 문제

성서 영감설은 초대교회 때부터 주장되었다. 본래 성서 영감설의 의도는 성서의 완전성이나 무오설을 말하려는 것이 아니었다. 성서는 하나님의 영감을 통해 기록되었기 때문에 성서의 원(原) 저자는 하나님이요, 그러므로 성서는 인간의 말이 아니라 오늘날 우리를 향한 하나님의 거룩한 말씀이요, 신앙의 인식의 규범적 원천이며 기독교 신앙과 신학에 대해 권위를 가진다는 것을 말하는 데 그 본래 의도가 있었다. 성서 영감설은 아래 세 가지 형태로 구별된다. ① 축자영감설(Verbal Inspiration, *impulsus ad scribendum*으로 표현되기도 함): 글자 한 자, 점 하나에 이르기까지 성서는 성령의 영감으로 기록되었다. 심지어 구약성서의 히브리어 모음도 성령의 영감으로 기록되었다고 주장하는 신학자도 있다. ② 내용적 영감설(Real Inspiration, 내용들의 주입[*suggestio rerum*]으로 표현되기도 함): 성서의 점이나 글자, 개개의 문장이 아니라 성서 본문이 말하고자 하는 내용이 성령의 영감으로 기록되었다. ③ 인격적 영감설(Personal Inspiration, 글자들의 주입[*suggestio verborum*]으로 표현되기도 함): 성서 기자의 인격이 성령에 사로잡힌 가운데서 성서가 기록되었다. 여기서 성서 기자는 성서에 내포된 생각들을 자유롭게 표현할 수 있는 자유를 가진 것으로 인정된다(Beinert 1995, 101).

성서 영감설은 개신교 정통주의 신학, 특히 루터교회 신학자들에 의해 완성된다. 이들은 교황과 전통의 권위를 부인하는 대신, 진리의 근거를 성서에서 발견하고자 하며 성서의 권위를 확실하게 세우고자 한다. 이를 위해 그들은 축자영감설에 근거한 성서 무오설과 성서의 완전성을 주장하게 된다. 축자영감설의 목적은 성서의 무오류성과 완전성, 이에 근거한 성서의 권위를 주장하는 데 있다.

성서 영감설의 다양한 이론들의 의도와 내용에 대해, 우리는 부분적으로 동의할 수 있다. 교회의 권위와 전통이 지배하는 중세기의 상황 속에서, 종교개혁자들은 성서의 권위와 규범성을 주장함으로써 기독교 신앙과 교회의 근원이 성서에 있으며, 기독교의 모든 일들이 성서를 통해 검증되어야 한다는 사실을 제시하였다. 이것은 모든 시대의 교회들이 따라야 할 종교개혁자들의 위대한 업적이었다.

또한 우리는 성서의 기자들이 성령의 영감 속에서 성서의 말씀을 기록했으며, 성서의 내용들이 성령의 영감 속에서 그들에게 주어졌다는 인격적 영감설과 내용적 영감설에 대해 부분적으로 동의할 수 있다. 성서의 내용이 성령의 영감 속에서 성서 기자들에게 주어졌다면, 그들이 쓴 글자도 성령의 영감 속에서 기록되었다는 주장도 부분적으로 타당성이 있다. 그러나 한국의 일부 교단이 지금도 주장하는 축자영감설과 이에 근거한 성서의 무오설은 다음과 같은 문제점을 가진다.

축자영감설에 의하면 성령이 성서 기자의 손을 통제하였다. 말씀을 선포할 때 예언자들과 사도들은 하나님의 입이었고, 말씀을 기록한 성서 기자들은 글자는 물론 점(點) 하나에 이르기까지 성령이 불러주는 것을 기계처럼 받아 쓴 성령의 "손과 필기도구"였다. 따라서 성서의 원 저자는 사람이 아니라 성령이다. 그러므로 성서는 글자 한 자(축자), 점 하나에 이르기까지 어떤 오류도 없다. 이를 통해 성서의 글자 자체가 곧 하나님의 말씀과 동일시되며, 교황의 권위를 대신하는 절대적 권위를 갖게 된다. 이제 가톨릭교회의 "사람 교황" 대신에 성서라는 "종이 교황"이 진리의 확실성을 보장한다. 성서 영감설은 이에 대한 근거를 다음의 구절에서 발견한다. 성서는 "하나님의 감동으로 된 것"이다(딤후 3:16). 구약성서의 예언은 "인간의 생각에서 나온 것이 아니라 사람들이 성령에 이끌려서 하나님께로부터 말씀을 받아 전한 것"이다(벧후 1:21).

한 걸음 더 나아가 축자영감설은 성서가 기록되어 오늘날 우리에게 이르기까지 전승된 과정 전체가 성령의 영감 속에서 이루어졌다고 주장한다. ① 최초의 증언자들이 하나님의 말씀을 듣고 이해하는 일, ② 이들이 듣고 이해한 바를 입으로 전하며(口傳), 입으로 전해진 것을 글로 기록하는 일, ③ 기독교 공동체들이 기록된 문헌들을 보존하고 교환하며 수집하는 일, ④ 성서를 정경으로 채택하고 수많은 언어로 번역하는 일 등 이 모든 일이 성령의 감동과 다스림 속에서 이루어졌다. 그러므로 각 나라의 언어로 번역된 성서는 글자 한 자, 점 하나도 오류가 없다는 것이다.

우리는 성서가 하나님의 영감 속에서 기록되고 편집되고 번역되었다는 것을 믿는다. 그러나 성서의 본문이 인간이 만든 글자로 기록되었고 번역되었다는 것 역시 부인할 수 없는 사실이다. 따라서 성서의 본문은 제약성을 가질 수밖에 없다. 히브리어, 그리스어 원어에서 세계 각국의 언어로 번역될 때, 표현의 차이가 있을 수밖에 없다. 예를 들어 구약성서의 "야웨", "엘", "엘로힘"과 한국어 "주님", "하나님" 혹은 "하느님", "천주님", 중국어의 "상제"(上帝) 혹은 "천신"(天神)은 내용에 있어 완전히 일치하지 않는다. 그러므로 모든 성서 번역은 제한성을 가질 수밖에 없다. 성서 번역자들도 완전한 번역이란 불가능하다는 것을 인정한다.

또 성서 자료들의 구전과 기록과 정경의 편집과 번역까지의 과정은 분명히 "하나의 인간적이고 역사적인 과정"이다. 이 과정에는 수많은 사람들이 관여돼 있다. 그들은 자신의 언어와 문법 구조와 사고방식과 인생관과 세계관을 가지고 있으며, 그들이 속한 시대와 지역의 개념들과 표상들을 사용한다. 따라서 성서에는 "인간적인 요소가 많이 포함되어 있다"고 말할 수밖에 없다(이종성 1977, 50). 성서비평학에 의하면 성서는 "신의 계시를 포함하는 책이지만, 동시에 '인간적' 특징을 지닌 사람의 책이기도" 하며, "시간과 공간의 제약을 받는 구체적인 역사의 산물"이요, "특정 시대의 역사와 문화와 종교 등을 반영하고 있는 문서"이다(신재식 2003, 135).

우리는 성서를 하나님의 말씀이라 믿는다. 그러나 이것은 성서의 "문자 자체가 하나님의 말씀이라는 것이 아니라"(황돈형 2003, 301), 문자를 통해 우리에게 전달되는 하나님의 뜻에 있어 하나님의 말씀이란 의미다. 여기서 하나님의 말씀과 성서의 글자는 구별된다. 성서의 글자는 분명히 인간이 만든 인간의 발견물이요, 종족에 따라 모두 다르다. 이 글자 자체가 하나님의 말씀은 아니다. 그것은 하나님의 말씀을 전달하는 "도구"에 불과하다. 신약성서는 "하나님의 계시의 말씀과 직접 동일하지 않다." 그리스도만이 하나님의 말씀과 동일하며, 글자는 하나님이 우리를 향해 말씀하시는 수단일 뿐이다(Joest 1966, 33). 칼뱅도 "성령이 성서 기자에게 영감을 주어 교리에는 오류가 없지만 문자들에는 중요하지 않은 오류가 있음을 인정"한다(이양호 2005, 93).

우리는 이것을 역사의 예수에게서 볼 수 있다. 한편으로 예수는 성서의 가장 작은 철자인 이오타(ι), 곧 "일점 일획"까지 하나님의 말씀이라 말한다(마 5:18). 여기서 "일점 일획"은 글자 그대로 점 하나, 획 하나를 말하는 것이 아니라 글자를 통해 전달되는 하나님의 뜻을 가리킨다는 것을 성서에 대한 예수의 태도에서 볼 수 있다. 예수는 글자 자체가 아니라 그 속에 담겨 있는 하나님의 뜻을 하나님의 말씀이라 보았기 때문에, 구약성서의 글자에 묶이지 않고 글자를 자유롭게 해석함으로써 그 속에 담긴 하나님의 뜻을 새롭게 발견한다. 이로 인해 그는 "율법을 모독한 자"라는 비난을 받게 된다.

여기서 우리는 두 가지 뜻에서 성서의 완전성, 곧 충분함(*sufficientia*)으로서의 완전성과 글자의 무오류성으로서의 완전성(*perfectio*)을 구별할 수 있다. 우리는 성서에서 하나님의 구원과 새 창조의 의지를 발견할 수 있고, 새로운 생명의 길과 그의 약속에 관한 말씀을 읽을 수 있다. 이런 의미에서 성서는 충분성을 지니며 하나님의 완전한 말씀이다. 그러나 우리는 글자 자체에 오류가 없다는 의미의 완전성에 대해서는 동의하기 어렵다. 이에 대해 우리는 몇 가지 논증을 제시할 수 있다. ① 인류가 가진 모든 글자는 인간이 만든 것으로 문화적·역사적 제약성에서 벗어날 수 없다. 성서가 사용하는 히브리어, 그리스어는 물론 그것을 번역한 모든 민족의 글자들도 마찬가지다. ② 성서의 글자들은 때로 모순되는 자료들을 담고 있다. 이 자료들은 각 시대의 다양한 문화권에서, 또 기독교 공동체의 다양한 "삶의 자리"에서 유래하기 때문이다. 예를 들어 남자와 여자가 모두 "하나님의 형상"으로 창조되었으며 그리스도 안에서 하나라는 구절과, 여자는 남자의 그림자에 불과하다는 구절이 이를 반영한다. ③ 완전성은 하나님에게만 해당하며 그의 말씀을 전하는 도구들, 예를 들어 인간의 언어와 성서의 글자에는 해당되지 않는다.

정통주의 신학의 축자영감설과 성서 무오설은 하나님의 말씀으로서 성서의 권위를 세우는 것처럼 보인다. 그러나 그것은 다음과 같은 문제점을 가진다.

1) 예수 그리스도 안에서 일어난 하나님의 계시와 대비해 성서의 신적 영감이 하나의 독립적 행위로 생각되며, 제2의 계시의 형태로 승격된다. 뿐만 아니라 성서 기자들 이후의 세대들에게 성서는 사실상 유일한 계시의 형태로 격상된다. 예수 그리스도의 계시에 이를 수 있는 유일한 길은 성서뿐이기 때문이다. 이리하여 "오직 그리스도만이"(solus Christus)라는 종교개혁 신학의 원리의 자리에 "오직 성서만이"(sola scriptura)라는 원리와 함께 "종이 교황"이 등장한다.

이로써 하나님의 구원하는 말씀에 대한 신앙 대신에 성서의 형식적 권위에 대한 신앙이 등장한다. 하나님 신앙이 성서의 글자에 대한 신앙으로 변질한다. "그리스도 대신에 '聖書'를 우상으로" 모시게 된다(김재준 1992, 337). 성서의 글자 자체가 절대 진리이므로, 성서의 글자를 지키는 데 구원의 길이 있다고 생각하기 때문이다.

2) 축자영감설과 성서 무오설은 성서의 글자를 지키지만, 그 속에 담겨 있는 하나님의 참 뜻을 간과하는 잘못된 신앙을 초래할 수 있다. 예수는 구약의 유대인들의 오류가 바로 여기에 있다는 것을 다음과 같이 비판한다. "그들은 사람의 훈계를 교리로 가르치며, 나를 헛되이 예배한다"(마 15:9).

3) 축자영감설과 성서 무오설을 따를 경우, 성서는 모순된 내용들을 가진, 그러므로 일관성이 결여된 책으로 전락하게 된다. 예를 들어 구원은 율법이 요구하는 바를 행함이 아니라, 오직 예수 그리스도에 대한 믿음을 통해 가능하다는 말도 글자 그대로(=축자적으로) 진리요(롬 3:28), 또한 믿음이 아니라 행함을 통해 구원을 받는다는 말도 글자 그대로 진리라면(약 2:24), 과연 어느 것이 진리인가? 하나님은 절대적 사랑이라는 말도 축자적 진리요, "전쟁에 능하신 분"(시 24:8)이란 말도 축자적 진리라면, 과연 어느 것이 진리인가? 하나님은 무한히 용서한다는 말도 절대 진리요, 하나님은 인간의 행위에 따라 심판한다는 말도 절대 진리라면, 과연 어느 것이 절대 진리인가? 이로써 축자영감설과 성서 무오설은 성서의 권위를 지키기보다 오히려 그것을 위험스럽게 만든다.

4) 축자영감설과 성서 무오설을 따를 때, 성서에 기록된 "신앙의 언어"와 "과학의 언어"를 혼동하게 되고, 성서를 "생물학이나 물리학을 다룬 자연과학책"으로 간주하게 된다(신재식 2003, 136, 137). 이리하여 성서에 기록된 고대세계의 자연과학적 지식을 영원히 변할 수 없는 하나님의 절대 진리라 주장하게 되고, 이를 현대인에게 요구하게 된다. 성서의 글자 자체가 오류가 없는 하나님의 절대 진리라면, 우리는 성서에 기록된 고대인들의 신화적 세계관, 예를 들어 땅 아래에는 마귀들이 모여 있는 지옥이 있고, 하늘에는 하나님과 천사들이 있고, 그 사이에 있는 땅은 지옥의 마귀들과 하늘의 천사들이 싸우는 공간이라는 삼층(三層)의 세계관을 절대 진리라고 말해야 할 것이다. 심지어 지동설을 반대하고 천동설을 주장해야 할 것이다.

5) 축자영감설과 성서 무오설은 광신적 신앙을 초래할 수 있다. 독사의 굴에 손을 넣어도 독사가 물지 않을 것이란 구절(사 11:8)을 글자 그대로 믿고 독사의 굴에 손을 넣었다가 죽은 사람이 한국 교회에 실제로 있었다. 하나님은 모든 병을 고치신다(시 103:3)는 성서의 글자를 믿고, 병든 아기를 병원에 데려가지 않는 일이 지금도 가끔 일어난다. 그리스도 안에서 여자와 남자가 하나라는 말씀은 무시하고(갈 3:28), 남자가 여자의 머리

라는 구절(고전 11:3)을 절대 진리라고 생각한다. 이로 인해 기독교 신앙은 건전한 이성과 상식을 가진 사람이 도저히 납득할 수 없는 이상한 신앙으로 변질되며, 기독교는 시대에 뒤떨어진 종교가 되어버린다. 여자는 교회 안에서 일체 말을 하지 말아야 한다는 말이 절대 진리라면(고전 14:34), 교회는 여자 목사와 여자 전도사, 여자 장로와 여자 교사를 모두 없애야 할 것이다. 머리에 아무것도 쓰지 않으려는 여자는 머리를 깎아야 할 것이다. 그것이 부끄러우면 머리를 가려야 할 것이고, 기도할 때는 언제나 머리에 무엇을 써야 할 것이다(고전 11:5-6). 구약성서도 정경이기 때문에 제사장(= 성직자)은 "수염 양편"을 깎지 말아야 한다는 구약성서의 계명을 지켜야 할 것이다(레 21:5).

성서의 글자를 오류가 없는 하나님의 말씀과 동일시 할 때, 말씀은 생동성을 상실하고 성서에 기록되어 있는 글자로 고정되어 버린다. 말씀을 전달하기 위한 수단에 불과한 글자가 지배자가 되며, 글자가 신앙의 대상이 된다(Kreck 1977, 255). 하나님의 뜻은 감추어지고 글자 자체가 권위를 가진다. "축자영감이란 인간적인 말로서 그의 언어적, 역사적·신학적·성격을 가진 성서 말씀의 무오성을 뜻하지 않는다. 축자영감은 오류를 범할 수 있고 불완전한 인간의 말이, 이제 있는 그대로 하나님에 의해 사용되며, 인간적 오류의 가능성에도 불구하고 있는 그대로 용납되고 들려질 수 있음을 뜻한다"(Barth 1960a, 593).

여기서 두 가지 질문이 제기된다. 첫째, 글자 자체가 하나님의 말씀이 아니라면, 성서는 어떻게 하나님의 말씀이 될 수 있는가? 이에 대해 우리는 다음과 같이 대답할 수 있다. ① 글자로 기록된 성서가 하나님의 말씀이 되는 것은, 글자를 통해 하나님이 우리에게 말씀하시기 때문이요, ② 우리가 성서를 읽을 때, 성서의 글자 뒤에 숨어있는 성령이 우리의 마음을 열고 오늘날 우리에게 하나님의 말씀을 증언하기 때문이요, ③ 이 증언에 대해 우리가 순종하고 하나님의 자녀로서 새로운 생명의 세계를 시작하기 때문에, 성서는 우리에게 살아계신 하나님의 말씀이 된다.

둘째, 성서의 글자가 인간적 제약을 받기 때문에 글자 자체에 권위를 부여할 수 없다면, 성서의 권위는 어디서 비롯되는가? 우리는 다음과 같은 점에서 성서의 권위를 인정할 수 있다. ① 성서는 글자의 무오류성 때문에 권위를 가지는 것이 아니라, 하나님의 구원의 역사에 직접 참여했던 인물들과 공동체들의 역사적 삶에 기초한다는 점에서 권위를 가진다. 성서는 단지 자료들의 편집에 불과하지 않다. 고난과 순교 속에서 하나님의 구원에 역사에 참여했던 첫 증인들의 증언이 그 속에 담겨 있다. 신약성서의 권위는 예수의 역사적 삶과 말씀, 그리고 사도전승(apostlica successio)에 있다. ② 부분적 모순과 오류들을 담고 있는 성서의 글자들을 통해, 하나님은 오늘 우리에게 말씀하시고 우리를 새로운 피조물로 변화시키며 그의 구원과 해방의 역사를 향해 초대한다. 그것은 오늘 우리에게 증언되는 하나님의 말씀이다. ③ 성서의 권위는 "성령의 내적 증언"에 있다. 우리가 성서를 읽을 때 성령께서 우리의 마음을 감동시키며 말씀을 깨닫게 한다. 이런 점에서 성서는 권위를 가진다.

성서의 권위는 하나님이 인간에게 그의 말씀을 불러주고, 인간이 로봇처럼 받아쓰게 한 이적(異蹟, Mirakel)에 있지 않다. 그것은 제약성을 가진 인간의 언어와 표상들을 하나님이 그의 도구로 삼으시고, 이를 통해 오늘 우리에게 말씀하는 기적에 있다. "성경은 그 자체로 권위를 지니지 않는다. 종교개혁자들의 주장대로 성경이 '그리스도를 제시할 때', 즉 성경이 신앙 공동체에서 성령의 권능으로 그리스도를 통해 하나님과의 자유롭게 하며 새롭게 하는 관계를 창조하는 역할을 감당할 때만 권위를 지닌다"(Migliore 2012, 104). 오늘도 성서는 하나님의 위대한 구원과 해방의 역사를 증언하며, 우리를 이 역사로 초대한다. 성서에서 우리는 하나님의 구원과 새 창조의 역사에 눈을 뜨게 된다. 성서를 통해 하나님은 메시아적 새로운 생명의 세계를 약속하며, 우리 자신의 존재와 세계를 개방시킨다. 성서는 하나님의 위대한 "약속의 책", "생명의 책"으로서 모든 인류에게 권위를 가진 하나님의 말씀이다.

C. 성서의 중심과 내적 통일성

구약성서 39권과 신약성서 27권으로 구성된 성서는 그 속에 다양한 내용들을 담고 있다. 하나님과 이스라엘 백성의 역사에 관한 이야기들, 삶의 지혜에 관한 가르침들, 여인에 대한 사랑의 이야기들(아가서), 예언자들의 경고와 구원의 약속에 대한 말씀들, 하나님의 나라에 관한 예수의 가르침과 활동에 관한 이야기들, 예수의 삶과 죽음과 부활, 사도들의 선교 활동에 관한 보도들, 초기 기독교 공동체에 보내는 사도들의 편지들, 하나님을 향한 찬양과 기도, 심판과 축복, 위로와 권면과 약속의 말씀들이 그 속에 담겨 있다.

또한 성서 본문들은 수 천 년에 달하는 오랜 시간과 다양한 지역에서 유래하는 "다양한 문학적 방식과 종교성을 통해서 기록된 문서의 집성체로서"(황돈형 2003, 209) 다양한 역사적 배경과 "삶의 자리"(Sitz im Leben)를 전제하고 있다. 그것은 무역사적·무시간적 증언들이 아니라, 특정한 역사적 배경과 삶의 자리에 있는 사람들에게 주어진 역사적·시간적 증언들이다. 예를 들어 구약의 예언서는 주로 이스라엘의 분열, 남북 왕조의 몰락의 역사적 상황에 대해 주어진 말씀이요, 신약의 요한계시록은 초기 기독교 공동체들이 로마제국의 박해를 받는 역사적 상황에 주어진 말씀이다.

따라서 성서 안에는 내용의 차이와 논리적 비약은 물론 심지어 모순들까지 발견된다. 창세기 1장에서 물(水)은 피조물의 생명을 위협하는 요소로 나타나는 반면, 2장에서 그것은 피조물의 생명에 반드시 필요한 것으로 나타난다. 하나님은 자비로운 목자로 묘사되기도 하고, "전쟁에 능한" 분으로 묘사되기도 한다. 그리스도 안에서 남자와 여자는 하나라고 묘사되기도 하고(갈 3:28), 여자는 남자 아래 있으며 남자에게 복종해야 할 존재로 묘사되기도 한다. "오직 믿음으로" 의롭게 된다는 로마서의 구절과, "행함이 없는 믿음은 죽은 것"이라는 야고보서의 구절은 모순되는 것처럼 보인다. 이와 같이 신약성서의 증언들은 내용에 있어 일치하지 않으며, 정경의 확정에 있어 성서 문서들의 "일치성의 원리"(Kohärenzprinzip)는 성립되지 않는다(Weber 1974, 291). 그렇다면 성서는 내적 통일성을 갖지 못한 다양한 자료들의 집합에 불과한 것인가? 어떤 점에서 성서는 내적 통일성을 가지며, 기독교 신앙과 신학에 대한 규범성을 주장할 수 있는가?

이 문제는 성서신학의 역사적-비평적 방법을 통해서는 대답될 수 없을 것이다. 역사적-비평적 방법의 관점에서 볼 때, 성서는 내적 통일성을 갖지 못한 다양한 자료층의 수집에 불과하다. 이 문제는 신학적 관점에서 해결될 수 있다. 즉 성서는 다양한 시대와 지역의 배경 속에서 다양한 자료들과 내용으로 구성되어 있지만, 오늘날 우리를 향한 하나님의 말씀이라는 점에서 내적 통일성을 가진다! 과거의 특정한 사람들에게 말씀하신 하나님은 성서를 통해 오늘날 우리에게 말씀하신다. 과거에 일어난 하나님의 약속과 구원이 성서를 통해 오늘 우리를 향한 하나님의 약속과 구원의 말씀이 된다. 과거의 사람들에게 주어진 하나님의 가르침은 성서를 통해 오늘 우리를 향한 하나님의 가르침이 된다. 그런 점에서 성서의 모든 본문들은 기독교 신앙과 신학에 대해 규범성을 가진다.

그러나 위의 "신학의 근거와 규범"에서 언급한 바와 같이, 성서의 내용들은 매우 다양하기 때문에 성서가 규범성을 가진다고 말하기 어렵다. 역사서, 문학서, 예언서 등 성서의 다양한 책들 가운데 과연 어느 책이 규범성을 가지는가? 어떤 점에서 성서는 내적 통일성과 규범성을 가지는가? 이 문제는 성서의 내적 중심 내지 중심적 주제로부터 대답될 수 있다. 성서의 내용들이 다양하지만 이 모든 내용들이 공통된 중심점과 연결되어 있기 때문에, 성서는 내적 통일성과 규범성을 가진다. 그럼 성서의 중심, 성서의 중심적 주제는 무엇인가?

일반적으로 기독교 신학은 예수 그리스도가 성서의 중심이라 말한다. 구약의 책들은 장차 오실 그리스도를 지향하며, 신약의 책들은 이미 오신 그리스도를 증언한다. "오직 그분을 향해서" 구약성서의 책들은 "거룩한 문서"가 되며, "오직 그분으로부터" 신약성서의 책들은 "거룩한 문서"가 된다. 따라서 성서의 통일성은 "인격적 통일성"이라 할 수 있다(Weber 1974, 293).

그러나 예수 그리스도가 성서의 중심이란 말은 매우 모호하다. 복음서가 증언하는 예수의 삶의 사건들과 말씀들 가운데 그 무엇이 성서의 중심이라 말할 수 있는가?

예수 그리스도가 성서의 중심이 되는 것은 예수의 삶의 사건들과 말씀들 가운데 특정한 어느 하나에 있지 않다. 단지 그의 "인격"에 있다는 말도 모호한 말이다. 그것은 예수의 삶과 말씀 전체의 중심이 되는 것, 곧 하나님의 나라에 있다. 예수는 "하나님 나라 자체"였다. 그런 측면에서 예수는 하나님의 구원자이다. 예수가 선포하였고 그의 삶과 말씀을 통해 선취한 하나님의 나라에 성서의 중심과 통일성이 있다. 성서의 모든 책들은 예수 안에 선취된 하나님의 나라와 연관되어 있다.

물론 구약성서의 기자들은 하나님의 나라에 대해 직접 이야기하지 않는다. 그러나 하나님이 아브라함에게 약속한 새로운 땅, 모세에게 약속한 "젖과 꿀이 흐르는 땅", 이사야를 통해 약속한 메시아적 새로운 생명의 세계, "새 하늘과 새 땅"은 예수 그리스도 안에 계시되었고 약속된 하나님의 나라를 가리킨다. 구약의 이 약속들은 예수 그리스도 안에 계시된 하나님의 나라에 초점을 맞추고 있다.

공관복음서는 예수가 선포하였고 선취한 하나님의 나라에 대해 직접 증언하지만, 요한복음을 위시한 신약의 다른 문헌들, 특히 후기 문헌들은 하나님의 나라에 대해 직접적으로 말하지 않는다. 그러나 이 문헌들은 예수의 부활을 통해 동트기 시작한 하나님 나라의 자녀들과 그들의 공동체의 구체적 삶에 대해 가르치며, 하나님이 모든 것 안에 계시며, 모든 것이 그리스도 안에서 하나로 연합되는 역사의 종말, 곧 "새 하늘과 새 땅"에 대한 하나님의 새로운 약속을 증언한다(고전 15:28; 엡 1:10; 계 21:1 이하). 그런 점에서 신약성서의 후기 문헌들도 하나님의 나라를 가리킨다. 신약성서는 그 전체에 있어 "오고 있는 하나님의 나라에 대한 첫 증인들의 책"이다

(Kraus 1983, 36).

바로 여기에 성서의 중심과 통일성이 있다. 곧 구약의 약속들이 그 자신을 넘어 끊임없이 새롭게 가리키며 신약의 책들이 증언하고 있는, 예수 안에 계시된 하나님의 나라가 성서의 중심 주제인 것이다. "구약성서는 하느님 나라의 약속에 관한 책이고, 신약성서는 하느님 나라의 운동에 대해 증언한 책이다"(박재순 1990, 526). 성서의 모든 책들은 예수 그리스도가 그의 모든 말씀과 활동의 중심 주제로 삼았던 하나님의 나라를 그 중심으로 하며, 이 중심점을 통해 내적 통일성과 규범성을 가진다. 성서는 그 전체에 있어 하나님의 나라, 곧 하나님의 정의와 자비와 영광이 가득한 새로운 생명의 세계에 대한 메시아적 기다림과 희망을 보여주는 책이다. 그 속에는 하나님의 정의가 다스리는 새로운 현실에 대한 열망이 곳곳에 숨어 있다. 성서는 이 세계를 향해 인간의 존재와 세계의 모든 현실이 끊임없이 자기를 부정하고 "새로운 피조물"(고후 5:17)의 세계를 이룰 것을 요구한다. 개인의 죄의 용서, 영혼 구원은 성서의 이 중심 주제에 속한 중요한 내용들이다. 하나님의 "새로운 피조물"의 세계는 먼저 자기의 죄를 깨닫고 하나님의 자녀로서 부활의 삶을 시작하는 인간에게서 시작하기 때문이다.

D. 구약성서와 신약성서의 관계

한국의 어떤 목회자는 신약성서만을 설교의 본문으로 삼는다. 구약성서는 본래 유대교의 경전이요, 기독교의 고유 경전은 신약성서라고 생각하기 때문이다. 구약성서에 대한 배타적인 태도는 초대교회로부터 현대에 이르기까지 끊임없이 등장하였다. 이것은 반유대주의와 관계되어 있었다. 유대인들은 지금도 구약성서만을 하나님의 말씀으로 인정하기 때문이다. 그럼 우리는 두 성서의 관계를 어떻게 보아야 하는가?

1) 신약성서는 구약성서의 모든 책들이 "하나님의 감동으로" 쓰인 하

나님의 말씀이라고 인정한다(딤후 3:16; 벤후 1:21). 신약성서는 구약성서의 개념들과 사고의 틀을 사용하며, 구약성서를 직간접적으로 인용함으로써 자신의 진술의 타당함을 증명하고자 한다. 그런데 구약성서의 말씀들은 예수 그리스도 안에서 성취되었기 때문에 새롭게 이해되고 해석될 필요가 있다. 이리하여 우리는 구약성서의 빛에서 예수 그리스도의 사건을 이해하려고 한다. "이것은 성경 말씀을 이루려는 것이다"(막 14:49). 신약성서는 구약성서를 규범으로 인정하지만, 예수의 사건에 대한 예언이라는 점에서 그것을 인정한다. 여기서 우리는 두 성서의 연속성 혹은 연결성을 발견한다.

이와 동시에 신약성서는 구약성서에 대해 자유로운 태도를 취한다. 산상설교의 반대명제들, 곧 "그러나 나는 이렇게 말한다"는 구절(마 5:22 이하)은 구약의 율법을 상대화시킨다. 바울도 구약성서를 상대화시키는 태도를 취한다. 그리하여 유대교의 할례를 거부하며, 음식물에 대한 규정을 상대화시킨다. 히브리서는 성전의 희생제물을 거부한다. 여기서 우리는 두 성서의 불연속성을 발견한다.

두 성서의 보다 더 심각한 불연속성은, 구원의 길이 더 이상 구약의 율법에 있지 않고 예수 그리스도의 십자가의 죽음과 믿음에 있다고 보는 신약성서의 진술에 있다(롬 3:28). 십자가에 달려 죽은 예수가 하나님의 아들이요 이스라엘이 기다리던 메시아, 곧 그리스도이다. 예수 그리스도 안에서 하나님은 이스라엘 백성과 맺은 옛 계약(=구약)을 무효화시키고 "새 계약"(신약)을 세웠다(히 8:8). 옛 이스라엘 백성이 아니라 예수를 주님으로 고백하는 모든 사람이 이제 "하나님의 백성"이 된다(롬 9:25; 벤전 2:10).

유대인의 입장에서 볼 때, 신약성서의 이러한 진술들은 어처구니없는 것이다. 나사렛 사람 예수가 하나님의 아들이요 메시아라는 신약성서의 증언이 구약성서 속에 전혀 담겨 있지 않으며, 역사적 고증을 통해 증명될 수 없기 때문이다. 그러므로 구약성서를 경전으로 가진 유대인들은 지금도 예수가 하나님의 메시아임을 부인하고, 그를 한 사람의 예언자나 순교자로 간주한다. 바로 여기에 구약성서와 신약성서, 유대교와 기독교의 깊은 불연속성이 있다.

하르낙, 트뢸취, 불트만 등 많은 학자들이 그 동안 두 성서의 불연속성을 강조하였다. 이들의 주장에 의하면, 신약성서는 하나님을 구약성서와 다르게 이해한다. 신약성서에서 하나님의 행위는 구약성서가 기대하는 것과는 전혀 다른 방법으로 일어난다. 하나님의 은혜도 구약성서가 말하는 것과는 "근본적으로 다른 방법으로" 일어난다(Bultmann 1972, 331). 따라서 "기독교 신앙에 대해 구약성서는 더 이상 계시가 아니다", "이스라엘의 역사는 우리에게 계시의 역사가 아니다. 이스라엘에게…하나님의 말씀이었던 사건들은 우리에게 더 이상 아무것도 말하지 않는다", "기독교 신앙에 대해 구약성서는 본래의 의미에서 하나님의 말씀이 아니다"(333, 334).

그렇다면 기독교는 구약성서를 포기해야 하는가? 왜 기독교는 구약성서를 자신의 경전으로 가지는가? 두 성서는 어떤 관계에 있는가? 두 성서를 연결시키는 더 깊은 내적 연속성 내지 연결 고리가 있다면, 우리는 그 연속성을 어디에서 발견할 수 있는가?

많은 신학자들은 두 성서를 깊이 결합시키는 내적 연속성을 주장한다. 폰 라트에 의하면 구약성서는 과거의 전승을 언제나 새롭게 해석하면서, 그 자신이 도달하지 못한 미래의 목표를 지향한다. 그것은 신약성서를 위한 개념들과 사고의 틀을 제시할 뿐 아니라 내용에 있어 그리스도를 향해 열려 있다. 그것은 그리스도를 향해 "계속 성장하는 기다림의 책"이라 말할 수 있다(von Rad 1969, 339).

구약학자 볼프(Hans Walter Wolff)에 의하면, 두 성서는 유비(*analogia*)의 관계에 있다. 유비는 두 성서의 차이를 전제하는 동시에 그들의 내적 연속성을 전제한다. 옛 계약에서는 이스라엘이 하나님의 계약 상대자였으나, 새 계약에서는 민족을 초월한 공동체가 계약의 상대자이다. 전자에서 하나님은 역사적 사건들과 제도와 인물들을 통해 증거되는 반면, 후자에서는 그의 아들 예수 그리스도를 통해 증거된다. 전자에서 하나님은 잠정적으로, 혹은 본보기로서 행동하는 반면, 후자에서는 궁극적이며 확정적으로 행동한다. "새 계약은 옛 계약으로부터 온다. 예수 그리스도는 다윗의 아들이며 유월절의 양(羊)이다. 이것은 길과 목적, 그림자와 몸, 상(像)과 대상, 약속과 성취, 약혼과 결혼의 유비다. 역사적으로 유일회적 관계 속에 있는 이 유비를⋯우리는 유형론(Typologie)이라 부른다"(Wolff 1964, 251 이하).

판넨베르크에 의하면 구약의 하나님은 곧 신약의 하나님이다. 하나님은 두 성서가 증언하는 역사적 사건들을 통해 자기를 간접적으로 계시한다. 두 성서는 하나님의 간접적 자기계시에 대한 증언이라는 점에서 서로를 결합시키는 내적 연속성을 가진다. 역사 전체를 통해 자기를 계시하는 "이스라엘의 하나님의 보편성" 속에서 두 성서는 분리될 수 없는 내적 연속성을 가진다(Pannenberg 1970, 97). 전자는 하나님의 약속에 대한 증언이요, 후자는 이 약속의 성취에 대한 증언이라는 점에 양자의 차이가 있다. 그러나 이 차이는 불확실하다. 예수 그리스도는 구약성서가 증언하는 모든 계시의 종합 내지 완성이기 때문이다.

우리는 지금까지의 토론을 다음과 같이 정리할 수 있다.

a. 두 성서는 분명히 불연속성을 가진다. 전자는 옛 계약에 관한 책이요, 후자는 새로운 계약에 관한 책이다. 두 성서의 불연속성을 무시하고 양자의 직접적 연속성을 주장하는 것은 타당하지 않다. 기독교가 구원의 길이 구약의 율법에 있지 않고 십자가에 달려 죽은 나사렛 예수에게 있다고 고백하는 한, 두 성서의 불연속성은 피할 수 없다. 그러나 구약성서는 "약속"이요 신약성서는 약속의 "성취"라고 말할 때, 양자의 차이와 불연속성이 약화될 수 있다. 약속과 성취는 연속선상에 있기 때문이다.

b. 그럼에도 율법과 복음의 도식에 따라 두 성서의 대립과 분리를 주장하는 것도 타당하지 않다. 두 성서는 내적 연속성을 가진다. 필자의 생각에 의하면 양자의 내적 연속성은 이들이 증언하는 하나님의 동일성과 그의 구원의 역사의 연속성에 있다. 관점과 내용의 차이는 있지만, 두 성서 모두 하나님에 관해, 그의 구원의 역사에 관해 증언한다는 점에서 일치

하며 분리될 수 없는 내적 연속성을 가진다. 구약성서의 하나님을 신약성서도 인정한다. 이스라엘 백성과 함께 시작한 구원의 역사는 신약성서에서 모든 민족을 향한 구원의 역사로 확대된다. 하나님의 백성과 하나님의 계약은 모든 민족으로 확대된다. "보아라, 하나님의 집이 사람들 가운데 있다. 하나님이 그들과 함께 계실 것이요, 그들은 하나님의 백성이 될 것이다"(계 21:3). 이리하여 구약성서의 계약은 모든 민족에게 해당하는 보편적 지평을 갖게 된다. 이것은 옛 계약의 폐기라기보다 확대라 말할 수 있다. 그러므로 바울은 옛 계약의 백성인 유대인들도 결국 하나님의 구원의 역사에 포함된다고 선언한다(롬 11:1).

또한 구약성서와 신약성서의 내적 연속성은 두 성서 모두 하나님의 약속의 책이요, 하나님이 약속하는 새로운 생명의 세계에 대한 메시아적 기다림의 책이라는 점에 있다. 예수는 "아브라함과 이삭과 야곱의 하나님"을 그의 아버지라 부르며, 구약성서의 메시아적 기다림의 전통 속에서 "하나님의 나라"를 선포한다. 구약성서에 나타나는 하나님의 의지가 예수 그리스도를 통해 유일회적으로 성취된다. "나는 너희의 하나님이 되고, 너희는 나의 백성이 되리라"는 구약성서의 계약 내용이 신약성서에서 모든 민족으로 확대된다(요 3:16; 고후 5:19). 신약성서의 공동체는 주님의 오심과 함께 구약성서의 약속이 이루어지기를 기다린다. "우리는 주님의 약속을 따라 정의가 깃들여 있는 새 하늘과 새 땅을 기다리고 있습니다"(벧후 3:13).

2) 이와 같이 두 성서는 내적 연속성을 갖기 때문에, 신약성서는 구약성서의 빛에서 바르게 이해될 수 있다. 새 계약의 공동체인 교회는 구약성서를 필요로 하며, 구약성서로부터 자신의 의미를 바르게 파악할 수 있다. 구약성서는 "그리스도의 사신(使信)의 없어서는 안 될 전이해(前理解)로서 봉사하며 신약성서의 영속적 컨텍스트가 된다"(Kreck 1977, 65). 한 걸음 더 나아가 구약성서는 다음과 같은 점에서 신약성서의 필수불가결한 동반자요, 기독교 신앙과 신학에 대해 없어서는 안 될 요소라 말할 수 있다.

a. 무엇보다 먼저 신약성서의 메시아와 메시아적 세계, 곧 하나님 나라

의 오심에 대한 기다림은 구약성서의 메시아적 기다림에서 유래한다. 예수의 모든 말씀과 행위의 중심이 되는 "하나님의 나라"는 구약성서의 메시아적 기다림의 전통에 속한다. 신약성서는 하나님과 인간, 하나님과 세계의 관계에 대한 구약성서의 전이해를 전제하며 이에 의존한다. 하나님의 계약, 약속, 구원, 하나님의 성품들에 관한 구약성서의 모든 개념들은 신약성서의 기초를 형성한다. 신약성서의 중요한 신학적 개념들이 구약성서의 기반을 떠날 때, 이들은 메시아적 지평을 상실하고 이교적(異教的)으로 혹은 형이상학적으로 해석될 수 있다.

b. 신약성서는 고대 그리스 철학과 영지주의적 이원론의 영향을 강하게 받고 있다. 이리하여 영과 육, 영의 사람과 육의 사람, 이 세상과 저 세상 등의 이원론적 개념들과 표상들이 신약성서 곳곳에 나타난다. 이러한 이원론적 개념들은 인간의 육과 물질의 영역, 현실의 세계를 무가치한 것으로 보게 하며, 기독교 신앙이 삶의 역사적 현실에서 개인의 내면성 내지 영적 차원으로 도피하여 세계에 대한 책임을 등지게 할 수 있다. 예를 들어 "내 나라는 세상에 속한 것이 아니다"(요 18:36)라는 신약성서의 구절은, 하나님의 나라는 이 세상과 무관한 별개의 것이며, 기독교 신앙은 이 세상과 관계없는 것이란 인상을 줄 수 있다.

구약성서의 창조신앙은 이원론과 그것의 위험성을 경계하는 결정적 근거가 된다. 영과 육, 정신과 물질을 포함한 이 세상 전체가 하나님의 소유이며, 하나님과 인간이 함께 가지는 삶의 공간이다. 세상의 모든 것이 본래 "하나님이 보시기에 좋은", "하나님이 기뻐하는" 것이요, 인간을 위한 하나님의 은혜의 선물이다. 그것은 무가치하고 허무하다고 한탄하면서 외면해야 할 대상이 아니라 "하나님의 형상"으로서의 인간이 돌보고 가꾸어야 할 대상이다. 구약성서에서 인간의 육은 인간 자신과 동일시되기도 한다. "내 육체가 주를 앙모하나이다"(시 63:1; 이에 관해 이 책의 제2권 "인간론" 참조). 그러므로 본회퍼는 구약성서를 간과하고 신약성서만 읽을 때 우리가 쉽게 형이상학적 이원론에 빠질 수 있다고 그의 『옥중서신』에서 경고한다. 메시아의 오심에 대한 구약성서의 믿음은 신약성서에 나타나는 형이상학적 이원론을 막을 수 있는 방패가 된다.

c. 특히 신약성서의 후기 문헌에는 신령주의(Spiritualismus)의 위험성이 강하게 나타난다. 예수와 그의 제자들은 하나님의 나라를 가르쳤는데(행 1:3; 8:12 참조), 신약성서의 후기 문헌에서 하나님의 구원은 죄의 용서와 영혼 구원으로 제한되는 경향이 나타난다(특히 히브리서에서). 바울의 칭의론에서 하나님의 구원은, 그리스도의 희생제물을 통한 하나님의 죄 용서를 믿음으로써 개인이 의롭게 되는 것을 마음으로 인정하는 개인의 영적·내면적 사건으로 이해된다. 바울 서신에서 이 믿음은 율법이 요구하는 선하고 의로운 행위와 무관한 것으로 생각된다(롬 3장 참조).

구약성서의 메시아적 전통은 신약성서에 나타나는 신령주의의 위험을 막을 수 있는 방패가 된다. 그것은 구원의 영적·내면적 축소를 극복하고, 구원을 총체적으로 이해하도록 결정적인 도움을 준다. 구약성서에서 가장 중심적인 하나님의 구원 사건은 출애굽이다. 이 사건은 하나님의 구원이 정치, 경제, 사회를 위시한 삶의 모든 영역에서 일어나야 할 포괄적 사건임을 예시한다. 또 구약성서는 하나님의 구원을 얻기 위해 정의를 세워야 함을 강력하게 요구한다. "너희는 다만 공의가 물처럼 흐르게 하고, 정의가 마르지 않는 강처럼 흐르게 하여라"(암 5:24).

구약의 하나님은 모든 생명을 사랑하는 "생명의 하나님"이다. 그에게 일차적으로 중요한 것은 피안의 세계에서 얻을 영생이 아니라 땅 위의 모든 피조물들이 더불어 행복하게 살 수 있는 새로운 생명의 세계를 이루는 데 있다. 그러므로 구약에서 하나님은 새로운 생명의 세계를 약속한다. 구약의 하나님은 단지 인간의 영과 저 세상과 관계된 무시간적·무역사적 존재가 아니다. 그는 이 세상 모든 것을 다스리고자 하는 "이 세상의 하나님"이요 "역사의 하나님"이다. 따라서 그의 구원은 역사의 전 과정을 통해 온 세상 안에 이루어져야 한다. "땅 끝까지 나의 구원이 미치게 하려고, 내가 너를 '뭇 민족의 빛'으로 삼았다"(사 49:6). 모든 피조물이 평화롭게 더불어 사는 메시아적 세계에 대한 이사야 11장의 약속과 "새 하늘과 새 땅"(사 65:17)에 대한 약속은 하나님의 총체적 구원을 명료하게 드러낸다.

d. 신약성서에서 하나님은 주로 사랑과 용서와 은혜의 하나님으로 부각된다. 하나님의 정의(正義)의 측면은 신약성서에 매우 약하게 나타난다. 따라서 신약성서의 윤리는 사랑을 베푸는 일에 집중되는데, 이 사랑은 주로 개인과 개인의 관계에 제한되어 있다. "피차 사랑의 빚 외에는 아무에게든지 아무 빚도 지지 말라. 남을 사랑하는 자는 율법을 다 이루었다"(롬 13:8). 사회적 차원에서 세워져야 할 하나님의 사랑과 정의에 대해 직접 이야기하는 구절을 신약성서에서는 발견하기 어렵다. 사회적 약자들의 생명에 대한 배려와 보호에 대한 직접적 구절도 별로 발견되지 않는다.

이에 비해 구약성서는 사회적 차원은 물론 생태학적 차원에서 세워져야 할 하나님의 자비와 정의를 강조하며, "과부와 고아"로 총칭되는 사회적 약자의 생명에 대한 배려와 보호를 요구한다. 율법의 많은 계명들, 특히 안식일, 안식년, 희년의 계명이 이것을 요구한다. 예언자들은 성전의 희생제사를 상대화시키고 하나님의 정의를 요구한다. "헛된 제물을 다시 가져오지 말라.…악행을 그치고 선행을 배우며 공의를 구하며 학대 받는 자를 도와주며 고아를 위하여 신원하며 과부를 위하여 변호하라"(사 1:13-17). 한 마디로 구약성서는 신약성서의 "사랑의 감미로운 노래" 속에 숨어 있는 사회정의의 차원을 드러낸다.

e. 신약성서는 기독교가 로마제국과 화해 관계를 갖게 된 4세기 후반기에 편집되어 정경으로 결정되었다. 그러므로 로마제국에 대해 매우 우호적인 관계를 갖고자 노력하는 흔적들이 신약성서에서 발견된다. 예를 들어 "가이사의 것은 가이사에게, 하나님의 것은 하나님에게 바치라"(마 22:21)는 구절은 하나님의 것과 로마 황제의 것을 깨끗이 구별하고, 로마 황제의 것을 안전하게 보장해 주는 것으로 이해될 수 있다. 한 걸음 더 나아가 로마서 13장은 국가의 통치권을 하나님이 "위로부터" 세워준 것이라 선언하면서, 세금을 잘 내라고 부탁한다.

이에 반해 구약성서는 황제의 것도 하나님의 것이요, 왕이나 황제의 통치권도 하나님의 심판 아래 있다고 선언하며, 모든 통치자들이 의로써 나라를 다스릴 것을 요구한다. 왕정제도는 본래 하나님이 원하는 것이 아니었다고 증언한다. 그러므로 사울 왕이 세워지기까지 이스라엘 백성은 왕정제도 대신 12지파의 동맹체제(Amphyiktionie)를 가지고 있었다. 구약성서는 본래 왕정제도를 반대한다(이에 관해 송기득 1997, 237 이하). 하나님의 뜻에 반하여 세운 왕정제도로 인해 나라가 결국 부패와 타락과 멸망에 이르렀음을 구약성서의 역사는 증언한다(예를 들어 우리야의 아내를 탈취한 다윗과 나봇의 포도밭을 빼앗은 아합 왕). 예수도 왕정제도에 대해 비판적이다. "화려한 옷 입고 사치하게 지내는 자는 왕궁에 있다"(눅 7:25). 왕정제도 또는 전제군주체제를 반대하는 구약성서의 전통은 국가의 불의한 통치권을 정당화시킬 수 있는 신약성서의 위험성을 방지할 수 있다.

이러한 점을 고려할 때, 우리는 구약성서의 중요성을 충분히 인정하며 "두 성서는 서로를 정당화시킨다"는 주장에 동의할 수 있다(von Rad 1968, 400). 그러므로 신약성서로부터 구약성서를 읽어야 한다는 개신교회의 전통에 반해, 본회퍼는 구약성서로부터 신약성서를 읽어야 한다고 주장한다. 구약성서가 증언하는 하나님의 이름의 진술 불가능함을 아는 사람만이 예수 그리스도의 이름을 부를 수 있다. 땅과 생명을 사랑하는 사람만이 죽은 자들의 부활과 새로운 세계를 믿을 수 있다. 하나님의 율법을 시인하는 사람만이 하나님의 은혜에 대해 말할 수 있다(Bonhoeffer, 『옥중서신』; 박재순 1993, 202 이하). 이에 덧붙여 우리는 이렇게 말할 수 있다. 구약성서의 메시아 약속을 아는 사람만이 예수의 메시아 되심을 알 수 있다. 구약성서의 메시아적 기다림을 알 때, 우리는 기독교의 생명이 메시아적 기다림에 있다는 것을 알 수 있다.

3
성서해석학

A. 성서해석학에 대한 현대신학의 토의

해석학이란 과거의 인물이 쓴 문헌을 오늘 우리의 현실 속에서 이해하는
방법에 관한 이론을 말한다. 성서의 본문은 2천 년 전에 기록된 과거의 것
이다. 이 과거의 본문이 오늘 우리에게 어떻게 하나님의 말씀으로 이해될
수 있는가의 문제가 성서해석학의 중심적 문제이다.

근대에 성서해석학의 새로운 장(場)을 시작한 학자는 슐라이어마허이
다. 그는 "'근대 해석학의 아버지'로 불릴 만큼 철학적·신학적 해석학의
발전에 지대한 영향을 끼친 인물이다"(손호현 2008, 142). 그에 의하면 어떤
본문을 "이해한다"는 것은 외과의사의 수술이나 논리학자의 논리적 분석
과는 다르다. 그것은 무전제성, 객관성, 냉정함을 요구하는 것이 아니라,
해석하는 자가 본문의 저자와 함께 느끼고 함께 체험하는, 곧 저자와 해석
자의 심리적 동시성이 경험되는 생동적 과정이다.

그러므로 슐라이어마허는 문법적 해석 외에 심리학적 해석의 필요성
을 주장한다. 본문은 단지 형식적이고 논리적인 분석, 문체의 분석을 통

해 객관적으로 파악될 수 없다. 오히려 본문은 그것을 쓴 저자의 삶의 표현으로 생각되어야 하며, 저자가 말하고자 하는 것을 "뒤따라 형성함"(혹은 재구성: Nachbilden), "뒤따라 구성함"(Nachkonstruieren)을 통해 이해되어야 한다. 여기서 본문에 대한 이해는 "생동성 있는 사고의 결합을 자신이 뒤따라 생성하는 것"을 뜻하며(Bultmann 1968, 214: eigene Nacherzeugung der lebendigen Gedankenverknüpfung), "해석자는 텅 빈 과녁처럼 자신의 선입견을 배제할 수 있을 때 가장 이상적이다"(손호현 2008, 143). 이를 위해 해석자는 "문법적 해석"을 뛰어넘어, 저자의 내적 심리상태에 대한 직관적 감정이입을 통해 그의 의도를 파악하는 "기술적이고 심리적인 해석"을 필요로 한다(149).

그럼 저자의 심리상태에 대한 직관적 감정이입과 이를 통한 기술적·심리적 해석은 어떻게 가능한가? 과거의 저자가 생각했고 말하고자 했던 것을 해석자가 어떻게 뒤따라 재구성할 수 있는가? 이것은 "인간의 보편적 본성"으로 인해 가능하다. 과거의 저자와 현재의 해석자는 인간으로서 보편적 본성을 가지며, 언어와 이해에 있어 공통성을 가진다. 그러므로 과거의 저자가 쓴 본문을 후대의 독자가 이해할 수 있다는 것이다.

20세기 "삶의 철학자"였던 딜타이는 슐라이어마허의 심리학적 해석학을 수용한다. 해석학이란 "글자로 고정되어 있는 삶의 표현을 이해하는 기술론(Kunstlehre)"이다. 우리에게 전해진 과거의 본문은 그것을 쓴 저자의 역사적이고 인격적인 삶의 표현이다. 모든 인간은 동일한 본성을 가지며, "정신의 내적 전체성과 무한성 속에" 있다. 세계의 모든 역사적 사건들은 모든 인류가 공통적으로 가진 정신의 활동이요 삶의 표현이다. 그러므로 본문의 저자와 해석자는 서로를 결합시키는 공통성 혹은 통일성을 가지며, 이로 인해 과거의 본문에 대한 해석자의 이해가 가능해진다는 것이다.

불트만은 슐라이어마허와 딜타이의 입장을 따른다. 그에 의하면 본문의 저자와 해석자는 "동일한 삶의 관계" 속에 있다. 따라서 해석자는 과거의 본문이 말하는 "내용에 대한 전이해"를 가진다. 해석자는 전이해를 갖고 있기 때문에 본문을 이해할 수 있다. 곧 인간의 삶의 가치와 의미, 본래성과 행복, 세계의 의미와 목적에 대한 나름대로의 이해 속에서 하나님에 관한 전이해를 가지고 있기 때문에, 해석자는 과거에 기록된 성서의 본문을 이해할 수 있는 것이다(Bultmann 1968, 216 이하).

이와 달리 바르트는 독특한 입장을 제시한다. 그의 주장에 의하면 과거에 기록된 성서 본문을 오늘 우리가 이해할 수 있는 것은, 과거의 저자와 오늘의 해석자 사이에 주어진 어떤 "보편적 연속성" 내지 결합성과 이에 근거한 전이해에 있지 않다. 그것은 우리를 선택한 하나님이 성서를 통해 말씀하시고 우리를 사로잡기 때문이다(자세한 내용에 관해, 김균진 2003, 44 이하).

판넨베르크는 과거의 본문에 관한 이해의 근거를 그의 독특한 "보편사" 개념에서 발견한다. 그의 주장에 따르면 하나님은 세계의 "모든 것을 규정하는 힘"이다. 그러므로 세계의 모든 사건들은 내적 연관성과 통일성을 가진다. 이를 통해 이른바 보편사, 곧 내적 연관성을 가진 전체로서의 역사가 형성된다. 과거의 저자와 오늘의 해석자는 보편사 속에 있기 때문에, 과거의 본문에 대한 오늘의 이해가 가능하다. 보편사 속에 모든 것이 결합되어 있기 때문이다(Pannenberg 1967, 102 이하).

몰트만은 성서해석학의 새로운 지평을 제시한다. 그의 신학에 의하면 성서의 중심적 문제는 불의한 세계 속에서 하나님의 정의와 신정(神正)에 대해 질문하는 것이다. 이 문제는 모든 피조물의 문제요, 오늘 우리의 문제이기도 하다. 하나님의 신정에 관한 질문에 있어, 성서 본문의 저자와 오늘의 해석자는 결합되어 있고 공통의 관심사를 가진다. 그러므로 성서해석학은 과거에 기록된 성서의 본문을 오늘 우리의 삶 속에서 어떻게 해석할 수 있는가의 문제만을 다룰 것이 아니라, 하나님 없는 불의한 세계 속에서 하나님의 정의로운 통치와 세계의 변화에 대한 문제를 다루어야 한다. "만일 해석학이 단지 과거를 돌아보면서 현재의 조건 하에서 과거의 이해에 대해서만 질문한다면, 그것은 형식주의의 위험에 빠질 것이다. 그러나 하나의 내용적 해석학은 현재의 조건들의 변화를 추구해야 할 것이다"(Moltmann 1968, 139).

달리 말해 성서해석학은 불의한 세계 속에 하나님 나라의 선취와, 이로 인한 세계의 해방과 하나님의 통치를 중요한 문제로 삼아야 한다. 인간의 본래성의 문제는 역사에 있어 하나님의 정의로운 통치의 문제와 관련해서 다루어져야 한다. "그렇다면 해석학은 '글자로 고정되어 있는 삶의 표현들을 이해하는 기술학'일 뿐 아니라, 정치적 컨텍스트 속에서 모든 역사적 삶의 표현들을 이해하는 기술학을 뜻한다"(142).

B. 성서해석학의 중요한 원칙들

위에서 우리는 현대신학의 중요한 몇 학자들의 성서해석학을 살펴보았다. 이를 바탕으로 우리는 성서해석학이 지향해야 할 몇 가지 원칙들을 다음과 같이 말할 수 있다.

1) 성서의 저자와 해석자는 인간이란 점에서 동일하며, 동일한 인성과 삶의 연관성을 가진다는 것은 부인할 수 없는 사실이다. 과거의 저자가 가지고 있었던 문제들의 형태는 다르지만, 그 문제들은 오늘 우리의 문제들이기도 하다. 하나님의 살아계심과 정의에 관한 시편 기자의 안타까운 질문은 오늘 우리의 질문이기도 하다. "너의 하나님이 어디 있느냐?"는 하나님 없는 자들의 비웃음은 현대의 하나님 없는 자들의 비웃음이기도 하다. 세계와 인간의 본래성에 관한 성서 기자의 관심은 오늘을 살아가는 우리의 관심이기도 하다.

그러나 우리가 성서의 본문을 하나님의 말씀으로 이해할 수 있는 "성서해석학의 열쇠"는 인간의 삶의 보편적 연관성 내지 관계성, 모든 인간에게 영원히 동일하게 주어져 있는 "문제 제기"에 있는 것이 아니라 성령을 통해 우리의 눈을 열어 주시는 하나님에게 있다. 물론 삶의 보편적 연관성 또는 관계성, 시간과 공간을 초월한 모든 인간의 공통된 문제와 관심이 해석에 도움이 되는 것은 사실이다. 성서해석에 있어 인간의 전이해가 작용하는 것도 사실이다. 우리 자신이 가진 문제를 가지고 성서에 접근함으로써 "이상하고 새로운 성서의 세계"(Barth)에 눈을 뜨게 되는 경우도 있다. 그러나 마지막 열쇠는 우리를 향한 하나님의 신실하심과 성령의 도우심에 있다. 성령의 작용을 통해 우리는 성서 본문과 우리 사이의 관계성과 공동의 문제에 눈을 뜨게 되고, 성서 본문 속에 담긴 하나님의 말씀을 이해할 수 있게 된다. 그러므로 성서해석자는 언제나 성령의 도우심을 간구해야 할 것이다. 성령의 도우심을 통해 우리의 전이해는 자신의 한계를 극복하고, 하나님 자신의 이해에 근접하려고 노력해야 할 것이다.

2) 성서해석은 두 가지 방식으로 시작될 수 있다. 성서로부터 출발할 수도 있고, 피조물의 삶의 문제로부터 출발할 수도 있다. 이른바 텍스트에서 출발할 수도 있고, 상황에서 출발할 수도 있다. 상황에서 출발하여 성서 본문을 이해하려는 시도를 무조건 잘못이라고만 할 수 없다. 상황에서 출발할 때, 우리는 성서 안에 잠재해 있는 보다 풍요로운 세계에 눈을 뜰 수 있다.

따라서 성서해석자에게 두 가지 과제가 주어진다. 먼저 그는 성서의 본문이 문제삼는 바가 무엇인가를 바르게 파악해야 한다. 이를 위해 성서에 대한 깊은 연구가 필요하다. 이와 동시에 해석자는 인간과 세계의 상황이 어떠한가를 파악해야 한다. 인간과 세계를 알지 못하고 성서의 본문을 바르게 이해한다는 것은 불가능하다. 그러므로 인간과 세계에 대한 다방면의 지식이 필요하다. 성서 본문에서 우리의 문제를 발견할 수도 있고, 우리 자신의 문제에서 성서 본문이 문제삼는 것을 발견할 수도 있다. 신앙의 빛에서 볼 때 성서 본문이 문제삼는 것과 우리 자신의 문제가 크게 다르지 않다는 것을 발견할 수 있을 것이다. 이 때 우리는 성서 본문을 이해할 수 있고, 그 속에서 지금 우리를 향한 하나님의 말씀을 들을 수 있을 것이다.

3) 성서해석학의 과제는 단지 성서 본문들의 내용을 반복하여 설명하

거나 내적 연관성을 해명하는 데 있지 않다. 그것은 이 시대의 인간과 세계의 상황에 대한 하나님의 말씀이 무엇인가를 해명하는 창조적 과제를 수행해야 한다. 이 과제는 개인과 교회와 사회와 세계의 차원에서 수행될 수 있다.

개인의 차원에서, 성서해석학은 개인의 죄와 죄의식, 삶의 무의미, 불안, 고난, 좌절, 소외, 고독, 절망, 자유와 새로운 삶에 대한 갈망 등 현대인의 상황에 대한 성서의 대답을 제시하는 과제를 가진다. 교회의 차원에서, 성서해석학은 공동체의 기억과 희망의 상황 속에서 성서를 해석하고, "땅 위에 있는 하나님 나라"의 현실로서 교회가 지향해야 할 올바른 목적과 방향을 제시한다. 사회와 세계의 차원에서, 성서해석학은 오늘의 사회와 세계의 상황을 파악하고 이에 대한 성서의 메시지를 해명한다.

이와 관련하여 성서해석학은 우리 사회의 힘없고 고난당하는 사람들, 흑인들을 위시한 제3세계의 억압받거나 천대받는 사람들, 여성과 장애인들, 인간의 탐욕으로 멸종될 위기에 처한 자연의 생명들, 생태학적 위기에 처한 자연의 편에 서서 성서 본문을 이해할 필요가 있다. 또 우리 자신의 경험과 상황들, 그리고 나의 것과 다른 해석들에 대해 개방적이어야 하며, 정의와 자유를 위해 고통받고 투쟁하는 공동체에서 나오는 성서의 메시지를 읽고 자신을 수정하며 심화시킬 수 있어야 할 것이다. 성서의 하나님은 신음하는 피조물들이 있는 거기에 계신다. 그러므로 성서해석학은 아직 구원받지 못한 세계 속에서 신음하는 피조물들과 연대하며, 하나님의 은혜에 대한 감사와 정의를 위한 헌신으로 초대한다.

4) 앞서 기술한 바와 같이, 성서는 하나님의 계시의 책이요 위대한 가르침의 책이다. 여기서 중요한 것은, 하나님은 본질적으로 어떤 분이며, 그의 말씀의 핵심은 무엇인가의 문제이다. 따라서 성서해석학은 하나님의 가장 중심적 특성과 그의 말씀의 핵심에 기초해야 하며, 이 중심으로부터 성서의 본문들을 해석해야 한다. 성서가 증언하는 하나님의 가장 중심적인 특성은 피조물을 향한 하나님의 사랑과 이 사랑으로 말미암은 그의

메시아성에 있다. 그의 가르침의 핵심은 예수가 선포한 하나님의 나라, 곧 하나님의 정의와 자비가 다스리는 새로운 생명의 세계에 대한 약속에 있다. 신음하는 모든 피조물들이 이 세계를 동경하며 기다린다. 하나님도 이 세계가 이루어지기를 기다린다.

따라서 성서해석학의 궁극적 과제는 하나님의 새로운 생명의 세계를 언어화시키며, 모든 피조물이 이 세계를 향해 자기를 개방하도록 자극하는 데 있다. 비인간적인 세계가 인간성 있는 세계로, 죄와 죽음 속에서 꿈과 희망을 잃어버린 세계가 하나님의 약속된 생명의 세계를 향한 꿈과 희망을 갖도록 인도하는 데 있다. 설교의 궁극적인 목적도 여기에 있다. 모든 피조물이 더불어 사는 메시아적 세계에 대한 하나님의 약속과 기다림이 성서해석학을 이끌어 가는 기본 원리가 되어야 한다. 이 약속과 기다림을 망각할 때, 성서해석학은 참된 의미의 "기독교적"(메시아적) 해석학이 아닐 것이다.

5) 성서해석학에 있어 성서의 역사적-비평적 연구는 매우 중요하다. 그것은 근대에 등장했지만, 신빙성 있는 주석의 원리들을 제시한 유대교 랍비들, 성서 본문의 문법적·역사적 의미(*sensus grammaticus et historicus*)를 요구한 종교개혁자들에게서 이미 발견된다. 역사적-비평적 연구는 다음과 같은 다양한 형태로 나뉜다. ① 본문비평: 성서 본문의 원래 의미는 무엇인가? ② 문학비평: 본문의 저자 내지 작업자는 누구인가? 본문은 어떤 자료의 층들로 구성되어 있는가? 본문의 통일성은 어디에 있는가? ③ 언어비평: 본문 언어의 목적과 지평과 의미는 무엇인가? ④ 양식비평: 본문은 어떤 문학적 양식 내지 종류에 속하는가? ⑤ 역사비평: 본문은 어떤 역사적 배경과 삶의 자리에서 생성되었는가? ⑥ 동기와 전통비평: 본문은 어떤 동기와 전통을 담고 있는가? ⑦ 전승비평: 과거의 어떤 전승들이 본문 속에 들어와 있는가? ⑧ 편집비평: 다양한 본문의 층들이 어떻게 구성되었고 편집되어 있는가? ⑨ 사회학적 비평: 본문은 어떤 사회적·공동체적 배경을 가지며, 사회와 공동체의 어떤 문제들과 관심들을 전제하는가?

근본주의 계열의 신학자들은 성서의 역사적-비평적 연구를 거부한다. 하나님의 거룩한 말씀의 권위가 훼손된다고 생각하기 때문이다. 그러나 역사적-비평적 연구는 불가피하다. 왜냐하면 성서의 본문들은 인간의 언어로 기록되어 있으며, 한 사람에 의해 단 한 번에 기록된 것이 아니라 수천 년에 달하는 다양한 역사적·사회적 배경 속에서 특수한 사건들과 연관하여 특수한 사람들에 의해 생성되었기 때문이다. 이 과정에서 고대인들의 자연과학적 지식, 주변 세계의 사상과 표상들, 민속 설화들과 전설들이 수용되기도 하고, 기존의 본문에 다른 본문이 아무 연관성 없이 첨가되기도 한다.

이런 과정을 통해 생성된 성서 본문에 대한 역사적-비평적 연구는 문제도 있지만 성서 본문을 바르게 이해하는 데 많은 도움도 제공한다. 역사적-비평적 연구의 가장 중요한 문제점은 성서 본문을 인간 이성의 비판 대상으로 삼고, 본문을 지나치게 세부적으로 분석함으로써 정작 본문의 의도를 파악하지 못할 수 있다는 것이다. 또 이것은 연구자 자신의 특별한 관심과 의도에 따라 본문의 의미를 왜곡할 위험도 있다. 특히 예수의 삶에 대한 역사적-비평적 연구에서 이러한 일이 자주 발생했다. 그 결과 연구자 자신의 관심에 따른 자의적 예수의 상(像)들이 제시되었다. 바르트는 역사적-비평적 연구의 이런 문제점을 파악하고 이렇게 말한다. 해석자는 성서 본문에 대한 역사적-비평적 연구와 분석에 머물러서는 안 된다. 그는 이 단계를 넘어 성서의 주제가 무엇인가를 파악해야 한다. 중요한 것은 본문에 대한 역사적·비판적 분석에 있는 것이 아니라, "역사적인 것을 관통하여…성서의 정신을 파악하는" 데 있다. "만일 내가 비평과 영감론 사이에서 선택을 해야 한다면, 나는 단호한 태도로 영감론을 택하겠다"(Barth 1922, v).

이러한 문제점에도 불구하고 역사적-비평적 연구는 성서 본문의 의도와 의미를 보다 더 정확하게 파악할 수 있는 장점을 제공한다. 성서에서 하나님은 역사의 특수한 시간과 공간 속에서 말씀하시며 또 행동한다. 그는 무시간적·무상황적인 분이 아니라, 시간적이며 역사적 상황과 관련하여 행동하는 상황적인 분이다. 그는 무역사적인 분이 아니라 역사적인 분이다. 그의 말씀은 특별한 상황에 주어진 역사적이며 구체적인 말씀이다.

역사적-비평적 연구는 특별한 시간과 장소와 상황 속에서 특정한 사람들을 위한 하나님의 구체적인 말씀과 해방과 구원의 역사를 드러내는 데 기여한다. 역사적-비평적 분석을 통해, 우리는 성서 본문의 역사적·상황적 구체성을 알게 되며, 하나님의 말씀과 활동의 특수성을 진지하게 다루게 된다. 성서의 본문이 어떤 역사적 배경에서 어떤 사회적·공동체적 문제와 연관하여 생성되었는가를 해명함으로써 본문의 의도를 보다 더 분명히 파악할 수 있다. 이를 통해 우리는 오늘날 우리의 현실에 대한 하나님의 뜻과 본문의 의미를 정확하게 밝힐 수 있다. 성서해석학을 통해 우리는 그리스도 안에서 일어난 하나님의 해방과 구원의 약속을 구체적으로 파악할 수 있고 약속의 성취를 기대할 수 있다. 우리는 이것을 최근에 있었던 역사적 예수에 대한 역사적-비평적 연구에서 볼 수 있다.

또한 성서에 대한 역사적-비평적 연구는 "성경 저자들도 한계가 있고 오류 가능성이 있는 인간임을 계속적으로 상기시켜 준다"(Migliore 2012, 108). 하나님은 기계와 같은 인간을 통해서가 아니라, 한계가 있고 때로 실수도 하는 인간을 통해 말씀하시고 활동하신다. 그러므로 성서해석학은 성서의 증언들에 나타나는 인간적인 한계를 은폐할 필요가 없다. 그것은 한계와 실수를 가진 인간을 통해 말씀하시고 활동하는 하나님의 해방의 역사를 드러내는 동시에, 한계를 가진 인간적인 요소들이 하나님의 역사의 도구가 될 수 있음을 나타낸다. "만약에 우리가 성서를 그리스도 안에 나타난 하나님의 해방시키는 사랑에 대한 증언으로서, 그리고 귀한 보물을 담고 있는 질그릇으로 본다면(고후 4:7), 성서의 해방시키고 변화시키는 메시지를 전하는 것은 하나의 기계적인 반복이 아니라 창조적이고 비판적인 과정이어야 한다"(91).

그러므로 성서해석학은 역사적-비평적 연구의 기초 위에서 이루어져야 할 것이다. 역사적-비평적 연구는 위험성을 가진 동시에 새로운 가능성을 제공하는 성서해석학의 필수적 동반자이다. 성서해석학의 본래 목적은 성서의 주제를 파악하고, 오늘날 우리를 향한 하나님의 말씀을 듣는 데 있다. 역사적-비평적 분석은 그 자체가 목적이 아니라 성서해석학의 본래 목적을 위한 수단이요 준비에 불과하다는 것을 유의해야 할 것이다.

제4부

메시야적
사랑의 하나님

-신 론-

1

현대세계 속에서
신론의 출발점

"신-학"이란 개념 자체가 시사하듯이, 신학에 있어 가장 중심적 문제는 하나님의 문제라 말할 수 있다. 기독교 신학은 처음부터 마지막까지 하나님에 관한 이야기와 함께 시작하고 그것으로 끝나며, 모든 것이 하나님과의 연관 속에서 이야기된다.

그런데 일반적으로 신론은 하나님의 "존재 자체"에 관한 이론이라 생각하기 쉽다. 그러나 하나님의 "존재 자체"는 어디까지나 이 세계와 인간과의 관계 속에 있다. 그의 존재는 철저히 관계적 존재다. "세계가 없다면, 하나님도 존재할 수 없다"(Schleiermacher). 따라서 세계와 인간과의 관계 속에 있는 하나님의 존재와 의지를 설명하며, 이를 통해 세계와 인간에 대한 하나님의 의미를 제시하는 데 신론의 과제가 있다고 하겠다.

그럼 기독교 신학은 무엇에 근거하여 하나님을 설명해야 하는가? 신론의 출발점은 무엇인가? 신학의 역사에서 우리는 다음과 같은 몇 가지 출발점을 발견할 수 있다.

1) 초대교회는 사도신경에서 "한 분 하나님"을 고백한다(Credo in unum Deum). 이 "한 분 하나님"을 기독교 신학은 일찍부터 신론의 출발점으로

삼고서 하나님의 속성, 삼위일체 등을 기술하였다. 고대와 중세의 신학은 전체적으로 이 방법을 선택한다. 아우구스티누스와 중세의 토마스 아퀴나스(Th. Aquinas)의 견해가 대표적이다. 아퀴나스는 그의 『신학대전』에서 "단 한 분 하나님"(De Deo uno)의 단순성, 완전성, 무한성 등 신적 속성의 개념들을 설명한 다음에 "삼위일체 하나님"(De Deo trino)을 다룬다.

2) 기독교는 하나님을 삼위일체 하나님이라 고백한다. 그러므로 일련의 신학자들은 삼위일체론에서 시작하여 신론을 구성한다. 곧 삼위일체론이 신론의 출발점이 된다. 영원 전부터 존재하는 창조자, 구원자, 구원의 완성자인 삼위일체 하나님을 설명함으로써 하나님의 존재와 의지를 파악하고자 한다. 초대교회의 오리게네스, 프린스톤 신학교의 밀리오리(Daniel L. Migliore) 교수, 고려신학대학원의 유해무 교수도 이 방법을 따른다.

3) 슐라이어마허는 인간의 종교적 경험, 곧 절대자에 대한 인간의 절대 의존의 감정에서 출발하여 하나님을 파악한다. 하나님의 존재는 인간의 경험과 관계없이 홀로 존재하는 것으로 전제돼서는 안 되며, 일방적으로 설명돼서도 안 된다. 오히려 인간의 경험에 근거하여 세계와의 연관 속에서 파악되어야 한다는 생각이 여기에 작용한다.

4) 틸리히의 신론은 인간의 실존에 내포된 문제들과의 상관관계 속에서 하나님을 파악하고자 한다. 하나님에 관한 이론들은 인간의 실존적 상황과 관계없이 일방적으로 "위로부터" 떨어지는 돌맹이와 같은 것이 되어서는 안 된다. 그것은 인간의 실존 속에 숨어있는 "문제들에 대한 대답"이 되어야 하며, 현대인이 이해할 수 있는 새로운 언어로 기술되어야 한다는 것이다.

5) 삼위일체론과 함께 시작하는 칼 바르트의 『교회 교의학』은 예수 그리스도 안에서 일어난 하나님의 자기계시가 신론의 근거와 출발점 되어야 한다고 주장한다. 삼위일체론도 예수 그리스도의 계시에 근거해야 한다. 그리스도의 계시는 "계시자-계시-계시될 수 있음"의 삼위일체적 구도를 보이기 때문이다. 융엘(E. Jüngel, 튀빙겐 대학)도 바르트와 동일한 입장을

주장한다. 하나님은 "이미 일어난 계시의 기초 위에서만" 생각될 수 있다. "하나님이 자기를 계시하였다"는 사실 위에서만, 우리는 하나님에 관해 이야기할 수 있다(Jüngel 1977, 309).

여기서 우리는 예수 그리스도 안에 계시되는 삼위일체 하나님이 신론의 출발점이 되어야 한다는 주장에 동의한다. 삼위일체 하나님을 계시하는 예수 그리스도가 하나님의 궁극적 자기계시요, 기독교 신앙과 신학의 기초이기 때문이다(요 1:18 참조). 그러나 필자의 생각에 의하면 예수 그리스도 안에 계시되는 삼위일체 하나님은 성서 전체의 증언들, 특히 구약성서가 증언하는 메시아적 기다림의 전통 속에서 파악되어야 한다. 예수는 메시아적 대망(待望)의 전통 속에서 활동하였던 하나님의 메시아, 곧 그리스도이시며, 하나님의 "계시의 책"인 성서는 그 전체에 있어 메시아적 기다림에 관한 책이기 때문이다.

그러므로 필자는 그리스도 안에 계시되는 삼위일체 하나님을 성서의 다양한 증언들, 특히 메시아적 기다림의 전통에 기초하여 기술하고자 한다. 성서의 다양한 증언들을 무시하고 단지 그리스도 안에 있는 하나님의 "자기계시"와 이에 근거한 삼위일체론에서 출발할 때, "계시자-계시-계시될 수 있음", "창조자-구원자-화해자" 등의 도식에 묶여 성서가 증언하는 하나님의 구체적 모습을 충실히 드러내기 어렵게 된다. 특히 구약성서에 기록된 귀중한 보화들을 간과하고, 시대의 현실에서 추상화된 무시간적 이론으로 전락하기 쉽다.

성서의 기자들은 어떤 신학적 도식을 가지고 하나님을 서술하지 않는다. 그들은 무시간적·무역사적 하나님의 "존재 자체"를 말하지 않는다. 오직 그들이 처한 역사적 삶의 자리에서 이 삶의 자리와 연관하여 그들이 경험하는 하나님을 고백할 뿐이다. 따라서 우리는 오늘 우리 시대의 역사적 상황 속에서 성서의 하나님이 어떤 분인가를 기술하며, 이를 통해 성서에 정초된 신론을 기술하고자 한다. 이를 위해 먼저 현대세계의 시대적 상황을 간단히 살펴보기로 하자.

1) 계몽주의 이후 하나님에 대한 신앙은 끊임없는 질문과 비판의 대상이 되어 왔다. 하나님은 인간의 자유를 억압하며, 사회의 악한 구조와 질서를 정당화시키고, 이 구조와 질서 속에서 고난당하는 사람들에게 거짓된 위로를 제공하는 "민중의 아편" 역할을 하며, 인간이 자신의 힘으로 실현할 수 없는 참된 본성을 초월적 대상으로 투사시킨 것에 불과하며, 질투를 느끼는 동시에 이상형으로 존경하는 아버지의 모습을 투사시킨 것에 불과하지 않은가? 하나님이 없어도 인간은 교육을 통해 자신의 이성을 계발함으로써 이성적이며 도덕적인 존재가 될 수 있고, 합리적인 세계를 형성할 수 있지 않은가? 그는 자신의 힘으로 인간적인 인간이 될 수 있고, 인간적인 세계를 만들 수 있지 않은가?

또 현대세계의 불의와 고난의 역사를 목격하면서 많은 사람들은 하나님의 존재가 무의미하다고 생각한다. 백인들에게 죽음을 당한 수천만 명의 인디안들과 인디오스, 아메리카 대륙에 팔려 간 2천만 명이 넘는 흑인 노예들, 나치 정권 하에서 독가스로 살해 당한 6백만 명의 유대인들, 세계 1, 2차 대전과 크고 작은 지역 전쟁들과 인종 분규로 인해 죽음을 당한 수천만 명의 젊은 병사들과 시민들, 온 세계를 위협하는 핵무기의 무서운 잠재력, 인간에 의한 자연환경의 무자비한 파괴와 착취, 이로 인해 범세계적으로 일어나는 자연의 재난과 죄 없는 피조물들의 죽음을 목격하면서 많은 사람들은 질문한다. 선하시고 은혜로우시고 전능하시고 의로우신 하나님이 존재한다면 어떻게 이러한 악을 방치할 수 있는가? 이런 하나님이 있다 해도, 아무 소용이 없지 않은가? 이런 질문과 함께 많은 사람들이 하나님의 존재를 회의하거나 부인한다.

2) 계몽주의 이후에 본격적으로 시작된 세계의 세속화는 하나님 없는 세속주의로 변질되었다. 세계를 설명하고 지배하기 위해 하나님의 존재는 더 이상 필요하지 않다. 세계에 대한 설명에 있어 하나님의 존재는 배제되어야 한다는 "방법론적 무신론"이 현대문명을 지배하고 있다. 그 결과 세계는 신비로움과 거룩함을 상실해 버리고, 다만 인간을 위해 존재하며 인

간이 자신의 의도와 계획에 따라 지배하고 처리할 수 있는 물건과 대상으로 취급된다. 점점 더 정교하게 발전하는 과학 지식과 기술은 세계를 지배하고자 하는 인간의 의도와 계획을 수행하는 가장 중요한 수단이다. 경제성장이 최고의 가치로 간주되며, 돈이 하나님의 자리를 대신한다. 한 마디로 현대세계는 하나님이 없는 세계가 되었다.

3) 하나님 없는 현대인에게 절대적·규범적 가치는 인정되지 않는다. 자율적 주체인 개인 자신이 모든 것의 기준과 규범이 된다. 개인이 "나에게 가치 있다"고 생각하면 그것이 곧 그의 가치가 된다. 가치의 다원성은 개인의 자유와 다양성을 가능케 하는 동시에 윤리의 상대화, 윤리적 혼란을 초래한다. 보편적 타당성을 가진 윤리적 규범은 인정되지 않는다. 즉 윤리의 규범성이 사라진다. 이러한 사회에서 자유는 "내 마음 대로 행동하는 것"으로 생각된다. 죄를 지으면서도 죄라 생각하지 않는다. 별 짓을 다 해도, 그 누구도 간섭할 수 없는 세상이 되고 만다. 극에 달하는 방종과 타락과 무도덕성, 현대사회의 깊은 물질주의 내지 물신주의(Marx의 물질주의를 비난하면서도 그 자신이 빠져버림), 경제성장에 비례하여 더욱 심화되는 빈부의 차이와 사회의 양극화, 연약한 생명에 대한 무관심과 비인간성, 부유층에 대한 빈곤층의 분노와 적개심, 인간에 의한 인간의 소외, 강간, 살인, 자살, 테러, 여성과 어린이 유괴, 인신매매, 인종차별, 인간 생명의 상품화 등은 범세계적 현상이 되었다. 계몽주의와 민주주의를 통해 자율성을 얻은 현대인은 스스로 그 자신의 욕망의 노예가 되어버린다.

4) 과학기술의 눈부신 발전을 통해 경제가 성장하고 물질생활이 풍요롭게 되지만, 오늘날의 세계는 점점 더 깊은 위기의식에 빠지고 있다. 더욱 심화되는 사회의 양극화, 삶에 대한 좌절과 사회범죄, 폭력과 전쟁, 인간의 끝없는 소유욕으로 인한 자연자원의 무자비한 착취와 고갈, 자연환경의 파괴, 이로 인해 일어나는 자연의 재난들과 생물들의 멸종, 생태계 전체의 파멸 위기는 세계의 미래를 어둡게 만들고 있다. "기술적으로 가능할지라도 절대 허용해서는 안 된다", "새로운 과학기술은 윤리적 검증을

받아야 한다"는 주장은 경제성장의 논리 앞에서 대개 패배하고 만다. "욕망이란 이름의 전차(戰車)", "경제성장의 전차" 앞에서 인간의 생명마저 실험 대상과 복제 대상이 되었다.

5) 현대인은 과학기술을 통해 대우주는 물론 소우주에 대한 지배권을 점점 더 확대시키고 있다. 하늘의 별은 물론 인간 자신의 유전자마저 인간의 지배와 조작 대상으로 삼고 있다. 이와 같이 세계에 대한 인간의 "지배의 힘"이 점점 더 커져감에 따라 세계의 목적에 대한 의식이 거의 사라진 상태다. 우리는 이 세계의 목적이 무엇인지, 어떤 세계를 기다려야 하는지 등의 문제에 별로 관심이 없다. 누가 그것에 관해 이야기해도 더 이상 관심을 갖지 않는다. "결국 돈 있는 놈이 큰소리치지 않느냐", "돈만 있으면 된다", "경제가 성장하면 그만이다"라는 의식으로 팽배해 있다. 돈이 최고의 가치로 부상했다. 돈 앞에서는 윤리도 도덕도 없다. 삶의 참된 의미와 가치 같은 것은 거추장스런 사치품처럼 생각된다. 멋지게 한 번 잘 살아보는 것이 인생 최고의 목적이다. 이리하여 현대세계는 나침반 없이 대양(大洋)을 표류하는 배(船)와 같은 처지에 놓였다고 볼 수 있다. 경제성장이란 호랑이 등에 앉아, 이 호랑이가 내달리는 대로 함께 질주하는 형국이 되어버렸다. 다행스럽게도 삶의 의미와 가치를 생각하며 사는 이들도 있고 현재의 상황을 개선하기 위해 노력하는 이들도 있지만, 현대 자본주의 세계의 물질주의적 대세를 막기에는 역부족으로 보인다.

6) 그러므로 오늘날 많은 사람들이 세계의 암울한 미래에 대해 생각하며 좌절과 체념에 빠진다. "될 대로 되어라!", "설마 어떻게 되겠지!"라고 생각하면서 세계를 방치하고 포기한다. 그리고는 세계의 미래에 대한 책임을 회피한다. 물질적 풍요에 반비례하여 삶의 의미를 상실하며 정신적 공허감에 빠져 간다. 무엇 때문에, 무엇을 위해 살아야 하는지, 삶의 목적과 방향이 없기 때문이다. 정신적 공허감을 극복하기 위해 사치와 향락과 타락, 알코올중독, 마약중독 등 각종 중독에 빠진다. 경제적으로 부유할수록 우울증 환자와 자살자의 수가 증가한다. 이러한 현대인에게 희망이 있

다면, 이 희망은 판도라의 상자에서 나오는 마지막 "희망"이 아닐까? 그러므로 슈바이처는 이렇게 말한다: 현대인은 "그 자신이 스스로 인정하는 것보다 훨씬 더 체념적이며, 어떤 점에서는 심지어 공공연하게 비관주의적이다", "윤리적 의지가 결여된 바의 진보에 대한 신념은 매년 증가하는 외형화로 나타나지만, 이는 다만 비관주의를 그 속에 숨기고 있는 나무 껍질에 불과하다"(황재범 2002, 221에서 인용).

7) 해방신학, 과정신학, 여성신학 혹은 생태여성신학 등은 하나님에 관한 새로운 신학적 통찰을 갖고 기독교의 전통적 하나님 상(像)을 강력하게 비판한다. 그들의 주장에 따르면 무감각하고 절대적이며 불변하는 하나님, "아버지"로서의 하나님, 유일신 하나님은 여성, 유색인종, 자연의 피조물 등 약한 자의 생명을 억압하고 착취하는 이데올로기의 기능을 가진다. 제3세계의 신학자들은 서구신학의 "피부가 하얀" 하나님을 거부한다. 앨리스 워커(Alice Walker)의 소설에 나오는 흑인 여성 셔그(Shug)는 이렇게 말한다. "내가 기대하고 상상했던 하나님이 백인이고 남자임을 발견하고 나니까 아무런 관심도 없어졌어요"(Migliore 2012, 127에서 인용). 기독교의 전통적 하나님 상에 대한 이런 비판과 함께 해방의 하나님, 세계의 몸으로서의 하나님, 어머니로서의 하나님, 우주적 생기로서의 하나님, 우주의 유기체적 관계성으로서의 하나님 등 하나님에 대한 새로운 통찰들이 다양하게 제시된다. 이 새로운 통찰들과 현대세계의 시대적 상황을 고려하면서, 우리는 여기서 성서가 증언하는 하나님이 어떤 분인가를 파악하려고 한다.

2

성서가 증언하는
하나님의 구체적 모습들

성서에서 우리는 하나님에 관한 헤아릴 수 없이 많은 개념들이나 표상들을 발견한다. 이들은 인격적인 개념과 비인격적인 개념으로 대별될 수 있다. 주님, 만군의 주, 만왕의 왕, 싸우시는 용사(출 15:3), 목자, 고아의 아버지, 과부의 재판장, 토기장이, 육체의 하나님, 우리 아버지 등의 인격적 개념들이 있는가 하면, 빛, 태양, 반석, 산성(山城), 거치는 돌과 걸리는 바위, 함정과 올가미(사 8:14), 이스라엘의 희망, 우리의 성소, 피난처, 힘과 방패, 생수의 근원, 알파와 오메가, 처음과 마지막 등 비인격적 개념들도 있다. 또 하늘에 계신 분, 지극히 높으신 분, 영원하신 분, 자존(自存)하는 분, 단일하신 분, 전능자, 만물의 창조자, 시간과 공간의 제약을 초월하여 언제 어디에나 계신 분(無所不在하는 분), 거룩하신 분, 두려우신 분, 모든 육체의 하나님, 공의의 하나님, 질투하고 분노하는 하나님, 보복의 하나님, 힘과 능력의 하나님, 전쟁에 능한 하나님, 무한한 사랑, 신실하신 분, 도우시는 분, 위로하는 분, 용서하는 분, 심판자, 구원자, 역사의 주재자, 생명의 하나님, 생명의 영, "인애와 공평과 정직을 땅에 행하는 자", "공의로 판단하시며 사람의 심장을 감찰하시는 만군의 야웨"(렘 9:24; 11:20), 우리의 도움과 거처, 희망의 하나님, 부활의 하나님 등 수를 헤아릴 수 없을 정도의 많은 표상들이 성서에 등장한다. 어떤 개념들이나 표상들, 예를 들어 말씀으로 피조물을 창조하는 하나님—흙으로 피조물을 빚으시는 하나님, 전쟁에 능한 하나님(시 24:8)—평화(평강)의 하나님(사 9:6), 인간의 행위에 따라 심판하고 벌을 내리는 심판자 하나님—무한히 용서하는 은혜의 하나님 등은 서로 모순되는 것처럼 보일 때도 있다.

왜 이런 현상이 나타나는가? 그 까닭은, 성서 기자들은 하나님에 관한 영원불변의 교리적 지식을 전달하려는 것이 아니라 수천 년에 달하는 역사의 과정 속에서 하나님에 대한 그들의 경험과 믿음을 증언하기 때문이다. 그들은 삶의 역사적 상황과 관계없는 하나님의 존재 자체에 대한 철학적·교의학적 개념들을 나열하지 않는다. 오히려 그들은 하나님의 백성이 당하는 고난과 역경, 절망과 희망, 죄와 죽음, 하나님이 보이지 않는 역사의 소용돌이 속에서 하나님에 대한 그들의 신앙을 고백한다. 하나님에 대한 그들의 물음은 "사변적인 물음이 아니라 삶 한 가운데서 하는 일"이었다. 그러므로 그들은 "고정된 대답에 정좌할 수 없고 언제나 계속 다시 묻고 다시 묻는다"(안병무 1999, 27). 이로 인해 성서에는 때로 모순되어 보이는 다양한 개념들과 표상들이 등장하는 것이다.

따라서 우리는 영원자, 절대자, 단일자, 무소부재자, 전지전능자 등 하나님에 대한 소위 "영원히 변할 수 없는 계시된 진리", "절대적·성경적 진리"를 기술하려고 하지 않는다. 오히려 우리가 처한 삶의 역사적 상황과의 연관 속에서 성서가 증언하는, 또 예수 그리스도 안에 계시되는 하나님의 구체적 "모습들"을 살펴보고자 한다.

A. 새로운 생명의 세계를 약속하는 메시아적 사랑의 하나님

"나 곧 내 영혼이 여호와를 기다리며, 내가 그 말씀을 바라는도다. 파숫군이 아침을 기다림보다 내 영혼이 주를 더 기다리나니, 참으로 파숫군의 아침을 기다림보다 더하도다"(시 130:6). 시편 기자의 이 고백에서 하나님은 미래로부터 역사의 현재로 "오시는 분"으로 이해된다. 그는 하늘에 머물러 있지 않고, 죄와 고난이 가득한 피조물의 세계로 오신다. 그러므로 시편 기자는 하나님의 오심을 기다린다. 여기서 하늘은 공간적 초월이 아니라 시간적 미래, 곧 "미래성으로서의 초월"을 말한다(Küng 1970, 483). 하나님이 "하늘에 계시다"(욥 22:12)는 것은, 하나님이 장차 올 그의 미래에 계시며, 인간이 지배할 수 없는 거룩의 영역에 속한다는 것을 말한다. 그는 "우리 앞에", 곧 미래에 계신다. 그는 미래를 그의 존재의 특성으로 가진다 (Bloch, Moltmann 1964, 12: "Futurum als Seinsbeschaffenheit").

그러나 하나님의 미래는 단순한 시간의 연장을 뜻하지 않는다. 그것은 *futurum*을 말하는 것이 아니라 *adventus*로서의 미래를 뜻한다. 라틴어 *futurum*(esse, 영어의 to become에서 유래)은 지금 존재하는 것으로부터 형성되는 것을 뜻한다. 그것은 이 세상에 있는 것의 발전 내지 연장일 뿐이다. 그러므로 그것은 엄밀한 의미에서 "새로운 것"이 아니다. 이에 반해 *adventus*(advenire, 영어의 to come에서 유래)는 그리스어 *parousia*(오심)에 해당하는 개념으로, 과거나 현재에 있지 않은 새로운 것이 오는 것을 뜻한다. 여기서 시간은 과거-현재-미래의 순서로 생각되지 않고, 미래-현재-과거의 순서로 취급된다(Moltmann 1966, 114 이하).

하나님의 존재 특성으로서의 미래는 *futurum*이 아니라 *adventus*를 뜻한다. 따라서 하나님은 그의 미래로부터 우리의 현재로 "오시는 하나님"이다. 그는 하나님 없이 죄의 어두운 그늘 속에 숨어있는 아담을 찾아오시며(창 3:9), 동생을 죽이고 죄책감 속에 살아가는 가인을 찾아오시며(창 4:6), 아브라함과 모세와 예언자들에게 찾아오신다. 그는 하나님 없는 세계 속에 아름다운 생명의 세계, 정의와 자비와 인간성 있는 세계를 세우기 위해 오실 것이다. "한 소리가 외친다. '광야에 주님께서 오실 길을 닦아라. 사막에 우리의 하나님께서 오실 큰길을 곧게 내어라.…만군의 주 하나님께서 오신다. 그가 권세를 잡고 친히 다스리실 것이다"(사 40:3-10). "하나님의 존재는 오시는 가운데 있다"(Jüngel 1977, 521). 그는 지금 오시는 동시에 미래에 계시고, 미래에 계신 동시에 지금 오신다. 그런 뜻에서 하나님은 "종말론적으로 미래적인 분"이다.

하나님의 성육신은 이 세상을 향한 하나님의 결정적 오심을 뜻한다. 하나님의 아들 예수는 이스라엘의 잃어버린 자들을 찾아오며, 다메섹으로 가는 바울을 찾아온다. 그리고 "내가 곧 오겠다"고 약속한다(계 22:12). 하늘로 올라간 예수는 다시 오실 것이다(행 1:11; 고전 11:26; 히 10:37 등). 성령도 장차 오실 분으로 생각된다(요 15:26; 16:13). 그러므로 최초의 그리스도인들은 주님의 오심(=강림)을 간절히 기다린다. "아멘 주 예수여, 오시옵소서"(계 22:20; 고전 1:7; 살전 1:10 참조). 하나님을 믿는다는 것은 하나님과 하나님의 나라가 오기를 기다린다는 것을 말한다. 아리마대 사람 요셉은 "하나님의 나라를 기다리는 사람이었다"(눅 23:51).

하나님의 오심은 새로운 생명의 세계에 대한 약속을 동반한다. 아브라함을 찾아오신 하나님은 새로운 땅과 많은 후손과 "복의 근원"이 될 것을 약속한다(창 12:1-3). 미디안 땅에 피신해 있던 모세를 찾아와서, "젖과 꿀이 흐르는 땅", 곧 굶주림이 없는 세계를 약속한다(출 3:17; 33:1). 예언자를 통해 하나님은 메시아적 세계, 곧 "새 하늘과 새 땅"을 약속한다(사 11:1-9; 65:17; 66:22). 이 세계는 인간과 자연의 모든 피조물이 하나님의 자비와 공의 속에서 더불어 사는 아름다운 생명의 세계, 인간의 탐욕으로 파괴된 자연이 회복된 생태학적 세계로 묘사된다. "내가 메마른 산에서 강물이 터져 나오게 하며, 골짜기 가운데서 샘물이 솟아나게 하겠다. 내가 광야를 못이 되게 하며, 마른 땅을 샘 근원이 되게 할 것이며…"(사 41:18).

하나님은 아름다운 생명의 세계에 대한 약속을 이루기 위해 먼저 이스라엘 백성과 언약(계약)을 맺는다(출 19:5 이하). 계약의 핵심 내용은 "나는 너희의 하나님이 되고, 너희는 나의 백성이 되어야 한다"는 데 있다. 이 계약에 앞서 "온 세계가 하나님의 소유"라는 계약의 근거와 목적이 제시된다. "온 세상이 다 나의 것이다"(출 19:5). 따라서 이 계약의 목적은 온 세계가 하나님의 소유가 되어 하나님의 아름다운 생명의 세계가 이루어지는 데 있다. 이 목적을 이루기 위해 이스라엘은 하나님의 법에 따라 사는 "제사장의 나라와 거룩한 백성"이 되어야 한다.

약속의 전통은 신약으로 이어진다. 구약에 약속된 하나님의 아름다운 생명의 세계가 예수의 삶과 죽음과 부활을 통해 약속된다(요 11:25; 고전 15:55): 하나님이 모든 것 안에서 모든 것의 주(主)가 되실 것이며(고전 15:28), 만물이 그리스도 안에서 하나가 될 것이다(엡 1:10). 예수 그리스도가 "만물의 으뜸"이 되시고, 그리스도를 통해 만물이 하나님과 화해될 것이다(골 1:18 이하). "하나님의 집"이 사람들과 함께 있으며, 그러므로 "이제는 죽음과 슬픔과 울부짖음과 고통이 없는" "새 하늘과 새 땅"이 이루어질 것이다. 생명의 물과 생명의 나무, 각종 실과들이 가득하여 굶주림이 없고 하나님의 영광이 어디에나 충만한 "새 예루살렘"이 올 것이다(계 21:1 이하).

하나님의 오심과 그의 약속은 인간으로 하여금 세계를 도피하게 하거나 탈세계화시키지 않는다. 오히려 희망 없는 세상과 자신의 모습을 보게 하며, 하나님의 자녀로 다시 태어나게 한다(중생한다). 아브라함이 옛 땅을 버린 것처럼, 하나님의 부르심을 받은 인간은 "낡은 인간성을 벗어버리고" "하나님의 형상으로 창조된" 새 피조물로 변화된다(엡 4:23-24; 갈 5:16-26 참조). 그는 하나님 앞에서 자기를 끊임없이 부정하고 새 피조물로 변화하는 변증법적 존재, 도상의 존재가 된다. 하나님 없는 인간이 하나님의 자녀로, 비인간적인 인간이 인간적인 인간으로 변화된다. 그는 "주어진 것"으로부터 살지 않고, 그가 경험하는 약속된 미래의 현실로부터 산다. "예수 그리스도를 믿는다는 것은, 하나님의 약속들로부터 사는 것을 뜻한다"(H. J. Iwand, Moltmann 1993, 34). 이로써 그는 "새벽을 깨우는 사람"이 된다(시 108:2). 그에게 시간은 덧없는 흐름에 불과한 것이 아니라 약속된 미래를 향한 하나님의 역사로 경험된다. 그의 삶은 새로운 목적과 방향과 의미를 얻게 되다.

하나님의 오심과 약속으로 말미암아 세계는 하나님의 새로운 생명의 세계를 향해 끊임없이 자기를 부정해야 할 변증법적 역사의 과정으로 규정된다. 예수의 부활을 통해 약속한 "종말론적 미래의 하나님 나라의 통치는 예수의 인격을 통해서 이미 지금 여기에 선취적으로 현존하며 현실 변혁적 힘으로 역사하고 있다"(윤철호 2006a, 90). 이리하여 인간 존재와 세계의 모든 곳에 숨어있는 "부정적인 것의 부정"이 일어난다(Hegel). 그의 종말론적 미래로부터 오시는 하나님의 약속은 모든 사물의 끊임없는 변증법적 "넘어감"(Übergang)을 요구한다. 그러므로 아브라함과 모세는 주어진 땅에 머물지 않고 새로운 생명의 현실로 "넘어간다." 그들은 눈에 보이는 것에 안주하지 않고, 하나님의 약속된 미래를 향한 "도상의 존재", "종말론적 존재"가 된다.

이로 인해 세계의 모든 것은 상대화되고 역사화된다. 하나님은 "지고의 상대화시키는 자(supreme Relativizer)"이다(Kaufman 1999. 117). 그는 기존의 형식(form)을 지키고자 하는 보수 세력과, 그것을 깨뜨리고 보다 나은 현실을 쟁취하려는 진보적 역동성(dynamics)의 양극(兩極)의 균형을 적절히 유지하는 기능을 가진 것이 아니라(Tillich에 반해), 기존의 모든 형식 속에 숨어있는 거짓을 드러내며, 하나님의 약속된 미래를 향해 그것을 지양(止揚)하고, 지양함으로써 고양(高揚)시키는 변증법적 특성을 가진다. 하나님의 오심과 약속이 "역사적"인 것은 단지 역사 안에서 일어났기 때문이 아니라 약속된 미래를 향한 새 역사를 일으키기 때문이다. 에스겔 37장에 기록된 "죽은 뼈들의 환상"이 이것을 예시한다.

하나님에 관한 이 모든 내용들은 궁극적으로 하나님의 사랑에 근거한다. 성서가 증언하는 하나님의 가장 본질적 특성은 사랑에 있다. "하나님은 사랑이다"(요일 4:8, 16). 사랑의 본질은 관계성에 있다. 곧 자기 홀로 있지 않고 자기와 구별되는 존재와 더불어 존재하며 삶을 함께 나누는 데 있다. 따라서 사랑의 하나님은 관계성의 하나님, 곧 그의 피조물과 함께 계시며 삶을 나누고자 하는 하나님이라 말할 수 있다.

또한 사랑은 상대방의 보다 나은 내일을 기다리며 희망하는 미래 지향성을 가진다. 상대방을 참으로 사랑하는 자는 상대방의 고통을 함께 느끼며, 상대방이 행복하게 살 수 있는 새로운 삶의 세계를 원할 수밖에 없다. 주어진 것에 머물지 않고 아직 주어지지 않은 것, 미래의 것을 바라고 희망한다. 그러므로 하나님은 죄와 불의와 고난이 가득한 피조물의 세계를 끊임없이 찾아오시고, 그의 자비와 정의가 다스리는 새로운 생명의 세계를 약속한다. 그의 사랑은 끊임없는 "오심"과 "약속"으로 나타난다. 예수가 나타날 때 마귀들이 정체를 드러내는 것처럼, 그의 오심과 약속으로 말미암아 인간과 세계의 거짓된 현실이 그 정체를 드러낸다. 그것은 주어진 현재에 머물지 않고, 하나님이 약속하는 새로운 생명의 세계를 향해 지양되어야 할 것으로 규정된다.

따라서 하나님의 사랑은 불의하고 비인간적인 세계를 거부하고 새로운 생명의 세계를 지향하는 메시아성을 그의 본성으로 가진다. 그의 사랑은 메시아적 사랑이다. 따라서 사랑이신 하나님은 메시아성을 그의 본질로 가진 메시아적 하나님이라 할 수 있다. "하나님은 사랑이시다"라는 말은, "하나님은 메시아적인 분이시다"라는 말과 사실상 동의어이다. 그는 사랑이기 때문에 메시아적일 수밖에 없으며, 메시아적이기 때문에 사랑이다. 기독교의 본질은 주어져 있는 현재를 넘어 하나님의 약속된 "새 하늘과 새 땅"을 지향하는 메시아적 정신에 있다. 바로 여기에 변증법의 뿌리가 있다. 하나님의 삼위일체는 사랑이신 하나님의 메시아적 본성을 계시한다(아래 "삼위일체론" 참조). 이 하나님을 증언하는 성서는 "약속의 책"이요, 기독교는 그 본질에 있어 "약속의 종교", "메시아적 종교"이다. 기독교의 영성은 그 본질에 있어 하나님의 약속된 세계를 기다리며 희망하는 메시아적 영성이다.

B. 세상의 비천한 자들을 선택하신 하나님

세계의 많은 종교 사상들은 저 세상과 이 세상, 영혼과 육체를 분리시키는 이원론을 가르친다. 저 세상은 영원하고 참 생명이 있는 반면, 이 세상은 유한하고 허무하다. 인간의 영혼은 피안에서 온 불멸하는 신적인 것으로서 참 가치가 있는 반면, 육체는 차안에 속해 있어 무가치한 것이다. 그러므로 우리는 이 세상을 버리고 저 세상을 동경해야 하며, 육체와 육체의 모든 소욕을 억제하고 영적인 것을 동경해야 한다. 초대교회가 고대 그리스의 형이상학에서 받아들인 이러한 이원론적 사고는 죽음의 세력을 방조하는 죽음의 패턴이라 말할 수 있다. 그것은 신체적, 물질적 생명의 가치와 존엄성을 부인하며 현실의 세계를 악의 세력에 맡겨버리기 때문이다.

이에 반해 성서의 종교는 생명의 패턴을 보여준다. 한스 슈바르츠(Hans Schwarz)에 의하면 "이스라엘의 종교의 중심적 관심은 죽음 후의 생명이 아니라 여기 땅 위에 있는 생명에 있다." 성서의 하나님은 "피안의 주님이 아니라, 그의 피조물의 땅 위의 행복을 중요시하는 차안의 주님"이기 때문이다(곽미숙 2004, 105). 그러므로 그는 생명을 저주하지 않고 긍정하며 기뻐한다. 모든 생명은 하나님이 보시기에 "좋았다"(창 1:31). 그는 모든 피조물이 생육하고 번성하기를 축복한다(1:22). 그는 모든 피조물이 죽지 않고 살기를 원하며, 땅 위에 있는 그의 피조물들이 더불어 평화롭게 사는 아름다운 생명의 세계를 원한다. 그는 피조물 세계의 "아름다움을 만들고 즐기는 존재"다(임걸 2008, 363). 그의 창조질서는 "만물을 향하여 '너 있으라'"(창 1:3) "너 살라"(겔 16:6), "너 좋다"(창 1:4), "너 의롭다"(롬 8:30) 하는 생명 긍정의 질서이다(오만규 2004, 62). 하나님은 사랑이기 때문이다.

하나님의 아들 예수가 인간의 육을 취하였다는 것은 피조물의 육체적·물질적 생명에 대한 하나님의 긍정을 뜻한다. 또한 그것은 육체가 거기에 속한 자연에 대한 하나님의 긍정이요, 육을 가지고 자연 안에서 살아야 할 모든 생명에 대한 긍정이기도 하다. 물질이 충분히 있고 건강한 자연이 있어야 모든 생명의 행복이 가능하다. 그러므로 "기독교는 일반적으로 말하는 세상적인 모든 것을 부정하지 않는다." "먹고 마시는 것을 중요하게 여기며, 결혼을 귀하게 여기고(히 13:4) 몸의 건강과 장수, 물질 등 모든 인간적인 것, 세상적인 것들도 부정하지 않고 하나님의 축복 속에 포함시킬 정도로 세속적인 것을 긍정한다"(임걸 2008, 112). 그는 인간을 포함한 모든 육체가 더불어 행복하게 살기를 바라는 "모든 육체의 하나님"이다(렘 32:27).

그러나 이 세상에는 불의한 재물을 누리며 풍족하게 사는 사람들이 있는가 하면, 굶주림과 질병으로 죽어가는 사람들도 있다. 하루에 180만 원을 버는 사람이 있는가 하면(한국의 모 국책은행 총재), 한달에 몇 십만 원의 정부 보조금으로 간신히 생명을 유지하는 사람들도 있다. 영양과잉으로 병이 드는 사람이 있는가 하면, 영양부족으로 생명을 잃는 사람들이 있다. 하나님의 사랑과 자비는 먼저 이들을 향한다. 그는 먼저 고난 속에 있는 사람들을 자기의 백성으로 선택한다. 그는 "가장 비천한 자들을 선택하신 하나님"이다(곽미숙 2008, 147).

본래 이스라엘 백성은 고대 중동지역을 배회하는 하비루들(부랑자들, 전쟁 용병들, 막노동자들, 노예 등)의 일족이었다. 구약학자들에 의하면 이스라엘 백성을 가리키는 "이브리"는 하비루에서 유래한다. 이 때 이스라엘 백성이 얼마나 비참한 상태에 있었던가를, 에스겔은 이렇게 비유한다. "너의 고향, 네가 태어난 땅은 가나안이고, 네 아버지는 아모리 사람이고, 네 어머니는 헷 사람이다. 네가 태어난 것을 말하자면, 내가 태어나던 날, 아무도 네 탯줄을 잘라 주지 않았고…사람들이 네 목숨을 천하게 여기고, 너를 내다가 들판에 버렸다.…그 때에 내가 네 곁으로 지나가다가…너에게 맹세하고, 너와 언약을 맺어서, 너는 나의 사람이 되었다"(겔 16:3-8).

이스라엘의 비참한 운명은 "이스라엘"이란 국호(國號)에도 나타난다. 하비루에 속한 "히브리인들은 자신들이 노예로 종살이하던 이집트에서 탈출하여 팔레스타인 땅에서 부족 연합체를 만들었는데, 그것이 이스라엘이라는 나라로 발전되었다. '이스라엘'…이란 히브리어 단어가 '하나님이

여, 통치하소서!'라는 의미를 지닌 것을 볼 때, 우리는 이스라엘 민족이 역사상 얼마나 많은 억압과 수탈을 당해 왔으면 하나님께서 직접 다스려 달라는 의미를 지닌 단어를 그들의 국호로 정했는지 가히 짐작할 수 있다"(곽미숙 2008, 148).

이와 같이 불쌍한 이스라엘 백성을 자기의 백성으로 선택함으로써 하나님은 스스로 "하삐루의 하나님", "가난하고 억눌린 자의 신"이 된다(안병무 1990, 29). "나는 너희의 하나님이 되고, 너희는 나의 백성이 된다"는 계약과 함께 이스라엘 백성을 자신의 백성으로 선택함으로써 하나님은 이들의 운명을 자신의 운명과 결속시킨다. 그는 먼저 연약한 생명을 불쌍히 여기고 생명의 권리를 보호하고자 한다. 이를 통해 그는 모든 생명이 평화롭게 더불어 사는 아름다운 생명의 세계를 이루고자 한다. 그러므로 메시아적 사랑의 하나님은 "생명의 하나님"이라 말할 수 있다(민 16:22; 27:16; 시 42:8).

이와 관련하여 구약성서에서 하나님의 약속이 땅과 관련되어 있음을 유의할 필요가 있다. 하나님은 아브라함에게 땅을 약속한다. 모세에게는 "젖과 꿀이 흐르는 땅"을 약속한다. 고대인들에게 땅은 생명과 같은 것이었다. 그것은 생명의 기초 혹은 "생명을 유지시켜 가는 삶의 터전"이었다(김재진 2003, 297). 따라서 하나님이 땅을 약속한다는 것은, 생명을 약속한다는 것을 뜻한다. "춥고 배고팠던 히브리인들에게는 먹을 것과 입을 것이 소중했으며 먹고 입고 잘 수 있는 물질적 토대인 땅이 언제나 갈망의 대상이었다"(박재순 1990, 524). 하나님은 바로 이 땅을 약속한다. "먹을 것이 풍족한 곳, 맛있는 음식이 차고 넘치는 곳", 곧 "젖과 꿀이 흐르는 땅"을 약속한다(527). 땅을 약속하는 하나님은 생명을 약속하는 하나님이다.

땅은 본래 하나님의 것이다. 그것은 모든 생명을 위한 것이다. 그러므로 구약성서는 특정한 사람이 땅을 독점적으로 소유하는 것을 금지한다. "땅을 아주 팔지는 못한다. 땅은 나의 것이다. 너희는 다만 나그네이며, 나에게 와서 사는 임시 거주자일 뿐이다." 희년의 계명은 50년째에 땅을 본래의 주인에게 돌려주라고 명령한다(레 25:23-28). 그래서 땅 위의 모든 생명들이 최소한의 생명의 근거를 얻도록 해야 한다.

땅에 대한 하나님의 약속은 모든 피조물이 더불어 평화롭게 사는 메시아적 세계, 곧 "새 하늘과 새 땅"에 대한 약속으로 확대된다(사 65:17; 66:22; 계 21장 참조). 여기서 하나님은 피안의 세계를 약속하지 않는다. 오히려 하나님을 아는 지식 가운데서 모든 육체가 배불리 먹고 마시며 행복하게 사는 생명의 세계, 더 이상 "죽음과 슬픔과 울부짖음과 고통이 없는" 세계를 약속한다. 하나님에게 일차적으로 중요한 것은 피안의 영원한 세계, 영적인 세계가 아니라 모든 사람이 노동하고 먹고 마시며 살아가는 이 땅의 행복한 삶에 있다. 그는 먼저 이 땅 위에서 모든 생명이 행복하게 살기를 원한다. 모든 피조물이 "생육하고 번성하여 땅에 충만"하기를 원한다(창 1:28). 그는 "피안의 하나님"이 아니라 "차안의 하나님"이다.

구약의 출애굽은 이런 하나님의 모습을 분명히 보여준다. 당시 세계의 대 제국이었던 이집트의 노예가 되어 억압과 착취를 당하던 히브리인들의 생명을 해방함으로써, 하나님은 이들의 생명권을 회복해 준다(안병무 1990, 28). "'야훼'신의 第一聲은 에집트에서 고난받는 히브리 민중의 고통을 차마 보고 있을 수가 없어서, 그들을 구원하려고 '불꽃떨기 속으로 내려 왔다'는 것이었다"(김이곤 1990, 335). 따라서 출애굽의 하나님은 생명의 하나님, 메시아적 하나님이다. 시내 광야에서 "그 날의 양식은 그 날 다먹고 다음 날을 위해 남겨두지 말라"는 하나님의 명령은(출 16:23 이하) "소유의 축적에 대한" 경고이며, "밥 못먹는 사람이 없게 하려는 하느님의 배려와 밥은 서로 나누어 먹어야 한다는 밥의 정의(正義)를 나타낸다"(박재순 1990, 528).

그러므로 하나님은 연약한 생명에 대한 배려와 자비를 이스라엘 백성에게 강력하게 명령한다. 이 명령은 구약의 강력한 전통을 형성한다. 그래서 역사서, 문학서, 예언서를 포함한 구약성서 전체에 나타난다. 나중에 남북으로 분열된 이스라엘 민족이 멸망하게 된 한 가지 원인은 하나님의 이 명령을 지키지 않았기 때문이라고 지적한다. "그들이 아버지와 어머니를 업신여기며, 네 한복판에서 나그네를 학대하고, 네 안에서 고아와 과부를 구박하였다"(겔 22:7). 여기서 하나님은 철저히 연약한 생명의 편에 서신 분으로 나타난다. 그는 고난에 처한 생명들의 기도와 부르짖음을 들으시며(시 69:33; 102:17; 107:6; 120:1; 욥 34:28), 그 부르짖음을 잊지 않으신다(시 9:12). 그는 가난한 사람들의 목숨을 영원히 잊지 않으신다(74:19). 하나님은 "가난한 사람들의 요새"이며, "고난 받는 사람을 변호해 주시고, 가난한 사람에게 공의를 베푸시는 분"이다(사 25:4; 140:12). 심지어 하나님은 가난한 사람을 자기 자신과 동일시한다. 가난한 사람을 학대하는 것은 그를 지으신 하나님을 멸시하는 것이요, 궁핍한 사람에게 은혜를 베푸는 것은 그를 지으신 분을 공경하는 것이다(잠 14:31; 마 25:31-46 참조).

구약성서에서 "고아와 과부"는 사회적 약자를 총칭하는 개념이다. 그런데 하나님은 "고아의 아버지시며 과부의 재판장"이라 불린다(시 68:5). 그는 과부와 고아의 어려운 처지를 잘 아시며, 그들이 억울한 일을 당하여 부르짖을 때 그 부르짖음을 들으실 것이다. 그들을 해한 자의 아내는 과부가 되고 그의 자녀는 고아가 될 것이다(출 22:23-24). 그는 "고아와 과부를 공정하게 재판하시며, 나그네를 사랑하셔서 그에게 먹을 것과 입을 것을 주시는 분"이다(신 10:18). 그는 과부의 땅의 경계선을 튼튼히 세워 주셔서 과부의 생명을 보호한다(잠 15:25). 하나님이 참으로 원하는 것은 제사와 제물이 아니라, "선행을 배우며, 공의를 구하며, 학대받는 자를 도와주며, 고아를 위하여 신원하며, 과부를 위하여 변호"하는 데 있다(사 1:11, 17). 연약한 생명을 돌보시는 하나님의 자비는 하갈과 이스마엘의 이야기에 감동적으로 나타난다(창 21:13 이하). "하느님은 항상 가난한 자, 눌린 자의 하느님이다. 곧 하느님은 가난한 자, 눌린 자를 해방하시는 분이시다"(서남동 1983, 12). 이스라엘이 멸망한 것은 연약한 생명들의 권리를 박탈하였기 때문이요(겔 16:49; 암 8:4 등), 빈핍한 자를 불공평하게 판결하여 가련한 자의 권리를 박탈하며, 과부에게 토색하고 고아의 것을 약탈하였기 때문이다(사 10:2).

　구약의 율법은 "우리 인간의 자유를 구속하려는 것이 아니라", "사람과 하나님의 관계를 아름다운 관계로 만들기 위함"이요, "우리 인간과 인간 사회를 영적으로 아름답게 만들기 위함이다"(임걸 2008, 360). 그것은 먼저 연약한 생명을 보호하며 그들의 권리를 회복코자 하는 하나님의 "생명의 법"이라 말할 수 있다. 고대세계에서 종이나 노예는 주인이 마음대로 처분할 수 있는 소유물로 간주되었다. 그래서 노예매매는 흔하게 이루어졌다. "바빌론의 함무라비 법전에 의하면, 주인은 종을 마음대로 할 수 있었다. 심지어는 주인은 종을 죽일 수도 있었다." 이스라엘에서도 종을 주인의 재산으로 여긴 것은 사실이다(출 21:21). 그러나 구약의 율법은 종을 "상품처럼 취급"하는 것을 금지한다. 오히려 "종의 권리 보호에 초점을 모으고 있으며, 그들을 가족으로 여겨야 한다고 규정"한다. 그래서 종들이 주인의 재산을 소유하는 경우도 있었다(김영진 2005, 18 이하). "대부분의 여종들은 주인이나 그 가족의 일원과 결혼하여, 그 가족의 한 사람이 되었(다)". 남종을 내보낼 때에는 "종으로 다시 팔려 가지 않도록 그들의 생계를 유지할 수 있는 대책을 마련해 주어서 내보내야" 했다(20). 율법은 종에 대한 학대를 엄격히 금한다. 종을 몽둥이로 때려 그 자리에서 죽게 한 주인은 형벌을 받아야 한다. 종의 눈을 때려서 눈을 멀게 하거나 이를 부러뜨리면, 종에게 자유를 주어 내보내야 한다(출 21:20 이하). "너희는 그를 고되게 부려서도 안 된다"(레 25:39 이하). 동족 가운데 노비가 된 자는 칠 년 만에 풀어 주어야 한다. 이 명령을 지키지 않을 때, 하나님은 이스라엘을 "칼과 염병과 기근에" 붙일 것이라 경고한다(렘 34:8-17). 연약한 생명들을 염려하고 그들의 권리를 보호하려는 생명의 하나님의 모습은 안식일, 안식년, 희년의 계명에 집약되어 나타난다. 이 계명들은 한 마디로 연약한 생명의 권리를 회복하기 위한 하나님의 법이라 말할 수 있다. "안식일과 안식년과 희년은 '네가 다스리지 않는' 날이다. 네가 부리지 않는 날이다. 네가 이용하지 말고, 이득을 취하지 말고, 억누르지 말아야 하는 날이다. 네가 만물의 청지기의 자리로 돌아가고, 네가 만물의 봉사자와 목자의 자리로 돌아가는 날이다"(오만규 2004, 203). 연약한 생명들을 배려하는 안식일, 안식년, 희년의 계명을 실천할 때, 하나님의 약속된 세계가 앞당겨 일어난다.

구약이 증언하는 하나님의 모습은 예수에게서도 나타난다. 하나님의 메시아(그리스도)인 예수는 연약한 생명들을 살리는 분, 곧 생명의 하나님으로 활동한다. 예수는 "마구간의 말구유에서 태어나" "정규교육을 받지 못한 채 목수 일로 가족들을 부양하며 가난하게 성장"하다가, "장성한 후⋯가난하고 소외된 불쌍한 사람들의 친구가 되어 이들과 함께 음식을 나누고 친밀한 교제를 나누셨다. 이에 사회에서 버림받은 사람들과 밑바닥 사람들, 곧 온갖 병자와 장애인들, 동족으로부터 멸시천대를 받는 세리와 창녀와 죄인들, 귀신들린 사람들, 굶주림에 허덕이는 가난에 찌든 사람들, 거리를 헤매는 거지들과 생업을 잃어버린 사람들, 세상 어디에서도 위로받을 수 없는 사람들, 슬퍼하며 절망하는 사람들 그리고 당시 남성들의 소유물과 성적인 착취물이었던 여인들이 언제나 예수의 주변에 모여들었다"(곽미숙 2008, 150).

예수는 이들의 친구, 곧 "세리와 죄인들의 친구"가 되며(눅 7:34), 이들의 상실된 존엄성과 생명을 회복한다. 예수가 "이들과 함께 밥을 먹었다는 것은 이들과 한 동아리에 속한다는 연대의식과 동질의식, 공동체 의식을" 나타낸다(151). 그는 이들의 죄를 용서함으로써 죄책의 고통과 사회적 수치와 어두운 과거에서 새로운 생명의 세계를 향해 해방한다. 배고픈 사람들의 생명을 굶주림에서 해방하고, 굶주림이 없는 새로운 생명의 현실을 앞당겨 온다(떡 다섯 개와 생선 두 마리 이야기). 그는 죽은 자들의 생명을 다시 살린다. 귀신에 붙들려 무덤 가운데 살던 사람을 건강하게 함으로써 죽음의 세계 속에 생명의 세계를 회복한다. 이것은 "새 나라의 도래의 상징"이다(안병무 1993, 354). 그는 죽어가는 생명을 살리기 위해 자기의 생명을 희생한다. 예수가 계신 그 곳에 생명이 있고, 생명의 하나님이 계시된다. 예수의 십자가는 모든 생명에 대한 하나님의 사랑과 긍정의 표징이다. 하나님의 나라에 대한 그의 선포는 "민중의 소리"를 대변하며(서남동 1983, 15), 그의 십자가의 고난은 민중의 고난을 요약한다. 창조주는 "그 어느 누구도, 악인이나 불신자라고 하더라도 소외시키지 않는다"(이오갑 2006b, 25).

예수의 부활도 생명의 하나님을 계시한다. 생명의 힘을 통해 하나님은 죄와 죽음의 세력을 깨뜨리고 영원한 생명의 세계를 시작한다. 무덤과 같은 세계 속에 있는 생명들이 예수를 통해 하나님의 "새로운 피조물"로 다시 태어난다(고후 5:17). 예수가 바로 생명이다. "나는 길이요 진리요 생명이다"(요 14:6). 예수는 "생명의 떡"이다(6:35, 48). 그는 "우리의 생명"이다(골 3:4). 참 생명을 얻는 길은 우리의 생명을 위해 자신의 생명을 희생한 "예수의 뒤를 따름"에 있다(Bonhoeffer).

연약한 생명들에 대한 하나님의 자비는 땅 위에 있는 모든 생명을 포괄한다. 하늘의 새와 들의 백합화와 들풀도 하나님의 염려와 보호의 대상이다(마 6:26-30). 안식일에는 가축도 쉬어야 한다. 악인은 가축에게 잔인하지만, 의인은 가축의 생명을 돌보아준다(잠 12:10). 사람의 생명은 물론 짐승들의 생명도 하나님의 것이다(시 50:10). 그러므로 하나님은 사람과 짐승을 똑같이 돌보신다(36:6). 여기서 다음과 같은 정언명령이 타당성이 있다. "너는 모든 생명체들을 단순히 수단으로써만 이용하지 말고, 오히려 그것들을 언제나 목적 자체로서 간주하고 그것들의 지속적 생존을 보증할 수 있도록 행위하라"(C. F. v. Weizsäcker, 이은선·이정배 1993, 156에서 인용).

C. 하나님의 나라를 향한 해방과 새 창조의 하나님

구약성서에서 하나님과 이스라엘의 역사는 출애굽 사건과 함께 시작한다. 이스라엘 백성이 경험한 하나님은 무엇보다 먼저 출애굽의 하나님, 곧 "쇠용광로와 같은 이집트로부터 우리의 조상을 이끌어 내신 하나님"이었다(왕상 8:51; 대하 7:22). 따라서 출애굽은 하나님의 존재 혹은 그의 영원한 "본질"을 나타내는 구약성서의 가장 기본적 표지(標識)라 할 수 있다. 구약의 하나님은 본질적으로 "출애굽의 하나님"이다.

그러므로 구약성서는 율법(출 22:21; 레 11:45), 역사서(느 9:9 이하), 예언서 (호 11:1; 13:4), 지혜문학(시 68편; 77편; 105편; 107편; 114편; 135편), 예배의 신앙 고백(신 26:5-10의 *Credo*에서) 등 도처에서 거듭거듭 출애굽의 하나님을 이 야기한다(Schneider 1992, 59, 246): "나는 너희를 이집트 땅 종살이하던 집에 서 이끌어 낸 주 너희의 하나님이다"(출 20:2; 신 5:6). 국가의 중요한 연대를 계산할 때도 출애굽이 계산의 기준이 된다. "이스라엘 자손이 이집트 땅에 서 나온지 사백팔십 년, 솔로몬이 이스라엘의 왕이 된 지 사 년째 되는 해 시브월 곧 둘째 달에…"(왕상 6:1). 여기서 이스라엘은 "출애굽 신앙고백 형 식을 통하여 자기 존재의 근거와 실체를 묘사"한다. 또한 출애굽은 이스라 엘 백성이 지켜야 할 윤리의 규범이 되기도 한다(신 16:12; 렘 32:20-23). 이 와 같이 "출애굽 신앙 고백은 가장 기본적인 이스라엘 신앙 고백", 곧 "이 스라엘의 원신앙고백(Urbekenntnis Israels)"이었다(원진희 2005, 44).

출애굽은 "젖과 꿀이 흐르는 땅", 곧 하나님의 새로운 생명의 세계를 향한 해방과 새 창조의 사건이었다. 여기서 사랑의 하나님, 메시아적 하나 님은 그가 약속하는 새로운 세계를 향한 해방과 새 창조의 하나님으로 나 타난다. 그는 단지 연민하고 고난을 함께 당할 뿐 아니라 현실적 고통에 서 피조물을 해방하고 새 역사를 창조한다. "내가 이제 새 일을 하려고 한 다.…내가 광야에 길을 내겠으며, 사막에 강을 내겠다"(사 43:19). "보아라, 내가 모든 것을 새롭게 한다"(계 21:5). 여기서 하나님은 과거가 아니라 새 로운 미래를 지향한다. 그는 자신이 약속한 메시아적 생명의 세계를 향한 미래 지향성을 그의 본성으로 가진다.

지상의 예수는 해방과 새 창조의 하나님을 계시한다. 그의 하나님 나 라 운동은 하나님의 해방과 새 창조의 사건이었다. 예수가 선포한 "주의 은혜의 해"(눅 4:19), 곧 희년은 사회적 출애굽이라 말할 수 있다. 예수의 십 자가를 통해 모든 인류의 죄책에서의 해방과 새 창조가 시작된다. 한 인간이 죄를 깨닫고 예수를 통해 하나님의 자녀로 다시 태어날 때, 죄의 세력에서 해방과 하나님의 새 창조가 이 세계의 가장 중요한 부분, 곧 한 인간의 삶 속에서 일어난다. 예수의 부활은 죄와 죽음의 세력에서의 해방과 새 창조의 시작을 뜻한다. 따라서 부활의 하나님은 해방과 새 창조의 하나님이다. 출애굽에 나타나는 해방과 새 창조의 하나님이 예수의 삶과 죽음과 부활 속에 다시 계시된다. 예수 안에서 일어난 해방과 새 창조를 통해 하나님은 이스라엘 민족의 범위를 넘어 온 세계 속에 그의 메시아적 세계를 앞당겨 오고자 한다.

하나님의 해방과 새 창조는 생명에 대한 하나님의 메시아적 사랑에 근거한다. 하나님은 피조물을 사랑하고 모든 생명이 행복하게 살기를 원하기 때문에 죄와 불의의 세력에서의 해방과 메시아적 세계를 향한 새 창조를 유발하는 것이다. 그러므로 성서는 끊임없이 하나님의 새로운 시작과 "새 창조"에 대해 증언한다. "보아라, 내가 새 하늘과 새 땅을 창조할 것이니…"(사 65:17). 새로움이 없다고 한탄하는 인간의 세계 속에서 그는 "새 일"을 창조한다(사 48:6). 하나님의 새 창조는 예수의 뒤를 따르는 "새 사람"(엡 2:15), 곧 "새로운 피조물"을 통해 일어난다(고후 5:17). 그는 "새 하늘과 새 땅"을 향해 만물을 새롭게 변화시킬 것이다(계 21:1, 5). 칼뱅에 의하면 "하나님은 유일회적으로 창조하셨을 뿐만 아니라 지금도 계속해서 창조를 이루어나가신다"(이오갑 2006b, 31). 그리고 인간을 새 창조의 동역자로 부르신다.

구약성서에서 하나님의 해방과 새 창조는 인간 사회는 물론 생태계로 확장된다. 하나님은 사랑이기 때문에 그의 영을 통해 자연의 피조물 가운데 함께 계신다. 하나님이 그의 영을 불어넣을 때, 피조물들은 새롭게 창조되며, 땅의 표면이 새롭게 변화된다(시 104:30). 그는 사람들에게 "새 마음"을 주셔서 새로운 일을 하게 하신다(삼상 10:9). 하나님은 그의 영을 통해 자연의 피조물들 가운데 계시며, 그들과 함께 구원을 기다린다(롬 8:26). 피조물들 안에 있는 하나님의 영은 해방과 자유를 향한 피조물들의 창조성의 원천이요, "생명의 원천"(*fons vitae*, Calvin)이다. 출애굽의 해방은 생태계의 해방으로 확대되어야 한다. "사회정치적 상황과 생태학이 분리될 수 없(기)" 때문에, "생태계의 해방이 없이는 인간의 해방도 있을 수 없다"(이승갑 2006, 243).

D. 십자가에 달린 하나님 – 정의로운 하나님

형이상학적 사고에 의하면, 인간은 생성소멸하며 불완전하다. 그러므로 그는 고난을 당할 수밖에 없다. 이에 반해 신(神)은 완전하다. 그는 변화될 수 없고 고난을 당할 수 없다. 그래서 전통적으로 기독교 신학은 "고난당할 수 없음"(*impassibilitas*)을 하나님의 중요한 속성으로 규정하였다. 그러나 이러한 형이상학적인 신의 모습은 성서에 나타나는 하나님의 모습과는 전혀 다르다. 성서에서 하나님은 아파하며 고난을 당할 수 있는 분으로 나타나기 때문이다. 출애굽과 예수의 사건에 계시되는 메시아적 사랑의 하나님은 고난당하는 하나님, 피조물의 고통을 함께 "아파하는 하나님"이다(신준호). 그는 자신의 고통을 통해 인류의 죄를 용서하고 참된 생명의 세계를 향한 해방을 시작한다.

하나님의 성육신은 하나님의 고난을 계시한다. 하나님이 인간의 육(*sarx*)을 취하였다는 것은 피조물이 당하는 실존의 모든 조건들, 곧 유한성과 허무, 제한성과 고난, 죽음의 위협을 하나님이 자신의 것으로 받아들였다는 것을 말한다. 이것은 하나님의 고난을 뜻한다. 빌립보서 2:7은 하나님의 아들이 "자기를 비워서 종의 모습을" 취하였다고 성육신의 고난을 이야기한다.

예수의 십자가의 죽음은 고난당하는 하나님의 사랑을 극적으로 계시한다. 예수는 "타자를 위한 존재"였다(Bonhoeffer). 그는 하나님이 창조한 세계의 구원을 위해 스스로 십자가의 죽음을 택한다. 이 예수 안에 아버지 하나님이 그의 영을 통해 함께 계시며, 예수가 아버지 안에 계신다(요 14:10). 무한한 사랑의 영 안에서 아버지 하나님은 그의 아들 예수의 죽음의 고통을 함께 당한다. 삼위일체 하나님이 예수의 십자가에 달려 있다. 그는 "십자가에 달린 하나님"이다(Moltmann).

예수의 십자가에서 하나님은 아무 힘이 없는 분처럼 보인다. 그는 예수를 십자가에서 끌어내리지 않고, 예수 안에서 함께 죽음의 고난을 함께 당한다. 그는 요술방망이처럼 인간의 모든 간구를 해결해 주는 능력의 하나님, 자동기계와 같은 하나님(deus ex machina)이 아니라 무력한 하나님이다. 이 하나님은 "자연을 초월하여 통제하고 지배하는 남성의 초월의식을 반영하는 가부장적 군사적 하느님의 모델에 모순된다"(전현식 2006, 433).

여기서 중요한 문제가 제기된다. 성서가 증언하는 하나님의 전능하심과 예수의 십자가에 계시되는 하나님의 무력하심은 어떤 관계에 있는가? 만일 하나님이 무력하여 십자가의 고난을 당하는 분에 불과하다면, 하나님께 무엇을 간구하는 것은 헛된 일이 아닌가? 우리는 이 문제를 아래 "속성론"에서 다루게 될 것이다.

스스로 고난당하는 하나님의 모습은 구약성서에 뿌리를 둔다. 이것을 우리는 먼저 출애굽 이야기에서 발견한다. 모세를 부르시면서 하나님은 다음과 같이 말한다. "나는 이집트에 있는 나의 백성이 고통받는 것을 똑똑히 보았고, 또 억압 때문에 괴로워서 부르짖는 소리를 들었다. 그러므로 나는 그들의 고난을 분명히 안다.…지금도 이스라엘 자손이 부르짖는 소리가 나에게 들린다. 이집트 사람들이 그들을 학대하는 것도 보인다"(출 3:7-9).

여기서 "본다", "듣는다", "안다"는 것은 객관적 인지 행위를 가리키는 것이 아니라, 한 몸 된 관계 속에서 모든 형편을 아시며 고통을 함께 느낀다는 것을 뜻한다. 구약성서에서 남자가 여자를 "안다"(yada)는 것은 여자와 한 몸을 이루어 삶을 함께 나누는 것을 뜻한다. 따라서 출애굽의 하나님은 그의 백성이 당하는 고통을 함께 느끼며 함께 당하는 하나님이다. 하늘에 계신 하나님은 자기를 낮추어 피조물과 함께 계시며, 그들의 형편을 아시고 고통을 함께 당한다.

하나님의 고난과 사랑은 하나님의 창조로 소급된다. 하나님의 창조는 무(無)에서 유(有)를 있게 하는 하나님의 무한한 능력을 나타내는 동시에 하나님의 자기제한을 가리킨다. 그는 자기의 삶의 공간을 제한함으로써, 피조물에게 삶의 공간을 마련한다. 피조물들은 하나님의 공간 안에서 활동하고 살아간다. 그러므로 창조는 하나님과 피조물의 교통이 시작되는 기쁜 일인 동시에 하나님의 자기제한, 곧 하나님의 수난을 의미한다. 사랑은 기쁨과 수난을 동반한다.

하나님의 수난을 창세기 2장은 감각적 형태로 묘사한다. 창세기 1장에서 하나님은 말씀으로 피조물의 세계를 창조하는 대신, 창세기 2장에서 그는 손으로 만들고 노동함으로써 피조물의 세계를 창조한다. 그는 흙을 빚어 사람의 형태를 빚으시고 그의 숨결을 불어넣어 사람의 형태가 살아 움직이게 한다. 그의 숨결을 불어넣을 때, 그의 기(氣)가 빠진다. 인간의 생명이 가능하도록 하나님은 강물을 끌어들이는 노동의 수고를 감내한다. 사람이 홀로 사는 것을 안타깝게 여겨 에덴동산을 마련해 준다. 여기서 하나님은 창조 세계를 위해 수고하며 땀 흘리는 분으로 나타난다.

12세기 유럽에서 생성된 유대교 카발라 신학(Kabbalah는 본래 "전통"을 뜻하지만, 프랑스를 중심으로 일어난 12세기 카발라 신학 운동에서는 정통 유대교 신학과 성경 해석에 대칭하는 비정통적·비교적(秘敎的) 성격을 띠는 신비주의 신학을 가리킨다)은 쉐키나(Schechina) 개념을 통해 하나님의 고난을 이야기한다. 쉐키나는 자기를 낮추어 피조물과 함께 유리하며 그들의 고난을 함께 당하는 하나님의 "세계 안에 계심"을 뜻한다(Fr. Rosenzweig, G. Scholem). 하나님은 하늘에 계신 동시에 그의 백성들 가운데 계시며, 이 땅의 가난한 자들, 굴욕을 당하는 자들 가운데 거하신다. "내가 비록 높고 거룩한 곳에 있으나 겸손한 사람과도 함께 있고, 잘못을 뉘우치고 회개하는 사람과도 함께 있다"(사 57:15). 그는 피조물의 모든 기쁨과 슬픔, 절망과 희망, 고난과 고통을 함께 당한다(Moltmann 1985, 29).

여기서 우리는 새로운 하나님 상을 발견한다. 이 하나님은 냉정하고 공격적이며 율법적인 분이 아니라 동정적이고 모든 아픔을 함께 나누며 용서하는 분이다. 폭력적인 분이 아니라 폭력을 감내하는 비폭력적인 분이요, 명령하고 지배하는 분이 아니라 섬기는 분이다. 그는 존재하는 모든 것을 포용하고 수용한다. 그의 완전함은 무관심, 무감각(*apatheia*), 해탈과 지배에 있지 않고, 따뜻한 감성과 관심, 사랑의 열정(*pathos*)과 섬김, 자기 희생에 있다. 과정신학자들이 비난하듯이, 그는 세계의 모든 것에 대해 무감각한 신(*deus apatheticus*)이 아니라 피조물들의 삶을 자신의 삶의 내용으로 수용하는 감각적인 신, 연민의 신(*deus sympatheticus*)이다. 그는 사랑의 열정 때문에 때로 분노하기도 한다(Moltmann 1972, 6장).

그러나 성서에는 반대되는 모습이 나타나기도 한다. 한편으로 하나님은 "자비롭고 은혜로우시며, 노하기를 더디하시며, 사랑이 그지없으시다. 두고두고 꾸짖지 않으시며, 노를 끝없이 품지 않으신다"(시 103:8-11). 그는 인간의 죄를 알지만 오래 참는다(롬 3:26). 그는 피조물의 고난을 함께 당하시며 자기를 희생한다. 이와 동시에 성서는 도처에서 악인에 대한 하나님의 심판과 벌을 경고한다. 하나님은 인간의 죄를 기억하시고 그를 문책하며, 그 행위대로 벌하시고 보응하신다(렘 21:14; 겔 7:4; 잠 24:12). 그는 각 사람의 행위대로 갚아줄 것이다(겔 18:30; 계 2:23). 작은 형제들에게 자비를 베푼 의인들은 영원한 생명으로 들어가고, 그들을 박대한 악인들은 영원한 형벌을 받을 것이다(마 25:46). 사탄의 일꾼들의 마지막은 "그들이 행한 대로 될 것이다"(고후 11:15). 여기서 하나님은 무한히 설득하고 용서하는 사랑과 은혜의 하나님인 동시에, 인간의 행위에 따라 축복과 벌을 내리는 정의롭고 무서운 분으로 나타난다.

하나님의 이 두 가지 모습은 모순되지 않는가? 이 질문에 대해 우리는 아래와 같이 답할 수 있다. ① 하나님이 인간을 벌하시는 것은 벌을 통해 인간이 그에게 돌아오기를 기대하는 교육적 목적이 있다. "나를 배신한 자녀들아, 돌아오너라!"(렘 3:14) 궁극적 목적은 벌 자체에 있지 않고, 회개와 연단에 있다(렘 9:7). 벌을 통해 그는 인간이 바르게 서기를 기대한다. ② 인간의 죄는 언제나 다른 생명에게 직간접적으로 해가 된다. 죄는 다른 생명을 훼손하며 파괴한다. 하나님은 생명을 사랑하기 때문에 생명이 훼손되고 파괴되는 것을 허용할 수 없다. 하나님은 죄가 없는 세계, 곧 그 누구도 다른 생명을 무고히 해하지 않는 세계를 원하신다. 하나님이 죄인을 문책하는 궁극적인 목적은 여기에 있다. 그러므로 용서하는 하나님과 벌하시는 하나님은 모순되지 않는다. 사랑하며 기대를 갖기 때문에 때로 벌하게 된다.

오늘날 과정신학자를 중심으로 일련의 신학자들은 죄를 벌하는 하나님의 모습을 거부하는 입장을 보인다. 그들에게 죄를 벌하시는 하나님은 율법주의적이며 냉정하고 엄격한 지배자적인 하나님으로 폄하된다. 현실에 있어 하나님의 벌은 엄격하게 집행되지도 않는다. 악한 자들이 더 잘되고 행복하게 사는 경우가 허다하기 때문이다. 그러므로 이들 신학자들은 피조물을 있는 그대로 수용하고 자기를 희생하는 하나님의 여성적 부드러움, 응답하는 사랑, 피조물들이 당하는 고난에의 참여, 모성적 감성과 수용과 인내 등 하나님의 여성적 면모를 주장한다. 세계가 하나님에게 의존하는 것처럼, 하나님도 세계와의 관계 속에서 세계에 의존한다. 물론 하나님은 세계에 대한 계획을 가지고 있다. 그러나 그는 스스로 모든 것을 결정하지 않는다. 그는 강압적 힘으로써가 아니라, 자신의 목적을 향한 그의 창조적 사랑 안에서 "설득적인(즉, 비-강압적인) 힘을 사용하여 일하신다"(이승갑 2006, 230).

여기서 우리는 이들 신학자들의 주장에 상당부분 동의한다. 하나님의 가장 본질적인 속성은 사랑에 있다. 사랑은 서로의 존재에 참여하여 삶의 모든 경험을 함께 나눔을 말한다. 상대방의 경험이 곧 내 자신의 삶의 내용을 구성한다. 이를 통해 서로의 존재가 풍요롭게 된다. 하나님 경험을 통해 인간의 존재가 풍요롭게 되고, 피조물의 삶의 경험이 하나님 자신의 삶을 풍요롭게 한다. 그는 냉담하고 이기적이며 폭력적인 남성상이 아니라, 위로하고 동정하고 삶의 모든 것을 함께 느끼며 고난을 당하는 여성상에 더 가깝다. 화이트헤드에 의하면, "시간 속에서의 우리의 경험은 하나님 안에서 불멸하는 가치로 수용되고, 이렇게 실현된 가치의 영원불멸성이 바로 하나님 존재의 진화적 팽창(God's evolutionary expansiveness)을 가능하게 한다"(손호현 2006b, 269). 예수의 십자가에서 하나님은 "군주적 권위를 지닌 자족적인 실체로서 세계 내에 자신의 왕권을 실행에 옮기는 어떤 타자로서가 아니라, 오히려 전 우주를 위한 자발적 고난을 그 본질로" 가진 분으로 계시된다(이은선·이정배 1993, 228). 본질적으로 그는 사랑과 용서와 연민의 하나님이다. 그는 어머니처럼 따뜻하고 동정적인 분이다.

그러나 성서는 하나님의 정의의 측면을 간과하지 않는다. 그래서 죄에 대한 벌을 말한다. 구약의 예언서는 끊임없이 악인에 대한 하나님의 벌을 선포한다. 우리는 이 벌이 하나님이 내리는 것인지, 아니면 "죄와 벌"의 자연질서로 말미암은 것인지 해명할 길이 없다. 여하튼 악인은 그가 행한 악으로 말미암아 얻게 되는 죄벌을 하나님의 심판으로 경험한다. "죗값을 받는다"는 한국인의 속담은 이것을 나타낸다. 성서는, 죄를 지은 자는 하나님의 심판 아래에 있다고 분명히 말한다. "네가 하는 이 모든 일에 하나님의 심판이 있다는 것만은 알아라"(잠 11:9).

그러므로 우리는 인간의 죄를 진지하게 생각하는 하나님의 정의로운 모습을 간과해서는 안 될 것이다. 이 모습을 간과할 때, 하나님의 사랑은 정의가 결여된 감상적 사랑으로 전락하게 되고, 역사에 대한 하나님의 주권이 부인될 수 있다. 하나님은 어머니처럼 인내하고 설득하다가 결국 악인들에게 끌려가는 존재가 되어버릴 수 있다. 하나님의 구원의 의지와 세계에 대한 목적이 인간에게 의존하며, 결국 인간으로 말미암아 좌절될 수 있는 위험성이 숨어있다.

그러나 인간이 스스로 행한 악으로 인해 벌을 당할 때, 하나님은 그 벌의 아픔을 함께 당한다. "그들이 고난을 받을 때에, 주님께서도 친히 고난을 받으셨습니다"(사 63:9). 그는 바빌론의 포로가 된 그의 백성과 함께 계신다. 그는 그들의 고통을 함께 당한다. 그는 죄인이 짊어져야 할 고난과 고통을 대신 당한다. 이로써 그는 그의 의로움을 세운다.

E. 주어진 환경에 머물지 않는, 이동하는 하나님

고대의 많은 종교들에 있어서 인간의 종교적 체험은 신적인 것, 혹은 신성이 있다고 생각되는 특정한 장소 혹은 물체와 결부되어 있음을 볼 수 있다. 예를 들어 신비스럽게 보이는 큰 바위나 나무, 강이나 산에 신이 있다고 생각한다. 즉 목신(木神), 수신(水神), 지신(地神), 해신(海神), 산신(山神) 등이 여기에 해당한다. 그리고 신들에 대한 신비로운 체험을 가진 장소를 특별히 거룩한 장소로 성역화(聖域化)한다. 우리는 이러한 신들을 가리켜 "장소의 신"(numen locale)이라 할 수 있다. 이에 반해 성서의 하나님은 끊임없이 이동하는 분으로 나타난다. 메시아적 하나님은 주어진 환경에 안주하지 않고, 그가 약속한 아름다운 생명의 세계를 향해 끊임없이 이동한다.

우리는 이동하는 하나님의 모습을 먼저 역사의 예수에게서 발견할 수 있다. 하나님의 메시아 예수는 소위 거룩하다는 특정 공간에 머물지 않고 끊임없이 이동한다. 그래서 복음서는 그에게는 "머리를 둘 곳"조차 없었다고 보도한다(마 8:20). 그는 하나님을 모시는 특정한 공간을 세우지 않는다. 그는 성전 안에 머물지 않고 이스라엘의 "잃어버린 자들"을 찾아 옮겨 다니며, 자신의 몸을 통해 하나님의 나라를 앞당겨 온다. 이것이 그에게 중요한 일이었다. 그래서 예수는 성전을 상대화시킨다(요 4:21-23). 성전에서 예배를 드리는 것 자체가 중요한 것이 아니라 영과 진리로 예배를 드리는 것이 더 중요하다(요 4:23).

하나님의 이동성은 "아브라함의 하나님, 이삭의 하나님, 야곱의 하나님"이란 하나님의 "이름"에 나타난다(출 3:15). 본래 아브라함과 그의 후손들은 농경지대에 머물러 사는 정착민이 아니라 가축과 함께 옮겨 다니는 유목민이었다(창 26:14; 37:12; 47:17 등을 참조). 그러므로 이스라엘 백성은 하나님을 양을 치는 "목자"로 표상한다(시 23:1; 겔 34:15 등). 유목민들은 언제나 이동할 수밖에 없다. 따라서 그들의 하나님은 한 곳에 머물러 있는 장소의 신이 아니라 그의 백성과 함께 언제나 새롭게 이동하는 하나님으로 경험된다. 그는 공간적 존재라기보다 시간적 존재다.

하나님은 인간의 하나님으로서 인간이 가는 곳에는 어디에나 함께 가시고 인간과 함께 계신다. 그는 "장소의 신"이 아니라 "인격적 신"(numen personale), 곧 "아브라함과 이삭과 야곱의 하나님"이다. 그는 특정한 곳에 머물러 있기 때문에 그 곳에서만 만날 수 있는 신이 아니라, "사람이 있는 거기에서, 그리고 사람이 자기를 하나님과 만나게 하는 거기에서는" 어디에나 만날 수 있는 신이다(Ratzinger 1968, 90). 구약성서의 하나님은 기존의 삶의 상황에서 그의 자녀를 불러내시고, 새로운 생명의 세계를 약속하며, 그들을 인도하며, 그들과 "함께 이동하는 하나님"이다(Kraus 1983, 154).

하나님의 이동성은 그의 호칭 "야웨"에 나타난다. "야웨"(JHWH, Tetragrammaton: 4개의 자음)는 하나님의 이름을 묻는 모세에 대한 하나님의 대답 "에흐예 아쉐르 에흐예"(אֶהְיֶה אֲשֶׁר אֶהְיֶה, ehyeh asher ehyeh, 출 3:14)에서 유래한다. 동사 "하야"(הָיָה, hayah)는 "있다"를 뜻하지만, 대개의 경우 "거기에 있다, 일어나다, 자기를 증명하다, 발생하다, 되어가다"를 뜻한다. 히브리어에서 이것은 현재형일 수도 있고 미래형일 수도 있다. 그래서 "나는 나다"(Ich bin der ich bin)로 번역될 수도 있고, "나는 있을 자로 있을 것이다"(Ich werde sein, als der ich sein werde)로 번역될 수도 있다. 여기서 하나님은 자기의 고정된 본질을 알려 주는 것이 아니라 인도하고, 도와주고, 힘을 주고, 해방하면서 여기에 있는 그의 동적(動的) 존재를 알려 준다(Küng 1995, 680). 따라서 야웨란 호칭은 "일의적이고 명사적인 의미가 없다. 동사적이고 서술적인 이름이다"(허호익 2003, 39). 한 마디로 그것은 하나님의 이동성을 나타낸다.

하나님의 이동성은 "엘로힘"(Elohim)이란 호칭에도 나타난다(창 2:14).

엘로힘은 "엘"(*El*)의 복수형이다. "엘"이 단수의 "신"을 가리킨다면, "엘로힘"은 복수의 "신들"을 가리킨다. 이것은 이스라엘 백성이 다수의 신들을 믿었다는 것을 뜻하는 것이 아니라 그들이 믿던 하나님의 특성을 나타낸다. 즉 이스라엘 백성이 믿는 하나님은 단 한 분이지만, 그의 피조물이 가는 곳에는 어디에나 함께 가시며 그들과 함께 계신 하나님이다. 그는 "단수와 복수의 한계를 넘어서며 그들 저편에 계신다." 이것은 단 한 분 (一者) 하나님을 삼위일체 하나님으로 생각할 수 있는 여지를 남겨놓는다 (Ratzinger 1968, 92).

일반적으로 신은 성전에 계시다고 생각한다. 성전 바깥에 있는 세계는 속된 곳이기 때문에 신이 계시지 않는다고 생각된다. 그는 거룩한 전(殿), 곧 성전에 계시며, 성전에서만 만날 수 있는 분이라 생각한다. 구약성서는 성전과 세속의 이러한 이분법을 거부한다. 온 세계는 하나님이 그 안에 계시는 하나님의 전 또는 하나님의 거룩한 장막(=집)이다. "하늘은 나의 보좌요 땅은 나의 발 받침대다"(사 66:1). 특별히 거룩한 장소란 존재하지 않는다.

따라서 성전이란 하나님의 본성에 조화되지 않는다. 성서의 하나님은 "인간의 손으로 만든 건물, 곧 신전(神殿)에 거하시는 분이 아니(다)." 그는 "마치 무엇이 부족한 듯 사람의 손으로부터 섬김을 받으시는 분이 아니(다)"(유상현 2008, 269). 그는 "제의종교의 지성소에 언제나 좌정해 있는 신(static god)으로서 머물기를 거절"한다(김이곤 1990, 333). 그러므로 다윗이 성전을 건축하려고 할 때, 하나님은 성전 건축을 거부한다. "나는 이스라엘 자손을 이집트에서 데리고 올라온 날로부터 오늘에 이르기까지 어떤 집에서도 살지 않고, 오직 장막이나 성막에 있으면서 옮겨 다니며 지냈다.…내가…나에게 백향목 집을 지어 주지 않은 것을 두고 말한 적이 있느냐?"(삼하 7:5-7)

이 본문에서 신명기 사가는 하나님이 솔로몬에게 성전 건축을 맡기기로 계획하였다고 암시한다(삼하 7:12-13). 그러나 솔로몬의 성전 건축도 사실상 하나님의 뜻이 아니었다고 말할 수 있다. 그가 성전을 건축했지만, 그가 죽자마자 나라가 남북으로 분열되었고 결국 멸망했기 때문이다. 성전을 건축한 솔로몬 자신도 성전을 상대화한다. "하늘도, 하늘 위의 하늘마저도 그분을 모시기에 좁을 터인데, 누가 하나님을 모실 성전을 지을 수 있겠습니까?"(대하 2:6; 대하 6:18 참조)

예언자 전통에 의하면, 성전 건축은 애초부터 하나님의 뜻에 어긋난다. 그것은 불필요한 것이었다. 백향목을 더 많이 사용하여 집짓기를 경쟁한다고 좋은 왕이 될 수 있느냐? 나라를 지킬 수 있는 길은 성전 건축이 아니라 법과 정의를 실천하는 데 있다. "가난한 사람과 억압받는 사람의 사정을 헤아려서 처리"하는 것이 하나님을 아는 것이다(렘 22:15-16). 구원의 길은 성전과 성전의 희생제물이 아니라 하나님의 자비와 정의를 행하는 데 있다(호 6:6). 하나님은 번제나 희생제물에 대해 말한 적이 없다(렘 7:22). 아무리 많은 제물을 하나님에게 바칠지라도, 자비와 정의를 행치 않으면 "칼날이 너희를 삼킬 것이다"(사 1:20). 예레미야에 의하면 성전은 "도적의 굴혈"이 되었다. 그러므로 "이것이 하나님의 전이다"라는 말을 믿지 말아야 한다(렘 7:4, 11). 거기서 선지자들과 제사장들이 "평강하다, 평강하다" 하지만 그것은 거짓말이다(8:11). 망하지 않으려면 "공의가 물처럼 흐르게 하고, 정의가 마르지 않는 강처럼 흐르게" 해야 한다(암 5:24).

이 생각은 지혜문학에도 나타난다. "주님께서는 정의와 공평을 지키며 사는 것을 제사를 드리는 일보다 더 반기신다"(잠 21:3). 예수도 이 전통을 따른다. "나는(=하나님 아버지는) 자비를 원하고, 제사를 원하지 않는다"(마 12:7; 9:13). "우주와 그 안에 있는 모든 것을 창조하신 하나님께서는 하늘과 땅의 주님이시므로, 사람의 손으로 지은 신전에 거하지 않으십니다"(행 17:24-25).

군대에서 기동훈련을 해 보면 이동하는 것이 얼마나 고통스러운지, 반대로 동일한 장소에 머물러 있는 것이 얼마나 편안한지 뼈저리게 느끼게된다. 그런데 하나님은 동일한 장소에 머물러 있는 것을 거부한다. 왜 그는 이동성을 그의 본성으로 가지는가? 근본 원인은 피조물에 대한 하나님의 사랑, 그의 메시아적 본성에 있다. 사랑의 하나님은 성전의 안락한 보좌에 앉아 경배와 찬양과 희생제물을 받으면서 편안히 계시고자 하지 않는다. 그는 성전 바깥에서 고난당하는 피조물들과 함께 계시고자 한다. 그는 출애굽 한 이스라엘 백성과 함께 광야를 유리하며, 그의 백성이 바빌론으로 포로가 되어 끌려갈 때 그들과 함께 길을 떠난다. 1937년 스탈린의 명령으로 30만 명의 한국인들이 화차(貨車)에 실려 연해주에서 중앙아시아로 강제 이민을 당할 때, 하나님은 이들과 함께 가신다. 그에게 참으로 중요한 것은 성전에서 경배와 찬양을 받는 것이 아니라 피조물의 세계 속에 그의 나라와 그의 정의를 세우는 데 있다. 온 땅이 "하나님의 집"으로 변화되어야 한다. 그러므로 하나님은 끊임없이 이동한다. 피조물에 대한 그의 사랑은 한 곳에 머무는 것을 거부한다.

우리는 성령이 어디로부터 와서 어디로 가는지 확정할 수 없다(요 3:8 참조). 그러므로 하나님은 우리 인간이 거기에 계시리라 추측하는 곳에 계시지 않을 수 있다. 거꾸로 거기에 계시지 않으리라 생각되는 그 곳에 계실 수도 있다. 따라서 우리는 "하나님이 여기에 계시다"고 생각하는 그 곳에 정말 하나님이 계신지, 진지하게 물어야 한다. "하나님이 우리와 함께 계시다"고 자만하지 않고, "정말 하나님이 우리와 함께 계시는가?"를 비판적으로 물어야 한다.

사랑과 정의의 하나님은 고난 속에 있는 생명들이 있는 바로 거기에 계신다. 하나님은 광야에서 물이 없어 죽어가는 아들 이스마엘을 보며 부르짖는 하갈이 있는 그 곳에 함께 계신다. 불의한 체제 속에서 모든 것이 안정되어 있는 거기에 계시지 않고, 진리의 세계를 향한 새로운 위기와 변혁 속에 계신다. 그는 한 곳에 머물러 있지 않고 언제나 "나아감" 혹은 "넘어감" 속에 있다. 그는 역사의 변증법적 활동 속에 있다(Hegel). 이것은 단지 하나님의 공간적 이동성을 말하는 것이 아니라 하나님 자신의 존재의 변천을 뜻한다. 그는 영원히 결정되어 있는 분이 아니라 피조물과의 교통

속에서 풍요롭게 되는 과정 속에 있다. "성서의 하느님은 역사의 현장에서 끊임없이 활동한다. 이스라엘 민족을 에집트의 억압에서 해방시켜 가나안 의 자유로 이끈다. 예수를 통해서 민중해방운동을 일으킨다. 결코 가만히 있는 하느님이 아니다. 사람의 해방과 자유를 위해 역사한다." "사람의 역 사에서 하느님 자신이 미완성"이다(송기득 1997, 218).

하나님의 이동성은 인간과 세계의 이동성의 원인이 된다. 세계와 인간 은 하나님의 피조물이기 때문에, 피조물도 이동성을 그 본성으로 갖고 있 다. 새로운 미래를 지향하는 하나님의 메시아적 본성으로 말미암아 피조 물의 본성 밑바닥에는 "유토피아 정신"(Geist der Utopie, E. Bloch), 곧 보다 나은 내일을 기다리는 정신이 잠재한다. 출애굽 한 이스라엘 백성처럼, 그 들은 이미 주어진 것에 머물지 않고 하나님이 약속한 새로운 세계를 향해 끊임없이 나아가야 한다. 머물러 있으면 부패하기 마련이다. 그러므로 하 나님은 아브라함에게 "떠나가라"고 명령한다(창 12:4).

하나님은 그의 피조물과 함께 끊임없이 이동하기 때문에, 우리가 어디 를 가든지 하나님은 우리와 동행하며 함께 계신다. 어디를 가든지 하나님 이 우리를 붙드시고 인도한다. "내가 주님의 영을 피해서 어디로 가며, 주 님의 얼굴을 피해서 어디로 도망치겠습니까?…새벽 날개를 치며 바다 끝 에 가서 거할지라도, 곧 거기서도 주의 손이 나를 인도하시며, 주의 오른 손이 나를 붙드시나이다"(139:7-10). 우리는 어디서나 하나님을 만날 수 있 고, 그를 예배할 수 있고 의지할 수 있다. 그는 우리의 모든 처지를 아시 며, 우리가 무엇을 필요로 하는지 아신다. "산에 있는 저 모든 새도" 다 알 고 계신다(시 50:11). 음부도 하나님의 권세를 피할 수 없다(마 16:18).

그러므로 우리는 하나님에게 아무것도 숨길 수 없다. 하나님은 우리의 심장과 모든 행사를 감찰하시며, "나의 길과 눕는 것을" 감찰하신다(시 7:9; 33:15; 139:3). 그는 악인과 선인을 감찰하신다(잠 15:3). "참으로 하나님의 눈 은 사람의 일거수 일투족을 살피시며, 그의 발걸음을 낱낱이 지켜보고 계 신다." 그는 우리의 생각과 마음의 비밀을 아시며(시 44:21; 94:11), 우리의 사람됨과 행위를 아신다. 의로운 자의 의로움과 불의한 자의 불의를 아시며, 겸손한 자의 겸손과 오만한 자의 오만을 아신다(138:6). 그는 아침마다 사람을 찾아오셔서 "순간순간 그를 시험하며"(욥 7:18-20). 그의 가는 길과 모든 행위를 아신다(23:10; 시 139:3). 그러므로 악한 일을 하는 자들은 하나님을 피하여 숨을 곳이 없다(욥 34:22).

F. 피조물 안에 있는 창조적 생명의 힘이신 하나님
– 진화의 원리에 대한 신학적 해석

일반적으로 자연의 생물들은 그 자신의 생명의 힘과 물리적 법칙을 통해 자기를 유지하며 생동한다고 생각된다. 그들의 생명현상은 하나님 자신의 존재와 관계없는 독자적인 것이다. 생물들의 진화도 하나님과 관계없이 자연의 내적 법칙에 따라 일어난다. 필요할 때 하나님은 초월적으로 그들의 생명현상에 개입하여 어떤 새로운 일을 일으킬 수 있다고 생각된다.

그러나 구약성서에 의하면 "생명의 하나님"은 그의 영을 통해 피조물 안에 거하며, 그들의 생명을 유지하고 생동케 한다. 하나님의 생명의 힘으로 말미암아 만물이 소생한다. 생명의 힘이신 하나님이 함께 계실 때, 우리는 "새 힘"을 얻어 생동하게 된다(사 40:28-31). 사랑의 하나님, 메시아적인 하나님은 피조물의 생명을 유지하고 소생시키는 "생명의 힘"이요 "생명의 원천"이다(시 27:1; 36:9).

여기서 우리는 만유재신론(panentheism)의 타당성을 인정한다. 만유재신론은 모든 것이 신적이라는 범신론을 말하는 것이 아니라, 하나님은 생명의 힘으로서 그가 지으신 "모든 것"(pan) "안에"(en) 계신다는 것을 말한다. 우리는 이것을 먼저 야위스트(=J 문서)의 창조 이야기에서 발견한다. 하나님이 사람을 흙에서 지으시고 그의 코에 "생명의 기운", 곧 그의 숨 혹은 호흡(נְשָׁמָה, neshama, 네샤마)을 불어넣으시니, 흙으로 된 사람의 형상이 살아 움직이게 된다. 그 결과 사람은 "살아있는 영", 곧 "생령"(חַיָּה נֶפֶשׁ, *nephesh baja*, 네페쉬 하야)이라 불린다. 짐승들도 *nephesh baja*로 생각된다. 짐승들도 생명의 영을 그 속에 지니고 있기 때문이다(창 2:19; 1:30; 또한 6:17; 7:22 참조).

구약성서에서 하나님의 숨 혹은 호흡은 하나님의 영과 "동일한 실재"를 나타낸다. 하나님의 영 또는 하나님의 숨(호흡)을 자신의 생명의 힘으로 가지고 있다는 점에서 사람과 짐승은 동일하다(Pannenberg 1991, 218, 214). 하나님의 영 혹은 호흡은 피조물들의 생명 안에, 그들의 생명을 유지하고 생동하게 하는 생명의 힘으로서 임재한다. "주님께서 호흡을 거두어들이시면 그들은 죽어서 본래의 흙으로 돌아간다. 주님께서 주님의 영을 불어넣으시면, 그들이 다시 창조된다"(시 104:29-30). "생명을 주는" 하나님의 영이 사람 속에 머물 때 사람은 생명을 유지한다. 그러나 그 영이 떠날 때 사람의 생명은 사멸하고 만다(창 6:3). 이와 동일한 생각이 욥기에도 나타난다. 사람 속에는 하나님의 영(*ruach*)이 있고 전능자의 호흡이 있다(욥 32:8). "만일 하나님이…생명을 주는 영을 거두어 가시면, 육체를 가진 모든 것은 일시에 죽어 모두 흙으로 돌아가고 만다"(욥 34:14).

지혜문학의 "생태학적 본문들"(욥 26장; 37장 이하; 시 104편)은 자연 안에서 작용하는 하나님의 생명의 힘을 시사한다. 물이 증발하여 구름이 되고, 구름에서 비가 내리고, 내린 비로 만물이 소생하며, 땅 위의 생명들이 먹거리를 얻어 생육하게 되는 자연의 모든 순환활동이 하나님의 생명의 힘을 통해 일어난다. 그의 생명의 힘을 통해 하나님은 황무지를 옥토로 변화시키고, 광야에 길을 내고, 사막에 강을 낸다(시 46:8; 사 32:15; 43:19). 땅 위의 모든 피조물들이 하나님의 돌보심으로 생명을 유지한다(시 104:28). 하나님의 영은 죽은 생명들을 다시 살려 새로운 생명의 세계를 이룰 수 있는 창조적 기운이다(겔 37장). 하나님의 창조적 기운 속에서 피조물들은 "하나님 안에서 살고, 움직이고, 존재한다"(행 17:28). 자연의 모든 활동은 그것을 창조한 하나님의 생명의 기운(힘) 속에서 일어난다. 생명의 힘으로서 하나님은 천지에 충만하다(렘 23:24). 예수는 삼위일체 하나님의 생명의 힘의 인격화이다. 그는 곧 생명이다.

하나님의 생명의 힘은 "지혜와 총명의 영"으로서 작용한다(사 11:2). "사람 안에 있는 영, 곧 전능하신 분의 입김"이 사람에게 "슬기"를 준다(욥 32:8). 하나님은 지혜로 땅의 기초를 놓으셨고, 명철로 하늘을 펼쳐 놓았다(시 104:24; 잠 3:19). 온 세계가 하나님의 지혜를 통해 창조되었다(렘 51:15). 피조물들의 모든 창조적 활동은 하나님의 생명의 힘으로 말미암아 일어난다.

하나님의 생명의 힘은 그의 사랑에 근거한다. 하나님은 사랑이다. 사랑은 곧 생명의 힘이다. 사랑이 있을 때 생명은 생동한다. 마음에 기쁨이 있기 때문에 얼굴 표정도 밝아진다. 눈에 보이는 것에 머물지 않고 보다 정의롭고 인간적인 세계를 지향한다. 사랑이 사라지고 탐욕과 미움이 우리의 마음을 지배할 때 우리는 눈에 보이는 것에 집착한다. 얼굴 표정도 어두워지고 마음의 기쁨이 사라진다. 신체의 작용이 위축되고, 죽음의 세력이 날개를 펴기 시작한다. 그러나 하나님의 사랑의 영이 나타날 때, 죽음의 세력이 물러나고 생명의 세계가 열리기 시작한다. 곧 하나님의 메시아적 현실이 그의 마음속에 자리를 잡는다. 사랑의 하나님, 메시아적 하나님은 생명의 세계를 열어 주며 피조물의 생명을 생동하게 하는 "생명력"이다(김흡영 2004, 199). 그것은 자기의 부정적인 것을 부정하면서 하나님의 약속된 미래를 지향하는 메시아적 생명력이다. 온 우주가 하나님의 생명의 힘, 곧 사랑의 영 안에 있다. 하나님의 사랑의 영을 통해 피조물의 생명은 생동력과 창조성과 새로운 가능성을 얻는다. 하나님은 피조물의 생동성과 새로운 가능성의 원천이다. 그는 피조물의 생동성과 가능성을 억압하지 않고 오히려 그것을 자극하고 장려한다. 피조물의 창조성의 근원이신 하나님은 "미래의 가능성의 근원과 힘"이다(전현식 2003b, 198). 이 하나님의 영으로 말미암아 인간은 거짓 대신에 진리를, 더러운 것 대신에 아름답고 숭고한 것을, 불의 대신에 정의를, 무가치한 것 대신에 가치 있는 것을 찾는다. 눈에 보이는 것을 넘어 영원을 사모한다(전 3:11).

모든 생명의 가장 기본적인 욕구는 자기의 생명을 유지하려는 욕구인 것처럼 보인다. 그래서 모든 생명은 자연의 조건에 끊임없이 새롭게 적응하는 진화의 과정을 갖게 된다. 진화론에 의하면 이 과정은 환경에 대한 적응, 생존투쟁, 자연선택의 과정으로 해석된다. 환경에의 적응과 생존투쟁과 자연선택이 진화의 원리다. 이 원리들을 따름으로써 자기의 생명과 종(種)을 유지하려는 생물학적 욕구를 넘어서는 어떤 다른 동인과 목적이 없다. "약한 자는 도태되고, 강한 자만이 살아남는다"는 냉혹한 법칙이 있을 뿐이다. 자기의 생명과 종을 유지하려는 생물학적 욕구로 말미암아 생명은 생동성을 갖게 된다.

이에 반해 우리는 다음과 같이 말할 수 있다. 하나님은 피조물의 생명의 욕구와 자유로운 생명현상을 허용한다. 하나님이 모든 생명현상에 일일이 개입하여 그것을 결정하지 않는다. 따라서 생명의 세계는 강한 자만이 살아남는 맹목적이고 잔인한 진화의 과정인 것처럼 보인다. 살아남기 위해 환경에 적응하고 동류의 생명을 잡아먹는 일도 일어난다. 그러나 이것이 생명현상의 전부가 아니다. 모든 생명은 하나님의 피조물로서 하나님의 본성에 참여한다. 또한 하나님은 사랑의 영으로서 피조물들 가운데 현존한다. 그러므로 자연의 생물들도 사랑하고 협동하며 상생하려는 본성을 가진다.

거의 모든 생물들이 군집생활을 하며, 때로 전체를 위해 자기를 희생하는 일 등이 이것을 증명한다. 생물들의 이타적 행위는 유전자의 "계산된 이기주의"의 산물이 아니라 그들 안에 숨어 작용하는 하나님의 사랑의 영, 곧 생명의 힘이 작용하기 때문이다. 부모가 자녀를 낳기 원하며 자녀를 위해 자기를 희생하는 것은 단지 자기의 복사본을 최대한 확장시키고자 하는 유전자의 전략적 이기심에서 나온 것이 아니라(R. Dawkins에 반해), 생명을 사랑하는 하나님의 생명의 힘이 부모의 생명 안에서 작용하기 때문이다. 암컷을 차지하기 위한 수컷들의 투쟁은 단지 자신의 성욕을 해결하고 자기의 유전자를 확장시키기 위한 것이 아니라 종(種) 전체의 생명을 강화하기 위한 수단이다. 먹고 먹히는 생물들의 먹이사슬은 모든 생물들의 상생의 수단이다.

따라서 진화의 과정은 강한 자만이 살아남는 무의미하고 목적이 없는, 곧 맹목적인 것이 아니라 하나님의 사랑의 영이 그 속에 살아 움직이는 상생의 세계를 지향한다. 새로운 환경에의 적응, 생존투쟁, 자연선택이 진화를 이끌어가는 원리인 것처럼 보이지만, 그 내면에는 서로 돕고 더불어 살고자 하는 창조적 사랑의 본성이 작용한다. 그러므로 우리는 모든 생명체의 깊은 곳에 자신의 생명은 물론 타(他)의 생명을 사랑하는 사랑의 마음이 숨어있음을 발견할 수 있다. 어린 아기들이 태어나면서부터 친구를 좋아하는 현상이 이것을 증명한다. 집단을 위해 자기를 희생하는 생물들도 있다. 코끼리는 동료 코끼리가 죽었을 때 24시간 그 자리를 떠나지 않고 애도한다. 죽음을 슬퍼하고 생명의 탄생을 기뻐한다. 이 사랑의 마음은 모든 피조물 안에 숨어있는 하나님의 사랑의 영에 기인한다. "생물 생태의 기본 질서는 경쟁과 투쟁이 아니라 상부상조와 공생이다. 약육강식마저도 먹이 사슬에 따른 보이지 않는 질서로서 미묘한 상호 기생 관계가 있다"(김영선 2003, 244).

피조물 안에 있는 하나님의 사랑의 영, 곧 생명의 힘은 창조적인 힘이다. 그것은 없는 데 에서 있도록 하며, "모든 것을 새롭게 만들었고 지금도 모든 것을 새롭게 만(드는)" "근원적 창조성"이다(임걸 2008, 362-363). "태초부터 있었던 것은 창조성(creativity)이요, 창조성이 하나님과 함께 있었고, 그 창조성이야말로 하나님이었으며, 만물이 창조성의 신비를 통하여 이 땅에 존재한다"(Kaufman 2004, 106). 하나님의 창조성으로 말미암아 피조물들은 생육하고 번성하며 새로운 삶의 세계를 지향한다. 하나님은 피조물들의 생육과 번성의 내적 원동력이요 "구체화의 원리"다(principle of concretion: Whitehead 1975, 216). 그는 "피조물의 자유와 자기-창조성을 위한 여지를 적극적으로 열어주는 분이다. 피조물은 하나님으로부터 부여받은 설득적 사랑에 힘입어 끊임없는 창조적 변화, 새로운 가능성의 현실화를 위해 활동할 수 있게 된다"(이승갑 2006, 230).

성서는 하나님을 가리켜 "무질서의 하나님이 아니라 평화의 하나님"이라고 한다(고전 14:33). 하나님은 혼돈과 무질서 대신에 질서와 평화가 있는 곳에 계신다! 신약성서가 편집된 당시의 로마 황제는 이 구절을 매우 좋아했을 것이다. 이 구절은 로마제국의 평화(Pax Romana)에 큰 도움이 되기 때문이다. 물론 이 구절은 타당성을 가진다. 그러나 동일한 질서가 언제나 지배할 때, 창조성이 사라지고, 획일성(uniformity)과 동일한 것의 반복이 지배하고, "새로움" 대신에 "옛것"이 지배하게 된다. 옛것이 계속 자리를 지키면 곰팡이가 쓸게 된다. 새로운 미래를 향한 꿈과 모험과 도약의 정신이 억압되고, 주어진 상황 속에서의 적응과 타협과 편안함만 장려될 뿐이다. 기존의 것을 동요시키는 모든 것은 소위 "위험한 것", "비합리적인 것"으로 배제되고, 기존의 것을 유지하는 "안전한 것", "합리적인 것"만이 인정된다. 이러한 상태 속에서 생명의 창조성과 생동성이 위축되고 생명은 질식하게 된다. "생명의 작용은 오랜 혼돈을 견디어내지 못하고 동시에 너무나 꽉 짜인 질서도 견디어내지 못한다"(이병주 2006, 77).

물론 하나님은 질서와 평화가 있는 곳에 계신다. 이와 동시에 하나님은 혼돈과 갈등이 있는 곳에도 계신다. 합리적인 것이 다스리는 곳에는 물론 소위 비합리적인 것이 있는 곳에도 계신다. 혼돈과 위험이 있는 거기에서 새로운 창조가 일어나는 경우가 많다. "부정적인 것의 부정"으로 말미암은 갈등과 위험이 있을 때, 보다 정의로운 세계가 생성될 수 있다. 그러므로 "위기가 곧 기회이다." 질서와 형식에 얽매인 사람(특히 까만 양복과 흰 와이셔츠에 넥타이를 맨 고위 공직자들)은 사고의 유연성(flexibility)과 창조성을 갖기 어렵다. 하나님은 보다 새롭고 정의로운 현실을 향한 창조적 노력이 있는 그곳에 계신다. 그는 옛것에 머물지 않고, 그의 약속된 세계를 향해 만물을 새롭게 창조하는 새 창조의 하나님이요(계 21:5), "새 예루살렘"을 창조하는 "우주의 예술가"이다(임걸 2008, 363).

하나님의 생명의 힘은 죽음의 세력보다 더 강하다. 죽음의 세력은 하나님의 메시아적 생명의 힘에 대한 한계가 될 수 없다. 성서는 이것을 상징적으로 나타낸다. 하나님의 생명의 기운(힘)이 역사할 때, 수넴 여인의 죽은 아들이 살아나며, 죽은 사람들의 뼈들이 다시 살아나 생명의 세계를 이룬다(왕하 4:35 이하; 겔 37장). 예수는 하나님의 생명의 힘을 통해 죽음에서 영원한 생명으로 부활한다. 죽음의 세력이 강한 것 같지만, 죽은 예수를 다시 살린 하나님의 생명의 힘을 통해 사실상 깨어진 상태에 있으며, "죽음을 삼키고서 승리를 얻었다. 죽음아, 너의 승리가 어디에 있느냐?"(고전 15:54-55)

죽음의 세력이 하나님의 생명의 힘에 대해 한계가 될 수 없기 때문에 죽음도 하나님의 주권 아래 있다. 하나님의 주권은 죽음의 한계를 넘어선다. 그러므로 하나님은 사람의 생명을 죽일 수도 있고 살릴 수도 있다. 스올에 내려가게도 하시고, 거기에서 다시 돌아오게 할 수도 있다(신 32:39; 삼상 2:6). "죽은 자들의 세계는 더 이상 하나님에게서 분리된 독자적 영역으로 이해될 수 없다. 오히려 하나님의 통치영역에 포함될 수밖에 없다"(곽미숙 2004, 122). 그러므로 살아있는 자들은 물론 죽은 자들도 하나님 안에 있다. 죽음의 영역에 있는 자들도 하나님의 손을 벗어날 수 없다. 하나님은 죽음의 영역에 있는 자들과도 함께 계시며 그들을 붙들어 주신다(김균진 2002, 147 이하).

G. 자연과 역사의 주(主), 구원의 반석이신 하나님

구약성서에서 우리는 피조물의 생명의 문제와 더불어 하나님의 정의의 문제가 중심 문제로 다루어지고 있음을 발견할 수 있다. 정의가 있는 곳에 생명이 있고, 불의가 있는 곳에 죽음이 있다. 그러므로 생명의 문제는 정의의 문제와 결합되지 않을 수 없다.

먼저 구약성서는 세계의 불의하고 모순된 현실을 직시하면서 하나님의 정의의 문제를 제기한다. 의롭고 순전한 자가 조롱거리가 되는 반면, 강도의 장막이 형통하고 하나님을 진노케 하는 자가 평안을 누리지 않는가?(욥 12:4, 6) "악한 사람이 받아야 할 벌을 의인이 받는가 하면, 의인이 받아야 할 보상을 악인이 받는" 모순이 일어나기도 한다(전 8:14; 시 73:1-16). 그러므로 예레미야는 다음과 같이 질문한다. "내가 주께 질문하옵니다. 악한 자의 길이 형통하며 패역한 자가 다 안락함은 무슨 연고니이까?"(렘 12:1) "나의 하나님, 어찌하여 나를 버리셨나이까?"라는 예수의 부르짖음은 인간 세계의 모순된 현실에 대한 깊은 고뇌를 나타낸다.

신약성서는 예수의 부활을 통해 죄와 죽음의 세력이 깨어지고 새로운 생명의 세계가 시작되었다고 보도한다. 그러나 예수의 부활 이후로 세계는 별로 나아진 것이 없는 것처럼 보인다. 악한 자가 득세하고, 경제력, 군사력이 세계를 지배하는 것처럼 보인다. 그래서 우리는 베드로후서의 질문을 다시 한 번 제기하게 된다. 그리스도가 다시 오신다는 약속은 어디 갔느냐? 조상들이 잠든 이래로, 만물은 창조 때부터 그러하였듯이, 그냥 그대로가 아니냐?(벧후 3:4 참조) 여기서 신정의 문제가 제기된다. 악이 세계를 다스리는가, 아니면 하나님이 세계를 다스리는가? 죽음의 세력이 땅 위의 모든 생명을 위협하는 오늘의 현실 속에서 "전지전능하시며 생사화복을 주장하시는 하나님"이란 말은 빈 말이 아닌가? 의롭고 전능하신 하나님이 어떻게 이 세계의 악을 허락할 수 있는가? "행악자들, 불의한 권력자들은 더 잘 살기만 하고 그들의 자식들은 더 번창하여 잘 산다"는 것이 "오늘의 현실"이 아닌가?(권진관 1995, 82)

이 질문에 대해 성서는 다음과 같이 대답한다. 모든 일에는 때가 있고, 모든 행위는 하나님의 심판을 받을 때가 있다(전 3:17). 인간이 하는 모든 일에는 언젠가 하나님의 심판이 있다(11:9). 악이 승리하는 것 같지만, 결국 하나님의 정의가 세계의 역사를 다스리신다. 하나님은 결국 그의 의를 세우실 것이다. 악한 자들이 "피둥피둥 살이 쪄서 거만하게 눈을 치켜

뜨고" 다니지만, 그들은 "한낱 꿈처럼 자취도 없이 사라질" 것이다(시 73:7, 20). 악한 자의 이기는 자랑도 잠시요, 사곡한 자의 즐거움도 잠간이다. 악인은 그 높이가 하늘에 닿고 그 머리가 구름에 미칠지라도 자기의 똥처럼 영원히 망할 것이다. 그러나 하나님은 마음이 정결한 사람에게는 선을 베푸시며(73:1), 정직한 사람에게 좋은 것을 내려 주실 것이다(84:11). 악한 자는 멸하시고, 당신을 경외하는 사람은 지켜 주실 것이다(145:19-20). 이리하여 하나님은 그의 의로우심을 증명하실 것이며, 그가 인간의 삶과 역사의 주(主)이심을 나타낼 것이다. 선하고 의로우신 하나님이 세계의 기초를 세우셨고, "정의와 공평이 그의 왕좌의 기초"이기 때문이다(97:2).

성서에 의하면 개인의 운명은 물론 세계의 운명이 결국 하나님의 손 안에 있다. 자연과 역사의 주(主)는 인간이 아니라 하나님이다. 모든 생물의 생명과 사람의 목숨이 하나님의 능력 안에 있으며, "속는 자와 속이는 자도 다 그분의 통치 아래에 있다"(욥 12:16). 인간의 힘이 역사를 결정하는 것 같지만, 역사는 결국 하나님의 손 안에 있다. 아시리아, 바빌론, 이집트 등 세계의 힘있는 나라들은 하나님의 통치를 위한 도구에 불과하다. 이 나라들도 하나님의 정의로운 다스림 속에 있으며 하나님의 심판을 면할 수 없다(참조 사 13장 이하). 하나님은 나라들을 커지게도 하시고 다시 멸하기도 하며, 광대하게도 하시고 흩어지게도 하신다(욥 12:23).

"사필귀정(事必歸正) 한다", "불의한 재물은 오래 가지 못한다", "삼대(三代) 부자 없고 삼대 가난뱅이 없다"는 한국의 격언들은 성서의 진리를 입증한다. 물론 예외의 경우도 많이 있지만, 이 격언들은 삶의 보편적 법칙을 나타낸다. 도스토예프스키의 작품 『죄와 벌』은 죄가 있는 곳에 벌이 따른다는 인간 세계의 보편적 법칙을 심리적으로 깊이 묘사한다. 우리는 이 문제를 이 책의 제2권 "신정론"에서 보다 자세히 고찰할 것이다.

구약성서의 생태학적 본문들은 자연도 하나님에게 속하며 하나님의 주권 아래 있다고 증언한다. "주님은 하늘을 구름으로 덮으시고, 땅에 내릴 비를 준비하시어 산에 풀이 돋게 하시며, 들짐승과 우는 까마귀 새끼에게 먹이를 주신다"(시 147:8-9). 그는 하늘을 가로지르면서, 번개를 땅 이 끝에서 저 끝으로 가로지르게 하시며, 땅에 물을 주시려고 비를 내리신다. 사람을 벌하실 때에도 비를 내리시고, 사람에게 은총을 베푸실 때에도 비를 내리신다(욥 37:3 이하).

궁극적으로 세계사를 다스리는 것은 인간이 아니라 하나님이다. 하나님이 만물을 다스린다(시 72:8). "사람의 마음에 많은 계획이 있어도, 성취되는 것은 오직 주님의 뜻뿐이다"(잠 19:21). 식민지를 수탈하고 아프리카 흑인들을 노예로 판매함으로써 부를 축적한 나라들이 오늘날 세계를 지배하며, 과거의 죄과를 회개하지 않는 일본이 세계 경제대국임을 자랑하지만, 세계사는 결국 하나님과 그의 정의가 살아 있음을 증명할 것이다. 그는 범죄한 나라를 지면에 흩으실 것이다(암 9:8). 만물이 하나님에게서 나온 것처럼, 하나님에게로 돌아갈 것이다(롬 11:36).

하나님이 어떻게 의로써 세계사를 인도하시고 다스리는지, 인간은 눈으로 볼 수 없고 증명할 수 없다. 하나님의 정의는 측량할 수 없다(시 71:15). 사람은 하나님께서 하시는 일의 처음과 끝을 계산할 수 없다(전 3:11). 장차 무슨 일이 일어날지 아무도 모른다(8:7). 하나님의 지혜와 지식은 심오하기 때문에 그 누구도 하나님의 마음과 판단을 측량할 수 없다(롬 11:33). 그러나 하나님이 세계의 기초를 세우셨으므로(시 104:5; 히 1:10 등), 세계의 모든 것은 결국 하나님의 뜻에 따라 마무리 될 것이다. 죽음의 세력이 강한 것 같지만, 결국 하나님의 정의와 생명의 힘이 승리할 것이다. 예수의 부활은 이것을 계시하고 또 약속한다.

성서에 의하면 구원의 길은 역사의 주(主)이신 하나님을 신뢰하는 데 있다. 하나님 대신에 이집트의 군마와 병거와 기마병의 막강한 힘을 신뢰하는 자는 멸망하고 말 것이다(사 31:1). 하나님을 희망하고 신뢰할 때, 그는 우리에게 삶의 참 가치와 기쁨이 무엇인지, 우리가 무엇을 해야 하고 무엇을 하지 말아야 하는지, 우리가 참으로 무엇을 희망해야 할 것인지, 인간의 세계가 어떤 방향으로 나아가야 할지 가르쳐 주실 것이다. 하나님은 "구원의 반석"이다(시 95:1). 세계의 참 희망은 세계에 속한 그 무엇에 있는 것이 아니라, 무(無)에서 세계를 창조하였고 죽은 자를 살릴 수 있는 하나님에게 있다(롬 4:17; 15:13). 하나님이 희망의 근원이다. 그는 "희망의 하나님"이다(롬 15:13).

그러므로 어려운 일이 있을 때, 우리가 먼저 하나님을 찾아야 한다고 성서는 말한다. 삶의 위기들과 두려움이 우리를 사로잡을 때, 외롭고 의지할 때가 없을 때, 자신의 힘으로 해결하기 어려운 문제들과 질병으로 고통을 당할 때, 죽음의 문턱에서 사랑하는 사람들과 이 세계의 모든 것을 떠나야 할 때, 구원의 손길을 그에게서 찾아야 한다. 자비의 하나님은 우리의 부르짖음을 들으시고 응답하시며(시 120:1; 또한 77:1; 86:7), 어려움을 극복할 수 있는 지혜와 힘을 주실 것이다. "이스라엘아, 야웨를 바랄지어다"(130:7). 그를 앙망하는 자는 "새 힘"을 얻을 것이다(사 40:31). 그에게 희망을 두는 자는 복이 있을 것이며 수치를 당하지 않을 것이다(시 146:5; 25:3).

하나님에 대한 신뢰는 세계를 개선하기 위한 인간의 노력이 불필요함을 뜻하지 않는다. 인간의 노력은 반드시 필요하다. 하나님은 인간의 노력을 통해 구원의 역사를 이루신다. 모세와 바울의 삶은 이것을 증명한다. 그러나 인간은 먼저 하나님을 경외하고 그를 신뢰해야 한다. "너희는 너희 하나님 여호와를 신뢰하라. 그리하면 견고히 서리라"(대하 20:20). 참으로 구원을 바라는 자는 모든 악업과 악행을 버리고(사 1:16) 하나님을 청종해야 한다. 살고자 하는 자는 하나님이 명령하는 선을 구해야 한다(암 5:14).

H. "그보다 더 큰 것이 생각될 수 없는" 하나님

하나님의 아들 예수는 하나님을 "하늘에 계신" 분이라 부른다. 즉 "하늘에 계신 우리 아버지"(마 6:9; 5:16, 48), 혹은 "하늘에 계신 나의 아버지"(마 7:21; 18:10)라고 부른다. 여기서 하나님은 "예수의 아버지"로서 예수와 함께 계시는 동시에 "하늘에 계신 분"(마 23:9)으로 생각된다.

"하늘에 계신" 하나님의 표상은 구약성서에서 유래한다. 하나님은 "하늘에 계신 분"(대하 6:21; 마 5:12, 16; 7:21 등), "하늘의 신", "높고 거룩한 곳에 계신 분" 혹은 "높은 보좌에 앉으신 분"이다(대하 36:23; 시 93:4; 사 6:1; 57:15; 렘 25:30 등). 여기서 "하늘", "높고 거룩한 곳", "높은 보좌"는 피조물의 세계에 대한 하나님의 구별성과 초월, 인간이 감히 접근할 수 없는 하나님의 거룩을 나타낸다. 인간은 땅에 있고 하나님은 하늘에 계신다(전 5:2). 양자는 철저히 구별된다. 이 구별은 성서적 신앙의 가장 기본적인 구성요소이다. 그것은 성서에서 다양한 형태로 나타난다.

1) 자기의 이름을 묻는 모세에게 하나님은 "나는 곧 나다"라고 대답한다(출 3:14). 이 구절은 현재형 "나는 곧 나다"로 번역되는데, 보다 더 정확하게 번역한다면, "나는 곧 나일 것이다"란 미래형으로 번역될 수 있다(Kraus 1983, 145). 구약학자들에 의하면 여기서 하나님은 자기의 이름이 무엇인지 가르쳐 주는 것을 피한다(김이곤 1990, 333). "나는 곧 나다"라는 진술을 이름이라 볼 수 없기 때문이다. 여기서 하나님은 자기의 존재를 하나의 비밀로 남겨 둔다. 자기의 이름을 묻는 야곱에게도 하나님은 자기의 이름을 알려 주지 않는다(창 32:22-29). 삼손의 아버지 마노아가 주의 천사에게 "이름만이라도" 알려 달라고 간청하자, 주의 천사는 "어찌하여 그렇게 자기의 이름을 묻느냐"고 나무라면서 자기의 이름은 "비밀"이라 대답한다(삿 13:17).

왜 하나님은 자기의 이름을 알려 주지 않는가? 이름이란 우리 인간이 어떤 사물을 자기 나름대로 파악하고 그것을 정의하는 것을 말한다. 그런데 정의는 다른 사물과의 비교 하에서 이루어지며, 비교되는 사물들 사이에 유사성, 곧 유비(類比, analogia)를 전제한다. 또 정의는 하나의 사물을 제한하는 기능을 내포한다. 우리는 언제나 우리 자신의 관심에 따라 사물을 인식하며, 사물 전체를 보지 못하고 언제나 그 사물의 한 측면 내지 부분만을 보고 그것의 이름을 정하기 때문이다. 성서에 의하면 하나님은 이 세계에 속한 사물들 중에 하나가 아니다. 그는 모든 사물로부터 구별되며, 인간의 인식 능력을 넘어선다. 그는 인간이 이름을 통해 정의하고 지배할 수 있는 존재가 아니다. 따라서 "나는 곧 나다"라는 하나님의 자기진술은, 인간에 의해 완전히 파악될 수 없는 메시아적 하나님의 신비로움과 자유, 피조물에 대한 그의 구별성을 나타낸다.

물론 성서는 하나님에 대해 여러 가지 호칭들을 사용한다. 우리는 이 호칭들을 하나님의 "이름"이라 부르지만, 본래 이 호칭들은 하나님의 존재 자체를 나타내는 하나님의 "이름"이 아니라 인간과의 관계에서 하나님이 어떤 분인가를 나타내는, 곧 하나님의 속성을 나타내는 "호칭"일 따름이다(Schmidt 1984, 610). 몇 가지 예를 든다면, "엘"(*El*), "엘로힘"(*Elohim*)은 하나님의 권능과 두려움을 나타내며, "엘 엘르욘"(*El Elyon*)은 인간이 예배하고 찬미해야 할 하나님의 지존하심을, "엘 올람"(*El Olam*)은 하나님의 영원하심을, "엘 로이"(*El Roi*)는 "나를 지켜보시는 하나님"을 나타내며, "아도나이"(*Adonai*), 곧 "나의 주(主)는 만물의 소유주시며 통치자이신 하나님을 나타내며, "샤다이"(*Shadday*), "엘 샤다이"(*El Shadday*)는 하나님의 존귀하심과 전능을 강조하지만, 본래 하나님께서 그의 백성을 위해 축복과 위로의 근원이심을 나타내며, "여호와"(*Jehovah*) 혹은 "야웨"(*Yahweh*)는 자기를 계시하는 은혜로운 신으로서 그의 불변하심과 신실하심을 나타낸다.

신약성서에서 "테오스"(*Theos*)는 히브리어 "엘", "엘로힘", "엘 엘르욘" 등을 그리스어로 번역한 것이며, "주"(*Kyrios*)란 명칭은 히브리어 "아도나이" 혹은 "야웨"를 그리스어로 번역한 것으로 만물의 창조자, 주관자, 통치자이시며 제왕의 권세를 가진 하나님을 가리킨다. "야웨 엘로힘"은 "주 하나님"(*kyrios ho theos*)으로 번역된다. 신약성서에서 등장하는 새로운 이름은 "아버지"(*pater*)이다(유해무 1997, 151 이하).

이와 같이 성서는 하나님에 대해 여러 가지 호칭을 사용하지만, 구약의 하나님은 "이름이 없다"(Eicher 1988, 42). 그는 인간에게 "비밀"로 남아있다. 그래서 "하나님의 호칭들은 하나님의 본질을 표현할 수 없다. 우리가 하나님에게 부여하는 이름들도 하나님이 아닌 것을 말하는 한에서만 하나님의 호칭이 된다"(Jüngel). 출애굽기 3:15에서 하나님이 모세에게 가리켜 주는 하나님의 이름, 즉 "야웨 너희 조상의 하나님, 곧 아브라함의 하나님, 이삭의 하나님, 야곱의 하나님"(출 3:15)도 사실상 하나님의 이름이 아니라 세계와 인간에 대한 하나님의 관계를 나타낸다. 하나님을 알 수 있는 길은 이름을 통해서가 아니라 그의 역사적 행동 내지 역사를 관찰하는 데 있다.

이러한 신 개념은 『삼일신고』의 제2장에 기록된 한국인의 전통 사상에도 나타난다. "하느님은 위 없는 으뜸 자리에 계셔서, 큰 덕과 큰 지혜와 큰 힘으로 하늘을 만드시고, 수 없는 누리를 주관하시니라. 만물을 창조하시되 티끌만한 것도 빠짐이 없으며, 밝고도 신령하시어 감히 이름지어 헤아릴 수 없느니라"(김경재 2003, 189에서 인용).

2) 창세기 1장에서 하나님은 인간을 "하나님의 형상"으로 창조한다. 그렇다면 인간은 하나님을 "인간의 형상"으로 만들 수 있을 것이다. 그런데 십계명의 둘째 계명은 하나님의 모든 형상을 금지한다(출 20:4). 왜 하나님은 자기에 대한 모든 상을 금지하는가?

만일 우리가 하나님에 대한 상(像)을 만든다면, 우리가 경험한 세계의 어떤 사물들 가운데 가장 이상적이라 생각하는 사물의 모습으로 하나님의 상을 만들 것이다. 그는 자기가 희망하고 기대하는 것을 이 상 안에 투사시킬 것이다. 이러한 하나님은 인간의 표상을 투영한 것에 불과하며, 사실상 하나님이 아니다. 그러므로 사도 바울은, "사람들은…창조주 대신에 피조물을 예배하고 섬긴다"고 말한다(롬 1:25). 포이어바흐는 이 문제를 가장 명확하게 파악한다. "신적 본질은 인간적 본질에 불과하다"(Feuerbach 1976, 32).

인간이 만드는 하나님의 상은 인간이 자기를 관철하는 또 하나의 방법이 된다. 그는 하나님을 믿고 그를 신뢰한다 하지만, 사실은 자기 자신을 추구하고 자기 자신을 관철시킨다. 그는 하나님을 섬긴다고 하지만, 사실은 자기 자신을 섬기며, 이를 통해 자기의 구원과 안전성을 얻고자 한다.

고대 그리스의 소피스트였던 프로디코스(Prodikos)에 의하면, 인간은 그에게 도움이 되는 것을 자기의 신으로 숭배한다. 세계의 모든 종교들은 신에 대해 알지만, "그들은 신과 세계 혹은 신과 자아의 혼합이고, 세계의 신격화 내지 자아의 신격화이며, 흔히 두 가지 다이기도 하다."

성서가 증언하는 사랑의 하나님, 메시아적 하나님은 인간에게 비밀이다. 그는 "모든 거룩한 것의 원천"이요, 인간이 "계산할 수 없는 것"(Unberechenbares)이다(von Rad 1969, 218). 그러므로 인간은 하나님에 대한 어떤 형상도 만들어서는 안 된다. 형상 금지명령은 "하나님과 세계 사이의 구별과, 또한 이로써 하나님의 초월"을 나타낸다(Schmidt 1984, 613).

3) 구약성서에 의하면 인간은 "하나님의 얼굴"을 볼 수 없다(출 33:23). 하나님이 자기를 계시한다 할지라도 그는 인간에게 보일 수 없다. "당신들은 말씀하시는 소리만 들었을 뿐 아무 형상도 보지 못하였습니다"(신 4:12). 그럼에도 불구하고 인간이 하나님을 볼 때 그는 죽게 된다. 곧 하나님을 보는 자는 죽는다. "그러나 내가 너에게 나의 얼굴은 보이지 않겠다. 나를 본 사람은 아무도 살 수 없기 때문이다"(출 33:20). 그래서 예언자 이사야가 성전에서 보좌에 계신 하나님을 보게 되었을 때, 그는 "화로다 나여, 이제 나는 죽게 되었구나!"라고 말한다(사 6:5).

왜 하나님을 보는 자는 죽는가? 신적 존재와 비신적 존재, 창조자와 피조물, 영원하고 거룩한 하나님과 유한하고 속된 죄인 사이에는 넘을 수 없는 경계선이 있다. 이 경계선 앞에서 인간은 하나님의 피조물인 자기의 위치를 지켜야 하며, 하나님 앞에서 겸비해야 한다. 생명의 길은 이 경계선을 지키며 하나님을 청종하는 데 있다. 인간이 이 경계선을 넘어 자기를 신격화·절대화시킬 때 죽음의 세력이 날개를 편다. "너는 사람이요 신이 아니다." 그럼에도 불구하고 "네 마음이 하나님의 마음 같은 체 하였으니", 너는 멸망할 수밖에 없다(겔 28:2 이하). 그러므로 하나님은 모세에게 이렇게 경고한다. "너는 내려가서 백성에게, 나 주(主)를 보려고 경계선을 넘어 들어오다가 많은 사람이 죽는 일이 없도록 하라고, 단단히 일러 두어라"(출 19:21).

4) 야웨 하나님 밖에는 다른 신이 없다는 구약성서의 증언들은 피조물의 세계에 대한 메시아적 하나님의 구별성을 요약한다. "나는 시작이요 끝이다. 나 밖에 다른 신이 없다"(사 44:6; 또한 삼하 7:22; 22:32; 대상 17:20; 18:31; 사 44:8; 45:5, 21). 이 세계에서 가장 이성적이고 정신적이며 영적인 존재는 인간이지만, "인간은 하나님이 아니다." 거꾸로 말해 하나님도 인간이 아니다(욥 9:32). 그의 미래는 우리에게 언제나 "새로움"으로 남아있다.

하나님 밖에는 다른 신이 없다면, 하나님만이 신적 존재이고, 세계의 모든 것은 비신적인 존재다. 신적 존재와 비신적 존재 사이에는 소위 존재의 유비(*analogia entis*)가 있을 수 없다. 양자의 존재는 각자 다른 유에 속하기 때문이다. 하나님은 "모든 사물들이 그에 근거하고 있으나 그 스스로는 어떤 다른 것에도 근거하지 않는" 존재(Kaufman 1999, 48), 곧 "자기 자신으로부터"(*a se*, Aseität) 존재하는 분이다. 그는 "근거가 없는 근거"다.

5) 요한복음에서 예수가 즐겨 사용하는 "나는 곧 나다"(*Ego eimi*, 예를 들어 요 8:12; 14:6)라는 명칭은 출애굽기 3:14의 "나는 곧 나다"라는 하나님의 말씀과 상통한다. "나는 곧 나다"라는 이 간단한 자기표현과 함께 예수 그리스도 안에 계시되는 하나님은 세계의 모든 신적 세력들과 비신적 세력들에 대한 그의 철저한 구별성과 우월성을 드러낸다(Ratzinger 1968, 97). 이 표현을 통해 이스라엘의 하나님은 모든 다른 신들을 대체하며, 존재하지만 지나가버리는 사물들에 대하여 "존재하는 분"으로 자기를 증명한다. 그는 사멸하지 않고 영원히 존재하는 분으로서 지나가버리는 이 세계의 모든 것과 유를 달리하는 분이다. 그는 "캄캄한 데 계시다"(왕상 8:12). 이 생각은 신약성서에 다음과 같이 나타난다. "하나님은 사람이 가까이 갈 수 없는 빛 가운데 계시며, 사람이 일찍이 본 일이 없고 또 볼 수도 없는 분이시다"(딤전 6:16). 이 구절은 인간이 지은 이름이나 개념을 통해 파악될 수 없는, "모든 다른 존재자들로부터 구별되는 그 자신의 존재"를 나타낸다(Joest 1984, 151).

"최고의 존재"(*Summum Esse*)라는 신학적 개념은 세계의 모든 존재자들 가운데 첫째의 존재, 가장 높은 존재를 말하는 것이 아니라 모든 존재자들에 대한 하나님의 "질적 우월성(Überlegenheit)"을 나타낸다. 어떤 피조물도 그 자신으로부터 존재하지 않으며, 하나님에게 자신의 존재 근거를 가진다. 그러나 하나님은 존재하기 위해 어떤 다른 근거를 필요로 하지 않는다. 존재는 그 자신의 본질이다. 달리 말해 그는 "절대적 존재"(esse absolutum)다. 모든 다른 존재자들이 있기 이전에, 그는 "자기 자신으로부터"(a se) 존재한다. 곧 "영원 전부터" 존재한다. "자기 자신으로부터 존재함"(A-seitas, 자존성)이 그의 본성에 속한다(Joest 1984, 152 이하).

안셀무스는 그의 『신학서설』(Proslogion) 제2장에서 하나님을 가리켜 "그보다 더 큰 것이 생각될 수 없는 존재"라 정의한다(aliquid quo nihil maius cogitari possit, Anselmus, Proslogion). 하나님은 "우리가 생각할 수 있는 가장 큰 것"이 아니다. 또 하나님은 "우리가 생각할 수 있는 모든 다른 것보다 더 크다"고 말할 수 없다. "가장 큰 것", "보다 더 큰 것"은 피조물과 비교된 것이기 때문이다. 하나님은 피조물과 비교될 수 없는 것, 따라서 "그보다 더 큰 것이 생각될 수 없는 그 무엇"이다. 그러므로 하나님은 정확히 정의될 수 없다는 것을, 안셀무스는 시사한다. 하나님은 "생각될 수 있는 것보다 더 크기" 때문이다(Quod maior sit quam cogitari possit). 안셀무스의 이 정의는 세계와 인간에 대한 하나님의 관계성과 의미를 드러내지 못하는 약점이 있지만, 그러나 세계의 모든 것을 넘어서는 하나님의 구별성과 초월을 잘 보여준다.

현대신학자들 가운데 하나님의 구별성과 초월을 강조한 가장 대표적 인물은 칼 바르트이다. "하나님은 하늘에 계시고, 너는 땅 위에 있다." 하나님과 인간, 하나님과 세계 사이에는 "무한하게 질적인 차이"가 있다(Barth 1976, XIII). 양자 사이에는 "존재의 유비"가 없다. 단지 "관계의 유비"(analogia relationis), "신앙의 유비"(analogia fidei)가 있을 뿐이다. 피조물의 세계에 대해 하나님은 "전적 타자"(totaliter aliter)이다.

하나님의 전적 구별성과 타자성에 대한 바르트의 통찰은 본래 유대교 신학자였던 마르틴 부버(Martin Buber)를 통해 소개되었다. 주로 18, 19세기 동유럽에서 일어난 유대교 운동 "하시딤"(*Chassidim*)의 이야기들을 수집하면서, 부버는 하나님의 타자성에 대한 통찰을 발견한다. 부버에 의하면 하나님은 숨어계신 분으로서 자기를 계시한다, 하나님은 계시된 비밀이다! 자기를 계시하는 하나님은 인간에게 자기의 숨어계심을 계시한다. 그는 "사랑 가운데 있는 자유의 비밀로서" 자기를 계시한다(W. Kasper 1987, 142). 그는 인간이 인식할 수 있고 설명할 수 있는 피조물들과 유를 달리하기 때문이다. 하나님은 인간이 설명할 수 없는 비밀이기 때문에, 그의 사랑과 자비와 은혜는 그의 자유로운 행위이며 은혜이다.

그러나 "전적 타자"라는 신학적 개념은 문제가 있다. 하나님을 "전적 타자"라고 정의할 때, 하나님은 피조물과 아무 관계없이 "홀로 존재하는 자", "분리되어 있는 자"로 전제된다. 여기서 하나님의 초월은 정적인 것, 이 세계 바깥에 있는 것으로 생각된다. 이를 통해 하나님과 세계는 원칙상 분리된다. 라가츠가 비판하듯이, 바르트는 "하나님의 타자성을 지나치게 강조한 나머지 하나님과 세계를 분리하고 또 하나님을 역사의 저편으로 몰아세운다"(임희국 2006, 202). 성서에서 하나님의 초월은 하늘에 고정되어 있는 것이 아니라 "지속적인 자기 초월의 운동을 하는 신적인 자아의 움직임을 의미한다"(안택윤 2006, 150). 그것은 약속된 미래를 향한 메시아적 활동 속에 있다. 그것은 정적인 것이 아니라 변증법적인 것이다. 물론 바르트도 이 측면을 간과하지 않았다.

I. "우리의 아버지" 되신 하나님
– 초월적 하나님의 관계성

예수는 하나님을 "하늘에" 계신 분으로 생각하는 동시에 우리 곁에 계시며 우리를 돌보시는 "아버지"로 이해한다. 그러므로 그는 하나님을 "우리

아버지"(마 6:9), "너희의 아버지"(5:45), "나의 아버지"(7:21), 혹은 "아바 아버지"(막 14:36)라고 부른다. 아버지로서의 하나님에 대한 예수의 이해는 구약의 전승에서 유래한다. 즉 구약에서도 하나님은 "아버지"로 이해된다(왕하 2:12; 5:13). 심지어 "고아의 아버지"라고도 불린다(시 68:5).

"아버지"라는 호칭은 하나님을 가리키는 하나의 은유에 불과하며, 피조물에 대한 하나님의 관계성과 내재성, 그의 은혜로운 돌보심을 가리킨다. 그런데 이 호칭은 부권(夫權) 중심의 사회에서 하나님을 오도하게 만든 원인이 되기도 하였다. 즉 "아버지"란 호칭은 하나님을 일방적으로 명령하고 복종을 요구하는 권위적인 분으로, 자기 홀로 존재하면서 심판하고 벌하는 율법적 존재로 생각하게 한 것이다.

그러나 예수 안에 계시되는 아버지 하나님은 명령하고 벌을 주는 무서운 아버지가 아니라, 자녀를 위해 자기를 희생하며 모든 무거운 짐을 대신 짊어지는 자비로운 아버지의 모습을 보여준다. 그는 하늘에 계신 거룩한 분인 동시에 우리와 함께 계시며 우리를 돌보시는 자비로운 아버지다. 이로써 하나님의 아버지 되심은 "인간의 아버지 되심이나 관료적 통치"를 정당화시키는 것이 아니라 오히려 이들이 지향해야 할 올바른 아버지의 모습을 제시한다(Joest 1984, 163).

한 걸음 더 나아가 "아버지"라는 하나님의 호칭은 무한한 사랑 안에서 하나님과 피조물이 한 몸을 이루는 운명공동체 내지 유기체적 관계성을 암시한다. 아들은 아버지의 분신(分身)이다. 아버지는 아들 안에서 자기 자신을 발견하고, 아들은 아버지 안에 삶의 터전을 가진다. 아버지와 아들은 사실상 생명의 그물망 안에서 하나로 결합되어 있다. 아들이 아버지에게 의존하는 동시에 아버지가 아들에게 의존한다. 아들의 운명은 아버지 자신의 운명이다. 하나님과 피조물의 이런 관계가 "아버지"의 호칭 속에 숨어 있다. 다음과 같은 성서의 증언에서 우리는 하나님과 피조물의 운명공동체적 관계성을 볼 수 있다.

1) 하나님은 사랑이다. 사랑은 구별됨 가운데 한 몸 됨을 뜻한다. 한 몸

제4부 | 메시아적 사랑의 하나님

됨 안에서 상대방의 경험은 곧 나의 경험이요, 상대방의 기쁨과 슬픔은 곧 나의 기쁨과 슬픔이다. 사랑 안에서 나는 너에게 의존하며, 너는 나에게 의존한다. 너의 삶이 곧 나의 삶을 구성한다. 너의 운명이 곧 나의 운명이다. 너와 나는 공동의 "생명의 그물망" 안에 있다. "우리 아버지"라는 예수의 말씀은 사랑 안에 있는 하나님과 피조물의 유기체적 관계성을 요약한다.

여기서 소위 유일신론의 이원론적 구도에 대한 일부 신학자들의 비판은 타당성을 상실한다. 하늘에 계신 하나님은 우리와 함께 계시고, 세계의 창조자로서 세계의 근거와 토대가 되시며, 우리의 모든 성찰과 판단과 행위의 궁극적 근거 내지 방향 정립이 되신다. 그는 존재와 의미의 근원과 세계의 목적이 되신다. 그는 행복과 불행, 기쁨과 슬픔, 삶의 희열과 고난 속에 있는 모든 피조물의 화해자요 구원자이며 새 창조자로서 활동한다. 그러므로 하나님에 관한 신학적 담론은 인간이 뛰어 넘을 수 없는 "궁극적 한계"에 관한 담론이 아니라 "우리의 삶과 세계 그리고 우리의 가장 깊은 어려움들, 파탄과 승리, 인간의 불행과 영광 등에 관한 담론"이 된다 (Kaufman 1999, 49).

2) 하나님은 자기의 이름을 묻는 모세에게 다음과 같이 대답한다. "너는 이스라엘 자손에게 이르기를 '야웨 너희 조상의 하나님, 곧 아브라함의 하나님, 이삭의 하나님, 야곱의 하나님이 나를 너희에게 보내셨다' 하여라. 이것이 영원한 나의 이름이며, 이것이 바로 너희가 대대로 기억할 나의 이름이다"(출 3:15). 하나님의 이 "영원한 이름"은 "본래 객관화될 수 없으며 지배될 수 없다"(von Rad 1969, 199). 그것은 성서가 증언하는 하나님의 중요한 특징들을 나타낸다. 곧 인간에 의해 정의되거나 제한될 수 없는 하나님은 철저히 피조물과 함께 계신 하나님, 피조물의 운명을 함께 나누는 하나님, 곧 아브라함과 이삭과 야곱의 하나님이다. 그는 "하늘에" 계신 동시에 피조물이 있는 곳에 함께 계시며, 그들이 가는 곳에 함께 동행한다. 그는 그들을 설득하면서 새로운 생명의 세계를 향해 인도한다.

여기서 하나님의 관계적 존재는 피조물을 "위한" 존재로 나타난다. 하나님은 그의 초월적 존재 자체에 있어 "타자를 위한 존재"다(Sein für die anderen, Bonhoeffer). 이것은 "나는 나다", "나는 나일 것이다"라는 하나님의 자기 명칭에 이미 나타난다. 이 명칭과 함께 하나님은 자기의 내적 본질을 말하는 것이 아니라 "이스라엘을 위한 하나님, 이스라엘과 함께 하는 하나님"이라는 그의 "약속"과 "신실함"을 나타낸다(Kraus 1983, 145). 인간에 의해 파악될 수 없는 "비밀"로서의 하나님, 곧 "나는 곧 나다"의 하나님은, "나는 너희가 있는 거기에 있다", "나는 너희를 위해 있다"는 하나님의 자기 낮춤과 비움의 사랑과 관계성을 나타낸다. 그의 즉자적 존재(Gott an sich)는 바로 대자적 존재(Gott für sich), 곧 피조물을 "위한 존재"다(Ratzinger 1968, 95).

3) 하나님의 창조는 하나님의 관계적이고 내재적인 측면을 계시한다. 창조를 통해 하나님은 피조물과의 관계 속에 있게 된다. 피조물은 하나님으로 말미암아 있게 되었고 하나님에게 의존한다. 거꾸로 하나님도 피조물에게 의존한다. 하나님이 세계에 영향을 주는 동시에 하나님도 "세계에 의해 영향을 받는다"(전현식 2003b, 199). 피조물의 삶이 하나님 자신의 삶의 내용이 된다. 하나님과 피조물은 상호작용 속에 있다. 바로 여기에 사랑이 있다.

상호작용의 관계 속에서 하나님은 만물의 토대와 근원이 되시며, 의미와 가치의 근원이 되신다. 인간도 하나님을 통해 있게 되었으므로, 하나님은 인간의 모든 삶과 가치 판단과 행위의 기준이 되신다. 그는 "우리의 아버지", 우리의 경배와 헌신을 받기에 합당한 우리의 "주" 혹은 "왕"이 되시며, 정의와 선함과 자비가 충만한 궁극적 목적지로 우리를 인도하는 우리의 "구원자" 혹은 "선한 목자"가 되신다.

4) 우리는 하나님 존재의 양면성을 시편 기자의 신앙에서 대표적으로 엿볼 수 있다. 하나님은 하늘에 계신다(시 2:4; 53:2; 참조. 전 5:2). 그의 보좌와 영광이 하늘에 있다(시 8:1; 11:4). 그러나 하나님은 인생을 굽어 살피시며, 가난한 사람들의 피난처가 되신다(14:2, 7). 그는 그들의 울부짖음을 들

으시며, 그들의 고통을 함께 느낀다. 그는 자기를 신뢰하는 자의 반석이 되시고 구원자가 되시며, 그들을 지키시고 인도하는 목자가 되신다(78:35; 23:1). 하나님은 하늘에 계신 동시에 그의 피조물과 한 몸 된 관계 속에서 피조물의 모든 것을 "아시고" 그들을 인도하신다. "내가 하늘로 올라가도 주님께서는 거기에 계시고, 스올에다 자리를 펴더라도 주님은 거기에도 계십니다"(시 139:8).

5) 하나님과 피조물의 유기체적 관계성은 예수의 성육신에서 극단적인 형태로 나타난다. 성육신을 통해 하나님은 피조물과 자기를 일치시키며, 그들과 한 몸의 관계에 있음을 계시한다. 성육신(incarnatio)은 하나님이 단지 인간의 육을 "입은" 것이 아니라 인간의 "육이 되었다"는 것을 말한다. "말씀이 육신이 되어"(bo logos sarx egeneto, 요 1:14). 그는 피조물의 삶의 한계를 자기의 것으로 수용한다. 그는 피조물들과 생명의 그물망 안에 있게 된다. 성부·성자·성령이 서로 구별되는 동시에 동일한 운명공동체 안에 있듯이, 하나님도 피조물로부터 구별되는 동시에 피조물과 운명공동체 안에 있다.

앞서 언급한 하나님의 쉐키나는 초월적 하나님의 세계 내재를 설명한다. 하늘에 계신 하나님은 자기를 낮추어 피조물에게 자기를 내어준다. 그는 피조물과 함께 계시며 그들과 동행한다. 그의 백성이 바빌론의 포로가 되어 끌려갈 때, 하나님은 그들과 함께 유형의 길을 떠난다. 그는 그들의 고난을 함께 당한다. 이와 동시에 하나님은 하늘에 계시며 역사를 주관한다.

여기서 우리는 하나님의 초월과 내재의 변증법적 관계를 볼 수 있다. 하나님은 "하늘에 계신" 동시에 생명의 그물망 속에서 우리와 함께 계시며 우리를 돌보시는 "우리의 아버지"다. "하늘"이 피조물의 세계에 대한 하나님의 구별성과 초월을 나타낸다면, "우리 아버지"는 그의 영을 통해 피조물들과 함께 계시며 그들을 돌보시고 삶을 함께 나누는 하나님의 관계성 내지 내재성을 요약한다. 전자가 피조물에 대한 하나님의 높으심과 거룩함을 나타낸다면, 후자는 피조물에 대한 하나님의 사랑과 한 몸 됨의 관계, 양자가 함께 결합되어 있는 생명의 그물망을 시사한다. 전자가 하나님의 신비로움을 나타낸다면, 후자는 우리에게 자기를 내어주는 하나님의 은혜로우심을 나타낸다. "세계를 초월하는 하나님과 세계 안에 내재하는 하나님은 동일한 하나님이다"(Moltmann 1985, 29). 그는 "높은 곳에" 계신 동시에 자기를 "스스로 낮추셔서, 하늘과 땅을 두루 살피신다"(시 113:6). "만물의 근원이신 하나님은 인간의 모든 사유와 언어를 뛰어넘는 분으로서…내재하면서 동시에 만물을 초월하시는 하나님이시다"(안택윤 2006, 152). 그는 "우리를 향한 그의 낮추심과 우리 위에 계신 그의 철저한 높으심 가운데 있다. 이것이 성부(聖父)의 이름이다"(Trillhaas 1972b, 101).

범재신론(panentheism)은 하나님의 "내재성과 초월성을 둘 다 보전하고자" 한다. 그것은 "하나님의 상호 순환적인 사랑에 근거한 하나님과 세계의 친밀하고도 상호적인 성격"을 강조한다(신옥수 2003, 128). "하늘에" 계신 하나님은 "세계 안에" 계시며, 세계 안에 계신 하나님은 세계를 초월한다는 초월과 내재의 변증법을 나타내려는 의도가 그 속에 담겨 있다.

앞서 기술한 "오시는 하나님"의 개념은 하나님의 미래적 초월성과 현재적 내재성이나 관계성의 긴장관계를 적절히 유지한다. 그것은 장차 오실 하나님의 초월성을 나타내는 동시에, 지금 오셔서 피조물과 함께 계시며 그들을 인도하는 하나님의 내재성을 나타낸다. 그의 미래 속에 계신 초월적 하나님은 오심을 통해 세계 안에 계시며, 세계 안에 계신 하나님은 그의 미래 속에서 현재를 초월한다. 그의 초월은 내재적 초월이요, 그의 내재는 초월적 내재이다. 한 마디로 그는 "하늘에 계신 우리 아버지"다.

3

유일신론의 문제에 대한
신학적 토의

A. 유일신론의 전통은 포기되어야 하는가?

앞서 고찰한 바와 같이, 피조물의 세계에 대한 하나님의 구별성은 성서의 하나님 신앙의 본질에 속한다. "나 외에는 아무것도 신이 아니다"라는 구절을 통해 세계의 모든 것은 비신적인 것으로 규정되고, 하나님만이 신이라는 유일신론이 등장한다. 물론 기독교는 유대교와 동일한 의미의 유일신론을 믿지 않는다. 즉 기독교는 아버지 하나님 한 분만을 신이라 믿지 않고, 성부·성자·성령의 삼위일체 신관을 가진다. 그러나 삼위일체 하나님만이 신이요 그 외에는 아무것도 신이 아니라고 믿는 점에서, 기독교는 유대교의 유일신론 전통을 계승한다.

구약성서의 유일신론은 신에 관한 철학적 사색에서 나온 것이 아니라, 출애굽과 바빌론 포로생활로 요약되는 이스라엘 백성의 오랜 고난의 역사의 과정 속에서 정제(精製)된 신앙의 산물이었다. 그러므로 성서의 유일신론은 이스라엘 백성의 고난의 역사에서 분리되어 생각될 수 없다.

출애굽 이전, 곧 통일된 민족으로 형성되기 이전에 이스라엘 백성은 명백한 유일신론을 갖고 있지 않았다. 이스라엘의 부족들과 가족들은 자신의 지역적 신을 섬기고 있었다. 어떤 가정은 자신의 제사장을 가지고 있었다. 그러나 출애굽 과정에서 일어난 하나님과의 계약을 통해, 그리고 가나안 땅을 점령하는 과정 속에서 이스라엘의 12 부족들은 한 민족 "이스라엘"로 통합되며, 모세에게 자기를 계시한 출애굽의 하나님 "야웨"를 그들의 하나님으로 모시게 된다. 출애굽의 기적을 일으킨 야웨는 이스라엘의 유일한 하나님으로서 이스라엘에 대한 통치권을 가지며, 이스라엘 백성은 오직 야웨에게 속한 야웨의 백성으로서 그의 율법에 충성한다는 계약과 함께 이스라엘의 유일신 신앙이 확립된다.

이 유일신 신앙은 다음과 같은 명령과 함께 고백된다. "나는 너희를 이집트 땅, 종살이하던 집에서 이끌어 낸 주 너희의 하나님이다. 너희는 내 앞에서 다른 신들을 섬기지 못한다." 이 명령은 그 다음에 나오는 형상 금지 명령을 통해 유일신 신앙을 한층 더 강화시킨다. "너희는…그 모양을 본떠서 우상을 만들지 못한다"(출 20:2-6; 신 5:6-10).

이스라엘의 유일신 신앙은 주전 6세기 바빌론 포로시대에 결정적으로 정제된다. 이스라엘이 멸망한 것은 참 하나님 야웨를 섬기지 않고 다른 신들을 섬김으로 말미암은 결과라는 통찰과 함께, 출애굽의 하나님 야웨만이 참 신이요, 그 외의 다른 신들은 신이 아니라는 사실을 통찰하게 된다. 신명기 역사서는 이 통찰을 다음과 같이 말한다. "…그것은 주님이 곧 하나님이시고, 그분 밖에는 다른 신이 없음을 알게 하시려는 것입니다"(신 4:35; 또한 4:39). 이로써 다신론은 거짓으로 밝혀지며, 이스라엘이 멸망한 원인은 신이 아닌 것을 신으로 섬겼기 때문인 것으로 드러난다. 따라서 구원의 길은 야웨 하나님만을 참 신으로 섬기는 데 있다는 유일신 신앙이 정제된다(신 4:15-28; 왕하 19:15-19 참조).

포로기 후기의 예언자 제2이사야(Deuterojesaja)는 이스라엘의 유일신 신앙을 더욱 강화시키면서 다른 신들은 신이 아니라고 선언한다. "보아라, 이 모든 우상(=신들)은 쓸모가 없으며, 그것들은 아무것도 할 수 없다. 부어 만든 우상들은 바람일 뿐이요 헛것일 뿐이다"(사 41:29). 이스라엘을 구할 수 있는 것은 헛된 신들이 아니라 야웨 하나님뿐이다. 이로써 이스라엘 백성의 철저한 유일신론이 완성된다.

오늘날 과정신학, 여성신학, 생태신학 내지 생태여성신학을 연구하는 일련의 신학자들은 피조물의 세계에 대한 하나님의 엄격한 구별성과 이에 근거한 유일신론을 신랄하게 비판한다. 이들의 비판을 소개하면 다음과 같다.

a. 하나님의 구별성과 유일신론은 하나님과 세계의 이원론을 초래한다. 즉 하나님과 세계를 구별하는 "하나님-세계 패러다임"은 "하나님을 세계로부터 멀게" 만든다(김애영 2003, 588). 유일한 신적 존재인 하나님과 비신적 존재인 세계가 둘로 나누어진다. 이로써 탈신격화(Entdivinisierung)가 일어나며, 세계는 모든 신성을 상실하고 인간에게 맡겨진 "자연"에 불과한 것으로 규정된다. 이로 인해 세계에 대한 과학적 탐구가 가능하게 된 동시에 세계에 대한 인간의 정복과 파괴와 착취가 일어나게 되었다. 오늘의 생태학적 대재난의 위기는 하나님의 구별성과 유일신론에 의한 필연적 귀결이다. 특히 하나님을 "절대 타자"로 규정한 칼 바르트의 신학이 비판의 대상이 된다.

b. 하나님의 구별성과 유일신론은 피안의 세계와 차안의 세계, 영과 육, 정신과 물질, 남성과 여성의 이원론적 구조를 초래한다. 이원론적 구조는 후자에 대한 전자의 지배와 억압과 착취의 역사를 초래했으며, "신자유주의"와 "전체주의적 지구화(세계화)"를 초래한 원인으로 지적되기도 한다(이정배 2006, 468).

c. 여성신학에 의하면 유일신 하나님은 남성적 존재로 생각된다. 공격적이며 전투적인 남성이 이상적 인간으로 생각되며, 여성과 자연에 대해 공격적이고 전투적인 남성중심주의와 인간 중심주의가 초래된다. 여성과 자연에 대한 무자비한 억압과 파괴와 착취의 역사가 그 필연적 귀결이다.

d. 하나님의 구별성과 유일신론은 타종교의 신들을 참 신이 아닌 것으

로 배타(排他)하며, 구원의 길은 성서가 증언하는 하나님에게만 있다고 주장한다. 이러한 배타성 때문에 기독교와 타 종교의 대화와 협동이 어렵게 되고, 종교 간의 대립과 갈등이 발생한다.

이러한 문제점을 극복하기 위해 일련의 신학자들은 유일신론의 "초월적 패러다임"을 거부하고, 하나님과 세계의 "우주적 상호 연관성" 내지 "하나님-세계 패러다임", "유기체적 생명의 그물망", 혹은 "신우주인간적 비전"을 주장한다(김애영 2003, 588; 김흡영 2004, 185). 심지어 세계를 "하나님의 몸"으로 이해하기도 한다(S. McFague, 이은선·이정배 1993, 228). 캐롤 크리스트에 따르면 기독교는 "신의 초월성, 유일성, 그리고 완전성과 같은 기존의 사고 자체를 근원적으로 부정해야" 한다(장윤재 2005, 294).

우리는 이러한 비판들에 대해 부분적으로 동의할 수 있다. 특히 남성적 하나님 상과 하나님의 속성에 대한 비판은 타당하다(이에 대해 이 책 400~407 참조). 불변자, 무감각하고 무감동적인 자, 고난을 당할 수 없는 절대자, 전쟁의 하나님 등의 형이상학적이며 남성적 하나님 상은 성서가 증언하는 하나님의 모습과 조화되지 않는 측면이 있다. 그런데 하나님의 구별성과 유일신론에 대한 위의 비판들은 다음과 같은 측면들을 간과하고 있다.

a. 성서는 하나님과 세계를 구별하지만, 결코 양자를 이원론적으로 나누지 않는다. 오히려 양자를 철저한 관계성 속에서 파악한다. 피조물의 세계로부터 구별되는 하나님의 존재는 그 자체에 있어 관계적인 존재다. 성육신의 표상은 하나님과 인간의 육 내지 물질적 세계의 끊을 수 없는 유대성을 암시한다.

b. 앞서 언급한 바와 같이, 성서의 하나님은 "남성적 이미지와 여성적 이미지를 동시에 가지고 있다"(이정숙 2055, 350). "해산의 고통을 감당하고 (사 42:14; 신 32:18) 자녀를 보살피는 어머니의 모습(사 63:13; 렘 31:20)", 닭이 병아리를 품듯이 그의 자녀를 품으시는 하나님, 떠나간 탕자를 끝까지 기다리며 그가 돌아왔을 때 아무 조건 없이 그를 품어주는 하나님 등 성서

에는 많은 여성적 측면들이 나타난다. 뿐만 아니라 성서에는 여성해방적 요소들이 내포되어 있다. 하나님의 구원의 역사에 있어 여자들의 적극적 참여와 활동(용감한 여자 사사들, 민족의 생명을 구한 에스더, 예수의 죽음의 현장에 있었고 그의 부활을 증언한 여자 제자들에 대한 보도 등), 남자와 여자가 함께 "하나님의 형상"으로 창조되었으며(창 1:26), 그리스도 안에서 남자와 여자가 하나라는 신약성서의 말씀(갈 3:28) 등은 남자와 여자의 동등한 가치와 존엄성을 시사하며, 남성중심의 고대사회에서 여성의 해방을 시사한다.

c. 하나님의 공격적·전투적인 모습은 출애굽한 이스라엘 백성이 가나안 땅을 점령하고 자신의 땅과 종교를 확보하는 과정에서 나타난다. 그러나 군네벡(A. H. J. Gunneweg)을 위시한 일련의 구약학자들에 의하면, 이스라엘 백성의 가나안 땅 점령 과정에 대한 구약성서의 기록이 이 지역에 대한 고고학의 발굴 결과를 통해 고증되지 않는다. 따라서 여호수아 2-11장의 토지 점령 설화는 일관된 역사적 보고가 아니라 본래 독립해 있던 설화들을 취합하여 제시한 것이라 말할 수 있다. 예를 들어 아이 성(城)은 이미 주전 26세기에 파괴되었고, 그 이후로는 사람들이 거주하지 않았으며, 여리고 성도 비슷한 사정이었음을 발굴물들이 증거한다. 따라서 가나안 땅 점령 과정에 나타나는 하나님의 전투적 모습은 역사적 사실이 아닐 가능성이 크다. 여하튼 이 기간을 제외하고, 구약성서는 모든 연약한 생명들을 보호하려는 자비롭고 공의로운 하나님의 모습을 보여준다. 또 그것은 자신의 종교를 지키기 위한 몸부림이기도 했다. 구약의 율법은 연약한 생명과 자연의 보호를 기본 정신으로 한다.

d. 성서는 죽음 이후의 세계를 부인하지 않지만, 이에 대해 적극적 의미를 부여하지 않는다. 당장 급한 것은 지금 우리가 살고 있는 이 땅 위에서 모든 피조물이 행복하게 살 수 있는 하나님의 "샬롬"을 이루는 데 있다. 이런 뜻에서 성서의 종교는 피안의 종교가 아니라 "차안의 종교"다. 그것은 메시아의 미래를 약속하는 메시아적 종교다. 하나님은 "죽은 자들의 하나님"이 아니라 "살아있는 자들의 하나님"이다(마 22:32).

e. 성서는 인간을 영과 육의 두 가지 독립된 부분으로 나누어질 수 있는 존재로 보지 않고, 영과 육이 하나로 결합되어 있는 전일적 존재로 파악한다. 영과 육의 이원론은 본래 성서로부터 유래하는 것이 아니라 초대 기독교가 수용한 고대 그리스 철학에서 유래한다. "그리스 사상이 이원론적이라면, 히브리 사상은 일원론적"이다(박재순 1990, 523). 따라서 히브리 사상은 물질과 육체와 육체노동을 천시하지 않는다(524).

f. 오늘날 많은 신학자들이 하나님의 구별성과 유일신론으로 말미암은 자연의 탈신격화를 비판한다. 그러나 자연의 탈신격화 자체는 정당하다. 자연은 자연이지, 신적인 것이 아니기 때문이다. 문제는 자연의 탈신격화 자체에 있는 것이 아니라 자연에 대한 하나님 없는 인간의 이기적이며 무분별한 태도에 있다고 하겠다.

g. 자연의 탈신격화를 통해 자연에 대한 자유로운 탐구가 가능하게 되었고, 자연과학이 발전할 수 있었다. 그러나 자연에 대한 인간의 파괴와 착취는 과학적 인식과 기술이 특정 집단의 정치적·경제적 욕구의 시녀가 됨으로 인해 일어난 것이지, 자연의 탈신격화로 말미암아 일어났다고 말할 수 없다. 만일 그것이 하나님의 유일신론으로 말미암은 자연의 탈신격화로 인해 일어났다면, 구약의 유대교 시대부터 일어났어야 할 것이다. 또한 성서가 증언하는 유일신 하나님은 신자유주의와 전체주의적 세계화에 모순된다.

h. 기독교의 유일신론에 대해 비판하면서 이들이 간과하는 한 가지 중요한 점은, 하나님을 "단 한 분"으로 보는 구약성서의 유대교적 유일신론, 하나님을 "일자"(一者) 내지 "제1원인자"로 보는 철학적 유일신론과 기독교의 유일신론적 삼위일체론은 구별된다는 점이다. 초대 기독교는 구약성서의 유일신을 고대 그리스 철학의 만물의 "근원자" 또는 "제1원인자"와 동일시하였다. 이로써 구약성서의 유대교적 유일신론은 철학적 유일신론으로 발전하게 되었다.

물론 기독교는 구약성서의 유일신론의 전통을 따른다. 그리하여 삼위일체 하나님만이 신(神)이요 그 외에는 아무것도 신이 아니라고 믿는다. 그러나 하나님을 결코 "일자"라 보지 않고 삼위일체 하나님이라 믿는다. 따라서 기독교는 유일신론적 삼위일체론 내지 삼위일체론적 유일신론을 견지한다고 말할 수 있다. 유일신론을 비판하는 학자들은 유대교적 유일신론, 그리고 철학적 유일신론과 기독교의 삼위일체론적 유일신론의 미묘한 차이를 고려하지 않고 양자를 동일시한다. 그러므로 그들의 비판은 그리 온당해 보이지 않는다. 그러나 삼위일체 하나님이든 일자로서의 하나님이든, 하나님만이 신이요 그 분 외에 그 무엇도 신이 아니라는 점에서, 구약성서의 종교와 기독교는 공통성이 있다.

i. 우리는, 유일신론을 갖지 않은 종교들, 곧 다신론과 범신론을 따르는 종교들이 지배하는 세계는 모든 인간의 자유와 평등이 실현되고 모든 피조물이 형제자매로 더불어 살아갔던 이상적 세계가 아니라 인간에 의한 인간의 억압과 착취, 남성에 의한 여성의 억압과 착취가 있었던 세계였음을 유의할 필요가 있다.

유대교와 기독교의 유일신론에 대한 많은 학자들의 비판에 반해, 송기득 교수는 유일신론이 한국 재래종교의 공통된 신앙이었다고 주장한다. 필자는 이 주장에 동의한다. "고대 조선사람들은 한 하느님을 모셨다. 고구려에서든, 진한에서든, 마한에서든 나라의 큰 축제 때 드리는 제사는 모두 '하늘'(하느님)에 드리는 것이었다.…겉으로는 여러 신을 섬기는 것 같지만, 우리 겨레의 심성 밑바닥에는 하느님이 자리잡고 있는 것이다. 무속화로 인한 다신신앙도 한 하느님 신앙으로 수렴되고" 만다(송기득 1997, 214). 이와 같이 한국인의 심성 밑바닥에 자리잡고 있는 유일신론은 다음과 같은 진리를 담지한다.

a. 하나님의 유적(類的) 구별성에 근거한 유일신론의 전통은 범신론의 위험을 방지하며, 이를 통해 하나님의 하나님 되심을 확보한다. "신을 내재적 존재로만 한정시켜 이해하면, 기존의 모든 것들이 신의 일부로 긍정될 위험이 있다. 나아가 역사의 오류 역시 모두 신의 일부로 긍정될 위험

이 있다"(장윤재 2005, 297). 하나님의 구별성과 유일성이 확보될 때, 하나님은 "모든 것의 근거와 토대"가 되며, "궁극적 판단 근거"가 되고, "존재와 의미의 근원"으로 인식될 수 있다(Kaufman 1999, 45, 51, 52). 하나님의 구별성과 유일성이 포기될 때, 세계의 모든 것이 신적인 것이 되고 (일부 여성신학자 및 생태신학자들이 바라는 것처럼), 하나님은 사실상 폐기될 것이다.

b. 만일 하나님의 존재와 피조물의 세계가 구별되지 않는다면, 이 세계에는 존재의 유비를 가진 "비슷한 것들"만 있을 것이다. 비슷한 것들 중에 가장 뛰어난 존재가 인간이라면, 인간이 자기 자신과 세계를 구원해야 할 것이다. 그러나 "인간이 스스로를 구원할 수 있으며 창조할 수 있을까? 그가 스스로를 창조하면서 구원받을 수 있을까?"(Berdjajev, 최대광 2003, 211에서 인용). 자연의 대재난을 직면하고 있는 오늘의 세계를 구원할 수 있는 길은 "창조자 하나님, 삼위일체 하나님과 피조물, 세계와 자연의 구별에 있다"(김애영 2006, 129).

성서의 유일신론은 하나님이 구원의 유일한 근원이라는 신앙과 결합되어 있다. "나 밖에 다른 신은 없다. 나는 공의와 구원을 베푸는 하나님이니, 나 밖에 다른 신은 없다"(사 45:21). 인간이 의지하고 신뢰하는 모든 양식과 물과 용사와 군인과 재판관과 예언자와 점쟁이와 장로와 귀인들과 모사들이 구원의 길이 되지 못한다(사 3:1-3; 삼하 22:3; 시 14:6). 사람이 자기의 손으로 만들어 어깨에 메어다가 세우면 서서 있고 거기서 움직이지 못하며, 사람의 손으로 부수어버릴 수 있는 우상도 구원의 길이 아니다. 야웨 하나님만이 구원의 원천이다(삼하 22:3; 시 3:3; 18:2; 사 46:5-9; 45:1-5). 한마디로 하나님의 유일하심은 구원의 원천의 유일함을 내포한다.

c. 하나님의 구별성과 유일신론을 통해 먼저 자연의 비신격화·탈신화화가 일어난다. 이로써 자연에 대한 인간의 예속과 자연에 대한 숭배가 철폐되며, 자연에 대한 인간의 존엄성을 회복할 수 있게 된다. "야웨 유일신은 역사와 시간의 주(主)일 뿐만 아니라 공간적 자연의 주라고 고백되면서", "점성술이나 무당의 사술(邪術), 신접(神接)한 자들의 신탁과 복점(卜占),

자연물 숭배 등"이 철저히 배격된다. 그 대신 "자연과학이 발달할 수 있는 기초 여건"이 제공된다(김경재 2003, 71).

또한 정치권력, 종교권력의 탈신격화가 일어난다. 하나님만이 신이요, 왕이나 교주(敎主)는 신적 존재가 아니라 한 인간에 불과하다. 모든 인간은 "하나님의 형상"으로 창조된 하나님의 동등한 피조물이다. 그러므로 유일신론은 모든 권력의 신격화를 금지하고, 모든 인간의 자유와 평등을 요구하는 사회적·정치적 의미를 가진다. 기독교가 "무로부터의 창조" 교리를 포기할 수 없는 한 가지 이유가 여기에 있다(정재현 1999, 136 이하).

d. 하나님의 구별성과 유일신론은 인간의 예측과 계산을 벗어나는 하나님의 자유와, 그의 생각과 행위의 예측 불가능성을 내포한다. 그는 사람이 아니기 때문에 사람이 예측하는 것과는 전혀 다르게 행동할 수 있다. 그는 하늘보다 높고 음부보다 깊으시니, 우리는 그의 신비로움을 측량할 수 없으며, 전능자의 뜻을 온전히 알 수 없다(욥 11:7-8). 하나님은 인간이 지혜롭다고 생각하는 것을 어리석다 생각할 수 있고, 어리석다고 생각하는 것을 지혜롭다고 생각할 수 있다. "나의 생각은 너희의 생각과 다르며, 너희의 길은 나의 길과 다르다"(사 55:8-9).

그러므로 하나님은 인간이 예측하지 못한 새로운 일을 일으킬 수 있다. 그는 용서받을 수 없는 사람을 용서할 수 있다. 그는 "우리가 측량할 수 없는 큰일을 하시며, 우리가 헤아릴 수 없는 기이한 일을 행하시는 분이시다"(욥 9:10). 그는 세상의 힘있는 자들을 하룻밤에 다 뒤엎을 수 있다(34:25). "그분은 우리가 측량할 수 없는 큰일을 하시며, 우리가 헤아릴 수 없는 기이한 일을 하신다.…낮은 사람은 높이시고, 슬퍼하는 사람에게 구원을 보장해 주시며, 간교한 사람의 계획을 꺾으시어 그 일을 이루지 못하게 하신다"(5:9-15). 그는 세상의 고귀한 곳으로 오시지 않고 베들레헴의 마굿간으로 오시며, 억울한 죽음을 당한 예수를 다시 살리시고 참 생명의 세계를 시작한다.

e. 하나님의 구별성과 유일신론은 세계의 모든 것을 상대화시키고 개

방시키는 기능을 가진다. 따라서 그것은 인간과 세계의 새로움과 개방성의 근거가 된다. 만일 하나님이 고대 그리스 신화에 나오는 신들처럼 인간과 같은 유(類)에 속한 존재라면, 인간 세계에는 새로움이 없을 것이다. 이 세계에 속한 동일한 유의 존재자들, 곧 존재의 유비를 가진 "비슷한 것들"만 있기 때문이다. 이들의 세계에는 시시포스의 신화에 나오는 것처럼, 두 눈을 잃고 발목은 쇠사슬에 묶여 무거운 바위를 높이 쌓아올리고, 무너져 내리는 바위에 치어 피를 흘리고, 다시 그 바위들을 높이 쌓아올리는 영원한 "반복"과 "회귀"만 있을 것이다. 그러므로 고대 그리스 사상은 역사를 동일한 질서의 영원한 반복 내지 회귀(Wiederkehr)로 이해하며, 역사의 궁극적 목적과 의미를 알지 못한다. 거기에는 참 희망이 없다(판도라의 신화 참조).

이러한 인간의 세계에 대해, 성서가 증언하는 하나님은 "하늘에 계신 분"이다. 그러므로 눈에 보이는 세계가 전부가 아니다. 세계의 모든 것과 구별되는 하나님이 세계 앞에 있고, 세계는 하나님 앞에(coram deo) 있다. 세계 안에 있는 모든 것과 구별되는 것, 곧 "다른 것", "새로운 것"이 세계 앞에 있다. 이로써 자기의 것과 다른 현실, 곧 하나님이 가리키는 새로운 미래의 현실이 인간과 세계에 열려 있다. 이 현실 앞에서 인간과 세계의 모든 것은 상대화된다. 그들은 절대성을 주장할 수 없으며 자기 자신 안에 폐쇄될 수 없다. 그들은 하나님의 새로운 현실을 향해 변화되고 변혁되어야 한다. 이리하여 그들은 하나님의 미래를 향한 메시아적 지향성을 갖게 된다. 세계는 동일한 것이 반복되는 폐쇄된 체계가 아니라 하나님의 미래를 향한 개방된 역사이다.

f. 여기서 우리는 변증법적 사고의 뿌리를 발견한다. 성서가 시사하는 유일신론은 세계의 모든 사물에 대한 변증법적 자기부정과 지양의 원천이다. 세계의 모든 것은 영원하신 하나님 앞에서 불완전하며, 불완전하기 때문에 끊임없이 부정되어야 할 것으로 드러난다. 유(類)에 있어 구별되는 하나님은 세계와 인간의 "부정적인 것"을 부정하고 정의와 자비가 있는

새로운 생명의 세계를 지향하는 "부정성"의 원천이다. 바로 여기에 하나님의 메시아성의 근원이 있다. 그는 새로운 세계를 약속하는 메시아적 하나님이다. 그의 본질은 불의한 세계를 개방하고 사랑과 정의가 있는 새로운 삶의 세계를 지향하는 메시아성에 있다. 유일하신 하나님은 사랑이기 때문이다. 하나님의 구별성에 근거한 성서의 유일신관은 "피조물들에게 '정의와 사랑'을 요청하는 '해방시키는 하나님'으로 그 신관의 색깔을 뚜렷하게 드러낸다"(김경재 2003, 72).

g. 유일신론은 하나님에 관한 인간의 모든 지식과 교리와 신학을 상대화시킨다. 이 모든 것들에 대해 하나님은 언제나 "비밀"이기 때문이다. 그는 "세계의 비밀"이다(Jüngel 1977). 그는 "사람보다 크시기" 때문에(욥 33:12), "우리의 지식으로는 그분을 알 수 없고, 그분의 햇수가 얼마인지도 감히 헤아려 알 길이 없다"(36:26). 하나님에 관한 인간의 모든 언어는 "은유적 언어"다(Hodgson 2000, 22). 따라서 하나님에 관한 인간의 어떤 지식과 교리도 절대화 될 수 없다. "그 체계가 어거스틴이든지, 칼빈이든지, 루터이든지, 토마스이든지, 바르트이든지, 해방신학이든지, 민중신학이든지", 자기를 절대시 하는 것은 하나님 앞에서의 교만이며, 자기의 지식과 교리를 통해 하나님을 지배하는 것이다(윤원준 2006, 240). "누구도 하나님을 지배할 수 없다"(Eicher 1988, 44).

김은혜 교수에 의하면, "하나님의 초월성은 인간의 모든 하나님 담론을 상대화한다." "하나님에 대하여 우리는 단지 상징적으로만 이야기할 수 있다." 하나님, 하느님, 천주 등의 단어 자체가 상징이다. "상징들은 인간의 구성이며 신적 실재와 동일시할 수 없(다)." 따라서 상징을 절대화하는 것은 "우상 숭배적"이다. "하나님에 대한 언어를 문자적으로 취하고 그것을 절대화하는 것은 하나님(God)을 우상과 혼합하는 것이다." 그러므로 "하나님을 나타내는 모든 상징은 상대화되어야" 한다(김은혜 2006, 291 이하).

h. 유일신론은 중요한 윤리적 의미를 가진다. 유대인 철학자로서 1973년부터 프랑스 소르본느 대학의 교수로 재직했던 레비나스(Emmanuel

Levinas, 1906-1995)는 그 의미를 다음과 같이 말한다. "유일신론(monotheism)이 의미하는 것은 인류 모두가 형제이고 인류 모두는 서로 연결성을 가지고 있다는 것이며, 여기에는 서로서로에 대한 책임이 수반된다. 유일신론의 의미는 이 세상 아무도 이러한 유대적인 관계에서 벗어날 수 없고 또한 내가 책임지지 않아도 될 사람은 하나도 없다는 것이다. 특히 하나님을 사랑하라는 명령은 이웃을 사랑하는 명령이고 무한 책임을 갖고 있는 무한자의 책임은 우리로 하여금 이웃들에게 가까이 접근할 것을 지시한다.…하나님과의 관계는 인간과 인간사이의 상호작용을 통해서 해석된다. 즉 하나님께 간다는 것은 곧 다른 사람들, 이웃들에게 가까이 가는 것이다"(방연상 2008, 16).

여기서 우리가 유의해야 할 것은 유일신론이 중요한 의미를 갖고 있다 해도 기독교는 유대교와 이슬람교와 동일한 의미의 유일신론을 믿는 것이 아니라 삼위일체 하나님을 믿는다는 점이다. 삼위일체 하나님은 구별 속에서 한 몸을 이루며, 한 몸의 관계 속에서 서로 구별되는 성부·성자·성령의 삼위일체적 존재, 곧 공동체적 존재이지, 유일신론의 일자(一者)가 아니다(아래 "삼위일체론" 참조). 그는 자신의 내적 존재에 있어 "생명의 그물망"(F. Capra) 안에 있는 관계적 존재다.

B. 하나님의 대상적 존재는 폐기되어야 하는가?

유일신론에 의하면 하나님은 피조물들에 대칭하는 대상적 존재로 설정된다. 대상적 존재로서 그는 모든 피조물로부터 구별된다. 과정신학자들을 위시한 일련의 신학자들은 하나님의 대상적 존재에 대해 회의적 태도를 취한다. 하나님을 대상적 존재로 생각할 때, 하나님은 피조물 없이 자기 홀로 존재할 수 있는 분으로 생각될 수 있고, 하나님과 세계의 이원론 내지 "초월적 패러다임"이 성립된다. 하나님과 세계가 관계 속에 있다 할지라도, 이 관계는 하나님에게 외적인 것으로 간주되며, 하나님은 세계에 대해 전적으로 독립적인 존재, 자유로운 존재, 그 자체로부터(*a se*) 존재하는 자로 생각된다. 그 결과 하나님은 세계에서, 세계는 하나님에게서 멀어지며, 양자의 관계가 하나님의 본질에 속하지 않은 이차적인 것으로 생각된다. 이로써 하나님과 세계의 유기체적 관계성 내지 "우주적 상호연관성"이 부인된다(이에 관해 Fox 1983; Cobb & Griffin 2002 참조). 또 하나님을 대상적 존재로 생각할 때, 하나님은 많은 대상적 존재들 가운데 한 대상적 존재로 전락한다는 것이다.

20세기 신학에서 이 문제는 특히 바르트의 "전적 타자" 개념과 관련하여 집중적으로 토의되었다. "전적 타자로서의 하나님에 관한 생각은…하나님이 나의 바깥에 있는 그 무엇임을 뜻할 수 없다." 하나님이 전적 타자라는 것은, "죄인 된 나에게 그가 전적 타자로서 대칭해 있을 때에만 의미를 가질 수 있다"(Bultmann 1972, 30). 우리는 하나님을 세상의 많은 대상들처럼 대상화시킬 수 없다. 만일 하나님이 일단 나와 관계없이 존재하는 전적 타자, 대상적 존재로 전제될 때, 하나님은 인과율 속에 있는 많은 대상들 가운데 하나의 대상이 될 것이며, 더 이상 하나님이 아닐 것이다.

불트만에 의하면 하나님은 철저히 내 자신의 실존과의 관계에서만 의미를 가진다. 내 자신의 실존과 관계없는 하나님의 대상적 존재는 무의미하다. 그러므로 하나님에 관한 이야기는 "오직 우리에 관한 이야기로서만 가능할 수 있다"(33). 불트만의 이러한 생각은 우리가 하나님의 대상적 존재 자체에 대해 이야기할 수 없고, 나에 대한 이야기가 하나님에 관한 이야기와 동일시되는 극단으로 치달을 수 있다. 다시 말해 내 자신의 실존과 관계없는 "하나님에 대해"(über Gott) 우리는 이야기할 수 없다. 오직 나의 실존과 관계된 "하나님에 관해"(von Gott)서만 이야기할 수 있을 뿐이다. 나의 실존과 관계없이 존재하는 하나님, 곧 "es gibt"(= there is)로서의 하나님은 무의미하다.

하나님의 대상적 존재에 대한 부정적 입장은 틸리히에게서 보다 더 극단적 형태로 나타난다. 틸리히의 주장에 의하면, 하나님은 우리가 대상화시킬 수 있는 "그 무엇", 곧 대상(=객체)이 아니다. 그것은 주체성과 객체성의 분열을 초월하는 존재, 모든 존재자들이 존재하는 한, 거기에 참여되어 있을 수밖에 없는 "존재 자체"로 생각되어야 한다(Tillich 1956, 273; Being itself, 있음 자체). 존재자들이 "있다"는 것, 곧 "있음 자체" 혹은 "있음의 근거" (Ground of Being)가 하나님이라는 것이다.

틸리히에 의하면 실존의 소외 상태에 있는 모든 존재자들은 무(無)의 위협을 받고 있기 때문에 그들은 언제나 불안 속에 있다. 그들은 이런 불안 가운데서 무의 위협을 극복할 수 있는 존재에의 힘을 찾으며 질문한다. 하나님은 많은 대상들 중에 한 대상이 아니라 모든 존재자들이 찾고 있는 "존재의 힘"(power of being)이요, 모든 존재자들에게 "절대적으로 문제되는 것"(was uns unbedingt angeht), 곧 "궁극적 관심"(ultimate concern)이다(273). 여기서 우리는 "존재"라는 한국어 번역이 어떤 대상적 존재를 가리키는 것이 아니라 존재자들의 "있음"을 뜻한다는 사실을 유의할 필요가 있다.

오늘날 일련의 신학자들은 하나님의 대상적 초월성을 이원론이라 비판하고, 하나님의 대상적 초월성을 피할 수 있는 길을 "있음 자체", "있음의 근거"라는 틸리히의 개념에서 발견한다. 그러나 모든 사물들의 "있음 자체"가 하나님이란 생각을, 우리는 성서 어디에서도 발견할 수 없다. 사물들의 "있음 자체"가 악의 세력과 고난을 이기고 살아갈 수 있는 힘을 준다고 말할 수 있는가? "있음 자체" 혹은 "있음의 근거"라는 틸리히의 개념은 하나님에 관한 어떤 구체적인 것을 나타내지 못한다. 대관절 "있음 자체", "있음의 근거"가 무엇인가? 모든 사물들의 "원인"이란 뜻도 아니고 "공간적 기초라는 뜻도 아니라면, 그것은 무엇을 뜻하는가? 만일 그것이 종교적 상징과 은유라면, 그것은 구체적으로 무엇을 가리키는 상징과 은유인가? 이러한 문제가 틸리히의 신학에서 명료하게 설명되지 않는다.

불트만의 제자로서 1960년대 독일 마인츠(Mainz) 대학의 신약학 교수였던 브라운(H. Braun)은 불트만과 틸리히보다 한층 더 철저히 하나님의 대상적 존재를 부인한다. "신약성서 신학의 문제성"이란 논문에 의하면, 신약성서는 하나님을 한 대상으로 이해하는 반면 비대상으로 이해하기도 한다. 그러나 궁극적으로 신약성서는 하나님을 "그 자신에 대해 존재하는 자로(der für sich Existierende), 하나의 종(Spezies)으로" 이해하지 않는다. 인간이란 자기 홀로 사는 존재가 아니라 언제나 과거 역사와 이웃과의 관계 속에서, 이들에 의해 움직여지는 존재, 즉 "피동된 존재"(Umgetriebensein)다. 하나님은 인간인 "나의 피동성의 출처"(das Woher meines Umgetriebenseins)이다. 이 출처는 "오직 나의 이웃으로부터 나에게 온다"(Braun 1961, 17 이하).

신약성서에 의하면 인간은 하나님의 은혜로 인해 생존을 허락받은 존재인 동시에 하나님의 계명대로 살아야 할 존재다. 달리 말해 그의 실존은 "허용"(Ich darf)과 "당위"(Ich soll), 하나님의 은혜로 말미암은 "안전성"(Geborgensein)과 "의무성"(Verpflichtetsein)의 긴장 속에 있다(12 이하). "하나님은 이웃으로부터 오는 나의 안전성과 의무성의 출처이다." 그는 "이웃 관계성의 한 특정한 방법"(eine bestimmte Art der Mitmenschlichkeit)이다. 그는 하나의 사건이다. 즉 나에게 하나님의 은혜가 허용되고 내가 변화되는 사건이다. 내가 의무를 지고 있으며 절대적 허용과 당위 속에 개입되어 있는 바로 거기에 하나님이 있다. 달리 말해 "인간으로서의 인간, 그의 이웃 관계성 안에 있는 인간은 하나님을 포괄하고 있다."

베를린 자유대학의 골비처(H. Gollwitzer) 교수는 하나님의 대상적 존재를 반대하는 이 학자들에 반해 하나님의 대상성 내지 초월성을 주장한다. 그의 유명한 저서 『신앙고백 속에 있는 하나님의 실존』(Die Existenz Gottes im Bekenntnis des Glaubens)에 의하면, 성서는 하나님과 인간의 "만남"에 대해 이야기한다. 만남이란 주체와 객체를 전제한다. 객체, 곧 대상이 없을 때 만남은 불가능하다. 따라서 "'만남'에 대해 말하는 사람은 '대상'에 대해 말한다는 것을, 하나님의 대상성에 대해 말한다는 것을 꺼려서는 안 된다. 그는 주체와 객체의 인식을…신학에서 제거하려고 해서는 안 된다"

(Gollwitzer 1968, 37).

물론 우리는 이 세계에 속한 일반 대상에 대해 말하는 것처럼 하나님에 대해 말할 수 없다. 하나님에 대한 인간의 모든 말은 하나님에 대한 신앙고백이어야 하며, 동시에 인간 자신에 대한 고백이어야 한다. 그렇다 하여 하나님을 더 이상 대상적 존재로 생각하지 않고 인간 사이에 일어나는 사건으로 이해하는 것은 잘못이다. 만일 이렇게 생각한다면, 하나님의 존재는 "하나의 휴머니즘으로" 전락하고 말 것이다(73). 성서는 하나님의 대상성을 분명히 전제하고 있다.

그러나 이것은 인간이 하나님을 객관적으로 알 수 있고 그것과 관계할수 있으며 또 지배할 수 있는 대상으로 객체화 또는 대상화시키기 위한것이 아니라, 계시에 있어서 그리고 인간과의 관계에 있어서 "하나님의 자유와 우월하심과 미래성을" 안전하게 지키기 위해서이다(104). 그러므로우리는 하나님을 단순히 우리 인간과의 관계에서만 생각될 수 있는 존재로 이해할 것이 아니라 "그 이전에 자기 자신 속에" 계신 분으로 생각해야한다(105. 이 표현은 Barth 1964, 411 이하, 437, 489 등에서 유래함).

골비처의 비판에 대해, 브라운은 불트만의 80회 생일 기념 논문집과그 이후의 저서에서 자기의 견해를 다시 한 번 변호한다(Braun 1964). 곧우리는 오직 우리 자신의 실존과의 관계에서 하나님의 존재를 경험할 수있다는 것이다. 우리의 실존을 떠나서 하나님의 존재에 대해 이야기할 수없다. 중요한 것은, 내 자신의 실존 이전에, 내 자신의 실존과 관계없이 나의 존재 바깥에 있는 하나님의 존재가 아니라 "오늘 하나님이 어디서 어떻게 발생하느냐"의 문제이다. 하나님은 나의 존재 바깥에 있는 대상적 존재가 아니라 나의 삶 속에서 일어나는 사건으로서 현재적으로 경험될 수있어야 한다.

브라운은 이 세계 바깥에 머물면서 자연법칙을 깨뜨리고 세계 속으로개입하여 들어오는 신화적 하나님 상을 현대인이 이해하기 어렵다고 생각한다. 그러므로 ① 이웃과의 관계에서 무엇을 해야 하고 무엇을 하지 말아야 하는가, 즉 당위(Sollen)를 알지만, ② 그것을 행하지 못하는 나를 용서하고 용납하는 하나님의 허용(Dürfen)을 경험하는 사건 속에서 하나님은 현재적으로 일어나는 사건으로 이해되어야 한다. 이러한 생각을 통해 브라운은 하나님의 존재를 탈신화화하고 현대인에 대한 성서의 타당성을 제시하고자 한다.

과정신학자들, 일련의 여성신학자들과 생태신학자들도 하나님을 대상적 존재로 이해하는 것을 반대하고 하나의 관계성으로 이해하고자 하는 입장을 취한다. 과정신학에 의하면 하나님은 "모든 사물들의 일체화된 경험"(the unified experience of all things)으로 이해되어야 한다(Cobb & Griffin 2002, 263). 맥페이그에 의하면 세계는 "하나님의 몸"(Body of God)으로 이해되어야 한다. 물론 이것은 은유에 불과하다(McFague 1993). 또 어떤 학자들은 주장하기를, 하나님은 중세 신비주의자 에크하르트(Meister Eckhart)와 틸리히가 말하듯이 "존재 자체", "존재의 근거"로 이해되어야 한다. 하나님이 세계와 분리될 수 없는 존재 자체로 이해될 때, 초월적·이원론적 패러다임을 극복할 수 있을 것이며, 인간의 몸과 여성과 자연의 세계에 대한 "생태학적 감수성"이 개발될 수 있을 것이다. 맥페이그는 이를 통해 몸과 여성과 자연에 대한 지배구조와 파괴와 착취를 극복하고 오늘의 생태학적 위기를 극복할 수 있을 것이라 주장한다.

카우프만은 하나님의 "객관성과 대자성(對自性, overagainstness)"을 반대한다(Kaufman 1999, 66). 전통 신학은 하나님을 "저기 바깥에(out there)" 있는, "하나님에 대한 인간의 사유와 존재와는 멀리 떨어져 독립적인 실재성을" 가진 존재로 가정한다(70). "우리와 대자(對者)하여 존재하는 타자는 그의 영광 속에서 구원의 근원 혹은 구원의 수여자가 되신다. 우리는 단지 그의 비천한 수령인(受領人)들에 불과할 따름이다. 이 사고 양식 전체는 하나님의 객관성을 당연한 것으로 간주한다"(71). 하나님은 "우리와 대자(對者)하여 존재하는 실재 혹은 우리와 전혀 구별되는 타자가 아니라", 세계 개념과 더불어 "우리의 경험에 질서와 인격적 의미를 부여해 주는", 그런 의미에서 "우리의 사유와 경험 속에서 특별한 기능들을 수행하는 인간 상상력의 구성 개념"이다(74, 76). 하나님과 세계 개념은 "단지 '저기에(there)' 존재하고 있는 실재들로서가 아니라 오히려 우리의 삶과 활동을 가능하게 해주는 본질적인 구성 개념들로서 이해된다"(77).

그 자체로서 존재하는 하나님의 대상성 내지 대자성을 거부하는 이러한 생각들에 대해 우리는 어떻게 대답해야 할까? 물론 우리 자신의 존재와 관계없는 "es gibt"로서의 하나님은 무의미하다. 성서가 증언하는 하나님은 처음부터 마지막까지 우리 자신과 관계 속에 계신다. 그러므로 우리 자신과 관계없이 "존재하는 하나님은 존재하지 않는다"(einen Gott, den es gibt, gibt es nicht)는 본회퍼의 말은 타당하다.

그러나 본회퍼의 이 말은 그 자체로서 존재하는 하나님의 대상적 존재가 "없다"는 것을 뜻하기보다, 그 자체로서 존재하는 하나님의 대상적 존재는 이미 그 자체에 있어 우리와 관계된 존재란 것을 의미한다. 이 관계를 떠나서 "하나님이 있느냐 아니면 없느냐?"고 단도직업적으로 질문할 때, 우리는 "하나님이 있다"(es gibt)고 대답할 수밖에 없다(Joest 1984, 154).

만일 그 자체로서 존재하는 하나님의 대상적 존재, 곧 "es gibt"로서의 하나님이 없다면, 하나님과 인간의 관계는 사실상 불가능하게 된다. 하나님의 초월적 구원도 불가능하게 된다. 대상적·초월적 하나님이 존재하지 않기 때문이다. 하나님과 인간의 관계를 가능하게 하는 근거로서 하나님의 대상적 존재는 그 자체로서 존재한다고 말할 수밖에 없다. 하나님을 통해 인간의 "이웃 관계성"이 생성되고, 하나님은 이 관계성 안에 계신다. 그러나 이웃 관계성이 곧 하나님이라 말할 수 없다. 하나님은 이웃 관계성을 가능하게 하지만, 이 관계성으로 폐기될 수 없다. 그는 이웃 관계성을 가능하게 하는 대상적·초월적 근거로서 이 관계성에서 구별된다.

구성신학자들이 주장하는 하나님 개념의 구성적 성격과 다양성은 타당하다. 하나님 개념은 우리 인간이 자신의 경험에 기초하여 자신의 언어로 구성한 것이며, 그것은 시대와 장소에 따라 다양할 수 있다. 그러나 이 개념들은 하나님이란 대상적 실재를 전제한다. 인간은 하나님에 대해 다양한 개념들을 구성하지만, 이 개념들 뒤에 숨어있는 하나님의 대상적 실재는 동일하다. 카우프만 자신이 "비유"로 말하듯이, 동일한 땅인데, 원유 퇴적층 분포를 알려 주는 지질학 지도와 관광객이나 자동차 운전자를 위한 도로 지도는 매우 다르다. 그러나 이 지도들은 "그것들을 만든 사람의 상상력에만 의지하여 제작된 허위의 것이 아니라"(Kaufman, 78), 실제 있는 것을 각자의 관심에 따라 구성한 것이다. 그러므로 우리는 하나님의 개념에 있어 인간의 구성적 작업을 인정하지만, 이 구성적 작업이 전제하는 하나님의 대상적 실재를 인정할 수 있다. "물 자체"(Ding an sich)의 나타남과 인식은 다양하지만, "물 자체"가 있음은 부인할 수 없는 사실인 것과 마찬가지다. 그러므로 하나님의 대상성을 부인했던 카우프만도 같은 책에서 하나님의 대상성을 인정한다. "하나님은 세계와 구별되어야 한다"(133).

만일 하나님이 세계로부터 구별되는 대상적 존재가 아니라면, 하나님에 대한 신뢰와 순종과 기도와 예배가 사실상 불가능하게 될 것이다. 하나님이 세계의 근거와 목적이 되며, 우리의 모든 생각과 삶에 대한 방향 정립이 된다는 것도 불가능할 것이다. 모든 피조물들의 "있음 자체", 곧 "존재 자체"에게 혹은 "모든 사물들의 일체화된 경험"에게 기도를 하고 그것을 예배한다는 것은 어처구니없는 일이다. 하나님이 우리 안에, 우리와 관계 속에 계시면서 삶의 참 가치와 세계의 방향을 제시함은 사실이다. 그러나 이 관계는 하나님이 대상적 존재로 전제될 때 가능해진다. 관계는 관계 속에 있는 존재들의 구별성을 전제하기 때문이다. 그러므로 오늘날 일련의 신학자들은 하나님의 구별성과 대상적·초월적 존재를 약화시키는 과정신학, 여성신학, 생태신학, 그리고 영성신학을 비판한다(이에 관해 김애영 2003, 589-594). 하나님의 대상적·초월적 존재가 전제될 때, "인종 차별, 성차별, 제국주의적 압제, 핵무기 학살의 위기, 생태적 파괴라는 재난으로부터 온 인류와 전체 피조 세계를 구원하고 부활의 새 생명을 부여할 수 있는" 길이 열릴 수 있다. 그러므로 이런 문제에 관심을 기울이는 생태신학은 "초월적 하나님에 대한 희망을 결코 포기해서는 안 될 것이다"(김애영 2006, 133).

그러나 하나님을 대상적 존재로 생각한다 하여, 하나님을 세계의 많은 대상들 중에 하나의 대상으로 전락시키는 것은 아니다. 하나님은 분명히 하나의 대상적 존재지만, 아주 특별한 대상적 존재다. 그는 세계의 모든 대상적 존재들의 창조자요 화해자요 구원자이다. 그는 새 하늘과 새 땅을 약속하고, 이 약속을 받은 사람들을 통해 새 창조를 일으키며, 삶의 참 가치와 세계의 목적이 무엇인가를 제시하는 궁극적 실재다. 그는 우리가 그의 말씀을 듣고 회개하고 복종해야 할 인격적 대상이요 우리의 구원자요 위로자다. 현대세계의 위기를 극복할 수 있는 길은 하나님의 대상적 존재를 부인하는 데 있는 것이 아니라, 이 대상적 존재 앞에서 회개하고 그를 경외하며 그의 계명을 따르는 데 있다.

C. 유일신 하나님은 남성인가?
– 하나님의 인격성 문제와 연관하여

성서의 종교는 유일신 하나님을 남성으로 표상한다. 아버지 하나님과 그의 아들 그리고 성령이 모두 남성적 인격으로 생각된다. 오늘날 여성신학은 성서의 종교가 사용하는 하나님의 남성적 표상을 날카롭게 비판한다. 이 견해에 따르면 성서의 남성적 표상은 여성을 억압하고 수탈하는 남성 중심주의, 가부장제의 근거가 된다. 아버지 하나님, 그의 아들 예수, 남성으로서의 성령, 이와 같은 남성적 하나님 상으로 인해, 남성이 땅 위에서 하나님을 대리하는 자로 생각된다. "만일 하나님이 남성이라면, 남성이 곧 하나님이다"(M. Daly). "하나님이 만유의 주(主)이신 것처럼, 남성은 이 세상의 주가 되어야 한다. 하나님이 만유를 자기 발아래 두신 것처럼, 남성은 만유를 자기 발아래 두어야 한다. 하나님이 전능하신 것처럼, 남성은 전능한 자가 되어야 한다." 남성이 "하나님의 형상"이다(곽미숙 2008, 305). 이러한 견해들은 결국 "남성 중심주의, 가부장제"를 강화시킨다. "남성중심적 하나님 담론은 하나님 나라의 가부장적인 이미지를 강화하고 구체적으로 역사와 문화 속에 그것을 현실화하는 상징으로서의 역할을 감당하였다"(김은혜 310).

곽미숙 박사에 의하면 "창세기 2장의 여성 창조에 관한 이야기와 창세기 3장의 실낙원 이야기"는 "남성 중심주의, 가부장제를 강화시키는 기독교의 또 다른 강력한 요소"로 작용한다. "여성은 인류의 역사가 계속되는 한, 남성 아래에서 남성의 지배를 받으며 살아야 할 존재로 설정되며, 여성의 모든 속성들과 기능들은 남성의 그것에 비해 열등하고 죄성을 가진 것으로 선언된다.…여성은 인류를 '유전죄'로서의 원죄'에 묶어버리는 사악한 존재로 인식된다." "신약성서에 나타나는 남성과 여성의 우열과 종속의 관계는 구약성서의 표상의 연장에 불과하다"(곽미숙 2008, 307 이하).

하나님의 남성적 표상으로 인해 하나님의 여성적 속성들은 사라지고, 고대시대의 모든 남성적·부권적(父權的) 속성들이 하나님에게 부여된다. 하나님은 자기 자신으로부터 존재하며, 자기 자신으로 만족하며, 피조물에 대하여 자유로운 절대자, 불변하고 무감각하며 무감동적인 전능자, 율법의 설정자와 심판자, 공격적이고 전투적인 남성적 존재로 간주된다. 이로 인해 가부장제가 정착되며, 여성에 대한 남성의 지배와 억압과 착취, 사회적 차별과 소외가 정당화된다. "서구 기독교의 역사 속에서 신이 아버지, 주님(Lord) 등으로, 즉 남성적(군주적) 가부장적 형태로 고백되어 왔다고 하는 사실은 역사 속에서 서구 기독교인들의 지배적이며 정복적인 삶의 방식을 반영"한다(이은선·이정배 1993, 227).

이러한 문제점을 극복하기 위해 일련의 신학자들은 하나님에 대한 새로운 은유들, 예를 들어 "어머니로서의 하나님"을 대안으로 제시한다(230). 그들의 주장에 의하면, 어머니로서의 하나님은 권위적이며 군주적인 절대 타자로서의 하나님 상을 극복하고, 하나님이 "우주 내의 모든 사물들과의 복잡하면서도 고유한 내적 관계성을 가지고 있다는" 측면을 드러낼 수 있다(231).

하나님의 남성상에 대한 이 학자들의 비판은 타당하다. 하나님은 남자가 아니다. 그럼에도 불구하고 하나님에 대한 남성적 표상으로 인해, 하나님은 남성적 속성을 가진 남자로 생각된다. 힘과 능력, 무감각과 무감정, 타(他)에 의존하지 않는 독자성 내지 독립성, 냉정한 이성, 잘못에 대한 분노와 엄격한 심판 등이 하나님의 속성으로 생각된다. 이 하나님의 상은 이상적 인간상을 구성한다. 즉 이러한 속성을 가진 인간이 이상적 존재로 생각된다. 이 존재는 곧 남성이다. 그러므로 남성은 여성에 대해 하나님의 대변자, 곧 "하나님의 형상"이요, 여자는 남자의 "후광"(=영광)으로 생각된다(고전 11:7). 남자가 세계의 주인과 지배자다. 남자는 이성적 존재요, 여성은 감성적 존재다. 전자는 영적·정신적 존재요, 후자는 육적 존재다. 그래서 남여 화장실을 표시할 때, 여자 화장실은 감성을 상징하는 빨간 색으로, 남자 화장실은 이성을 상징하는 푸른색으로 나타낸다.

남성과 여성의 이러한 이원론적 구도는 영혼과 육체, 정신과 물질, 인간과 자연의 이원론적 구도로 발전하며, 후자에 대한 전자의 정복과 지배, 억압과 착취를 정당화시킨다. 교회에서도 남성이 주도적 위치를 차지한다. 한국 개신교회 교인들의 약 70%가 여성임에도 불구하고, 그들 앞에서 하나님을 "아버지"라고 고집하는 것은 여성에 대한 모욕이라 말할 수 있다. "주기도문에 나오는 아버지를 하나님을 칭하는 불변의 언어로 절대화하려는 혹은 고정하려는 시도는 하나님의 초월성에 대한 도전이며, 하나님을 인간 마음대로 사용할 수 있는 것으로 통제하려는 행위이다. 즉 '나는 스스로 있는 자'라고 하는 하나님에 대한 이해는 모든 지배적인 우상숭배를 거부하려는 노력이다"(김은혜 2006, 294). 여성신학의 이러한 주장은 전적으로 타당하다.

그러나 하나님에 대한 남성적 종교 언어는 유대교와 기독교적인 것으로 서구의 "가부장적 문화권을 초래"한 반면, 동양 문화권은 "우주와의 모성적 경험을 근간으로" 한다는 생각은 문제가 있다(이은선·이정배 1993, 232, 233). 여기서 "사막지역 속에서 생겨난 유대-기독교 종교"는 부성적 종교경험과 종교언어를 가진 반면, 동양문화권은 모성적 종교경험을 가진 것으로 나누어진다. 그러나 동양 사회도 철저한 남성중심의 사회였고 가부장제를 가지고 있었다는 사실은 "동양 문화권은 모성적 종교체험을 가진(다)"는 진술과 모순된다. 여성의 존엄성과 인권에 대한 오늘날 한국 사회의 의식은 소위 동양 문화권의 "모성적 종교체험"에서 온 것이 아니라 한국에 전래된 기독교를 통해 형성되었다고 말할 수 있다.

성서 전체를 통해 나타나는 하나님은 단지 남성적 존재, 곧 "아니무스"(Animus, 남성형)에 불과한 존재가 아니라 "아니마"(Anima), 곧 여성성을 겸비한 존재라 말할 수 있다(Carl Jung의 아니무스-아니마 개념 참조, 이은선·이정배 1993, 176). 암탉이 병아리를 품듯이 피조물을 품으시는 하나님(사 46:4), 산파, 간호하는 분, 좀처럼 화를 내지 않으며, 모든 것을 포용하고 수용하며, 인내하고 용서하며, 후회하기도 하며, 자녀들의 무거운 짐을 함께 짊어지며, 연약한 생명을 보호하며, 함께 고통을 느끼며, 떠나간 아들이 돌아오기를 기다리는 하나님의 모습은 어머니의 모습에 가깝다. 하나님의 루아흐, 쉐키나, 소피아 등의 개념들도 여성형이다. "고난당하는 하나님"도 여성의 모습에 가깝다. 역사의 예수는 하나님의 나라와 희년을 선포하면서 회개를 요구하는 남성적 측면을 가진 동시에 비통해 하며, 동정하며, 위로하며, 탄식하며, 때로 울기도 하는 부드럽고 감성적이며 비폭력적인 여성의 모습을 보여준다. 이런 근거에서 우리는 "성서 속에 탈가부장적 과정이 시작되고 있다"고 말할 수 있다(Hodgson 2000, 264). "성서도 비록 가부장제적인 이데올로기를 가지고 있지만 그러나 그것을 넘어서는 여성해방적인 복음의 메시지…를 가지고 있다"(김희은 1995, 148).

일반적으로 어머니는 자녀를 위해 자기를 희생하는 존재로 생각된다. 어머니의 생명은 자녀를 위해 존재하는 것처럼 보인다. 그것은 자신을 위한 것이라기보다 자녀를 위한 생명, 곧 타자를 위한 생명이라 말할 수 있다. 예수 그리스도와 성서의 전승에서 하나님은 자녀를 위해 자기를 희생하는 어머니와 같은 분으로 나타난다. "불변하며 무감각한 절대자로서의 신", "무책임적이며, 무감동적이며, 완고하고, 성급하고" 율법적인 하나님의 남성상은(Cobb & Griffin 2002, 15, 106) 성서의 하나님 상이 아니다. 이 하나님 상은 고대시대의 가부장적 사회질서와 고대 그리스의 "만유의 근원자", "제1원인자" 개념에서 유래한다. 따라서 우리는 하나님을 "어머니"라 부를 수도 있으며, "아버지 단어에 신경증적으로 반응"할 필요가 없다(김은혜 2006, 310). "하나님 아버지"는 하나님에 관한 은유일 뿐이다.

그러나 "어머니"라는 호칭도 한계가 있다. 성서에 따르면 하나님은 강하고 담대함, 불의에 대한 심판, 의로 다스림 등 남성적 면모도 가진다. 하나님을 "어머니"라 부를 때 하나님의 남성적 면모들이 약화되고, 하나님은 용서하고 포용하고 부드럽기만 한 여성적 존재로 생각될 수 있다. 자비하심, 인자하심 등의 부드러움의 측면은 드러나지만, 정의와 강함의 측면이 약화될 수 있다. 이리하여 역사에 있어 하나님의 신정의 문제가 간과될 수 있다. 또 어머니에 대한 부정적 경험을 가진 사람에게 "어머니"란 하나님의 호칭은 거부감을 일으킬 것이다. 하나님의 초월성은 "어머니"라는 은유도 상대화한다.

어떤 신학자는(예를 들어 Hodgson 2000, 266) 아버지, 어머니라는 인격적·성적(性的) 개념을 사용하지 않고, "하나님"이란 비인격적 중성의 개념을 사용해야 한다고 주장한다. 이 주장에 의하면 하나님은 인간과 동일한 의미의 인격적 존재가 아니다. 하나님이 아버지 혹은 어머니와 같은 인격적 존재로 호칭될 때, 하나님의 존재는 유한하고 제한된 인간적 존재로 한정되며, 이를 통해 하나님은 인간화된다. "인격"이란 본래 인간학적 개념으로, 자신의 특수성 속에서 제한된, 또 다른 존재자로부터 구별되는 개체 인간을 가리킨다. 따라서 하나님을 호칭할 때 아버지, 어머니 등의 인격적 개념을 포기하고, 무한한 사랑, 빛, 생명 등 비인격적 중성의 개념을 사용해야 한다는 것이다. 이것을 전문 용어로 "남녀 포괄 용어"(inclusive language)라고도 하는데, 이 용어는 언어 표현에 있어 성차별을 피하기 위해 사용된다.

"여신(女神)학자"(thea-logian) 캐롤 크리스트(Carol Christ)에 따르면, "성서의 하나님은 결국 남성신이며", 그가 선택한 사람들의 "'적'을 상대로 '성전'(聖戰)을 일으킨 전쟁신일 뿐"이다. 그러므로 "하나님에게 여성적 호칭을 붙여주는 것과 같은 상징적 교정으로는 문제해결이 어렵고, 신의 초월성, 유일성, 그리고 완전성과 같은 기존의 사고 자체를 근원적으로 부정해야" 한다. 그 대신 "여성의 경험에 더 진실하고 지구와 지구의 생명체에게 더 나은 자연 안의 여신(Goddess in nature)을 찾아야 한다"(장윤재 2005, 294). 그러나 류터(Rosemary R. Ruether)가 지적하는 것처럼, 여성 신을 섬기거나 여성 통치자를 가지고 있었던 고대의 사회도 "노예제와 계급적 위계질서를 숭상"했고(295), 여성의 가치와 존엄성을 억압했던 사실은, 고대의 여신종교로 돌아가는 것이 문제의 해결책이 아님을 보여준다.

어떤 신학자는 여성적 이미지가 강하게 부각되는 영지주의에 관심을 갖는다. 그러나 영지주의는 영과 육, 정신과 물질의 이원론으로 말미암아 인간의 감성과 육체와 여성성을 비하시킬 수 있는 위험이 있다. "육적인 것과 물질적인 것을 평가 절하하는 영지주의의 사고는…여성신학에 도움을 주는 신학적 내용을 담지하지 못한다"(정미현 2007, 85).

또 일련의 신학자들은 틸리히가 말하는 "존재 자체"(Being itself)에서 해결책을 발견하려 한다. 그러나 우리는 모든 사물의 "있음" 자체가 하나님이란 표상을 성서 어디에서도 발견할 수 없다. 틸리히가 말하는 "있음 자체"는 인격성을 결여한다. 하지슨은 하나님이 모세에게 가르쳐 준 그의 "이름"(?), "나는 곧 나다"(출 3:14)를 틸리히의 "존재 자체"와 연결시킨다(Hodgson 2000, 242). 그러나 하나님의 이 자기진술은 인간에 의해 정의될 수 없는 하나님의 비밀성과, 피조물을 인도하고 도와주고 힘을 주고 해방하면서 거기에 있는 그의 동적(動的) 존재를 말하는 것이지, 피조물의 "있음" 자체를 뜻하지 않는다(이에 관해 위의 3의 B를 참조).

이상성 박사에 의하면 하나님은 "전지전능한 분이시며 완전한 분"이기 때문에 인격이라는 "인간의 능력 범위 내에 가두는 그런 오류를" 범해서는 안 된다. "인격적 하느님의 개념은 기독교 신학과 신앙에서 삭제되어야 마땅하다." 오히려 하나님은 비인격적인 "존재 자체"로, 혹은 도교가 말하는 "도"(道), 혹은 우주의 "법칙과 원리"로 이해되어야 한다(이상성 2005, 203-209).

이상성 박사의 논리는 매우 타당하게 보이지만, 하나님의 전지전능과 완전하심 그리고 하나님의 인격성은 서로 반대되는 개념이 아니다. 오히려 하나님은 전지전능하고 완전하기 때문에 인격적이라고 말할 수 있다. 하나님의 인격성이 부인될 때, 우리는 "움직임도 변화도 있을 수 없으며, 불완전을 나타내는 어떤 것도 가질 수 없(는)" 그리스 철학의 비인격적인 신관을 수용해야 할 것이다(198). 성서가 때로 하나님을 비인격적 개념으로 나타내는 경우도 있지만 인격성을 결여한 하나님은 실상 우리 인간에게 무의미한 존재가 될 것이다.

물론 하나님은 우리 인간과 동일한 의미의 인격이 아니다. 우리가 사용하는 하나님에 관한 인격적 개념은 은유일 뿐이다. 그러나 우리는 하나님과 가장 적절히 관계하기 위해, 인간적 인격이 아닌 하나님에 대해 인격 개념을 적용할 수밖에 없다. 하나님이 인간적 인격의 범주에 속하지 않는다 하여 하나님에게 비인격적 개념을 적용할 때 하나님과 인간의 인격적 관계가 불가능하게 되고, 하나님은 인간에게 더 이상 의미가 없어지게 된다. 인격성이 없는 "우주의 법칙과 원리"에게, 혹은 사물들의 "있음 자체"에게 기도한다는 것은 불가능하다. 성서에 따르면 하나님은 남성도 아니고 여성도 아니지만, 남성성과 여성성을 함께 가진 인격적 존재다. 인격성을 갖지 않은 하나님은 우리에게 하나님이 아닐 것이다.

여기서 우리는 하나님을 묘사하는 모든 개념들이 하나님의 존재 자체와 일치하지 않는다는 사실을 유의할 필요가 있다. "아버지"라는 호칭은 물론 "어머니"라는 호칭도 마찬가지다. 인간의 모든 호칭들은 인간과 세계에 대한 하나님의 특징과 기능을 나타내는 은유들 혹은 상징언어에 불과하다. 어떤 호칭을 사용하느냐의 문제는 우리 인간의 선택에 달려 있다. 그 시대의 구체적 "삶의 자리"에서, 우리는 성서가 증언하는 하나님을 가장 적절하게 나타내는 호칭을 발견해야 한다. 어떤 호칭도 절대성을 요구할 수 없으며, 다른 호칭을 배제할 권리가 없다. 단지 상황에따라 어느 호칭이 가장 적절한지, 그 적절성을 이야기할 수 있을 뿐이다. 성서도 시대와 삶의 자리에 따라 다양한 호칭들을 사용한다.

셀리 맥페이그(Sallie McFague)가 제안하는 "연인", "친구"의 호칭도 적절성을 가진다. 그러나 맥페이그 자신도 이런 호칭들 내지 모델이 가진 한계를 인정한다. 친구 모델은 공동의 목적을 위해 함께 일할 수 있는 용기와 힘을 주지만, "친구들은 서로…구원할 수 없다"(McFague 2001, 319). 따라서 하나님의 모든 호칭들은 다른 호칭들에 대해 개방적이어야 하며 서로 보완되는 것이 바람직하다.

성서에서 하나님은 인격으로 나타난다. 그런데 우리 인간이 경험하는 인격은 남성성을 갖고 있든지 아니면 여성성을 갖고 있다. 그러므로 우리는 하나님을 남성이든지 아니면 여성으로 표상할 수밖에 없다. 그러나 하나님은 남자도 아니고 여자도 아니다. 그는 "형상이 없는 하나님"이다. 이 하나님을 보다 더 적절히 묘사하고자 한다면, "우리는 하나님에 대한 두 가지 상을 동시에 말해야 할 것이다. 즉 하나님은 아버지와 같은 분인 동시에 어머니와 같은 분이요, 전능하신 분인 동시에 세상의 연약한 피조물들과 함께 고난당하시는 분이요, 의로운 심판자인 동시에 자비로운 구원자이시다"(곽미숙 2008, 321 이하).

4

삼위일체 하나님

우리는 세계의 종교들이 가진 신관들을 유일신론(monotheism), 다신론 (polytheism), 범신론(pantheism)으로 대별할 수 있다. 그런데 기독교는 아버지 하나님(창조자), 그의 아들 예수 그리스도(구원자), 그리고 성령(화해자 혹은 새 창조자), 곧 삼위일체 하나님을 믿는다. 이를 통해 기독교는 세계의 다른 종교들과 구별된다.

성서에는 하나님의 삼위일체에 대한 직접적 증언이 발견되지 않는다. 그러나 하나님에 관한 세 가지 이름, 곧 아버지 하나님, 그의 아들 주 예수 그리스도, 하나님의 영에 관한 기록을 예배 의식의 문맥 속에서 발견할 수 있다. "은사는 여러 가지지만 그것을 주시는 분은 한 성령이요, 섬기는 일은 여러 가지지만 섬김을 받으시는 분은 한 주님이요, 일은 여러 가지지만 모든 사람에게서 모든 일을 하시는 분은 한 하나님이다"(고전 12:4-6). "성령도 하나요, 주님도 한 분이요, 하나님도 한 분이다"(엡 4:4-6). 고린도후서 13:13의 축도 역시 삼위일체의 구조를 보여준다. "주 예수 그리스도의 은혜와 하나님의 사랑과 성령의 사귐이 여러분 모두와 함께 하시기를 빕니다." 초기 기독교의 공동체들은 일찍부터 삼위일체 하나님의 이름으로 세례를 베풀었던 것으로 보인다. "아버지와 아들과 성령의 이름으로 세례를 주고…"(마 28:19). 사도신경도 성부·성자·성령에 대해 고백하는 삼위일체의 구조를 가진다(유해무 1997, 128).

초대교회는 수 세기 동안 삼위일체에 대한 논쟁을 했다. 이 논쟁에서 예수는 본래 인간에 불과했으나 하나님의 아들로 입양되었다는 양자론, 성부·성자·성령을 세 개의 독립된 신적 위격으로 보는 삼신론, 성부·성자·성령을 군신(君臣)의 관계에 있는 것으로 보는 단일군주론, 성자와 성령이 성부 아래 있으며 단지 이차적 의미에서 신적 본질을 가진 것으로 보는 종속론, 성부·성자·성령을 한 하나님의 현상양식 내지 활동양식으로 보는 양태론 등이 거부되었다. 주후 325년 니케아 공의회와 381년 콘스탄티노플 공의회에서 삼위일체론 논쟁이 종결되는데, 동방교회의 입장은 그리스어 "하나의 본질, 세 위격"(*mia ousia, treis hypostaseis*)이란 공식으로 요약되고, 이에 상응하여 서방교회 쪽의 입장은 라틴어로 "하나의 실체, 세 위격"(*una substantia, tres personae*)이란 테르툴리아누스(Tertullianus)의 공식으로 요약된다.

이 모든 개념들은 모두 고대시대의 철학적 개념들인데, "*ousia*"는 모든 개체들에게 공통된 하나의 동일한 본질을 가리키며, "*hypostasis*"는 동일한 본질을 담지한 구체적 개체들을 가리킨다. 라틴어 "*persona*"는 본래 무대 위에서 연극 연기자들이 쓰고 있는 마스크 혹은 탈을 뜻하며, 각 개체의 역할이나 형태를 가리킨다. 그래서 동방교회의 공식은 "세 가지 개체 속에 있는 하나의 본질" 내지 "하나의 종(種)과 거기 속한 세 가지 개체"를 뜻하는 반면, 서방교회의 공식은 "세 가지 형태 내지 역할 속에 있는 하나의 개체"를 뜻하는 것처럼 보인다. 이리하여 동방교회가 하나님의 하나 됨 속에 있는 세 신적 위격들의 차이들을 강조하는 반면, 서방교회는 차이를 가진 세 신적 위격들의 하나 됨을 강조한다(Joest 1984, 319 이하).

신학의 역사에서 삼위일체는 신론의 한 부록처럼 다루어져 왔다. 중세 중기부터 신론은 단 한 분 하나님의 존재에 대해 질문하고, 이 하나님의 본성과 속성을 다룬 다음에 삼위일체론을 다루었다. 17세기 개신교 정통주의 신학의 교의학도 이 전통을 계승하였다. 이리하여 하나님의 "삼위성은 본질과 무관한 부가적 현상으로 간주"되었다(유해무 1997, 152).

삼위일체론에 대한 기독교의 무관심은 하나님을 "단 한 분", 곧 일자(一者)로 보는 구약성서의 유일신론과, 초대 기독교가 수용한 고대 그리스 철학의 "만물의 근원자" 개념에 기인한다. 고대 그리스 철학이 말하는 만물의 근원자, 곧 제1원인자는 구약성서의 "단 한 분 하나님"과 동일시되었고, 단 한 분 하나님과 삼위일체 하나님의 관계가 적절하게 설명되지 못하였기 때문이다. 삼위일체는 단 한 분 하나님의 속성과 같은 것으로, 하나님 신앙에 있어 구성적 위치를 갖지 못한 것으로 생각되었다.

칸트는 이러한 경향을 다음과 같이 말한다. "문자적 의미에서 삼위일체론은…실천적 의미를 가지고 있지 않다. 삼위일체론이 모든 개념을 넘어선다고 생각될 때, 그것은 한층 더 무의미하게 된다"(Kant 1959, 33). 칸트에 의하면 하나님의 신성이 세 가지 위격을 가지고 있든, 아니면 열 가지 위격을 가지고 있든 상관없는 일이다. 왜냐하면 삼위일체론으로부터 우리는 현실의 삶을 위해 아무런 규칙도 끌어낼 수 없기 때문이다. 자유롭고 책임적인 삶을 영위하기 위해 우리는 윤리적 유일신론으로 충분하다.

슐라이어마허에게서도 삼위일체론은 구성적 의미를 갖지 못한다. 그의 견해에 따르면 삼위일체론은 신앙인의 직접적 자기의식이 무엇인가를 진술하지 않는 신학적 사변일 따름이다. "그것은 기독교적 자기의식에 대한 직접적 진술이 아니라 이러한 여러 가지 진술들의 결합"에 불과하다(Schleiermacher 1960, 170). 절대의존 감정의 초월적 근거인 하나님은 단 한 분이다. 기독교 신앙은 단 한 분이신 하나님으로 충분하다. 이리하여 슐라이어마허는 삼위일체론을 그의 교의학 마지막 부분에서 다룬다.

삼위일체론에 대한 이러한 무관심에 반해, 헤겔은 삼위일체론을 그의 세계사 철학의 원리로 삼고 그것을 재활시킨다. 그의 사상의 중심 개념인 "정신"(기독교의 영[靈])은 삼위일체 하나님을 가리킨다. 삼위일체는 "영으로서 하나님의 규정이다"(Hegel 1966, 41 이하). 그러나 아버지가 아들을 낳고 성령을 내쉰다는 기독교의 삼위일체적 표상은 감각적인 "종교적 표상"에 불과하므로 보편성을 가질 수 없다. 그러므로 헤겔은 철학적 개념을 통해 하나님의 삼위일체를 세계사의 보편적 원리로서 설명한다. 그것은 영(=정신)으로서의 하나님이 자기를 타자, 곧 세계와 자연과 인간으로 소외시키고, 그들의 부정적인 것의 부정을 통해 자기 자신으로 돌아오는, 이를 통해 하나님의 나라와 "자유의 역사"를 완성하는 변증법적 운동의 원리를 말한다.

칼 바르트가 『교회 교의학』에서 삼위일체론과 함께 시작하는 것은 개신교 신학의 역사에서 매우 뜻깊은 일이다. 그는 삼위일체론의 "뿌리"를 예수 그리스도 안에서 일어난 하나님의 자기계시에서 발견한다. 곧 하나님은 "파괴될 수 없는 통일성(Einheit) 속에서, 또한 파괴될 수 없는 상이성(Verschiedenheit) 속에서 계시자, 계시 그리고 계시될 수 있음"이다 (Barth 1964, 311). "하나님의 거룩과 자비와 사랑", "창조자 하나님, 화해자 하나님, 구원자 하나님", 하나님의 "은폐"와 "드러냄"과 "자기전달"은 하나님의 삼위일체에 상응한다(381). 삼위일체는 하나님의 세 가지 행위를 뜻할 뿐 아니라 하나님의 세 가지 존재, 곧 "아버지, 아들, 성령의 존재방식(Seinsweise) 안에 있는 한 분 하나님의 세 번의 다른 존재(dreifaches Anderssein)"를 뜻한다(396). 그리스도 안에 계시되는 하나님의 경세적 삼위일체는 내재적 삼위일체로 소급된다. 하나님은 그리스도의 계시가 있기 이전, 영원 전부터 삼위일체 하나님이었기 때문에 삼위일체 하나님으로 계시될 수 있었다(411 이하).

바르트의 삼위일체론은 후대의 개신교 신학자들에게 큰 영향을 준다. 바르트의 뒤를 이어 이들은 하나님의 삼위일체를 그리스도의 계시로부터 인식하고자 한다. 융엘(E. Jüngel)에 의하면, 하나님의 존재는 예수 그리스도 안에서 인간을 향해 자기 자신으로부터 나와 자기 자신으로 돌아가는 하나님의 사랑의 삼위일체적 활동이다. 십자가에 달린 예수 그리스도는

"삼위일체의 흔적"(*vestigium trinitatis*)이다(Jüngel 1977, 409 이하). 밀덴베르거(Fr. Mildenberger)에 의하면, 예수 안에서 하나님은 자기에게 상응할 수 없는 인간을 책임지면서 자기 자신에게 상응하며, 이제 성령으로서 우리에게 공간을 허락하는 분으로서 자기를 증명한다(Joest 1984, 331).

몰트만에 의하면, 삼위일체론은 기독교를 세계의 다른 종교들로부터 구별하는 기독교 신앙의 독특한 내용이다. 삼위일체론의 뿌리는 예수 그리스도의 십자가의 죽음에 계시되는 성부·성자·성령의 공동의 고난과 "의지의 일치"(Willenskonformität)에 있다. 인격적 개별성을 가지면서 한 몸을 이루고 있는 하나님의 삼위일체적 존재는 각자의 개별성이 인정되는 동시에 모든 개체들이 한 몸을 이루는 새로운 공동체를 계시한다.

이 개신교 신학자들은 내재적 삼위일체에 대한 사색을 거부하고 내재적 삼위일체와 경세적 삼위일체를 동일시하는 공통점을 가진다. 가톨릭교회의 칼 라너도 동일한 입장을 취한다. 그의 주장에 의하면 "경세적 삼위일체는 내재적 삼위일체요, 또 그 반대이기도 하다"(Rahner 1967, 328). 이 신학자들과 더불어 영국의 토랜스(T. F. Torrance)를 중심으로 정교회, 가톨릭교회, 개혁교회, 특히 세계 개혁교회 연맹(WARC) 사이에 삼위일체론에 관한 토의가 활발하게 일어난다(유해무 2007, 138 이하).

오늘날 많은 신학자들은, 신론은 삼위일체론과 더불어 완전하게 되지만, 삼위일체론 없는 신론은 불완전하다는 점을(Calov) 인식한다. "삼위 하나님을 먼저 말하지 않고는 신학이 시작될 수" 없다. "신론은 바로 삼위일체론"이다(유해무 1997, 131, 132). 삼위일체 하나님은 하나님의 한 측면을 가리키는 일종의 부록과 같은 것이 아니라 성서가 증언하는 하나님의 본질을 가리킨다. 하나님은 그의 본질에 있어 삼위일체 되신 분이다. 그는 "하늘과 땅을 만든 위엄있는 창조자이고, 방황하는 세상을 섬기는 구원자이며, 새 하늘과 새 땅의 실현에 대한 기대와 새로운 삶의 시작에 힘주시는 변혁적 성령이다"(Migliore 2012, 128). 단 한 분 하나님의 본질과 속성에 대한 모든 신학적 진술들은 "먼저 삼위일체론과의 연결 속에서 논의될 수 있다"(Pannenberg 1988, 306, 326). "성서에서 해방과 구원의 주로서 자신을 계시하는 하나님을 바르게 인식하려면, 신학은 성서의 증언이 지닌 삼위일체적인 원천과 그 빛이 흐려지지 않도록 그 의미를 새롭게 천명해야 한다"(오영석 1999, 42 이하). 신준호 교수는 "십자가에서 계시되는 하나님의 '아픔'의 본성"에 기초한 삼위일체론의 새로운 조명을 시도한다(신준호 2005, 80). 해방신학자 보프(Leonardo Boff)는 "사회적 삼위일체론"을 전개한다(이성분 2000).

A. 삼위일체론의 근거와 동기

일련의 신학자들에 의하면 기독교의 삼위일체론은 성서에 근거한 것이 아니라 고대 그리스 철학에 근거한다. 그것은 고대 그리스 철학에 기초한 교리적 산물로서, 인간의 이성이 이해할 수 없는 역설적인 것을 이야기한다. 자유주의 신학에 의하면 삼위일체론은 성서에 기록된 생동적인 하나님의 선포를 교리화한 것에 불과하다. 이와 비슷한 일이 이미 바울에게서 발견된다. 바울은 "예수의 종교"를 예수가 하나님의 아들이라는 교리적 고백으로 바꾸어버렸다. 예수는 윤리적으로 자기의 뒤를 따르라고 요구했는데, 바울은 예수에 대한 종교적 제의를 만들었다. 저명한 교회사학자인 하르낙은 삼위일체론에 대한 비판을 그의 『교리사』에서 다음과 같이 요약한다. "아들(성자, 필자)이 아니라, 예수가 선포한 것처럼 아버지만이 복음에 속한다"(Harnack 1964, 92). 삼위일체론은 예수 자신과 무관하며, 기독교 신앙에 불필요한 사변적 교리에 불과하다.

　　1) 여기서 우리는 초대 기독교가 어떤 근거에서, 또 어떤 동기에서 삼위일체를 고백하게 되었는가를 새롭게 파악하고자 한다. 이를 위해 우리는 전통 교의학에서처럼 하나님이 그의 외아들을 "낳는다"(요 1:14; 3:16; 참조 눅 3:22), 아버지가 성령을 "내쉰다"(요 15:26)는 성서 구절에서 출발하지

않는다. 외아들을 "낳는다", 성령을 "내쉰다"는 표상들은 외아들을 낳고 성령을 내쉬기 이전부터 존재하는 단 하나의 신적 존재, 곧 성자와 성령의 "근원"으로서의 아버지 하나님을 출발점으로 생각하며, 하나님을 일자(一者)로 생각하는 유대교적·철학적 유일신론의 틀을 벗어나지 못하기 때문이다.

위의 방법을 가리켜 우리는 위로부터 시작하여 아래로 내려오는(from above to below) 방법이라 말할 수 있다. 즉 자신의 내재적 존재 안에 계신 영원한 하나님 아버지를 전제하고, 그 아버지 하나님의 "출생"과 "숨의 내쉼"을 통해 성자와 성령이 있게 되었다고 말한다. 그리고 하나님의 내재적 삼위일체 안에 계시던 성자가 땅으로 내려와 "육이 되었다"고 말한다.

위로부터 아래로 내려오는 이러한 전통적 방법에 반해, 우리는 여기서 아래로부터 시작하여 위로 이르는(from below to above) 방법을 택하고자 한다. 즉 역사적 예수의 삶에서 출발하여 삼위일체론의 근거와 동기를 해명하려고 한다(동일한 방법에 관해 Sobrino 1984, 338). 여기서는 예수의 역사적 삶이 삼위일체론의 출발점 내지 근거가 된다. 삼위일체론은 하나님의 나라에 대한 선포와의 연관 속에 있는 하나님 "아버지에 대한 예수의 관계로부터 출발해야 한다"(Pannenberg 1988, 331). 여기서 우리는 삼위일체의 교리가 초대교회의 철학적 사변에 기초한 교리화의 산물이 아니라 역사적 예수의 삶에 근거한 초대교회의 신앙고백이었음을 발견한다.

a. 예수의 생존 당시 유대교 사회에서 하나님은 "아버지"라 불리었다. 그러나 공관복음서 도처에서 예수는 하나님을 "나의 아버지" 혹은 "아바 아버지"(막 14:36)라 부른다. 이것은 의심의 여지가 없는 역사적 사실로 보인다. "아바"는 본래 예수 자신이 사용한 아람어로, 아버지에 대한 자녀의 전적 신뢰를 나타낸다. 여기서 예수와 하나님은 무한히 깊은 사랑의 영, 곧 성령 안에서 아버지와 아들의 관계에 있는 것으로 나타난다. 성령에 충만한 예수는 "나의 아버지" 되신 하나님에게 자기의 생명을 완전히 맡기고 하나님이 원하는 일을 행하며, 하나님이 원하는 것을 선포한다. 제자들

은 이 예수 안에서 아버지 하나님을 본다(요 14:9-11). 그가 행하는 것은 곧 아버지 하나님이 행하는 것이요, 그의 말씀은 곧 아버지 하나님의 말씀이다. 제자들은 예수의 부활 속에서 죽음을 이기는 사랑의 영, 곧 성령의 역사를 경험한다. 이 삼위일체적 경험은 베드로의 입을 통해 다음과 같이 요약된다. "주는 그리스도(=메시아)시요 살아계신 하나님의 아들입니다"(마 16:16).

그러므로 삼위일체론의 근거 혹은 뿌리는 단지 신약성서에 기록되어 있는 하나님의 "세 가지 이름"에 있는 것이 아니라(Joest에 반하여), 성령에 충만하여 하나님의 나라를 선포하는 역사적 예수와 그의 아버지 하나님의 관계에 있다. "예수의 역사"가 삼위일체의 근거요 뿌리인 것이다 (Moltmann 1980, 81-90). "삼위일체 교의는 예수와 관계할 때 발생된다"(오영석 1999, 46). 그것은 "십자가의 사건 자체이며, 그것을 증거하는 성서와 교회적 선포이다"(신준호 2005, 68).

아우구스티누스에 의하면 피조물의 세계 속에 "삼위일체의 흔적들" (*vestigia trinitatis*)이 발견된다. 사랑하는 자와 사랑을 받는 자와 그들 사이의 사랑, 태양과 빛과 열 등에서 삼위일체의 흔적들이 나타난다. 현대 신학에서 삼위일체의 흔적은 피조물 속에 있는 "삼위일체의 아날로기아" (*analogia Trinitatis*)로 해석되기도 한다. 인간의 영(=정신)이 가진 세 가지 측면, 곧 "느낌, 사유, 의지"(Fühlen, Denken, Wollen)에 하나님의 삼위일체가 나타난다. 인간 안에 있는 "몸, 혼, 영", 자연 안에 있는 "식물, 동물, 인간"에게서는 보다 희미한 형태의 흔적이 나타난다(T. Haecker). "인간의 현실", "역사의 현실", "자연의 현실"은 하나님의 삼위일체의 흔적이다(W. Philipp). 이 흔적은 인간에게서는 "영과 혼과 몸"의 형태로, 역사에서는 "*Kairos, Chronos, Epoche*" 혹은 "현재, 미래, 과거"의 형태로, 자연에서는 "자발적 인과성, 목적적 인과성, 작용적 인과성"의 형태로 나타나며, 철학에서는 "Ich, Du, Es"의 형태와, "관념주의, 비판주의, 교조주의"의 형태로 나타난다.

이와 같이 하나님의 삼위일체는 피조된 세계의 현실들에 나타나기 때문에, 우리는 이 현실들로부터 출발하여 하나님의 삼위일체를 인식할 수 있다고 생각할 수 있을 것이다. 그러나 삼위일체의 참 흔적은 예수 그리스도의 삶의 역사에 있다. 십자가에 달린 예수가 우리가 근거로 삼아야 할 "삼위일체의 흔적"이다(Jüngel 1977, 470-505). "삼위성의 한 가운데는 십자가가 서 있다"(Moltmann 1980, 99). 피조물의 세계 속에 나타나는 삼위일체의 흔적들은 오직 예수 그리스도 안에 계시되는 삼위일체의 빛 속에서만 그 의미를 가질 수 있다.

b. 구약성서도 하나님을 삼위일체 되신 분으로 인식하는가? 역사적-비평적 성서 연구에 의하면, 구약성서는 삼위일체론에 대해 전혀 알지 못한다. 구약에서 우리는 하나님의 삼위일체에 대한 어떤 진술도 발견할 수 없다. 창세기 1:26의 "우리"란 개념은 성부·성자·성령 삼위일체 하나님이 아니라, 하나님과 하나님을 섬기는 천사들, 스랍들과 같은 하늘의 존재를 가리킨다. 구약성서는 하나님을 철저히 "유일하신 분", 곧 일자로 이해한다. 그분 외에는 세상의 그 무엇도 신이 아니기 때문이다(사 44:6; 호 8:6 등). 이로 인해 구약성서만을 정경으로 가진 유대교와 삼위일체 하나님을 고백하는 기독교는 구별된다.

그러나 구약성서에서 우리는 삼위일체 하나님을 고백할 수 있는 간접적 근거들을 발견할 수 있다. 먼저 구약성서가 끊임없이 증언하는 하나님의 자기구별에서 그것을 발견할 수 있다. 하나님은 하늘에 계신 동시에 그의 영을 통해 피조물들 가운데 계신다. 그는 하늘의 보좌에 앉아 계신 동시에 시내광야에서 그의 백성과 함께 유리하며 그들을 인도한다(출 13:21). 그는 하늘 보좌에 앉아 계신 동시에 성전에 계신다(시 11:4). 여기서 영을 통한 하나님의 자기구별이 하나님 안에 일어난다. 우리는 하나님 안에 있는 하나님의 자기구별을 창세기 1:26의 "우리" 개념으로 소급할 수 있다.

하나님 안에서 일어나는 하나님의 자기구별은 지혜문학에도 나타난다. 지혜는 창조 이전부터 하나님과 함께 있었다. 하나님은 지혜를 가지고 세계를 창조하였다(시 104:24; 136:5). 그러므로 지혜는 창조의 중재자로서 만물의 기초가 되었다(잠 3:19; 렘 51:15). 구약성서는 이 지혜를 단지 하나님의 속성으로 이해하지 않고 인격적 존재로 이해한다. 그리하여 인격적 존재가 할 수 있는 일을 지혜가 행하는 것으로 나타낸다. "지혜가 길거리에서 부르며,…성문 어귀와 성 안에서 말을 전한다"(잠 1:20-21; 2:10-12; 3:22 참조). 신약성서는 이 지혜를 예수 그리스도와 동일시한다. 십자가에 달려 억울한 죽음을 당한 예수 그리스도는 "하나님의 지혜"이다. 이 지혜는 사람이 보기에 약하고 어리석은 것으로 보이지만, 사람의 강함보다 더 강하고, 사람의 지혜보다 더 지혜롭다(고전 1:24-25). 여기서 우리는 삼위일체론의 근거가 이미 구약성서 안에 주어져 있음을 발견할 수 있다.

또 구약성서에서 하나님은 말씀으로 만물을 창조하며 말씀을 통해 활동한다. 하나님의 입에서 나간 말씀이 세우기도 하고 멸망시키기도 하며, 심기도 하고 뽑기도 한다(렘 5:14; 호 6:5 참조). 하나님의 입에서 나간 말씀이 하나님의 뜻하는 바를 이룬 후에 다시 하나님에게 돌아올 것이다(사 55:11). 사람의 입에 담긴 하나님의 말씀이 그 자손의 입에서 떠나지 않을 것이다(사 59:21). 주의 말씀이 그의 진실하심을 증명해 준다(시 105:19). 하나님은 그의 말씀 속에 계신다. 여기서 하나님의 말씀은 하나님과 결합되는 동시에 하나님에게서 구별되며, 하나님의 뜻을 수행한다. 요한복음 1장은 이 말씀이 인간의 육이 된 "외아들이신 하나님"이었다고 증언한다.

종합적으로 말해서 구약성서는 하나님의 삼위일체를 직접 고백하지 않지만, 하나님의 삼위일체적 존재를 암시한다. 예수의 제자들은 구약성서를 경전으로 가지고 있었던 유대인들이었다. 그들은 구약성서가 암시하는 하나님의 삼위일체적 존재가 예수 그리스도 안에서 인격화 되는 것을 경험했던 것으로 보인다. 이들의 경험이 325년 니케아 신앙고백에서 교리로 정립되었다고 말할 수 있다.

우리는 유대교 신비주의 카발라 신학의 쉐키나 사상에서도 삼위일체론의 뿌리를 발견할 수 있다(이에 관해 Moltmann 1980, 42 이하 참조). 유대교 신학자 헤셸(A. Heschel)에 의하면, 하늘에 계신 전능자 하나님은 자기를 낮추신다. 창조, 족장들의 선택, 이스라엘 백성과의 계약, 출애굽, 바빌론 유형은 하나님의 자기 낮추심의 형태들이다. 그는 하늘에 계신 동시에 고아와 과부들 사이에 거하신다. 그는 광야에서 이스라엘 백성을 불 기둥과 구름 기둥으로 인도하며, 허물과 죄를 가진 그의 백성을 종(從)처럼 이끌고 가신다. 하나님은 그의 쉐키나를 통해 이스라엘 안에 현존하며, 이 백성의 고통을 함께 당하며, 유형을 당하며, 순교자들의 죽음의 고통을 함께 당한다(43).

쉐키나를 하나님의 속성으로만 보지 않고 "인격 안에 있는 하나님"으로 볼 때, 우리는 "하나님 자신 안에 있는 깊은 자기구별"을 인정할 수 있다(43). 유대교 신학자 로젠츠바이크(Fr. Rosenzweig)는 하나님 안에서의 자기구별을 다음과 같이 말한다. "쉐키나, 사람들에게로 하나님의 자기 낮추심과 그들 사이에 거하심은 하나님 자신 안에서 일어나는 구별로 표상된다. 하나님 자신이 자기를 자기 자신에게서 구별하며, 자기를 자기 백성에게 내어주며, 그 백성의 고난을 함께 당하며, 낯설고 비참한 곳으로 함께 가며, 그의 백성과 함께 유리한다. 하나님 자신이 자기를…구원을 필요로 하는 존재로 만든다"(44). 여기서 하나님은 영 가운데서 자기를 구별하는 삼위일체적 존재로 이해된다.

c. 궁극적으로 하나님의 삼위일체는 하나님의 사랑에 근거한다. 하나님은 그의 본질에 있어 사랑이다. 사랑은 사랑의 영 가운데서 내가 내 안에 있는 동시에 너 안에 있으며, 삶을 함께 나누는 과정을 말한다. 그것은 자기구별과 새로운 자기발견의 끊임없는 활동성이다. 그러므로 사랑이신 하나님은 삼위일체적 구조를 가진다. 참으로 사랑하는 자는 자기 안에, 곧 즉자(即者: an sich)에 머물지 않는다. 무한한 사랑의 영 안에서 그는 자기 바깥으로 나가 너 안에 타재한다(對者: für sich). 그는 자신의 타재 속에서 자기 자신을 발견하며, 발견된 자기 자신을 다시 타재시킨다. (타재[他在]란, Hegel 철학에서 어떤 것에 대립하여 그것을 부정하고 변화·발전하여 이루어진 존재를 가

리킴, 필주). 즉자와 대자와 즉대자(an und für sich Sein)의 삼위일체적 구조가 여기서 발생한다(Hegel).

그럼 초대교회는 유대교적·철학적 유일신론의 끈질긴 유혹과 오랜 논쟁에도 불구하고 어떤 동기에서, 무엇을 말하기 위해 하나님의 삼위일체를 고백했을까? 무엇 때문에 기독교는 지금도 삼위일체 하나님에 대한 신앙을 견지하고 있는가? 하나님의 삼위일체를 통해 말하고자 하는 신앙의 진리는 무엇인가?

a. 초대교회가 기나긴 논쟁 끝에 삼위일체를 고백한 일차적 동기는 십자가에 달려 죽은 "하나님의 아들"로서 예수의 신적 존재를 고백하는 동시에, 그의 삶과 죽음과 부활 속에서 경험된 하나님의 구원을 드러내려는 것이었다. 복음서에 따르면 수많은 사람들이 예수의 뒤를 따라 다니면서 그의 말씀을 듣고 음식을 함께 나누었다. 소위 "예수의 하나님 나라 운동"이 일어난 것이다. 종교와 정치가 결합되어 있던 당시 유대교 사회의 민중들은 외세와 결탁한 부패하고 타락한 종교, 정치 지도자들과 그들의 종교에 더 이상 희망을 가질 수 없었던 것으로 보인다. 그 당시 팔레스틴의 인구수를 감안할 때, 엄청난 수의 빈민들이 예수의 뒤를 따라다닌 것으로 보인다(오병이어 곧 떡 다섯 개와 생선 두 마리 사건 참조). 그러나 예수의 하나님 나라 운동은 예수의 십자가의 죽음과 함께 실패로 돌아간 것처럼 보였다. 민중들의 희망이 사라져버린 것이다. 그래서 예수의 제자들은 실망에 빠져 옛날의 생업으로 돌아갔다.

그러나 여인들이 증언하는 예수의 부활을 통해, 그들은 바로 이 예수가 하나님의 아들이요, 이스라엘 백성과 모든 피조물이 기다리는 하나님의 구원자, 곧 메시아임을 깨닫는다. 그래서 그들은 십자가에 달려 죽은 예수가 "그리스도", 곧 메시아시요 "하나님의 아들"이라 고백한다(막 15:39; 마 16:16). 예수의 삶과 죽음과 부활 속에서 그들은 하나님의 결정적 구원을 경험한다. 그의 죽음과 부활은 하나님 자신의 사건이요 구원의 사건이다. 초대교회는 삼위일체론을 통해 바로 이것을 말하고자 한다. 예수는 단지 한 인간이 아니라 하나님의 아들과 신적 메시아로서 우리의 구원자다! "삼위일체론이 중요한 까닭은…세상을 구원하신 예수 그리스도의 사건을 드러내고자 하였던 신앙고백적 이해이기 때문"이다(황돈형 2004, 109).

여기서 우리는 삼위일체론이 구원론적 관심과 결합되어 있음을 발견할 수 있다. 예수는 단지 한 인간이 아니라 하나님의 아들이었다. 그러므로 그의 삶과 죽음과 부활은 하나님의 구원의 사건이다! 만일 예수가 하나님의 아들이 아니라면, 그의 삶과 죽음은 한 예언자나 순교자의 삶과 죽음에 불과할 것이며 하나님의 구원의 사건이 될 수 없을 것이다. 인간이 인간을 구원한다는 것은 불가능하기 때문이다. 만일 기독교가 삼위일체론을 포기할 경우, 구약이 증언하는 하나님 아버지 한 분(一者)만이 신적 존재이고, 예수는 신적 존재가 아닐 것이다. 그의 죽음은 유대교가 지금도 주장하는 것처럼, 한 예언자나 순교자의 죽음에 불과하며 구원의 의미를 갖지 못할 것이다.

b. 여기서 중요한 문제가 제기된다. 하나님의 아들 예수의 삶은 죽음으로 끝나버렸다. 그가 죽음을 당할 때, 그의 아버지 하나님은 어디에 계셨을까? 예수가 죽음의 고통을 당하고 있을 때 그의 아버지 하나님은 그를 떠나 있었을까? 아니면 아버지 하나님은 죽음의 고통을 당하는 그의 아들 예수와 함께 계셨을까? 만일 그렇다면 아버지 하나님도 예수와 함께 죽음을 당했을까? 그리고 예수가 삼일 동안 무덤에 갇혀 있는 동안, 아버지 하나님도 삼일 동안 부재(不在)하였던가?

이 문제에 대해 하나님의 삼위일체는 다음과 같이 대답한다. 하나님은 그의 아들 예수와 한 몸을 이루고 계셨고, 그의 죽음의 고통을 함께 당하였다. 아들의 죽음의 고통은 바로 아버지 하나님과 성령의 고통이기도 하였다. 그러나 아버지 하나님은 아들 예수와 함께 죽어버린 것이 아니다. 그는 성령을 통해 그의 아들과 한 몸을 이루는 동시에 아들로부터 구별되기 때문이다. 여기서 삼위일체는 성령과 아버지 하나님과 아들 예수의 한 몸 됨을 말하는 동시에 그들 사이의 구별을 말한다. 곧 구별 속에서의 깊은 일치(unity in distinguishment)와 깊은 일치 속에서의 **구별**(distinguishment in unity)을 나타낸다. 서로 간에 일어나는 상호 침투와 깊은 사랑의 교통 속에서 모든 것을 함께 나누는 새로운 형태의 삶, 곧 신적인 삶을 나타낸다. 한 마디로 하나님의 삼위일체는 하나님의 깊은 사랑을 나타낸다. 그것은 하나님의 사랑을 종교적·감각적 형태로 나타낸다(Hegel). 삼위일체의 비밀은 하나님의 깊은 사랑에 있다. 그의 사랑은 삼위일체적 구조를 가진다. 그러므로 아우구스티누스는 이렇게 말한다. "네가 사랑을 볼 때, 너는 삼위일체를 본다. 삼위는 사랑하는 자, 사랑 받는 자, 그리고 사랑이기 때문이다"(Moltmann 1980, 73에서 인용).

삼위일체 하나님은 "홀로 계신 단자(單子)가 아니라 자유롭고 자신을 소통하는 사랑이다. 하나님은 타자를 이기는 극한 권력 의지가 아니라 지고한 연합 의지며, 권능과 생명을 공유한다. 그러므로 궁극적인 권능의 하나님이 나눠주고 받아들이며 공유하는 사랑임을, 남에게 생명을 주고 교제 속에 살고 싶어하는 분"이다. "삼위일체 하나님의 통치는 강제적인 지배라기보다 주권적인 사랑의 통치이다.…삼위일체 하나님의 권능은 강제적이 아닌 창조적·희생적 사랑이며, 영감을 불러일으키는 사랑이다. 삼위일체 하나님의 영광은 남을 지배함에 있지 않고, 타인과 함께 삶을 공유하는 데 있다. 이런 의미에서 삼위일체 하나님을 고백하는 것은 '하나님은 사랑이시라'(요일 4:8)는 신약의 선언에 일치하는 적합하고 유일한 이해라 할 수 있다"(Migliore 2012, 136-137).

c. 복음서에 의하면 예수 안에 나타나는 하나님의 삼위일체는 세례자 요한에 의한 예수의 세례로 소급된다. 세례를 받을 때, 예수는 하나님의 "사랑하는 아들"로서 이 세상에 오셨고 하나님의 파송을 받는다. "예수께서 세례를 받으시고, 곧 물에서 올라오셨다. 그 때에 하늘이 열렸다. 그는 하나님의 영이 비둘기 같이 내려와 자기 위에 오는 것을 보셨다. 그리고 하늘에서 소리가 나기를, '이는 내가 사랑하는 아들이다' 하였다"(마 3:16).

또한 하나님의 삼위일체는 성령을 통한 예수의 잉태로 소급된다. 그것은 단지 예수의 세례와 함께 시작한 것이 아니라 성령을 통해 동정녀 마리아가 예수를 잉태하면서 시작한 것으로 증언된다. 한 걸음 더 나아가 하나님의 삼위일체는 세계가 창조되기 이전부터 있었던 하나님의 내재적 존재로 소급된다. 곧 아버지 하나님은 예수의 출생을 통해 비로소 아버지 하나님이 된 것이 아니라 영원 전부터 아들의 아버지 하나, 곧 "영원한 아버지"다. 예수는 세례를 통해 비로소 하나님의 아들이 된 것이 아니라 영원 전부터 하나님의 아들이다. 그는 곧 "영원한 아들"이다. 성령은 영원 전부터 아버지와 아들과 함께 계셨던 "영원한 성령"이다(Barth).

이제 세계와의 관계에서 하나님이 행하는 모든 일들, 곧 창조와 화해와 구원과 성화 내지 새 창조는 하나님의 내재적 존재로 소급된다. 이 모든 사역들은 그 이전부터 존재하는 삼위일체 하나님이 이루는 일들이다. 만물이 하나님의 아들 "안에서", "그분으로 말미암아" 또 "그분을 위하여" 창조되었다(골 1:16 이하). 예수 안에서 일어난 구원의 사건은 창조 이전에 하나님의 영원한 내적 존재 안에서 예정된 것이다(엡 1:4).

이로써 소위 경세적 삼위일체(ökonomische Trinität, 창조, 구원, 성화 내지 새 창조 등 세계에 대한 하나님의 경륜에 나타나는 삼위일체를 말함)가 내재적 삼위일체(immanente Trinität) 혹은 본질의 삼위일체(Wesenstrinität)로 소급된다. 삼위일체 하나님은 "그 자신 안에 있는" 그대로 계시된다. 계시되는 예수의 역사적 존재가 그의 내적 존재를 나타낸다. 자기를 낮추어 예수 그리스도 안에서 행하는 것, 그 이전의 세계 창조에서 행하는 것을 "그는…그의 본질 속에서, 그 자신의 내적 삶 속에서" 행한다(Barth 1960b, 223). 신약성서에서 경세적·구원사적 삼위일체 혹은 계시의 삼위일체에 더 큰 무게가 실림에도 불구하고(고전 12:4 이하; 고후 13:13; 마 28:19), 초대교회가 내재적 삼위일체, 본질의 삼위일체를 고백한 동기가 여기에 있다.

따라서 하나님은 단지 세계와의 관계에 있어 삼위일체 되신 분이 아니라, 그의 영원한 내적 존재 자체에 있어 삼위일체 되신 분이다. 자신의 내적 존재에 있어 삼위일체 되신 분이기 때문에, 세계에 대한 그의 경륜에서도 삼위일체 되신 분으로 나타난다. 그는 단지 세계와의 관계에 있어 사랑이 아니라 그의 내적 존재에 있어 사랑이다. 하나님의 내적 삼위일체의 사랑은 우리를 향한 그의 사랑의 전제가 된다. 그는 자신의 내적 삼위일체의 존재에 있어 사랑이기 때문에, 사랑을 행한다. 사랑은 그의 본질에 추가되는 그 무엇이 아니라 바로 그의 본질이다.

d. 또한 삼위일체는 하나님의 존재가 지닌 다양한 측면들을 시사한다. 성부 하나님은 피조물의 존재와 혼동될 수 없는 창조자 하나님의 초월적 측면과 세계에 대한 근원성을 나타낸다. 하나님은 인간이 접근할 수 없는 거룩한 분이다. 그는 하늘에 계신다. 그는 모든 피조물에게서 구별되는 창조자로서 세계의 근원과 목적이 되신다.

성자 하나님은 구원자 하나님의 무한한 사랑과 자비의 역사적 형태를 나타낸다. 하나님은 하늘에 계신 동시에 예수 안에서 인간의 몸의 형태로 나타나며, 그의 나라를 향한 새 창조의 역사를 일으킨다. 그는 초월적이며 거룩한 분이지만, 무감각하며 경직된 분이 아니다. 그는 피조물의 고통을 함께 당하는 공명의 하나님(*deus sympatheticus*)이다. 그는 피조물의 구원을 위해 자기 자신을 희생하는 무한한 사랑이다. 삼위일체론은 "그리스도교의 참된 하나님은 일신론의 무감각한 신"이 아니라 "십자가의 아픔 안에서 자신을 열어 보이시는 삼위일체 하나님이시며, 고난의 그리스도의 아버지"란 사실을 드러낸다(신준호 2005, 87). 그의 본성은 무감각(*apatheia*)에 있는 것이 아니라 사랑의 열정에 있다(Moltmann 1980, 36 이하).

성령 하나님은 자기를 자기 아닌 자와 결합하는 동시에 자기를 구별하며, 구별하는 동시에 결합하는 하나님의 변증법적 측면을 드러내 보이면서 지금도 살아 움직이는 하나님의 사랑의 역사적 현재성을 나타낸다. 성령을 통해 성부와 성자가 하나로 결합되는 동시에 구별되며, 구별되는 동시에 결합된다. 나아가 성령을 통해 하나님은 피조물과 결합되는 동시에 구별되고, 구별되는 동시에 결합된다. 구약성서에서 하나님의 영은 피조물 가운데 거하면서 피조물의 생명을 유지하고 그들의 생명을 살리는 하나님의 "기운" 내지 "입김"으로 표상된다. 성령으로서의 하나님은 이 하나님의 현재적 측면을 나타낸다. 그는 지금도 하나님의 자녀들을 거룩하게 변화(聖化)시키며, 새로운 생명의 세계를 향해 새 창조를 일으키는 새 창조자다.

성부로서의 하나님은 영원 전부터 계시는 하나님의 영원하심을 나타낸다면, 성자로서의 하나님은 2천 년 전 예수를 통해 구원의 역사를 시작한 하나님의 역사적 존재를 나타낸다. 성령으로서의 하나님은 지금도 우리와 함께 계시면서 새 창조의 역사를 이루시는 하나님의 역동적 현재성을 나타낸다. 성부 하나님은 하나님의 사역의 창조의 측면을(creatio), 성자 하나님은 구원의 측면을(redemptio), 성령 하나님은 성화와 새 창조의 측면을(sanctificatio, creatio nova) 나타낸다.

B. 전통적 삼위일체론의 문제점
– 내재적 삼위일체와 경세적 삼위일체의 문제

성부·성자·성령의 삼위일체적 관계는 무엇이며, 그들의 하는 일, 곧 사역은 무엇인가? 이에 대한 신학적 성찰은 주후 381년에 발표된 「니케아–콘스탄티노플 신앙고백」(Symbolum Nicaeno-Constantinopolitanum)에 근거한다. 이 신앙고백은 먼저 성부와 성자에 대해 다음과 같이 말한다. "나는 믿습니다.…한 분이신 주님 예수 그리스도를, 하나님의 유일한 태어나신 분을, 만세(萬世) 전에 성부로부터 태어나신 분을, 하나님으로부터 오신 하나님을, 빛으로부터 온 빛을, 참 하나님으로부터 오신 참 하나님을, 태어났으나 창조되지 않은 분을, 그를 통해 모든 것이 창조된, 아버지와 동일한 본성을 가진 분을"(Credo…in unum Dominum Jesum Christum, filium Dei unigenitum, et ex Patre natum ante omnia saecula, Deum de Deo, lumen de lumine, Deum verum de Deo vero, genitum non factum. consubstantialem Patri, *per quem omnia facta sunt).*

이어서 이 신앙고백은 성부와 성자와 성령에 관해 다음과 같이 말한다. "나는 믿습니다.…그리고 성령을, 주님이시오 살리시는 분을, 성부로부터 오시는 분을, 성부와 성자와 함께 찬양되고 영광 받으시는 분을, 예언자들을 통하여 예언되신 분을"(*Credo...Et in Spiritum Sanctum, Deo minum et vivicantem, qui ex Patre procedit, qui cum Patre et Filio simul adoratur et glorificatur, qui locutus est per prophetas).*

이 고백에서 성자는 성부에게서 "태어났으며", 성령은 성부로부터 숨을 내어쉼을 통해 "나온" 것으로 표생된다. 그러므로 성부·성자·성령은 동일한 본성을 가진 세 신적 위격이라 말할 수 있게 된다. 또한 이 신앙고백은 세계가 창조되기 이전부터, 곧 "만세 전에" 존재하는 하나님의 내재적 삼위일체를 진술한다. 그러므로 신학은 세계가 창조되기 이전부터 그 자신 안에 계신 하나님의 내재적 삼위일체와, 세계에 대한 하나님의 관계와 경륜에 있어서의 삼위일체, 곧 경세적 삼위일체를 구별하였다.

삼위일체의 두 가지 사역에 있어 성부·성자·성령은 동일한 본성을 가진 것으로 생각된다. 그러나 삼위일체의 두 가지 사역은 다음과 같이 구별된다. 우선 내재적 삼위일체에 속하는 두 가지 사역이다. ① 성부로부터 성자가 태어나는 것(*filium natum*)과, ② 성령이 성부의 숨을 내쉼을 통해 성부로부터 나오는 것(*ex Patre procedit*). 다음으로 경세적 삼위일체에 속하는 세 가지 사역이다. ① 성부의 천지 창조(*creatio*), ② 성자의 구원(*redemptio*), ③ 성령의 성화 내지 새 창조(*sanctificatio, creatio nova*). 학자에 따라 성자와 성령의 사역은 다르게 규정된다. 성자의 사역을 화해로, 성령의 사역을 구원으로 규정하기도 한다. 현대신학에서 성령의 사역은 새 창조와 구원의 완성으로 규정되기도 한다. 개신교회에서 삼위일체의 사역에 대한 이러한 구별은 17세기 정통주의 신학자였던 켐니츠의 주장에 기초한다.

1) 내재적 삼위일체의 사역 혹은 "안을 향한 사역"(*opera ad intra*):

　① "*generatio*"(성부가 성자를 "낳음"),

　② "*spiratio*"(성부가 성령을 "내쉼").

2) 경세적 삼위일체의 사역 혹은 "바깥을 향한 사역"(*opera ad extra*):

　① "*creatio*"(성부에 의한 세계의 창조),

　② "*redemptio*"(성자에 의한 구원),

　③ "*sanctificatio*"(성령에 의한 성화).

켐니츠에 따르면 내재적 사역은 "나누어진다"(*opera ad intra (sunt) divisa*). 즉 성부·성자·성령의 사역은 각 위격에게 속하며, 다른 위격에게 공유되지 않는다. 이에 반해 경세적 사역, 곧 세계를 향한 사역은 "나누어지지 않는다"(*opera ad extra (sunt) indivisa*). 각 위격의 사역은 다른 위격들과 함께 공동으로 이루어지기 때문이다. 이 구별은 본래 아우구스티누스에게서 유래한다.

삼위의 관계와 사역에 대한 이러한 구별은 하나님의 내재적 삼위일체와 경세적 삼위일체를 분리시킬 수 있는 위험성을 가진다. 만일 양자가 분리된다면, 경세적 삼위일체의 삶은 내재적 삼위일체의 삶에 대해 부차적인 것에 불과하게 된다. 예수의 십자가의 죽음은 하나님 자신의 내적 존재와 무관한 것으로 생각될 수 있다. 그래서 하나님의 수난 불가능성을 말하게 된다. 우리는 이 하나님을 사랑의 하나님이라 말할 수 없을 것이다. 여기서 우리는 신성을 수난 불가능성(*impassibilitas*)으로 보는 이유가 고대 그리스 철학의 영향에 있음을 알 수 있다.

이에 반해 우리는 다음과 같이 말할 수 있다. 하나님은 동일한 분이기 때문에, 그의 내적 존재와 외적 존재, 내재적 삼위일체와 경세적 삼위일체는 분리되어 생각될 수 없다. 오히려 "경세적 삼위일체는 내재적 삼위일체요, 내재적 삼위일체는 경세적 삼위일체다." 피조물을 향한 하나님의 사랑이 바로 그의 본질이라면, 하나님과 피조물과의 관계에서 일어나는 모든 것이 하나님의 내재적 삼위일체의 존재를 구성한다. 피조물의 기쁨과 고난은 하나님의 내재적 삼위일체의 기쁨과 고난이기도하다.

그러나 내재적 삼위일체와 경세적 삼위일체는 구별되어야 할 것이다. 내재적 삼위일체가 경세적 삼위일체의 전제라면, 경세적 삼위일체는 내재적 삼위일체의 현실이요 그것의 표출이라 말할 수 있다. 이것은 우리의 내적 존재가 우리의 외적 행동으로 표출되며, 우리의 외적 행동이 우리의 내적 행동을 구성하는 것과 같다. 양자는 일치 속에서 구별되며, 구별 속에서 일치된다. 예수의 삶에 계시되는 하나님의 경세적 삼위일체와 내재적 삼위일체도 이런 관계에 있다. 이리하여 내재적 삼위일체와 경세적 삼위일체를 구별하게 된 것이다. 이제 예수의 구원은 하나님 자신이 영원 전부터 그의 내재적 삼위일체의 존재 안에서 결정하신 것으로 이해된다. 그것은 하나님 자신의 내적 존재가 그러하기 때문에, 곧 하나님은 그의 내적 존재 자체에 있어 사랑이기 때문에 일어난 것으로 생각된다. 그러므로 성서의 기자들은, 성부와 성자와 성령은 예수의 구원의 사건 이전부터 계시며, 이 사건은 이미 예정된 것이라고 증언한다(요 1:1, 10; 15:26; 빌 2:6-7; 골 1:15-17; 히 1:8-12; 요일 1:1-2). 그러나 내재적 삼위일체의 사역에 대한 전통적 정의는 심각한 문제점을 낳게 되는데, 정리하면 다음과 같다.

a. 내재적 삼위일체에서 성부의 사역은 아들의 적극적 낳음(*generatio activa*)과 성령의 적극적 내쉼(*spiratio activa*)에 있다. 여기서 성자와 성령은 성부에게서 나온 자로 규정되며, 성부는 성자와 성령의 원인자 내지 신성의 원천으로 전제된다. 성자와 성령은 성부로부터 그들의 신적 근원을 얻는다. 이에 반해 성부는 자기 자신으로부터 존재하는 "근원이 없는 근원"이요, 성자와 성령의 근원이다. 다시 말해 그는 "원인이 없는 원인"(*principium sine principio*), 곧 최고의 원인이다.

b. 성자는 피조물들처럼 무(無)에서 창조된 것이 아니라 성부로부터 태어났다. "수동적 태어남"(*generatio passiva*)이 그의 내적 사역이다. 이에 대한 근거는 아버지 하나님이 그의 아들을 "낳았다"는 신약성서의 본문에

근거한다. "너는 내 아들이다. 내가 오늘 너를 낳았다"(히 1:5; 요 1:13 참조). 성부에 의해 창조되지 않고 그에게서 직접 태어났기 때문에, 성자는 성자로서의 그의 인격적 특성 이외에는 모든 것을 성부와 함께 가진다. 그는 성부와 같은 신적 본질을 지닌다. 그러나 성자는 신성의 근원이 아니다. 성부는 그의 모든 본질을 성자에게 나누어 주지만, 신성의 원천과 원인이 될 수 있는 능력만은 나누어주지 않는다. 만일 그가 이것마저 성자에게 나누어준다면, 성령은 두 가지 원천을 가져야 할 것이다.

c. 성령은 성부의 숨을 내쉼을 통해 성부로부터 나온다. 따라서 성령의 사역은 성부에 의한 "수동적 내쉼"(spiratio passiva)에 있다(Joest 1984, 326). 이에 대한 근거는 성령이 "아버지로부터 나온다"고 말하는 요한복음 15:26에 있다. 하나님의 영(ruach)을 숨, 혹은 바람으로 보는 구약성서의 표상이 여기에 전제되어 있다. 성령도 성부에게서 나오기 때문에 신성의 근원이 아니다.

내재적 삼위일체의 사역에 대한 이러한 정의는 사실상 유일신론의 틀을 벗어나지 못하는 문제점이 있다. 성자와 성령은 성부로부터 나온 존재임으로, 성부만이 본래의 참 하나님이라 말할 수 있다. 그래서 다음과 같이 말하게 된다. "아버지는 그의 왕국(Monarchie) 속에서 단 한 분 하나님이다." "신약성서에서 '하나님'이란 단어는 거의 예외 없이 아버지에 대해서만 사용되며, 한 번도 삼위의 하나님에 대해서 사용되지 않는다." 아들과 성령은 아버지 하나님의 왕국을 완성하기 위한 봉사자에 불과한 것으로 생각된다. 아버지의 왕국은 아들의 사역을 통해 창조 안에서 타당성을 갖게 되고, 성령의 사역을 통해 완성된다. 아들과 성령은 그들의 작용을 통해 "아버지의 왕국에 봉사하며 그것을 실현한다"(Pannenberg 1980, 354).

성부를 "근원이 없는 근원"으로 보는 내재적 삼위일체의 표상은 삼위의 위계질서 내지 "왕정질서"를 말할 수밖에 없다. 성부의 존재가 "시간적 우선권"을 가진 것이 아니라 단지 "논리적 우선권"을 가지다 할지라도 (Moltmann), 성자와 성령은 성부에게서 파생된, 따라서 성부의 하위에 있는 존재로 생각되며, 성부는 성자와 성령에 대해 우월성과 우선권을 가진 "위에 있는" 존재로 전제된다. 성부가 "신성에서가 아니라 순서에서 근원임을" 인정한다 할지라도, 성부로부터 시작하는 삼위의 위계질서를 말하지 않을 수 없다. 이 위계질서 속에서 성자와 성령은 "존재론적으로 성부 아래에 있는" 것으로 생각되며, 이로 인해 신적 "위격들의 동등함"이 위태롭게 된다. 내재적 삼위일체 속에는 "아버지의 왕국" 내지 왕정(王政)이 있다고 보는 몰트만과 판넨베르크는 이러한 위험성을 보여준다(Monarchie des Vaters: Moltmann 1980, 182; Pannenberg 1988, 352).

내재적 삼위일체의 위계질서는 경세적 삼위일체로 확대된다. 그래서 예수는 하나님을 자기의 "아버지"라 부르면서, 아버지는 그에게 명령하는 자로, 자기는 아버지의 명령에 복종하는 자로 그들의 관계를 나타낸다. "나는 내 마음대로 말한 것이 아니다. 나를 보내신 아버지께서 내가 무엇을 말해야 하고, 또 무엇을 이야기해야 하는가를 친히 나에게 명령해 주셨다"(요 12:49).

성부와 성자의 이러한 위계질서는 특히 고대 그리스 철학의 영향을 받은 요한복음에 분명히 나타난다. 요한복음이 묘사하는 경세적 삼위일체의 위계질서는 내재적 삼위일체의 위계질서로 소급된다. 그리하여 성부·성자·성령은 그들의 외적 존재에서는 물론 영원한 내적 존재에서도 상명하복(上命下服)의 위계질서 속에 있는 것으로 생각된다.

그러나 위계질서는 하나님의 사랑에 모순된다. 아버지 하나님이 아들을 "낳는다". 그가 숨을 내쉼으로써 성령이 "나온다", 아들이 아버지에게 복종한다는 성서의 기록들은 신인동형론적(anthropomorphical, 하나님을 인간(anthropos)의 형태(morphe)로 나타내는) 표상에 불과하다. 이 표상들은 인간의 삶의 경험에서 유래하는 것으로, 하나님의 존재 자체에 대한 표현이 아니다. 그것은 성서가 기록된 남성중심의 시대 상황 속에서 채택된 은유일 뿐이다. 아버지가 아들을 "낳는다"는 것은 불가능하다. 아버지 하나님과 그의 아들 예수가 명령과 복종의 관계에 있는 것으로 보는 요한복음의 표상도 은유에 불과하다. 참 사랑 안에는 명령과 복종이 있을 수 없다. 이 문제점은 "필리오케"(*Filioque*) 문제에서 첨예화된다.

C. 성령의 인격성과 필리오케(Filioque) 문제
– 전통적 삼위일체론의 문제성과 연관하여

삼위일체론에서 항상 문제가 되는 것은 성령의 위격성 내지 인격성이다 (아래에서 주로 인격성이라 표현함). 많은 사람들은 하나님 아버지와 그의 아들 예수의 인격성은 인정할 수 있지만, 성령, 곧 하나님의 영을 동일한 신적 위격으로 인정하기는 어렵다고 생각한다. 그것은 아버지 하나님에게서 나오는(*procedit*) 아버지 하나님의 영적 능력(바람과 같은 힘)이지, 어떻게 아버지 하나님과 그의 아들 예수와 동일한 신적 위격 내지 인격이라 말할 수 있는가? 성령을 신적 위격으로 생각하지 않고, 하나님에게서 나오는 하나님의 영적 능력으로 생각해도 아버지 하나님과 그의 아들 예수의 "구별 속에서의 일치"와 "일치 속에서의 구별"을 말할 수 있지 않은가?

그래서 기독교의 많은 미술 작품은 성령을 아버지 하나님과 그의 아들 예수를 중재하는 비둘기 혹은 사랑의 끈으로 나타낸다. 이것은 예수가 세례를 받을 때 "성령이 비둘기처럼" 내려 왔다는 마태복음 3:17에 근거한다. 아우구스티누스 역시 성령을 아버지와 아들을 결합하는 사랑으로(*caritas*), 혹은 양자 사이의 친교의 끈으로 이해한다. 이로 인해 성령의 인격성이 상실된다(Pannenberg 1988, 343, 344).

우리는 먼저 성령의 인격성에 대한 근거를 구약성서에서 발견할 수 있다. 구약성서에서 하나님의 영은 하나님에게서 나오는 것으로(창 2:7), 혹은 하나님이 주시는 것 혹은 보내시는 것으로(잠 1:23; 사 48:16; 욜 2:28, 29) 표현된다. 이와 동시에 그것은 하나님과 구별된다. "생명을 주는 나의 영이 사람 속에 영원히 머물지는 않을 것이다"라는 구절에서(창 6:3), 하나님의 영은 하늘에 계신 하나님으로부터 구별되어 사람들 안에 임재하는 존재로 언급된다. 하나님이 "그의 영을 보내셨다"(사 48:16), "내 영을 너희 속에 둔다"(겔 36:27)고 할 때, 영을 보내시는 하나님과 하나님의 보냄을 받는 영, 그의 영을 인간 안에 두는 하나님과 인간 안에 거하는 영은 서로 구별된다. 이리하여 성령은 하나님과 구별되는, 자신의 인격성을 가진 존재로 인정된다.

자신의 인격성을 가진 것처럼 생각되는 성령은 마침내 하나님에게 대칭하는 존재로 등장한다. "한 영이 주님 앞에 나서서 말합니다"(왕상 22:21; 대하 18:20). 성령은 또 하나님에게 대칭하는 존재로서 주체적으로 활동하는 존재로 나타나는 경향이 있다. 성령은 깊은 잠에 빠지게 한다(사 29:10). 그는 마른 뼈들을 다시 살려 생명의 세계를 이룬다(겔 37장). 영이 예언자 에스겔을 데리고 안뜰로 들어간다(겔 43:5).

구약성서의 전통에 따라 신약성서도 성령을 주체적 위격으로 이해한다. 그리하여 하나님의 영은 남성의 위격을 나타내는 남성 정관사 *ho*와 결합된다. 성령은 하나의 인격체(위격)가 할 수 있는 일을 행한다. 예를 들어 성령이 말씀하시고(계 2:7), 우리를 가르치시고(요 14:26), 위로하시고(행 9:31), 근심하신다(엡 4:30). 성령의 독자적 인격성은 요한복음에 명백히 나타난다. 예수는 여기서 성령을 "다른 보혜사"로 칭하면서 자기 자신과 구별한다. 이 성령은 아버지께서 보내실 것이다(요 14:16). 아들이 아버지를 영광되게 한 것처럼(17:4), 성령은 아들을 영광되게 할 것이다(16:14). 아버지에 대한 예수의 간구는 성령을 통해 성취될 것이다. 성령을 통해 예수는 하나님의 아들로 드러난다(성령의 인격성에 대한 보다 자세한 논의에 대해 이 책의 제3권 성령론 참조).

그런데 기독교는 「니케아-콘스탄티노플 신앙고백」에서 성령이 "아버지로부터 나온다"(*qui ex Patre procedit*)고 고백한다. 그런데 서방교회의 신학자들은 "*ex Patre*"(=아버지로부터) 다음에 "*Filioque*"(=그리고 아들로부터)란 단어를 삽입시켰다. 이로 인해 1054년에 콘스탄티노플을 거점으로 한 동방교회(지금의 정교회)와, 로마를 중심으로 한 서방교회(지금의 로마 가톨릭교회)가 분리되는 불상사가 일어났다.

동방신학자들의 입장에 의하면, 어떤 존재가 두 가지 근원에서 나온다는 것은 불가능하다. 즉 성령은 오직 하나의 근원, 곧 오직 "아버지로부터" 나올 수 있을 뿐이다. 요한복음 15:26에 의하면, 성령은 아버지로부터 나온다. 만일 성령이 "아버지와 그리고 아들로부터" 나온다면, 아버지의 단독적 "왕정"이 위험스럽게 될 것이다. 따라서 그들은 성령이 "아버지와 그리고 아들로부터" 나온다고 생각하여 "필리오케"를 삽입한 서방 신학자들의 입장이 타당하지 않다고 반대하였다.

이에 반해 서방 신학자들이 보기에, 성령의 출처에 있어 아들의 존재가 제외되는 것은 바람직하지 않다. 세 신적 인격들이 언제나 하나로 결합되어 있다면, 성령의 출처에 있어서 아들의 존재가 연관되어야 한다. 아버지 하나님이 성령을 내실 때, 거기에 아들도 참여하고 있었을 것이다. 따라서 그들이 보기에 성령은 단지 "아버지로부터" 나온다고 보는 동방신학자들의 입장이 오히려 타당하지 않았던 것이다. 성령은 "아버지와 그리고 아들로부터 나온다"(qui ex Patre Filioque procedit)고 보아야 한다. 칼 바르트도 그의 삼위일체론에서 "필리오케"를 포기하지 않는다(Barth 1964, 496 이하).

1871년 제1차 바티칸 공의회 이후 로마 가톨릭교회 측은 물론 정교회 측에서도 이 문제를 극복하고자 노력한다. 1898년에 러시아 정교회의 교회사학자였던 볼로토프(Boris Bolotov)는 성령의 출처에 있어 성자가 참여해야 한다는 가톨릭교회의 신학적 입장에 근접했지만, "필리오케"의 삽입은 거부하였다.

이 문제에 대해 몰트만은 다음과 같이 제의한다(Moltmann 1980, 198 이하). 정교회 신학자들이 주장하는 것처럼, 아버지는 신성의 원인이요 근거이며 원천이다. 그러나 아버지는 결코 홀로 있지 않다. 그는 "아들과의 연관 속에서만, 즉 아들의 영원한 출생 속에서만" 아버지이다. "아버지 하나님은 언제나 아들의 아버지다." 그는 언제나 성령과 함께 있고 성령과 함께 행동하는 것처럼, 아들과 함께 있고 아들과 함께 행동한다. "아버지가 아들 없는 아버지가 아닌 것 같이(요 3:6; 1:29, 34 참조), 또한 그는 아들 없이는 그의 신성을 갖지 못한다.…아버지의 신성은…그의 조건을 아들 안에 가진다. 다시 말해 아버지를 오직 참된 하나님으로…우리에게 가르쳐 주는 것은 아들이다"(Pannenberg 1988, 350).

따라서 성령이 아버지에게서 나올 때, 아들은 아버지와 함께 있었다. "그러므로 아버지로부터 성령의 나옴은 영원히 아버지를 통한 아들의 출생을 전제한다.…그의(성령의) 존재는 아버지는 물론 아들의 현존을 전제한다. 성령은 아버지로부터 나오며, 아버지는 오직 아들의 아버지이기 때문이다." 아버지 하나님이 성령을 내쉴 때, 성령은 "아버지의 아들"로부터 나온다. 아버지로부터 성령이 나올 때, "① 아들의 출생과, ② 아들의 실존과, ③ 아버지와 아들 서로 간의 관계들이 전제된다. 아들은 아버지로부터 성령의 나옴에 대한 논리적 전제이며 사실적 조건이다"(Moltmann 1980, 200). 그러므로 *Filioque*는 "*per Filium*"(아들을 통하여)으로 해석될 수 있으며(199), "성령은 아들의 아버지로부터 나온다", 그리고 "아버지와 아들로부터 형태(Gestalt)를 얻는다"고 말할 수 있다(201, 203).

위에서 고찰한 "필리오케" 문제는 전통적 삼위일체론의 문제점을 잘 드러낸다. 문제의 핵심은 아버지가 아들을 "낳는다"(요 1:14; 3:16; 눅 3:22 참조), 성령을 내쉼으로써 성령이 아버지에게서 "나온다"는 요한복음의 표상에 있다. 여기서 "신성의 근원과 원천"이신 아버지가 먼저 있고, 아들은 아버지 아래, 성령은 아버지와 아들 아래 있는 것으로 생각된다. 아들과 성령이 아버지에게서 나오는 반면, 아버지는 "자기 자신으로부터" 나오는 "근원이 없는 근원"으로 생각된다(Pannenberg 1988, 338). 아버지는 "삼위일체의 근원과 원천, 삼위일체의 내적 통일성의 근거"라 정의되기도 한다(Kasper 1982, 187).

필자의 생각에 의하면 이 표상은 아버지 하나님을 신성의 제1원인자로 보는 종속론적 유일신론에 속한다. 이리하여 바르트에게서 볼 수 있는 것처럼, 아들과 성령이 결코 아버지 "아래에 있는 존재"(untergeordnete Hypostasen)로 볼 수 없다고 하면서도, 아버지-아들-성령을 단 한 분 하나님의 "첫째 존재방식", "둘째 존재방식", "셋째 존재방식"으로 서열화 하는 일이 일어난다(Barth 1964, 372, 510). 또 판넨베르크와 몰트만처럼 삼위일체론에서 "아버지의 왕정" 혹은 왕국(Monarchie)이란 개념을 포기하지 않는 일이 생겨나기도 한다. "이러한 사고방식은 완벽하게 여성을 배제할 뿐 아니라, 성서와 인간 경험에 나타나는 하나님에 대한 여성적 이미지들을 무시"하며, "가장 권위있는 성부로부터 성자에게로 그리고 다시 성령에게로 이어지는 명확한 계급 서열을 가정하게 한다"(Hodgson 2000, 248).

여기서 필자는 삼위일체론에서 아버지 하나님을 "제1원인자" 내지 "근원이 없는 근원자"로 보며, 이 근원자에게서 아들이 "태어난다", 성령을 "내쉰다"는 표현들을 포기해야 한다고 제의한다. 이 표현들은 하나님을 사람의 형태로 나타내는 신인동형론적 은유에 불과하지, 하나님의 존재 자체를 말하는 것이 아니다. 하나님이 사람도 아니고 여자도 아닌데, 어떻게 아들을 낳을 수 있으며, 사람처럼 숨을 내쉴 수 있겠는가! 이 표현들을 사용하는 한, 아버지의 "존재적 상위성(Priorität)"은 아닐지라도 최소한 "논리적 상위성"이 자동적으로 전제되기 때문에(Moltmann 1980, 205), 엄밀한 의미의 삼위일체를 말할 수 없게 된다.

성서주석적으로 요한복음이 말하는 "낳는다", "내쉰다"라는 두 개념은 내재적 삼위일체의 사역과 무관하다. 요한복음 20:22에 의하면, 성령을 받아야 할 제자들과 연관하여 성령의 내쉼이 언급될 뿐이며, 내재적 삼위일체에서 아버지 하나님의 "영원한 내쉼"에 대해 아무것도 말하지 않는다. 예수가 세례를 받을 때, "너는 내 사랑하는 아들이요"(눅 3:22)라는 하늘의 음성은 시편 2:7의 "너는 내 아들, 내가 오늘 너를 낳았다"는 말씀으로 소급된다. 이 시편 구절에서 "오늘"은 "과거나 미래를 갖지 않은 신적 영원의 오늘", 곧 내재적 삼위일체의 오늘을 가리키는 것이 아니라, "시편 말씀의

성취로서 예수가 세례를 받는 사건"을 가리킬 뿐이다. "독생자" 개념도 아
버지가 아들을 "낳는다"는 개념을 정당화시키지 못한다. 이 개념은 예수가
"아버지의 '유일한' 아들"임을 말할 뿐, "영원한 생식(Zeugung)에 대한 생각
을 나타내지 않는다"(Pannenberg 1988, 333).

　그러므로 우리는 "아버지가 아들을 낳는다", "아버지가 성령을 내쉰다"
는 표상을 고집할 필요가 없다. 오히려 아버지·아들·성령은 애초부터 구
별 속에서 한 몸을 이루며, 한 몸을 이루면서 구별되는 관계에 있다고 보
아야 할 것이다. 이들은 영원 전부터, 애초부터 삼위일체적 존재로 현존
한 것이다. 달리 말해 이들은 그들의 영원한 존재에 있어 삼위일체적 존
재라 할 수 있다. 그들은 영원 전부터 "신적 왕정" 안에 있는 것이 아니라,
사랑의 삼위일체적 교통과 나눔 가운데 있다. 그들이 어떻게 영원한 존재
자체에 있어 삼위일체적 존재냐의 문제는 우리 인간이 해명할 수 없는 신
적 신비에 속한다. 하나님은 인간에게 "비밀"이다(삿 13:17; 고전 2:7). 이렇
게 생각할 때, 필리오케 논쟁, 곧 "성령이 오직 아버지에게서 나오느냐, 아
니면 아버지와 그리고 아들에게서 나오느냐"에 관한 논쟁은 쓸모없는 것
이 된다.

　레오나르도 보프(Leonardo Boff)도 필자와 동일하게 생각한다. 아버지
가 아들을 "낳는다", 성령을 "내쉰다"는 표상은 고대의 "인과론적 형이상
학적 사고(思考)"에 기초한다(Boff 1988, 142). 여기서 아버지는 신성, 그리
고 아들과 성령의 "목적인"(final cause)으로 생각되며, 아들과 성령은 "신
계보적 묘사의 산물이요, 단순한 인과론적인 표현"(products of theogonic
representations, mere expressions of the principle of causality)에 불과하다고 생
각된다(143). 동양과 서양을 막론하고 초대교회의 신학자들은 "통일성과
정체성의 형이상학"(metaphysics of unity and identity)에서 출발하였다. 그리
스 교부들은 "아버지의 왕정"(monarchy of the Father)에서 출발하였고, 라틴
교부들은 "신성의 통일성"(unity of the divine nature)에서 출발하였다. 그리
고 아들과 성령은 유일한 원천, 곧 아버지에게서 "파생되거나"(derive) "나

오는"(proceed) 것으로 표현하였다(142).

그러나 아버지가 아들을 "낳는다", 성령을 "내쉰다"는 표현들은 "정의(definition)라고 주장할 수 없는 이미지들(images)"에 불과하다. 아버지가 원인자로서 먼저 있고, 아들과 성령이 아버지에게서 나온다는 표상은 삼위일체 하나님의 구별성과 한 몸 됨을 나타내는 표현의 수단일 뿐이다. 그러므로 우리는 제1원인자로서의 아버지가 먼저 있고, 그 다음에 아들과 성령이 아버지로 말미암아 있게 되었다고 볼 것이 아니라, 세 신적 위격들은 똑같이 영원하며 구별되는 동시에 사랑의 교통 속에 있다고 보아야 할 것이다. 그들 사이에 높음과 낮음, 우수와 열등, 앞과 뒤가 있을 수 없다. 뜨거운 사랑 안에는 자기를 모두 내어주는 한 몸 됨이 있을 뿐이다. "모든 세 신적 위격들은 함께 영원하며…똑같이 능력 있고 무한하다. 그들 안에 있는 모든 것이 동시적이다. 아무것도 더 크거나 더 높지 않으며, 덜하거나 더 낮지 않으며, 앞서거나 뒤서지 않는다.…교회의 이러한 공적 선언을 연구할 때, 우리는 신학의 전통적 표현들을 유비적이며 서술적인 것으로 이해하지 않을 수 없다." "세 신적 위격들은 근원에 있어 동시적이며, 교통과 상호침투 속에서 영원히 함께 존재한다. 인격적 특징들에 있어 각 위격은 다른 위격들로부터 구별되며, 그들과의 영원한 교통 속에서 그 위격에 의해 확립된 교통 속에 있다"(142).[7]

---

7) 영어 본문: "All three divine Persons are co-eternal…, equally powerful and immense…; everything in them is simultaneous…; nothing is greater or superior, lesser or inferior, before or after…. In studying these official pronouncements of the church we are urged to understand traditional theological expressions as analogous and descriptive…." "the three divine Persons are simultaneous in origin and co-exist eternally in communion and interpenetration. Each is distinct from the others in personal characteristics and in the communion established by that Person in everlasting relationship with the others…." (142)

D. 도대체 삼위일체란 무엇인가?

그러면 구체적으로 성부·성자·성령은 어떤 관계에 있는가? 필자는 이 질문에 대답함으로써 하나님의 삼위일체가 무엇인가를 해명하고자 한다.

우리는 삼위일체에 대해 말할 때, "성부·성자·성령은 셋이면서 하나이고, 하나이면서 셋이다. 이것이 삼위일체다!"라고 쉽게 표현한다. 이것은 다음과 같이 요약될 수 있다. 3 = 1, 1 = 3. 그러나 이때 다음과 같은 질문에 제기된다. 세 신적 위격(persona), 곧 셋이 어떻게 하나이고, 하나가 어떻게 셋일 수 있는가? 위격(=인격)이란 자신의 주체성을 가진 독립된 존재를 가리키는데, 어떻게 독립된 세 가지 위격들을 말하면서, 단 한 분 하나님이 있다고 말할 수 있는가?

이 질문에 대한 흔한 답변은 이렇다. "하나님은 전능하시므로, 하나로 계실 수도 있고 셋으로 계실 수도 있다. 이것을 우리는 무조건 믿어야 한다. 믿지 않고 계속 질문하는 것은 불신앙이다!" 그래서 소위 기독교의 삼위일체론은 우리의 인식과 이성에 위배되지만, 무조건 믿어야 하고 참된 것으로 인정해야 할 기독교 신앙의 조항이 된다. 그러나 "어떻게 셋이 하나이고, 하나가 셋일 수 있는가?"라는 의문은 계속 남는다. 삼위일체론이 지닌 난제의 "핵심"은 바로 여기에 있다(Härle 2007, 385).

칼 바르트를 위시한 일련의 신학자들은 삼위일체를 양태론적으로 이해함으로써 이 문제를 해명하려고 한다. 즉 성부·성자·성령은 한 분(一者) 하나님의 존재양식 내지 활동양식이라는 것이다. 이 견해로는 하나님을 일자로 생각하는 유대교적·철학적 유일신론을 극복하지 못한다. 또 어떤 신학자는 하나님의 삼위일체를 신적 본성(natura)의 개념으로 설명한다. 성부·성자·성령은 구별되지만, 공통된 신성을 가지므로 하나라는 것이다. 여기서 "일체"는 성부·성자·성령이 공통적으로 가진 신성에 있는 것으로 생각된다. 이 견해 역시 유일신론적 사고를 극복하지 못한다. 세 신적 위격은 피조물의 본성과 구별되는 신성이란 실체로 환원되며, 신성의 존재양식 내지 활동양식으로 생각된다.

삼위일체에 대한 이러한 유일신론적 이해에 반해, 우리는 여기서 관계론적 이해를 시도하고자 한다. 앞서 언급한 것처럼 서방교회는 성부·성자·성령을 위격(persona)으로 파악하였다. 이 개념은 서방교회의 사벨리우스의 양태론에 의해 처음으로 사용되었는데, 연극 무대에서 연기자들이 쓰는 마스크 내지 가면(假面)을 가리킨다. 그것은 오늘날 기능(Rolle)이란 단어에 상응한다. 사람은 하나인데 그의 역할이 다양한 것처럼, 삼위일체 하나님은 세 가지 가면 내지 역할을 하는 한 분 하나님으로 이해된다. 이로 인해 서방교회의 삼위일체론은 한 분 하나님을 강조하는 경향을 띠게 된다.

이에 반해 동방교회의 신학은 위격이란 개념 대신 실체(hypostasis)의 개념을 사용하였다. 실체는 가면이나 현상양식이 아니라, 동일한 본성을 가진 개별의 존재를 가리킨다(이종성 1977, 80). 이로써 동방교회는 세 위격 내지 실체를 강조하는 전통을 갖게 된다(유해무 2007, 141).

여기서 우리는 서방교회의 "위격" 개념보다 동방교회의 "실체" 개념이 더 적절하다고 볼 수 있다. 왜냐하면 삼위일체 하나님은 일자(一者)가 아니며, 성부·성자·성령은 일자 하나님의 세 가지 마스크, 곧 세 가지 현상양식을 말하는 것이 아니라, 공통된 신성을 가지면서도 그 자신의 고유성을 가진 주체 내지 실체로 이해되어야 하기 때문이다. 그렇지 않으면 엄밀한 의미의 삼위일체가 성립될 수 없다. 성부·성자·성령은 동일한 신성을 가지면서도 위격에 있어 각자의 고유성을 갖고 있음으로써, 성부·성자·성령으로 구별되는 세 신적 인격 내지 위격들이 된다. 이 위격들은 "한 신성을 공유하면서도, 서로 구분되는 각기 자신만의 독특한 인격을 소유하고 있다"(최승태 2003, 208).

그러나 이것은 세 신적 위격들이 나누어질 수 있음을 뜻하지 않는다. 오히려 세 위격들은 각자의 "독특성을 가지고" "유기적 관계" 속에 있다 (209). 아버지 하나님은 성령 가운데서 오직 그의 아들의 아버지로서 존재하며, 아버지 하나님의 아들 예수는 성령 가운데서 오직 아버지 하나님의 아들로서 존재한다. 성령과 성자 없는 성부가 있을 수 없고, 성령과 성부 없는 성자가 있을 수 없다. 또 성부와 성자 없는 성령이 있을 수 없다. 각 위격의 고유한 위격성은 그들 서로간의 관계성을 통해 구성된다. 신성은 그들 모두에게 공통되지만, 각자의 위격적 고유성은 서로 간의 관계들을 통해 결정된다.

달리 말해 성부는 성자와 성령의 관계 속에서 아버지라는 그의 고유한 위격성을 소유한다. 성자는 성부와 성령과의 관계 속에서, 성령은 성부와 성자와의 관계 속에서 자신의 고유한 위격성을 가진다. 세 신적 위격은 서로간의 관계성 속에서 각자의 고유성을 가지며, 각자의 고유성 속에서 서로간의 관계성을 가진다. 그들은 관계 안에 있는 위격들이다. 이런 점에서 위격적 존재는 관계 안에 존재함을 뜻한다.

그러므로 "관계 없는 위격"도 없지만, "위격 없는 관계"도 있을 수 없다. 세 신적 위격들은 서로간의 관계를 통해, 이 관계 속에서만 존재하며, 그들의 관계는 그들 각자의 개체성과 위격의 고유성을 전제한다. 각 신적 위격은 다른 두 신적 위격들로부터, 다른 두 위격들 안에 존재한다. 무한한 사랑 안에서 각 신적 위격은 다른 위격 안에 있다. 각 위격은 그의 존재와 기쁨을 다른 위격들 안에서 발견하고 삶의 충만함을 얻는다. 그들은 모든 것을 함께 나눈다.

바로 여기에 세 신적 위격의 일체가 있다고 말할 수 있다. 여기서 일체(一體)는 일자(一者)가 아니라 "한 몸 됨"으로 이해된다. 곧 각자의 위격적 고유성을 통해 서로 구별되지만 한 몸을 이루는 것을 말한다. "부부일체"라고 말할 때, 부부가 숫적으로 하나(一者)임을 뜻하는 것이 아니라 서로 구별되지만 깊은 사랑 속에서 한 몸 됨을 뜻한다. 이와 마찬가지로 삼위일체의 일체도 수적(數的) 일자가 아니라 한 몸 됨을 뜻한다. 달리 말해 "삼위"는 "신의 존재와 행동에서 분리와 독존을 부정하고 하나님의 존재와 계시의 행동에서 본질적인 상호 관련성과 상호침투를 뜻한다." 삼위일체는 "다른 인격 없이" 홀로 존재하는 것이 아니라 "단지 상호 관계에서만 존재"하는 하나님, "상호적인 자아 헌신의 일치로서 파악되는 하나님의 관계성"을 나타낸다(오영석 1999, 82, 83).

하나님은 사랑이다. 사랑 안에는 위-아래의 질서 대신 한 몸 됨이 있다. 거기에는 구별 속에서의 일체(一體)와, 일체 속에서의 구별이 있다. 하나님의 삼위일체는 바로 이것을 말한다. 즉 성부·성자·성령이 한 몸을 이루면서 구별되고, 구별되면서 한 몸을 이루면서 모든 것을 함께 나누는 것을 말한다. 이들 사이에는 "아버지의 왕정"이 있는 것이 아니라, "동등한 근원성"을 가진 세 신적 위격들이 서로 구별되면서 한 몸을 이루고 동고동락 하는 삶의 공동체(Gemeinschaft)가 있다. 내재적 삼위일체 안에 "아버지의 왕정"이 있다고 보는 것은 비삼위일체적 생각이다. 성부·성자·성령의 내재적 관계성은 "위계적이거나 직선적인…것이 아니라, 평등하고 상호적인 것으로 이해되어야 한다. '인격들'은 높고 낮음의 관계를 가지는 것이 아니라 상조와 우정의 관계를 가진다"(Hodgson 2000, 262).

이와 같이 삼위일체 하나님은 서로 구별되면서 한 몸을 이루고 있기 때문에, 우리가 삼위의 한 위격을 향해 기도할 때, 다른 두 위격이 함께 기도를 듣는다. 성부 하나님께 기도할 때, 그 기도는 성자와 성령 하나님께 향한 기도이기도 하다. 그러므로 우리는 기도할 때, 성부·성자·성령, 그 누구에게 기도해야 할 것인지 당혹감을 느낄 필요가 없다.

8세기의 신학자 다마스쿠스의 요한(Johannes Damaskus)은 점유(占有, appropriatio)와 순환(循環, perichorese)의 개념을 통해 삼위의 관계와 그들의 "나누어질 수 없는" 경세적 사역을 설명한다. 점유의 개념은 세 신적 위격들의 위격적 고유성과 사역이 각 위격에게 점유 내지 귀속된다는 것을 나타낸다. 성부의 위격적 고유성과 창조 사역은 성부에게 속하며, 성자의 위격적 고유성과 구원의 사역은 성자에게 속한다. 성령의 위격적 고유성과 성화 내지 새 창조의 사역은 성령에게 속한다. 이와 같이 점유 개념은 삼위의 존재와 경세적 사역을 구별해준다(Moltmann 1980, 191 이하).

"페리코레시스", 곧 순환(그리스어 perichoresis, 라틴어 circuminsessio 혹은

circumcessio) 개념은 6세기에 가명(假名)의 시릴(Cyril)이 처음 사용한 것으로 추정되며, 다마스쿠스의 요한이 그것의 삼위일체론적 의미를 수용하였다. 이 개념은 두 가지 의미를 가진다. ① 첫째 의미는 하나의 존재가 다른 존재 안에 있다는 것, 곧 하나의 정적 상태 내지 상황을 말한다. 이 의미는 라틴어 *sedere*와 *sessio*에서 유래하며, 무엇 안에 자리 잡고 있음을 가리키는 *circuminsessio*로 번역되었다. 삼위일체에 있어 그것은 하나의 신적 위격이 다른 위격들 안에, 모든 면에서(*circum-*) 다른 위격들에 둘러싸여 있고 다른 위격들과 동일한 공간을 차지하며, 자기의 현존으로 그들을 채우는 것을 뜻한다. ② 둘째 의미는 한 위격이 자기 자신으로부터 나가서 다른 위격들 속으로 침투하며, 그들과 함께, 그들 안에서 함께 얽히는 것(interpenetration or interweaving of one Person with the others and in the others), 곧 서로 다른 위격에 참여하여 다른 위격과 결합하는 삼위의 영원한 동적 과정 또는 운동을 말한다. 이 둘째 의미는 *incedere*에서 유래하는 *circumincessio*로 번역된다(Boff 1988, 135 이하).

순환의 개념은 서로 구별되는 동시에 한 몸을 이루는 삼위의 관계성과 그들의 공동사역을 적절히 묘사한다. 그것은 "폐쇄적이거나, 자기-충족적인 하나님이 아닌, 개방성의 그리고 관계성의 하나님"을 나타낸다. 그것은 "아버지의 우선성보다도 하나님의 인격들 간에 평등과 사귐을 강조"한다(김수연 2008, 195, 196). 성부는 성자와 성령 안에, 성자는 성부와 성령 안에, 성령은 성부와 성자 안에 함께 침투해 있다. 그들은 모든 사역을 공동으로 수행하며 모든 것을 함께 나눈다. 따라서 성부의 창조, 성자의 구원, 성령의 성화와 새 창조는 삼위가 함께 참여하여 행하는 공동사역이라 할 수 있다. 성부는 성자와 함께 성령을 통해 세계를 창조한다. 성자가 십자가의 고난을 당할 때, 성부가 성령을 통해 함께 고난을 당하면서 구원의 사역을 함께 이룬다. 성령의 성화와 새 창조도 성령 안에 계신 성부와 성자와 함께 이루어진다.

결론적으로 우리는 하나님의 삼위일체를 다음과 같이 정의할 수 있다.

하나님의 삼위일체는 서로 구별되지만 나누어지지 않고 한 몸을 이루며, 모든 일을 함께 행하며 삶을 함께 나누는 하나님의 존재를 말한다. 그것은 "하나님은 사랑이다"라는 성서의 대 명제에 대한 설명이다. 우리는 이 하나님의 존재를 삼각형에 비유할 수 있다. 삼각형의 세 모서리(角)는 각자의 고유성과 함께 서로 구별된다. 그러나 세 모서리는 분리될 수 없이 결합되어 삼각형이란 "한 몸"을 이룬다. 결합되어 있지만 서로 구별되고, 구별되지만 하나로 결합되어 한 몸 됨의 유기체적 일치 속에 있다. 각 모서리에 일어나는 일은 다른 두 모서리에게도 일어난다. 이리하여 세 모서리는 삼각형의 삶을 함께 나눈다. 인간과 세계가 삼위일체 하나님의 피조물이라면, 그들은 삼위일체 하나님의 질서를 자신의 질서로 가진다(이에 관해 이 책의 제2권 "창조론" 참조).

구성신학자로 유명한 하지슨은 하나님의 삼위일체를 하나님과 세계의 관계를 나타내는 형상(shape)으로 이해한다. 성부는 세계와 중재되기 이전의 하나님에 대한 형상이요, 성자는 "하나님에 대한 타자성으로서 세계"에 대한 형상이요, 성령은 하나님과 세계의 중재를 통해 양자가 화해되는 것에 대한 형상이다(Hodgson 2000, 249-251). 하지슨의 이 생각은 성부·성자·성령을 즉자(An-sich), 대자(Für-sich), 즉대자(An-und-Für-sich)의 변증법적 원리로 해석한 헤겔에게서 유래한다. 여기서 하나님의 삼위일체는 세계사의 변증법적 원리에 대한 "종교적 표상"으로 이해된다. 이 표상을 "철학적 개념"으로 나타낸 것이 헤겔의 유명한 변증법이다. 이에 대해 우리는 지면상 다음과 같이 간단히 대답할 수 있다. 하나님의 삼위일체는 여성을 배제하는 가부장적·종교적 표상으로, 세계사의 변증법적 운동을 일으키는 근원으로 작용한다. 그러나 "삶의 운동 자체를 복제하는 사고의 변증법적 패턴"(250)이 곧 하나님의 삼위일체는 아니다. 삼위일체 하나님은 역사의 변증법적 "원리"가 아니라, 우리가 신뢰하고 찬양해야 할 인격적 존재이다. 인격적 존재로서 삼위일체 하나님은 세계사의 변증법적 운동을 자극한다.

E. 기독교의 철학적 유일신론의 전통과 정치적 기능

성서는 하나님을 "단 한 분"으로 고백한다. "그는 "유일하신 하나님"(요 17:3)이요, "홀로 하나이신 하나님"이다(딤전 1:17). 우리에게는 한 하나님 곧 아버지가 계신다(고전 8:6). "나 외에는 다른 신이 없다"(사 44:6)는 구절도 하나님의 한 분 되심, 곧 유일하심을 가리킨다. 초대 기독교는 이 한 분 하나님을 일찍부터 고대 그리스 철학이 말하는 만물의 "근원자" 내지 "제1원 인자"로 해석하였으며, 이 때문에 하나님은 줄곧 "일자"(一者)로 이해되었다. 이리하여 하나님의 삼위일체 되심을 간과한 이른바 철학적 유일신론이 기독교에 끊임없이 영향을 주게 된다(판넨베르크는 이를 가리켜 "추상적 유일신론"이라 부름). 이로 인해 초대 기독교는 삼위일체에 관한 끊임없는 논쟁에 부딪히게 된다.

초대교회의 변증가들 이후부터 기독교는 단 한 분 하나님, 곧 "*heis theos*"를 선포하였다. 여기서 우리는 초대 기독교가 일찍 하나님의 삼위일체를 고백했지만, 유대교적·철학적 유일신론을 극복하기 어려웠다는 사실을 발견한다(Ratzinger 1968, 129). 단 한 분으로서의 하나님에 대한 고백은 하나님을 단 하나의 최고 군주로 생각하는 단일신론과 쉽게 결합될 수 있었다. 단일신론의 *monarchia*란 단어는 그리스어 *monas*(유일자)와 *mia arche*(하나의 원인, 근원자)라는 단어에서 형성된 것으로 보인다. 추측하건대, 북아프리카의 알렉산드리아에서는 먼저 신적인 *monas*가 *arche*와 결합되어 *monarchia*라는 단어가 형성되었을 것이다. 이러한 단일신론적 표상을 통해 하나님을 최고의 지배자로 가진 단일 군주체제가 형성 및 강화될 수 있었고, 이 하나님을 믿는 기독교는 로마의 국가종교 내지 제국종교가 될 수 있었던 것이다. 이리하여 기독교는 로마제국의 질서와 평화와 안녕을 지켜주는 정치적 역할을 담당하였다(Moltmann 1980, 144 이하).

철학적 유일신론의 전통은 아리우스(Arius)의 종속론에도 나타난다.

"성자는 하나의 피조물이요 창조된 것이다. 그는 그의 본질에 있어 성부와 같지 않으며…오히려 그는 창조되었고 되어가는 존재들 가운데 하나이며…그는 우리 때문에 창조되었으며, 이것은 하나님이 마치 하나의 도구처럼 그를 통해 우리를 창조하기 위함이었다"(Ritter 1977, 131). 성부 하나님은 가장 높은 실체이며, 모든 피조물의 원인이 없는 원인, 곧 최고의 원인이다. 그는 나누어질 수 없기 때문에, 진술될 수도 없고 전달될 수도 없다. 하나님과 피조물들의 교통을 위해 한 분 하나님을 전달할 수 있는 중간존재, 곧 그리스도가 필요하다. 그는 한 분 하나님의 피조물로서 최초의 피조물이다. 그는 다른 피조물에 대하여 모범이 되지만, 한 분 하나님 아래 종속되어 있는 존재이다.

철학적 유일신론의 전통은 양태론에도 나타난다. 양태론의 대변자였던 사벨리우스에 의하면, 하나님은 단 한 분이다. 그러나 그는 자기의 계시와 구원의 역사에 있어 세 가지 양태(modus)를 취한다. 곧 창조자, 구원자, 생명을 주시는 자의 양태로 나타난다. 성부·성자·성령은 단 한 분 하나님이 활동하는 세 가지 방식 또는 양태이다. 여기서 양태론은 엄격한 의미에서 삼위일체론이 아니라 사실상 유일신론이다. 본질적으로 하나님은 단 한 분이요, 성부·성자·성령의 세 위격은 한 분 하나님의 활동양태에 불과하기 때문이다.

테르툴리아누스(Tertullianus)는 종속론과 양태론의 문제점을 극복하면서 삼위일체론의 기초를 형성한다. 하나님은 영원 전부터 한 분이지만 혼자는 아니다. 그의 단일성은 수적(數的) 단일성 혹은 일원론적 단일성이 아니라, 그 자체 안에 이미 구별이 있는 단일성이다. 로고스, 곧 성자는 영원한 출생의 행위(generatio)를 통해 하나님에게서 나오며, 이를 통해 "성자"로 된다. 성부는 성령을 통해 성자를 파송하며, 성령은 신적 실체의 단일성을 통해 성부와 성자와 결합되어 있다. 이와 같이 단 한 분 하나님은 그 자체 안에 셋으로 구별되어 있다. 테르툴리아누스는 이것을 ① 한 실체 - 세 인격(una substantia - tres personae), ② 구별되지만 나누어지지 않으며,

구분되어 있으나 분리되지 않음(*distincti, non divisi, discreti, non separati*)이라 표현하며, ③ 한 마디로 *trinitas*(삼위일체)라 부른다.

그러나 우리는 테르툴리아누스에게서도 철학적인 유일신론적 사고가 완전히 극복되지 않았음을 발견할 수 있다. 그에 의하면 성자는 성부에게서 나온 자이며, 성령은 성자의 한 부분이다. 성부는 전체로서의 신적 실체이고, 성자와 성령은 전체의 부분들이다. 성자와 성령은 그들의 존재를 성부로부터 얻으며 그의 뜻을 수행한다. 세계의 구원과 완성이 성취될 때, 그들은 자신의 주권을 성부에게 넘겨줄 것이다. 그러나 성자와 성령이 세계의 창조와 구원을 위해 성부로부터 나왔다면, 창조와 구원이 목적에 도달했을 때, 성자와 성령은 성부 되신 일자(一者) 안으로 돌아갈 수밖에 없을 것이다. 그렇다면 한 분 하나님은 창조와 구원에 있어서만 삼위일체적 존재로 생각되고, 자기 자신에 있어서는 삼위일체적 존재로 생각될 수 없을 것이다(153-154).

철학적 유일신론의 전통은 중세 신학에서도 계속된다. 아퀴나스는 "한 분 하나님에 관하여" 기술한 다음, "삼위일체 하나님에 관하여" 기술한다. 개신교 정통주의 신학도 먼저 "하나님에 관한" 일반적 신론을 기술한 다음, "거룩한 삼위일체에 관한 비밀"을 기술한다(Moltmann 1972, 186 이하). 정통주의 신학자 칼로프(A. Calov)처럼, 신론은 삼위일체론 없이는 불완전하며 삼위일체론과 함께 완성된다고 주장한 신학자도 있었지만, 삼위일체론은 신학의 역사에서 "일반적 신론에 대한 하나의 부록처럼" 다루어졌다(Pannenberg 1988, 306).

철학적 유일신론의 전통은 칼 바르트의 삼위일체론에도 나타난다(Moltmann 1980, 154-161). 성부·성자·성령은 단 한 분 하나님의 "반복" 혹은 "존재양식"(Seinsweise)이다! 이로써 바르트는 그가 극복하고자 했던 양태론으로 빠지며, 철학적 유일신론의 전통을 극복하지 못한다. "하나님은 세 번의 반복 가운데서 단 한 분 하나님이요…그는 오직 이 반복 가운데서 단 한 분 하나님이다"(Barth 1964, 369). "'하나님은 성부·성자·성령의 세

가지 존재양식 안에서 한 분이다'라는 명제는, 단 한 분 하나님, 즉 단 하나의 주님, 단 하나의 인격적 하나님은…성부의 양식으로, 성자의 양식으로, 성령의 양식으로 존재한다는 것을 뜻한다"(379). "이와 함께, 다시 말해 삼위일체론과 함께 우리는 기독교적 유일신론(christlichen Monotheismus)의 기반을 다지게 된다"(374).

오늘날에도 우리는 "기독교는 유일신론을 믿는다"고 주장하는 그리스도인들을 만날 수 있다. 이들은, 하나님은 단 "한 분"이라는 성서의 기록에 근거하여(롬 3:30; 고전 8:4, 6; 딤전 2:5), 하나님을 "일자"로 생각한다. 그러나 우리는 "한 분" 하나님을 삼위일체 하나님으로 생각해야 할 것이다. 삼위일체 하나님은 단 "한 분"이요, "그 외에는 다른 신이 없다"는 뜻으로 해석해야 할 것이다. 만일 "한 분"을 "일자"로 생각하고 이 일자를 예수가 그의 "아버지"라 부르는 하나님으로 생각한다면, 기독교는 유대교의 유일신론에 빠질 것이며, 예수는 신적 존재가 되지 못할 것이다. 그렇게 되면 예수는 지금도 유대교가 주장하는 것처럼 한 예언자나 순교자에 불과할 것이다. 예수는 더 이상 신적 구원자가 될 수 없을 것이다. 이것이 사실이라면 기독교는 굳이 유대교에서 분리될 필요가 없었을 것이며, 하르낙이 주장한 것처럼 하늘에 계신 아버지 하나님만을 믿는 것만으로 충분할 것이다.

기독교가 유대교에서 분리될 수밖에 없었던 근본 이유는, 기독교가 예수를 단지 한 인간으로 보지 않고 신적 메시아로, 하나님의 아들로 보았으며, 그의 삶과 죽음과 부활의 경험 속에서 메시아적 구원을 보았기 때문이다. 그러므로 예수의 뒤를 따르던 무리들이 예수를 "메시아"로 경험했고, 이 "메시아"가 예수의 이름, 곧 그리스어 *Christos*가 되었다. 그러므로 삼위일체론은 하나의 사변에 기초한 초대교회의 교리에 불과한 것이 아니라 예수의 구원 사건에 대한 통찰에서 생성된 것이며, 유대교의 유일신론과 세계 다른 종교들의 다신론과 범신론에서 구별되는 기독교 특유의 신관이라 말할 수 있다. 만일 하나님의 삼위일체를 부인한다면, 기독교도 유대교의 유일신론을 믿는다고 보아야 할 것이며, 기독교는 유대교로 환원되어야 할 것이다. 게다가 유대교처럼 장차 오실 메시아를 기다려야 할 것이다.

앞서 살펴본 바와 같이 유일신론은 기독교가 포기할 수 없는 중요한 진리들을 담고 있다. 그러나 일련의 학자들은, 하나님을 "일자" 내지 "제1원인자"로 보는 철학적 유일신론이 그 속에 정치적 기능을 가지고 있음을 지적한다(Moltmann 1980). 그들의 주장에 따르면, 제1원인자 혹은 최고의 신 아래에는 지상에서 그의 통치권을 대리하는 왕이나 황제가 있다. 황제는 땅 위에 있는 신의 대리자요 국가의 아버지, 곧 국부(國父)다. 황제 아래에는 대제사장 혹은 대사제가 있다. 그는 종교적 아버지, 곧 교부(敎父)다. 그 아래에는 가정의 머리가 되는 가부(家父)가 있고, 그 아래에는 부인과 자녀들, 종이나 노예가 있다. 여기서 위와 아래, 명령자와 복종자의 위계질서가 형성된다. 이 질서에 불복종하는 것은 신에 대한 불복종이다. 이와 같이 철학적 유일신론은 지배 이데올로기의 기능을 가진다.

철학적 유일신론의 정치적 기능을 통해 기독교는 로마 황제와 그 이후 서구 기독교 국가의 통치권과 지배체제를 정당화시키고 국가의 위계질서를 유지하는 역할을 하게 된다. 기독교는 로마 황제를 통해 국가종교의 예우를 받는 대신 로마 황제에게 지배 이데올로기를 선사한다. 한 하나님 - 한 황제 - 한 교황 - 한 교회 - 한 제국의 완벽한 지배체제를 통해 황제는 절대 권력을 주장할 수 있게 된다.

철학적 유일신론의 정치적 기능은 국가는 물론 인간의 모든 공동체를 구성하는 원리로 작용한다. 최고의 유일신의 종교적 대변인인 교황과 그 아래 있는 추기경 - 주교 - 사제들의 계급질서가 형성된다. 가족 공동체는 아버지를 머리로 가진 가부장적 계급질서를 가진다. 위에 있는 자는 명령하고 억압할 수 있는 권리를 가진 반면 아래 있는 자들은 위에 있는 자에게 무조건 복종해야 할 존재로 생각된다. 공무원은 국민의 세금에서 월급을 받음에도 불구하고, 국민 위에 군림하는 권위적 존재로 생각된다.

철학적 유일신론의 정치적 기능은 군주론이란 단어에 분명히 나타난다. 군주론, 곧 monarchism이란 단어는 그리스어 *monas*와 *arche*의 합성어이다. *monas*는 "유일한, 단 하나의, 홀로"라는 뜻을 가지며, *arche*는 "근원"이란 뜻을 가진다. 그러므로 두 단어는 "단 하나의 근원", "유일한 근원"을 뜻하는데, 바로 이것이 *monarch*, 곧 군주 혹은 왕을 뜻하며, *monarch*에서 파생된 것이 *monarchianism*(군주론)이란 단어이다. 군주제 혹은 왕정을 뜻하는 그리스어 *monarchia*, 단 하나의 통치자를 뜻하는 *monarchos*, 다스리다를 뜻하는 *monarcheo*는 모두 위의 두 단어에서 파생된 단어들이다.

그런데 고대 그리스 사상에 의하면 *arche*는 만물의 근원자, 곧 신을 뜻한다. 따라서 *monarch*, 곧 군주는 유일한 근원자 혹은 신이라는 뜻을 그 속에 담고 있다. 세계의 모든 것이 만물의 근원자, 곧 신에게서 나왔고 그에게로 돌아간다. 모든 것은 신적인 조화와 질서 속에서 움직인다. 세계는 신의 왕국, 곧 monarchy이다. 이 세계를 현실적으로 다스리는 왕, 곧 *monarch*는 신의 현신이요 전권 대리자이다. 그는 신의 아들 혹은 신의 형상이다. 고대의 많은 민족들이 왕이나 황제를 신의 아들, 신의 형상, 신의 현신이라 믿었다. 그러므로 이들은 "왕이 곧 법이다"라고 말할 수 있게 된다.

철학적 유일신론의 정치적 기능은 다신론이나 범신론에도 나타난다. 고대 그리스의 신화도 제우스 신을 최고의 신으로 가진 신들의 계급체제를 보여준다. 우리 주변에 있는 어떤 종교의 사원에서도 우리는 무서운 얼굴을 가진 신적 존재들의 계급질서를 볼 수 있다. 그 신들 아래에는 왕이나 황제가 있고, 그 아래에는 종교의 최고 통치자가 있고, 또 그 아래에는 가정의 통치자들인 남편 내지 아버지가 있다. 이러한 계급체제에는 친교와 대화를 통한 의견의 일치 대신, 일방적 명령과 복종의 윤리가 지배하게 된다. 대화의 문화가 사라지고, 자기의 생각과 명령에 순응하지 않으면 화를 내고 일방적으로 그것을 관철하는 사회적 환경(*ethos*)이 형성된다. 이로 인해 개인의 창의성과 생동성이 억압되고, 공동체는 경직성에 빠진다.

F. 메시아적 현실을 계시하는 하나님의 삼위일체

하나님의 삼위일체는 하나님이 약속하는 새로운 생명의 세계를 계시한다. 먼저 그것은 "근원적인 상호 관계 안에서, 서로를 위하여, 서로를 향하여, 서로 안에서, 서로 함께 존재하고 활동"하는 새로운 인격을 나타낸다(오영석 1999, 87). 그것은 "삼위일체적 영성의 인격"을 계시한다. 삼위일체적 영성의 인격은 "자신의 열등감과 억압된 무의식을 더 이상 상대방에게 투사하지 않는다." 그는 "다른 사람의 실수를 더 이상 정죄하지 않으며, 타자의 약점을 기꺼이 허용하며, 약한 자의 아픔을 자아 안으로 수용한다. 그에게 대극적 대립과 갈등의 인간관계는 줄어들고, 아픔의 공유를 통한 평화와 기쁨의 시간이 늘어난다." 인식 주체와 인식 대상의 하나 됨 속에서 대상을 인식하는 새로운 인식 방법, 곧 "창조 세계의 본래적 질서"가 생성된다. 아픔의 나눔 속에서 "내 이웃은 더 이상 나의 객관적 관찰의 대상이 아니라 오히려 내 몸이 된다. 그 때 나는 내 이웃을 내 몸처럼 사랑(레 19:18)하게 된다." "현실 세계 안의 질병과 신들림, 그리고 장애인과 소외되고 고난당하는 사람에 대하여 눈을 뜨게 되며, 그 아픔이 하나님에 의하여 긍정되고, 하나님의 신성 안으로 받아들여진다는 사실을 발견한다"(신준호 2005, 71-73).

또한 하나님의 삼위일체는 새로운 공동체의 질서를 제시한다. 그것은 명령과 복종의 위계질서가 아니라 모든 구성원들이 자기의 개체성 속에서 구별되는 동시에 한 몸을 이루며 모든 짐을 함께 짊어지는, 하나님의 정의와 사랑이 있는 아름다운 생명의 세계, 곧 삼위일체 하나님의 나라를 계시한다. 그것은 세계의 모든 공동체가 삼위일체 하나님의 "유기적인 관계"에 상응해야 할 것을 시사한다(최승태 2003, 208). 땅 위의 모든 공동체는 모든 것을 함께 나누며 모든 짐을 함께 짊어지는 형제자매들의 공동체가 되어야 한다. "진리가 아니라 권위가 법을 만든다"(*Auctoritas, non veritas facit legem*)는 홉스(Th. Hobbes)의 주장에 반하여, 진리가 법을 만드는 공동체가 되어야 한다. 삼위일체는 자연을 포함한 온 세계가 형제자매들의 공동체가 되어야 함을 시사한다.

삼위일체의 공동체적 질서 속에는 권위와 억압 대신에 모든 구성원들의 자유가 있다. 명령과 복종 대신에 대화와 자발적 봉사와 헌신이 있다. 그러므로 하나님의 삼위일체는 전제 군주주의, 독재주의, 절대주의, 제국주의, 인종차별주의를 거부하고 자유의 나라를 지향한다. 삼위일체 하나님의 역사는 "자유의 역사"이다(Hegel). 그것은 인간에 의한 인간의 억압과 예속과 착취를 거부하고, 모든 인간과 자연의 피조물이 형제자매의 관계 속에서 자유로운, 자유로우면서 모든 것을 함께 나누는 하나님의 나라를 가리킨다. "삼위일체 하나님에게 상응하는 것은 한 지배자의 왕정이 아니라 특권과 예속이 없는 사람들의 공동체이다.…삼위일체에 상응하는 것은 위격들이 힘과 소유를 통해 서로 적대적으로 결정되지 않고, 함께 하는 그들의 관계들을 통해, 서로를 위한 그들의 의미를 통해 결정되는 공동체이다"(Moltmann 1980, 215).

또한 삼위일체는 개인주의와 집단주의를 넘어서는 제3의 대안을 제시한다. 하나님의 삼위일체에 있어, 삼위는 각자의 고유성 또는 개체성을 가지는 동시에 한 몸을 이룬다. 한 몸을 이루지만, 집단 속에 폐기되지 않고 각자의 고유성 내지 개체성을 소유한다. 공동체의 유익을 무시한 개인주의는 하나님의 삼위일체에 상응하지 않는다. 이와 동시에 구성원의 개체성을 무시하는 집단주의도 삼위일체에 상응하지 않는다. 개인주의도 위험하지만, 집단주의도 위험하다. 개인주의는 공동체성과 사회적 단합을 파괴하는 반면, 집단주의는 개인의 개체적 다양성과 자유를 파괴한다. 하나님의 삼위일체는 개체적 다양성과 자유를 인정하는 동시에 공동체적 일치를 요구하는 제3의 길, 곧 인격적 공동체, 공동체적 인격을 제시한다. 그것은 "사회적 인격주의 내지 인격적 사회주의"를 시사하며, 개인의 권리와 사회의 권리가 조화된 사회, 인간성 있는 사회를 향한 전망을 열어 준다.

예수 안에 계시되며 그의 부활을 통해 약속되는 하나님의 나라는 모든 피조물이 각자의 개성과 고유성을 유지하면서 서로의 존재에 참여하여 한 몸을 이루며, 모든 것을 함께 나누는 세계이다. 그것은 하나님의 정의와 사랑이 모든 것을 결정하는 새로운 삶의 공동체다. 하나님의 삼위일체는 바로 이 하나님 나라의 미래를 계시한다. 여기서 우리는 삼위일체가 메시아적 성격을 가지고 있다는 사실을 발견한다. 삼위일체는 하나님의 메시아성을 나타낸다. 삼위일체 하나님은 그의 삼위일체적 존재에 상응하는 새로운 생명의 세계를 계시하며, 이 세계를 향한 인간의 인격과 세계의 자기부정과 개혁을 요구한다.

앞서 기술한 것처럼, 삼위일체 하나님의 흔적들이 피조물들 가운데 있다. 그러나 이 흔적들은 인간의 탐욕과 죄로 인해 깨어지고 이지러진 상태에 있다. 삼위일체의 참 흔적은 십자가에 달린 예수 안에 있다. 하나님의 삼위일체에 상응하는 삼위일체적 새로운 생명의 현실이 예수 안에 계시되며 또 약속된다. 이 삼위일체적 현실이 인간의 인격과 교회 공동체 안에 나타나야 한다. 모든 인격은 "삼위일체적 영성의 인격"으로, 모든 공동체는 "삼위일체적 공동체"로 변화되어야 한다. 온 세계가 하나님의 삼위일체적 현실을 향해 변화되어야 한다. 이런 점에서 하나님의 삼위일체는 유토피아적·메시아적 성격을 가지며, 세계사를 이끌어가는 변증법의 근원이 된다. 하나님의 삼위일체는 "탐욕과 불의로 무너져가는 우리의 공동체를 서로를 위하여 상호 작용 속에서 갱신하며 생명, 정의, 평화의 공동체로 부활시키도록 자극하고 영감을 준다"(오영석 1999, 89).

5
하나님의 속성

A. 속성론의 문제성과 불가피성

1) 앞서 기술한 바와 같이, 하나님은 인간의 사고 능력에 의해 완전히 파악될 수 없는 "비밀"이다. 그러나 기독교의 모든 이론과 실천은 언제나 "하나님은 어떤 분인가?"에 대한 이해를 전제하고 있다. "하나님은 사랑이다", "하나님은 거룩하다"라고 말할 때, 우리는 하나님을 "사랑"으로, "거룩한 분"으로 이해한다. 교회의 설교는 물론 그리스도인들의 삶과 행동 역시 하나님에 대한 그 나름대로의 이해에 기초한다.

   a. 전통적으로 기독교 신학은 하나님의 본질(*substantia*)과 속성(*attributa*)에 관한 이론을 통해 "하나님이 어떤 분인가?"를 설명하였다. 본질이 피조물과의 관계를 떠난 하나님의 존재 자체의 특성을 가리킨다면, 속성은 피조물과의 관계, 곧 세계에 대한 그의 경륜에 있어서 하나님이 가진 그의 특성을 가리키는 개념으로서 구별되었다. 그러나 아래의 몇 가지 근거로 인해 본질과 속성의 구별은 무의미하다고 볼 수 있다.

   ① 하나님은 그의 존재 자체에 있어 피조물의 세계와 관계되어 있다.

따라서 자기 자신 안에 계시는 하나님의 본질과 세계에 대한 관계 속에서 계신 하나님의 속성을 구별하는 것은 적절하지 않다.

② 어떤 사물의 본질은 다른 사물들로부터 구별되며 언제나 변하지 않고 존속하는 그 사물의 독특성 내지 고유성을 가리킨다. 그런데 그 사물의 독특성 내지 고유성은 그의 속성들을 통해 나타난다. 우리는 속성 없는 어떤 사물의 본질을 상상할 수 없다. 그러므로 하나님의 본질과 속성을 구별하는 것은 무의미하다.

③ 성서에 기록된 하나님의 명칭들은 신적 본질을 가리키는 이름이 아니라, 활동하는 하나님에 대한 인간의 경험을 나타낸 것에 불과하다. 이로써 성서는 하나님의 본질에 대한 질문을 거절하고, 하나님의 능력 있는 활동과 이 활동에 나타나는 하나님의 속성들을 가리킨다. "주님은 자비롭고, 은혜로우시며, 노하기를 더디하시며, 사랑이 그지없으시다"(시 103:8; 145:8; 출 34:6 참조).

루터교 정통주의 신학은 세계에서 분리된 하나님의 내적 존재 자체의 속성과, 피조물과의 관계에 있어 하나님이 가진 속성을 다음과 같이 구별한다(Pöhlmann 1973, 75).

① 절대적, 내재적, 혹은 정체적 속성(*attributa absoluta s. immanentia s. quiescentia*): 완전성(*perfectio*), 고귀(*majestas*), 복되심(*beatitudo*), 단일성(*unitas*), 단순성(*simplicitas*), 영성(*spiritualitas*), 불가시성(*invisibilitas*), 진리(*veritas*), 선하심(*bonitas*), 독립성(*independentia*), 영원하심(*aeternitas*), 측량할 수 없음(*immensitas*), 불변하심(*immutabilitas*), 파악될 수 없음(*incomprehensibilitas*), 고난 받을 수 없음(*impassibilitas*).

② 세계와 관계된 활동적 속성(*attributa respectiva s. operativa*): 생동성(*vita*), 불멸성(*immortalitas*), 이성(*intellectus*), 의지(*voluntas*), 전지(*omniscientia*), 지혜(*omnisapientia*), 자유(*libertas*), 인자하심(*benignitas*), 사랑(*amor*), 은혜(*gratia*), 자비(*misericordia*), 인내(*patentia*), 거룩(*sanctitas*), 의로우심(*justitia*), 능력(*potentia*), 참되심(*veracitas*).

개혁파 정통주의 신학은 하나님만이 가진 비공유적 속성과, 하나님과 피조물이 공동으로 가진 공유적 속성을 구별한다. 한국 장로교회 합동측 신학자 이범배 교수는 개혁파 정통주의 신학의 전통을 따라 속성을 실재하는 모든 사물의 "제1원인 또는 근원이 되시며 그리고 자존하시는 절대자"로서 하나님이 가진 "비공유적 속성"(incommunicable attributes)과, 불완전하지만 인간이 소유한 속성과 유사한 "공유적 속성"(communicable attributes) 혹은 "전달할 수 있는 속성"을 구별한다. 전자는 "하나님만이 홀로 가지고 계시며 인간은 가질 수 없는 속성"을 말하며, 후자는 "하나님뿐만 아니라 인간도 가질 수 있는 속성"을 말한다. 비공유적 속성에는 독립성(independence), 불변성(unchangeableness or immutability), 영원성(eternity), 편재성(omnipresence), 단일성(unity) 등이 속하며, 공유적 속성에는 영성(spirituality), 전지(omniscience), 지혜(wisdom), 선하심(goodness), 사랑(love), 신성(holiness), 공의(righteousness or justice), 통치권(sovereignty), 성실(truthfulness) 등이 속한다(이범배 2001, 110 이하).

하나님의 속성에 대한 개신교 정통주의 신학의 이러한 구별은 중세 스콜라신학자였던 토마스 아퀴나스의 『신학대전』에서 유래한다. 전자의 속성들, 곧 내재적 속성과 비공유적 속성(무한성, 영원성, 편재성 등의 속성들)에 있어, 기독교 신학은 고대 그리스 철학의 만물의 근원자 혹은 제1원인자 개념의 영향을 크게 받았다. 이에 반해 후자의 속성들, 곧 공유적 속성과 관계적 속성(전능, 전지, 사랑, 공의 등의 속성들)은 성서의 영향을 강하게 받았다(Joest 1984, 129).

전통적 속성론의 첫째 문제는 공유적 속성과 비공유적 속성, 내재적 속성과 활동적 속성에 대한 구별이 모호하다는 점이다. 헤르만 크레머(Hermann Cremer)가 1897년에 지적한 바와 같이, 하나님의 내적 존재는 이미 그 자체에 있어(an sich) 피조물에 대한 "행동" 가운데 있다. 하나님의 내적 존재와 행동은 분리될 수 없이 함께 속한다. 하나님의 행동은 "그의 존재의 완성된 활동"이다(Cremer 1897, 19: die vollendete Bethätigung seines

Wesens). 하나님의 내적 존재는 피조물에 대해 행동하며 자기를 나타내는 모습 그대로다.

그러므로 우리는 피조물을 향한 하나님의 행동과 역사로부터 그의 속성을 설명해야 할 것이다. 성서의 기자들도 피조물에 대한 하나님의 행동과 역사로부터 하나님이 어떤 분인가를 이야기한다. 그리고 이들의 이야기는 하나님에 대한 객관적 서술이 아니라 하나님의 행동과 그의 은혜에 대한 고백과 찬양의 성격을 가진다. 그것은 찬미(Doxologie)에 가깝다(Joest 1984, 158). 따라서 하나님의 존재 자체의 내재적 속성과, 피조물과의 관계에 있어서 하나님이 가진 관계적 속성, 비공유적 속성과 공유적 속성의 객관적 구별은 타당하지 않다.

더욱이 그 구별의 기준이 매우 모호하고 인위적이다. 하나님은 단지 피조물에 대한 관계에 있어서만 사랑과 은혜와 자비가 아니라 그의 내재적 존재 자체에 있어서도 사랑과 은혜와 자비인 것이다. 하나님에게만 속한 비공유적 속성들은 인간에게서도 부분적으로 발견된다. 예를 들어 우리는 사랑의 영을 통해 어느 정도 편재할 수 있고 단일적일 수 있다. 그들은 하나님의 영 안에서 삼위일체 하나님의 영원한 생명에 참여한다. 영원한 생명은 장차 그리스도인들에게 주어질 "미래적인 것"인 동시에, 성령의 능력 안에서 지금 이 땅 위에서 경험되는 "현재적인 것"이다. 스콜라 신학에 의하면 가장 높은 존재(summum esse)이신 하나님은 창조를 통해 그의 피조물들이 자신의 완전한 존재에 참여하도록 허락하였다. 그렇다고 해서 우리가 존재의 유비(analogia entis)를 인정하는 것은 아니다. 단지 삼위일체 하나님의 삶과 그의 속성에 대한 참여를 말할 뿐이다. "그의 자유 안에 계신 하나님의 속성들은 절대적으로 비공유적이지 않다"(Weber 1972, 465). 그러므로 만물의 근원자로서 하나님의 속성에 관한 철학적 개념들은 물론 "전통적인 공유/비공유적 속성 구분도 우리는 따르지 않는다"(유해무 1997, 172).

b. 전통적 속성론의 둘째 문제는 성서에 근거하기보다, 고대 그리스

철학에 의존하는 데 있다. 이리하여 성서가 증언하는 하나님의 참 모습을 적절히 나타내지 못한다. 중세 스콜라 신학은 하나님을 "존재 자체"(esse ipsum)라고 정의하였다. 즉 하나님은 존재하기 위해 어떤 다른 것을 전제로 갖지 않은 존재로서, 모든 다른 존재자들의 존재 근거로 이해되었다. 개신교 정통주의 신학은 스콜라 신학의 전통을 따라 하나님을 "무한한 영적 존재"(ens infinitum spirituale)로 정의한다. 이러한 개념들은 성서에서 그의 백성들과 함께 계시며 그들과 동행하는 하나님의 모습과 어울리지 않는다.

고대 그리스 철학의 영향을 받은 불변성, 불감수성 등의 속성도 성서가 증언하는 하나님의 모습과 어울리지 않는다. 오히려 이것과 모순된다. 피조물들은 생성에서 소멸에 이르기까지 변화의 과정 속에 있으며 열정(pathos)을 가진다. 그러므로 피조물들은 고난을 당할 수밖에 없다. 그러나 하나님은 완전한 존재이므로 변화하지 않는다. 그러므로 하나님은 고난을 당할 수 없다. 하나님은 무감각(apatheia)을 그분의 본성으로 가진다. 그러나 예수 그리스도 안에서 하나님은 생명에 대한 사랑의 열정 속에서 민감성을 가지며 고난을 당하는 분으로 계시된다. 그는 시간과 공간의 한계가 없는 존재가 아니라 스스로 시간과 공간의 한계를 수용한다.

성서에서 하나님은 때로 후회하기도 하고, 그의 계획을 변경하기도 한다. 기독교 신앙에서 하나님은 일자(一者)가 아니라 삼위일체 되신 분이다. 피조물이 하나님에게 의존하는 동시에, 하나님도 피조물에게 의존한다. 피조물이 고통을 당할 때, 하나님도 고통을 당한다. 자기의 백성이 당하는 고난의 부르짖음을 들으시는 하나님(출 3:7 이하), 예수의 십자가에서 죽음의 고통을 함께 당하는 "십자가에 달린 하나님"은 "불감수성"(impassibilitas)이라는 고대 그리스 철학의 속성 개념에 철저히 모순된다. 그러므로 만물의 근원자, 제1원인자 개념에 근거하여 하나님에게 적용하는 불변성, 독립성, 전지 등의 개념들은 성서가 증언하는 하나님의 구체적 면모를 드러내지 못한다.

이 책의 "신론"에서 우리가 "성서가 증언하는 하나님"을 먼저 고찰한 이유가 여기에 있다. 예를 들어 새로운 생명의 세계를 "약속하는 하나님", 그의 백성을 억압과 고통에서 해방시키고 약속한 땅을 향해 광야를 유리하는 출애굽의 하나님, 예수의 십자가에서 죽음의 고통을 함께 당하는 "십자가에 달린 하나님"은 전통적 속성의 개념들 속에서 발견하기 어렵다.

또한 현대세계에서 전통적 속성의 개념들 가운데 상당 부분은 의미를 상실한 것처럼 보인다. 수백만, 수천만 명에 달하는 인간의 생명이 전쟁에서 죽음을 당하는 현실 속에서 하나님의 전지, 전능, 사랑, 불변, 고난을 당할 수 없음을 이야기하는 것은 거의 무의미하게 들릴 수 있다. 만일 하나님이 전지전능하다면, 왜 그는 이 세계의 말할 수 없는 불의와 억울한 고난과 죽음을 허용하는가? 우리는 "마치 하나님이 주어지지 않은 것처럼"(etsi Deus non daretur) 살아야 한다는 본회퍼의 말은, 전통적 속성의 개념들이 무의미하게 된 현대세계의 하나님 부재의(?) 상황을 나타낸다. 그러므로 이 개념들은 새롭게 해석될 필요가 있다.

전통적 속성론의 셋째 문제는 속성을 알 수 있는 방법에 있다. 우리는 하나님의 속성을 어떻게 알 수 있는가? 중세신학과 개신교 정통주의 신학은 주후 5세기 위(僞) 디오니시우스(Pseudo Dionysius Areopagita)가 말한 "세 가지 방법"(triplex via)을 통해 이 문제에 대답하였다.

a. 상승의 방법(via eminentiae): 피조물들이 가진 속성들을 최고로 상승시킴으로써 하나님의 속성을 추론하는 방법을 말한다. 예를 들어 피조물들은 지적 능력을 가진다. 이 능력을 최고로 상승시킬 때, 하나님은 "전지"(全知), 곧 "모든 것을 아신다"는 속성을 얻게 된다. 전지와 더불어 전능, 완전, 의, 사랑, 거룩 등의 속성들은 이 방법으로 얻을 수 있는 속성들이다. 이 속성들은 정도의 차이는 있으나, 하나님과 피조물에 대해 적용될 수 있으므로 "공유적 속성"이라 불릴 수 있다. 이 방법은 하나님과 피조물의 존재의 유비(analogia entis), 곧 존재의 비교될 수 있는 유사성을 전제한다. 만일 양자 사이에 존재의 유비가 없다면, 양자에 대해 함께 적용할 수 있

는 속성도 없을 것이다.

b. 부정의 방법(*via negationis*): 피조물들에게서 발견되는 불완전한 속성들을 부정함으로써 하나님의 속성을 추론하는 방법을 말한다. 예를 들어 모든 피조물은 의존적 존재, 사멸하는 존재, 변화하는 존재, 유한한 존재다. 의존성, 사멸성, 가변성, 유한성의 부정은 독립성, 불멸성, 불변성, 무한성이다. 이리하여 독립성, 불멸성, 불변성, 무한성 등이 하나님의 속성으로 도출된다. 독일어의 Un-endlichkeit(비유한성), Un-veränderlichkeit(비변화성), Un-ermesslichkeit(비측량성), 라틴어 *im-passibilitas*(불감수성), 한국어의 불-멸성, 불-변성 등의 개념들은 부정의 방법을 통하여 얻게 되는 하나님의 속성을 예시한다.

c. 인과율의 방법(*via causalitatis*): 결과에서 원인으로 소급하여 최고의 원인자 되신 하나님의 속성이 무엇인가를 추론하는 방법을 말한다. 이것은 "상승의 방법"과 대동소이하다. 생동성, 능력 등의 속성들은 이 방법을 통해 얻을 수 있다. 이 방법도 하나님과 피조물 사이의 존재 유비를 전제한다.

이 세 가지 방법이 지닌 문제들로부터, 우리는 속성론의 일반적 문제점을 볼 수 있다. 곧 세 가지 방법은 피조물을 향한 하나님의 행위와 의지에 대한 성서의 증언에 근거하지 않고, 하나님을 세계의 근원자, 제1원인자로 보는 고대 그리스 철학의 우주론적 방법에 근거한다. 세 가지 방법은 출애굽과 창조의 하나님, 예수 그리스도 안에 계시되는 하나님으로부터 출발하지 않고, 고대 그리스 철학의 우주론적·인과론적 범주에서 출발한다. 이 방법들은 절대적 긍정(높임 혹은 상승)의 방법이든 아니면 절대적 부정의 방법이든 간에 피조물의 세계로부터 출발하여 하나님의 속성을 정의한다. 부정의 방법은 긍정의 방법과 동일한 범주에 속한다. 여기에 하나님과 피조물 사이의 존재의 유비가 전제되어 있다. 세 가지 방법은 "신플라톤주의로부터 오는 그들의 유래를 분명히" 나타내며, 피조물의 근원자로서 피조물의 속성을 연장시킨 궁극적 존재의 표상에 근거한다

(Weber 1972, 455).

속성론에 들어 있는 보다 근본적인 문제는 인간이 만든 개념들을 가지고 하나님의 속성을 규정한다는 데 있다. 인간이 만든 모든 개념들은 세계에 대한 인간의 경험에 근거한다. 예를 들어 우리는 둥근 책상, 세로형 책상, 가로형 책상 등 개별 책상들로부터 "책상"이란 개념을 추상화시키며, 이 개념을 의사소통의 수단으로 삼는다.

하나님의 속성을 나타내는 개념들도 세계에 대한 인간의 경험에 근거한다. 예를 들어 전지전능이란 하나님의 속성은 세계에 속한 피조물의 제한된 지식과 능력에 대한 우리 인간의 경험을 추상화시킨 것이다. 무소부재란 속성은 특정한 공간에 제한되어 있는 인간의 부자유한 실존에 대한 경험과, 시간적·공간적 제한에서 자유롭고 싶은 인간의 동경에서 유래한다. 이리하여 우리는 "신인동형론적인, 유한한 사물들에 유사한 속성들"을 하나님에게 부여한다. 이 속성들은 "인간과 그의 세계 경험의 제한성들을 신적 본질의 표상으로 투사시킨 것(Projektion)"이요, "하나님에게 부여된 속성들에 있어 상징적 신인동형론"을 피할 수 없게 된다. 따라서 우리는 하나님의 속성에서 "(하나님에게 부여된 무한성에 반대되는) 유한성의 흔적들과 신인동형론적 면모(Züge)"를 보게 된다(Pannenberg 1988, 393 이하). 바로 여기에 속성론은 물론 하나님에 관한 모든 신학적 지식과 이론의 근본적인 문제점이 있다. 그것은 곧 세계에 대한 인간의 경험에서 유래하는 인간의 개념들을 가지고 세계에 속하지 않은 하나님의 속성을 정의하는 데 있다.

2) 이와 같이 속성론이 문제점을 갖고 있지만, 이것은 기독교 신앙과 신학에 있어 반드시 필요하다. 하나님은 인간이 아니요, 인간의 언어로 나타낼 수 없는 "비밀"이다. 그러므로 그는 인간의 모든 표상과 개념을 넘어선다. 그럼에도 불구하고 우리는 하나님이 어떤 분인지, 곧 하나님의 속성에 대해 이야기하지 않을 수 없다. 신학적 토론에서나 교회의 설교에서 우리는 언제나 하나님이 어떤 분인지 이야기하며, 이에 근거하여 인간의 윤

리적 실천을 요구하기 때문이다. 우리는 속성론의 불가피성 내지 필요성을 아래 몇 가지 차원에서 말할 수 있다.

a. 하나님의 속성을 지시하는 인간의 모든 표상들과 개념들이 한계를 지니는 이유는 인간 자신의 존재와 세계에 대한 경험에서 유래하기 때문이다. 그럼에도 불구하고 우리는 이 표상들과 개념들을 통해 우리가 믿는 하나님이 어떤 분인가를 이야기하고, 하나님을 찬미할 수 있다. 또 하나님을 알지 못하는 사람들에게 하나님이 어떤 분인가를 전할 수 있다. 타 종교와의 대화에 있어 기독교가 신앙하는 하나님의 특징이 무엇인지 말할 수 있으며, 이를 통해 종교 간의 대화를 더욱 풍성하게 만들 수 있다. 만일 우리가 믿는 하나님의 속성이 무엇인지 이야기할 수 없다면, 하나님에 관한 모든 신학적 진술은 물론 교회의 설교와 하나님을 향한 찬미도 불가능하게 된다.

이것은 도교가 말하는 도(道)의 개념에도 해당된다. 도(道)가 무엇인가를 이야기할 때, 그것은 더 이상 도 자체와 동일하지 않다. 그럼에도 불구하고 도가 무엇인지, 도의 속성을 이야기할 때, 우리는 도에 관해 알 수 있게 되며 또 도에 관한 토의가 가능하게 된다.

b. 인간의 모든 표상들과 개념들이 제한을 받음에도 불구하고 이것들을 가지고 하나님의 속성이 무엇인가를 파악하려 할 때, 하나님은 우리 인간과 세계에 대해 구체적 의미를 가진 존재로 등장하게 된다. 그는 우리가 그에 관해 구체적인 어떤 것을 말할 수 없고, 우리에게 미지와 무의미의 영역에서 지시와 인식과 의미의 영역으로 등장한다.

인간이 하나님에 관해 이야기하는 한, 신인동형론적 표현은 피할 수 없다. 우리 인간은 제한된 존재이므로, 우리가 가진 경험과 표상과 개념에 대한 의존 속에서 하나님에 관해 이야기할 수밖에 없기 때문이다. 우리는 우리와 관계없는 하나님의 존재 자체에 대해 말하지 않고, 우리 인간과 관계 속에 있는 하나님의 존재, 곧 그의 속성을 이야기하게 되고 그것을 정의하게 된다. 이 정의(定義)를 통해 하나님의 존재는 제한되고 굴절되는 동시에 우리 인간의 언어 영역에 등장하며, 인간과 세계에 대해 구체적 타당성을 얻게 된다. 도의 속성이 무엇인가를 이야기할 때 도는 그 자체와 동일하지 않지만, 인간의 언어를 통해 인간과 세계의 삶에 대해 의미와 타당성을 갖게 되는 것과 마찬가지다. 도를 도라고 할 때 그것은 이미 도가 아니므로, 도에 관해 아무것도 이야기하지 않을 때 그 도는 우리에게 무의미하고 공허한 것이 된다.

c. 그리스도인들은 하나님의 속성에 대해 그 나름대로의 앎을 가지고 있다. 아무리 단순한 신앙일지라도, 그 나름대로 하나님의 속성에 관한 앎을 가진다. "하나님은 거룩하다", "하나님은 영원하신 분이다"라는 신앙 속에 이미 거룩, 영원 등 하나님의 속성들이 내포되어 있다.

그러나 모든 그리스도인들이 가진 이 앎이 참으로 성서적·기독교적인 것일 수도 있고, 제1원인자, 절대자 등에 대한 철학적·일반 종교적 표상과 혼합된 것일 수도 있다. 또 모순되는 것처럼 보이는 하나님의 속성들로 인해 혼란을 느낄 수도 있다. 앞서 언급한 바와 같이, 전쟁에 능하신 하나님과 평화의 하나님, 인간의 행위에 따라 심판하는 하나님과 은혜로운 용서의 하나님의 속성은 모순되는 것처럼 보인다. 사랑과 정의도 언어상으로 모순되는 것처럼 보인다.

이러한 문제점을 극복하기 위해 속성론이 필요하다. 특히 우리나라처럼 타 종교의 신관이 민중의 의식을 결정한 세계에서 성서의 하나님의 특성이 무엇인가를 명확히 제시하기 위해 속성론은 꼭 필요하다. 타 종교의 신 혹은 철학적 신 개념과 성서적 하나님의 공통점과 차이점을 제시해야 할 속성론은 변증을 위해서도 반드시 필요하다(Trillhaas 1972b, 127 이하).

그러나 속성론은 다음의 사실을 유의해야 할 것이다. 즉 우리가 하나님의 속성에 관해 말하는 모든 것이 하나님 자신과 일치하지 않으며, 하나님 자신에 대해서는 "비본래적"이라는 것이다. 하나님은 인간의 언어로 완전히 포착되지 않는 "비밀"이다. 그는 우리 인간의 세계와 관계하는 한, 우리의 언어를 통해 정의될 수밖에 없다. 그러나 그는 우리가 사용하는 모든 개념을 넘어선다. 그러므로 유한한 우리 인간은 하나님의 본질과 속성을 결코 궁극적으로 또 완전하게 규정할 수 없다(Gregor von Nyssa).

B. 예수 그리스도 안에 계시되는 하나님의 속성들

우리는 한 사람의 사람 됨, 곧 그의 존재를 먼저 그 사람의 말을 통해 알수 있다. 그러나 말은 거짓일 때도 있기 때문에, 우리는 그 사람의 행동에서 보다 더 객관적으로 그의 존재를 파악할 수 있다. 이와 마찬가지로 우리는 하나님의 속성들을 그의 역사적 행동을 통해 매우 분명하게 파악할수 있을 것이다.

구약성서에서 하나님의 가장 결정적인 행동이 출애굽의 사건에 있다면, 신약성서에서 그것은 예수 그리스도의 삶과 죽음과 부활의 사건에 있다. 전자가 선택하신 백성 이스라엘에 대한 하나님의 행동이라면, 후자는 온 인류에 대한 하나님의 행동이다. 이스라엘 민족을 넘어 모든 피조물을 구원하려는 하나님의 보편적 의지가 예수 그리스도의 계시 사건을 통해 나타난다.

크레머에 따르면 거룩, 의, 자비, 지혜 등 계시를 통해 나타나는 속성과, 전능, 전재, 전지, 불변성, 영원성 등 하나님의 개념 자체에 이미 포함되어 있는 속성은 구별되어야 한다. 그러나 이 모든 속성들은 하나님의 계시의 행동으로부터 파악되어야 한다. 왜냐하면 이미 전제된 하나님의 개념도 "하나님이 무엇인가를 우리에게 열어주는" 계시로부터 비로소 구체적 내용을 얻기 때문이다(Cremer 1897, 32).

칼 바르트는 크레머의 생각을 따른다. 그리하여 예수 그리스도의 계시로부터 출발하여 하나님의 속성을 파악해야 한다고 주장한다. 크레머와 바르트의 생각은 성서적 근거가 있다. "일찍이 하나님을 본 사람은 아무도 없다. 아버지의 품속에 계신 외아들이신 하나님께서 하나님을 알려주셨다"(요 1:18). 인간이 접근할 수 없는 빛 가운데 계신 하나님은(딤전 6:16) 그의 아들을 통해 인식된다(마 11:27 참조). 그러므로 인간에 의해 파악될 수 없는 하나님을 파악할 수 있는 길은 아버지 하나님의 아들 예수 그리스도의 계시에 있다.

그러나 예수 그리스도 안에서 자기를 계시하는 하나님은 여전히 숨어 계신 하나님이다. 하나님은 예수 안에서 자기를 계시하는 동시에 인간이 접근할 수 없는 비밀로 존속한다. 루터의 이 생각은 오늘에 이르기까지 개신교 신학에 영향을 준다. 그리하여 브루너와 프렌트너(R. Prentner)에 의하면, 은폐된 하나님을 가리키는 "거룩"과 계시된 하나님을 가리키는 "사랑"이나 "자비"가 하나님의 기본 속성으로 정의된다. 종교현상학적으로 볼 때, 거룩과 사랑의 양극(兩極)은 신비스러운 종교 체험 속에서 경험되는 "두려움"(tremendum)과 "매혹스러움"(fascinans)의 양극으로 나타난다. 이 양극은 하나님의 "초월성 내지 비밀성"과 "관계성 내지 내재성"의 양극이라 말할 수 있다.

칼 바르트는 이 두 가지 극을 "자유"와 "사랑"에 있는 것으로 파악한다. 자유와 사랑은 "하나님의 본질의 특징들"로서, 각자에게 여섯 가지 속성 내지 완전성이 귀속된다. 하나님의 사랑에는 "은혜와 거룩", "자비와 정의", "인내와 지혜"의 여섯가지 속성이 속하며, 하나님의 자유에는 "단일하심과 편재", "영속성과 전능", "영원과 영광"의 여섯가지 속성이 속한다 (Barth 1958, 394 이하, 495 이하). 바르트의 이 배열은 인위적인 인상을 주지만, 하나님의 다양한 속성들의 내적 연관성을 회복시키려는 노력을 보여준다.

필자의 견해에 의하면 거룩과 사랑이 하나님의 기본적 속성이라 생각된다. 거룩이 "모든 세속적인 것으로부터의 구별성"을 가리킨다면(von Rad 1969, 285 이하), 사랑은 세계와 인간에 대한 하나님의 가까우심, 그의 선하심과 자비하심을 가리킨다. 바르트가 말하는 자유의 속성은 거룩에 속하는 거룩의 하위 속성이라 볼 수 있다. 우리는 이에 대한 근거를 성서에서 볼 수 있다. 하나님은 하늘에 계신 동시에(시 2:4) 그의 백성과 함께 계시며 그들을 인도하신다(시 139:7 이하). 그는 "하늘에 계신" 거룩한 분, 우리가 함부로 가까이 갈 수 없는 존귀한 분인 동시에 우리를 돌보시는 "우리 아버지"시다.

거룩과 사랑의 두 가지 기본 속성들은 서로를 견제하는 동시에 승화시킨다. 거룩은 하나님과 피조물의 질적 차이를 유지하며, 하나님의 사랑이 피조물의 속성으로 폐기되지 않도록 견제한다. 이를 통해 하나님의 사랑을 피조물의 그것과 구별되는 거룩한 사랑으로 승화시킨다. 사랑은 하나님의 거룩이 인간에 대한 하나님의 질적 차이에 머물지 않고, 하나님의 자비와 은혜의 성격을 갖도록 그것을 승화시킨다.

루터에 의하면 "십자가에 달린 그리스도 안에 참 신학과 하나님 인식이 있다." 십자가에 달린 그리스도 안에 하나님의 참 속성이 계시된다. 그런데 십자가에 달린 그리스도의 사건은 구약이 약속한 하나님의 새로운 생명의 세계가 계시되는 동시에 새롭게 약속되는 메시아적 사건이었다. 여기서 하나님은 메시아적 하나님으로 계시된다. 따라서 하나님의 모든 속성들은 메시아적 성격을 가지며, 하나님의 메시아성으로 통합된다. 따라서 그것들은 메시아 예수에 의해 새롭게 해석되어야 할 것이다. 여기서 우리는 제한된 지면 관계로 새롭게 해석되어야 할 몇 가지 속성만 살펴보고자 한다. 그러나 ① 사랑과 관계된 속성들과, ② 거룩과 관계된 속성들로 구별하여 살펴볼 것이다. 물론 우리는 한 하나님의 속성들을 두 종류로 구별하는 것은 적절하지 않으며, 두 종류의 속성들이 결합되어 있다는 것을 보게 될 것이다. 단지 편의상 두 종류로 구별할 수 있을 뿐이다. 이 고찰을 통해 기독교가 신앙하는 하나님이 어떤 분인가를 보다 더 구체적으로 파악하고자 한다.

C. 하나님의 사랑과 관계된 속성들

1) 예수 그리스도의 계시로부터 출발할 때, 하나님의 가장 본질적 속성은 판넨베르크가 말하는 무한성이 아니라, 피조물을 위해 자기를 희생하는 삼위일체 하나님의 사랑, 곧 삼위일체적 사랑이다. 그것은 용서받을 수 없는 인간을 용서하며 새로운 생명의 세계를 지향하는 메시아적 사랑이다. 우리는 이 하나님의 사랑이 구약의 출애굽 사건과 율법에 계시되는 하나님의 사랑과 연관되어야 한다는 점을 유의해야 한다. 출애굽 사건과 율법에서 하나님의 사랑은 감상적인 사랑의 느낌이 아니라, 고난 속에 있는 연약한 생명들을 보호하고 고난에서 해방하는 구체적 행위와 계명으로 계시된다. 그것은 "기존 사회질서로부터 거부되고 소외된 사람들, 예컨대 이방인과 병자, 과부와 고아, 그리고 가난한 자를 향해 우선적으로 주어진다"(구미정 2006, 215).

삼위일체 하나님의 사랑은 죽음의 세력에 모순되는 생명의 신적 힘이다. 사랑은 죽음의 세력에 저항하고 생명의 세계를 지향한다. 그러므로 삼위일체 하나님의 사랑은 변증법적 성격을 가진다. 그것은 하나님의 메시아적인 새로운 생명의 세계를 향해 모든 부정적인 것의 부정을 요구한다. 부정적인 것을 부정함으로써 세계를 하나님의 진리를 향해 승화시키는 참 변증법은 하나님의 삼위일체적 사랑에 있다. 모든 사물의 변증법적 운동을 가능하게 하는 것은 하나님의 삼위일체적 사랑이다.

2) 여기서 우리는 메시아성과 미래 지향성, 이동성이 삼위일체 하나님의 중요한 속성임을 발견한다. 하나님은 사랑이기 때문에, 새로운 생명의 세계를 약속하고 이 세계를 지향한다. 구약의 출애굽과 역사적 예수의 삶이 보여주는 것처럼, 그는 주어진 현실에 머물지 않고 내일을 향해 끊임없이 이동한다. 이로써 하나님은 모든 피조물의 미래 개방성의 근거가 된다. 세계의 모든 사물은 하나님의 피조물이기 때문에, 그들의 밑바닥에는 보다 나은 내일을 기다리며 그것을 향해 나아가려는 미래 개방성이 잠재한

다. 그래서 우리는 언제나 내일을 기다리며 살아가는 것이다. 삼위일체 하나님의 사랑은 하나님의 새로운 생명의 세계를 향한 개방성과 모든 부정적인 것의 부정과 변화를 요구하며, 약속된 세계를 향해 끊임없이 나아갈 것을 요구한다. 하나님은 그가 약속한 새로운 생명의 세계를 기다리며 꿈꾼다. 그는 이 세계를 향한 창조성으로서 작용한다.

여기서 우리는 메시아성과 미래 개방성, 이동성, 꿈과 기다림, 창조성 등의 새로운 속성을 발견한다. 하나님은 완전하게 결정되어 있는 분이 아니라, 새로운 생명의 세계를 향해 열린 상태에서 끊임없이 이동하며, 미래를 향한 꿈과 기다림 속에서 새 창조의 힘으로 작용한다. 하나님의 이러한 속성들은 "성서가 증언하는 하나님의 구체적 모습들"에서 얻을 수 있다.

3) 일반적으로 하나님은 완전하시므로 감정을 갖지 않으며, 감정을 갖지 않기 때문에 고난을 당할 수 없다고 생각한다. 그래서 무감정(apatheia)과 고난을 당할 수 없음(impassibilitas)이 하나님의 속성이라 생각한다. 하나님의 "불변성"은 이 생각을 더욱 강화시킨다. 그러나 예수 안에서 하나님은 무감정의 하나님이 아니라 사랑의 열정(pathos)으로 가득한 분으로 나타난다. 그는 "세리와 죄인들의 친구"가 되며, 거지 나사로가 죽었다는 소식을 듣고 눈물을 흘린다. 예수는 종교 지도자들과 결탁하여 민중을 착취하는 성전의 환전상들과 희생제물 판매자들, 경건하다 하면서 마음에 욕심이 가득한 지도자들에 대해 분노한다.

예수 안에 계시되는 하나님은 세상의 모든 일에 대해 무감각하고 무관심한 하나님이 아니다. 오히려 그에게는 연약한 생명들에 대한 연민과, 의와 자비가 다스리는 새로운 생명의 세계를 향한 꿈으로 가득하다. 그는 impassibilitas가 아니라 passibilitas(고난당할 수 있음)를 그의 본질적 속성으로 가진다. 예수의 십자가는 메시아적 삼위일체 하나님의 passibilitas를 계시한다.

4) 이스라엘 백성의 신앙고백에 나타나는 자비, 은혜, 인내, 인자, 진실 등의 속성들은 하나님의 메시아적 사랑의 구체적 측면들이라 말할 수 있

다(출 34:6-7; 민 14:18-19 참조; 시 103:8; 86:15; 145:8). 신약성서는 하나님의 속성들을 열거하는 크레도를 갖고 있지 않다. 그러나 주기도문에서 예수가 말하는 "아버지"의 칭호는 이 모든 속성들을 요약한다(Weber 1972, 467). 아버지 하나님은 선하시고 자비로우시며 인자하며 은혜로우신 분이다. 그는 자녀들의 간구를 들으시고 그들에게 좋은 것을 주신다(마 7:11). 그는 업적을 고려하지 않고 생명에 필요한 것을 나누어 주신다. 선한 자에게는 물론 악한 자에게도 해를 비치게 하신다(5:45). 그는 모든 피조물을 돌보신다(6:30). 여기에 하나님의 여성성이 나타난다.

예수의 삶에서 하나님의 선하심과 자비와 인자와 은혜는 먼저 그 사회의 연약한 생명들을 구원하고 해방하는 행위로 나타난다. 바울서신에 의하면 하나님은 예수의 순종과 고난을 통해 죄를 용서하고 죽음의 세력을 극복함으로써 그의 선하심과 자비와 인자와 신실 등의 속성을 계시한다(롬 5:15, 20; 고전 15:50 이하 참조). 예수 그리스도 안에서 이 속성들은 교통될 수 있는 속성(*attributa communicabilia*)일 뿐 아니라 교통된 속성(*attributa communicata*)이다.

하나님의 선하심, 자비, 은혜, 인내, 의, 신실, 인자, 진실 등의 속성들도 구약의 출애굽과 율법과의 관계에서 파악되어야 한다. 신음하는 생명들을 해방하는 출애굽 사건, 연약한 생명들을 보호하려는 구약의 율법의 빛에서 파악될 때, 이 속성들은 감상적인 사랑의 찬가로 끝나지 않고 모든 생명을 구원하고자 하는 하나님의 메시아적 의지에 상응할 것이다. 예를 들어 하나님의 자비는 죄를 용서함은 물론 세계의 부정적인 것을 부정함으로써 참 생명의 세계를 세우고자 하는 하나님의 변증법적·메시아적 의지에 있는 것으로 파악되어야 한다.

하나님의 성실하심이나 신실하심은 피조물을 향한 구원의 의지, 계약과 약속, 창조의 질서에 있어 하나님의 의지의 불변성을 말한다. 사람은 하나님을 배신할지라도, 하나님은 자신의 이름과 명예를 위해 구원의 뜻을 변경하지 않는다(사 48:9; 50:15). 하나님은 사람이 아니므로 식언하지 않으며, 후회함이 없다(민 23:19).

하나님의 인내하심(=노하기를 더디하심)도 사랑의 구체적인 측면이라 할 수 있다. 하나님은 우리 인간을 사랑하기 때문에 우리의 연약함과 실수를 인내한다. 그의 인내하심으로 인해 우리는 생명을 유지할 수 있고 새롭게 시작할 수 있다. 하나님의 인내는 인간의 모든 연약함과 실수에도 불구하고 구원의 목적을 이루기까지 참고 견디는 것을 뜻한다. 칼 바르트에 의하면 하나님의 인내는 하나님이 그의 목적에 도달하기까지, 그의 피조물에게 존재할 수 있는 공간과 자기의 특성을 발전시킬 수 있는 시간을 허용함을 말한다(Barth 1958, 459 참조). 그것은 피조물에게 삶의 공간과 시간을 가능하게 하기 위한 하나님의 자기제한을 내포한다.

5) 일반적으로 정의는 행위대로 갚아주는 것, 곧 보응을 뜻한다. 그래서 하나님의 정의는 불의한 자는 멸망하고 의로운 자는 영원한 생명의 축복을 얻는 데 있다고 생각할 수 있다. 여기서 하나님의 정의는 사랑의 반대개념으로 생각된다. 이리하여 신학의 역사에서 하나님의 사랑과 정의, 분노(=진노)와 용서, 율법과 복음, 심판과 은혜가 반대개념으로 설정된다. 이 도식에 따라 구약의 하나님과 신약의 하나님, 분노와 심판의 하나님과 사랑과 용서의 하나님, 율법의 하나님과 복음의 하나님이 구별된다.

물론 성서는 보응의 의미에서 하나님의 정의를 말한다. 하나님은 인간의 행위의 열매대로 갚으실 것이다(사 59:18; 렘 32:19; 계 2:23). 그러나 하나님이 벌을 내리시는 이유는 단지 악한 행위에 대한 응보에 있지 않고 악한 자를 돌이켜 세우고자 하는 교육적 효과와, 악한 자에게 희생당하는 생명을 보호하려는 데 있다. 예를 들어 "눈은 눈으로, 이는 이로" 갚아야 한다는 계명(출 21:24)은 행위에 따라 갚아 주라는 응보의 정의를 말하는 것이 아니라 모든 생명의 보호를 그 목적으로 한다. 즉 "너의 눈이나 이를 다치고 싶지 않으면, 다른 사람의 눈이나 이를 다치게 해서는 안 된다"는 것을 말한다. 또한 하나님의 벌은 불의한 자의 교만을 꺾고 겸손한 자를 높여서 공평한 세상을 이루는 기능을 갖기도 한다. 인간의 행위의 열매대로 갚으시는 하나님은 높은 자를 낮추시고, 낮은 자는 높이실 것이다(겔 21:26; 욥 5:11; 시 75:7; 사 10:33). 또 악한 자가 당하는 벌은 그의 악한 행위가 스스로 초래하는 결과이기도 하다. 죄의 행위는 그 자체 안에 이미 벌을 내포하기 때문이다.

따라서 성서가 뜻하는 하나님의 정의의 본질은 사랑에 있다고 말할 수 있다. 하나님의 정의는 사랑의 한 측면이다. 정의가 없는 사랑은 참 사랑이 아니다. 사랑은 정의를 내포한다. 구약의 율법이 말하는 하나님의 정의는 연약한 생명들이 보호되며, 인간성이 있는 공동체, 곧 새로운 생명의 세계가 형성되는 데 있다. 율법은 이를 위해 인간과 인간, 인간과 자연의 피조물들 사이에 정의로운 관계가 세워져야 함을 명령한다.

"세리와 죄인들의 친구"가 되며 "주의 은혜의 해", 곧 희년을 선포하는 예수의 삶 속에서 하나님의 정의는 인격적인 동시에 사회적 정의로 나타난다. 궁극적으로 하나님의 정의는 하나님의 나라가 세워지는 데 있다. 그러나 바울 서신에서 하나님의 정의는 인간의 죄를 용서하기 위한 예수의 희생제물의 죽음으로 축소된다. 인간이 받아야 할 죄의 벌을 예수가 대신 당하게 함으로써 하나님은 자기의 정의로우심을 성취하며, 이를 믿는 사람들을 의롭게 하신다(롬 3:22-26).

여기서 "의로움을 받았다"는 서술(Indikativ)은, "그러므로 의로운 자로 살아야 한다"는 명령(Imperativ)과 기대를 내포한다. 하나님의 의롭다 하심을 얻은 사람들은 더 이상 죄의 세력에 종노릇 하지 않는 하나님의 "새로운 피조물"로서 의롭게 살아야 한다(롬 6:6; 고후 5:17). 바울의 이 명령과 기대는 개인적으로 경건하게 사는 것은 물론 인격적·사회적·생태학적 차원에서 정의로운 관계를 세우는 것을 내포한다. 특히 가난한 사람들, 고난 속에 있는 사람들과 연관된 사회적·정치적 "문제점과 과제"를 시사한다(Barth 1958, 434). 자기를 지켜 세속의 죄에 빠지지 아니하며(약 1:27), 죄와 불의가 가득한 세계 속에 "하나님의 나라와 하나님의 정의"를 세우는 사람이 하나님 앞에서 참으로 의로운 사람이다.

6) 전통적으로 신학은 하나님의 분노를 상벌의 의미로 이해하였다. 즉 하나님은 정의로운 분이기 때문에 죄를 지은 자에게 분노한다고 생각되었다. 여기서 하나님의 분노는 하나님의 사랑과 선하심과 인자하심의 반대개념으로 생각된다. 이를 통해 신학은 또 다시 사랑과 용서의 하나님 - 분노와 심판의 하나님이라는 이분법적 도식에 빠진다.

그러나 분노는 신적 사랑의 반대개념이 아니다. 사랑의 반대개념은 분노가 아니라 무관심이기 때문이다. 누구에게 전혀 관심을 갖지 않을 때, 우리는 그를 사랑하지도 않지만 그의 잘못에 대해 분노하지도 않는다. 누구에게 분노를 느끼는 것은, 그에게 최소한의 기대와 사랑이 있기 때문이다. 그러므로 하나님의 분노는 하나님의 정의와 마찬가지로 하나님의 사랑의 반대개념이 아니라 하나님의 사랑의 부정적 표출이라 말할 수 있다.

구약에서 하나님은 주로 다음과 같은 경우에 분노한다. 그가 선택한 백성이 그를 버리고 다른 신을 섬기며 다른 종교의 규례를 따를 때(레 20:1 이하; 시 78:58), 하나님의 법을 어기고 악을 행하며 죄에 빠질 때(출 32:10 이하; 사 5:25), 성별된 것을 거룩하게 지키지 않을 때(출 19:12), 하나님이 명령한 종교적·사회적 질서를 지키지 않을 때(레 17:8), 하나님께 바칠 물건을 도적질 하였을 때(수 7:1 이하). 특히 하나님은 연약한 생명들, 곧 고아와 과부를 불쌍히 여기지 않고 오히려 그들을 억압하고 착취하며 공의를 지키지 않을 때, 또 안식일 계명을 지키지 않을 때 분노한다(사 10:2; 겔 22:7-8). 이러한 일들로 인해 약속된 새로운 생명의 세계가 저지되기 때문이다. 그가 분노하는 결정적인 이유가 여기에 있다.

그러나 하나님의 사랑이 그의 분노보다 더 크기 때문에, 하나님은 모세와 예언자들의 간구를 들으시고 그의 분노를 거두어들인다(사 54:8). 때로 하나님은 분노를 억제하고 철회하며 후회하기도 한다(호 11:8; 암 7:2 이하; 시 78:38). 그는 영원히 노를 품지 않는다(시 103:9). 그의 분노 다음에는 용서가 따른다(겔 36:26 이하). 따라서 분노는 하나님의 본래적 속성이 아니라 그의 사랑에 수반되는 부수적 현상에 불과하다고 말할 수 있다.

D. 하나님의 거룩과 관계된 속성들

1) 사랑과 더불어 하나님의 기본 속성을 이루는 거룩은 본래 세속적인 것 (profane)에서 구별되는 것을 뜻한다. 구체적으로 말해 거룩은 피조물의 세계에 대한 하나님의 구별, 그의 초월, 곧 "하늘에 계신" 하나님을 가리킨다. 일반적으로 거룩은 세속적인 것의 반대개념으로 이해된다. 그것은 죄된 것과 접촉이 없는 깨끗하고 순수한 것을 가리킨다. 여기서 우리는 거룩은 "부정한 것"의 반대개념이란 사실을 발견한다. 여기서 하나님의 거룩은 세상의 부정한 것, 깨끗하지 못한 것에 대한 대립을 뜻한다.

거룩의 이러한 의미는 세계 종교의 보편적 현상으로 성서에서도 발견된다. 성서에서 "거룩"의 개념은 본래 구약성서의 독특한 신관, 곧 유일신론에서 유래한다. 구약성서의 유일신론에 의하면 하나님만이 참 신(神)이요, 세계의 모든 것은 신이 아니다. 하나님과 세계의 모든 것은 신적인 것과 비신적인 것으로 구별된다. 이 구별은 거룩한 것과 거룩하지 못한 것, 곧 속된 것, 세속적인 것의 구별로 이어진다. 하나님만이 거룩하고 정결하며, 세계의 모든 것은 부정결하며 속되다. "주님과 같으신 분은 없습니다. 주님처럼 거룩하신 분은 없습니다"(삼상 2:2). 하나님이 보시기에는 푸른 하늘도 부정하다(욥 15:15). 우리 인간은 모두 부정하다(사 64:6). 여기서 거룩은 세계의 모든 것에서 구별되는 하나님의 신성을 가리키는 개념으로서, 세계로부터 하나님의 구별과 분리를 뜻한다.

따라서 "거룩"을 가리키는 구약성서의 히브리어 "*kadash*"는 세속적이며 부정한 것에서 "구별한다, 끊어내다, 분리시키다"를 의미한다. 신약성서가 사용하는 *hagios* 개념, 라틴어 *sancire*(제한하다, 포괄하다, 거룩하게 하다)에서 유래하는 *sanctus*도 "거룩"의 구약성서적 의미를 가지며, 세속적인 것 (*profanus*: 거룩하게 된 영역, 곧 *fanum* 앞에 서 있는)에 대한 구별과 대립을 뜻한다.[8]

---

8) H. Küng, Die Kirche, (München, Zürich: Piper Verlag, 3. Aufl. 1985), 384: "Scheiden

그러나 하나님의 거룩은 구별과 대립에 머물지 않고, 세속의 현실 속에 자기의 영역을 확대시키고자 한다. 이 확대는 관유와 향품, 제사장의 옷 등 제의에 사용되는 물건들과 제물, 성막, 성소 등 제의의 장소와 시간이 세속의 것에서 "거룩한 것"으로 구별(=성별)됨으로써 일어난다. 또 거룩은 하나님이 선택한 이스라엘 백성으로 확대된다. 이스라엘은 세상의 많은 민족들 가운데 하나님에 의해 구별된 "거룩한 백성"이다(신 7:6; 26:16; 출 19:6 참조). 그러므로 그들은 하나님에 상응하여 거룩한 백성이 되어야 한다. "내가 거룩하니, 너희도 거룩하게 되어야 한다"(레 11:44). 또 거룩은 솔로몬이 예루살렘에 건축한 하나님의 "거룩한 전(殿)", 곧 성전으로 확대된다.

하나님의 거룩은 이스라엘 백성으로부터 시작하여 온 세계가 하나님의 거룩한 집이 되는 것을 목표로 한다. 이를 위해 예수는 그에게 속한 사람들을 "진리로⋯거룩하게" 한다(요 17:17-19). 그리스도인들은 예수 안에서 거룩하게 된 "성도들"이요, "하나님의 거룩한 백성"이다(고전 1:2; 롬 1:7). 온 세계는 하나님이 그 안에 계시는 하나님의 거룩한 집이 되어야 한다. 하나님의 거룩은 세속으로부터 구별되는 동시에, 세속의 영역에 침투하여 세속을 하나님의 거룩한 세계로 변화시키고자 하는 메시아적 힘의 근원이다. 그것은 하늘에 속한 동시에 인간과 땅을 변화시키는 힘의 원천이다.

신약성서에서 하나님의 메시아 예수는 "거룩한 분"이라 불린다(눅 1:35; 행 4:30 참조; 벧전 1:15; 요일 2:20). 그의 거룩하심은 연약한 생명을 구하기 위한 하나님의 자기 낮추심과 자기희생의 무한한 사랑으로 나타난다. 하나님의 거룩은 십자가에 달린 메시아 예수의 가시관에 나타난다. 여기서 우리는 거룩의 새로운 지평을 발견한다. 하나님의 거룩하심은 하나님 자신의 고난을 통해 인간의 존재와 세계를 거룩하게 변화시키고자 하는 메시아적 의지에 있다. 그는 피조물의 세계를 포기하지 않고, 그 속에 새로운

---

und Abschneiden, ein Trennen und Absondern vom Profanen und Unreinen, das Aussondern für Gottes Dienst".

생명의 세계를 세우고자 하는, 거룩한 메시아적 본성을 가지고 있다. 히틀러 암살 모의에 참여했다가 교수형을 당한 본회퍼, 신사참배를 끝까지 거부하다가 순교를 당한 주기철 목사, 철학 교수직을 버리고 금속공장의 여공이 되어 고난의 길을 걷다가 굶주림과 폐결핵으로 짧고 진실한 생애를 마감한 프랑스 출신의 유대인 시몬느 베이유(Simone Weil, 1909-1943)의 삶에서, 우리는 "'새로운 성스러움'의 실현"을 볼 수 있다(이은선·이정배 1993, 172).

아래에서 고찰하게 될 하나님의 무한성, 영원성, 독립성과 자존성, 불변성, 완전성, 전능, 편재, 전지(全知)의 속성들은 크게 나누어 거룩의 속성에 속하며, 이 속성을 구성하는 하위 개념들이라 말할 수 있다. 신학의 역사에서 이 속성들은 피조물과 관계없는 하나님의 내적 존재 자체에 속한 내재적 속성, 절대적 속성, 비공유적 속성으로 분류되었다. 그러나 우리는 이 속성들도 예수 그리스도의 계시의 빛에서 파악되어야 하며, 위에 기술한 소위 관계적 속성, 공유적 속성과 분리되지 않는다는 사실을 보게 될 것이다.

2) 일반적으로 하나님은 무한하다고 생각한다. 하나님은 무한하다는 점에서 거룩하다고 여겨진다. 통속적으로 무한이란 먼저 시간적 무한성, 곧 시간의 시작과 끝이 없음을 가리키는 영원을 뜻한다. 또한 공간적 무한성, 곧 공간적 무제약성을 가리키는 편재(=無所不在)를 뜻하기도 한다. 게다가 무한이란 힘과 지식의 무한함을 가리키는 전능과 전지(全知)를 뜻하기도 한다. 하나님은 무한한 힘과 지식을 가진다는 의미에서 무한하다.

물론 성서는 이러한 통속적·종교철학적 의미의 무한을 부인하지 않는다. 그러나 성서는 주로 피조물에 대한 하나님의 관계에 있어 그의 무한하심을 고백한다. 피조물을 위한 하나님의 공의는 무한하다(욥 37:23). 여기서 무한은 하나님의 의지의 불변하심 또는 무궁하심을 뜻한다. 그의 지혜는 "무궁무진하여", 악한 자를 살려 두지 않고 고난받는 사람들의 권리를 옹호한다(욥 36:5). 피조물을 향한 그의 지혜와 사랑, 자비와 긍휼은 무궁하다

(시 147:5; 렘 31:3; 애 3:22). 피조물의 생명을 살리는 하나님의 생명의 능력은 무궁하다(히 7:16).

여기서 하나님의 무한은 양적으로 이해되지 않고 질적으로 이해된다. 즉 시간과 공간의 무제약성, 힘과 지식의 양적 무한성을 가리키는 것이 아니라 피조물에 대한 하나님의 사랑과 구원의 의지와 행위의 질적 무한성을 뜻한다. 이 무한성은 인간에 의하여 "측량될 수 없음"과 "오묘함"이라 말할 수 있다. 하나님은 크고 측량할 수 없는 일을 행하셔서, 낮은 자를 높이 드시고 슬퍼하는 자를 일으켜 안전한 곳에 있게 한다(욥 5:9-11). 하나님의 정의와 구원은 측량할 수 없다는 의미에서 하나님은 무한하다(시 71:15).

예수의 십자가에서 하나님은 소위 무한하신 분이 아니라 유한하신 분으로 자기를 제약한다. 그는 피조물의 유한성과 제약성을 자신의 것으로 취한다. 여기서 통속적 무한의 개념은 깨어진다. 하나님은 시간과 공간의 제약에 묶이지 않는다는 뜻에서, 그래서 여기에도 계시고 저기에도 계시며, 과거에도 계시고 현재에도 계시고 미래에도 계신다는 뜻에서 무한할 뿐 아니라 피조물을 향한 그의 사랑과 고뇌의 깊이에 있어서도 무한하다. 참 무한성은 자신의 무한성을 포기할 수 있는 사랑과 자비, 또 여기서 오는 삶의 기쁨에 있다.

만일 무한이 무한으로 남아있다면, 그것은 유한에 대칭되는 또 하나의 유한일 것이다(Hegel). 만일 하나님이 무한한 분으로 남아있다면, 그는 유한에 대해 무의미한 존재일 것이며, 유한에 대립하는 또 하나의 유한이 될 것이다. 하나님은 유한한 것에게 무한을 열어주기 위해 스스로 자기를 유한한 존재로 비하시킨다. 참 무한은 유한에 대한 대립이 아니라 유한을 스스로 취함으로써 유한의 한계를 깨뜨리고 무한한 생명의 세계를 여는 메시아적 사랑과 자기희생의 행위에 있다.

3) 통속적으로 영원은 인간이 경험하는 시간과 반대되는 개념, 곧 "시간과의 관계가 없는 무시간성"(조현철 2003, 40) 혹은 시간의 끝없음

(endlessness, End-losigkeit)을 뜻한다. 피조물의 생명은 유한하다. 그것은 시작과 끝을 가진다. 이에 반해 하나님에게는 시작도 없고 끝도 없다. 그런 뜻에서 하나님은 영원하다. 인간이 동경하는 영원이 하나님에게 있다. 성서도 영원에 대한 일반적 이해를 인정한다. 하나님은 크시니, 그 연수를 계산할 수 없다(욥 36:26).

그러나 성서가 말하는 하나님의 영원은 먼저 하나님과 피조물의 비교될 수 없는 차이, 곧 사멸할 수밖에 없는 피조물로부터 구별되는 하나님의 영속성(Unvergänglichkeit, 비허무성 혹은 썩어지지 아니함, 롬 1:23)을 나타낸다. 또 영원한 하나님에 대한 인간의 겸손을 요구하는 측면이 있다. "산들이 생기기 전에, 땅과 세계가 생기기 전에, 영원부터 영원까지, 주님은 하나님이십니다. 주님께서는 사람을 티끌로 돌아가게 하시고, '죽을 인생들아, 돌아가거라' 하고 말씀하십니다"(시 90:2-4).

한 걸음 더 나아가 하나님의 영원은 과거, 현재, 미래의 시간적 구별을 초월하는 하나님의 신실하심을 뜻한다. "하늘과 땅은 모두 사라지더라도 주님만은 그대로 계십니다.…주님은 언제나 한결같습니다"(시 102:26-27). 우리 인간에게 시간은 변화와 무상의 개념에 속한다. 시간 속에 있는 모든 것은 변하며 지나간다. 그러나 하나님은 피조물에 대한 그의 의지에 있어 변함이 없으며 동일하다. 그는 "시간 이전에 그리고 시간 후에는 물론 시간과 함께 그리고 시간 위에서 영원한 분이다"(Weber 1972, 503).

하나님의 변하지 않는 동일성은 모든 시간을 포괄하는 피조물에 대한 하나님의 태도의 영속성으로 파악된다. 피조물에 대한 하나님의 선하심과 인자하심과 자비하심은 영원하다(대상 16:34, 41; 대하 5:13; 7:3; 시 25:6; 렘 33:11). 하나님의 진실하심과 의와 의로운 모든 규례들은 영원하다(시 117:2; 119:142, 160). "영원한 산이 한 없음 같이"(창 49:26) 인간에 대한 하나님의 태도에 변함이 없다. 그는 아브라함과 그의 자손에게 영원히 신실하실 것이다(눅 1:55). 여기서 하나님의 영원은 피조물에 대한 하나님의 신실하심을 뜻한다.

통속적 시간 이해에 따르면 과거는 이미 지나가버렸기 때문에 현재적이지 않으며, 미래는 아직 오지 않았기 때문에 현재적이지 않다. 엄밀한 의미에서 현재적인 것은 아무것도 없다. 현재는 미래가 과거로 넘어가는 통과점일 뿐이다. 이에 반해 하나님의 영원은 모든 시간과 그 속에서 일어나는 모든 일의 현재성을 나타낸다. 모든 시간은 하나님에게 한순간 같고, 현재적이다. 주의 목전에는 천 년이 지나간 어제와 같으며 밤의 한 경점과 같다(시 90:4). "그의 존재는 영원한 지금(*nunc aeternum*), 영속적 지금(*nunc stand*)이요, 시간 속에서 나누어져 일어나는 모든 것이 그에게는 '순간' 속에서 현재적인 점에서, 하나님은 영원하다"(Weber 1972, 502).

모든 시간이 하나님에게 현재적이므로, 하나님은 모든 것을 아신다. 여기서 하나님의 영원은 전지(全知, 모든 것을 아심)의 속성과 연결된다. 모든 시간이 하나님에게 현재적이므로, 세계의 역사는 결국 하나님의 손 안에 있다. 힘있는 인간이 역사를 주관하는 것 같지만 역사의 궁극적 주권자는 하나님이다. 여기서 하나님의 영원은 흔들릴 수 없는 하나님의 주권의 영원함을 뜻한다. "주 하나님, 영원히 다스려 주십시오. 주님의 보좌는 세세토록 있습니다"(애 5:19). 하나님의 권세는 영원하며, 그의 나라는 대대에 이를 것이다(단 4:34).

신약성서에서 하나님의 영원은 성육신을 통해 시간 속으로 들어온다. 예수 그리스도 안에 하나님의 영원이 현존한다. 예수 그리스도가 "영원한" 생명이기 때문이다(요일 5:20). 그는 영원한 생명을 주는 영원한 생명의 떡이다(요 4:14). 이 예수를 주님으로 고백하는 사람들은 영원한 생명을 얻는다(요 3:15). 그들의 생명은 하나님의 영원에 참여한다. 하나님의 영원은 피안에 있는 것이 아니라, 그리스도를 주님으로 고백하며 그의 뒤를 따르는 그리스도인들의 삶 속에 현존한다.

그리스도인들의 삶 속에 현존하는 영원은 사랑을 통해 구체화된다. 친절한 말과 행동, 이웃을 향한 따뜻한 마음과 도움의 손길은 영원의 구체적 형태들이다. 기독교가 사도신경에서 고백하는 "영원히 사는 것"(영원한 생명)은 단지 시간의 끝이 없는(endless) 생명, 곧 끝없이 연장되는 생명을 가리키는 것이 아니라, 하나님의 정의와 사랑 안에서 모든 피조물과 더불어 사는 삶의 질(quality)을 가리킨다. 여기서 하나님의 영원은 시간의 반대개념이 아니라 시간의 질로 이해된다.

참으로 영원한 것은 자연의 생물들을 잡아먹으면서 생명과 정욕의 시간을 끝없이 연장시키는 것, 곧 시간의 무한한 연장(extension)에 있는 것이 아니라 그리스도의 고난에 참여하는 사랑에 있다. 형제의 궁핍함을 도와주고 형제를 위해 목숨을 버리는 사랑 속에 하나님의 영원이 있다(요일 3:14 이하 참조. 여기서 영원은 영어의 eternity, 독일어 Ewigkeit를 뜻함). 사랑과 희망 안에서 과거는 회상을 통해, 미래는 기다림을 통해 현재적으로 경험된다(Augustinus). 여기서 시간은 과거로부터 미래를 향해 "지나가는 것"이 아니라 장차 올 하나님 나라의 미래로부터 "오는 것"(adventus), 곧 메시아적인 것으로 경험된다.

4) 전통적으로 하나님의 독립성 혹은 자존성은, 하나님이 존재하기 위해 인간이나 다른 피조물을 필요로 하지 않으심을 뜻한다. 즉 자기 자신으로부터(a se: Aseität) 존재함을 뜻한다. 그의 존재와 속성들은 자기 자신에 의해 결정된다. "나는 나이다"(출 3:14). 자기의 존재와 삶에 있어 타 존재에 의존하지 않고, 자기 자신으로부터 독립적이라는 뜻에서 하나님은 거룩하다고 생각한다.

물론 우리는 하나님의 독립성과 자존성을 인정해야 할 것이다. 피조물은 하나님을 통하여 존재하게 되었음에 반해, 하나님은 영원 전부터 스스로 존재하기 때문이다. 이런 의미에서 하나님은 자유를 그분의 속성으로 가진다. 그는 자신의 존재와 의지에 있어 자유롭다. 그의 사랑은 어떤 외적 요인으로 인한 필연적 사랑이 아니라 자발적이며 자유로운 사랑이다.

그러나 예수 안에서 하나님은 그의 독립성과 자존성을 포기한다. 그는 인간의 육과 물질과 이웃에 의존하는 의존적 존재가 된다. 하나님의 아들 예수는 자유로운 존재가 아니라 스스로 자유롭지 않은 존재가 된다. 참된 독립성과 자존성은 여기에 있다. 그의 자유는 스스로 자기를 부자유한 존재, 곧 "종의 형태"로 만드는 자기희생과 수난의 행위로 나타난다. 참 독립성과 자존성은 자기를 스스로 비독립적이고 의존적 존재로 만드는 데 있으며, 참 자유는 자기를 스스로 자유롭지 못한 존재로 만드는 데 있다.

형이상학적 의미의 자존성(自存性)은 성서가 증언하는 하나님의 상에 조화되지 않는다. 하나님은 자기 자신으로부터 홀로 존재하는 고독한 존재가 아니다. 성서에 의하면 하나님은 사랑이다. 사랑이란 서로의 존재에 참여하고 서로 의존하며, 삶을 함께 나눔을 뜻한다. 하나님이 피조물이 함께 가지는 삶의 역사가 하나님 자신의 삶을 구성하며 그것을 풍요롭게 만든다. 사랑의 하나님은 이 역사 속에서 자신의 삶이 더욱 풍요롭게 되는 과정 속에 있다. 그는 고정되어 있는 존재, 소위 "부동(不動)의 원동자"가 아니다. 그는 피조물과의 유기체적 관계 속에서 더욱 풍요로운 삶을 향한 되어감 속에 있다. "하나님에 대한 인간의 진정한 사랑은 하나님 자신을 부유하고 행복하게 만든다"(이기성 2003, 258). 인간과 세계는 물론 "하나님도 전진(한다)"(Whitehead, 손호현 2006a, 215). 이 과정을 통해 하나님의 존재도 풍요롭게 된다.

5) 신적 불변성의 속성은 역사적으로 그릇된 결과를 초래하였다. 몇 가지 예를 든다면, ① 하나님은 불변하기 때문에 그가 계시한 진리도 영원히 변할 수 없다. 계시된 진리에 근거한 교회의 교리도 영원히 변할 수 없다. 이리하여 교리 절대주의가 등장한다. ② 또한 하나님은 불변하기 때문에 고난을 당할 수 없다. 피조물들만이 고난을 당한다. 그들은 가변적이기 때문이다. 따라서 십자가의 고난은 인간 예수만 당한 것이지, 하나님 자신이 당한 것은 아니다. 이리하여 예수의 십자가의 고난에서 하나님을 분리하는 일이 일어나게 된다. ③ 또한 하나님의 불변성은 이신론(deism)을 초래한다. 하나님은 불변하기 때문에 이 세계에 개입할 수 없다. 하나님은 세계를 자신의 법칙에 따라 움직이도록 질서를 부여하고 더 이상 세계에 개입하지 않는 세계 건축가에 불과하다. 세계에 대한 하나님의 개입은 하

나님의 불변성에 모순되므로, 데카르트(Descartes)는 자연 속에서 일어나는 모든 변화는 피조물적인 원인에 있는 것으로 간주한다. 이리하여 하나님은 세계에 대해 무의미한 존재가 되어버린다.

성서가 말하는 하나님의 불변성은 하나님의 존재가 언제나 동일한 상태에 있음을 뜻하지 않는다. 오히려 그것은 피조물에 대한 하나님의 사랑과 구원의 의지와 약속에 대한 신실하심에 있어 변함이 없다는 것을 가리킨다. 하나님은 여상(如常)하시고(시 102:27) 변하지 않는다(말 3:6). 그는 변함이 없으시다(약 1:17). "하나님은…거짓말을 하지 아니하신다.…어찌 약속하신 것을 이루지 아니하시랴?"(민 23:19) 하나님의 불변성은 그의 존재의 무변화를 가리키는 것이 아니라 하나님의 메시아적 사랑의 불변성, "신실과 참되심"의 불변성을 가리킨다(유해무 1997, 180). 참된 의미의 불변성은 더 이상 변할 수 없음, 곧 경직성과 폐쇄성, 무변화에 있는 것이 아니라 새로운 생명의 세계를 약속하시고 스스로 고난의 길을 택하는 하나님의 메시아적 사랑과 구원의 의지의 불변함에 있다.

때로 성서는 하나님의 가변성(可變性)을 이야기한다. 하나님은 때로 마음을 돌이켜 심판을 철회한다. 인간이 악한 길에서 돌이켜 떠난 것을 감찰하시고 뜻을 돌이켜 재앙을 내리지 아니 하신다(욘 3:10). 하나님도 때로 그의 생각과 계획을 변경하여, 예기치 못한 새로운 일들을 일으킨다. 만일 하나님이 전혀 변할 수 없는 기계와 같은 존재라면 새로운 창조는 불가능할 것이다. 기계에는 새로움이 없고, 동일한 것의 반복만 있을 뿐이다. 하나님은 인간의 기대와는 전혀 다르게 우발적으로 행동할 수 있다. 그러나 하나님의 가변성은 변덕스러움을 뜻하지 않으며, 하나님의 신실하심과 모순되지 않는다. 오히려 그의 신실하심에 포함된다.

6) 통속적으로 완전성은 불변성에 있는 것으로 생각되며, 하나님은 완전하고 불변하므로 거룩한 분이라 생각한다. 변화한다는 것은 아직 완성되지 않았으며, 완성되지 않았기 때문에 완전하지 않다는 것을 말한다. 생성소멸의 과정 속에 있는 모든 피조물은 불완전하다. 그러나 하나님은 영

원히 변하지 않기 때문에 완전하다. 여기서 불변성과 완전성의 두 가지 속성이 결합된다. 불변하기 때문에 완전하고, 완전하기 때문에 불변한다고 생각된다. 여기서 "부정의 방법"이 사용된다. 즉 피조물의 불완전성과 가변성의 부정을 통해 하나님의 완전성과 불변성이 추론된다.

그러나 하나님의 존재도 더욱 풍요롭게 되어가는 과정에 있다면, 하나님의 완전성은 불변성에 있다고 말할 수 없다. 그의 완전하심은 자기를 비우시고 피조물의 실존의 한계를 자신의 것으로 수용하며, 십자가의 고난을 통해 새로운 생명의 세계를 열어주는 하나님의 메시아적 사랑과 구원의 의지에 있다.

또한 통속적 의미에서 완전성은 무결함성에 있다고 생각된다. 그래서 하나님에게는 아무 결함이 없기 때문에 하나님은 완전하다고 생각한다. 그러나 성서의 증언에 의하면 하나님은 로봇처럼 미리 입력된 법칙과 계획에 따라 기계적으로 행동하며, 그러므로 어떤 실수도 있을 수 없는 분이 아니다. 전혀 실수가 없는 하나님은 기계와 같은 존재일 것이다. 하나님도 실수 할 때가 있고, 실수를 했기 때문에 후회하며, 잘못된 결과에 대해 마음의 아픔을 당하기도 한다. 그는 사람을 창조한 것을 후회한다. 그래서 그가 창조한 사람을 땅 위에서 없애버리기로 계획한다(창 6:6-7). 그는 사울을 왕으로 세운 것을 후회한다(삼상 15:11). 후회한다는 것은 실수하였음을 전제한다. 따라서 하나님의 완전성은 실수를 하지 않음을 뜻하는 것이 아니라 그의 사랑과 자비, 새로운 생명의 세계를 세우고자 하는 메시아적 의지에 있어 완전하심을 뜻한다. 그의 완전하심은 십자가에 달린 메시아 예수의 얼굴에 나타난다. 참된 의미의 완전성은 스스로 불완전한 것, 결함이 있는 것과 연대하는 하나님의 책임있는 삶에 있다.

개입하고 관계를 가질 때 불완전한 존재가 되기 쉽기 때문에, 하나님의 완전성은 무관계성, 초월성에 있다고 생각하는 경향이 있었다. 그러나 성서에 따르면 하나님의 완전하심은 예수 안에서 일어나는 하나님의 개입과 관계성에 있다. 그것은 연약한 생명들과의 연대와 그들을 위한 고난에 있다는 것을 예수의 십자가를 통해 계시한다.

7) 통속적으로 하나님의 전능(全能)은 자연의 물리적 법칙들을 초월하여 모든 것을 할 수 있는 하나님의 능력이라 생각한다. 전능에 대한 이런 통속적 이해는 성서에도 나타난다. 하나님은 무(無)에서 세계를 창조할 수 있으며 죽은 자를 살릴 수 있는 능력(힘)을 가진다(롬 4:17). 그는 더 이상 수태할 수 없는 아브라함의 아내 사라에게 수태의 능력을 주신다(창 15:5). "크신 권능과 펴신 팔로 하늘과 땅을 지으신" 하나님에게는 모든 일이 가능하다(렘 32:17). 예수도 통속적 의미의 신적 전능을 인정한다. "구하여라, 그리하면 너희에게 주실 것이다"(눅 11:9-13). 또 예수는 스스로 전능을 행한다. 하나님의 능력으로 병자를 고치고 귀신을 내쫓으며, 떡 다섯 개와 생선 두 마리로 장정만 오천 명을 먹인다. 그는 죽은 나사로와 회당장 야이로의 딸을 살린다.

그러나 여기서 문제가 제기된다. 만일 하나님이 전능하다면, 왜 하나님은 무고한 생명들의 고난과 죽음을 중단시키지 않는가? 피조물이 당하는 고난과 하늘에 사무치는 부르짖음 앞에서 하나님의 전능은 빈 말이 아닌가? 이 질문은 우리를 참으로 곤혹스럽게 한다. "너희들이 전능하다고 믿는 하나님이 어디에 있느냐?"는 질문에 우리는 할 말이 없다. 그러므로 오늘날 과정신학을 위시한 일련의 신학들은 하나님의 전능을 고대 그리스의 형이상학적 신관에서 유래하는 비기독교적인 개념으로 간주하고, 신의 모성적 수용성과 부드러움을 강조한다. 그렇다면 하나님은 "생명의 힘(능력)"이요 "용사와 같은 분"이라는(시 27:1; 사 42:13; 렘 20:11) 성서의 증언은 무의미한가? 하나님의 전능과 십자가에 달린 하나님의 무력하심은 어떤 관계에 있는가?

이 질문에 대해 우리는 이렇게 대답할 수 있다. 하나님에게는 모든 것이 가능하다. 그는 십자가에 달린 예수를 끌어내릴 수도 있고, 그의 자녀들의 간구를 이루어 주실 수도 있다. 그러므로 우리는 어려운 일이 있을 때 하나님께 간구해야 한다. 그는 자기를 앙망하는 자에게 "새 힘"을 줄 수 있다(사 40:31). 그러나 하나님은 자동기계와 같은 분(*deus ex machina*)이 아니다. 그는 인간에게 자신의 문제를 해결할 수 있는 지혜와 능력도 주셨다. 그는 모든 인류가 하나님의 자녀가 되어 세계의 문제를 스스로 해결하고 아름다운 생명의 세계를 형성하기를 기대한다. 그러므로 세계의 문제들 앞에서 우리는 "하나님이 전능하다면, 왜…?"라고 질문할 것이 아니라, "우리 인간에게 문제를 해결할 수 있는 능력이 있음에도 불구하고, 왜…?"라고 질문해야 할 것이다. 인간 자신이 초래한 문제의 책임을 하나님에게 돌리고, "하나님이 존재한다면, 왜…?"라고 질문하는 것은 타당하지 않다.

예수의 십자가에서 하나님은 무능한 분, 힘이 없는 분으로 비친다. 그는 십자가에 달린 예수를 구해주지 않는다. 오히려 예수 안에서 함께 고난을 당한다. 그러나 바로 여기에 하나님의 전능의 새로운 지평, 곧 "거룩한 사랑의 전능"이 있다(유해무 1997, 181). 참 전능은 무엇이든지 할 수 있는 힘에 있지 않고, 자기를 희생할 수 있는 사랑에 있다. 거짓이 힘을 얻음에도 불구하고, 하나님의 살아계심을 믿고 진리의 편에 서는 거기에 참된 의미의 힘이 있다. 악을 악으로 갚지 않고 선으로 대할 수 있는 이 힘이 세상을 변화시킬 수 있다. 비록 하나님이 자동판매기처럼 인간의 모든 소원을 다 들어주신다 해도, 이 세계의 죄와 고통은 계속될 것이다. "악을 박멸할 수 있는 길은 악을 행하는 자에게 철저히 선으로 대하는 것이다(벧전 2:20). 사랑 때문에 겪게 되는 십자가의 고난과 죽음이 세상을 근본에서부터 바꾸는 부활의 승리의 근거가 된다"(김명용 1997, 37).

하나님의 전능은 때로 바보스럽고 무능하게 보이는 사람들을 통해 나타난다. 파라오의 황궁을 버리고 목자의 신세가 되어버린 "바보스러운" 모세를 통해, 세상에서 소외된 사람들의 편에 서다가 십자가의 죽음을 당한 "바보스러운" 예수를 통해 하나님의 전능이 나타난다. 인간의 세계를 참으로 구원할 수 있는 길은 이집트 황제의 칼에 있는 것이 아니라 모세의 지팡이에 있다. 그것은 로마 황제의 면류관에 있는 것이 아니라 십자가에 달린 하나님의 어리석음(=참 지혜)과 수난에 있다. 십자가의 무력하신 하나님이 참으로 우리를 도울 수 있고 세계를 구원할 수 있다(Bonhoeffer).

8) 일반적으로 하나님의 편재(어디에나 계심, 無所不在)는 하나님의 전능과 연결하여 생각된다. 즉 우리 인간은 전능하지 못하다. 그러므로 어디에나 있지 못하고, 지금 여기에만, 곧 특정한 장소에만 있을 수 있다. 그러나 하나님은 전능하시므로, 여기에는 물론 어디에나 계실 수 있다. 여기서 하나님의 편재는 피조물의 공간적 제한성에 대한 부정으로, 즉 공간적 무제약성과 무한으로 생각된다. 성서도 이러한 일반적 의미의 편재를 인정한다. "하늘은 나의 보좌요 땅은 나의 발 받침대다"(사 66:1). 그러나 성서는 보다 더 깊은 차원에서, 곧 피조물과의 관계에서 하나님의 편재를 이야기한다.

a. 하나님은 어디에나 계시면서 그의 피조물을 돌보시고 지키시며, 생명을 가능하게 한다. 그는 물을 증발시켜서 끌어올리시고, 그것으로 빗방울을 만드시며, 먹거리를 넉넉하게 주신다(욥 36:27, 31). 모든 피조물이 그의 품 안에 있다. 여기서 하나님의 편재는 단지 공간적으로 어디에나 있음을 말하기보다, 피조물이 있는 모든 곳에 계신 하나님의 사랑과 자비와 돌보심의 편재를 가리킨다.

b. 하나님은 어디에나 계시기 때문에, 우리 인간은 어디를 가도 하나님의 눈길을 피할 수 없다. 그는 우리의 모든 생각과 행위를 아신다. "주님의 눈은 어느 곳에서든지 악한 사람과 선한 사람을 모두 지켜 보신다"(잠 15:3). 그는 우리의 염려와 고통을 아신다. 그러므로 우리는 어디에 있든지 하나님께 기도해야 한다.

c. 하나님은 그의 백성이 있는 곳에는 어디에나 계시며, 그들과 동행하며 그들을 인도하신다. "내가 하늘로 올라가더라도 주님께서는 거기에 계시고…내가 저 동녘 너머로 날아가거나 바다 끝 서쪽으로 가서 거기에 머무를지라도, 거기에서도 주님의 손이 나를 인도하여 주시고, 주님의 오른손이 나를 힘있게 붙들어 주십니다"(시 139:8-10).

d. 성서는 가난한 사람들, 고난을 당하는 사람들 가운데 계신 하나님의 편재를 강조한다. 그는 이집트에서 고난당하는 히브리인들 가운데 계신다

(출 3장 참조). 그는 "고아의 아버지"시요(시 68:5), 고아와 과부를 붙들어 주신다(시 146:9). 그러므로 우리는 연약한 생명들의 가치와 존엄성을 인정하고 그들을 돌보아야 한다.

e. 신약에서 하나님의 편재는 그리스도론적으로 수정된다. 하나님은 십자가에 달린 예수 안에 계신다. 예수는 두 세 사람이 그의 이름으로 모인 곳에 계신다(마 18:20). 하나님은 그리스도의 몸이요 성령의 전(殿)인 그리스도인들 가운데 계신다.

9) 일반적으로 하나님의 전지(全知)는 과거와 현재와 미래의 역사 속에서 일어나는 모든 것을 하나님이 아신다는 것으로 이해된다. "하나님께서 원하시면 바닷가의 모래알이나 하늘의 별까지도 극히 쉽게 셀 수 있다. 거대한 컴퓨터가 없어도 즉각적으로 알아내신다. 하나님께서는 시종일관하게 모든 사실들을 아시며 배우시지 않으시며 잊어버리시지도 아니 하신다"(이범배 2001, 135). 그에게는 천 년이 한순간과 같기 때문에, 모든 것이 현재적이다. 그러므로 하나님은 과거와 현재와 미래의 모든 것을 아신다. 여기서 하나님의 전지는 전능과 완전성과 결합된다.

이런 통속적 의미의 전지는 다음과 같은 문제점이 있다. 하나님은 인간이 죄로 타락할 것을 미리 아시고 인간을 창조하였을까? 인간의 죄와 타락으로 인해 수백만, 수천만 명의 인간이 죽음을 당하고, 인간의 탐욕과 무분별로 인해 자연의 생물들이 멸종을 당하는 오늘의 현실을 알면서도 하나님은 세계를 창조했는가? 만일 그렇다면, 하나님은 참으로 잔인한 분이 아닌가? 여기서 우리는 기독교의 전통적 속성의 개념들이 얼마나 비성서적이며, 삶의 구체적 현실에 대해 공허한 것인지 볼 수 있다.

성서는 주로 두 가지 맥락에서 하나님이 "모든 것을 아신다"고 말한다. ① 하나님은 그의 백성이 어떤 지경에 있는지 모두 아신다. 그들이 당하는 고난을 아신다(출 3:7). 아버지 하나님은 그의 자녀들이 무엇을 필요로 하는지 아신다(마 6:8; 눅 12:30). 특히 고아와 과부들의 고난을 아신다. 하나님은 그가 사랑하는 피조물들의 모든 기쁨과 슬픔, 희망과 좌절, 행복과 불행을 모두 아시며 그들과 동행한다. ② 하나님은 우리의 사람됨(체질)과 마음속에 숨어있는 생각과 숨은 행위를 모두 아신다. 그는 우리가 가는 길을 아신다(시 142:3). 그러므로 우리는 하나님 앞에서 아무것도 숨길 수 없다. "내가 앉아 있거나 서 있거나 주님께서는 다 아십니다"(시 139:2-3). ③ 하나님은 그의 백성과 연관된 역사의 과정이 어떻게 발전할지 아신다.

성서에서 우리는 전지에 대한 보다 깊은 차원을 발견할 수 있다. 구약성서에서 "안다"(yada)는 것은 사랑의 영을 통해 상대방과 한 몸 된 관계에서 삶의 모든 것을 함께 나누는 것을 말한다(남자가 여자를 "안다"는 것은 바로 이것을 뜻함). 그것은 사랑의 일치를 가리킨다. 하나님의 전지, 곧 "모든 것을 아신다"는 것은 점술가처럼 "장래에 일어날 것을 모두 아신다"는 통속적 의미라기보다, 사랑의 일치 속에서 피조물의 형편을 모두 아시며, 삶의 모든 것을 그들과 함께 나누심을 뜻한다.

예수의 십자가는 전혀 다른 차원의 전지를 계시한다. 십자가에 달린 하나님은 우리 인간이 참으로 알아야 함에도 불구하고 알지 못하는 것을 아신다. 그는 십자가의 고난에 참된 의미의 힘과 구원의 길이 있음을 아신다. 거짓과 악이 이기는 것 같지만 결국 진리와 선(善)이 이긴다는 것을 아신다. 참된 의미의 전지는 이 세계의 모든 비밀을 다 아는 것, 곧 지식의 양의 무한함을 말하는 것이 아니라 인간과 세계가 참으로 필요로 하는 것이 무엇인가를 알며, 사랑 안에서 삶을 함께 나눔에 있다고 볼 수 있다.

지금까지 우리는 성서에 기초하여 하나님의 몇 가지 속성들을 살펴보았다. 그러나 무고한 자연의 피조물들이 떼죽음을 당하며, 전쟁과 테러로 연약한 인간 생명들이 죽임을 당하는 현실 속에서 하나님의 사랑, 전지, 전능, 무소부재(편재), 불변하심과 완전하심 등의 속성들은 공허한 개념처럼 들린다. 사랑의 하나님은 전능하신 분이 아니라 무력하며, 어디에나 계신 것이 아니라 아무 데도 계시지 않은 것처럼 보인다.

이러한 하나님의 속성들이 이 세계의 현실 속에서 충만한 의미와 타당성을 가질 수 있는 방법은 무엇일까? 역사의 현실 속에서 하나님의 속성들이 증명될 수 있는 길은 무엇일까? 하나님의 속성들의 진실됨을 증명할 수 있는 길은 교회와 그리스도인들의 삶에 있다. 그리스도의 뒤를 따르는 그리스도인들과 교회의 삶을 통해 하나님의 속성들은 하나님 없는 세계 속에서 구체적 형태를 얻게 된다. 인간의 존재와 이 세계가 하나님의 정의와 자비가 다스리는 하나님의 나라로 변화될 때, 하나님의 속성들이 증명될 것이다. 하나님은 그의 속성들이 개인의 삶과 온 세계의 공적 영역에서 보편적으로 증명되기를 기다린다. 모든 피조물이 선하시고 의로우시고 거룩하신 하나님의 속성들이 나타나기를 기다린다. 그러므로 하나님의 속성들은 종말론적 미래를 가리키며, 이 미래를 앞당겨 올 것을 우리에게 요구한다. 하나님의 속성들 속에는 하나님의 새로운 생명의 세계가 잠재한다. 이런 점에서 하나님의 속성들은 종말론적·메시아적 성격을 가진 종말론적·메시아적 속성들이다.

6
하나님 인식론

신학의 역사에서 하나님을 알 수 있는 길은 크게 두 가지가 있다고 생각되었다. 하나는 자연을 통한 자연적 인식(*cognitio naturalis*)의 길이요, 다른 하나는 성서가 증언하는 예수 그리스도의 계시를 통한 초자연적 인식(*cognitio supernaturalis*)의 길이다. 전자는 "자연의 책"에서 오고, 후자는 "성서의 책"에서 온다. 성서의 중심은 예수 그리스도에 있다. 따라서 초자연적 인식은 예수 그리스도의 계시를 통한 인식을 말한다.

여기서 "자연"이란 세계 안에 있는 모든 것을 총칭하는 총괄개념이다. 곧 그것은 인간 바깥에 있는 사물들(땅과 하늘, 산과 들 등의 자연물은 물론 시간의 과정, 자연의 질서, 인간의 행위, 인간의 집단들, 중요한 세계사적 사건, 역사의 과정, 우주 등)을 가리키는 동시에 인간 안에 있는 사물들(인간의 양심, 이성, 감정 등)을 가리킨다. 따라서 자연적 하나님 인식은 인간의 양심이나 이성을 통해 타고나면서 주어진 인식과, 인간 바깥에 있는 자연을 관찰함으로써 얻게 되는 인식으로 구별된다. 전자는 타고난 인식(*notitia Dei insita*)이요, 후자는 인간 바깥에 있는 자연의 사물들을 인식함으로써 추가로 얻게 되는 인식(*notitia Dei acquisita*)이다. 하나님 인식의 구별을 17세기 정통주의 신학자

게르하르트(J. Gerhard)는 다음과 같이 요약한다(Pöhlmann 1973, 74 이하).

1) *notitia Dei naturalis*: 자연적 하나님 인식.
   ① *notitia Dei naturalis innata s. insita*: 타고난 혹은 주입된 자연
   적 하나님 인식.
   ② *notitia Dei naturalis acquisita*: 피조물로부터 얻어진 자연적 하
   나님 인식.
2) *notitia Dei revelata s. supernaturalis*: 성서가 증언하는 계시된
   하나님 인식 혹은 초자연적 하나님 인식.

자연적 인식은 하나님의 창조로 소급된다. 죄의 타락이 있기 이전의
파라다이스에서 인간은 자연을 통해 하나님을 직접적으로 인식할 수 있
었다. 그런데 죄의 타락으로 인해 자연을 통한 인식은 어두워졌다. 그러나
그것은 완전히 없어지지 않고 남아있다. 자연적 인식은 파라다이스에 있
었던 직접적 하나님 인식의 잔재다. 그것은 인간을 구원에 이르게 할 수
없지만, 인간과 세계를 유지하며, 인간이 하나님을 찾게 한다. 이러한 자
연적 인식에서 "자연신학"의 개념이 생성되며, 예수 그리스도의 역사적 계
시를 통한 초자연적 인식에서 "계시신학"의 개념이 만들어진다.
　자연을 통한 자연적 인식과 그리스도의 계시를 통한 초자연적 인식은
어떤 관계에 있는가? 칼 바르트가 주장하듯이, 자연적 인식과 자연신학은
참 하나님 인식을 방해하는 "적그리스도"인가, 아니면 브루너(E. Brunner)
가 주장하듯이 참 하나님 인식을 위한 준비 또는 보충물인가?

A. 자연을 통한 인식의 타당성과 제한성

기독교 신학은 일찍부터 예수 그리스도의 역사적 계시를 통한 인식에서

구별되는 자연적 하나님 인식을 인정하였다. 초대교회의 변증가들은 모든 사람에게 "말씀의 씨앗"이 심어져 있기 때문에 모든 사람이 하나님의 진리를 인식할 수 있다고 생각하였다. 아퀴나스에 의하면 자연적 하나님 인식은 부정적 내용을 가질 뿐 아니라 긍정적 내용을 가지며, 불완전하지만 참되다. 그것은 분명하지(*univoce*) 않지만, 혼란스럽지는(*aequivoce*) 않다(*Summa Theol.* 13,5). 중세기의 스콜라 전통에 따라 제1차 바티칸 공의회(1870)는 다음과 같이 말한다. "모든 사물의 원리와 목적이신 하나님은 피조된 사물들로부터 인간 이성의 자연적 빛을 통해 인식될 수 있다고 거룩한 어머니 교회는 주장하며 또 가르친다."[9]

루터는 존재의 유비(*analogia entis*)에 근거한 중세신학의 자연적 하나님 인식을 비판한다. 자연적 인식은 그리스도의 십자가를 가릴 수 있기 때문이다. 그러나 자연적 인식의 오류를 비판하면서도, 루터는 모든 사람이 "하나님에 대한 이 관념을 하나님 자신으로부터 받았다. 하나님은 자기 자신에 대한 지식을 인간에게 주었다"고 생각한다(이양호 2002, 86). 그러므로 참 하나님을 섬기지 않고 우상을 섬기는 것에 대해 핑계할 수 없다. 그러나 자연적 인식은 피상적이다. "하나님에 대한 피상적 지식은 유일신론으로 인도하지만, 삼위일체에 대한 지식으로 인도하지는 않는다"(88).

칼뱅에 의하면 참 하나님 인식은 하나님의 말씀, 곧 성서로부터 온다. 그러나 칼뱅은 자연적 인식을 분명히 인정한다. "하늘과 땅 위에는 그의 놀라운 지혜를 증명하는 수많은 증거들이 있다." 인간은 "하나님의 능력과 자비와 지혜에 대한 가장 뛰어난 증명이다." 자연을 관찰할 때, 우리는 "모든 것을 의도적으로 이끄시고 인도하시는 한 분 하나님이 있음을" 알 수 있다(I. 5. 2, 3, 6).

---

9) 원문: "Sancta mater Ecclesia tenet et docet, Deum, rerum omnium principium et finem, naturali humanae rationis lumine e rebus creatis, certo cognosci posse" (Denzinger 1947, Nr. 1785).

이와 같이 전통적으로 개신교회 신학은 자연적 인식을 적극적으로 인정한다. 자연적 인식은 하나님의 초월적 계시를 이해하는 데 도움이 되고 준비가 되며, 인간의 윤리적 행동을 조정하는 기능을 가진다. "하나님이 존재한다는 의식과, 하나님을 경외할 의무가 인간에 있다는 의식은 인간의 자연과 본성에 속한다. 이 타고난 하나님 인식, 곧 *notitia Dei insita*는 인간 안에서 그의 이성과 양심을 통해 습득적 지식(*notitia acquisita*)으로 형성된다. 그러므로 자연적 종교(*religio naturalis*)가 존재하는 것이다" (Heppel/Bizer 1958, 1 이하). 인간이 초자연적 인식을 얻고 그것을 믿을 때 자연적 인식을 더 잘 이해할 수 있고, 자연적 인식은 완성에 이른다. 여기서 우리는 다음과 같은 성서적·신학적 근거에서 하나님에 대한 자연적 인식의 타당성을 인정할 수 있다.

1) 하나님은 모든 사람을 그의 형상으로 창조하였다. 그러므로 모든 사람이 죄 가운데 있을지라도 하나님과의 관계 속에 있다. 사람은 하나님을 버릴지라도 하나님의 사랑은 여전하며, 하나님은 사람을 버리지 않고 그의 신실하심을 지키기 때문이다. 따라서 모든 사람이 하나님에 관한 그 나름대로의 지식을 가지고 있다.

2) 하나님이 세계의 기초를 세우셨다(욥 38:4). 세계의 모든 것이 하나님의 작품이다. 그러므로 세계의 모든 것 속에 하나님이 계시된다. 하나님은 창세로부터 그의 영원하신 능력과 신성이 피조물에 분명히 나타나도록 하였다(롬 1:20).

3) 하나님은 사랑이다. 사랑의 영을 통해 그는 피조물과 함께 계신다. "이리하여 사람들이 하나님을 더듬어 찾기만 하면 만날 수 있게 해 주셨습니다. 사실 하나님께서는 누구에게나 가까이 계십니다. '우리는 그 분 안에서 숨쉬고 움직이며 살아간다'는 말도 있지 않습니까? 또 여러분의 어떤 시민은 '우리도 그의 자녀라'고 말하지 않았습니까?"(행 17:27-28)

4) 구약성서의 많은 생태학적 본문들은 하나님에 관한 자연적 인식의 가능성을 시사한다. "하늘은 하나님의 영광을 나타내고, 창공은 그의 솜씨

를 알려 준다. 낮은 낮에게 말씀을 전해 주고, 밤은 밤에게 지식을 알려 준다"(시 19:1-4).

5) 구약성서는 야웨 신앙을 갖지 않은 이방의 사람들도 하나님에 관한 지식을 갖고 있음을 인정한다. 예를 들어 페르시아 왕 코레쉬는 "하늘의 신 야웨께서 세상 만국을 내게 주셨다"고 고백한다(대하 36:23). 그는 하나님을 "하늘의 신"이라 부른다(스 1:2). 다리우스 왕은 하나님을 가리켜 "하늘의 하나님"이라 부른다(스 6:9). 이것은 이방인들도 하나님에 관한 나름대로의 자연적 지식을 갖고 있음을 말한다.

6) 요한복음 서론에 의하면 하나님의 말씀, 곧 로고스를 통해 모든 것이 창조되었고 그에게서 생명을 얻었다. 신적 로고스는 피조물들 가운데 있다. 곧 어둠 속에 있는 인간의 생명과 빛으로 현존한다(요 1:3 이하). 여기서 신적 로고스는 "보편적 계시의 기능을 가진다"(Küng 1995, 578).

7) 기독교를 믿지 않는 사람들도 죄와 죄책감, 죄와 벌의 필연적 인과율, 곧 죄벌에 대한 자연적 앎을 가지고 있으며, 있어서는 안 될 상태, 곧 비본래적 상태에 있음을 알고 있다(롬 3:9-20 참조). 그들도 역시 구원의 필요성을 알고 있기 때문에 죄와 구원에 대한 기독교의 선포를 이해할 수 있다. 이런 것에 대한 자연적 지식, 곧 "전이해"(preunderstanding)가 전혀 없다면 그들은 기독교의 선포를 이해할 수 없을 것이다.

8) 바울에 의하면 하나님은 율법이 요구하는 바를 모든 사람의 마음에 새겨 주셨다. 그들의 양심이 이것을 증명한다. 그러므로 율법을 갖지 않은 이방 사람들도 인간의 본성을 따라 율법이 명하는 바를 행할 수 있다. "그들은 율법을 가지고 있지 않아도, 자기 자신이 자기에게 율법이다." 하나님의 율법을 알고 범죄한 사람은 율법을 따라 심판을 받을 것이요, 율법을 모르고 범죄한 사람은 율법과 상관없이 망할 것이다. 그러나 하나님은 마음에 새겨진 율법에 따라 "선한 일을 하는 모든 사람에게…영광과 존귀와 평강을 내리실 것이다"(롬 2:10-15).

9) 세계의 모든 종교들이 세계를 초월하는 신(神) 내지 신적 존재에 대

해 알고 있다. 우리는 한국의 조상들도 일찍부터 하나님에 관한 그들 나름 대로의 의식과 지식을 가지고 있었음을 부인할 수 없다. 기독교가 전래되기 이전부터 한국인들에게 있었던 "하나님" 혹은 "하느님"이란 개념이 이것을 증명한다. 경천애민(敬天愛民), 곧 하늘을 경외하는 것과 인간을 사랑하는 일이 분리될 수 없다는 한국인의 사상은, 하나님 사랑과 이웃 사랑이 분리될 수 없다는 기독교의 진리와 거의 일치한다.

10) 철학자들도 세계의 모든 것을 넘어서는 절대자에 대해 알고 있다. 절대자에 대한 그들의 인식은 성서가 증언하는 하나님과 일치하지 않는 부분도 있지만, 신학자들이 서술하는 것보다 훨씬 더 깊은 차원을 보일 때도 있다.

이러한 근거에서 우리는 하나님에 관한 자연적 인식을 인정한다. 모든 사람이 그들 나름대로 하나님에 관한 자연적 인식 내지 지식을 가지고 있다. 그러므로 하나님의 진리를 접할 때, 그들은 이 진리를 이해할 수 있다. 하나님을 인격적으로 믿지 않는 모든 사람이 하나님으로부터 완전히 분리되어 있다고 말할 수 없으며, 구원을 받지 못한다고 단언할 수 없다. 위에 기술한 것처럼, 성서는 마음에 새겨진 율법에 따라 "선한 일을 하는 모든 사람에게" 구원의 길이 열려 있다고 시사한다. 하나님을 알지 못하는 사람들에 대한 성서의 모든 부정적 이야기들의 목적은 그들을 저주하려는 것이 아니라 그들의 회개를 요구하며 그들을 구원하는 데 있다. 하나님은 모든 인류에게 자연의 피조물을 통해, 혹은 그들의 양심과 세계사의 과정을 통해 자기를 알려 주신다. 그러므로 "비그리스도인들도 참 하나님을 인식할 수 있으며, 성서가 창조 안에 있는 하나님의 계시로 이해하는 바를 이해할 수 있다. 이런 의미에서 하나님은 비그리스도인들에게도 가까이 계신다"(Küng 1995, 581).

그러나 성서의 증언에 비추어 볼 때, 자연적 인식은 완전하지 못하며 분명하지 못한 한계가 있다. 자연적 인식은 세계를 창조하신 하나님, 아브라함과 이삭과 야곱의 하나님, 출애굽의 하나님, 피조물과 함께 고난당하는 하나님, 예수 그리스도 안에서 성육신 하시고 모든 인간의 죄를 용서하는 하나님, 예수의 부활을 통해 새 창조를 시작하는 하나님, 곧 성서가 증언하는 "구체적인" 하나님, 삼위일체 하나님에 대해 알지 못한다. 그것은 신 일반에 대해 가르쳐주지만, 성서가 증언하며 예수 그리스도 안에 계시된 하나님에 대해 구체적인 것을 가르쳐 주지 못한다. 칼뱅이 말하듯이 모든 인간에게 "종교의 씨앗"이 있지만, 그 자체만으로 "하나님에 관한 참된 인식이나 예배에는 이르지 못한다"(이오갑 2006a, 76).

우리는 자연적 인식이 하나님의 진리를 이해하는 데 도움이 될 수 있고, 그런 점에서 준비가 된다는 점을 인정한다. 그러나 자연적 인식은 성서가 증언하는 하나님을 왜곡할 위험이 있다. 우리는 이것을 "만물의 근원자"라는 고대 그리스 철학의 우주론적 개념에서 찾아볼 수 있다. 초대교회의 신학자들은 세계의 모든 것을 창조한 창조자 하나님, "단 한 분 하나님"을 "만물의 근원자"와 결합시켰다. 이를 통해 하나님의 진리를 쉽게 전달할 수 있었다. 그러나 이와 동시에 성서가 증언하는 하나님을 우주론적으로 왜곡시키는 결과를 초래하고 말았다. 하나님은 "제1원인자"(*prima causa*)로서 우주의 인과론적 관계에 묶여 있는 존재, 우주의 인과론적 질서의 원인자로 왜곡된 것이다. 이로 인해 세계의 질서는 곧 하나님의 질서로 정당화되는 결과가 초래되었고, 이는 저항적 무신론이 발흥한 원인이 되었다.

또 우리는 하나님에 관한 자연적 인식이 하나님의 구원을 이루기 위해 충분치 못하다는 제한성을 인정하지 않을 수 없다. 성서가 말하는 하나님의 구원은 단지 죄 용서와 영혼 구원에만 있는 것이 아니라 하나님의 나라가 이 땅 위에 세워지는 데 있다. 이 하나님의 나라는 먼저 예수 그리스도 안에서 죄의 용서를 받고 하나님의 새로운 피조물로서 새로운 생명을 시작하는 그리스도인들의 삶을 통해 시작된다. 따라서 그리스도인들과 그들의 공동체의 삶은 땅 위에 있는 하나님 나라의 현실이다. 하나님은 이 현실이 정치, 경제, 문화 등 세계의 모든 영역으로 확장되기를 기다린다.

이러한 포괄적·메시아적 의미의 구원을 이루기 위해 자연적 인식은 그 자체만으로 충분하지 못하다. 하나님에 관한 어떤 자연적 인식도 예수 그리스도를 통한 죄의 용서, 그의 부활을 통한 하나님 나라의 새 창조의 시작을 알려주지 않는다.

하나님을 알지 못하는 자연인들에게도 의로운 마음과 사랑하는 마음이 있다. 영원하고 참된 것을 동경하는 마음이 그들에게도 있다. 그러나 바울이 말한 것처럼, 대개의 경우 그들은 구원의 길을 따르지 않고 오히려 "생각이 허황해져서 그들의 어리석은 마음이 어둠으로 가득 차게"(롬 1:21) 되어 멸망의 길을 벗어나지 못한다. 그들은 "온갖 부정과 부패와 탐욕과 악독으로 가득 차 있으며, 시기와 살의와 분쟁과 사기와 악의에 싸여서 없는 말을 지어내고 서로 헐뜯고 하나님의 미움을 사고 난폭하고 거만하며 제 자랑만 하고 악한 일을 꾀하고 부모를 거역할 뿐더러 분별력도 신의도 온정도 자비도 없다"(롬 1:29-31). 하나님을 비치는 불빛이 우리에게 비치지만, 그 불빛이 "보다 더 밝은 빛을 비치기 전에 꺼져버린다"(*Inst.*, I. 5. 14).

자연적인 하나님 인식은 한계가 있을 뿐만 아니라 이 세계의 그 무엇을 절대화시키는 이데올로기의 위험성도 갖고 있다. 그것은 예수 그리스도에 근거한 신앙의 인식에 대한 준비로서, 또 그것의 완성으로서 자신을 독립시키고, 예수 그리스도의 계시에서 독립된 다른 인식의 근원을 주장할 수 있다. 그리스도의 계시 외에 다른 계시의 근원들을 주장할 수 있다. 자연적 인식의 이런 위험성은 히틀러의 국가사회주의 시대에 실제로 나타났다. 일련의 신학자들은 히틀러와 같은 위대한(?) 정치적 인물, 거대한 정치적 사건들, 정치 세력, 이 세계의 특정한 질서와 형태가 하나님의 계시가 되며, 시대에 대한 하나님의 뜻을 인식할 수 있는 길이 된다고 주장함으로써 이것들을 정당화 내지 절대화시키는 위험성을 보여 주었다.

여기서 우리는 자연적 인식의 가능성을 부인하지 않는다. 자연, 곧 이 세계 속에 주어진 모든 것이 아버지 하나님이 그의 영을 통해 지으신 그의 피조물이기 때문이다. 성서는 모든 피조물이 창조주 하나님을 나타낸다는 것을 증언한다. 하지만 자연적 인식은 예수 그리스도를 통해 자기를 계시하는 하나님에 대한 특별한 인식과 결합될 때 비로소 타당성을 갖는다. 그것은 "이스라엘의 하나님과의 계약과 결합의 전제 하에서만 이해될 수 있다. 신약성서에서 그것은 그리스도의 십자가에서 자기를 계시하는 하나님과 관계되어 있다"(Kraus 1983, 283). 칼 바르트가 말하는 "빛들 가운데 빛", "말씀들 가운데 말씀"은 바로 이것을 가리킨다(Barth 1959, 107 이하).

B. 하나님 인식의 특성들

하나님도 하나의 인식 대상이다. 그러나 하나님은 아주 특별한 인식 대상이다. 그는 인간의 모든 다른 인식 대상들과는 달리 이 세계에 속하지 않은, 이 세계로부터 구별되는 대상이다. 그는 자기를 인식하려는 인간과 존재의 유비를 갖고 있지 않다. 그는 인간의 창조자요 구원자요 새 창조자다. 그러므로 하나님 인식은 아래와 같은 특성을 갖게 된다.

1) 성서의 증언에 따르면 성령을 통해 아버지 하나님이 예수 안에 있고, 예수가 아버지 하나님 안에 있다. 그의 말씀은 곧 아버지 하나님의 말씀이요, 그가 행하는 일은 아버지 하나님이 그 안에서 행하는 것이다. 그러므로 예수를 보는 것은 곧 그의 아버지 하나님을 보는 것이다. "나를 보는 사람은 나를 보내신 분을 보는 것이다"(요 12:45). 따라서 하나님을 인식할 수 있는 궁극적인 방법은 예수 그리스도에게 있다. 인간의 인식이 있기 전에 먼저 하나님의 행위와 말씀이 있기 때문에, 하나님에 대한 인간의 인식이 가능한 것이다. 예수의 삶과 죽음과 부활 속에서 일어난 하나님의 약속의 말씀과 행위가 하나님 인식의 전제요 출발점이다. 우리는 모세의 소명(召命) 이야기에서 이것을 분명히 볼 수 있다. 모세가 하나님을 찾는 것이 아니라 먼저 하나님이 자기를 낮추시고 모세에게 오신다. 그는 모세에

게 "젖과 꿀이 흐르는 땅"을 약속하면서 자기가 누구이며 자기의 의지가 무엇인가를 나타낸다(계시한다).

그러므로 하나님 인식은 하나님으로부터 시작한다. 그것은 "하나님을 통해" 혹은 "하나님으로 말미암아" 일어난다. 그런 점에서 하나님 인식의 가능성은 "먼저 그리고 본래 하나님 자신의 가능성"이라 말할 수 있다(Barth 1958, 163). "아담아, 네가 어디 있느냐?"라고 하나님이 먼저 인간을 찾으실 때(창 3:9), 인간의 하나님 인식이 시작한다. 그러나 바르트가 그의 "하나님 인식론"에서 주장하듯이, 하나님 인식은 "오직 하나님을 통해" 가능하다고 말할 수 있는가? 하나님 인식의 시작에 있어 인간의 모든 동기와 가능성은 배제되는가?

물론 "오직 하나님을 통해", "오직 하나님으로 말미암아" 하나님의 인식이 시작하는 경우도 있을 것이다. 그러나 하나님의 기선적 행위가 인간적 동기를 배제한다고 말할 수 없다. 하나님이 먼저 인간을 찾아오지만, 인간이 먼저 하나님과 하나님의 도우심을 찾는 경우도 있다. "내가 온 마음을 다해 하나님을 찾는다"(시 119:10)는 시편 기자의 고백은 하나님에 대한 인간의 찾음을 요약한다. 슐라이어마허가 말하는 것처럼, 모든 인간은 "하나님 의식" 내지 초월자에 대한 의식을 갖고 있기 때문이다. 그래서 타종교인들과 무종교인들도 위급한 일이 생겼을 때 "하나님, 살려 주십시오" 하고 하나님을 찾는것이 아니었겠는가? 삶의 목적과 참 의미, 삶의 참 가치와 행복, 세계사의 의미와 목적에 대한 질문 속에는 하나님에 관한 물음이 잠재해 있다.

그러나 참 하나님 인식을 가능케 하는 것은 하나님을 찾는 인간의 마음이 아니라 이 마음에 상응하는 하나님 자신의 행위에 있다. 하나님과 하나님의 나라를 계시하는 예수 그리스도 안에서 우리는 참 하나님을 인식할 수 있다. 하나님 인식의 객관적 가능성은 하나님에게 있다.

2) 바르트가 말하듯이, 하나님 인식은 하나님의 자비로운 은혜를 통해 성립된다. 그것은 우리 인간이 아무런 자격도 구비하고 있지 못함에도 불

구하고 하나님이 우리를 자비하게 여기심으로 가능하다. 죄와 죽음의 세력에 묶여 있는 피조물의 세계를 구원하기 위해 아버지 하나님은 그의 아들 예수 안에서 인간의 몸을 취하시고 자기를 알 수 있게 하신다. 이런 점에서 하나님 인식의 원초적 주체는 하나님이다. 인간은 이 원초적 주체에 의해 세워진 주체일 뿐이다.

그러므로 참 하나님 인식은 하나님의 은혜로 말미암은 인식이요, 하나님의 은혜에 대한 인식이기도 하다. 하나님에 대한 인식은 그의 은혜에 대한 인식 가운데서 이루어진다. 한 마디로 그것은 "은혜의 인식"이다. 이 은혜를 알지 못하는 하나님 인식은 참된 하나님 인식이라 볼 수 없다(Barth 1958, 27). 죄와 죽음의 세력에 묶인 인간이 생명의 하나님을 인식한다는 것은 한마디로 하나님의 은혜이다.

바로 여기에 하나님 인식과 세계의 사물에 대한 일반적 인식의 차이가 있다. 일반적 인식은 인간 자신의 필요성에 의해 시작하며, 인간이 인식의 원초적 주체이다. 이 인식에 있어 인간은 아무런 은혜도 느끼지 못하며 느낄 필요조차 없다. 과학적 인식에 있어 이러한 요소는 방법적으로 배제된다.

3) 세계의 사물에 대한 일반적 인식은 인식 주체와 인식 대상의 분리를 원칙으로 삼는다. 양자가 분리될 때 객관적이고 정확한 인식이 가능하며, 보편타당성을 요구할 수 있다고 생각한다. 여기에는 모든 형태의 감정이입이 배제된다. 이에 반해 하나님 인식은 하나님과의 인격적 관계 속에서만 가능하다. 곧 하나님에 대한 신앙 가운데서 가능하다. 하나님을 인식한다, 하나님을 안다는 것은 곧 하나님을 신앙한다는 것을 말한다. 그러므로 참 하나님 인식은 "신앙의 인식"이다(K. Barth).

신앙, 곧 믿음이란 하나님에 대한 신뢰를 말한다. 하나님을 신뢰한다는 것은 하나님에게 자기의 삶의 길을 맡기고 하나님의 뜻을 따른다는 것을 의미한다. 구체적으로 그것은 하나님의 명령에 대한 복종과 인격적 변화를 말한다(이 책의 제3권 "신앙론"을 참조). 하나님에게 자기의 삶의 길을 맡기지 않으며 인간다운 인간으로 변하지 않으면서 "하나님을 인식한다", "하나님을 안다"고 말하는 것은 거짓말이다.

그러나 "오직 신앙 가운데서만" 하나님 인식은 가능하다고 배타적으로 말할 수 없다. 타 종교인도 하나님에 관한 인식을 가질 수 있다. 타종교인이 가진 신(神) 일반에 대한 인식과 기독교 신자들의 하나님 인식 사이에는 차이점도 있지만 공통점도 있다. 어떤 형태와 수준의 것이든 간에 모든 사람이 신 일반에 대한 인식을 가지고 있다. 무신론자가 하나님에 관해 그리스도인들보다 더 잘 아는 경우도 있다. 그러므로 하나님 인식은 "오직" 신앙 가운데서만 가능하다는 바르트의 배타성은 성립되지 않는다. 이 배타성은 기독교 신앙을 고립시키는 결과를 초래한다.

4) 성서에 따르면 하나님 인식은 단지 하나님이란 대상에 대한 인식이 아니라 인간의 자기인식과 결합되어 있다. 참 하나님인 동시에 참 인간이신 예수 그리스도 앞에서 인간은 자기의 죄되고 희망 없는 모습을 보게 된다. 이와 동시에 그는 자기를 하나님의 피조물로 인식하며, 예수 그리스도를 통해 새로운 생명으로 거듭 태어난 존재로 인식한다. 자기 밖에 모르던 삶의 길을 버리고 하나님과 이웃을 경외하는 사람으로 변화된다. 삶의 가치관이 변화되며, 삶의 목적과 방향, 이웃에 대한 관계가 변화된다. 비인간적인 사람이 인간적인 사람으로, 무자비한 사람이 자비로운 사람으로, 불의한 사람이 의로운 사람으로 변화된다. 그의 전 존재와 삶의 길이 하나님에게 맡겨진다. 인간의 전 존재와 삶을 요구하는 여기에 일반 인식과 구별되는 하나님 인식의 특징이 있다.

우리는 이것을 이사야 예언자의 소명 이야기에서 발견할 수 있다(사 6:1 이하). 거룩한 하나님을 보게 되었을 때, 이사야는 "입술이 부정한", 그러므로 하나님 앞에서 죽을 수밖에 없는 자기 민족과 자기 자신을 보게 된다. 이와 동시에 그는 하나님의 죄의 용서를 경험하고, 하나님의 부르심에 응답하는 새로운 피조물로 거듭난다. 한편으로 모세가 떨기나무 가운데 있는 하나님 앞에서 신을 벗는 행위가 이것을 상징한다(출 3:5).

5) 성서에서 하나님을 인식한다 혹은 안다(창 4:1)는 것은, 마음과 뜻과 정성을 다해 하나님을 사랑하는 것을 말한다. 우리는 우리가 사랑하는 것만을 참으로 안다. 상대방을 사랑하는 만큼 우리는 상대방을 안다. 그러므로 구약성서에서 안다, 인식한다는 것과 사랑한다는 것은 동의어이다. 하나님 인식은 하나님을 "사랑하는 인식이요, 인식하는 사랑이다"(Kraus 1983, 278). 엘리의 아들들이 야웨를 알지 못하였다(삼상 1:12)는 것은, 마음과 뜻과 정성을 다해 그를 사랑하지 않으며 경외하지 않았음을 뜻한다(사 1:3; 렘 2:8; 9:2 참조). 이에 반해 "야웨가 하나님이라는 것을 알라"(신 4:39)는 것은 하나님을 사랑하며 그를 경외해야 함을 뜻한다. "예수를 안다"는 것은 예수를 사랑하며 그를 우리의 구원자로 경외함을 말하는 것과 마찬가지다.

그런데 우리는, 하나님에 대한 사랑은 그의 피조물에 대한 사랑과 분리되지 않음을 유의할 필요가 있다. 참으로 하나님을 사랑하는 자는 불의한 세계 속에서 신음하는 피조물들의 고통을 보게 되며 그들의 신음 소리를 듣게 된다. 그는 이 세계의 모든 것에 눈을 감아버리고 "오직 하나님만", "오직 예수만" 알게 되는 것이 아니라 하나님이 창조한 세계의 신음하는 피조물을 보게 된다. 하나님 인식은 이들 피조물에 대한 연민과 사랑과 분리될 수 없다. "하나님을 인식하는 자는 그의 이웃과 그의 형제를 알게 된다"(Kraus 1975, 200). 한 마디로 하나님 인식은 세계에 대한 인식과 결합되어 있다. 하나님 인식과 세계 인식 그리고 인간에 대한 인식은 분리될 수 없다.

그 까닭은 피조물에 대한 하나님의 사랑에 있다. 하나님은 사랑이다. 그러므로 그는 연약한 피조물들의 고통을 함께 당한다. 그는 그들과 함께 신음하며 구원을 기다린다. 따라서 참 하나님 인식은 하나님의 고통에 대한 인식과 분리될 수 없다. 그것은 피조물에 대한 연민 속에서 스스로 고통을 당하는 "하나님을 아파함"(Gotterleiden)이다. 따라서 하나님 인식은 하나님과 함께 피조물의 고통을 함께 아파함을 내포한다.

우리는 이것을 모세의 소명 이야기에서 발견한다. 모세가 하나님의 계시를 통해 하나님을 알게 될 때, 그는 단지 하나님만 알게 되는 것이 아니라 아무 능력도 희망도 없는 자기의 모습을 보는 동시에, 이집트에서 신음하는 동족의 고난과 이 세계의 불의를 보게 된다. 또한 이로 인한 하나님 자신의 고난도 알게 된다. "나는 이집트에 있는 나의 백성이 고통받는 것을 똑똑히 보았고, 또 억압 때문에 괴로워서 부르짖는 소리를 들었다. 그러므로 나는 그들의 고난을 안다"(출 3:7).

하나님은 자기를 예수의 십자가의 죽음 속에서 결정적으로 계시한다. 하나님에 대한 참 인식은 십자가에서 죽음을 당한 예수 안에 있다. 참 하나님 인식은 예수의 죽음의 고통을 함께 당하는 하나님의 고난에 참여함으로써 가능하다. 하나님을 인식한다, 그를 안다 하면서 그의 고난에 무관심하다면 그 인식은 불완전하다. 참으로 하나님을 인식하고 그를 아는 사람은 피조물의 고통과 하나님의 고통을 알게 되며, 그 고통을 함께 아파하게 된다. 그는 이들의 고통을 공감하는 사람(*homo sympatheticus*)으로 변화된다.

그러므로 하나님을 잘 알면 알수록 연약한 자기 민족이 당하는 운명과 고통에 대해 민감해져야 할 것이며, 먼저 자기 민족의 역사를 위한 하나님의 부르심을 들어야 할 것이다. 그러므로 신학하는 사람은 성서의 역사는 물론 자기 민족의 역사도 잘 알아야 한다. 모세와 예언자들의 하나님 인식도 자기 민족에 대한 연민과 결합되어 있었고, 이 연민은 자기 민족의 역사를 책임지고자 하는 태도로 표출되었다. 그들의 하나님 신앙은 자기의 민족과 함께 하는 하나님의 역사와 결합되어 있는 역사적 신앙이었다. 그러므로 "세상과 나는 간 곳 없고, 대속한 주(主)만 보인다"(204장 3절)는 찬송가 가사는 성서의 역사적 신앙과 조화되지 않는다.

6) 구약성서에서 하나님의 이름은 이스라엘 백성이 경험하였고 또 회상하는 하나님의 역사적 행위와 분리될 수 없이 결합되어 있다. "야웨"란 이름은 언제나 출애굽 사건과 결합하여 등장한다. 따라서 구약성서에는

하나님의 추상적 개념이 존재하지 않고, 하나님의 역사와 이 역사에 관한 신앙고백적 이야기들이 있을 뿐이다. 폰 라트(G. von Rad)에 의하면 이 이야기들은 이스라엘의 "크레도"(Credo: 나는 믿습니다, 즉 기본적 신앙고백)로서 다음과 요약된다. "내 조상은 떠돌아다니면서 사는 아람 사람으로서 몇 안 되는 사람을 거느리고 이집트로 내려가서, 거기에서 몸붙여 살면서, 거기에서 번성하여 크고 강대한 민족이 되었습니다. 그러자 이집트 사람이 우리를 학대하며 괴롭게 하며 우리에게 강제노동을 시켰습니다. 그래서 우리가 주 우리 조상의 하나님께 살려 달라고 부르짖었더니, 주님께서 우리의 울부짖음을 들으시고, 우리가 비참하게 사는 것과 고역에 시달리는 것과 억압에 짓눌려 있는 것을 보시고, 강한 손과 편 팔과 큰 위엄과 이적과 기사로 우리를 이집트에서 인도하여 내셨습니다. 주님께서 우리를 이곳으로 인도하셔서 이 땅 곧 젖과 꿀이 흐르는 땅을 우리에게 주셨습니다"(신 26:5-9).

이 본문에서 이스라엘 백성은 출애굽의 역사와 연관하여 하나님을 인식한다. 그들의 하나님 인식은 역사가 없는 인식, 곧 무역사적 인식이 아니라 역사와 연관된 역사적 인식이었다. 이 본문이 보도하는 출애굽의 역사 속에서 이스라엘의 하나님은 연약한 생명들의 고통을 함께 당하는 자비로운 하나님, 강한 자들의 억압과 횡포에서 그들의 생명을 해방해주는 정의로운 하나님, 곧 "출애굽의 하나님", "생명의 하나님"으로 인식된다.

구약의 예언자들도 역사의 지평 속에서 하나님을 인식한다. 예언자들은 "나도 없고 세상도 없는" 내적 신비경이나 황홀경 속에서 하나님을 인식하는 것이 아니라 출애굽 사건, 가나안 땅 점령, 국가 건설과 왕정제도의 설립, 국가의 분열과 멸망, 바빌론 포로생활, 포로생활에서의 해방 등 역사적 사건들 속에서 하나님이 어떤 분인가를 인식한다.

여기서 우리는 하나님 인식과 하나님의 역사가 분리될 수 없다는 사실을 발견한다. 기독교의 하나님 인식은 역사적 인식 혹은 "역사 안에서의 하나님 인식"이어야 한다(Moltmann 1999, 42). 하나님은 십자가에 달린 예수 그리스도의 유일회적 계시 속에서, 성서에 기록된 하나님의 행위와 말씀을 통해, 혹은 자연의 계시를 통해 인식되는 동시에 역사의 더 넓은 지평 속에서 인식되어야 한다. 하나님 인식이 역사의 지평을 상실할 때 하나님 인식은 개인의 내면성으로 위축되며, 역사의 과정 속에서 일하시는 하나님을 보지 못하게 된다. 참 하나님 인식은 이른바 "영성"의 체험 속에서 "나도 없고 세상도 없는" 인식, 곧 무시간적·무역사적 인식이 아니라 역사의 지평 속에서 하나님의 역사를 따르는 가운데서 일어난다. 그것은 하나님의 역사에 대한 인식인 동시에 이 역사를 향해 인간을 부르는 인식이다.

7) 성서에서 하나님의 계시는 새로운 생명의 세계에 대한 약속과 함께 일어난다. 예수의 부활을 통해 죄와 죽음의 세계는 끝나고(finis), 더 이상 죄와 죽음과 울부짖음과 고통이 없는 새로운 생명의 세계(telos)가 약속된다. 그러므로 하나님 인식은 하나님이 약속하는 새로운 생명의 세계에 대한 인식을 동반한다. 모세가 하나님을 알게 될 때, 하나님이 약속하는 새로운 땅에 대한 눈을 뜨게 된다. 예언자 이사야가 하나님을 알게 되었을 때, 그는 모든 피조물이 더불어 사는 메시아의 세계에 대한 비전을 얻게 된다. 따라서 하나님 인식은 그가 약속하는 메시아적 세계에 대한 인식이기도 하다. 이 인식은 하나님의 부르심을 동반한다. 즉 하나님을 인식하는 사람은 약속된 미래를 향한 하나님의 부르심을 들으며, 이 부르심에 대해 그는 "내가 여기 있나이다. 나를 보내소서!"라고 응답한다. 그는 하나님의 역사를 위한 부르심을 받은 자로 자기를 인식하며, 이 역사를 위해 그의 삶을 바친다. "하나님에 대한 지식은 언제나 하나님을 통한 그 자신의 부르심에 대한 지식이다"(Moltmann 1964, 106).

그러므로 하나님을 인식하는 사람은 하나님이 약속하는 새로운 생명의 세계를 꿈꾸며, 그 꿈을 향해 자기의 삶을 바치는 삶의 길을 걷게 된다. 옛 세계는 그에게서 끝나고, 새로운 생명의 세계에 대한 꿈과 기다림이 그의 삶을 이끌어 간다. 그는 옛 세계와 새 세계의 경계선에서 사는 종말론적 존재가 된다. 이런 의미에서 참 하나님 인식은 역사적 인식인 동시에 종말론적 인식이다.

예수의 제자들이 부활한 예수를 알게 될 때, 그들은 아버지 하나님의 "약속하신 것"을 알게 되며(눅 24:49) 온 세계를 향한 주님의 부르심을 듣는다(막 16:15). 바울이 다메섹으로 가는 도중 그리스도를 만나게 되었을 때, 바울도 그리스도의 복음을 온 세계에 전하며 약속된 미래를 지향하는 종말론적 존재가 된다. 따라서 하나님 인식은 "저 높은 곳을" 향하기보다 미래를 향한다. 그것은 과거에 일어난 하나님의 선택과 계약과 약속과 성실하심을 회상하는 가운데서 하나님이 약속한 새로운 생명의 세계를 지향하며, 하나님의 고난과 승리에 참여한다.

8) 일반적으로 참된 인식, 곧 진리란 인식의 대상과 인식의 일치(*adaequatio rei et intellectus*)를 뜻한다. 즉 인식 대상과 인식이 일치할 때, 우리는 그 인식을 가리켜 진리(=참되다)라고 말한다. 이 인식을 가능하게 하는 것은 인식 주체와 인식 대상의 유사성, 곧 존재의 유비(*analogia entis*)에 있다. 양자 사이에 서로 비교될 수 있는 유사성이 있기 때문에 인식 주체는 인식 대상을 인식할 수 있다. 따라서 "같은 것은 오직 같은 것에 의해 인식된다"는 아리스토텔레스의 명제가 인식의 원리가 된다. 인식 대상이 인식 주체와 아무 유사성이 없는 전혀 낯선 것일 때, 대상에 대한 인식이 불가능하다(이에 관해 Moltmann 1999, 140 이하).

그러나 같은 것은 단지 자기와 같은 것만 인식할 뿐이다. 같은 것, 이미 알고 있는 것을 인식할 때 우리는 편안함을 느낀다. 거기에는 모순되는 것이 없기 때문이다. 그러나 여기에는 새로움이란 전혀 없다. 자기와 같은 것의 인식을 통해 그것과 결합하고, 이를 통해 자기 자신을 확보하며 안전함과 편안함을 느낄 수 있다. 그러나 새로움이 없기 때문에 지루함과 무관심에 빠지게 된다. 부자와 부자가 결혼할 때 새로움이 없고 지루함과 무관심이 찾아오는 것과 같다. 비슷한 유전자 구조를 가진 친척들, 같은 동네의 비슷한 사람들끼리 결혼할 때 저능아 내지 정신적 장애자가 많이 태어난다는 사실이 이와 연관되어 있다.

그런데 고대 그리스 철학자 아낙사고라스(Anaxagoras)는 "다른 것은 오직 다른 것에 의해 인식된다"라는 새로운 인식 원리를 제시한다. 같은 것은 같은 것에 대해 무감각하고 무관심하다. "우리는 뜨거운 것을 통해 찬 것을, 신 것을 통해 단 것을, 어두운 것을 통해 밝은 것을 인지한다.…감각적 인지는 고통과 결합되어 있다. 같지 않은 것이 우리의 감각 기관과 접하게 될 때 고통이 일어난다." 블로흐는 이렇게 질문한다. "오직 같은 것이 같은 것을 파악할 수 있을까, 아니면 거꾸로 다른 것이 이에 더 적합하지 않을까?"(Moltmann 1999, 157) 이 원리는 우리의 일상생활에서도 증명된다. 고향과 조국 안에 머물러 있으면, 고향의 조국의 귀중함과 국제적 위상을 잘 알지 못한다. 고향과 조국을 떠나 낯선 곳에 있을 때 우리는 고향과 조국의 귀중함과 위상에 눈을 뜨게 된다. 죽음의 위험을 직면할 때 생명의 귀중함을 알게 되고, 고독하게 될 때 친구와 배우자의 의미를 인지하게 된다.

인식의 대상인 하나님은 피조물의 세계와 구별되는 새로운 존재다. 하나님의 신적 존재와 피조물의 비신적 존재 사이에는 존재의 유비가 없다. 존재의 유비를 갖지 않은 하나님이 인간에 의해 인식된다. 여기서 타당성을 가진 원리는 "다른 것은 오직 다른 것에 의해 인식된다"는 변증법적 원리다.

다른 것, 낯선 것을 인지할 때 우리는 귀찮고 불편함을 느낀다. 우리 자신의 정체를 되돌아보게 되고, "낯선 것의 저항"과 "새로운 것의 도전"을 느낀다. 우리가 그것을 이해하고 수용하고자 할 때 우리 자신을 개방하고 변화시킬 수밖에 없다. 우리가 낯선 곳에 갔을 때 우리 자신을 새롭게 변화시키고 새로운 환경에 적응시킬 수밖에 없는 것과 같다. 하나님 인식은 이러한 기능을 가진다. 그것은 하나님과 합일된 신비롭고 감미로운 경지에서 주어진 상태에 안주하지 않는다. 그것은 우리에게 자기부정과 변화를 요구하면서 하나님의 새로운 생명의 세계를 지향하는 메시아적·종말론적 특성을 지닌다. 참 하나님 인식은 메시아적·종말론적 인식이다. 이에 관해 우리는 아래에서 자세히 살펴보고자 한다.

C. 인간의 하나님 인식은 언제나 불완전하다

세계의 모든 사물들과 인간 사이에는 유한성, 시공간의 제한성, 변화 가능성 등의 유사성, 곧 *analogia entis*가 있다. 그러므로 인간은 세계의 사물들을 인식할 수 있다. 유사성이 전혀 없을 때, 인식 대상은 우리가 파악할 수 없고 설명할 수 없는 하나의 신비 혹은 비밀로 남게 된다. 그런데 하나님과 인간 사이에는 존재의 유사성이 없다. 신적 존재와 비신적 존재는 철저히 구별된다. 양자는 다른 유(類)에 속한다. 그렇다면 유에 있어 인간과 구별되는 하나님이 어떻게 인간에 의해 인식될 수 있는가?

이 문제에 대해 칼 바르트는 다음과 같이 대답한다. 비신적 존재인 인간이 신적 존재인 하나님을 인식할 수 있는 것은 성령의 작용에 있다. 성령을 통해 하나님이 죄인인 인간의 눈을 열어줄 때에야만, 죄인인 인간은 거룩한 하나님을 볼 수 있다. 하나님 인식은 "오직" 성령의 작용을 통해 가능하다. 예수 그리스도 안에서 일어난 하나님의 객관적 자기계시를 인간이 주관적으로 인식할 수 있는 가능성, 곧 하나님 인식의 주관적 가능성은 성령에 있다(Barth 1958, 74).

우리는 바르트의 입장에 동의할 수 있다. 하나님 인식은 하나님의 기선적 행위를 통해 시작되며, "성령을 통해" 일어난다. 인간이 하나님을 찾음도 모든 피조물 안에 임재하는 하나님의 영, 곧 성령으로 말미암은 것이라 볼 수 있다. 죄인이 하나님을 찾는 것도 하나님의 영이 그의 마음을 움직이기 때문이다.

이 말은 매우 은혜스럽게 들린다. 교회에서 이렇게 말하면 대개 "은혜 받았다"는 반응을 얻게 된다. 그러나 이 말 속에는 자기의 하나님 인식을 절대화시킬 수 있는 위험성, 곧 자기절대화, 자기의 것과 다른 것에 대한 배타주의의 위험성이 숨어있다. 인간의 하나님 인식이 "오직" 성령의 작용으로 말미암은 것이라면, 그의 하나님 인식은 최소한 주어진 시점에 있어, 그리고 하나님 인식을 얻은 그 사람 자신에게 완전하고 절대적인 것이라 말할 수 있다. 이로 인해 자기의 것과 다른 하나님 인식을 허용하는 것이 어렵게 된다.

물론 하나님 인식은 성령의 작용으로 말미암아, 성령의 작용 속에서 일어난다. 그러나 하나님에 관한 앎이 전혀 없다면, 하나님이 자기를 계시한다 해도 인간은 하나님을 인식할 수 없을 것이다. 사실상 세계의 모든 인류는 자기 나름대로 절대자·초월자에 대한 앎을 가지고 있으며, 인간과 세계의 비본래적 상태에 대한 앎을 가지고 있다. 하나님을 믿지 않는다고 말하는 사람들도 신에 관한 나름대로의 앎을 가지고 있다. 이것은 선교 현장에서 부인할 수 없는 사실이다. 하나님의 존재와 인간의 존재 사이에 소위 존재의 유비가 있기 때문이 아니라 최소한 하늘, 하나님, 하느님, 천주(天主)에 대한 의식이 있기 때문에, 하나님이 자기를 계시할 때 인간은 하나님을 인식할 수 있다.

마음속에 사랑이 있는 사람은 자기가 사랑하는 자의 모든 것을 배제하지 않고 오히려 그것을 포용하고 장려하고자 한다. 성령도 마찬가지다. 성령은 사랑의 영이기 때문에 모든 인간적·세상적 요소들을 배제하는 것이 아니라 이러한 요소들을 통하여, 이것들과 함께 작용한다. 성령은 이것들을 무시하거나 배격하지 않고 오히려 활용하며 회복시킨다. 따라서 성령을 통한 하나님 인식에 있어 인간의 이성과 감정, 문화적, 교육적 배경, 정치적·경제적 상황 역시 배제되지 않는다. 하나님 인식은 이러한 인간적·세상적 요소들과의 연관 속에서 이루어진다. 이것은 부인할 수 없는 사실이다.

그러므로 어떤 사람도 "하나님 전체"를 인식할 수 없다. 아무리 성령을 통해 하나님을 인식한다 할지라도, 우리 인간은 자신의 역사적·문화적 배경 속에서, 또 자신이 처한 "삶의 자리"에서 하나님의 측면들을 인식할 수 있을 뿐이다. "우리는 무한한 신비로서의 초월적 하나님을 유한한 세계내적 경험을 통해 인식한다. 그러나 우리는 이 불가해하고 무한한 신비의 어떤 부분적인 측면만을 경험할 뿐"이다(윤철호 2006b, 125).

그러므로 하나님 인식은 사람에 따라 차이를 가지며, 시대와 장소에 따라 다를 수 있다. 성서도 우리에게 단 하나의 통일된 하나님 인식을 보여 주지 않고, 수천 년에 달하는 역사의 과정 속에서 시대와 장소와 삶의 자리에 따라 매우 다양한 하나님 인식을 보여준다. 그래서 때로 모순되는 것처럼 보이는 하나님 인식들이 성서에 등장한다(자비로운 목자이신 하나님 - 힘센 용사와 같은 하나님 등). 우리는 신학의 역사에서도 시대의 변천과 함께 하나님 인식이 변화하며, 목회자들의 설교에서도 하나님 인식이 다양하다는 것을 발견할 수 있다. 그러므로 하나님 인식이 성령을 통해 일어난다 할지라도, 시대적 상황과 삶의 자리에 따라, 또 인간의 관심과 교육 수준에 따라 차이를 가지며, 모든 하나님 인식은 언제나 불완전하다는 것을 우리는 정직하게 인정해야 할 것이다.

어떤 신학자는 하나님에 관한 절대적 인식의 교의학적 "체계"를 제시한다. 그리고 이 체계는 영원히 변할 수 없는 "계시된 진리"라고 주장한다. 그러나 이 체계도 인간의 언어로 기록된 것으로 불완전하다. 여기서 하나님은 인간이 구성한 불완전한 체계의 포로가 되어버린다. 그러나 교의학적 체계의 포로가 된 하나님 인식은 변화하는 새로운 삶의 상황과 시대적 상황에 대해 의미를 갖기 어렵다. 소위 절대적인 것은 절대적이기 때문에, 어떤 구체적 상황에 대해서도 타당성을 갖지 못한다. 그것은 상황에 대한 유연성을 상실하고 굳어져버리기 때문이다. 굳어진다는 것은 죽음을 뜻한다. 만일 하나님에 관한 절대적으로 완전한 소위 "계시된 인식"이 자기에게 있다고 주장한다면, 그것은 거짓말이다.

필자는 지난 30여년 간 여러 교단의 신학교육 기관에서 강의를 하면서 교육의 필요성을 절감하였다. 성령의 감화 감동 속에서 산을 옮길만한 뜨거운 신앙을 가진다 해도, 교육을 통해 인간의 지성과 양심이 계발되지 않으면 하나님 인식은 유치한 수준에 머무를 수밖에 없다. 그의 신앙은 이성적 사고력과 판단력을 결여하고, 광신적·맹목적 신앙, 거짓된 신앙으로 변할 수 있다. 물론 지성과 양심이 하나님 인식을 가능하게 하는 것은 아니다. 하나님 인식은 성령의 작용 속에서 이루어진다. 그러나 교육을 통해 인간의 지성이 올바른 방향으로 발전하며 인격적 성숙이 이루어질 때, 하나님 인식도 향상될 수 있고 신앙의 질이 발전할 수 있다. 성령의 감화 감동과 더불어 인간은 그의 지성과 양심이 계발된 수준만큼 하나님을 인식할 수 있다는 것을, 필자는 신학교육 현장에서 경험하였다. 기독교에 대해 우호적인 계몽주의자들도 교육의 필요성을 주장했던 이유가 여기에 있다. 우리는 인간의 이성을 죄악시하고 "오직 성령만을" 주장했던 한국의 개신교회가 오늘날 어떤 문제점을 가지고 있는지 잘 알고 있다.

여기서 우리는 하나님 인식과 이성의 관계를 다음과 같이 규명할 수 있다. 인간의 이성은 그 자체로 하나님을 인식할 수 없다. 그것은 하나님을 거부하는 적대적 세력으로 작용할 수도 있다. 그러나 하나님 인식은 이성과 대립하지 않으며 이성을 배척하지도 않는다. 인간의 모든 다른 인식들처럼 하나님 인식도 "이성을 통해" 가능하다. 이성도 하나님의 피조물이다. 따라서 이성도 하나님 인식의 수단이 되며 도움이 될 수 있다. 교육을 통해 이성이 계발되는 정도에 따라 하나님 인식의 수준도 달라진다. 신학의 역사가 이것을 증명한다.

하나님은 예수 안에서 인간의 형태를 취하며, 인간의 형태를 통해 자기를 계시한다. 이 계시를 증언하는 성서도 인간의 언어와 문법 구조를 사용한다. 그러므로 하나님은 그리스도와 성서의 말씀을 통해 자기를 계시하는 동시에 굴절되며 감추어진다. 그는 "계시된 하나님"인 동시에 "감추어진 하나님"이다. 그의 현실은 그리스도인들의 삶과 교회를 통해 선취되는 동시에 그들을 통해 굴절되고 감추어진다. 하나님과 그의 현실의 "드러남(Enthüllung)이 발생함으로써 감추어짐(Verhüllung)이 발생한다"(Barth 1958, 54). 성서가 증언하는 하나님이 "하나님", "하느님", "천주"란 한국어로, 혹은 중국어의 "상제"(上帝)로 번역될 때 이미 하나님 인식의 굴절이 일어나며, 이 굴절로 인해 하나님 자신은 감추어진다.

그러므로 하나님에 대한 인간의 인식은 언제나 제한되어 있고 불완전하다. 인간이 아닌 하나님이 인간에 의해 완전하게 인식된다는 것은 불가능하다. 우리는 하나님을 "부분적으로" 인식할 뿐이며, 하나님을 "얼굴과 얼굴로" 보지 못하고 단지 희미한 거울 속에서 볼 수 있을 뿐이다(고전 13:9 이하. 고대시대에 거울은 청동과 같은 금속성 물질로 만들어졌음을 고려할 필요가 있음). 아퀴나스에 의하면 하나님에 관한 우리의 모든 술어들은 "유비적"(analogical)이다. "이 삶 속에서 우리는 하나님의 본질을 있는 바 그대로 이해할 수 없다. 우리는 그의 피조물의 완전함을 통해 나타나는 바에 따라 그것을 이해할 수 있을 뿐이다." 우리가 하나님에게 적용하는 모든 말들은 하나님의 속성들과 동의적(synonymous)이지 않다. 이 말들은 그것을 "많은 다양한 관점으로부터 나타내기 때문이다"(김상근 2004, 60 이하).

비록 하나님이 자기를 초월적으로 계시한다 할지라도, 우리는 하나님을 인간적 형태로 또 세상적 형태로 인식할 수밖에 없다. 따라서 하나님 인식은 신인동형론적 한계성을 벗어날 수 없다. 성서에 등장하는 모든 하나님 개념들, 곧 왕, 목자, 아버지, 전쟁에 능하신 분, 구원의 산성, 빛 등의 개념들은 사실상 신인동형론적 개념들 혹은 이 세계에 속한 사물들을 이상화시킨 것이다. 하나님은 인간이 아니며 세계에 속한 사물이 아니다. 그는 이 모든 것들의 저너머에 "비밀"로 계신다. 그러므로 우리는 하나님을 알지만, 완전히 알지 못한다. 우리가 가진 하나님에 관한 지식은 "무지의 지식"(docta ignorantia)일 뿐이다.

카우프만에 의하면 인간은 그의 "상상력이 창조해 낸 개념적 틀을 통한 해석을 거치지 않고 직접적으로 대상들을 결코 지각할 수 없다"(Kaufman 1999, 69). 그러므로 하나님은 "인간 상상력의 구성 개념"일 수밖에 없다(74). "'하나님'과 '세계' 같은 개념들은 선조들이 물려준 어휘를 통해 자신들의 경험을 이해하려는 여러 세대에 걸친 사람들의 노력을 통해서 창조된 것이다"(70). 그러므로 "우리는 하나님을 찾아 언제나 앞으로 나아가야만 하며, 결코 우리가 발견한 것 혹은 표현한 것에 안주하여 머무를 수 없다. 참 하나님은 언제나 우리의 이해 범위를 초월하시며 초극하신다"(119).

또한 우리의 하나님 인식이 불완전한 것은 이 세계가 아직도 죄와 죽음으로 가득하며, 하나님을 아는 지식이 결핍되어 있기 때문이다. 역사의 종말에 하나님의 나라가 이 땅 위에 완전히 이루어지고, 하나님이 모든 것 안에서 모든 것이 되실 때(고전 15:27), 우리는 하나님을 얼굴과 얼굴로 볼 것이며, 완전한 하나님 인식에 이를 것이다. 그러나 하나님의 나라는 아직도 역사의 미래로 머물러 있다. 세계는 아직도 "죽음과 슬픔과 울부짖음과 고통"으로 가득하다. 하나님은 은폐된 상태에 있다. 따라서 우리는 하나님을 희미하게 인식할 수 있을 뿐이다.

그러므로 루터는 *securitas*(=security)와 *certitudo*(=certitude)를 구별한다. *Securitas*는 하나님이 어떤 분인지 더 이상 질문하지 않고 자기가 가진 인식 체계에 안주하는 반면, *certitudo*는 언제나 다시금 질문하며 새로운 인식을 찾는다(Kraus 1983, 279). 하나님의 인식에 있어 우리는 *securitas*가 아니라 *certitudo*를 가질 뿐이다. 모든 하나님 인식은 종말의 완전한 인식을 향한 도상에 있다.

D. "하늘이 하나님의 영광을 선포하고…"
- 새로운 생명의 세계를 지향하는 하나님 인식

위의 "계시론"에서 언급한 바와 같이, 하나님의 계시는 단지 하나님의 "자기"계시 혹은 "자기"전달에 불과한 것이 아니라 하나님의 새로운 생명의 세계, 곧 하나님 나라의 계시와 약속을 동반한다. 따라서 하나님을 인식한다는 것은 하나님이 약속하는 새로운 생명의 세계를 인식한다는 것을 뜻한다. 이 메시아적 세계 앞에서 인간은 현실 세계와 자기 자신의 거짓되고 불의한 모습을 인식한다. 한 마디로 하나님 인식은 단지 "하나님" 인식에 불과한 것이 아니라 하나님 나라에 대한 인식과 이 세계와 인간의 거짓된 모습에 대한 인식을 내포한다. 자신의 존재와 이 세계에 대해 모순된 것을 인식할 때, 그는 자신의 존재와 이 세계의 거짓과 모순을 알게 된다. 모순된 것은 모순된 것을 통해 인식된다.

따라서 참 하나님 인식은 자신의 존재와 세계의 불의하고 거짓된 현실과 조화되고 일치하는 것이 아니라 그것에 모순된다. 그것은 모순된 것에 대한 인식이기 때문이다. 따라서 하나님 인식은 주어진 현실에 순응하고 적응하게 돕는 것이 아니라 하나님의 새로운 존재의 현실을 지향하게 한다. 그것은 미래 지향성을 갖는다.

이것은 먼저 하나님을 인식하는 인간 자신의 존재에 일어난다. 하나님의 새로운 생명의 세계 앞에서 먼저 인간 자신의 거짓되고 모순된 모습이 드러난다. 그러므로 하나님 인식은 인간 자신의 자기부정과 변화를 요구한다. 옛날의 자기는 죽고, 하나님의 삼위일체에 상응하는 "새 피조물"로 다시 태어나야 한다. 우리는 자기 실존의 철저한 변화를 통해서만 하나님의 현실을 인지할 수 있다. 이사야 6장은 이것을 다음과 같이 이야기한다. 거룩한 하나님의 현실을 보게 되었을 때 이사야는 자기의 죄악된 모습을 인식한다. "이제 나는 죽게 되었구나! 나는 입술이 부정한 사람인데, 입술이 부정한 백성 가운데 살고 있으면서, 왕이신 만군의 주님을 만나 뵙다니!" 이 때 스랍들 가운데 하나가 숯불을 이사야의 입에 대며 이렇게 선언한다. "이것이 너의 입술에 닿았으니, 너의 악은 사라지고, 너의 죄는 사해졌다"(사 6:5-7). 이로써 하나님의 새로운 생명의 세계가 한 인간에게서 일어난다.

이와 같이 하나님 인식은 하나님의 새로운 생명의 세계를 향한 인간의 존재와 세계의 변화를 자극한다. 참 하나님 인식은 세계의 죄악과 고통에 대해 무관심하게 만들고 인간을 초월의 세계로 탈세계화시키지 않는다. 오히려 죄악과 고통을 직시하고 차안 속으로 들어가게 하며, 차안의 것을 하나님 나라의 새로운 현실로 지양하도록 설득한다.

그러므로 하나님을 인식하는 사람은 주어진 현실과 타협하고 이에 안주하지 않는다. 그는 하나님이 약속한 새로운 생명의 세계를 지향한다. 모든 민족이 하나님을 알며, 물이 바다를 덮음 같이 온 땅이 하나님을 아는 지식으로 가득한(사 11:9) 세계를 동경한다. 참 하나님 인식은 단지 하나님만 인식하는 것이 아니라 하나님을 아는 지식과 하나님의 영광이 충만한 하나님의 약속된 세계를 기다리며 이를 추구한다. 어떤 사람이 "내가 하나님을 안다"고 할 때 그는 이미 하나님의 새로운 현실을 의식한다. 그러므로 하나님 인식은 하나님의 약속된 세계를 앞당겨 오고자 하는 메시아성을 가진다. 그것이 메시아적 인식이다.

인식되는 것은 인식을 통해 선취된다. 하나님과 하나님이 약속하는 세계를 인식할 때, 하나님과 그의 약속된 세계가 인식 안에 선취된다. 그러므로 하나님 인식은 하나님과 함께 인식되는 그의 약속된 미래의 앞당겨 옴, 곧 선취를 뜻한다. 그것은 "하나님의 미래에 대한 선취적 앎"이다(Moltmann 1964, 106). 그것은 기다림 속에 있는 인식, 기다림 속에서 기다려지는 것을 미리 경험하는 종말론적 인식이다. 그러나 우리의 삶 속에 앞당겨 경험되는 하나님 나라의 현실은 언제나 불완전하다. 그 속에는 진리가 있는가 하면 거짓도 있다. 이 세계도 마찬가지다. 그 속에는 아직도 죽음과 울부짖음과 슬픔과 고통이 있다. 하나님의 영광은 아직도 감추어진 상태에 있다.

그러므로 하나님 인식은 죽음과 울부짖음과 슬픔과 고통이 없는 세계, 하나님의 영광이 가득한 새로운 생명의 세계를 기다리며 이를 동경한다. 하나님이 약속한 새로운 생명의 세계가 이루어질 때 하나님 인식도 완전하게 될 것이다. 모든 피조물 속에 하나님의 영광이 나타나고 하나님이 인식될 것이다. 모든 것 안에 계신 하나님의 존재의 보편성과 함께 하나님 인식의 보편성이 성취될 것이다. 이 때 하나님 인식은 너무도 "자연적"이어서, 목회자와 신학자들의 가르침이 필요하지 않게 될 것이다. 온 자연이 우리에게 하나님을 명료하게 비쳐줄 것이다. 예수 그리스도와 성서를 통해 자기를 계시하는 하나님을 자연 안에서 투명하게 인식할 수 있을 것이다. 곧 자연을 통한 인식과 그리스도의 계시를 통한 인식이 일치하게 될 것이다. 하나님의 법이 모든 사람의 마음에 새겨져 있기 때문에 모든 사람이 그들의 양심을 통해 하나님의 음성을 들을 것이다. 그 때 다음과 같은 예레미야의 약속이 이루어질 것이다. "…나는 나의 율법을 그들의 가슴 속에 넣어 주며, 그들의 마음 판에 새겨 기록하여, 나는 그들의 하나님이 되고, 그들은 나의 백성이 될 것이다.…그 때에는 이웃이나 동포끼리 서로 '너는 주님을 알아라' 하지 않을 것이니, 이것은 작은 사람으로부터 큰 사람에 이르기까지 그들이 모두 나를 알 것이기 때문이다"(렘 31:33-34).

성서는 하나님이 모든 피조물 속에서 "얼굴과 얼굴로" 인식되는 종말론적 미래를 다음과 같이 묘사한다. "온 하늘이 하나님의 영광을 선포하고 궁창이 그 손으로 하신 일을 나타낼 것이다. 언어가 없고 들리는 소리도 없으나 하나님의 말씀이 세계 끝까지 이를 것이다"(시 19:1-4). 하나님의 자녀들이 하나님을 "얼굴과 얼굴을 대하여" 볼 것이요(고전 13:12), 하나님의 빛이 모든 사물에 나타남으로 다시 어두움이 없을 것이며, 등불과 햇빛이 필요하지 않을 것이다(계 22:4-5). 모든 민족이 하나님을 알 것이며, 온 땅이 그의 영광으로 가득할 것이다(사 6:3). 물이 바다를 채우듯 하나님을 아는 지식(인식)이 온 땅에 가득할 것이다(11:9). 하나님 인식은 단지 "인간 안에서 현존을 규정하는 신뢰를 일깨우고 발견할 때 그 목적에 이르는" 것이 아니라(Härle 2004, 231에 반해), 이 땅 위에 하나님의 정의와 법이 세워지고 하나님의 새로운 생명의 세계가 이루어질 때 그 목적에 도달할 것이다.

7
하나님의 존재 증명

종교를 갖지 않은 사람들에게 기독교를 선교할 때 부딪히는 가장 어려운 문제는, "하나님이 어디 있느냐? 하나님이 있다는 것을 증명해 보여라"라는 요구이다. 이런 요구를 받을 때, 우리는 "하나님을 증명해 보일 수 있다면 얼마나 좋을까!"라는 안타까움을 금할 수 없다. 그래서 많은 그리스도인들이 최소한 한 번쯤은 하나님의 존재 증명에 대해 관심을 가져본 적이 있을 것이다.

기독교 신학은 일찍부터 하나님의 존재 증명에 대해 관심을 가져왔다. 역사적으로 여러 가지 논증들이 제시되었는데, 그 가운데 학문적으로 중요한 몇 가지 논증들은 아래와 같다.

A. 우주론적 증명

기독교 역사에서 가장 오래된 하나님 존재 증명은 우주론적 증명이다. 이 증명을 우주론적 증명(cosmological proof)이라 부르는 이유는, 이 증명이 우주, 곧 그리스어 *kosmos*에서 파생했기 때문이다. 이 증명은 아리스토텔레스의 『형이상학』, 제12권에 매우 조직적으로 나타나며, 키케로(Cicero) 의 저서에서도 발견된다. 테르툴리아누스, 아우구스티누스 등 기독교의 많은 신학자들이 이 증명을 수용하였으며, 중세의 아퀴나스에 의해 정교하게 체계화된다.

아퀴나스는 그의 『신학대전』에서 우주론적 증명을 다섯 가지로 구별한다. 그런데 마지막 다섯째 증명은 목적론적 증명이라 불리며, 신학의 역사에서 보통 독립적으로 다루어진다. 그러므로 여기서 우리는 네 가지 증명을 고찰하기로 하자.

1) 첫째 증명은 이 세계의 활동으로부터(ex parte motus) 출발한다. 이 세계 속에 일어나는 모든 활동은 가능성(potentia)에서 현실(actus)로 실현되는 과정이다. 모든 가능성은 다른 가능성으로 말미암아 일어난다. 따라서 그들은 자기보다 더 높은 가능성으로 소급된다. 그러나 이것이 무한히 소급되는 것은 불가능하므로, 우리는 어떤 다른 가능성으로 더 이상 소급되지 않는 존재를 전제할 수밖에 없다. 곧 자기 자신은 다른 것에 의해 움직여지지 않으면서 최초로 다른 것을 움직이게 하는 부동(不動)의 원동자(原動者), 곧 최초의 움직이게 하는 존재(primum movens)를 전제할 수 밖에 없다. 이 존재가 곧 하나님이다.

2) 둘째 증명은 이 세계의 원인들로부터(ex ratione causae efficientis) 출발한다. 이 세계의 모든 사물들은 어떤 원인으로부터 오는 결과이다. 따라서 모든 원인들은 그보다 더 높은 원인으로 소급된다. 그러나 이를 무한히 소급하는 것은 불가능하므로, 우리는 더 이상의 원인을 갖지 않는 최초의 원인(prima causa)을 전제할 수밖에 없다. 이것이 곧 하나님이다.

3) 셋째 증명은 이 세계의 가능성과 필연성으로부터(ex possibili et necessario) 출발한다. 이 세계의 모든 사물들은 반드시 존재해야만 할 순수한 필연성의 존재들이 아니다. 그들은 존재할 수도 있고 존재하지 않을 수도 있는 가능성의 존재이며, 모든 가능성의 존재는 그것을 존재하게 한 필연적 존재로 소급된다. 그러나 이것이 무한히 소급되는 것은 불가능하

므로, 우리는 어떤 다른 필연적 존재로부터 오지 않는 존재, 즉 자기 자신을 통해 필연적인 존재(*ens per se necessarium*)를 전제할 수밖에 없다. 이 존재가 곧 하나님이다.

4) 넷째 증명은 이 세계의 존재의 단계들로부터(*ex gradibus qui in rebus inveniuntur*) 출발한다. 이 세계의 모든 사물들 속에는 존재의 상이한 단계들이 있다. 존재의 작은 단계는 큰 단계로부터 오며, 그것으로 소급된다. 이것이 무한히 소급되는 것은 불가능하므로, 우리는 가장 큰 존재(*maxime ens*)를 전제할 수밖에 없다. 이 존재가 모든 사물들의 존재의 궁극적 원인으로서의 하나님이다.

B. 목적론적 증명

우주론적 증명의 다섯째 방법인 이 증명은 세계 속에 있는 세계의 질서로부터(*ex gubernatione mundi*) 출발한다. 모든 사물들은 하나의 목적을 지향하고 있으며 이 목적을 향해 움직인다. 하나의 목적은 그보다 더 큰 목적을 지향하며, 이 목적은 다시 자기보다 더 큰 목적을 지향한다. 세계는 모든 사물들이 자기보다 더 큰 목적을 지향하는 합목적성의 체계이다. 이로써 세계는 합목적적 질서를 가진다. 우리는 이 질서의 궁극적 원인이 되며, 모든 사물들이 궁극적으로 지향하는 최고의 목적을 전제할 수밖에 없다. 이 최고의 목적, 곧 자연의 모든 사물들이 그것에 의해 합목적적으로 배열되는 이성적 존재(*aliquid intelligens, a quo res naturales ordinatur ad finem*)가 바로 하나님이다. 이와 같이 이 증명은 모든 사물들의 목적(*telos*)으로부터 출발하기 때문에 목적론적 증명(teleological proof)이라 불린다.

C. 존재론적 증명

이 증명의 대표자는 중세의 실재론자였던 안셀무스(Anselmus)이다. 우주
론적 증명과 목적론적 증명은 우주로부터 출발하는 반면, 이 증명은 하
나님의 존재(ens) 자체로부터 출발하기 때문에 존재론적 증명(ontological
proof)이라 불린다. 안셀무스는 그의 『신학서설』(Proslogion)에서 하나님의
존재를 다음과 같이 논증한다. 먼저 우리는 하나님을 가리켜 "그보다 더
큰 것이 생각될 수 없는 것"(aliquid quo nihil maius cogitari potest)이라 전제
할 수 있다. 이러한 존재를 우리가 전제할 때, 그것은 우리의 머리 속에(in
intellectu) 있게 된다. 그러나 그것은 머리속에는 물론 현실적으로(in re) 있
다고 말할 수밖에 없다. 만일 그것이 머리속에만 있고 현실적으로 없다면,
"그것보다 더 큰 존재가 현실적으로 있다고 생각될 수 있다"(potest cogitari
esse in re quod maius est). 그러므로 "그보다 더 큰 것이 생각될 수 없는 것",
곧 하나님은 머릿속에는 물론 현실적으로 존재한다고 말할 수밖에 없다.

이러한 내용의 존재론적 증명은 데카르트, 스피노자, 라이프니츠, 헤겔
에 의해 계승되고 발전된다. 데카르트에 의하면 우리 인간은 자기를 의존
적이고 불완전한 존재로 인식하는데, 그 까닭은 독립적이고 완전한 존재,
곧 하나님에 대한 표상이 우리 안에 있기 때문이다. 만일 이 표상이 없다
면, 우리는 우리가 의존적이고 불완전한 존재라는 것을 인식하지 못할 것
이다. 가장 완전한 존재(ens perfectissimum)는 실제로 존재할 수밖에 없다.
즉 완전성에는 존재가 포함된다. 따라서 가장 완전한 존재로 표상되는 하
나님은 실제로 존재할 수밖에 없다. 그의 존재는 그의 본질에서 분리될 수
없다(Descartes 1960, 48, 59 이하).

스피노자에 의하면 "존재할 수 없다는 것은 무력함(Ohnmacht)을 말하
며, 이에 반해 존재할 수 있다는 것은 유력함(Macht)을 말한다." "따라서 절
대적으로 무한한 존재 -혹은 하나님- 은 절대적으로 무한한 힘을 자신 속
에 가질 수밖에 없다. 그러므로 그는 절대적으로 존재할 수밖에 없다." 하

나님의 절대적 완전성은 존재를 포함한다(Spinoza 1976, 11 이하, I, 명제 11).

라이프니츠에 의하면 하나님은 가장 완전한 존재이다. 완전한 존재는 실재할 수밖에 없다. 만일 그것이 존재하지 않는다면 완전하지 못할 것이다. 그러므로 하나님은 존재한다(Leibniz 1969, 45 이하, 명제 41-45).

D. 도덕론적 증명

이 증명의 대표자는 칸트이다. 그의 『순수이성 비판』에 의하면, 심리학적 인식들과 우주론적 인식들을 조정하고 체계화시키는 영혼의 관념과 세계의 관념과 더불어, 하나님은 세계의 모든 내적 사건들과 내적 사건들을 통일성 있게 조정하고 조화롭게 체계화시키는 관념이다. 하나님이란 관념이 실재로 존재한다는 것을 어떻게 증명할 수 있는가? 이 관념은 세계의 사물들을 인식하는 인간의 이성, 곧 이론적 이성에 의해 증명될 수도 없고 부인될 수도 없다. 그것은 다만 실천적 차원에서 요청될 수 있을 뿐이다.

모든 인간의 마음속에는 "도덕법"이 주어져 있다. 선(善)을 "행해야 한다"(Du sollst)는 것은 어떤 인간도 부인할 수 없는 절대적 명령, 곧 범주적 명령이다. 모든 인간은 도덕법의 범주적 명령 아래 있다. 이와 동시에 모든 인간은 행복을 추구한다. 그는 행복하게 되기를 원한다. 그러나 도덕법은 인간에게 행복을 보장하지 않는다. 현실의 삶 속에서 도덕과 행복, 의무와 욕구는 일치하지 않는다. 도덕법을 무시하고 자신의 욕구를 따르는 악한 자가, 도덕법을 따르는 의로운 자보다 더 행복하게 사는 경우가 허다하다. 거꾸로 자신의 욕구를 억제하고 도덕법을 따르는 자가 불행하게 되는 경우도 허다하다.

인간이 그의 마음속에 언제나 따라야 한다고 명령을 받는 도덕법과, 충족되기를 원하는 행복에 대한 욕구가 어떻게 조화될 수 있는가? 이 양자가 완전히 조화되고 일치되는 여기에 "최고의 선(善)"(곧 하나님의 나라)이 있다. 이 최고의 선은 도덕과 행복을 일치시킬 수 있는 최고의 존재, 곧 하나님에 의해 가능하다. 하나님은 도덕법의 시여자(Gesetzgeber)이며, "최고의 선" 자체다. 이것은 증명될 수 없다. 단지 인간의 도덕성을 위해 요청될 수 있을 뿐이다. 최고의 선의 가능성을 보장하기 위해 행복과 도덕을 일치시킬 수 있는 존재, 곧 하나님을 우리는 요청할 수밖에 없다. "도덕법은 최고의 선의 가능성을 위해 하나님의 존재가…필연적으로 속한 것으로 전제할 수밖에 없다." 이것은 이론적 이성에 의한 증명이 아니라 실천적 이성에 의한 "요청"(Postulat)일 뿐이다.

E. 인종학적 증명

이 증명은 학문적으로 별다른 가치가 없으나 잠깐 언급하기로 하자. 아무리 미개한 종족일지라도 신의 존재를 믿지 않는 종족은 없다. 상호간에 아무 교류가 없는 민족들도 신적 존재가 있다는 점에서 의견이 일치한다(종족들의 의견 일치: *consensus gentium*). 이 증명은 키케로, 초대교회의 락탄티우스(Lactantius), 칼뱅에 의해 계승되었으며, 19세기의 마르틴 켈러에 의해 유일하게 종교적 증명으로 주장되었다.

F. 현대 자연과학의 논증들

자연과학은 일찍부터 신의 존재를 인정하거나 암시하였다. "16세기에서부터 18세기까지의 수학자들은 대부분 자연에 대한 수학적 법칙을 탐구할 때에 자연에 대한 신의 수학적 설계를 전제하였다"(현우식 2006, 169). 갈릴레이와 뉴턴은 신에 의한 우주의 수학적 설계에 대한 강한 믿음을 가지고 있었다. 현대 오스트리아의 수학자 괴델(Kurt Gödel, 1906-1978)은 하나님의 존재에 관한 존재론적 증명을 시도한다. 이러한 전통에 근거하여 현우식 교수는 수학과 신학의 "공명가능"을 시사하며 두 학문의 만남과 대화를 시도한다(184).

일련의 현대 자연과학자들은 다양한 근거에서 하나님의 존재를 인정하거나 암시한다. 예를 들어 천체물리학자들은 인간원리(anthropic principle)에 근거하여 하나님에 의한 우주의 설계를 조심스럽게 인정한다. 초기 우주에서 물리학적 상수나 그 밖의 조건들이 우주가 가졌던 값과 미세한 차이라도 있었다면 우주에 인간의 생명은 존재하지 않게 되었을 것이다. 우주는 인간의 생명이 출현할 수 있도록 정밀하게 조율된 것처럼 보인다. 스티븐 호킹(Stephen Hawking)에 의하면 빅뱅 후 1초가 지났을 때 우주의 팽창속도가 1000억 분의 1정도만 늦었다면 우주는 생명이 출현하기 전에 다시 찌그러져 버렸을 것이다. 그러므로 그는 "내 생각으로는 우리 우주가 출현한 것에는 분명 종교적 의미가 들어 있다"고 추론한다(Barbour 2002, 109). 이러한 발견에 근거하여 물리학자 프리먼 다이슨(Freeman Dyson)은 "우주의 구조가 신의 존재를 증명한다"고 말할 수 없지만, "우주의 작용에서 정신이 핵심적인 역할을 한다는 가설과 우주의 구조가 일치한다"고 주장한다(63).

양자물리학의 대표자 하이젠베르크도 실증주의를 반대하면서 "세계의 중심적 질서"로서의 신적 존재를 조심스럽게 제안한다. 세계에는 전체의 중심적 질서에 조화되지 않는 부분의 질서들로 말미암아 혼란들이 일어나기도 한다. "그러나 마지막에는 언제나 중심적 질서, 고대의 언어로 말하자면 우리가 종교의 언어로 관계를 맺는 그 '일자'(das 'Eine')가 관철된다"(Heisenberg 1969, 291).

굴드(Stephen Gould), 프리고진(Ilya Prigogine)과 카우프만(Stuart Kauffman)에 의하면, 복잡계에서 자기 조직화의 새로운 수준의 질서가 출현하는 진화의 과정은 하나님에 의한 설계를 엿볼 수 있게 한다. 하나님은 "물질에게 다양한 잠재적 가능성을 부여하여 보다 복잡한 형상을 만들어 내도록 하셨을 수도 있다"(Baubour 196). 피콕(Arthur Peacocke)에 의하면, 진화의 과정 속에서 일어나는 "사건들의 자연적 인과관계에 의한 창조적 유대 자체가 하느님의 창조적 행위"요, "현상 세계는 하느님의 육체로, 하느님은 이 현상 세계의 정신으로 생각할 수 있다"(198, 199).

G. 존재 증명의 문제점과 종말론적 전망

전통적인 하나님 존재 증명의 문제점을 가장 체계있게 비판하는 대표적 인물은 칸트이다. 그의 비판은 지금도 많은 신학자들에 의해 다양한 형태로 거론되고 있다. 그의 주요 저서 『순수이성 비판』에 기술된 바에 따라 전통적 존재 증명의 문제점이 무엇인가를 간단히 살펴보기로 하자(자세한 내용에 관해 김균진 1983, 21 이하).

1) 우주론적 존재 증명은 세계의 인과율, 곧 원인과 결과의 법칙을 전제하며, 역추론의 방법(Rückschlussverfahren)을 사용한다. 또 무한한 역추론의 불가능성의 원리를 전제한다. 즉 세계의 어떤 결과로부터 시작하여 그것의 원인으로 거꾸로 추론하는데, 원인에서 원인으로 무한히 추론하는 것은 불가능하다. 그러므로 모든 원인들의 제1원인이 되는 하나님의 존재를 추론할 수밖에 없다는 것이다. 여기서 인과율은 유한한 사물들로부터 출발하여 하나님의 존재에까지 적용된다. 따라서 하나님의 존재는 인과의 법칙에 묶여 있는 이 세계에 속한 존재, 곧 제1원인으로 상정된다.

세계의 모든 원인들과 제1원인으로서의 하나님 사이에는 존재의 유비가 있을 수밖에 없다. 따라서 하나님과 세계는 "존재"라고 하는 상위개념에 속한 하위개념이 되어버리며, "존재 전체에 속한 부분들"이요, "존재의 그물 속에 붙들려 있다"(Pöhlmann 1973, 78). 그는 세계에 대해 "창조자의 자유로운 대칭"(Gegenüber)"을 상실하고, 원인과 결과의 법칙에 묶여 있는 모든 사물들의 고리 속에 있는 한 부분이 되어버린다. 달리 말해 "정확한 추론을 통하여 발견되는 고리 속에 있는 한 지체"이다(Tillich 1956, 239).

이것은 하나님의 존재를 사실상 세계의 일부로 폐기시키는 것이다. 우주론적 증명이 증명하는 하나님은 세계를 설명하고 세계의 안전성을 확보하기 위해 필요한 "보증"(Garant)에 불과하며, 성서가 증언하는 참 하나님이 아니다. 그는 이 세계를 설명하는 데 있어서 필요한 한 "부분"이다. 이 세계는 우연적인 것이 아니라 궁극적 근거에 안전하게 서 있음을 주장하는 데 필요한 논리적 추상물일 뿐이다. 이것은 "하나님의 세계화(Verweltlichung)" 내지 세계의 한 부분으로 만드는 것이다(Weber 1972, 248).

오늘날 자연과학의 영역에서 인과율은 인정되지 않는다. 세계의 모든 사물들은 원인과 결과의 엄격한 법칙에 따라 일어나지 않는다. 그 속에는 인간이 예측할 수 없는 개연성이 있을 뿐이다. 따라서 인과율에 근거한 우주론적·목적론적 증명은 오늘날 학문의 세계에서 인정될 수 없다("양자물리학", "카오스 이론" 등을 참조).

2) 목적론적 증명은 궁극적 목적을 지향하는 이 세계의 합목적성과 질서를 전제한다. 그러나 이 세계의 합목적성과 질서는 주관적인 것이지 객관적인 것이 아니다. 어떤 사람에게는 세계의 합목적성과 질서를 가진 것으로 보일 수 있지만, 다른 사람에게는 죄악과 혼돈과 무질서로 가득한 것으로 보일 수 있기 때문이다. 객관성을 결여한 이 세계의 합목적성과 질서로부터 출발하여 하나님의 존재를 객관적으로 증명한다는 것은 불가능하다. 화이트헤드(A. N. Whitehead)에 의하면 "유일한 이상적 질서"는 없다. "하나의 단일한 목적론적 질서라는 생각은 단지 사유의 추상화일" 뿐이다(손호현 2006a, 201).

오늘날 자연과학의 영역에서 세계의 합목적성·합목적적 질서를 인정하는 학자들도 있지만, 인정하지 않는 학자들도 있다. 후자에 의하면 생물의 세계를 지배하는 것은 초월적으로 주어진 신적 합목적성이 아니라 자기의 생명을 유지하고 종(種)을 번식하고자 하는 욕구이다. 진화론에 의하면 생명의 세계를 이끌어가는 것은 이성적 질서가 아니라 자기의 생명을 유지하기 위한 생존투쟁과 자연선택이다.

3) 우주론적 증명과 목적론적 증명은 이데올로기의 문제점을 가진다. 두 가지 증명에 따르면 세계는 원인과 결과의 엄격한 법칙에 묶여 있는, 그러므로 질서 정연한 체계이다. 그리스어 *kosmos*가 뜻하는 것처럼, 그것은 모든 것이 합목적적 질서에 따라 배열되어 있는 질서 있고 균형이 잡혀 있는 아름다운 세계이다. 모든 사물들은 일정한 목적을 지향하며, 세계 전체가 궁극적 목적, 곧 하나님의 존재를 지향한다. 최고의 목적으로서의 하나님은 모든 하위의 목적들 속에 부분적으로 현존한다. 따라서 세계는 궁극적 목적 내지 제1원인자인 하나님을 비추어 주는 거울, 곧 "신성의 거울"이다.

이리하여 세계는 하나의 "신적 세계" 내지 "신적 거울"로 정당화된다. 세계의 모든 불의하고 악한 것들도 영원한 신적 질서에 속한 것으로 설명된다. 정치적 질서, 경제적 질서, 사회적 질서, 주인과 노예의 관계, 남자와 여자의 관계, 사회적 제도와 관습, 이 모든 현존하는 세계의 질서들이 신적 질서로 정당화된다.

그러나 이 세계의 불의와 비인간성과 죄악으로 인해 고난을 당하는 사람들, 억압과 착취를 당하는 사람들에게 이것은 어처구니없는 이야기로 들릴 것이다. 그들에게 이 세계는 아름답고 질서 있는 신성의 거울이 아니라 무질서하고 악하고 추한 악마의 깨어진 거울처럼 보일 것이다. 그들에게 하나님 존재 증명은 그들을 억압하고 착취하는 자들의 힘을 정당화시키며 그들의 고난을 연장시키는 이데올로기적 도구로 보일 것이다. 도스토예프스키의 소설 『카라마조프가의 형제들』에 나오는 악한 영주와, 그가 기르는 사냥개들에게 물어 뜯겨 죽은 철없는 남자 아이의 이야기는 이런 유신론적 존재 증명의 허구를 예시한다.

4) 존재론적 증명은 인간의 머리 속에 상정되는 하나님의 존재로부터 출발하여 하나님의 현실적 존재를 추론한다. 만일 인간의 머리 속에 상정되는 "그보다 더 큰 것이 생각될 수 없는" 하나님이 현실적으로 존재하지 않는다면, 현실적으로 존재하는 "하나님보다 더 큰 그 무엇"이 있을 수 있

기 때문이다. 그러나 칸트가 말하듯이, 인간의 머리 속에 있다 하여 반드시 현실적으로 존재하지 않는다. 우리의 머리 속에 상정되는 어떤 존재의 "완전성"이 그것의 현실적 존재를 보장하지 않는다. 구체적으로 말해 지갑 속에 1,000원이 있는데, 머리 속에 2,000원이 있다고 상정한다 하여, 현실적으로 2,000원이 있게 되는 것은 아니다. 칸트의 표현을 따른다면, 하나님 개념(Begriff)은 반드시 하나님의 존재(Sein)를 내포하지 않는다.

5) 하나님 존재 증명에 대한 헤겔의 비판은 하나님과 세계에 대한 새로운 통찰을 제시한다. 우주론적 증명과 목적론적 증명은 세계의 부정적 요소들을 간과하고 주어진 세계 그 자체를 출발점으로 삼는다. 그것은 유한한 존재를 "단순한 시작과 출발점으로" 가질 뿐만 아니라 참된 것, 긍정적인 것으로 보존하고 존속하게 하며, 그것을 넘어감(Übergang)이라고 생각하지 않는다(Hegel 1966/c, 153). 이를 통해 세계의 부정적 현실들이 긍정되며, 하나님은 부정적인 것들을 긍정하여 주는 이데올로기적 기능을 가진다. 이것은 "하나의 나쁜 긍정"이다. 유한한 것이 반복되기만 한다면, 새로운 긍정적인 것이 창조될 수 없다.

여기서 하나님은 유한하고 불의한 세계를 통해 그의 존재를 증명받는 대신, 세계는 주어진 현실 속에서 출발점으로 보증을 받는다. 세계는 하나님을 증명해 주는 대신, 그의 부정적 현실을 신적 현실로서 보증을 받는다. 그 속에는 "유한한 것의 반복"이 있을 뿐이다(Hegel 1966/a, 212).

하나님은 하나님 자신으로부터 생각되어야 한다. 하나님은 세계의 모든 것으로부터 구별되기 때문이다. 그러므로 헤겔은 하나님 개념으로부터 출발하는 존재론적 증명이 타당하다고 본다. 존재론적 증명은 하나님의 개념에 하나님의 존재가 속한다는 것을 보여준다. "존재는 본질적으로 하나님의 개념에 속하며, 이 개념은 필연적으로 존재하는 것으로 생각될 수밖에 없다. 그렇다면 개념은 존재로부터 분리되어 생각되어서는 안 될 것이다. 존재를 결여한 개념은 참되지 못한 것이다"(Hegel 1966/c, 59).

그러나 전통적인 존재론적 증명이 말하는 하나님의 개념은 완결된 것,

고정되어 있는 것으로 생각된다. 하지만 헤겔에 의하면 개념은 고정되어 있지 않다. 개념은 부정적인 것을 부정함으로써 자기를 새로운 존재로 끊임없이 실현하는 과정 속에 있다. 그것은 머물러 있는 것이 아니라 자기를 대상화시키고 자기를 현실화시키는 "영원한 활동성"이다(175). 또 안셀무스는 "그보다 더 큰 것이 생각될 수 없는 가장 완전한 것"에서 출발하여 "가장 현실적인 존재, 모든 현실들의 총괄개념", 곧 하나님을 추론하는데, 여기서 모든 현실들은 단지 그들의 "긍정적인 면에서" 생각될 뿐이며 그들의 부정적인 면은 간과되고 있다. 이리하여 모든 현실들의 "부정"은 탈락된다(Hegel 1966/b, 52).

헤겔의 논리를 따를 때, 하나님의 존재를 증명하는 것은 사실상 불가능하다. 하나님은 우리가 증명할 수 있는 그 무엇으로 고정되어 있는 것이 아니라 세계의 부정적인 것을 끊임없이 부정함으로써 자기를 새로운 존재로 발전시켜나가는 변증법적 운동 속에 있기 때문이다. 하나님의 존재는 이 운동 자체이다. 따라서 "이것이 하나님이다"라고 하나님의 존재를 확정할 때, 그것은 이미 현실의 하나님이 아니다. 우리가 하나님의 존재를 증명하고 확정하는 순간, 하나님은 이미 저 너머에 있다. 하나님의 변증법적 자기활동을 통해 인간의 영(=정신)은 신적 영으로 고양된다. 따라서 헤겔은, 하나님의 존재 증명은 "인간의 영이 신적 영으로 고양되는 것" (Erhebung des Menschengeistes zu Gott)을 관찰하는 것이라고 정의한다(Hegel 1966/c, 13).

6) 위에 기술된 하나님 존재 증명의 공통점은 인간의 이성을 수단으로 사용하는 데 있다. 인간의 이성을 통해 하나님은 논리적으로 추론되며, 추론을 통해 증명된다. 여기서 하나님은 이성의 논리적 법칙에 예속되며, 그것의 지배 대상이 된다. 인간의 이성이 어떤 대상을 증명한다는 것은, 그 대상을 자기 나름대로 지배할 수 있음을 뜻한다. 이리하여 하나님이 인간의 이성을 다스리는 것이 아니라 인간의 이성이 하나님을 규정하고 지배하는 결과가 일어난다. 하나님은 인간 이성의 논리적 법칙과 개념의 틀에

묶이게 된다.

7) 또한 전통적 증명들이 제시하는 하나님은 성서가 증언하는 "나는 나다"로서의 하나님, 예수 그리스도의 십자가에서 고난을 당하는 하나님과 매우 거리가 멀다는 공통점을 가진다. 특히 우주론적 증명과 목적론적 증명은 성서가 증언하는 의롭고 자비로운 하나님, 예수 그리스도 안에서 우리의 죄를 담당하시는 하나님이 아니라, 세계를 설명하는 데 필요한 하나의 형이상학적 원리일 따름이다. 이 증명들은 자연신학적인 신(神) 일반을 제시할 뿐이다.

이러한 문제점과 함께 전통적 존재 증명들은 다음과 같은 신학적 의미를 가진다.

a. 우리 인간은 눈에 보이는 세계에 만족하지 못하며, 그의 마음 깊은 곳에서 하나님을 찾고 있다는 사실을 전통적 증명들은 보여준다. 로마서 1:18이 말하는 "획득된 자연적 인식"(notitia naturalis acquisita)과 로마서 2:14 이하의 생래적으로 "주입된 자연적 인식(notitia naturalis insita)에 근거하여 비그리스도인들도 하나님에 관한 의식을 가지고 있음을 시사한다. 이 증명들은 하나님을 증명하지는 못하지만, 하나님을 시사해준다. 한 걸음 더 나아가 이들은 하나님 신앙이 비이성적인 행위가 아니며, 유신론은 실제적이고 이성적 가능성으로 인식될 수 있음을 시사한다. "신이란 이러한 논증들에 의해서 그 존재가 증명되는 것은 결코 아니…다.…신은 믿음의 대상이지 논증의 대상이 아니다. 신은 증명에 의해서 존재 여부가 확인되지 않는다. 어떤 증명도 반증을 동반하기 때문이다." 그러나 "신의 존재의 논증은 신의 존재를 증명할 수는 없지만, 신의 존재를 지시할 수는" 있다(송기득 1997, 224 이하).

b. 틸리히에 의하면 전통적 존재 증명들은 "인간의 유한성 속에 포함되어 있는 하나님에 관한 질문의 표현"이다(Tillich 1956, 240). 물론 질문에 대한 "대답"이 타당하지 않지만, 질문 자체를 나타낸다는 점에서 의미를 가진다. 또한 세계의 모든 사물들은 그 자체 안에 존재 근거를 가진 것이

아니라 하나님 안에 존재 근거를 가지며, 하나님과의 관계 속에서 존재 의미를 가지며, 결국 하나님을 지향한다는 사실을 이 증명들이 시사한다. 한마디로 전통적 증명들이 제시하는 하나님은 자연신학이 말하는 하나님의 전형적 형태이다.

c. 아퀴나스가 말하는 우주론적 증명과 목적론적 증명은 하나님의 존재는 어디까지나 관계의 존재임을 시사한다. "스스로 존재하는 존재 자체"(*ipsum esse subsistens*)인 하나님은 최초의 원동자, 제1원인, 순수한 필연성, 존재 자체, 세계 질서를 유도하는 자로서 세계와의 관계 속에 있다. 하나님의 인격적 존재는 관계성에 있으며, 관계성이 하나님의 본성을 구성한다. "관계성은…신성 자체이다"(*Relatio…est ipsa essentia divina*, Schneider 1992, 91).

d. 위에 예시한 "현대 자연과학자들의 논증들"은 논증에 불과하며 증명이라 말할 수 없다. 이것은 하나님의 존재가 인간의 이성에 의해 증명될 수 없다는 사실을 보여준다. 이와 동시에 자연과학적 논증들은 자연의 세계가 하나님의 합목적적 설계를 계시하는 아름다운 세계로 회복될 것을 요구하는 의미를 가진다. 그들은 자연의 세계에 대한 설명인 동시에 요구로 이해될 수 있다. 하이젠베르크가 말하는 "세계의 중심적 질서"는, 우리 모두가 "분리된 부분의 질서들로 인해 생성될 수 있는 혼란들을 피하기 위해" 이 중심적 질서에 따라 "행동해야 한다"는 것을 요구한다(Heisenberg 1969, 191).

선교 현장에서 비그리스도인들은 하나님의 존재 증명을 요구한다. 그러나 만일 우리 인간이 하나님의 존재를 증명한다면, 우리는 우리의 이성을 통해 증명할 수밖에 없다. 만일 하나님이 인간의 이성을 통해 증명된다면, 그는 더 이상 참 하나님이 아닐 것이다. 그는 이성에 의해 증명되고 지배되는 이 세계의 사물들 가운데 하나가 되어버릴 것이다. 만일 하나님의 존재에 대한 논리적 증명이 있다면, 그것은 하나님에 대한 모독일 것이다 (R. Löw, Beinert 1995, 273).

성서는 실천적 측면에서 하나님의 존재 증명의 가능성을 시사한다. 그는 악인의 악을 벌하고 그의 백성을 구원하는 자신의 행위를 통해, 자기가 하나님인줄 알게 한다(겔 35:9; 36:11). 달리 말해 하나님은 자신의 역사적 행위를 통해 자기의 존재를 증명한다. 따라서 하나님을 증명할 수 있는 것은 하나님 자신의 역사이다. 예를 들어 출애굽의 기적을 통해 하나님은 자신의 살아계심을 증명한다. 그런데 하나님의 역사는 언제나 인간을 통해, 인간과 함께 가시적으로 일어난다. 출애굽의 역사는 모세를 통해 일어난다. 따라서 하나님의 존재는 하나님의 역사에 참여하는 하나님의 백성을 통해 증명될 수 있다. 인간의 존재와 세계의 부정적인 것들이 부정되고 하나님 나라의 현실이 그들의 삶과 얼굴 표정에 나타날 때, 하나님의 살아계심이 증명될 수 있을 것이다.

여기서 우리는 하나님 존재에 관한 헤겔의 타당성을 발견할 수 있다. 하나님은 세계의 모든 부정적인 것을 끊임없이 부정하면서 진리의 세계를 지향하는 변증법적 자기활동이다. 이 활동은 인간을 통해 가시적으로 일어난다. 거짓되고 불의한 것의 끊임없는 극복을 통해 악한 세계가 진리의 세계로 변화되고, 타락한 인간이 하나님의 형상으로 지양되는 변증법적 과정을 통해 하나님의 존재가 증명될 수 있다. 이런 뜻에서 "성서적-신학적 이해에 의하면, 하나님 증명은 지적인 문제가 아니라 하나님의 역사의 문제이다"(Kraus 1983, 274).

궁극적으로 하나님은 십자가에 달린 예수를 통해 자기를 증명한다. 예수의 십자가는 하나님의 자기증명이다. 이 예수의 뒤를 따르는 사람들과 교회를 통해 하나님의 살아계심이 증명될 수 있을 것이다. 이로써 하나님의 존재 증명은 그리스도인들과 교회의 종말론적 과제가 된다. 하나님의 정의와 자비가 다스리는 새로운 생명의 세계가 완성되고 하나님의 영광이 모든 피조물 안에 나타날 때, 하나님의 존재가 증명될 것이다. 하나님은 "더 이상 죽음과 울부짖음과 고통과 슬픔이 없는" 새로운 생명의 세계에서 그의 존재가 증명되기를 기다린다. 그러므로 하나님의 존재 증명은 그리스도인들과 교회가 끊임없이 지향해야 할 종말론적 미래이다. 그것은 단지 이론의 문제가 아니라 실천의 문제다.

8

무신론의 도전 앞에 선
기독교 신앙

개신교회의 어떤 설교자는 무신론자들을 가리켜 "마귀"라 부른다. 그들이
하나님의 존재와 종교를 부인하기 때문이다. 그러나 무신론은 기독교가
자기 자신을 성찰하고 새롭게 발전할 수 있는 동기를 부여한다. 또 하나님
없는 이 시대에 왜 하나님 신앙과 종교가 필요한지, 자신의 존재 이유와
존재 의미를 성찰하는 계기를 제공한다. 여기서 우리는 다양한 무신론의
이론들 가운데 몇 가지를 살펴보고자 한다.

A. 과학적 무신론, 그 타당성과 문제점

근대에 이르기까지 자연과학은 기독교의 종교적 간섭을 벗어나지 못했다.
그리하여 교회의 천동설 교리에 반해 지동설을 주장한 브루노(Giordano
Bruno)는 1600년 2월 17일 산 채로 화형(火刑)을 당하였다. 그러나 근대가
시작되면서 과학은 기독교의 교리적 간섭과 지배로부터 해방되기 시작
했다. 이 해방을 시작한 최초의 인물은 코페르니쿠스(Nicolaus Kopernikus,

1473-1543)였다. 그는 수리 천문학의 과학적 논증에 근거하여 지동설을 발표하고, 교회의 교리보다 수리 천문학적 관측이 천체에 대한 보다 확실한 지식을 제공할 수 있기 때문에, 수리 천문학은 교회의 권위에서 자유로워야 한다고 주장한다. 이리하여 기독교 신앙에 대한 자연과학의 해방과 자유가 일어나기 시작한다.

케플러(Johannes Kepler, 1571-1630)는 "하나님은 언제나 기하학을 하신다"고 말할 정도로 수학적 방법을 신뢰한다. 그에 의하면 수학적 방법은 모든 학문의 방법들 가운데 가장 "정확한 방법"(exakte Methode)이다. 우주는 수학적 구조를 가진다. 진리를 발견할 수 있는 길은 교회의 교리가 아니라 수학적 방법에 있다. 갈릴레이(Galileo Galilei, 1564-1642)에 의하면 자연의 대상에 대한 인식은 객관적 관찰과 실험과 측정에 근거해야 한다. "측정할 수 있는 모든 것을 측정하고, 측정할 수 없는 것은 측정할 수 있는 것으로 만들어라!" 홉스(Thomas Hobbes, 1588-1679)에 의하면 기하학이 가장 확실한 학문이다. 자연에 대한 모든 인식은 기하학에 근거해야 한다. 그 뒤를 이어 뉴턴(Isaac Newton, 1643-1727), 데카르트, 스피노자, 라이프니츠 등의 근대 과학자들이나 철학자들은 수학적 방법을 최고의 학문적 방법으로 간주한다. 진리의 길은 수학의 방법에 있다. 수학의 방법은 모든 종교적 전제와 간섭에서 자유로운 "정확한 방법"이다. 수학의 방법에 기초한 과학의 자유롭고 객관적 연구를 가능하게 하기 위해 하나님의 존재는 배제되어야 한다. 우리는 이것을 가리켜 "과학적 무신론"(wissenschaftlicher Atheismus)이라 부른다. 계몽주의 이후에 과학은 하나님의 존재를 배제하는 것을 그 원칙 내지 방법으로 하기 때문에, 과학적 무신론을 가리켜 우리는 "방법적 무신론"(methodischer Atheismus)이라 부르기도 한다.

방법적 무신론은 나중에 물질론적 무신론으로 발전한다. 본래 "물질론"(일반적으로 materialism을 유물론이라 부르는데, 의미에 있어 물질론이란 표현이 더 정확하다)이란 개념은 1661년 영국의 화학자 보일(Robert Boyle, 1627-1691)에 의해 처음으로 사용되었는데, 프랑스의 의사요 철학자인 라메트리

(Julien Offray de Lamettrie, 1709-1751)에 의해 결정적으로 확립되었다. 1748
년에 출판된 그의 주요 저서 『기계로서의 인간』에서, 라메트리는 동물을
하나의 복잡한 기계로 보는 데카르트의 기계론적 표상을 인간에게 적용
한다. 그리하여 인간의 사유는 물론 그의 모든 심리활동을 신경체계의 기
계적 활동에 기인하는 것으로 설명한다(인간의 심리 및 마음에 대한 현대철학 및
자연과학의 "물리주의"가 바로 이것을 말한다). 인간의 정신과 인간의 의식은 인간
의 몸을 구성하는 물질에 의존한다. 인간의 정신적 활동과 행동, 그의 심
리작용을 파악하고자 할 때, 그의 신체, 특히 뇌의 물질적 조건과 운동법
칙을 파악하는 것으로 충분하다. 하나님이란 종교적 전제는 여기서 완전
히 불필요하다.

독일의 철학자 폰 홀바하(Dietrich von Holbach, 1723-1789)는 물질론적
무신론을 한층 더 강화시킨다. 그의 주요 저서 『자연의 체계 혹은 물리적
세계와 도덕적 세계의 법칙들』에서 인간의 정신과 도덕은 물질과 물리적
법칙으로 환원된다. 종교는 해로운 것이며, 사제는 의사로 대체되어야 한
다. 인간이 죽은 후에도 그의 영혼이 불멸한다는 것은 어처구니없는 것이
다. 그것은 수 천 개의 부품으로 분해된 시계가 계속해서 움직이고 시간을
알려 줄 수 있다는 주장과 같다.

근대 자연과학의 방법적 무신론은 프랑스의 천체과학자 라플라스
(Pierre Laplace, 1749-1827)와 나폴레옹의 대화에 다음과 같이 나타난다. 라
플라스가 다섯 권으로 된 『천체 역학』이란 제목의 저서 제1권을 나폴레옹
에게 헌정할 때, 나폴레옹은 그에게 다음과 같이 질문한다. 나폴레옹: "라
플라스 씨, 사람들이 말하기를, 당신은 우주의 체계에 대한 두꺼운 책을
썼는데, 이 책에서 당신은 우주의 창조자에 대해 한 마디도 언급하지 않았
다고 말하더군요?" 라플라스: "각하, 저에게는 하나님이란 가설이 필요하
지 않습니다!"(김균진 2006, 85 이하)

1855년 독일의 의사 루드비히 뷔히너(Ludwig Büchner)의 저서 『힘과 질
료』(Kraft und Stoff)는 물질과 물리적 힘의 상호작용을 통해 세계의 모든 것

을 설명한다. 인간의 정신도 뇌를 구성하는 물질과 그것의 힘을 통해 설명된다. 오스트리아의 물리학자요 수학자인 동시에 생물학자인 헤르만 헬름홀츠(Hermann Helmholtz)는 자연의 비유기체적 사물들처럼 인간의 몸도 물리 화학적인 힘이나 에너지들이 상호 작용하는 하나의 기계와 같은 유기체로 이해한다. 이 유기체의 모든 활동들은 물리 화학적 힘들의 작용으로 환원되며, 원인과 결과의 법칙, 곧 인과론에 따라 일어난다. 따라서 이 활동들은 결정되어 있고, 물리적·수학적 방법으로 파악될 수 있다. 여기서 하나님의 영에 의한 작용과 같은 종교적 요소는 철저히 배제된다.

방법적 무신론은 19세기 말에서 20세기 중엽까지 "비엔나 학파"(Wiener Kreis)를 중심으로 활성화되었던 "논리 실증주의" 혹은 "신실증주의"를 통해 철학적으로 관철된다. 본래 수학자였던 영국의 러셀(Bertrand Russell, 1872-1970)에 의하면, 신빙성 있는 인식에 이를 수 있는 길은 수학에 기초한 자연과학에 있다. 철학은 도덕이나 종교가 아니라 자연과학에서 자신의 문제를 발견해야 한다. 그것은 자연과학이 아직 이르지 못한 영역을 다루어야 하며, 이 영역에서 문제를 제기할 수는 있지만 문제를 해결할 수는 없다. 노년에 이를수록 러셀은 점점 더 실증주의적 확신을 갖게 된다. 실재하는 것은 개별의 감각적 자료들(sense-data) 뿐이며, 이 자료들은 논리적으로 결합되어 있다. 자연과학은 이 자료들을 인식할 수 있는 유일한 지식의 원천이다. 그것은 하나님이나 영혼불멸에 대한 신앙에 대한 어떤 근거도 제시하지 않는다. 종교는 불필요할 뿐 아니라 사악한 것이다. 그것은 성숙하지 않은 인간의 특징에 속한다(Störig 1974, 456 이하).

비엔나 출신의 논리 실증주의자 비트겐슈타인(Ludwig Wittgenstein, 1889-1951)에 의하면, 수학과 논리학, 경험과학들의 진술들만이 타당성을 가진다. 경험적으로 검증될 수 없는 진술들, 예를 들어 철학과 신학의 진술들은 불합리하며 무의미하다. "우리가 말할 수 없는 것에 대해 우리는 침묵해야 한다"(Küng 1995, 120). 우리가 말할 수 없는 것은 "신비적인 것"이다. 하나님은 신비적인 것에 속한다. 그러므로 우리는 하나님에 대해 침묵해야 한다. 하나님은 과학적 언어의 영역에서 배제된다.

비엔나 학파의 대표자 카르납(Rudolf Carnap, 1891-1970)에 의하면, 모든 학문의 영역들은 서로 연결되어 있기 때문에, 현실에 대한 모든 과학적 진술들은 모든 것을 포괄하는, 논리적으로 연관되는 "통일적 학문"(Einheitswissenschaft)을 통해 합리적으로 재구성되어야 한다. 이 통일적 학문의 기초는 물리학이어야 한다(물리주의[Physikalismus]의 원리). 관찰을 통해 검증될 수 있고 경험적으로 증명될 수 있는 진술들만이 타당하다(검증[Verifikation]의 원리). 형이상학적 진술들은 검증될 수 없다. 그러므로 모든 형태의 형이상학은 철학에서 추방되어야 하며, 철학은 경험적·합리적으로 근거되어야 한다. 경험할 수 있는 종교적 신앙은 비합리적 직관처럼 "인식"이라 말할 수 없다. 그것은 "비합리적 영역들", 곧 삶의 느낌들과 감정에 속한다. 과학은 이와 같은 비합리적 현상들과 무관하다. 그것은 하나님과 하나님 신앙 없이 연구되어야 하며 또 연구될 수 있다(Störig 1974, 464).

오늘날의 자연과학은 철저한 방법적 무신론에 근거한다. 비록 하나님을 믿는 과학자일지라도, 그의 연구의 과정에서 하나님의 존재와 하나님 신앙은 배제된다. 여기서 자연과학과 종교는 분리된다. 자연과학의 연구에 종교적 요소가 개입되어서는 안 되며, 개입될 필요도 없다. 하나님의 존재는 연구의 방법상 불필요하다. 과학의 객관성, 명확성, 정확성을 위해 하나님이란 존재 가설은 배제되어야 한다. 하나님이란 존재 가설 없이 세계의 물리적 질서를 파악함으로써, 과학은 세계를 충분히 그리고 정확하게 설명할 수 있고 새로운 인식을 얻을 수 있다.

영국의 생물학자 도킨스(Richard Dawkins)는 과학적 실증주의에 근거하여 하나님의 존재를 부인한다. 그의 주장에 따르면 "자연적이고 물리적인 세계 너머에는 아무것도 없다", "관찰 가능한 우주의 배후에 숨어있는 초자연적인 창조적 지성은 없다"(Dawkins 2007, 27). "뇌를 분석해도 인간의 사상이나 감정을 찾아낼 수 없듯이, 신은 영혼의 일종이기 때문에 망원경이나 현미경으로는 발견할 수 없다"(31). 신의 존재 여부도 과학을 통해 증명되어야 할 "과학적 문제이다"(95). 과학을 통해 증명되지 않는 하나님은 하나의 기만 내지 환상(delusion)에 불과하다. 도킨스는 러셀의 말을 통해 자기의 생각을 요약한다. "버트런드 러셀은 자신이 죽어서 신 앞에 섰을 때 신이 왜 자신을 믿지 않았느냐고 물으면 뭐라고 답할 것이냐는 질문을 받자 이렇게…대답했다. '신이여, 증거가 불충분했습니다. 증거가요!'"(165). 과학적 무신론의 이러한 주장 앞에서 기독교 신앙은 다음의 사항들을 인정할 수 있다.

a. 성서는 자연과학의 교과서가 아니다. 성서는 수천 년의 역사의 과정 속에서 수집된 자료들로 구성되어 있으며, 수많은 시대의 인간이 자신의 역사적·문화적 배경 속에서 자신의 언어로 하나님에 관해 진술한 신앙고백일 뿐이다. 이 고백에 있어 고대시대의 자연과학적 인식들이 표현의 수단으로 사용된다. 성서의 목적은 고대인들의 자연과학적 인식을 전하는 데 있는 것이 아니라, 이 인식을 수단으로 하나님에 관한 성서 기자의 신앙을 전하는 데 있다. 그러므로 성서에 기록되어 있는 고대인들의 자연과학적 인식을 절대적 진리로 생각하여 현대의 자연과학적 인식과 마찰을 일으킬 필요가 없다. 기독교는 새로운 자연과학적 인식에 대해 언제나 개방적이어야 할 것이다.

b. 기독교는 과학의 독자성을 존중해야 할 것이며, 과학의 연구에 신앙을 개입시키거나 하나님이라는 작업가설을 강요해서는 안 될 것이다. 기독교는 과학의 "방법적 무신론"과 "무신앙"을 인정해야 할 것이다. 비록 기독교 신자가 과학을 연구한다 해도, 그의 연구에 있어 하나님의 존재와 하나님 신앙이 개입되어서는 안 되기 때문이다. 따라서 기독교는 정확성, 명료성, 보편성을 얻기 위해 모든 종교적 전제와 개입을 거부하는 과학의 태도를 비판해서는 안 될 것이며, 수학적·자연과학적 방법을 인정해야 할 것이다. 수학적·자연과학적 방법도 하나님의 목적을 이루기 위한 도구로서 봉사할 수 있다.

c. 이와 더불어 기독교는 자신의 신앙과 실천의 정확성과 명료성과 보

편성을 얻기 위해 노력해야 할 것이다. 종교의 이름으로 자신의 부정확성과 불명료성과 불합리성을 정당화시켜서는 안 될 것이다. 인간의 이성적 합리성을 전적으로 신뢰할 수 없지만, 그럼에도 불구하고 종교도 이성적이며 합리적이어야 한다. 오늘날 회자되고 있는 한국 사회의 "반기독교적 정서"의 원인은 열광적이며 맹목적 신앙 양태, 교회의 난립, 수단과 방법을 가리지 않는 교회의 양적 팽창, 일부 목회자들의 세속적 욕심, 교회의 세습, 타 종교에 대한 독선과 배타주의, 한국 기독교의 비이성적이며 비합리적 행태에 기인한다.

2) 이와 같이 기독교는 자신을 반성하는 동시에 과학적 무신론에 대해 다음과 같은 질문을 제기하지 않을 수 없다.

a. 인간의 삶의 현실에는 자연과학적 방법을 통해 인식되지 않으며 증명될 수 없는 현실들이 너무도 많다. 예를 들어 시와 음악과 미술의 "아름다움"과 그것에 대한 인간의 "느낌"은, 그것을 느끼는 사람에게는 분명히 하나의 현실이다. 그러나 이 느낌은 도킨스가 말하듯이 "망원경이나 현미경을 통해" 검증되지 않는다. 뇌파 분석과 뇌의 화학 물질의 분비에 대한 분석을 통해 그것의 현상을 검증한다 할지라도, 아름다움을 느끼는 사람의 "느낌" 자체는 자연과학의 증명을 넘어선다. 동일한 예술품을 경험하면서 아름다움을 느끼는 사람도 있고 느끼지 않는 사람도 있으며, 느낌의 강도(强度)도 사람에 따라, 분위기와 건강상태에 따라 다르기 때문이다. 과학적으로 검증되지 않는 모든 것을 일종의 기만(delusion)으로 보는 것은 사려 깊은 과학자가 말하기 어려운 아주 단순한 실증주의적 사고다.

과학의 인식은 결코 전체적 인식이 아니며, 소위 객관적 인식도 아니다. 그것은 대상 그 자체의 복사(copy)가 아니라 실험과 함께 주어지는 한계 내에서 이루어지는 모델 내지 관찰에 불과하다. 과학의 인식은 과학자 자신의 가설에 입각한 기획된 인식이요, 가설의 성격을 벗어날 수 없는 가설적 인식이다. 그것은 언제나 개연성을 가진 개연적 인식이다. 양자물리학자 뒤르(Hans Peter Dürr)에 의하면 "과학도 단지 비유로써 이야기한다"

(그의 책 제목: *Auch die Wissenschaft spricht nur in Gleichnissen*). 그러므로 사물에 대한 과학의 인식과 설명은 사물의 현실과 일치하지 않는다. 달리 말해 "서술세계"와 "현실세계"는 "상호의존" 속에 있지만 일치하지 않는다(전현식 2003a, 54). 그러므로 과학의 인식만이 확실한 신뢰성을 가진다고 말할 수 없으며, 과학적 증명이 인간의 모든 현실의 참과 거짓을 가리는 유일한 기준이 될 수 없다.

　b. 또한 기독교 신앙은 과학의 자족성과 충족성을 질문하지 않을 수 없다. 각 분야의 과학들은 이 세계의 일부를 연구 대상으로 가지며 이를 설명한다. 그러나 이 세계의 전체의 문제, 곧 이 세계가 지향해야 할 참 가치와 목적의 문제, 인간의 삶의 참 가치와 목적과 의미의 문제에 대해 어떤 결정적 이야기도 할 수 없다. 원자의 핵을 아무리 분석해도 이런 문제들에 대한 대답을 발견할 수 없을 것이다. 전체와 관련된 이런 문제들은 세계 전체를 넘어서는 하나님 신앙을 통해 대답될 수 있을 것이다.

　오늘날 자연과학은 대상 사물의 분석과 가장 작은 부분으로의 환원과 재구성을 기본 방법으로 가진다. 이 과정에서 대상의 사물은 자신의 삶의 관계성과 전체성에서 추상화된다. 어떤 사물의 참 본질은 삶의 관계성과 전체성에 있다. 그러나 어떤 사물이 가장 작은 단위로 분석되고 환원될 때 그 사물의 참 본질은 파괴된다. 대상의 사물 자신의 관심은 무시되고, 인간의 특정한 관심이 대상 사물을 지배한다. 모든 과학적 인식은 대상 사물을 있는 그대로, 그 자신의 삶의 전체적 연관 속에서 인식하는 것이 아니라 과학자의 관심에 따라 선택된 그것의 극히 작은 한 측면을 드러내고 다른 측면들을 배제한다. 이로써 전체에 대한 인식은 불가능하게 된다. 도스토예프스키는 이것을 다음과 같이 말한다: 과학자들의 냉혹한 분석과 해부를 통해 "지금까지 신성시되어 왔던 모든 것이 흔적도 찾아볼 수 없을 만큼 완전히 소멸되고 말았다. 그러나 그들은 부분적인 규명에만 급급했기 때문에 가장 핵심적인 전체의 모습을 놓쳐 버리고" 말았다 (Dostoevskii 2001, 241).

과학이 발전할수록 과학자들의 인식 영역은 세분화, 전문화, 왜소화된다. 이리하여 과학자들은 자신의 아주 작은 연구 영역 외에 다른 영역들에 대해서는 아는 바가 별로 없게 된다. 점점 더 많아지는 지식 속에서의 무지가 발생한다. 세분화, 전문화 된 과학의 지식에 대해 일반인들은 아무것도 말할 수 없게 되고, 과학은 과학자들만의 독점물이 된다. 과학자들의 독점물이 된 과학은 공공의 토론의 장(場)에서 사라진다. 어떤 새로운 과학적 인식과 기술, 예를 들어 인간 복제에 관한 과학적 인식과 기술이 왜, 무엇 때문에, 무엇을 위해 연구되어야 하는지, 일반인들은 닭 쫓는 개처럼 쳐다볼 뿐이다.

과학은 진리를 발견하려고 한다. 그러나 진리(참됨)를 찾는 인간 자신이 먼저 참된 인간이 되지 못한다면, 과학의 진리가 인간에게 더 많은 물질적 풍요와 생활의 편리함과 경제성장을 가져다줄지라도, 인간 자신의 힘으로 해결하기 어려운 심각한 문제를 일으킨다. 참된 것을 찾는 인간 자신을 참되게 변화시킬 수 있는 진리는 궁극적으로 하나님에게서 오는 것이 아닐까?

c. 본래 과학은 자연에 대한 경이로움을 해명하고자 하는 욕구에서 출발한다. 그런데 자연의 대상에 대한 과학의 연구는 연구 대상과 연구 주체의 분리를 기본 전제로 가진다. 소위 연구의 객관성과 정확성을 위해 양자 사이의 감정이입은 철저히 금지된다. 이로써 연구 주체인 인간과 연구 대상인 자연의 사물 사이의 인격적 만남과 교통은 단절된다. 양자는 관찰자와 피관찰자, 정복자와 피정복자, 지배자와 피지배자의 관계에 있다. 철저한 인간 중심주의가 여기에 작용한다. 이것은 자연의 사물은 물론 인간 자신의 삶을 고독하게 만들며, 인간과 세계의 비인간화를 초래한다. 과학이 발전하고 경제가 성장할수록 사회는 더욱 양극화 되고, 자연의 모든 생명들이 죽음의 공포 속에서 인간을 두려워하고 있다. 이러한 오늘날의 현실 속에서 기독교 신앙은 모든 사물에 대한 사랑과 자기헌신을 요구한다.

오늘날 과학은 수학적 방법에 근거한다. 수학은 가장 완전하고 정확한 학문으로 인정된다. 그것은 정확한 진리를 우리에게 줄 수 있다고 생각된다. 그러나 수학적 진리가 인간과 세계의 모든 문제를 해결할 수 있을까? 인간과 세계의 전체에 관한 총체적 진리의 문제는 수학적 지식에 의해 답변될 수 없으며 해결될 수 없다. 수학은 자연의 사물에 대한 지식을 우리에게 줄 수 있지만, 우리 인간이 어떤 존재가 되어야 하는가에 대해 침묵한다. "물리학의 하나님은 우리가 원하는 것을 주기 위해 존재하지만, 우리가 무엇을 원해야 하는가를 말하지 못한다"(G. de. Santillana, Gollwitzer 1973, 360). 과학을 통해 인간은 세계를 정복하고 지배할 수 있게 되었지만, "과학에는 인간의 오감(五感)에 의해 확인된 것 외에는 아무것도 없다"(Dostoevskii 2001, 451).

수학적·자연과학적 방법을 통해 이성은 인간과 세계의 새로운 가능성을 개척할 수 있지만, 인간과 세계의 비이성적인 것에 대해 무력하다. 그것은 비이성적인 일들에 대해 아무것도 말하지 않으며 또 말할 수 없다. 수학적 지식은 "내가 무엇을 알 수 있는가?"(was kann ich wissen)의 문제에 대해 대답할 수 있지만, "내가 무엇을 해야 하는가?"(was soll ich tun?), "내가 무엇을 희망할 수 있는가?"(was darf ich hoffen?)의 문제에 대해서는 아무것도 대답하지 않는다(Kant). 인간이 어떻게 살아야 하며 무엇을 희망해야 하는가의 문제는 수학이 대답할 수 있는 문제가 아니다. 그것은 윤리와 종교가 대답할 수 있는 문제이며, 궁극적으로 하나님으로부터 대답될 수 있는 문제이다. 현대사회의 심각한 문제는 과학적 지식의 양은 급속하게 증가하지만, 우리 인간이 참으로 무엇을 희망해야 하고 어떻게 살아야 하는가, 삶의 참 가치는 무엇이며, 우리 인간은 어떤 존재가 되어야 하는가에 대한 지식은 거의 무시당하는 현실에 있다. 이에 대한 한 가지 실화를 소개하고자 한다.

미국에서 최초로 로켓을 달에 착륙시킨 브라운(Braun)은 본래 독일의 과학자였다. 달에 로켓을 쏘아 올리는 것이 소년시절부터 그가 가지고 있었던 꿈이었다. 2차 세계대전이 일어나고 있을 때, 그는 히틀러의 지원으로 지하 동굴에서 로켓 개발을 추진했다. 이 프로젝트를 위해 많은 전쟁 포로들과 유대인들이 강제노동에 투입되었다. 이들이 지하 동굴에서 굶주림과 질병으로 더 이상 노동을 할 수 없게 되면 교수형을 당했다. 밧줄 하나에 몇 사람의 목을 매어 한꺼번에 죽이기도 하고, 아직 생명이 붙어있는 노동자들을 생매장시키기도 했다. 이런 "비이성적인" 일에 대해 브라운은 전혀 무관심했다. 그는 자신의 목적 달성을 위해 얼마나 많은 사람들이 어떤 고난을 당하는지, 또 이 로켓이 어떤 목적을 위해 사용될지에 대해 무관심했다. 히틀러는 브라운이 개발한 로켓으로 영국 런던을 폭격했다. 전쟁이 끝날 즈음 미국과 소련의 정보원들이 브라운을 자국으로 송치하고자 비밀작전을 추진했다. 결국 미국의 정보원이 브라운을 미국으로 송치하는 데 성공했다. 그런데 브라운은 히틀러의 SS 요원이었고 전쟁 범죄자였기 때문에 군사재판에 회부될 수밖에 없었다. 이를 피하기 위해 미국 정보국은 브라운에 관한 모든 기록을 소각했고, 후에 달 로켓을 개발한 브라운은 미국의 영웅이 되었다.

수학적·자연과학적 방법은 명료성과 정확성과 보편성을 가진다. 그것은 객관성과 중립성과 가치로부터의 자유를 가진다. 세계의 모든 것은 수학화되어야 하고 물량화되어야 하며 공식화되어야 한다(Mathematisierung, Quantifizierung, Formalisierung, Küng 1995, 148). 자연과학의 발전을 위해 우리는 자연과학의 이러한 이상(理想)을 충분히 인정할 수 있다. 그러나 세계는 수학화·물량화·공식화 될 수 없는 다른 측면들을 가진다. 기쁨과 슬픔, 희망과 좌절, 사랑과 증오, 신뢰와 의심, 아름다움과 추함, 진리에 대한 동경, 실존의 불안, 시(詩)와 음악과 미술의 아름다움, 이러한 측면들은 수학화·물량화·공식화 될 수 없다. 이들은 수학적·자연 과학적 합리성을 넘어선다. 이들에 대한 인식은 수학적·자연과학적 방법과는 다른 방법을 필요로 한다. 그것은 분리와 분석과 환원의 방법이 아니라 참여와 상호작용, 직관과 느낌과 이해의 방법을 필요로 한다. 따라서 수학적·자연과학적 방법이 유일한 방법이 아니다. 그것은 양(量)의 세계를 파악할 수 있지만, 질

(質)의 세계를 파악하는 데는 불충분하다. 오늘날 수학의 지식도 객관적이며 절대적인 것이 아니라 개연적이며 가변적이란 사실은 이미 잘 알려져 있다. 그것은 수학자 자신이 세운 가설(Hypothese)에 근거하기 때문이다.

이 세상의 개선과 발전과 구원을 위해 인간의 이성과 과학이 필요하다. 종교도 이성적이어야 한다. 종교가 이성적이지 못하면, 과학 못지않은 해악을 초래할 수 있다. 이와 동시에 인간의 이성과 과학은 종교를 필요로 한다. 과학은 세계의 운명을 결정할 수 있는 무서운 힘을 갖고 있다. 이 힘은 선을 위해서도 사용될 수 있고, 악을 위해서도 사용될 수 있다. 생명을 살리는 데 사용될 수도 있고, 생명을 죽이는 데 사용될 수도 있다. 그런데 이에 대한 대답이 과학 자체에는 주어져 있지 않다. 이 문제에 대한 대답을 종교는 제시한다. 그러므로 과학과 종교는 동반자적 관계에 있는 것이 바람직하다. 과학이 종교를 무시할 때, 과학은 올바른 목적을 상실하고 온 세계를 위협하는 무서운 힘으로 작용할 수 있다. 핵무기를 위시한 현대 과학무기는 이것을 예시한다. 하지만 하나님 신앙이 인간의 이성과 과학을 동반할 때, 그들은 선을 위해 봉사할 수 있을 것이다.

생태계의 대 재앙이 점점 더 가시화되는 오늘의 현실 속에서 많은 지성인들은 과학의 궁극 목적이 무엇인가를 질문한다. 도대체 과학은 무엇을 위하여, 무엇 때문에 연구되는가? 과학의 모든 창조력과 생산력은 무엇을 위해 사용되어야 하는가? 과학 그 자체는 가치중립적이라 하지만, 오늘날 그것은 대기업과 국가 유관기관의 경제적·정치적·군사적 관심의 시녀 역할을 하고 있지 않은가? 그것은 결국 빈부격차와 사회 양극화와 세계의 비인간화와 생태학적 위기를 초래하지 않는가? 과학이 종교와 동반될 때, 과학은 자신의 올바른 목적을 인식하고 이를 지향할 수 있을 것이다. 여기서 제시되는 과학과 종교의 관계에 대한 고찰은 다른 기회로 미룰 수밖에 없다.

B. 휴머니즘적 무신론, 그 타당성과 문제점

한국의 일부 개신교회 성직자는 휴머니즘을 "신본주의"에 반대되는 "인본주의"라 부르는데, 이것은 매우 잘못된 번역이다. 본래 휴머니즘은 하나님 없는 인간의 무신성을 가리키는 개념이 아니라 인간의 억압된 자유와 평등과 존엄성을 회복하려는 근대의 사조를 가리킨다. 그러므로 이 책에서 우리는 "인본주의"라는 잘못된 표현 대신 "휴머니즘"이란 외래어 표현을 있는 그대로 사용하고자 한다.

휴머니즘적 무신론(humanistischer Atheismus)에 의하면, 인간의 자유와 존엄성과 삶의 충만함과 생동성을 회복하기 위해 하나님의 존재는 부인되어야 한다. 여기서 하나님의 존재는 인간의 자유와 존엄성, 삶의 충만함과 생동성을 억압하는 존재로 생각된다. 20세기의 실존주의 사상가 사르트르(Sartre)는 "만일 하나님이 존재한다면, 인간은 부자유하다. 인간이 자유롭다면, 하나님은 존재하지 않는다." "하나님이 존재하지 않는다면, 모든 것이 허용될 것이다"라는 도스토예프스키의 말을 인용하면서 다음과 같이 말한다. "모든 것이 허용된다. 그렇다면 하나님은 없다"(Moltmann 1977, 20. 21). 이제 인간이 그 자신의 창조자다. 그러므로 창조자 하나님은 불필요하며 인간에게 방해가 된다. 모든 것에 대해서 인간 자신이 책임을 져야 한다. 악을 선택하는 것도 인간이요, 선을 선택하는 것도 인간이다. 자기를 고발하는 것도 인간이요, 무죄를 선고할 수 있는 것도 인간이다. "만일 하나님이 존재한다면, 인간은 아무것도 아니다." 실존주의 문학자인 카뮈에 의하면, 하나님이란 강제적 표상에서 자유롭게 될 때, 인간은 인간이 될 수 있다. "인간이 더 이상 하나님을 믿지 않게 되자마자, 그는 살아있는 모든 것에 대해 책임적이 된다"(Pöhlmann 1973, 90).

휴머니즘에 의하면 인간은 본래 자유로운 존재다. 그는 모든 억압에서 자유로워야 한다. 모든 인간이 함께 자유로울 때 그들은 평등을 갖게 된다. 자유롭고 평등한 존재로서 충만하고 생동성 있는 삶을 누릴 때 인간은 존엄성을 갖게 된다. 인간의 부자유와 불평등은 존엄성의 상실을 뜻한다. 그런데 기독교가 믿는 하나님은 인간에게 타율적 율법을 요구함으로써, 인간의 자유를 제한하며 충만한 삶을 불가능하게 한다. 하나님 신앙은 인간이 하나님에게 의존할 것을 요구한다. 그리하여 인간이 독립적이며 자율적인 존재가 되는 것을 방해한다. 하나님에 대한 인간의 의존은 인간의 자율성에 모순된다. 그것은 인간 자신에 대한 모욕이다. 또한 피안의 세계에 대한 신앙은 차안의 삶을 마비시키며, 삶의 충만함을 약화시킨다. 이러한 문제점을 극복하기 위해 하나님의 존재는 부인되어야 한다. 하나님의 존재가 부인될 때 인간은 참으로 자유로울 수 있고, 그의 존엄성을 회복할 수 있으며, 이 땅 위에서 삶의 충만함을 누릴 수 있다!?

이러한 관점에서 포이어바흐의 투사설은 휴머니즘적 무신론이라 말할 수 있다. 인간은 자신의 능력으로 실현할 수 없는 본질들, 곧 영원, 무한한 힘, 사랑, 거룩 등을 하나의 초월적 대상, 곧 하나님에게 투사시킨다. 하나님은 인간 본질의 투사(Projektion)이다. 이리하여 인간은 자기의 본질을 자기 자신 안에서 발견하기 전에, 자기 바깥에 있는 하나님의 존재에서 발견한다. 그러므로 "신적 본질은 인간의 본질에 불과하다. 달리 말해 개별적 인간의 제한성에서 정화되었고 해방된 인간의 본질에 불과하다.…따라서 신적 본질의 모든 규정들은 인간의 규정들이다." "하나님 의식은 인간의 자기의식이요, 하나님 인식은 인간의 자기인식이다. 너는 그의 하나님으로부터 인간을 인식하며, 거꾸로 인간으로부터 그의 하나님을 인식한다. 양자는 동일하다. 인간이 하나님으로 여기는 것은 그의 영, 그의 혼이요, 인간의 영, 그의 혼, 그의 마음이 바로 그의 하나님이다." 하나님의 삼위일체는 인간의 사회적 본성의 투사, 곧 "인간이 인간의 본질 속에서 인지하는 본질적인 기본 차이들의 총괄개념에 불과하다"(Feuerbach 1976, 32, 33, 273. 본문의 모든 강조 표시는 생략함). 따라서 "신학의 비밀은 인간학이다" (13). 하나님에 대한 인간의 관계는 "인간의 자기 자신에 대한 관계"일 따름이다. 하나님에 대한 경외는 인간의 자기 자신에 대한 경외이다.

이와 같이 인간의 참 본질이 하나님의 존재로 투사됨으로 인해, 인간은 자기의 참 본질을 상실한다. 그는 자신의 참된 본질에서 소외되며 비참한 존재로 전락한다. 종교는 인간의 자기소외를 보여준다. 인간이 종교적 인간이 될수록, 그는 자기의 인간성과 존엄성을 상실한다. 이제 인간은 자신의 상실된 인간성과 존엄성을 회복해야 한다. 하나님에게 빼앗긴 삶의 풍요로움과 충만함을 되찾아야 한다. 이를 위해 인간 바깥에 있는 초자연적이며 초이성적인 하나님의 본질은 인간의 본질로 환원되어야 한다. 무신론을 통해 자신의 참된 신적 가치를 되찾아야 한다. 그러므로 "이 무신론은 참된 휴머니즘이다!"(Küng 1995, 236)

니체(F. Nietzsche)의 무신론에 의하면 기독교와 서구의 형이상학은 감각적인 이 세계의 피안에 영원히 변하지 않는 참된 초감각적 세계, 곧 형이상학적 세계가 있으며, 인간의 참된 삶은 피안의 형이상학적 세계에 있다고 가르친다. 이 세계의 꼭대기에는 "절대적 진리", "최고의 가치"로서의 하나님이 서 있다. 그러므로 형이상학자는 "신학하는 철학자"이며, "우리의 모든 철학은" "그 속에 신학자의 피를" 가지고 있다. 우리는 차안의 세계 저 너머에 있는 형이상학적 세계를 동경해야 한다. 삶의 참 가치와 의미는 거기에 있기 때문이다.

피안의 형이상학적 세계에 대한 동경은 차안의 세계에 대한 인간의 불만족에 기인한다. 차안의 세계에서 자신의 모든 기대와 소원을 성취할 수 없고 삶의 충만함을 누릴 수 없기 때문에, 인간은 피안의 형이상학적 세계를 설정하고, 이 세계로부터 그의 모든 꿈과 소원과 삶의 충만함이 실현되리라 희망한다. 그러나 이 세계는 인간의 꿈과 소원이 만들어낸 허구에 불과하며, 인간에게 고통을 주는 현실의 삶에 대한 증오와 체념의 표현에 불과하다.

이 세계의 중심에 서 있는 하나님은 "인간이 만든 것이요 인간의 망상"(Menschen-Werk und -Wahnsinn)이다. 그는 인간의 발견에 불과하다. 인간은 자기 자신과 세계에 대하여 "아니요!" 하고 부정하는 것, 곧 자기 자신과 세계의 부정을 신적 존재로 대상화시키며, 이 대상에게 자신의 존재와 반대되는 모든 의미와 가치를 부여한다. 그는 현실의 존재와 반대되는 개념, 곧 무(無)를 최고의 존재로 설정하고 이를 숭배한다. 이리하여 무가 하나님으로 신격화되며, "무에의 의지"가 거룩한 것으로 찬양된다. 그는 "초 감각적인 세계 일반의 명칭"이다. 그는 비로소 죽게 된 것이 아니라, 사실상 언제나 죽은 존재였다. 이 하나님을 경배하는 교회는 "하나님의 무덤이요 묘비"다(Weischedel 1971, 434 이하).

교회가 경배하는 하나님의 존재와 피안의 형이상학적·초감각적 세계는 인간의 삶을 마비시키는 기능을 행사한다. "피안에 있는 영원한 열락의 산(山)에 반하여 차안의 세계는 눈물의 골짜기"로 생각된다(Heidegger 1972, 234). 참된 삶은 현실의 이 세계가 아니라 영원하고 참 가치가 있는 피안의 세계에서 가능하다. 참된 기쁨과 가치는 거기에 있다. 이리하여 하나님과 피안의 세계에 대한 신앙은 현실 세계에 대한 인간의 관심을 마비시키며, 삶의 힘을 빼앗아버린다. 그것은 인간의 존엄성을 파괴한다. "기독교는…인간을 짓누르고 완전히 파괴해버렸으며, 깊은 늪 속으로 묻어버렸다"(Nietzsche 1978, 110). 기독교는 인간을 부자유하게 만들며 현실의 노예로 만드는 "노예도덕"이다. 기독교가 가르치는 형이상학적 하나님은 "삶의 훼손"이다. 훼손된 인간의 삶을 회복하고, 자신의 상실된 생명의 힘과 세계에 대한 관심과 충만한 삶을 회복하기 위해 형이상학적 하나님은 폐기되어야 한다. 신학은 인간학으로 폐기되어야 하며, 하나님에 관한 모든 술어는 인간에 관한 술어로 바꾸어져야 한다. "나의 형제들이여, 나는 너희들에게 맹세한다. 땅에 충실하여라. 그리고 피안의 희망들을 너희에게 가르치는 자들을 믿지 말아라! 그들이 알든 모르든 간에, 그들은 독을 섞는 자들(Giftmischer)이다"(Nietzsche 1975, 9).

이제 하나님이 아니라 인간이 모든 "사물들의 척도이며 가치"이다. 인간 자신이 세계의 목표를 설정하고, 세계에 대하여 의미와 미래를 부여해야 한다. 하나님이 아니라 "힘에의 의지"(Wille zur Macht)를 삶의 원리로 가진 인간이 이 세계를 다스려야 한다. "초인"(Übermensch)이 하나님의 자리를 대신해야 하고 세계의 궁극적 의미가 되어야 한다. 인간은 이 초인을 향한 도상에 있다. "하나님은 죽었다. 이제 우리는 초인이 살기를 원한다." 그는 "하나님과 무의 정복자이다"(김균진 1980, 262 이하).

1) 휴머니즘적 무신론의 주장 앞에서 기독교는 다음의 사항을 반성할 수 있다.

a. 기독교는 플라톤 철학이나 세계의 다른 종교들처럼 피안의 세계와 차안의 세계, 영혼과 육체, 이성과 감성, 인간과 자연을 나누고, 전자는 영원하고 참 가치가 있는 것으로, 후자는 무가치한 것으로 보는 이원론을 극복해야 할 것이다. 포이어바흐와 니체가 비판하는 것처럼, 이원론은 차안의 세계에 대한 무관심과 무감각을 초래하며, 인간의 육체와 육체의 모든 욕구들, 인간의 감성을 죄악시하고 억압한다. 이를 통해 그것은 인간의 삶을 훼손한다.

물론 현존하는 차안의 세계 속에는 죄와 죽음의 세력이 어디에나 있다. 그것은 자연 속에도 있다. 인간의 육체와 감성은 이기적 욕망에 사로잡혀 있다. 그럼에도 불구하고 이 모든 것은 하나님이 창조한 하나님의 피조물이요 그의 소유다. 이들을 구원하기 위해 하나님은 그의 외아들을 죽음에 내어주셨다. 바로 이 세계 안에 하나님의 뜻이 이루어져야 하며, 하나님의 나라가 세워져야 한다.

그러므로 기독교는 이 세계와 육체적 삶과 감성과 자연을 사랑하고, 이 세계의 모든 것을 위한 삼위일체 하나님의 고난과 기쁨에 참여해야 할 것이다. 땅을 저주하고 땅에 대해 무관심해질 것이 아니라 땅 위에 있는 삶의 현실에 충실해야 할 것이며, 모든 사람이 땅 위의 삶을 하나님의 은혜로 인식하고 감사한 마음으로 충만한 삶을 누리도록 인도해야 할 것이다. 하나님은 우리 인간이 먼저 이 땅 위에서 행복하고 가치있게 살기를 원하신다.

b. 지난 2천 년의 역사에서 기독교는 종교의 이름으로 인간의 자유와

존엄성을 억압하고 파괴하는 일을 수없이 저질렀다. 국가교회가 된 서구의 기독교는 유대인에 대한 억압과 추방과 살해를 방조했으며, 정치권력의 편에 서서 인간의 자유와 존엄성을 회복하고자 하는 운동을 반대하기도 했다. 종교개혁자 루터가 독일의 농민봉기를 반대했으며, 서구의 기독교 국가들이 남자만을 "하나님의 형상"이라 생각하여 20세기 초에 이르기까지 여성에게 투표권을 부여하지 않았던 일은 대표적인 사례이다. 소위 "마녀"로 정죄 받은 여자들을 불에 태워 죽이기도 했다.

오늘도 개신교회의 어떤 성직자는 남성중심의 위계질서를 신적 질서로 가르친다. 다음과 같은 "하이델베르크 노동자 교육연맹"(Heidelberger Arbeiter-Bildungsverein)의 포이어바흐에 대한 감사의 말을 기독교는 진지하게 생각해야 할 것이다. "당신이 대항하여 싸우는 성직자들과 신앙의 기만(欺瞞)은 억압과 수치의 현 체제의 마지막 기초이다. 이 체제 속에서 우리는 고통을 당하고 있다. 그러므로 신앙 대신에 사랑을, 종교 대신에 교육을, 성직자 대신에 이론을 대체하는 당신의 이론은 우리가 추구하는 미래의 유일하게 안전한 기초이다"(Küng 1995, 247).

사랑의 하나님은 모든 인간이 자유롭고 평등하며, 인간으로서의 존엄성을 인정받기를 원한다. 그는 모든 형태의 인간에 의한 인간의 억압과 소외와 착취를 거부한다. 그러므로 기독교는 모든 인간의 자유와 평등과 존엄성을 회복하는 일에 앞장서야 할 것이다. 하나님의 심판으로 인간을 위협하고 불안과 공포심을 갖게 하기보다, 하나님의 사랑과 용서를 선언함으로써 인간을 죄책에서 해방하고 하나님 앞에서 삶의 충만함을 누릴 수 있도록 해야 할 것이다. 역사 속에서 이상적인 것을 실현하려는 인간의 노력을 좌절시키지 않고(J. Dewey), 오히려 그것을 자극하고 장려해야 할 것이다.

c. 포이어바흐에 의하면 하나님은 인간 자신이 "되고자 하는 바", 곧 이상적 인간 존재를 초월적 대상으로 투사시킨 것이다. 따라서 하나님의 표상은 인간의 상상물이요, 종교는 완전한 존재가 되기를 동경하는 인간의

생산물이다. 우리는 포이어바흐의 이 주장에 전적으로 동의할 수 없지만, 하나님에 대한 인간의 표상에 있어 인간의 심리적 요인들, 곧 인간의 소원들, 삶과 세계에 대한 경험들, 자기유지와 행복에 대한 욕구 등이 작용한다는 점을 솔직하게 인정해야 할 것이다.

또한 모든 인식에 있어 인간의 표상 능력이 작용하며, 인간 자신의 그무엇을 인식의 대상에 투사한다는 점을 기독교는 인정해야 할 것이다. 오늘날 자연과학도 이것을 인정한다. 예를 들어 양자물리학에 의하면 대상에 대한 완전히 객관적 인식은 하나의 신화에 불과하다. 모든 인식은 인식 주체와 인식 대상의 상호작용(interaction) 속에서 이루어지며, 이 과정 속에서 인식 주체의 그 무엇이 인식 대상에 투사된다.

따라서 하나님에 대한 인식에 있어서도 인간의 표상과 욕구와 소원과 충동들이 작용하며, 따라서 하나님에 대한 소위 변할 수 없는 객관적이고 절대적 인식은 있을 수 없다는 것을 기독교는 인정해야 할 것이다. 그러므로 하나님과 그의 진리에 대한 자기의 인식을 절대시하고, 자기의 것과 다른 것을 이단이라 정죄하면서 교단을 분열시키고, 타 종교인은 물론 심지어 가톨릭교회의 신자들마저 "마귀의 자식들"이라 정죄하는 오만불손하고 무례한 짓을 해서는 안 될 것이다.

2) 이와 같이 기독교는 자기를 반성하는 동시에, 휴머니즘적 무신론에 대해 다음과 같은 질문을 제기하지 않을 수 없다.

a. 휴머니즘적 무신론은 하나님과 그의 율법으로부터 인간의 자유를 주장한다. 인간은 어떤 타율의 지배를 받아서는 안 된다. 이를 위해 하나님은 부인되어야 한다. 그러나 하나님을 부인하고 하나님 없이 살 때, 인간은 정말 자유로운 존재가 될 수 있는가? 그는 자신의 이기적 욕망과 정욕에서 자유로울 수 있는가? "힘에의 의지"를 삶의 원리로 가진 "초인"이 "참 인간"일 수 있으며 이 세계를 구원할 수 있을까? 근대사에 등장한 몇 사람의 "초인"은 참으로 자유로운 인간이 아니라 자기의 권력을 위해 수백, 수천만 명의 생명을 희생시키며 세계를 파멸로 이끌어 간 비인간이었

음을 우리는 잘 알고 있다. 지금도 이 세계에는 "힘에의 의지"를 삶의 원리로 가진 "초인"이 되고 싶어 하는 사람들이 얼마나 많은가!

물론 하나님 없는 사람들 가운데에도 자기 자신으로부터 자유로운 사람들이 있다. 타 종교인들 가운데도 그런 사람들이 있다. 그러나 인간의 가장 기본적인 욕구는 자기의 생명을 유지하고 연장시키고자 하는 욕구이다. 이를 위해 물질이 필요하다. 가장 먼저 필요한 것은 굶주린 배를 채울 수 있는 물질이다. 또 인간에게는 즐거움과 쾌락의 욕구가 있다. 더 아름답고, 더 맛있고, 더 짜릿한 것을 원한다. 그래서 많은 사람들이 소유의 노예가 되며, 정욕과 탐욕의 노예가 된다. 소유를 하나님처럼 모시며, 탐욕과 정욕의 노예가 되어 일생을 망치는 사람들도 있다. 탐욕과 정욕을 아무리 채워도 만족이 없기 때문에 삶의 무의미와 체념과 우울증을 견디지 못해 마약중독, 알코올중독에 빠진 사람들도 허다하다. 카뮈는 하나님 없는 인간의 실존적 상황을 다음과 같이 말한다. "이렇게 밝은 태양 아래에서 어찌하여 나는 (삶의, 필자) 무의미에 대한 생각에 사로잡힐 수 있었을까?"(Gollwitzer 1973, 372)

도스토예프스키는 자유를 얻었지만 참 자유를 잃어버린 현대인의 모습을 다음과 같이 묘사한다. "세상 사람들은 자유를 부르짖었고 특히 오늘날에 와서는 그것이 더욱 심하지만, 그들이 말하는 자유에서 우리는 무엇을 보고 있는가? 예속과 자멸밖엔 없지 않은가!…'너희 자신들도 욕구가 있으면 실컷 충족시켜라. 너희들도 귀족이나 부자와 동등한 권리를 갖고 있으니까. 욕망을 채우는 일을 두려워하지 말고 그것을 더욱더 키워 나가라.' 이것이 바로 오늘날 그들이 부르짖는 교리인 것이다.…하지만 그들의 이러한 욕구 증대의 권리는 어떠한 결과를 가져왔는가? 부유한 사람에게는 고립과 정신적인 자멸의 결과를 낳고 가난한 자에게는 질투와 살인이 존재할 뿐이다.…그들은 다만 상호간의 선망과 육체적인 방종과 오만을 위해서 살고 있을 뿐이다.…뿐만 아니라 어떤 사람들은 이 욕구를 충족시킬 수가 없어서 자살까지도 하는 지경이다. 그다지 부유하지 못한 사람들 사이에서는 욕구의 충족이나 선망을 아직 술로 달래고 있다. 그러나 머지않아 그들은 술 대신 피를 마시게 될 것이다"(Dostoevskii 2001, 452).

도스토예프스키에 의하면 "만일 신이 없다면 사람은 모든 것을 할 수 있을 것이다. 그런데 신은 있다. 그러므로 사람은 모든 것을 할 수 없다." 싸르트르는 이 말을 거꾸로 인용한다. "만일 신이 없다면 사람은 모든 것을 할 수 있을 것이다. 그런데 신은 없다. 그러므로 사람은 모든 것을 할 수 있다." 그러나 모든 것을 할 수 있게 된 인간은 별의별 미친 짓들을 하며 이 세계를 "사망의 음침한 골짜기"로 만들고 있지 않은가?

하나님 없는 인간은 "하나님과 같은 인간"(homo sicut deus)이 되는 것이 아니라 "인간의 늑대"(homo homini lupus)가 될 수 있다. 자신의 정치적 이념을 실현하기 위해 수백만, 수천만 명의 인간을 살해하는 권력자들, 모든 인간의 자유와 평등을 이상으로 가진 공산주의 사회를 실현하기 위해 2천만 명 이상의 사람을 살해한 스탈린은, 모든 인간 속에 숨어있는 이러한 잠재성을 예시한다. 이리하여 휴머니즘적 무신론은 인간의 존엄성을 회복하는 진정한 의미의 "휴머니즘적" 무신론이 아니라, 오히려 그것을 참혹하게 파괴하는 "반휴머니즘적" 무신론으로 변질한다는 사실을 우리는 현대사에서 경험하였다.

현대사회에서 하나님 없는 인간은 참으로 자유로운 존재가 되는 것이 아니라 또 다른 차원의 자유롭지 못한 존재가 되는 현상을 볼 수 있다. 곧 하나님 아닌 것을 자기의 하나님으로 삼고 그것에 사로잡히는 현상을 볼 수 있다. "인간은 하나님을 철폐함으로써, 어떤 다른 것 - 피와 땅, 국가와 민족, 에로스, 예술, 과학, 기술, 스포츠를 자기의 신(神)으로 삼는다" (Brunner 1961, 295). 이러한 것에 집착하는 것은 사실상 자기 자신에게 집착하는 것이며, 이를 통해 그는 자기 자신을 자기의 신으로 삼는다. 그리고 하나님의 영광을 위해 사용해야 할 것을 하나님이 아닌 것을 위해 사용한다. 참 하나님이 사라질 때 이웃도 그의 시야에서 사라진다. 연약한 생명들의 고난과 울부짖음에 눈과 귀를 닫아버리고, 취미생활을 자기의 하나님처럼 모시는 사람들도 있다. "인간의 마음은 그가 위로를 받을 수 있고 신뢰할 수 있는 하나의 신을 가질 수밖에 없다.…그는 참된 신을 가지든지 아니면 거짓된 신을 가질 수밖에 없다"(Luther).

b. 여기서 우리는 두 가지 종류의 자유를 구별할 수 있다. 첫째 종류의 자유는 통속적 의미의 자유, 곧 무엇이든지 자기 마음대로 할 수 있음을 뜻한다. 자기 마음대로 행동할 수 있을 때 "나는 자유롭다"고 생각한다. 둘째 종류의 자유는 이웃을 사랑할 수 있음을 뜻한다. 전자를 가리켜 우리는 "중립적·기술적 자유의 개념"이라 부른다면, 후자를 가리켜 "적극적 자유의 개념"이라 부를 수 있다(Gollwitzer 1973, 366). 휴머니즘적 무신론은 중립적 자유의 개념을 중심 문제로 다루고 있다. "하나님으로부터의 자유"를 주장하지만, 이 자유가 대관절 무엇을 향한 자유인가에 대해서는 침묵한다. 다시 말해 "freedom from…"에 대해서는 말하지만, "freedom toward…", 곧 자유의 방향과 목적에 대해 말하지 않는다. 과연 우리 인간은 무엇을 향해 자유로워야 하는가? 자유의 방향과 목적은 무엇인가?

우리 인간은 적극적 의미의 자유를 자신의 힘으로 실현할 수 있는가? 물론 적극적 의미의 자유를 실천하는 사람들도 있다. 그러나 우리는, 일반적으로 "하나님으로부터의 자유"는 자의(恣意)와 방종으로 빠지게 된다는 사실을 쉽게 목격할 수 있다. 하나님을 부인하고, 하나님 없이 자의와 방종과 부패와 타락과 사치와 허영에 빠져 사는 사람들이 우리 주변에 얼마나 많은가! 포이어바흐는 "신앙의 자리에 불신앙이, 성서의 자리에 이성이, 종교와 교회의 자리에 정치가, 하늘의 자리에 땅이, 기도의 자리에 노동이, 지옥의 자리에 물질적 곤궁이, 그리스도인의 자리에 인간이 등장하였다"고 선언한다(Feuerbach 1959, 217). 그러나 우리는 하나님에 대한 인간의 불신앙과 이성과 정치와 노동이 인간의 세계를 구원할 수 없으며, 인간을 참된 의미에서 자유롭게 할 수 없다는 것을 지금 눈으로 보고 있다. 도스토예프스키의 작품 『카라마조프가의 형제들』에 나오는 아버지 표도르는 자의와 방종과 쾌락의 노예가 되어 욕정을 자기의 하나님처럼 모시고 사는 하나님 없는 인간의 전형적 모습을 보여준다.

참된 의미의 자유, 곧 이웃을 위한 적극적 의미의 자유를 얻을 수 있는 길은 하나님을 부인하는 데 있는 것이 아니라 "이웃을 네 몸과 같이 사랑하라"고 명령하는 하나님을 인정하는 데 있다. 물론 하나님을 믿는다 하여 하루 아침에 자신의 모든 욕심을 버리고 적극적 의미의 자유를 실천하는 사람으로 돌변하는 것은 아니다. 그러나 하나님을 믿게 될 때, 인간은 "인간다운 인간"으로 변화하고자 노력하게 된다.

c. 하나님에 대한 인간의 표상에 있어 인간의 소원과 욕구가 작용할 수 있다. 또 우리 인간은 하나님에 대해 인간적 형태로 말할 수밖에 없다. 사실 우리는 하나님을 가장 이상적인 인간의 형태로 표상한다. 곧 선하고 의로우며 은혜로운 분으로 표상한다. 그렇다 하여 하나님은 인간의 투사물 또는 상상물에 불과하며, 하나님은 존재하지 않는다고 연역할 수 없다. 이렇게 생각하는 것은 "잘못된 결론"(Fehlschluß)이다(E. von Hartmann).

이것은 세계에 대한 인간의 표상에도 해당한다. 세계 전체를 인식할 수 있는 사람은 아무도 없다. 우리는 세계의 특정한 측면들을 인식할 수 있을 뿐이다. 세계란 무엇인가? 이 인식에 있어 우리 인간은 세계에 대한 자신의 경험과 기대와 소원을 투사한다. 우리가 인식하는 세계는 우리에게 경험된 세계일 뿐이다. 그렇다 하여 "세계는 우리 인간의 투사에 불과하다", "그러므로 세계는 존재하지 않는다"고 결론지을 수 없다. 그것은 비논리적 비약이다. 우리는 우리 자신을 투사한 세계, 우리에게 경험된 세계를 인식하지만, "세계가 있다"는 것은 부인할 수 없는 사실이다.

이와 마찬가지로 우리는 우리 인간의 모든 소원과 기다림이 투사된 하나님을 믿고 또 믿을 수밖에 없지만, "하나님이 없다", "신학은 인간학으로 폐기되었다"고 말할 수 없다. "하나님은 인간의 심리적 요소에 의존한다", "하나님은 인간의 모든 꿈과 소원과 삶의 충만함을 대상화시킨 것이다", "그러므로 하나님은 인간의 투사에 불과하며, 그는 존재하지 않는다"라고 말하는 것은 비논리적 비약이요 하나의 가정(假定)에 불과하다.

C. 저항적 무신론, 그 타당성과 문제점

저항적 무신론(Protest Atheismus)은 앞서 고찰한 휴머니즘적 무신론과 상당히 유사한 부분이 있다. 그러나 세계의 불의와 고난에 대한 저항의 정신이 그 밑바닥에 깔려 있기 때문에, 여기서 우리는 휴머니즘적 무신론과 구별하여 고찰하고자 한다.

저항적 무신론은 이 세계에 일어나는 불의와 모순과 고난 앞에서 하나님의 존재는 인정될 수 없으며, 하나님은 세계의 불의와 고난을 야기하고 정당화시키는 원인자라고 주장한다. 따라서 저항의 무신론은 세계의 불의와 고난에 대한 저항으로서 하나님의 존재의 폐기를 요구한다. 하나님의 존재가 폐기될 때 불의한 사회질서는 신적 정당성을 상실하게 되며, 이를 통해 불의와 고난이 더 이상 존재하지 않는 인간다운 세계가 이루어질 것이라고 믿는다.

저항적 무신론의 이러한 주장은 단지 눈앞에 나타나는 불의와 고난의 현상으로 말미암은 것이 아니라 기독교 전통의 하나님 존재 증명, 특히 우주론적 증명과 목적론적 증명에 나타나는 유신론에 대한 비판이라 할 수 있다. 이 유신론은 다음과 같은 원리에 서 있다. 운동과 원동자, 제1원인과 그 이후의 무수한 원인들, 곧 하나님과 세계 사이에는 존재의 유비가 있다. 따라서 이 세계는 불완전하지만, 신적 구조와 질서와 법칙을 가진 하나의 신적 세계이다. 세계의 모든 것은 이 구조와 질서에 따라 배열되어 있으며 활동한다. 라이프니츠의 표현을 빌린다면, 인간은 물론 세계의 모든 사물들 속에 희미하게 발견되는 영 혹은 정신은 "하나의 작은 신성"이며 "하나님과 교통"을 가진다. 모든 영들의 교통은 하나님의 나라, 곧 모든 왕들 가운데 가장 완전한 왕 아래에 있는 가장 완전한 국가를 형성한다. "하나님은 이 신적 국가의 왕"이요, "세계라는 기계의 제작자"이다. 이 신적인 국가, 신적인 세계는 "미리 확립된 조화의 체계"를 가지고 있다(『단자론』 80 이하).

그러나 이 세계에서 일어나는 수없이 많은 이유 없는 고난과 억울한 죽음들을 직면할 때, 유신론의 세계관은 부인될 수밖에 없다. 이신론적 세계관도 인정될 수 없다. 만일 이 세계가 하나의 신적 세계로서 신적 구조와 질서를 가진다면, 인류가 당하는 모든 불의와 고난은 어디로부터 오는가? 의로운 자가 고통을 당하고 불의한 자가 행복하게 사는 것을 어떻게 설명할 수 있는가? 역사의 재난 속에서 의로운 자와 불의한 자가 함께 고난과 죽음을 당하는 것을 어떻게 설명할 수 있는가? 이러한 현실 앞에서 하나님의 존재는 부인될 수밖에 없지 않은가? 1755년 11월 1일 리스본(Lisbon)에서 일어난 지진에 대해 괴테(Goethe)는 이 문제를 다음과 같이 요약한다. "신앙고백서 제1조가 너무도 지혜롭고 은혜로운 분으로 표상하는 하늘과 땅의 창조자와 유지자 하나님은 의로운 자와 불의한 자가 함께 죽도록 내버려 두었으며, 이를 통해 그는 자기를 결코 자애로운 분으로 증명하지 않았다"(괴테, 『시와 진리』, Gollwitzer 1973, 373).

또한 인간에 의한 인간의 억울한 고난과 죽음과 모든 불의에도 불구하고 이 세계를 신적 구조와 질서를 가진 신적 세계라고 말하는 것은, 이 세계의 악한 질서를 신적인 것으로 정당화시키며, 이를 통해 악한 자들을 방조하는 이데올로기의 기능을 행사하지 않는가? 이 세계의 불의와 고난을 극복하기 위해 하나님의 존재와 하나님 신앙이 제거되어야 하지 않겠는가? 세계의 불의와 고난에 저항하는 저항적 무신론의 이러한 생각을 우리는 도스토예프스키의 『카라마조프가의 형제들』에서 발견한다.

한 여자 농노(農奴)의 어린 아들이 돌팔매질을 하다가, 영주가 애지중지 여기는 개의 다리에 상처를 입힌다. 이것을 본 영주는 남자 아이를 옥에 가두었다가, 그 다음 날 아침 그 아이의 엄마와 모든 농노들과 식객들이 보는 앞에서 그가 키우는 사냥개들을 풀어 그 아이를 물어뜯어 죽이게 한다. 이러한 현실을 보면서 이반은 그의 동생 알료샤에게 다음과 같이 말한다. "난 신을 인정해. 우리가 전혀 알 수 없는 신의 예지와 그 목적까지도 인정해. 생명의 질서와 의미도 믿고 있으며, 우리들이 언젠가는 하나로 융합된다는 영원한 조화(調和)도 또한 믿고 있지.…그러나 놀라진 말아라. 나는 최후의 결론으로서는 이 신의 세계를 인정하지 않는다. 그것이 존재한다는 것은 알고 있지만…나는 신에 의해 창조된 세계, 바로 이 신의 세계를 받아들일 수 없고 또 받아들이지도 않겠다는 거야"(Dostoevskii 2001, 336). 그러므로 이반은 신적인 조화와 질서가 있다는 이 세계의 "입장권"을 정중히 사절하겠다고 말한다(352).

앞서 고찰한 포이어바흐, 니체, 마르크스를 위시한 헤겔 좌파, 카뮈, 사르트르 등 근·현대의 많은 지성인들이 세계의 불의와 고난에 대한 저항으로서 하나님의 존재를 부인한다. 그 가운데 가장 대표적 인물이 칼 마르크스였다. 1818년에 독일 트리어(Trier)에서 태어난 마르크스는 유대인이었다. 그러나 부유하고 개방적인 변호사였던 그의 아버지가 개신교회로 개종함으로써 마르크스는 6살 때 그리스도인이 되었지만, 유대인으로서 사회적 차별과 소외를 피할 수 없었다. 본(Bonn)을 거쳐 베를린에서 공부할때, 그는 헤겔 좌파에 속한 인물들(A. Ruge, L. Feuerbach, M. Stirner, M. Hess, F. Engels, Bruno Bauer 등)을 통해 무신론에 심취하게 된다.

마르크스의 기독교 비판은 1843년에 독일에서 추방되어 파리에 체류하면서 집필했던 『파리 시대의 원고들』(Pariser Manuskripte, 1932년에야 출판됨) 속에 포함된 그의 유명한 『헤겔 법철학 비판 서론』(Zur Kritik der Hegelschen Rechtsphilosophie, Einleitung)에 집약되어 나타난다. 그 이후의 종교비판적 문헌들은 여기에 실린 기본 통찰을 벗어나지 못한다. 이 문헌에서 그는 주로 종교, 곧 기독교를 비판하는데, 기독교에 대한 그의 비판은 하나님의 존재에 대한 비판이기도 하다.

이 문헌에서 마르크스는 포이어바흐의 영향 속에서 하나님을 인간의 투사로 파악한다. "하나의 초인을 그 속에서 찾는 하늘의 환상적 현실"은 인간 자신의 "반사(Widerschein)"에 불과하다. 하나님의 존재와 종교는 소외된 인간이 만든 것이다. 소외된 인간의 자기의식과 자기느낌이 그 속에 반영된다. "인간이 종교를 만든다.…실로 종교는 자기 자신을 아직 획득하지 못했거나 자기 자신을 다시금 잃어버린 인간의 자기의식이요 자기 느낌이다"(Marx 2004, 274. 원문의 강조체 표시는 생략함). 종교는 한 마디로 "소외된 인간의 자기의식"(entäußertes menschliches Selbstbewußtsein)이다. 종교 속에는 "나의 자기의식이 아니라, 나의 소외된 자기의식"이 나타나 있다 (337).

마르크스에 의하면 인간은 사적 개체가 아니라 사회적 존재다. 따라서 "소외된 인간의 자기의식"으로서의 종교는 사회적 상황의 산물이다. "인간, 그것은 추상적인, 세계 바깥에 앉아 있는 존재가 아니다. 인간, 그것은 인간의 세계, 곧 국가이며 사회성(Sozietät)이다. 이 국가, 이 사회성이 종교를, 전도되어버린 세계의식(verkehrtes Weltbewußtsein)을 생산한다. 그들은 전도되어버린 세계이기 때문이다"(274). 전도되었고 불의하며 비인간적인 사회가 인간의 종교적 의식을 생산한다. 그러므로 종교 속에는 고통 속에서 살아가는 인간의 비참한 자기의식과 자기느낌, 전도되어버린 세계의식이 반사된다.

소외된 인간의 자기의식과 전도되어버린 세계의식을 반사하는 종교 속에서, 인간은 자기의 참된 본질이 실현된 것으로 생각한다. 그가 동경하는 세계가 종교에 실현되어 있다고 믿는다. 종교가 약속하는 영원한 이상적 세계와 영원한 생명에 대한 약속을 통해 인간은 위로를 받으며 행복을 느낀다. 그러나 이것은 환상이며 거짓된 것이다. 종교는 "인간의 본질의 환상적 실현(phantastische Verwirklichung)"이요(274), "민중의 거짓된 행복"이며 "거짓된 태양"이다(275). 종교는 거짓된 위로와 행복을 제공함으로써 차안의 세계에 대한 관심을 피안의 세계로 돌려버리며, 환상적 위로와 행복을 제공하는 신경 안정제 또는 마취제의 역할을 한다. 이를 통해 현실의 세계를 변화시키고자 하는 인간의 창의성이 마비되며, 불의하고 비인간적인 상황은 계속된다. 인간은 마치 아편에 취한 것 같은 몽롱한 상태에서 환상적 위로와 행복을 느끼며, 모든 불의와 고통을 참고 견디며 살게 된다. 이러한 현실을 초래하는 종교는 한 마디로 "민중의 아편"(das Opium des Volkes)이다(275).

이와 동시에 종교는 사실상 현실의 세계에 대한 인간의 "저항"을 나타낸다. 인간은 현실 세계에서 당하는 모든 불의와 고통에 대한 저항 의식을 종교의 형식으로 표현한다. 한 마디로 종교는 불의하고 비인간적인 세계에 대한 종교적 형태의 저항이다. "종교적 고통은 현실적 고통의 표현이요, 간단히 말해 현실의 고통에 대한 저항이다. 종교는 억압당하는 피조물의 탄식(Seufzer)이요 냉혹한 세계의 심정(Gemüt)이다"(275).

서구의 국가종교가 된 기독교는 국가의 통일성과 도덕을 세우는 데 기여하며, 국가를 기독교 국가, 곧 종교 국가로 정당화시키는 기능을 한다. 그것은 국가로 하여금 "기독교 국가"라고 자위하게 만든다. 이를 통해 기독교 종교는 국가 권력자의 권력을 옹호한다. 이런 뜻에서 기독교 종교는 이 세계의 "도덕적 인정(Sanktion)이며 그것의 축제적인 보충(Ergänzung)이요, 그것의 보편적 위로의 근거이며 정당화의 근거(Trost-und Rechtfertigungsgrund)"이다(274).

『파리 시대의 원고』에 포함되어 있는 「유대인의 문제에 관하여」(zur Judenfrage)라는 소책자에서 마르크스는 국가와 종교의 관계를 다음과 같이 요약한다. 서구에서 기독교는 국가종교가 되었고, 이를 통해 국가는 소위 "기독교적 국가"가 되었다. 그러나 인간에 의한 인간의 소외와 억압과 인권유린이 그 속에서 일어나는 "소위 기독교적 국가는 국가의 기독교적 부인이지, 결코 기독교의 국가적 실현이 아니다.…소위 기독교적 국가는 불완전한 국가인데, 기독교 종교가 이 국가의 불완전함을 보완해주고 성화(Heiligung)시켜준다는 것은 타당성이 있다. 따라서 종교는 그에게 필연적으로 수단이 되며, 이 국가는 위선(Heuchelei)의 국가이다.…소위 기독교 국가는 자기를 국가로서 완전하게 하기 위해 기독교 종교를 필요로 한다"(250). 이 기독교 국가에서 기독교 종교는 "불완전한 정치가 된다"(251). 기독교 종교는 지배계층의 지배 수단이요, "종교의 지배는 곧 지배의 종교"이다(die Herrschaft der Religion [ist] die Religion der Herrschaft).

자칭 "기독교적"이라는 국가의 불의하고 비인간적 현실로부터 인간을 해방하고, 종교의 거짓된 행복 대신에 현실적 행복이 실현가능하도록 무엇보다 먼저 종교 비판이 필요하다. "종교 비판이 모든 비판의 전제이다"(274). 자칭 종교적 세계 속에서 종교에 대한 비판은 불의한 "세계에 대한 투쟁"을 뜻한다. "민중의 거짓된 행복인 종교의 폐지는 민중의 참된 행복의 요구이다. 자신의 상황에 대한 환상들을 포기하라는 요구는, 이 환상들을 필요로 하는 상황을 포기하라는 요구이다. 종교 비판은 그 핵심에 있어 눈물의 골짜기에 대한 비판이요, 이 골짜기의 후광(Heiligenschein)은 종교이다"(275).

종교 비판은 불의한 현실의 혁명을 뜻한다. "진리의 피안이 사라진 다음, 차안의 진리를 확립하는 것이 역사의 과제이다. 인간의 자기소외의 거룩한 형태가 벗겨진 다음, 역사를 위해 봉사하는 철학의 과제는 먼저 거룩하지 못한 형태들 속에 있는 자기소외를 벗기는 데 있다. 이로써 하늘에 대한 비판은 땅에 대한 비판으로, 종교 비판은 법에 대한 비판으로, 신학에 대한 비판은 정치 비판으로 변한다"(275). "종교 비판은 인간이 인간에 대해 최고의 존재라는 이론으로 끝난다. 다시 말해 인간이 그 속에서 굴욕적 존재, 노예가 된 존재, 버림을 받고 멸시를 당하는 존재가 되어버린 모든 상황들을 내던지라는 정언명령으로 끝난다. 우리는 이 상황들을 법으로 기획된 개(犬) 세금(Hundesteuer)에 대한 한 프랑스 사람의 외침, 곧 '불쌍한 개들아! 우리는 너희를 사람처럼 다루고자 한다'는 외침을 통해 가장 잘 묘사할 수 있다"(283). 지금까지 "철학은 세계를 다양하게 해석하였을 뿐이다. 이제 중요한 것은 세계를 변화시키는 일이다"(404).

청년 마르크스의 이러한 생각들은 『독일 이데올로기』, 『공산당 선언』, 『자본론』에서 정치적·경제적 이론으로 구체화된다(김균진 1983, 113 이하 참조). 마르크스에 의하면 사회-경제적 소외가 종교적·정치적 소외의 기초이다. 물질의 생산과 관계된 상황들과 소유의 상황들, 곧 사회의 물질적·경제적 하부구조(Unterbau)가 역사적 상황과 인간의 의식을 결정하기 때문이다. 곧 물질적 하부구조가 법, 국가, 종교, 예술, 철학 등의 이데올로기적 상부구조(überbau)를 결정한다. 따라서 물질적 하부구조가 올바르게 변화될 때, 종교적·정치적 소외가 극복될 수 있다. 궁극적으로 그것은 공산주의 사회에서 극복될 수 있다. 공산주의 사회에서는 인간에 의한 인간의 소외가 없기 때문에, 거짓된 위로를 제공하는 종교와 하나님은 저절로 없어질 것이다.

마르크스의 뒤를 이어 블로흐 역시 종교를 사회적 상황의 투사물로 본다. 종교는 하인들의 국가를 하늘에 투사한 "영상물"(Spiegelbild)이다. 인간을 억압하고 착취하는 "땅 위의 왕좌들이 더 이상 있지 않을 때, 하늘의 보좌도 사회적 기초를 상실할 것이다. 이 사회적 기초가…습관에 젖은 하인에게 하늘에 있는 그의 영상물을 믿을만한 것으로 만들었다"(Bloch 1970b, 17 이하). "종교는 *Re-ligio*, 곧 과거의 것과 결합시키는 것, 특히 태초, 세계 창조의 신화적 하나님과 결합시키는 것을 말한다." *Religio*의 "*re*"는 미래에 대한 희망과 반대되는 과거의 것과의 결합을 뜻한다.

블로흐에 의하면 성서의 종교는 이런 의미의 종교가 아니다. 이 종교의 본질은 미래에 대한 희망이기 때문이다. 성서의 하나님은 과거부터 있어 온 피안의 세계가 아니라 메시아적 미래를 약속한다. 그는 출애굽, 곧 엑소더스의 하나님이다. "나는 나다"에 대한, "사람의 아들과 종말의 기독교에 대한 엑소더스의 고백은 더 이상 종교가 아니다"(15). 그런 의미에서 성서의 종교 이면에 무신론이 놓여 있다. 성서의 주권자 신화와 초월의 신화는 "보아라, 매우 좋았다"고 말하면서, 종교적 향(香)에 도취된 상태에서 기존의 것을 정당화시킨다. 이에 반해 성서의 종교는 "보라, 내가 모든 것을 새롭게 만든다"고 말하면서, 기존의 것을 변화시킨다. 기존의 것을 정당화하는 신적 초월은 기존의 것을 변화시키는 인간의 "초월함"을 통해 폐기되어야 하며, "저 높은 곳"은 "앞을 향하여"를 통해, "우리 위에"는 "우리 앞에"를 통해 폐기되어야 한다(15, 59 이하). 성서의 묵시사상은 신정(神政)의 보좌에 앉아 있는 하늘의 하나님, 창조자 하나님을 보좌에서 끌어내려야 하며, 사람과 사람의 아들이요 "비(非) 퀴리오스"(A-Kyrios)와 "비 테오스"(A-Theos), 곧 불과 검을 가지고 그의 나라를 이끌어 오고자 하는(눅 12:49; 마 10:34) 정치적 메시아인 옛 그리스도를 그 자리에 앉혀야 한다(110, 170 이하). 예수 안에서 하나님은 인간으로 대체되며, 과거는 미래로 대체된다. 그러므로 "무신론자만이 좋은 그리스도인일 수 있고, 그리스도인만이 좋은 무신론자일 수 있다"(15).

블로흐에 의하면 미래의 정의롭고 인간적인 세계를 이끌어 오려는 메시아니즘은 기존의 것을 정당화하는 신화적 하나님 신앙과 종교에 모순된다. 그러므로 "무신론 없이 메시아니즘은 자리를 갖지 못한다." "하나님의 현존, 자신의 본질을 가진 하나님은 미신이다." "하나님은 하나님의 나라로 되며, 하나님의 나라는 더 이상 하나님을 포함하지 않는다. 다시 말해 이 종교적 타율과 그것의 물건화된 실체(verdinglichte Hypostase)는 공동체의 신학 속에서 완전히 폐기된다"(Bloch 1970a, 1413, 1408).

저항적 무신론은 이 세계의 불의와 고난에 대한 하나님의 침묵과 무력함을 보면서 하나님의 존재를 부인하는 형태로 나타나기도 한다. "신들은 무력하다 / 악한 자를 멸하고 선한 자를 지키기 위해 / 왜 신들은 전차와 대포 / 전투함과 폭격기를 갖지 않는가?"(B. Brecht). "호놀룰루 혹은 오리온에 있으면서" 세계를 그 자신에게 내어맡기는 하나님은 무력하다. 세계는 기도가 무의미하게 그 속으로 빨려 들어가는 "하나님-진공"(Gott-Vakuum)이다. 세계는 저 먼 곳에 높이 있는 하나님에게 결코 도달할 수 없다(A. Andersch). 우리는 현대의 하나님 없는 세계 속에서 "무신론적으로 하나님을 믿어야" 한다. "무신론적으로 하나님을 믿는다"는 것은 "하늘에 있는 존재에 대한 초자연적·초세계적 표상 없이, 이 표상이 선물할 수 있는 마음의 평안과 위로 없이, 여기에서 믿음을 일종의 삶으로 이해한다는 것"을 뜻한다(D. Sölle, Pöhlmann 1973, 92 참조). 한국의 소설가 김은국 씨의 작품 『순교자』는 한국전쟁(1950-1953) 당시 공산권에서 당한 기독교 성직자들의 고문과 죽음에 대한 하나님의 침묵을 고발하면서 저항적 무신론의 문제를 다룬다.

1) 저항적 무신론의 비판은 다음과 같은 기독교의 자기 성찰을 요구한다. 제한된 지면상 몇 가지만 기술하기로 하자.

a. 기독교는 종교와 정치의 결탁으로 인한 종교의 타락을 경계해야 한다. 서구의 기독교는 국가종교가 됨으로써 국가의 정치와 결합하였고 사실상 "정치적 종교"가 되었다. 기독교가 정치와 결합될 때, 양자는 서로 주고받는 관계에 있게 된다. 국가는 기독교에게 사회적 특권을 선사하는 대신 기독교적 국가로서 종교적 정당성을 부여받으며, 국가의 질서와 통일성을 유지하는 데 기독교의 도움을 받는다. 거꾸로 기독교는 국가에게 "기독교적" 국가로서의 정당성을 부여하고 국가의 질서와 통일성을 세우는 데 기여하는 대신 국가종교로서 사회적 특권을 누리며, 모든 다른 종교를 억압하고 거부하는 데 국가의 도움을 받는다.

이로써 국가의 모든 불의한 상황이 "기독교적 질서"로 정당성을 얻게 되고, 기독교는 국가에 대해 바른 말을 하지 못하게 된다. 그러면 기독교는 소금으로서의 기능을 상실하고, 권력자의 비위를 맞추어 주는 현실 아부의 종교로 전락하며, 권력자의 이용물로 변질한다. 마르크스가 바로 이 점을 비판한 것이다. 그는 서구의 역사에서 국가종교로서의 기독교가 기독교의 실현이 아니라 "기독교의 타락"이라고 말한다.

b. 기독교는 "민중의 아편"이라는 마르크스의 비판은 기독교에 대한 심각한 경고이다. "기독교는 고대에 있어서는 노예제도를 정당화했고, 중세에는 농노제도를 미화했으며, 프롤레타리아에 대한 억압을 옹호했고 지배계급과 피지배계급의 필요성을 설교했다. 또한 기독교는 비겁과 자기 비하, 자기 멸시, 굴욕, 겸손 등 천한 속성을 가지도록 설교했다"는(김명용 1997, 216) 마르크스의 비판 앞에서 기독교는 과거를 반성하고, 자신의 참모습을 회복해야 할 것이다.

기독교는 그 본질에 있어 메시아적 종교다. 그것은 피안의 위로에 관심을 두기보다는, 차안에서 이루어져야 할 하나님의 정의롭고 새로운 생명의 세계에 관심을 갖고 있다. 참 사랑의 길은 피안의 세계로부터 거짓된 위로를 얻게 하는 것이 아니라 불의한 인간의 존재와 세계의 상황을 개혁하는 데 있다. 그리하여 모든 생명이 하나님 앞에서 더불어 행복하게, 삶의 충만함을 누리며 살게 하는 데 있다.

이런 점에서 우리는 블로흐의 메시아니즘에 동의할 수 있다. 성서는 "저 위에" 있는 소위 영원한 세계에 관심을 갖기보다, 모든 피조물이 행복하게 살 수 있는 미래의 새로운 생명의 세계에 대해 더 큰 관심을 갖고 있다. 성서의 종교의 본질은 정의와 인간성이 있는 새로운 세계를 기다리며 희망하는 메시아적 정신에 있다. 기독교는 자신의 메시아적 본질을 회복해야 한다. 메시아적 종교로서의 기독교는 세계의 불의와 고난을 외면하지 않고 이를 극복하고자 노력해야 할 것이다.

c. 기독교는 마르크스의 물질론을 무신론이라 비판한다. 그러나 우리는 물질론에도 진리의 요소가 있다는 것을 인정해야 할 것이다. 물질은 인간의 생명을 구성하는 중요한 요소다. 우리는 물질 없는 인간의 생명을 생각할 수 없다. 인간의 몸무게의 약 70%가 물질, 곧 물(水)로 이루어졌다. 따라서 인간의 생명은 물질에 의존할 수밖에 없다. 인간은 먼저 물질을 먹고 배설해야 생명을 유지할 수 있다. 물질을 먹지 못하고 배설하지 못하면 종교도 없고 예술도 학문도 없다. 기도를 할 수도 없다. 인간의 가장 일차적인 욕구는 굶주린 배를 채우는 일이다(E. Bloch). 따라서 인간의 존재는 물질적 조건에 의존하지 않을 수 없다. 그의 의식과 사유가 물질적·경제적 관심에 의해 유도되고 지배되기도 한다. 사회의 물질적·경제적 조건이 변함에 따라 예술과 종교에도 새로운 변화가 일어난다. 그러므로 기독교는 땅 위의 모든 생명이 필요한 물질을 얻을 수 있는 정의로운 세계를 형성하는 데 관심을 가져야 할 것이다. 기독교의 성만찬이 이것을 시사한다(『기독교 신학』의 제5권 "성만찬론" 참조).

또한 기독교는 마르크스의 물질론과 무신론을 비판하기 전에, 먼저 자기 자신과 자본주의 사회를 은밀히 사로잡고 있는 물질주의(=유물론)와 무신성을 부끄러워하고 이를 극복하는 데 관심을 가져야 할 것이다. 물질은 무가치하며 허무하다고 가르치면서 교회는 철저히 물질에 집착하고 있지 않은가? 오늘날 자본주의 사회의 교회 안에서 물질, 곧 돈이 하나님의 자리를 대신하고 있지 않은가? 돈이란 본래 가치의 교환수단에 불과하다. 그러나 돈이 투자수단으로 변질되어 돈이 돈을 낳는 경제질서 속에서 돈을 최고의 가치로 삼는 자본주의 사회야말로 아주 냉혹한 물질주의적(=유물론적) 사회요, 하나님 없는 무신론적 사회라 할 수 있다.

2) 송기득 교수에 의하면 무신론자들의 "공통된 특징"은 "신 자체나 신의 존재를 무조건 거부하는 데 있는 것이 아니라,…사람을 사람답게 살게 하기 위해서, 사람을 억누르고 짓밟는 지배이데올로기인 신을 거부하는 데 있다. 다시 말해서 신이 사람의 자기 긍정과 자기 창조를 거부할 때, 그러한 신을 사정없이 거부하는 것이다"(송기득 1997, 226). 이와 같이 기독교는 자신을 성찰하는 동시에 저항적 무신론의 문제점을 다음과 같이 지적할 수 있다. 제한된 지면을 고려하여 다음의 몇 가지 점만 질문하고자 한다.

a. 하나님이 더 이상 존재하지 않고 기독교가 폐기될 때, 인간과 세계는 과연 인간적인 인간, 이상적인 세계가 될 수 있을까? "과연 인간은 하나님 없이 성자가 될 수 있을까?"(Camus) 하나님 없는 인간이 역사의 주체가 되어 공산주의 사회라는 이상적 세계를 완성할 수 있을까? 마르크스는 "인간이…타락한 죄인이라는 성서의 본질적인 사상"을 간과한 것 같다. 인간에게는 이타적 본성과 이기적 본성이 공존한다. 하나님 없는 인간은 자신의 행위를 지휘해줄 통제기관이 없기 때문에 이기적 본성의 노예로 전락하기 쉽다. 이런 인간이 "유토피아적 세계 건설의 주역"이 되고 하나님이 빠질 때, "인간이 본질적으로 갖고 있는 죄악된 특성이 동시에 드러나게 된다"(김명용 1997, 223). 우리는 이로 인해 자신의 권력을 유지하기 위해 수백만, 수천만 명의 사람을 죽이며 당(黨)의 목적을 위해 개인의 생명의 가치와 존엄성을 인정하지 않는 잔인한 세계로 변모한다는 것을 과거 공산주의 국가에서 목격하였다. 사유재산 제도가 사라지고 모든 사람의 재

산을 공평하게 공유하는 사회가 이루어진다 해도, 인간의 이기적이며 죄악된 본성은 없어지지 않을 것이다. 이로 인해 자본주의 사회와 마찬가지로 공산주의 사회도 부패하고 빈부의 격차가 있는 냉혹한 사회로 변하게 될 것이다. 그러나 자본주의 사회도 비인간적인 인간들이 모여 사는 냉혹한 사회가 아닌지, 우리는 반성할 필요가 있다.

b. 마르크스가 묘사하는 공산주의 사회, 곧 모든 사람이 모든 소유를 공유하며, 먹을 것이 충분하여 굶주림이 없으며, 인간에 의한 인간의 소외와 차별과 억압이 없는 사회는 "땅 위에 있는 하나님의 나라"라고 말할 수 있다. 이런 사회를 이루기 위해 마르크스는 무엇보다 먼저 부(富)의 정의로운 분배, 정의로운 경제질서, 사유재산이 없는 사회를 요구한다. 그러나 사유재산 제도가 사라지고 배가 부르다 하여 모든 사람의 실존적인 소외 문제가 해결되는 것은 아니다. 골비처(H. Gollwitzer)에 의하면 "기독교에서 말하는 인간의 불안, 죄, 타락 현상에 나타난 인간 소외를 사유재산제도를 없앰으로 극복될 수" 있다고 보는 것은 "인간 소외에 대한 지나친 물질주의적 편견이다"(김명용 1997, 222).

행복한 삶을 위해서는 먼저 먹어야 하고, 모든 사람이 배불리 먹을 수 있는 경제적·정치적 정의가 있어야 한다. 또한 인간적인 관계와 적절한 문화생활과 사회적 인정이 필요하다. 또 죽음의 한계를 넘어서는 삶의 목적과 의미를 발견할 수 있어야 한다. 즉 내가 무엇 때문에, 무엇을 위해 사는지, 자신의 삶의 목적과 의미에 대한 해답이 있을 때 인간은 행복해질 수 있다.

개인의 삶의 목적과 의미 문제는 세계의 목적과 의미의 문제와 결합되어 있다. 세계의 목적과 존재 의미가 분명할 때 개인의 삶의 목적과 의미 문제가 해명될 수 있다. 세계라고 하는 큰 배가 아무 목적도 없이 표류하는 데, 그 배에 타고 있는 개인의 삶이 궁극 목적과 의미를 갖는다는 것은 불가능하다. 세계의 궁극적인 목적과 존재 의미, 이와 연관된 개인의 삶의 목적과 의미의 문제는 이 세계에 속한, 이 세계 안에 있는 그 어떤 것을 통해 해결될 것 같지 않다. 이상 세계를 향해 자기의 삶을 바치며 거기에서 자신의 삶의 목적과 의미를 발견한다 할지라도, 인간은 죽음 앞에서 결국 "헛되고 헛되며, 모든 것이 헛되다. 사람이 세상에서 아무리 수고한들 무슨 보람이 있는가?"라고 한탄할 것이다.

이 문제는 세계의 개방성의 문제와 맞닿아 있다. 하나님의 존재가 부인될 때, 세계는 자기를 넘어서는 그 무엇, 곧 초월적인 것을 갖지 않게 된다. 거기에는 엄밀한 의미의 "새로움"이 없으며, 동일한 것의 연장과 반복만 있을 뿐이다. 역사는 "동일한 것의 반복 내지 회귀"를 뜻하게 된다. 마르크스 자신이 이것을 다음과 같이 말한다. "그것은 물질이 그 속에서 움직이고 있는 영원한 회전운동이다.…이 속에서 영원한 것은 영원히 변화하는, 영원히 움직이는 물질과, 이 물질이 거기에 따라 움직이는 법칙들뿐이다. 물질은 영원히 동일한 것이라는 사실을…우리는 분명히 알고 있다" (Marx 2004, 351).

새로운 것이 없고 반복만이 있는 세계는 하나의 감옥과 같을 것이다. 그 속에 먹을 것이 충분하고 소유의 격차가 없으며, 소유와 직업에 따른 인간의 소외와 차별이 없으며, 모든 인간의 자유와 평등이 있는 유토피아적 세계라 할지라도, 그 세계는 답답하고 무의미한 세계로 느껴질 것이다. 헤밍웨이(Hemingway)의 작품 『노인과 바다』, 카뮈의 『페스트』 등은 일상의 반복과 무의미로 점철된 인간의 세계를 묘사한다. 그러므로 칼 마르크스의 기독교 비판을 계승한 호르크하이머(Max Horkheimer, 1895-1973)는 이렇게 말한다. "하나님 없이 하나의 절대적 의미를 얻고자 하는 것은 헛된 일이다"(Horkheimer 1974, 227).

c. 마르크스에 의하면 물질적·경제적 하부구조가 정신적 상부구조를 결정한다. 마르크스의 이러한 세계관은 인간관에도 해당한다. 인간의 모든 역사의 첫째 전제는 실존, 곧 죽지 않고 살아남는 데 있다. 이를 위해 인간이 행하는 "첫 번째의 역사적 행동"은 생필품을 생산하는 데 있다. 인간을 동물과 구별하는 것은 사유가 아니라 생필품을 생산하는 데 있다. 인

간이 무엇이냐의 문제는 "그들의 생산에 달려 있다. 그들이 무엇을 생산하는가는 물론 그들이 어떻게 생산하는가에 달려 있다. 개인들이 무엇인가의 문제는 그들의 생산의 물질적 조건들에 의존한다"(Marx 2004, 410). 인간의 존재는 물론 종교도 사회의 물질적·경제적 조건에 의존하며 그것에 의해 결정된다.

마르크스의 이러한 물질론은 타당한 면이 없지 않지만, 인간과 사회와 종교를 전체적으로 보지 못한 한계가 있다. 인간의 의식과 사유는 물질적·경제적 조건에 의존하기도 하지만, 그 물질적·경제적 조건을 개혁하기 때문이다. 인간은 육체와 정신이 하나로 결합되어 상호작용을 하는 존재로서, "자연적 존재"(Naturwesen, Marx)인 동시에 주어진 자연을 넘어설 수 있는 능력을 가지고 있다. 마르크스를 포함한 물질론자들은 이런 사실을 부인한다. 세계의 모든 현상은 물질적·경제적 조건으로 환원되어버린다. 인간의 정신적 활동과 도덕적 판단도 뇌세포의 물리적 작용으로 환원된다는 물리주의적 인간관이 이러한 배경에서 등장한다. 물론 여기에도 타당성은 있다. 그러나 모든 사고와 감정과 의지와 도덕적 판단이 뇌세포의 물리적 작용으로 환원되는 인간의 세계는 "뇌세포 기계들"이 모여 사는 세계가 될 것이다. 인간은 자연에 속한 자연의 일부인 동시에 "하나님의 창조의 처음으로 해방된 자"라는 헤르더(Herder)의 생각은 물질론적·물리주의적 인간관의 단면을 드러낸다(그의 저서 『언어의 기원에 관하여』, 1770 참조).

d. 종교와 하나님 상(像)에 대한 마르크스의 생각은 타당성도 있지만 일면성을 벗어나지 못한다. 종교와 하나님 상이 사회의 물질적·경제적 조건에 의존하며 그것에 의해 결정되기도 하지만(제국주의적 하나님 상, 가부장적 하나님 상 등), 하나님 상과 종교적 신념이 후자에 영향을 주며, 그것을 변혁시키기도 한다. 마르크스의 공산주의 이념도 사실은 기독교의 메시아 희망에 그 뿌리가 있다. 그것은 기독교 안에 숨어있는 메시아적 정신이 세속적·무신론적 형태로 표출된 것이다. 마르크스는 인간이 종교를 만들지만, 종교가 인간을 만드는 것은 아니라고 주장한다. 그러나 인간이 종교를 만

드는 동시에 종교가 인간을 만들기도 한다. 인간이 하나님 상을 만들기도 하지만, 하나님 상이 인간을 만들기도 한다.

종교는 "인간의 소외된 자기의식"의 거울이기도 하지만, 마르크스 자신이 암시한 것처럼 종교 속에는 실현된 인간의 자기의식, 곧 "자기 자신의 거울"(Widerschein seiner selbst)이 담겨져 있다. 인간이 동경하는 자신의 본래적 모습이 그 속에 "환상적" 형태로 나타난다. 불의한 현실에 대한 "저항"이 그 속에 숨어있다(Marx 2004, 274, 275). 따라서 마르크스는, 종교는 불의한 세계에 대한 비판과 저항의 원천이요, 십자가에 달려 죽은 예수는 거짓되고 죄된 인간의 세계에 대한 하나님의 비판인 동시에 지혜의 원천이라는 사실을 인정하지 않는다.

블로흐는 이 점을 간파한다. 유대교와 기독교 속에는 불의하고 비인간적인 세계에 대한 저항의 정신과 새로운 세계를 기다리는 메시아적 정신이 숨어있다. 유대교의 메시아 전통을 이어받은 "기독교는 본질적으로 출애굽의 종교이고, 새 하늘과 새 땅을 향해 나아가는 현실 개혁의 종교이다"(김명용 1997, 222). 그럼에도 불구하고 프랑스 공산당 중앙위원이었던 가로디(R. Garaudy)는 기독교 종교가 "민중의 아편"이란 마르크스의 진단은 "과학적 연구가 철저하지 못한 데서 범한 독단"이라고 인정한다(정하은 1986, 222). 그러나 마르크스는 불의하고 비인간적인 세계에 대한 자신의 저항이 성서의 종교에서 유래한다는 것을 조심스럽게 암시한다. 그에 따르면 성서는 어떤 인간도 다른 인간에 의해 억압과 착취와 소외를 당할 수 없다고 가르친다. 이 점에 있어 "성서는 마지막 글자에 이르기까지 거룩하다"(그의 저서 『유대인의 문제에 관하여』에서; Marx 2004, 252).

D. 심리학적 무신론, 그 타당성과 문제점

프로이트(Sigmund Freud, 1856-1939)는 마르크스와 함께 유대인이었다. 그의 아버지가 개신교로 개종함으로 인해 일찍 개신교회 신자가 되지만, 어릴 때부터 당한 반유대주의의 사회적 멸시와 소외를 경험한다. 이로 인해 그는 기독교 신앙은 물론 종교 일반에 대한 적대감을 갖게 된다.

그의 심리분석에 의하면, 인간에게는 "쾌락의 원리"(Lustprinzip), 곧 쾌락을 추구하는 본능이 있다. 프로이트는 이것을 가리켜 "이드"(Id)라 부른다. 이드는 개인이 외부 세계를 경험하기 전부터 존재하는 인간의 원초적 내면세계를 가리키는데, 본능적 욕구를 만족시키고자 하는 생물적 본능의 차원을 말한다. 이드는 이성이나 논리 법칙의 지배를 받지 않으며, 가치나 윤리, 도덕성을 갖고 있지 않다. 그것은 즉각적인 만족을 바라며, 충동적이고 비합리적이고 반사회적이고 이기적이고 쾌락을 사랑한다. 이드는 시간이 지나도 변하지 않는다. 그것은 외부 세계와 접촉하지 않기 때문에, 인간이 교육을 받고 종교생활을 해도 인간의 본능적 욕구로서 변하지 않고 존속한다. 따라서 아무리 교육을 많이 받고 종교성이 강한 인간일지라도, 이드의 차원에서 모든 인간은 동일하다. 단지 그것을 얼마나 승화시키느냐에 따라 다를 뿐이다.

그러나 문화 세계 속에서 인간은 이드의 욕구들을 모두 분출시킬 수 없다. 그는 이 욕구들을 억압하거나 적절한 방법으로 조정할 수밖에 없다. 그는 쾌락의 원리를 "현실의 원리"(Realitätsprinzip)에 적응시켜야 한다. 그렇지 않으면 사회에 적응을 하지 못해 퇴출될 수밖에 없다. 그런데 인간에게는 부모와의 관계를 통해 형성된 양심, 곧 초자아(Super Ego)가 있다. 초자아의 명령으로 자아(Ego)는 이드의 쾌락의 욕구들을 억제하고 조정한다. 여기서 자아는 "욕구의 영역에 대한 반대 주무기관"(Gegeninstanz zur Triebsphäre)의 기능을 가진다. 그것은 이드의 쾌락 욕구를 억제하고 현실의 원리에 적응시키는 자기유지의 방어기제(defense mechanism) 역할을 한다.

자아의 방어 매커니즘으로 인해 이드로부터 오는 쾌락의 욕구들은 무의식 속으로 배제되고 억압되어버린다. 그래서 이것들은 인지되지 않거나 전혀 의식되지 않기도 한다. 그러나 이 욕구들은 무의식 속에서 끊임없이 충족되기를 갈망한다. 이 갈망이 꿈이나 노이로제 현상으로 표출되어 대리만족을 얻는다. 예를 들어 꿈속에서 멋있는 이성과 데이트를 하거나 몽정을 통해 가상의 만족을 얻는다. 또 이드의 쾌락 욕구들은 노이로제 현상을 일으키기도 한다.

심리치료의 과제는 꿈이나 노이로제 현상으로 나타나는 인간의 억압된 욕구들, 곧 충족되지 못하고 무의식 속으로 배제되어버린 욕구들을 드러내고 이것을 의식하게 하며, 환자와 치료자의 상담과 협동을 통해 환자의 심리적 질환을 해결하는 데 있다. 여기서 환자와 치료자는 "작업 동맹"(Arbeitsbündnis) 혹은 "치료적 연맹"(therapeutische Allianz)의 관계에 있게 된다.

심리분석을 통해 무의식의 영역을 파악하기 위한 주요 도구, 곧 "제왕적 길"(via regia)은 꿈의 분석과 해석에 있다. 억압 상태에 있는 환자의 욕구 내지 충동들이 꿈을 통해 대리만족을 얻기 때문이다. 꿈의 분석과 해석을 통해 치료자는 환자의 억압되었거나 망각된 문제에 접근할 수 있다.

프로이트에 의하면 인간의 욕구들 가운데 가장 깊은 욕구는 성적 욕구다(나중에 Freud는 죽음과 파괴의 충동을 추가함). 리비도(Libido)는 성적 욕구의 에너지를 가리킨다. 인간의 심리적·정신적 질환들은 주로 어린 시절부터 배제되고 억압된 성적 욕구 내지 충동으로 말미암아 일어난다. 구체적으로 이 질환들의 뿌리는 인간이 어릴 때부터 가지는 어머니에 대한 애정과 아버지에 대한 질투심, 곧 "오이디푸스 콤플렉스"(Ödipus Komplex)에 있다. 자신이 의식하지 못하는 가운데서 자기 아버지를 죽이고 자기 어머니와 결혼한 오이디푸스(Ödipus) 왕의 신화는 모든 인류의 무의식 속에 숨어 있는 이런 갈등을 반영한다.

프로이트는 이 갈등의 밑바닥에는 다음과 같은 원시 인류의 경험이 깔려 있다고 가설을 설정한다. 인류 최초의 원시사회에서 모든 여자는 한 사람의 폭력적이며 질투심이 강한 남성의 지배 아래 있었다. 이 남성은 자기의 여자들을 넘보는 자신의 아들들을 위험한 경쟁자로 여기고 이들을 살해하며 추방한다. 어느 날 아들들이 세를 규합하여 그들이 증오하는 동시에 경외하는 아버지를 죽이고 그를 먹어치운다. 그러나 아들들은 서로 화합하지 못하여 아버지의 여자들을 공평하게 나누어 갖지 못한 채, 부친을 살해한 죄책감에 빠진다. 동일한 실수를 반복하지 않기 위해, 아들들은 형제들의 씨족을 형성하고 근친결혼을 금지한다. 여기서 족외혼(Exogamie)이 기인한다.

원시 인간의 이러한 경험이 오이디푸스 콤플렉스의 원인이 되어 성적 갈등을 일으킨다. 그래서 어머니를 사랑하는 어린이는 아버지를 경외하고 사랑하는 동시에 그를 질투하고 무서워한다. 이 두려움과 불안은 의식적으로 처리되지 못하고 무의식의 영역으로 배제되어버린다. 그러나 그것은 무의식 속에서 계속 살아 있으며, 토템종교의 형태로 다시 나타난다. 토템종교를 가진 부족은 토템짐승을 수호신으로 경외하는 동시에 일 년에 한 번 씩 토템짐승을 살해하고 그것을 먹는다. 이를 통해 부족은 새 힘을 얻는다. 토템짐승에 대한 이중적 태도, 곧 토템짐승을 경외하는 동시에 그것을 살해하고 먹어치우는 두 가지 반대되는 태도 속에 원시인의 오이디푸스 콤플렉스가 나타난다. 숭배를 받는 동시에 죽임을 당하여 그 부족에게 먹히는 토템짐승은 원시 부족의 아버지를 상징한다.

이 현상은 유일신 종교와 기독교에도 나타난다. 가톨릭교회의 성모 마리아 상은 어머니에 대한 인간의 애정을 나타내는 반면, 예언자들의 살해, 아버지 하나님의 아들의 살해는 토템종교에 나타나는 태초의 아버지 살해를 시사한다. 기독교에서 아버지 하나님은 인간의 숭배를 받는 동시에 인간에 의해 죽임을 당하며, 이를 통해 인간을 구원한다. 이로써 "아버지 종교"에서 시작한 기독교는 "아들 종교"가 되었다. 이 모든 것이 오이디푸스 콤플렉스의 작용들이다. 이 콤플렉스는 아들을 숭배하는 동시에 그의 몸을 먹는 기독교의 성찬식에도 나타난다. 성찬식은 "아버지에 대한 새로운 제거이며, 속죄되어야 할 죄의 반복 행위이다"(Schilling 1982, 43).

기독교가 믿는 하나님은 인간이 숭배하는 동시에 어머니에 대한 경쟁심 때문에 살해하고, 이로 말미암아 불안과 두려움을 느끼는 태초의 아버지를 투사한 것에 불과하다. "심리분석은 아버지 콤플렉스와 하나님 신앙 사이의 내적 연관성을 우리에게 가르쳐 주었으며, 인격적 하나님은 심리학적으로 고양된 아버지에 불과하다는 것을 보여 주었다.…부모에 대한 콤플렉스 속에서 우리는 종교적 욕구의 뿌리를 인식한다"(Küng 1995, 319에서 인용).

하나님은 자연과 운명의 위협에서 보호받기를 원하는 인간이 그것들을 이길 수 있는 초인적 존재로 투사시킨 것이며, 아버지의 특징들을 가진 존재로 인격화시킨 것이다. "하나님이란 본질적으로 고양된 아버지에 지나지 않는다"(Schilling 1982, 41). 인간은 자신의 욕구들과 소원하는 갈망들을 성취해 주는 전능한 아버지를 창출한다. 그리고 이 아버지 하나님은 자비롭게 자연을 다스리고 삶에 대한 모든 폭력과 위협의 궁극적 해결을 보장하며, 도덕적인 세계 질서 속에서 정의의 궁극적 실현을 확증하며, 인간의 지상적인 삶을 영원히 연장시켜 주리라 믿는다. 그러나 이 모든 표상들은 환상에 불과하다. 이것들은 "인류의 가장 오래 된, 가장 강하고, 가장 고집스러운 소원들의 성취"일 따름이다.

프로이트에 의하면 종교적 표상들은 "사고(思考)의 경험이나 마지막 결과들을 나타낸 것이 아니라", "환상들이요, 인류의 가장 오래된, 가장 강한, 가장 절실한 소원들의 성취들이다. 종교적 힘의 비밀은 이 소원들의 힘에 있다"(Küng 1995, 320). 곧 생명의 위험들 앞에서 느끼는 생명의 보호에 대한 소원, 불의한 세계 속에서 느끼는 정의의 실현에 대한 소원, 피안의 영원한 생명을 통해 이 땅 위의 생명이 연장되기를 바라는 소원, 세계의 생성, 육체와 영혼의 관계에 대해 알기를 바라는 소원, 이러한 소원들이 투사된 것이 하나님, 심판, 천국, 영혼불멸 등의 종교적 표상들이다. 이 모든 소원들은 인류의 원시시대부터 있었던 오이디푸스 콤플렉스로 소급된다.

프로이트에 의하면 종교적 신앙은 여러 가지 부정적 기능을 가진다. ① 종교적 신앙은 역사적으로 인간의 악한 제도들과 제휴하거나 그것을 섬기려는 경향을 가진다. ② 종교적 신앙은 비판적 사고를 배척함으로써 인간의 지성을 무력하게 만든다. ③ 종교적 신앙은 도덕의 기반을 위협한다. 종교는 하나님의 뜻 위에 윤리적 규범들을 세우는데, 하나님 신앙이 약화될 때 도덕적인 가치들이 파괴될 수 있기 때문이다. ④ 또한 종교적 신앙은 신경증 환자에게서 볼 수 있는 것과 유사한 강박 증세를 유발한다. 습관화된 종교적 의례나 관습을 지키지 않을 때 불안감을 느끼게 한다.

인간은 이러한 위험을 피하기 위해 종교에서 해방되어야 하며, 자신의 가능성을 최대한 발휘하고 사용해야 한다. 여기서 프로이트는 인간의 이성과 과학의 힘을 신뢰한다. 즉 인간은 모든 종교적 환상들을 버리고 자기의 이성을 통해 현실을 직면해야 하며, 세상적인 과정에 따라 계획을 세워야 한다. 인간은 신적 사랑의 섭리의 부드러운 보살핌 속에 있다는 종교적 환상을 포기하고, 자연의 공격에 대해 인류를 보존하기 위해 뭉쳐야 한다. "당신의 종교적인 교리들은 폐기되어야 할 것입니다.…당신은 그 이유를 알고 있습니다. 결국 어떠한 것도 이성(理性)과 경험에 저항할 수 없습니다"(Schilling 1982, 46에서 인용).

1) 프로이트의 이론은 기독교 신앙이 진지하게 고려해야 할 많은 내용들을 제시한다.

a. 권수영 교수에 의하면 기독교 신앙은 프로이트가 지적한 종교적 의례나 관습에 대한 집착과 강박증적 증세를 극복해야 할 것이다. 종교적 의례나 관습이 종교생활의 본질이 되어서는 안 되며, 하나님의 자리를 차지해서는 안 된다. 특정한 종교적 의례나 관습을 반복하여 지켜야 한다는 강박증적 증세를 극복하지 못할 때, 종교는 인간을 부자유하게 만들고, 종교적 의례나 관습을 잘 지키는 것이 하나님을 잘 믿는 것이라 착각하게 된다. 이러한 신앙은 강박증 증세를 가진 정신질환자처럼 특정 의례와 형식을 사수하고자 하는 형식주의에 빠지며, 자신의 강박증 증세를 따르지 않는 사람들을 정죄하는 독선과 율법주의의 포로가 된다. 우리는 이것을 예수를 비판한 바리새인들의 모습에서 볼 수 있다(권수영, 2005, 47 이하).

기독교 신앙은 이 문제를 극복하기 위해 예수 그리스도의 복음과 종교적 형식을 구별해야 할 것이다. 프로이트의 종교비판은 "종교의 외적인 형식들", 곧 일반적으로 종교라고 이해되는 종교의 규약들, 의례들, 상징들과 심리적 기능들에 대한 비판이다(Moltmann 1972, 272 이하). 예수는 오늘 우리가 가진 교회의 종교적 제도와 의례들과 형식들을 만들지 않았다. 기독교 신앙은 이러한 형식들을 상대화시키고, 하나님 나라의 기쁜 소식(=복음)을 실현하고자 노력해야 할 것이다.

b. 프로이트의 이론은 무의식의 영역이 종교에 있어서도 중요한 역할을 할 수 있다는 것을 시사한다. 이것은 목회현장에서 매우 중요한 문제다. 무의식 속에 숨어있는 과거의 부정적 경험들로 인해 사람들이 마음의 고통을 당하며, 신체적·정신적 질병에 빠진다. 어릴 때 당한 성폭행으로 인해 한 평생 우울증에 시달리며, 죄의식을 벗어나지 못해 고통을 당하는 사람들도 있다. 심지어 자살을 하는 경우도 있다. 무의식 속에 숨어있는 치유되지 못한 문제는 인간관계는 물론 신앙생활에서도 문제를 일으키기 마련이다. 프로이트의 심리분석은 이러한 문제들이 숨어있는 무의식의 영역에 대한 관심을 환기시키며, 기독교 신앙과 심리분석이 협동해야 함을 시사한다. 스위스의 신학자 피스터(Oskar Pfister)의 "목회심리학"은 프로이트의 심리분석이 목회현장의 영적 치유와 결합될 수 있음을 예증한다(Choi 2005, 203 이하).

그러나 프로이트의 심리분석은 한계를 지닌다. 그것은 노이로제 현상을 일으키는 죄책감을 극복할 수 있지만, 객관적인 죄의 책임에서 인간을 해방하지는 못한다. 그것은 인간의 마음과 신체가 결합된 질병들을 극복하는 데 도움을 줄 수 있지만, 삶의 의미와 무의미, 생명과 죽음 등의 궁극적 문제들에 대해서는 대답할 수 없다. 심리분석은 무의식 속에 숨어있는 문제들을 의식화시키지만 용서하지 못하며, 치료를 제공할 수 있지만 구원을 제공하지는 못한다.

c. 전통적으로 기독교는 인간의 성(性)을 죄악시하여 왔다. 신학교육

과 목회현장에서도 성은 목회자와 신자들이 이야기해서는 안 될 금기(타부)와 같은 것으로 간주된다. 그것은 가능한 억제되어야 할 대상이다. 이와 같은 기독교의 전통에 반해 프로이트는 성적 욕구가 인간의 행동과 삶을 이끌어나가는 중요한 동기가 된다는 사실을 시사한다. 성적 욕구가 원만히 해결되지 않을 때 인간은 노이로제 증상을 보일 수 있으며, 근친상간, 성폭행 등 성적 범죄를 저지를 수도 있다. 그러므로 프로이트는 우리가 신학교육과 목회현장에서 성적 욕구의 문제가 진지하게 다루어져야 함을 시사한다.

d. 프로이트는 종교가 인간의 자기기만일 수 있음을 시사한다. 종교인들이 믿는 신의 상(像)은 참 신이 아니라, 자기가 이상적이라 생각하는 것을 투사시킨 것일 수 있다. 종교적 질문들은 사실상 인간 자신이 관심을 가진 문제들에 불과할 수 있다. 종교적 행위들은 끊임없는 반복을 통해 자기만족을 얻고자 하는 인간의 연습일 수 있다. 사회적으로 용인될 수 없는 폭력성을 신에게 부여하고, 신의 이름으로 학살과 전쟁이 일어나기도 한다. 그러므로 종교는 끊임없이 자기 자신을 비판적으로 성찰하고 자기를 수정해야 한다.

특히 하나님의 "아버지" 상은 인간이 경험하는 아버지를 하나님에게 투사시킨 것이다. 그리하여 하나님은 인간 아버지처럼 무섭고 심판하며, 벌을 주고, 감정을 갖지 않은 무감각한 존재라고 생각된다. 이러한 하나님 상은 성서가 증언하는 참 하나님의 모습과 거리가 멀다. 따라서 기독교가 믿는 하나님의 상은 인간의 자기기만일 수 있다. 성서가 하나님을 묘사하는 모든 언어들은 은유에 불과하다. 그러므로 프로이트는 우리가 가진 하나님 상은 끊임없이 비판적으로 성찰되고 수정되며, 다른 상들을 통해 보완되어야 함을 시사한다.

e. "종교가 도덕의 터전으로서 부적합하다고 본"(권수영 2005, 55) 프로이트의 종교에 대한 "환멸" 앞에서, 기독교는 자신의 도덕성을 회복해야 한다. 오늘날 한국 사회의 소위 "반기독교적 정서"는 한국 기독교의 비도덕

성에 기인한다. 남자 목회자들이 여자 전도사와 여신도들에게 성추행을 하고, 아들에게 교회를 세습하고, 총회장 선거에 수십억 원의 돈을 투입하고, 심지어 개표 부정이 일어나는 실정이다(이상성 2007 참조). 과학적 무신론자인 도킨스는 종교의 역사적 비도덕성을 신랄하게 비판한다. 권력자와 결탁하여 불의한 권력을 옹호하고, "자신의 종교가 유일하게 참된 종교이고, 모든 이단자들과 경쟁 종교의 추종자들은 죽어야 한다고 비난하며, 신의 병사들은 순교자의 천국으로 직행한다고" 약속하는 종교는 인류에게 큰 해악이다. "우리가 선하거나 악하기 위해서 신을 필요로 하지 않는다"(Dawkins 2007, 420, 343). 이러한 비판 앞에서 기독교는 자신을 반성해야 한다.

2) 이와 같이 기독교 신앙은 자기를 반성하는 동시에 다음과 같은 비판적 질문을 제기할 수 있다. 지면상 몇 가지만 살펴보기로 하자.

a. 프로이트가 말하는 오이디푸스 콤플렉스는 증명되지 않는 가설에 불과하며 신화에 속한다(Küng 1995, 355). 어린이가 무의식적으로 느끼는 부모에 대한 근친상간의 관계는 인류학자는 물론 심리학자들에 의해서도 증명되지 않는다. 아버지가 딸을, 어머니가 아들을 더 가까이 하는 현상은 자주 나타나지만, 그렇다 하여 서로 성적 욕구를 느끼는 것은 아니다. 아들이 아버지에게, 딸이 어머니에게 질투를 느끼는 경우도 있고, 근친상간이 일어나기도 한다. 그러나 이러한 현상은 극소수의 예외에 속한다. 프로이트는 예외적인 경우를 보편적 원리로 삼는 오류를 범한다.

어린 아기가 태어날 때, 아기가 경험하는 가장 일차적인 인간관계는 어머니와의 관계다. 출생의 순간 어머니와 아기는 생명과 죽음의 사선(死線)을 함께 경험한다. 아기를 10개월 동안 자신의 몸 속에 안고 있었던 어머니와 아기의 관계는 아버지와 아기의 관계와 차원을 달리한다. 아버지는 아기에게 사실상 세 번째 인격이다. 성장과정에서 어머니-아기의 공생관계는 어머니-아기-아버지의 삼위일체적 관계로 확장된다. 이 관계에서 어린 아기가 얻게 되는 경험과 느낌이 유전적 요소와 더불어 아기의 의식과 성격과 지능에 중요한 영향을 준다.

어머니-아기-아버지의 관계에서 경쟁과 갈등이 있을 수 있다. 특히 아버지와 아들 사이에 갈등이 일어나는 경우가 많다. 그러나 이런 현상을 모든 인류의 오이디푸스 콤플렉스라는 보편적 원리로 삼는 것은 무리한 발상이다. 노이로제 현상을 일으키는 결정적 요인은 오이디푸스 콤플렉스에 있는 것이 아니라, 어릴 때부터 경험하는 가족 내의 갈등과 정신적 고통, 사회적 기대와 요구에 대한 개인의 무능력감, 삶의 불확실성과 불안감, 죄책감, 열등감 등 다양한 원인들에 있다.

신학적 관점에서 볼 때, 노이로제 현상의 궁극적 원인은 하나님에 대한 불신앙과 이웃에 대한 무자비함과 하나님의 미래를 향한 희망의 상실에 있다. 물론 다양한 개인적·사회적·시대적 원인들이 함께 작용하지만, 이 원인들 밑바닥에는 신학적 원인이 숨어있다. 따라서 신학적 원인이 해결되지 않는 한, 개인적·사회적·시대적 원인들이 근본적으로 해결되지 않는다고 볼 수 있다.

b. 프로이트의 심리분석은 인간의 존재를 생물적인 것(*bios*), 심적인 것(*psyche*)으로 환원시키는 심리학적 환원주의에 기초한다. 모든 인간의 무의식 속에는 "쾌락의 원리"에 사로잡힌 이드가 숨어 있다. 이드(*id*)를 지배하는 본능 중에서 가장 강력한 심적 에너지를 가진 것은 성적 쾌락을 추구하는 성적 본능이다. 인간의 모든 행동과 삶의 동기는 성적 욕구로 환원된다. 인간은 본질적으로 성적 욕구에 의해 유도되는 성적인 존재다. 사회에 적응하고 생존하기 위해 그는 이 욕구를 억압하고 무의식 속으로 배제할 뿐이다. 그러나 이 욕구가 너무도 본능적이기 때문에, 인간이 이것을 억압할 때 노이로제 증상을 얻게 된다는 것이다.

여기서 인간은 성적 생물로 환원된다. 사회에서 추방당하지 않고 적응하기 위해 그는 이드의 성적 욕구를 억압하고 배제할 뿐이다. 이리하여 - 좀 지나치지만 - 다음과 같은 이야기가 가능하게 된다. "결국 사랑은 관능적 욕망 그 자체일 뿐"이요, "정신적 사랑이니 하는 것은 한낱 헛된 망상일 뿐"이며, "사랑은 육체적 욕망이고 섹스 자체"이며, "아무리 시대 상황이 어렵고 고달플지라도 본능은 그 작동을 멈추지 않는 것"이므로, "보다 솔직하게 스스로의 본능을 드러내는 '야한 여자'가 좋은 것"이 된다(안정수 1993, 93에서 인용).

블로흐는 그의 주요 저서 『희망의 원리』에서 프로이트의 문제점을 지적하면서 마르크스의 물질론적 환원주의를 반영한다. 인간의 가장 기본적 욕구는 성적 욕구가 아니라 "자기유지의 욕구"이다. 이 욕구의 뿌리는 먼저 굶주림을 면하고자 하는 "위(胃)와 몸의 체계"에 있다(Bloch 1970a, 73). 굶주린 배를 채울 수 있는 양식을 어떻게 얻을 수 있는가에 대한 염려, 곧 사회-경제적 문제는 프로이트의 심리분석에서 완전히 배제된다. 관념론자인 쉴러(Schiller)도 "굶주림과 사랑"을 세계를 움직이는 동인으로 파악할 때, 굶주림을 먼저 제시하고 그 다음에 사랑을 제시한다. 성과 힘에 대한 욕구가 충족되지 않아도 인간은 살 수 있지만, 굶주린 배를 안고 살 수 없다. 그러므로 "기름이 부어져야 할 최초의 램프는 위(胃)다"(Bloch 1970a, 72). 블로흐의 이러한 인간상은 굶주린 배를 채울 수 있어야 종교도 있고 예술도 있다고 보는데(Feuerbach), 곧 인간의 존재를 물질로 환원시키는 물질론적 자연주의 내지 물질론적 환원주의에 기초한다.

프로이트의 심리학적 환원주의와 블로흐의 물질론적 환원주의는 먹고 섹스를 즐기며 가능한 더 많이 소유하고자 하는 인간 생명의 현실을 정직하게 드러낸다. 성적 욕구와 굶주린 배를 채우고자 하는 욕구, 이를 해결하기 위한 경제적 욕구야말로 인간의 삶에 있어서 가장 기본적인 욕구다. 생명과 직결된 이런 욕구들이 충족되어야 인간의 인간다운 삶이 가능하다. 이 욕구로 인해 인간의 삶과 사회는 역동성을 갖게 된다. 이와 동시에 수많은 문제들이 이 욕구로 인해 일어난다.

프로이트의 심리학적 환원주의와 이를 비판하는 블로흐의 물질론적 환원주의는 삶의 의미와 정신적 삶을 추구하는 인간의 정신적 욕구를 충분히 고려하지 않았다는 지적을 받아 마땅하다. 성적 욕구를 자유롭게 분출하고 경제적으로 아무 염려가 없음에도 불구하고, 삶의 무의미와 공허감으로 인해 수많은 현대인들이 노이로제 증상에 빠져있다. 마약중독과 자살의 충동에 시달린다. 깊은 쾌락의 순간에 공허감을 느끼며, 큰 부를 얻었을 때 돈의 무의미를 느낀다. 이와 같은 정신적 문제들은 단지 성적 욕구와 경제적 욕구의 충족, 혹은 사회적 인정과 힘을 얻고자 하는 사회적 욕구의 충족을 통해 해결되지 않는다.

인간은 육을 가진 동시에 정신과 양심을 가지고 있다. 그는 사랑하는 사람을 위해 자신의 성적 욕구를 억제할 수 있고, 가난과 굶주림에도 불구하고 자기의 지조를 지킬 수 있는 정신적·도덕적 존재다. 그는 자연의 다른 생물들처럼 먹고 마셔야 하며 성적 욕구를 처리할 수밖에 없는 동시에, 삶의 참 가치와 의미를 추구하며 도덕적 선(善)을 동경한다. 성적 욕구, 경제적 욕구, 정신적 삶에 대한 욕구, 도덕적 욕구, 이 모든 욕구들이 조화를 이룰 때, 인간의 충만하고 인간다운 삶이 가능하다. 인간을 단지 정신적 존재로 보는 유심론적 환원주의는 물론, 인간의 존재를 경제적 동물 혹은 성적 생물로 환원시키는 물질론적·생물주의적 환원주 또한 인간의 삶의 전체를 적절히 나타내지 못한다.

c. 프로이트의 심리학적 환원주의는 인간의 성숙을 퇴행적으로 이해하는 문제점을 가진다. 기독교 신학의 입장에서 볼 때, 하나님이 창조한 "하나님의 형상"으로서 인간의 성숙은 하나님과 이웃과의 조화로운 삶에 있으며, 하나님이 약속하는 미래를 향한 자기헌신에 있다. 이에 비해 프로이트가 말하는 인간의 성숙은 "쾌락의 원리"를 억제하고 "현실의 원리"에 순응하는 것을 뜻한다. 심리치료의 목적이 여기에 있다. 그의 심리치료는 이웃과의 성숙한 관계 속에서 자기의 사명과 책임에 충실하고 공동체의 보다 더 큰 목적을 위해 자기의 삶을 바침으로써 도달할 수 있는 인간의 성숙에 대해 침묵한다.

프로이트는 근대에 인류가 당한 세 가지 "모욕"을 이야기한다. 첫째 모욕은 지구와 인간을 우주의 중심에서 변두리로 추방한 코페르니쿠스의 지동설이요, 둘째 모욕은 인간의 조상은 동물이라고 말하는 다윈의 진화론이요, 셋째 모욕은 인간 자신과 그의 자유로운 의지가 아니라 그가 의식하지 못하는 본능적 욕구들, 특히 성적 욕구가 인간의 인격을 지배한다는 프로이트 자신의 이론을 말한다.

그러나 프로이트가 말하는 이러한 모욕들은 "모욕"이 아니라 인간의 삶의 현실을 나타내는 정직한 이론들이라 말할 수 있다. 프로이트의 이론은 인간의 생물적 현실을 정직하게 드러낸다. 그러나 그의 이론은 인간의 정신적 측면을 충분히 고려하지 않은 한계가 있다. 야스퍼스가 지적하는 것처럼, "프로이트는 성의 배제를 통해 무엇이 발생하는가를 매우 적절히 통찰한다. 그러나 그는 정신의 배제를 통해 무엇이 발생하는가를 한 번도 질문하지 않는다"(Thielicke 1976, 46). 인간의 정신적 측면을 배제함으로 인해, 프로이트가 말하는 인간의 성숙은 "쾌락의 원리"를 억제하고 "현실의 원리"에 따르는, 이를 위해 이드의 생물적이며 본능적인 욕구들을 무의식 속에 배제하고 억압하는 차원을 넘어서지 못한다.

d. 프로이트의 심리분석에 의하면 자기의 본능적 욕구들을 억제하고 배제하면서 주어진 상황에 순응하고, 이를 통해 자기를 유지하는 개체적 존재로서의 외로운 인간이 있을 뿐이다. 그는 "시간과 공간에서 독립되어 있는, 욕구의 에너지들의 변하지 않는 묶음"에 불과하다(H. Marcuse, Thielicke 1976, 54에서 인용). 그는 사회와 역사에서 추상화되어 자기 자신에게만 관심을 갖는 외로운 개체이다. 여기에 프로이트의 개인주의적 인간관이 드러난다.

이와 같은 개인주의적 인간관으로 인해 프로이트의 심리분석은 개인의 질병과 사회적 상황의 관계를 충분히 고려하지 않은 문제점을 노출시킨다. 개인의 정신질환의 뿌리는 이드의 "쾌감의 원리"와 자아의 "현실의 원리"의 갈등에 있는 것으로 생각된다. 그것은 "기본적으로 개인을" 다루며, "공동체를 통한 치료"(theory of community)가 아니라 정신과 의사의 진료실에서 일대일로 대면하여 심리치료를 받는 중산층 개인의 의식"에 관심을 갖는다(안석모 2000, 52, 54). 그는 주로 개인의 성적 욕구와 갈등의 문제에 집중한다. 그러므로 1990년대 이후 목회신학은 프로이트의 심리치료 방법의 개인주의적 구도에 있어 "사회학의 결핍"(Soziologiemangel)을 비판하고, "개인의 갈등들의 사회 구조적 차원들"을 중요시한다(Choi, 2005, 217). 20세기 초의 목회신학자 아들러(Alfred Adler)가 제시하는 사회적 상황 속에서의 심리치료는 프로이트의 심리치료와 대조된다(Kim, 2002, 264).

e. 프로이트가 말하는 심리치료는 무의식 속에 억압된 갈등을 드러내고, 이 갈등으로 인해 일어나는 노이로제 증상을 파악하며, 의사와 환자의 인격적 관계를 통해 노이로제 증상을 통제할 수 있는 자율성을 회복하는 데 있다. 그러나 이 갈등은 해소되지 않은 채 여전히 남아있다. 단지 이 갈등으로 인해 일어나는 노이로제 증상을 다스릴 수 있는 자율적 능력을 회복할 뿐이다. 바로 여기에 프로이트의 심리치료의 한계가 있다. 그의 심리치료는 노이로제 증상을 일으키는 갈등을 드러내지만 그것을 해소하지 못한다. 인간은 이 갈등을 승화시킬 수 있지만 그것을 해소할 수 없다. 인간은 생물적 존재로서 그에게 주어진 한계를 벗어날 수 없기 때문이다. 프로이트의 이러한 생각은 인간의 진실을 드러낸다.

생물적 본성으로 말미암은 쾌락의 원리와, 현실 사회에서 살아남기 위해 쾌락의 충동을 억제해야 할 현실의 원리로 말미암아, 인간은 죽는 순간까지 갈등 속에서 살게 된다. 프로이트의 심리분석은 이 갈등 속에서 인간이 느끼는 죄책감을 의식화시킬 수 있지만, 죄책감으로부터의 용서를 알지 못한다. 심리적 갈등을 잠재울 수 있지만, 이 갈등을 넘어서는 새로운 삶의 가능성을 보지 못한다. 소위 심리치료를 받은 환자는 주어진 실존의 조건과 사회적 상황을 자기의 운명으로 수용하면서, 노이로제 증상을 다스릴 수 있는 자율성을 회복할 뿐이다. 그는 "외부 세계에 대하여 초연하고, 대인 갈등이나 사회적 갈등에 대하여 조직적 저항보다는 개인적이면서도 온건 합리적으로 수용한다"(안석모 58). "자연과 역사의 운명(ananke)을 그대로 수용하면서 자신을 살아가는 프로이트의 이상적 인간과, 명상

이나 선을 통하여 내적 통찰을 이룩하고 내면적 평정을 유지하면서 살아
가는 동양의 현자적 인간은 많은 유사성을" 보인다(57 이하).

f. 프로이트에 의하면 인간은 무의식 속에 억압된 욕구를 꿈을 통해 충
족함으로써 쾌감을 느끼며 "현실의 원리"에 적응할 수 있게 된다. 따라서
꿈은 현실의 세계를 극복하는 수단이 된다. 여기서 꿈은 과거와 관계된다.
그것은 과거에 배제되고 억압된 욕구들이 충족되는 출구이다. 꿈속에서
인간은 억압된 과거로 돌아간다.

성서는 다른 종류의 꿈을 이야기한다. 곧 하나님의 정의와 자비와 평
화가 모든 것을 결정하는 하나님의 새로운 세계에 대한 꿈을 이야기하며,
이 꿈을 향해 인간을 초대한다. 이 꿈은 과거를 지향하지 않고 미래를 지
향한다. 과거에 채우지 못했던 생리적 욕구가 그 속에서 환상적 만족을 얻
는 것이 아니라, 모든 피조물과 하나님이 기다리는 새로운 현실이 그 속에
선취된다. "더 이상 의식하지 못하게 된 것"(das Nicht-mehr-Bewußte)이 나
타나는 것이 아니라 "아직 의식하지 못한 것"(das Noch-nicht-Bewußte), 곧
하나님의 새로운 생명의 세계가 나타난다(Moltmann 1972, 288).

이 꿈은 억압된 성적 쾌락의 욕구가 대리만족을 얻는 퇴행적인 것이
아니라 아직 주어지지 않은 새로운 현실을 지향한다. 그것은 새로운 생명
의 세계가 의식되며 선취되는 통로다. 그것은 하나님이 우리에게 주시는
꿈이다. 그것은 밤에 꾸는 "밤의 꿈"이 아니라, 하나님이 약속하는 "새 하
늘과 새 땅"을 향한 "낮의 꿈"(Tagtraum, Bloch)이다. 인간의 참 성숙은 하나
님의 약속된 세계를 향한 꿈속에서 자기의 삶을 바치며, 자신의 존재가 이
꿈의 현실로 변화되는 데 있다. 물론 인간에게는 프로이트가 말하는 밤의
꿈이 있다. 그러나 프로이트는 밤의 꿈의 차원을 넘어서는 낮의 꿈의 차원
이 있다는 사실에 대해 침묵한다.

g. 프로이트의 심리분석은 그 자체에 있어 무신론과 무관하다. 그것은
무신론자는 물론 종교인도 사용할 수 있는 하나의 중립적 연구 방법이요
치료 방법일 뿐이다. 그러나 그는 심리분석가이기 이전에 이미 무신론자

였다. 그는 근대의 "방법적 무신론"을 수용했으며, 자신의 무신론에 대한 근거를 포이어바흐와 그의 지지자들에게서 발견하였다. 새로운 것은 이들의 투사설을 심리분석적으로 심화시킨 데 있다. 그러나 그의 심리분석의 기본 전제, 곧 오이디푸스 콤플렉스가 하나의 가설 또는 신화에 불과하다면, 이에 근거한 그의 무신론은 근거를 상실한다. 심층 심리학적 요인들이 종교와 하나님 개념에 영향을 줄 수 있지만, 하나님의 존재나 비존재를 증명하지는 못한다.

프로이트가 말하는 것처럼, 종교적 표상들은 "인류의 가장 오래 된, 가장 강한, 가장 절실한 소원들의 성취들"일 수도 있고 그렇지 않을 수도 있다. 그것은 노이로제와 심리적 미성숙의 표현이요 환상일 수도 있고 그렇지 않을 수도 있다. 그렇다 하여 하나님의 존재가 증명되거나 부인되지 않는다. 아버지와 어린 아이의 관계가 하나님 신앙에 영향을 줄 수 있지만, 하나님의 존재가 부인되는 것은 아니다(Küng 1995, 337 이하).

E. 종말론적 과제로서의 무신론 문제

무신론은 하나님의 존재와 종교를 부인한다. 그러므로 기독교는 일반적으로 무신론을 적대시하며 이단시한다. 그러나 무신론은 그 의도와는 반대되는 역기능을 가진다. 즉 무신론은 거듭 하나님과 종교를 거론함으로써 하나님과 종교에 대한 관심을 자극한다. 또한 무신론은 인간과 세계와의 관계에서 기독교의 참 하나님이 누구이며, 종교의 본질과 참된 기능이 무엇인가를 새롭게 질문하게 한다. 이를 통해 무신론은 하나님에 대한 신학의 새로운 성찰을 자극하며, 그리스도인들과 제도교회의 삶이 어떻게 변화되어야 하는가를 반성하게 한다. 그것은 교회의 설교와 가르침이 어떻게 구성되어야 하는지 그 방향을 암시하며, 그리스도인들과 교회가 인간적인 인간, 인간적인 교회가 될 것을 요구한다.

이와 같이 우리는 무신론의 순기능을 인정하는 동시에 그것의 문제점을 지적하지 않을 수 없다. 하나님의 존재를 부인할 때, 남는 것은 무엇일까? 무신론이 인간과 세계의 구원을 위한 해결책이 될 수 있을까? 무신론은 욕탕의 물이 더럽다 하여, 욕탕 속에 숨어있는 보물까지 쏟아버리는 것은 아닐까? "무신론적 사고는 일신론의 신 개념을 거부한 뒤, 보다 정교하게 무감각해진 이성적 판단의 자아에 집착한다.…그 결과 무신론적 사회는 더욱 깊은 갈등과 자기 파괴적 분열을 경험한다"(신준호 2005, 87). 우리는 이런 사실을 무신론을 기본 이념으로 가진 국가에서 찾아볼 수 있었다.

오늘날 많은 사람들이 한국의 개신교회를 염려한다. 한국의 개신교회는 미래가 없다고 비관하는 사람도 있다. 이런 상황에서 한국의 개신교회는 무신론자들을 "마귀"라 비난하기 전에, 먼저 자신 속에 숨어있는 무신성과 물신(物神) 숭배의 위선을 극복해야 할 것이다. 교회의 심각한 위험은 무신론이 아니라 교회 자체의 타락과 무신성과 경직성에 있다고 많은 사람들이 지적한다(이상성 2007 참조). 무신론을 극복할 수 있는 길은 "마귀"라고 비난하면서 단지 그것의 문제점을 지적하는 데 있지 않다. 기독교가 무신론을 아무리 비난하고 문제점을 지적해도 기독교가 기독교다워지지 않는 한, 무신론은 극복되지 않을 것이다. 그것은 언제나 기독교에 대한 비판과 도전으로 머물 것이다. 그것은 기독교를 "찌르는 가시"와 같을 것이다.

무신론을 극복하고 하나님의 존재를 증명할 수 있는 길은 무엇일까? 그 길은 그리스도인들이 그리스도인다워지며, 기독교가 기독교다워지는 데 있다. 곧 예수의 뒤를 따라 세상의 빛과 누룩이 되며, 하나님이 약속한 새로운 생명의 세계를 먼저 그들 자신의 삶 속에 앞당겨 오는 데 있다. 자신의 삶 속에 하나님의 얼굴을 나타내지 못하면서 "하나님이 살아계시다"고 강변해보았자 소용없는 일이다. 그리스도인들과 교회가 그들의 삶 속에서 하나님의 얼굴을 나타낼 때, "너희의 하나님이 어디에 있느냐?"는 무신론의 찌르는 가시가 힘을 잃을 것이다.

궁극적으로 무신론은 인간에 의한 인간의 소외와 차별과 굶주림이 없으며 하나님의 정의와 자비가 다스리는 하나님의 나라가 세워질 때, "더이상 죽음과 울부짖음과 고통과 슬픔이 없는 새 하늘과 새 땅"이 이 세계 안에 세워질 때 극복될 수 있을 것이다. 무신론을 극복하고 하나님의 존재를 증명할 수 있는 길은 바로 이 하나님의 현실을 앞당겨 오는 데 있다. 이로써 무신론의 문제는 기독교의 종말론적 과제로 드러난다. 무신론은 그리스도인들과 교회가 주어진 현실에 안주하지 않고, 아직 주어지지 않은 하나님의 새로운 생명의 세계의 전위대가 되도록 자극한다. 무신론은 바로 이 세계를 향한 기독교의 실천을 요구한다. 하나님은 새 창조의 세계에서 무신론의 찌르는 가시가 극복되기를 기다린다.

Adam, A. (1972), *Lehrbuch der Dogmengeschichte* II, 2. Aufl.

Althaus, P. (1972), *Die Christliche Wahrheit*, Nachdruck der 8. Aufl., Gütersloh.

_____ (1975), *Die Theologie Martin Luthers*, Göttingen.

Altner, G. (1988), *Die Überlebenskrise in der Gegenwart. Ansätze zum Dialog mit der Natur in Naturwissenschaft und Theologie*, Darmstadt.

Balz, H. (1995), "Offenbarung IV", in: *Theol. Realenzyklopädie*, Bd. XXV, Berlin, New York.

Barbour, I. G. (1999), *Wissenschaft und Glaube. Historische und zeitgenössische Aspekte*, Göttingen.

_____ (2002), 『과학이 종교를 만날 때』, 이철우 역, 서울: 김영사.

Barth, K. (1976), *Der Römerbrief*, Elfter Abdruck, Zürich.

_____ (1958), *Fides quaerens intellectum. Anselms Beweis der Existenz Gottes im Zusammenhang* seines theologischen Programs, 3. Aufl., Zürich.

_____ (1964), *Kirchliche Dogmatik* I/1, Zürich.

_____ (1960a), *Kirchliche Dogmatik* I/2, 5. Aufl. Zürich.

_____ (1958), *Kirchliche Dogmatik* II/1, Zürich.

_____ (1970), *Kirchliche Dogmatik* III/1, 4. Aufl., Zürich.

_____ (1960b), *Kirchliche Dogmatik* IV/1, 2. Aufl., Zürich.

_____ (1959), *Kirchliche Dogmatik* IV/3, Zürich.

_____ (1961), *Evangelium und Gesetz*, 3. Aufl., Zürich.

_____ (1968), *Einführung in die evangelische Theologie*, Siebenstern Taschenbuch 110, Hamburg.

Beinert, W. (Hrsg.), (1995), *Glaubenszugänge. Lehrbuch der katholischen Dogmatik*, Paderborn, München, Wien, Zürich.

Bloch, E. (1970a), *Das Prinzip Hoffnung*, Frankfurt am Main.

_____ (1970b), *Atheismus im Christentum*, Frankfurt am Main.

Boff, L. (1986), *Trinity and Society*. New York.

Bonhoeffer, D. (1958), *Dein Reich komme. Das Gebet der Gemeinde um Gottes Reich auf Erden* (Furche Bücherei 146), 2. Aufl., München.

Boren, R. (1975), 『신학총론』, 김정준 외 역, 한국신학연구소.

Braun, H. (1961), "Die Problematik einer Theologie des Neuen Testaments", in: *Zeitschrift für Theologie und Kirche*, 58, Beiheft 2.

_____ (1964), "Gottes Existenz und meine Geschichtlichkeit im Neuen Testament. Eine Antwort an H. Gollwitzer", in: *Zeit und Geschichte, Dankausgabe an R. Bultmann zum 80. Geburtstag.*, Göttingen.

Brunner, E. (1961), *Offenbarung und Vernunft. Die Lehre von der christlichen Glaubenserkenntnis*, 2. Aufl., Zürich.

_____ (1972), *Dogmatik* I. *Die christliche Lehre von Gott*, Zürich.

Bultmann, R. (1972), *Glauben und Verstehen* I, 7. Aufl., Tübingen.

_____ (1968), *Glauben und Verstehen* II, 5. Aufl., Tübingen.

Choi, Kwang-Hyun (2005), "Das soziologische Paradigma im seelsorgerlichen Bereich: Von der Relevanz des soziologischen Denken für die

Konfliktseelsorge", in: *Korea Journal of Christian Studies*, Vol. 42, ed. by
Korea Association of Christian Studies, The Christian Literature Society of
Korea.

Cobb, J. B. Jr. & Griffin D. R. (2002), 『과정신학』, 유기종 역, 제2판, 서울: 황소와
소나무.

Cremer, H. (1897), *Die christliche Lehre von den Eigenschaften Gottes*,
Gütersloh.

Denzinger, H. (1947), *Enchiridion Symbolorum. Definitionum et
Declarationum de rebus Fidei et Morum*, 26. Aufl., Freiburg.

Descartes, R. (1960), *Meditationen*, PhB 271, Hamburg.

Dilthey, W. (1964), *Gesammelte Schriften* I, 6. Aufl., Göttingen.

_____ (1968), *Gesammelte Schriften* VII, 5. Aufl., Göttingen.

Dostoevskii, F. M. (2001), 『카라마조프가 형제 (상)』, 박호진 역, 서울: 혜원출판사.

Dürr, H.-P. (2004), *Auch die Wissenschaft spricht nur in Gleichnissen. Die
neue Beziehung zwischen Religion und Naturwissenschaften*, Freiburg,
Basel, Wien.

Ebeling, G. (1960), "Theologie, Begriffsgeschichtlich", in: *Die Religion in
Geschichte und Gegenwart* VI, 3. Aufl. Tübingen.

_____ (1967), *Wort und Glaube*, 3. Aufl., Tübingen.

_____ (1969), *Wort und Glaube* II. Beiträge zur Fundamentaltheologie und
zur Lehre von Gott, Tübingen.

_____ (1979), *Dogmatik des christlichen Glaubens* I, Tübingen.

Eicher, P. (Hrsg), (1988), *Neue Summe Theologie* I. Der Lebendige Gott,
Freiburg, Basel, Wien.

Feuerbach, L. (1959), *Grundsätze der Philosophie der Zukunft,
Notwendigkeit einer Reform der Philosophie*, in: L. Feuerbach, *Sämtliche
Werke*, hrsg. von W. Bolin u. F. Jodl, Bd. II, 2. Aufl., Stuttgart.

_____ (1976), *Das Wesen des Christentums* (1841), Frankfurt am Main.

Fox, M. (1983), *Original Blessing. A Primer in Creation Spirituality*, Santa Fe, New Mexico.

Gollwitzer, H. (1968), *Die Existenz Gottes im Bekenntnis des Glaubens*, 5. Aufl., München.

_____ (1973), *Krummes Holz - aufrechter Gang. Zur Frage nach dem Sinn des Lebens*, München.

Grass, H. (1978), *Einführung in die Theologie*, Göttingen.

Härle, W. (2007), *Dogmatik*, 3., überarbeitete Aufl., Berlin, New York.

Harnack, A. (1905), *Dogmengeschichte*, 4. Aufl., Tübingen.

Hegel (1966/a), *Vorlesungen über die Philosophie der Religion* I, PhB 59, Nachdruck der 1. Aufl. 1925, Hamburg.

_____ (1966/b), *Philosophie der Religion* II, PhB 61, Hamburg.

_____ (1966/c), *Vorlesungen über die Beweise vom Dasein Gottes*, hrsg. von G. Lasson, PhB 64, Hamburg.

_____ (1970), *Glauben und Wissen*, in: *Jenaer Schriften*, Theorie Werkausgabe Suhrkamp, II, Frankfurt am Main.

Heidegger, M. (1972), *Holzwege*, Frankfurt am Main.

Heisenberg, W. (1969), *Der Teil und das Ganze. Gespräche im Umkreis der Atomphysik*, München.

Heppel, H./Bizer, E. (1958), *Die Dogmatik der evangelisch-reformierten Kirche*, Neukirchen.

Herrmann, W. (1966), "Der Glaube an Gott und die Wissenschaft unserer Zeit", in: *Schriften zur Grundlegung der Theologie, Teil* 1, Theol. Bücherei 36, 1, München.

Hertz, A. u. a. (Hrsg.), (1978), *Handbuch der christlichen Ethik* I, Gütersloh.

Heussi K. (1971), *Kompendium der Kirchengeschichte*, 13. Aufl., Tübingen.

Hirsch, I. (1954), *Geschichte der neuern Evangelischen Theologie* V, Gütersloh.

Hodgson, P. C. (2000),『기독교 구성신학』, 손원영·손호현·김영선 공역, 은성출판사.

Horkheimer, M. (1968), "Gedanke zur Religion", in: *Kritische Theorie*, Frankfurt am Main.

──── (1974), "Theismus - Atheismus", in: *Zur Kritik der instrumentellen Vernunft. Aus den Vorträgen und Aufzeichnungen seit Kriegsende*, hrsg. von A. Schmidt, Frankfurt am Main.

Jaeger, W. (1953), *Die Theologie der früheren griechischen Denker*, Göttingen.

Joest, W. (1966), "Erwägungen zur kanonischen Bedeutung des Neuen Testaments", in: *Kirche und Dogma*, Heft 12.

──── (1984), *Dogmatik I. Die Wirklichkeit Gottes*, Göttingen.

Jüngel, E. (1977), *Gott als Geheimnis der Welt. Zur Begründung der Theologie des Gekreuzigten im Streit zwischen Theismus und Atheismus*, 2. durchgesehene Auflage, Tübingen.

Kang, Byung-Oh (2006), *Geschichte, Gesellschaft, Religion. Untersuchungen zum Methodenverständnis Ernst Troeltschs*, Berlin.

Kant, I. (1959), *Der Streit der Fakultäten*, PhB 252, Hamburg.

──── (1966), *Die Religion innerhalb der Grenzen der bloßen Vernunft*, PhB 45, 7. Aufl., Hamburg.

──── (1974a), *Kritik der reinen Vernunft*, PhB 37a, Hamburg.

──── (1974b), *Kritik der praktischen Vernunft*, PhB 38, 9. Aufl., Hamburg.

Kasper, W. (1982), *Der Gott Jesu Christi*, Mainz.

──── (1987), *Theologie und Kirche*, Mainz.

Kaufman, G. D. (1999),『신학방법론』, 기독교통합학문연구소 역, 서울: 한들.

──── (2004), *In the Beginning... Creativity*, Minneapolis.

Kim, Phil-Jin (2002), "Social Interest, Pastoral Care and Psychotherapy in Adlerian Psychology", in: *Korea Journal of Christian Studies*, Vol. 25, ed. by Korea Association of Christian Studies, The Christian Literature Society of Korea.

Kim, Sang-Keun (2004), *Strange Names of God: The Missionary Translation of the Divine Name and the Chinese Responses to Matteo Ricci's Shangti in Late Ming China, 1583-1644*, New York.

Kraus H. J. (1970), *Die biblische Theologie. Geschichte und Problematik*, 2. Aufl., Neukirchen-Vluyn.

_____ (1975), *Reich Gottes: Reich der Freiheit. Grundriß Systematischer Theologie*, Neukirchen-Vluyn.

_____ (1983), *Systematische Theologie im Kontext biblischer Geschichte und Eschatologie*, Neukirchen-Vluyn.

Kreck, W. (1977), *Grundfragen der Dogmatik*, 2. Aufl., München.

Kropotkin, P. A. (2005), 『만물은 서로 돕는다』, 김영범 역, 도서출판 르네상스.

Küng, H. (1970), *Menschwerdung Gottes. Eine Einführung in Hegels theologisches Denken als Prolegomena zu einer künftigen Christologie*, Freiburg, Basel, Wien.

_____ (1976), *Christ Sein*, 8. Aufl., München, Zürich.

_____ (1985), *Die Kirche*, 3. Aufl., München, Zürich.

_____ (1987), *Theologie im Aufbruch*, München, Zürich.

_____ (1995), *Existiert Gott? Antwort auf die Gottesfrage der Neuzeit*, 3. Aufl., München, Zürich.

Leibniz G. W. (1956), *Monadologie*, PhB 253, Hamburg.

Loofs, F. (1968), *Leitfaden zum Studium der Dogmengeschichte*, 7. ergänzte Aufl., Tübingen.

Löwith, K. (1941), *Von Hegel zu Nietzsche. Der revolutionäre Bruch im*

Denken des neunzehnten Jahrhunderts, 3. Aufl., Zürich.

Marx, K. (2004), *Die Frühschriften*, hrsg. von S. Landshut, 7. Aufl., Stuttgart.

Maurer, B. (1976), *Einführung in die Theologie. Ortsbestimmung des Glaubens*, Göttingen.

Maurer, E. (2004), "Wissenschaft/Wissenschaftsgeschichte/Wissenschaftstheorie II., II. Systematisch-theologisch", in: *Theol. Realenzyklopädie*, Bd. XXXVI, Berlin, New York.

McFague, S. (2001), 『은유신학』, 정애성 역, 다산글방.

McGrath, A. (2002), "Theologie II/4. 1. Evangelische Theologie", in: *Theol. Realenzyklopädie*, Bd. XXXIII, Berlin, New York.

Migliore, D. L. (2012), 『기독교 조직신학 개론—이해를 추구하는 신앙』, 신옥수·백충현 공역, 새물결플러스.

Moeller, B. (1979), *Geschichte des Christentums in Grundzügen*, 2. Aufl., Göttingen.

Moltmann, J. (1966), "Probleme der neueren evangelischen Theologie", in: *Verkündigung und Forschung*, Heft 2, München.

──────── (1968), *Perspektiven der Theologie. Gesammelte Aufsätze*, München.

──────── (1969), *Gottesbeweise und Gegenbeweise*, Das Gespräch 46, 3. Aufl., Wuppertal.

──────── (1969), *Theologie der Hoffnung. Untersuchungen zur Begründung und zu den Konsequenzen einer christlichen Theologie*, 8. Aufl., München.

──────── (1972), *Der gekreuzigte Gott. Das Kreuz Christi als Grund und Kritik christlicher Theologie*, München.

──────── (1980), 『십자가에 달리신 하나님』, 김균진 역, 한국신학연구소.

──────── (1977), *Umkehr zur Zukunft*, GTB 154, 2. Aufl., Gütersloh.

──────── (1980), *Trinität und Reich Gottes. Zur Gotteslehre*, München.

_____ (1987), *Gott in der Schöpfung. Ökologische Schöpfungslehre*, München.

_____ (1999), *Erfahrungen theologischen Denkens. Wege und Formen christlicher Theologie*, Gütersloh.

Nietzsche, F. (1975), *Also sprach Zarathustra*, Kröner Ausgabe 75, Stuttgart.

_____ (1978), *Menschliches, All zu Menschliches*, Kröner Ausgabe 72, 8. Aufl., Stuttgart.

Oberman, H. A. (Hrsg.), (1979), *Kirchen- und Theologiegeschichte in Quellen* IV/1, Neukircen-Vluyn.

_____ (1981), *Kirchen- und Theologiegeschichte in Quellen* III, Neukirchen-Vluyn.

Pannenberg, W. (1967), *Grundfragen systematischer Theologie*, Göttingen.

_____ (1977), *Wissenschaftstheorie und Theologie*, Frankfurt am Main.

_____ (1988), *Systematische Theologie* I, Göttingen.

_____ (1991), *Systematische Theologie* II, Göttingen.

_____ (1972), *Was ist der Mensch. Die Anthropologie der Gegenwart im Lichte der Theologie*, 4. Aufl. Göttingen.

Pöhlmann, H. G. (1973), *Abriß der Dogmatik*, Gütersloh.

Preuß, H. D. (1995), "Offenbarung II", in: *Theol. Realenzyklopädie* XXV, Berlin, New York.

Rad, G. von (1969), *Theologie des Alten Testaments I. Die Theologie der geschichtlichen Überlieferungen Israels*, 6. Aufl. München.

_____ (1968), *Theologie des Alten Testaments II. Die Theologie der prophetischen Überlieferungen Israels*, 5. Aufl., München.

Rahner, K. (1967), *Der dreifaltige Gott als transzendenter Urgrund der Heilsgeschichte, Mysterium Salutis*, hrsg. von J. Feiner u. M. Löhrer, Bd. 2,, Freiburg.

Ratzinger, J. (1968), *Einführung in das Christentum. Vorlesungen über das Apostolische Glaubensbekenntnis*, Freiburg.

Ritter, M. (Hrsg.), (1977), *Kirchen- und Theologiegeschichte in Quellen* I, Neukirchen-Vluyn.

Schilling, S. P. (1982), 『無神論 時代의 하나님』, 조만 역, 현대사상사.

Schleiermacher, F. (1968), "Zweites Sendschreiben", in: *Schleiermacher-Auswahl*, Siebenstern Taschenbuch 113/114, München, Hamburg.

_____ (1969), *Der Christliche Glaube* I, Berlin.

_____ (1970), *Über die Religion an die Gebildeten unter ihren Verächtern*, PhB 255, Hamburg.

Schmidt, W. H. (1984), "Gott II", in: *Theol. Realenzyklopädie* XIII, Berlin, New York.

Schneider, Th. (Hrsg.), (1992), *Handbuch der Dogmatik* 1, Düsseldorf.

Schrödinger, E. (2007), 『생명이란 무엇인가?』, 서인석·황상익 공역, 서울: 도서출판 한울.

Schwarz, H. (1991), *Jenseits von Utopie und Resignation. Einführung in die christliche Eschatologie*, Wuppertal, Zürich.

Sobrino, J. SJ. (1984), *Christology at the Crossroads*, New York.

Störig, H. J. (1974), *Kleine Weltgeschichte der Philosophie*, Stuttgart.

Thielicke, H. (1976), *Menschsein-Menschwerden. Entwurf einer christlichen Anthropologie*, München.

Tillich, P. (1956), *Systematische Theologie* I, Stuttgart.

Trillhaas, W. (1972a), *Religionsphilosophie*, Berlin, New York.

_____ (1972b), *Dogmatik*, Berlin, New York.

Weber, O. (1972), *Grundlagen der Dogmatik* I, 4. Aufl. Neukirchen-Vluyn.

Weischedel, W. (1971), *Der Gott der Philosophen. Grundlegung einer philosophischen Theologie im Zeitalter des Nihilismus*, Bd. I, Darmstadt.

Whitehead, A. N. (1975), *Science and the Modern World*, New York.

Windelband, W. (1957), *Lehrbuch der Geschichte der Philosophie*, 15. Aufl., Tübingen.

강원돈 (1990), "민중현실의 발견과 우리의 것에 대한 추구", 『1980년대 한국 민중 신학의 전개』, 한국신학연구소 편, 서울: 한국신학연구소.

곽미숙 (Kwak, Misook, 2004), *Das Todesverständnis der koreanischen Kultur. Der Umgang der koreanischen Christenheit mit dem Tod im Licht der biblisch-theologischen Tradition*, Frankfurt am Main, Berlin, Bern, Bruxelles, New York, Oxford, Wien.

_____ (2008), 『현대세계의 위기와 하나님의 나라』, 서울: 한들출판사.

권수영 (2005), 『프로이트와 종교』, 서울: (주) 살림출판사.

권진관 (1995), "한과 단의 정치윤리적 성찰", 『민중신학 입문』, 민중신학연구소 엮음, 서울: 도서출판 한울.

구미정 (2006), "에코페미니즘 시각에서 본 생명공학: 배아줄기세포 연구를 중심으로", 『한국 조직신학 논총』 제16집, 한국조직신학회 편, 서울: 한들출판사.

김경재 (2003), 『이름 없는 하느님』, 2003, 서울: (주) 도서출판 나인.

김균진 (1987), 『기독교 조직신학』 제2권, 서울: 연세대학교 출판부.

_____ (1980), 『헤겔철학과 현대신학』, 서울: 대한기독교출판사.

_____ (1983), 『헤겔과 바르트』, 서울: 대한기독교출판사.

_____ (2002), 『죽음의 신학』, 서울: 대한기독교서회.

_____ (2003), 『20세기 신학사상 I』, 서울: 연세대학교 출판부.

_____ (2006), 『자연환경에 대한 기독교 신학의 이해』, 서울: 연세대학교 출판부.

김명용 (1997), 『현대의 도전과 오늘의 조직신학』, 서울: 장로회신학대학교 출판부.

_____ (2007), 『칼 바르트의 신학』, 서울: 도서출판 이레서원.

김성원 (2006), "포스트모든 케리그마(Postmodern Kerygma)의 가능성에 관한 연구", 『한국기독교 신학논총』 제43집, 한국기독교학회 편, 서울: 대한기독교서회.

김수연 (2008), "탈근대-여성신학 담론에서의 하나님 이해", 『한국 조직신학 논총』 제20집, 한국조직신학회 편, 서울: 한들출판사.

김애영 (2003), "생명·생태·여성신학", 『한국기독교 신학논총』 제30집, 한국기독교 학회 편, 대한기독교서회.

_____ (2006), "로즈마리 류터의 생태여성신학", 『한국기독교 신학논총』 제44집, 한국기독교학회 편, 서울: 대한기독교서회.

김영선 (2003), "생명의 개념과 본질에 대한 신학적 고찰", 『한국기독교 신학논총』 제30집, 한국기독교학회 편, 서울: 대한기독교서회.

김영진 (2005), "구약성서와 인간 존엄", 『신학논단』 제41집, 연세대학교 신과대학 연합신학대학원 발행.

김은혜 (2006), "하나님 나라와 상징: 문화 분석을 통한 여성주의 하나님 담론", 『한국기독교 신학논총』 제44집, 한국기독교학회 편, 서울: 대한기독교서회.

김이곤 (1990), "구약성서에 나타난 유형물질적 사유", 『1980년대 한국 민중신학의 전개』, 한국신학연구소 편, 서울: 한국신학연구소.

김재준 (1992), 『金在俊 全集』 제3권, 서울: 한신대학교 출판부.

김재진, "(2003), "생명의 생태학적 환경과 생명 창조사", 『한국기독교 신학논총』 제30집, 한국기독교학회 편, 서울: 대한기독교서회.

김흡영 (2004), "생명·생태·신학: 신·우주·인간(삼태극)의 묘합(도의 신학)", 『한국기독교 신학논총』 제31집, 한국기독교학회 편, 서울: 대한기독교서회.

김희은 (1995), "여성신학과 민중신학", 『민중신학 입문』, 민중신학연구소 엮음, 서울: 도서출판 한울.

문영빈 (2006), "'관찰'과 하나님: 현대물리학, 시스템이론, 신학의 대화", 『한국 기독교 신학논총』 제43집, 한국기독교학회 편, 서울: 대한기독교서회.

박숭인 (2001), "상황신학(kontextuelle Theologie)에 대한 고찰", 『현대와 신학』 제26집, 연세대학교 연합신학대학원 편.

박영식 (2008), "기독교 종교신학의 이해", 『한국조직신학 논총』 제20집, 한국조직신학회 편, 서울: 한들출판사.

박재순 (1990), "예수의 밥상 공동체 운동과 교회", 『1980년대 한국 민중신학』의 전
   개』, 한국신학연구소 편, 서울: 한국신학연구소.

_____ (1993), 『하나님 없이 하나님 앞에. 디트리히 본훼퍼의 그리스도론적 하나님
   이해』, 서울: 도서출판 한울.

박종천 (1991), 『상생의 신학』, 서울: 한국신학연구소.

방연상 (2008), "새로운 주체로 신학하기: 임마누엘 레비나스의 사상을 중심으로",
   연세대학교 신과대학 주최 제48회 연세 신학공개강좌 자료집.

변선환 (1995), "이 땅에서의 종교 갈등 문제", 『다보』 13 (1995 봄호).

서광선 (1990), "한국의 민중신학", 『1980년대 한국 민중신학의 전개』, 한국신학연
   구소 편, 서울: 한국신학연구소.

서남동 (1983), 『民衆神學의 探究』, 서울: 한길사.

서성환 (2008), 『제주선교 100년, 어제와 오늘과 내일 — 비판적 성찰과 대안모색』,
   서울: 예영커뮤니케이션.

서중석 (2006), "마태의 예수와 세례 요한", 『한국 기독교 신학논총』 제43집, 한국기
   독교학회 편, 서울: 대한기독교서회.

서창원 (2001), "한국적 신학. 회고와 전망", 『세계신학과 한국신학: 회고와 전망』,
   한국기독교신학논총 제23집, 한국기독교학회 편, 서울: 대한기독교서회.

손호현 (2006a), "아름다움의 모험: 화이트헤드의 세 가지 신정론 분석", 『한국 기독
   교 신학논총』 제43집, 한국기독교학회 편, 서울: 대한기독교서회.

_____ (2006b), "미학신학을 찾아서: 화이트헤드의 과정신학과 미학", 『한국 조직
   신학회 논총』 제16집, 한국 조직신학회 편, 서울: 한들출판사.

_____ (2008), "문화신학의 해석학적 모델을 찾아서: 슐라이마허, 틸리히, 피오렌
   자", 『문화와 신학』, 한국문화신학회 통권 제11집, 한국문화신학회.

송기득 (1997), 『사람다움과 신학하기 — 신학의 몇 가지 주제에 대한 인간주의다운
   풀이』, 대한기독교서회.

신옥수 (2003), "몰트만 신학에 있어서의 만유재신론적인 비전", 『현대신학자들의
   동향』, 한국조직신학회 논총 8집, 한국 조직신학회 편, 서울: 한들출판사.

신준호 (2000), 『기독교의 현대적 이해-복잡계에 의한 기독교 역사의 해석』, 서울: 한들출판사.

_____ (2005), 『아픔의 신학-내면의 발견과 자기실현을 위한 조직신학의 재구성』, 서울: 한들출판사.

_____ (2007), 『칼 바르트의 교회 교의학 해설. 삼위일체론』, 서울: 뉴미션 21.

신재식 (2003), "창조-진화 논쟁에서 유신론적 진화론의 전개와 전망", 『神學理解』 제25집, 광주: 호남신학대학교 출판국.

심광섭 (2002), "슐라이에르마허의 신학과 영성", 『조직신학 속의 영성』, 한국조직신학회 논총 7집, 서울: 대한기독교서회.

안병무 (1990), "민중운동과 민중신학", 『1980년대 한국 민중신학의 전개』, 한국신학연구소 편, 서울: 한국신학연구소.

_____ (1993), 『기독교의 개혁을 위한 신학』, 서울: 한국신학연구소.

안석모 (2000), "새 밀레니엄의 심리학적 인간상", 『한국 기독교 신학논총』, 제19집, 한국기독교학회 편, 서울: 대한기독교서회.

안정수 (1993), 『마르크스와 프로이트를 넘어서』, 서울: 을유문화사.

안택윤 (2006), "탈-형이상학과 Jean-Luc Marion의 Iconic 신학", 『한국 조직신학회 논총』 제16집, 서울: 한들출판사.

오강남 (2008), "종교적 갈등과 그 극복의 길-한국에서의 불교와 기독교를 중심으로", 『지식의 지평』, 한국학술협의회 편, 제4호, 서울: 아카넷.

오만규 (2004), 『이 아들이 우리를 안위하리라-안식일 신앙의 재발견』, 서울: 시조사.

오영석 (1999), 『신앙과 이해』, 서울: 대한기독교서회.

원진희 (2005), "사사기 6:7-10의 전승사적 위치와 신학", 『신학논단』 제41집, 연세대학교 신과대학, 연합신학대학원 발행.

유동식 (2007), 『풍류도와 요한복음』, 서울: 한들출판사.

유상현 (2008), 『바울의 제2차 선교 여행』, 서울: 대한기독교서회.

유장환 (2006), "파울 틸리히의 계시론 연구", 『한국 기독교 신학논총』 제43집, 한국

기독교학회 편, 서울: 대한기독교서회.

유해무 (1997), 『개혁 교의학』, 서울: 크리스챤다이제스트.

_____ (2003), "토착화를 기초한 신학의 자립을 향하여", 『현대 신학자들의 동향』, 조직신학논총 제8집, 한국조직신학회 편, 서울: 한들출판사.

_____ (2007), 『신학: 삼위일체 하나님을 향한 송영』, 서울: 성약출판사.

윤원준 (2006), "해체와 선물", 『한국 조직신학 논총』 제16집, 한국조직신학회 편, 서울: 한들출판사.

윤철호 (2001), 『기독교 인식론과 해석학』, 서울: 한국장로교출판사.

_____ (2006a), "통전적인 종말론적 하나님 나라와 현실 변혁적 교회", 『한국 기독교 신학논총』 제44집, 한국기독교학회 편, 서울: 대한기독교서회.

_____ (2006b), "포스트 토대주의 신학에서의 합리성", 『한국 조직신학 논총』 제16집, 한국조직신학회 편, 서울: 한들출판사.

이기성 (2003), "개신교 신학의 주제로 이해한 하나님에 대한 인간의 사랑", 『현대 신학자들의 동향』, 조직신학논총 제8집, 한국조직신학회 편, 서울: 한들출판사.

이문균 (2005), 『신앙과 삶 속에서 삼위일체 하나님 알아보기』, 서울: 한국장로교출판사.

이범배 (2001), 『조직신학』, 서울: 새한기획출판부.

이병주 (2006), 『산하』, 제4권, 서울: 한길사.

이상성 (2005), 『우주의 진화와 하느님』, 서울: 한국신학연구소.

_____ (2007), 『추락하는 한국교회』, 서울: 인물과 사상사.

이성분 (2000), "레오나르도 보프의 사회적 삼위일체론", 연세대학교 연합신학대학원 석사과정 졸업 논문.

이승갑 (2006), "과정사상과 종말론적 생태-윤리", 『한국 조직신학 논총』 제16집, 한국 조직신학회 편, 서울: 한들출판사.

이양호 (2002), 『루터의 생애와 사상』, 서울: 대한기독교서회.

_____ (2005), 『칼빈의 생애와 사상』, 제2판, 서울: 한국신학연구소.

이오갑 (2006a), "칼빈의 신 인식론", 『한국 기독교 신학논총』 제44집, 한국 기독교학회 편, 서울: 대한기독교서회.

_____ (2006b), "칼빈의 섭리론", 『한국 조직신학 논총』 제16집, 한국조직신학회 편, 서울: 한들출판사.

이은선·이정배 (1993), 『현대 이후 주의와 기독교』, 서울: 다산글방.

_____ (2005), "아이 돌봄의 지혜", 『公共性의 윤리와 평화』, 손규태 교수 정년퇴임 기념논문집, 서울: 한국신학연구소.

이정배 (1996), 『조직신학으로서의 한국적 생명신학』, 서울: 감리교신학대학 출판부.

_____ (1998), "생태학적 신학과 한국신학의 과제", 『신학사상』 제100호, 봄호, 서울: 한국신학연구소.

_____ (2005), "기독교 영성의 본질로서 자연은총", 『公共性의 윤리와 평화』, 손규태 교수 정년퇴임 기념논문집, 서울: 한국신학연구소.

이정숙 (2005), "초기 기독교의 모성", 『성서·여성·신학』, 장상 교수 정년퇴임 기념논문집, 서울: 한국신학연구소.

이종성 (1977), 『信仰과 神學』, 서울: 대한기독교서회.

임걸 (2004), "예술가로서 목사: 교회문화 갱신을 위한 목회자 정체성", 『한국기독교 신학논총』 제31집, 한국 기독교학회 편, 서울: 대한기독교서회.

_____ (2008), 『한국교회 신학사상 1』, 서울: 연세대학교 출판부.

임희국 (2006), "하나님 나라의 종인 블룸하르트", 『한국 기독교 신학논총』 제44집, 한국 기독교학회 편, 서울: 대한기독교서회.

장도곤 (2002), 『예수 중심의 생태신학 — 생태신학 입문』, 서울: 대한기독교서회.

장윤재 (2005), "'끼어들기': 보다 통전적인 생태여성주의 이론과 실천을 향하여", 『성서·여성·신학』, 장상 교수 정년퇴임 기념 논문집, 서울: 한국신학연구소.

전현식 (2003a), 『인간 생태학과 자연철학』, 서울: 한들출판사.

_____ (2003b), 『에코페미니즘과 신학』, 서울: 한들출판사.

_____ (2004), "생태여성신학의 영성 고찰", 『신학논단』 제43집, 연세대학교 신과대학, 연합신학대학원 발행. p.602 참조.

정미현 (2005), "한국 여신학자로서 나는 바르트 신학을 어떻게 이해하는가?" 『성서·여성·신학』, 장상 교수 정년퇴임 기념 논문집, 서울: 한국신학연구소.

_____ (2007), 『또 하나의 여성신학 이야기』, 서울: 한들출판사.

정재식 (2008), "성스러움의 독점과 공유. 잃어버린 초월성을 찾아서", 『지식의 지평』, 한국학술협의회 편, 서울: 아카넷.

정재현 (1999), 『티끌만도 못한 주제에. '사람됨'을 향한 신학적 인간학』, 왜관: 분도출판사.

_____ (2003), 『신학은 인간학이다』, 왜관: 분도출판사.

_____ (2006), 『망치로 신-학하기 '말씀'이 말이 되게 하기 위하여』, 서울: 한울아카데미.

정하은 (1986), "마르크스의 종교비판과 인간 소외─신학자 골빗쳐의 관점에서", 『한국 교회와 이데올로기』, 기독교사상 편집부 편, 서울: 대한기독교서회.

조현철 (2003), "칼 바르트의 신학적 시간론", 『현대 신학자들의 동향』, 조직신학논총 제8집, 한국조직신학회 편, 서울: 한들출판사.

천병석 (2003), "신학에서의 동·서 문제", 『현대 신학자들의 동향』, 조직신학논총 제8집, 한국조직신학회 편, 서울: 한들출판사.

_____ (2008), "윤성범 신학의 종말론", 『문화와 신학』, 한국문화신학회 통권 제11집, 한국문화신학회.

최대광 (2003), "창조영성과 영성에 대한 학문적 연구", 『현대 신학자들의 동향』, 조직신학논총 제8집, 한국조직신학회 편, 서울: 한들출판사.

최승태 (2003), "성만찬적 교회론: 교회의 공동체성 회복을 위하여", 『현대 신학자들의 동향』, 조직신학논총 제8집, 한국조직신학회 편, 서울: 한들출판사.

최인식 (2006), 『예수와 문화』, 서울: 예영커뮤니케이션.

허호익 (2003), 『현대 조직신학의 이해』, 서울: 대한기독교서회.

현요한 (2002), "과학의 영성, 영성의 과학", 『조직신학 속의 영성』, 한국조직신학회 논총 제7집, 서울: 대한기독교서회.

현우식 (2006), 『과학으로 기독교 새로 보기』, 서울: 연세대학교 출판부.

황덕형 (2008), "칼빈의 성례 신학 속에 나타난 현실 개념에 대한 연구", 『한국신학논총』 제7집, 한국신학교육연구원, 전국신학대학협의회 편, 대한기독교서회.

황돈형, "사이버 문화와 성서해석", 『현대 신학자들의 동향』, 조직신학논총 제8집, 한국조직신학회 편, 서울: 한들출판사.

_____ (2004), 『바르트와 포스트모던』, 서울: 한들출판사.

_____ (2008), "언어와 계시 - 현실적 언어와 종말론적 언어", 『한국 조직신학회 논총』, 제20집, 한국조직신학회 편, 서울: 한들출판사.

황재범 (2002), "슈바이처의 생명 경외 개념의 이해와 비판", 『한국 기독교 신학논총』 제23집, 한국 기독교학회 편, 서울: 대한기독교서회.

황호찬 (2008), "교회의 신뢰성 요인에 관한 연구", 『한국 기독교 신학논총』 제58집, 한국 기독교학회 편, 서울: 대한기독교서회.

Bonaventura(보나벤투라) 141

Bonhoeffer, D.(본회퍼) 25, 45, 211, 260,
    306, 343, 346, 378, 484

Bonifatius II (보니파티우스 2세) 137

Boren, R.(보렌) 57

Bousset, W.(부세) 197

Boyle, R.(보일) 534

Braun, H.(브라운) 394, 395, 396, 542

Brecht, B. 563

Brenz, J.(브렌츠) 160

Broussais, F. J. V.(브루새) 192

Brunner, E.(브루너) 48, 103, 225, 239, 240,
    490, 553

Bruno, G.(브루노) 67, 152, 533, 588

Buber, M.(부버, 마르틴) 375

Bucer, M.(부처) 160

Büchner, L.(뷔히너, 루드비히) 192, 535

Buddeus, F.(부데우스) 66, 183

Bullinger, H.(불링거) 160, 164

Bultmann, R.(불트만) 28, 29, 84, 92, 224,
    300, 308, 309, 393

C

Cabanis, P. J. G.(카바니스) 192

Calixt, G.(칼릭스트) 81, 82, 171, 172

Calov, A.(칼로프) 171, 173, 413, 446

Calvin, J.(칼뱅) 27, 59, 71, 78, 119, 138,
    160, 161, 162, 163, 164, 168, 169, 170,
    249, 283, 290, 345, 346, 491, 494, 495,
    522

Campanella (캄파넬라) 167

Camus, A.(카뮈) 545, 552, 558, 566, 568

Capra, F. 392

Carnap, R.(카르납) 537

Champeaux, William(샴포의 윌리엄) 141,
    144

Chardin, P. T. de(샤르댕) 201

Chemnitz, M.(켐니츠) 161, 164, 167, 171,
    173, 426, 427

Christ, C.(크리스트, 캐롤) 405

Cicero(키케로) 518, 522

Clemens(클레멘스) 130, 282

Cobb, J. B. Jr. 393, 397, 404

Coccejus, J.(코케이우스) 170

Coelestius(켈레스티우스) 136

Comte, A.(콩트) 189, 190

Condillac E. B. de(콩디야크) 192

Cone, J. 44

Cox, H.(콕스) 201

Cremer, H.(크레머, 헤르만) 455, 463

Cullmann, O.(쿨만) 200, 256, 284

Cyprianus(키프리아누스) 125, 136

Cyril(시릴) 442

D

Daly, M. 400

Damascus, J.(다마스쿠스의 요한) 133, 441,
    442

Darwin, Ch.(다윈) 50, 191, 193, 194, 582

Daub, K. 189

Dawkins, R.(도킨스) 361, 537, 538, 539,
    578

Denzinger, H. 491

Derrida, J.(데리다, 쟈크) 201

Descartes, R.(데카르트) 175, 480, 520, 534,
    535

Dewey, J. 550

Diderot, D.(디드로) 192

Dilthey, W.(딜타이) 79, 82, 83, 90, 308

Dionysius Areopagita, Pseudo(위[僞]디오
    니시우스) 133, 134, 458

Dostoevskii, F. M.(도스토예프스키) 248,

366, 540, 542, 545, 552, 553, 557, 558
Dürr, H. P.(뒤르) 87, 95, 539
Dyson, F.(다이슨, 프리먼) 523

E

Ebeling, G.(에벨링) 20, 48, 102, 106
Eckhart, Meister(에크하르트, 마이스터) 141, 142, 147, 148, 149, 152, 155, 397
Eicher, P. 370, 391
Elert, W.(엘러트) 233
Engels, F. 558
Erasmus, D.(에라스무스) 142, 154
Eriugena, J. S.(에리우게나) 141, 144

F

Feuerbach, L.(포이어바흐) 29, 30, 186, 189, 191, 192, 371, 546, 549, 550, 551, 554, 558, 585
Fischer, M. 63
Flacius, M.(플라치우스) 165
Foucault, M.(푸코, 미셸) 201
Fox, G.(폭스) 176
Fox, M. 393
Francis von Assisi(아시시의 프란체스코) 141, 154
Francke, A. H.(프랑케) 177
Freud, S.(프로이트) 192, 570, 571, 572, 574-585
Friedrich, J.(프리드리히) 161

G

Gadamer, H. G.(가다머) 201
Galilei G.(갈릴레이) 175, 534
Galton, F.(골턴) 194
Garaudy R.(가로디) 570
Gerhard, J.(게르하르트) 171, 285, 490

Gödel, K.(괴델) 522
Goethe, J. W.(괴테) 187, 557
Gogarten, F.(고가르텐) 200
Gollvitzer, H.(골비처) 395, 396, 542, 552, 554, 557, 567
Gomarus, F.(고마루스) 169
Gould, S.(굴드) 523
Grass, H. 62
Gregor von Nyssa(니사의 그레고리) 463
Griffin, D. R.(그리핀) 393, 397, 404
Grotius, H.(그로티우스) 170, 179
Gunkel, H.(궁켈) 197
Gunneweg, A. H.(군네벡) 385

H

Haeckel, E. H.(헤켈) 193
Haecker, T. 416
Hamann, J. G.(하만) 185
Hamilton, W.(해밀턴) 201
Härle, W.(헤를레) 45, 52, 87, 93, 97, 193, 208, 211, 262, 267, 281, 438, 515
Harnack, A. von(하르낙) 121, 124, 129, 138, 197, 300, 414, 447
Hartmann, E. von 555
Hawking, S. W.(호킹, 스티븐) 523
Hegel, G. W. F.(헤겔) 7, 95, 103, 188-191, 193, 228, 252, 253, 285, 411, 412, 443, 520, 527, 528, 531, 558
Heidegger, M.(하이데거) 285
Heisenberg, W.(하이젠베르크) 53, 96, 523, 530
Helmholtz, Hermann(헬름홀츠, 헤르만) 192, 536
Hemingway, E.(헤밍웨이) 568
Henry VIII(헨리 8세) 167
Heppel, H. 492

Levinas, E.(레비나스) 391

Locke, J.(로크, 존) 179

Loisy, A. F.(루아지) 200

Lombardus P.(롬바르두스) 141

Loofs, F. 128, 129

Löw, R. 530

Löwith, K. 189

Luther, M.(루터, 마르틴) 27, 33, 58, 59, 78,
81, 92, 103, 119, 150, 154-166, 168, 212,
283, 285, 286, 391, 464, 465, 491, 550,
512

M

Marcion(마르키온) 126, 135, 278

Marcuse, H. 582

Marheineke, P. 189

Marx, Karl(마르크스, 칼) 7, 174, 189, 191,
193, 558-570, 580

Maurer, B. 90

Maurer, E. 88

Maximilia(막시밀리아) 126

McFague, S.(맥페이그, 셀리) 384, 397, 407

McGrath, A. 285

Melanchthon, P.(멜랑히톤) 92, 160, 161,
163, 164, 165, 175

Metz, J. B.(메츠) 201

Migliore, D. L.(밀리오리) 68, 225, 322

Mildenberger, F.(밀덴베르거) 413

Mill, J. S.(밀) 190

Moeller, B. 129, 134

Moltmann, J.(몰트만) 7, 28, 33, 201, 216,
309, 413, 430, 433, 435

Montanus(몬타누스) 126, 127, 128, 135,
278

More, Thomas(모어, 토마스) 167

N

Napoleon, B.(나폴레옹) 181, 535

Nero(네로) 125

Newton, I.(뉴턴) 153, 175, 181, 522, 534

Nietzsche, F.(니체) 195, 196, 547, 549, 558

Nicolai, P. 172

Nikolaus von Kues(니콜라우스 쿠자누스)
142, 148, 152, 153

O

Obermann, A. 92

Oetinger, F. C.(외팅어) 172

Origenes(오리게네스) 119, 125, 130, 131,
322

Osiander, A.(오시안더) 160

P

Pannenberg, W.(판넨베르크) 61, 70, 85,
88, 201, 251, 252, 253, 301, 309, 435,
444, 466

Pascal, B.(파스칼) 176

Peacocke, Arthur(피콕) 524

Pelagius(펠라기우스) 136

Pestalozzi, J. H.(페스탈로치) 176

Pezel, Ch.(페젤) 161

Pfister, O.(피스터) 576

Philipp, W. 416

Philo(필론) 129

Pieper, F.(피퍼) 46

Platon(플라톤) 19, 79, 96, 129, 130, 142,
146, 285, 549

Pöhlmann, H. G. 21, 46, 92, 234, 256, 284,
286, 454, 490, 524, 545, 563

Polykarp(폴리캅) 125

Prentner, R.(프렌트너) 464

Preuβ, H. D. 205, 209, 220, 225

김균진 저작 전집
01

기독교 신학 1

하나님 나라의 메시아적 신학을 향해

Copyright ⓒ 김균진 2020

1쇄 발행 2014년 9월 26일
4쇄 발행 2020년 10월 9일

지은이   김균진
펴낸이   김요한
펴낸곳   새물결플러스

편 집   왕희광 정인철 노재현 한바울 정혜인
          이형일 나유영 노동래 최호연
디자인   윤민주 황진주 박인미 이지윤
마케팅   박성민 이원혁
총 무   김명화 이성순
영 상   최정호 곽상원
아카데미 차상희

홈페이지 www.holywaveplus.com
이메일   hwpbooks@hwpbooks.com
출판등록 2008년 8월 21일 제2008-24호
주 소   (우) 04118 서울시 마포구 마포대로19길 33
전 화   02) 2652-3161
팩 스   02) 2652-3191

ISBN 978-89-94752-83-9 93230

책값은 뒤표지에 있습니다.